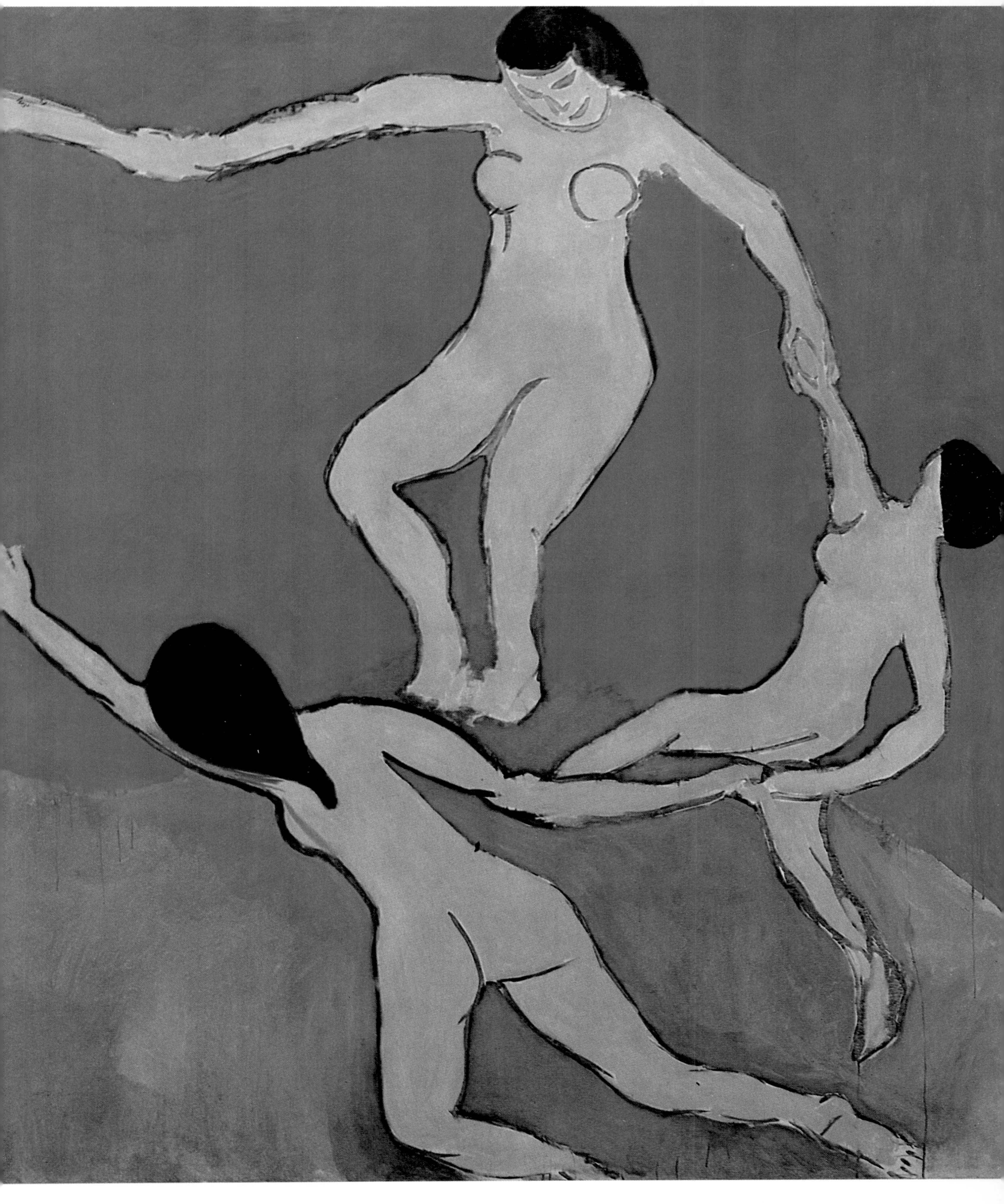

EL MUNDO DE LA PINTURA

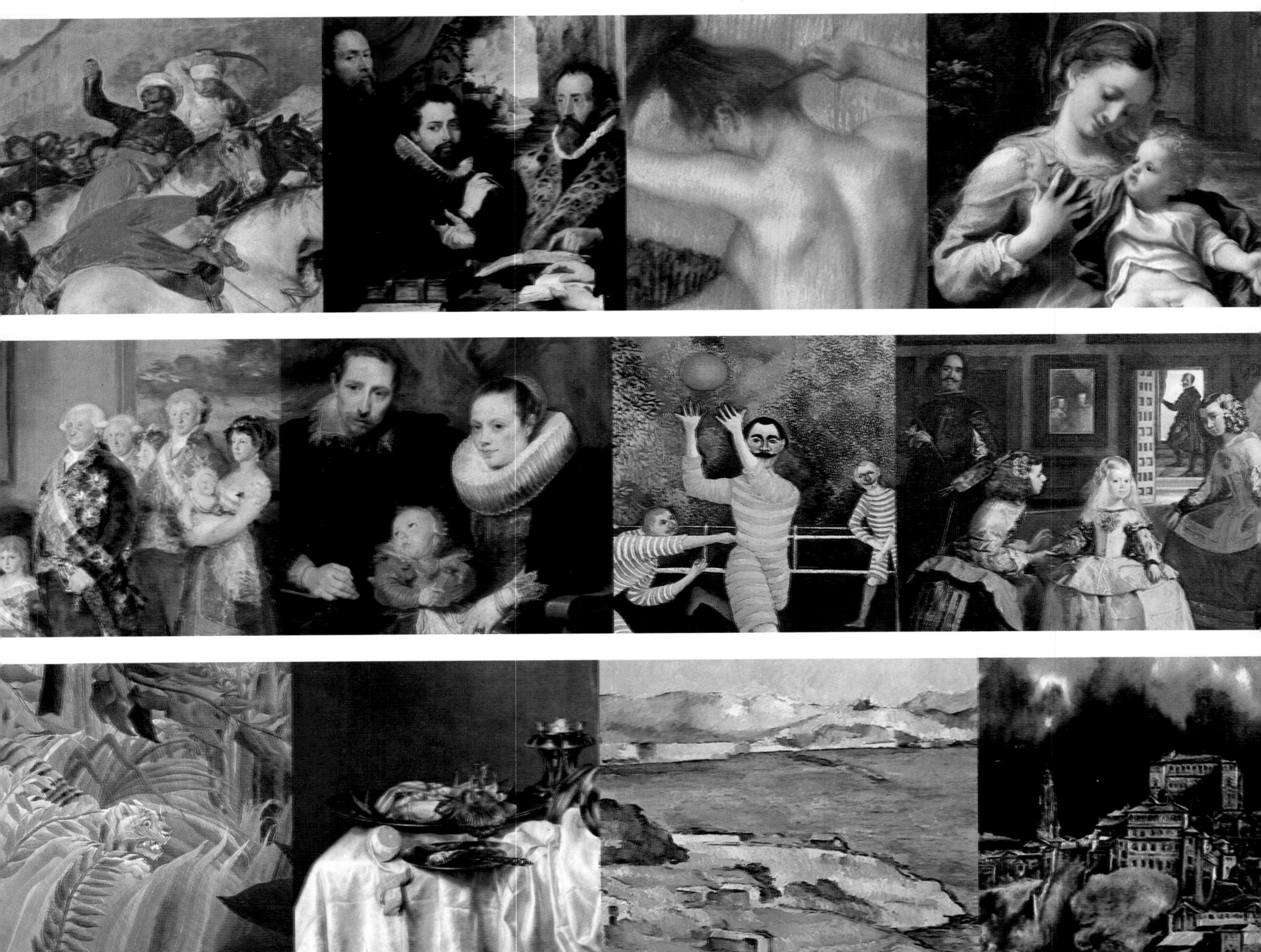

OCEANO

Es una obra de

GRUPO
OCEANO

EQUIPO EDITORIAL
Dirección: Carlos Gispert
Subdirección y Dirección de Producción: José Gay
Dirección de Edición: José Antonio Vidal

Dirección de la obra y edición: Marta Alcaraz
Redacción: Jordi Ibáñez
Ilustración: Alicia Carrión
Maquetación: Carles Gené
Diseño de sobrecubierta: Julián Jiménez
Diseño de interiores: Francisco Orduña
Corrección: José Luis Sánchez
Preimpresión: Ramón Reñé, Guillermo Mainer,
Daniel Rodríguez
Producción: Daniel Cortés, Álex Llimona

Milanesat, 21-23
EDIFICIO OCEANO
08017 Barcelona (España)
Tel.: 932 802 020
Fax: 932 052 545
www.oceano.com

ISBN: 84-494-2300-7
Impreso en España - Printed in Spain
Depósito legal: B-17.121-XLV

9001027020902

PRESENTACIÓN

La pintura es el medio a través del cual, a lo largo de la historia, el hombre ha plasmado con más inmediatez su entorno, sus sentimientos y su concepción del mundo. Sobre un lienzo, una tabla, un papel, un mural, el pintor hace visible un retazo de la realidad, la convierte en algo reconocible, perdurable. Admirable. Sucede, además, que todo aquello que vemos, por su naturaleza misma, por su exposición desnuda, es así mismo aquello que más sujeto está a la miríada de interpretaciones personales que, a lo largo de los siglos, le imprime el espectador. El ojo ve, y viendo, crea. El espectador es tanto el receptor como el actor, aunándose la intención del artista con las circunstancias de quien observa su obra. Es por ello, quizá, que mirar un cuadro, aún cuando intentemos identificarnos con la visión del pintor o adivinar sus motivos y pulsiones, resulta casi una declaración de independencia. Reinventamos el cuadro. Los trazos y colores que lo conforman permanecerán inmutables durante siglos, pero el ojo cambia; cada mirada es una obra distinta, cada espectador es un nuevo creador. El cuadro no muere. Duerme, a la espera de ese ojo que le despertará.

Sin embargo, siendo muy variadas las reacciones que puede suscitar una obra de arte, no se puede negar que ésta es siempre una reconstrucción del mundo. ¿Qué mundo? El mundo interior, el mundo de los sentimientos, de las pasiones, de lo pensado, de los valores, de la moral, de lo divino y de lo humano. El mundo de la carne, de la belleza, del dolor, del paso del tiempo y de la juventud que se nos escapa. El mundo de los placeres cotidianos y de las grandes tragedias, del trabajo y del ocio, de la naturaleza y del artificio. De lo real y de lo fantástico. De la enorme complejidad humana. Nada es ajeno a la pintura, nada escapa de ser trasladado al cuadro. La naturaleza del arte es la naturaleza humana misma.

El mundo de la pintura ofrece una aproximación a esa naturaleza, a los temas que han fascinado al hombre durante siglos y que la pintura ha capturado. No se trata de imponer una ordenación rígida ni académica, sino de invitar al lector a la reflexión sobre la relación entre el mundo y sus representaciones. Las obras que componen este libro se articulan alrededor de tres grandes áreas: los elementos, tanto físicos como espirituales, que definen al hombre; la articulación social del ser humano; y la relación del hombre con su entorno y su percepción del mismo. La sección preliminar, por su parte, expone de modo claro y sencillo los elementos que conforman un cuadro, y ofrece al lector las claves para que pueda enriquecer su contemplación. Esperamos que a través de las obras de los grandes pintores de todos los tiempos, este libro logre sus propósitos: presentar la historia del arte –que es también la historia del hombre– de un modo estimulante, e incitar al lector a la contemplación de la pintura con el espíritu abierto y la mirada curiosa.

LOS EDITORES

SUMARIO

Cómo mirar un cuadro

La lectura de una obra de arte

El estudio de las artes plásticas puede enfocarse desde diferentes puntos de vista. Uno de los más habituales es el histórico, es decir, la consideración y el análisis de la obra artística desde la perspectiva económica, sociocultural o religiosa de la época que la vio nacer. Otro punto de vista es el biográfico, que parte de las fechas claves y significativas de la biografía del autor para así llegar a entender y valorar mejor sus posibles cambios de estilo y las diferentes etapas de su producción.

En un plano más técnico, otra posibilidad es conocer los procedimientos artísticos empleados. Por poner un ejemplo, es muy importante no confundir y saber distinguir una pintura al óleo de otra al temple, o lo que diferencia las técnicas secas de las grasas dentro de los medios gráficos que utilizan el papel como soporte. Así, podemos concluir que el estudio de la obra de arte es una disciplina que entra de lleno en el terreno del conocimiento, aunque se ha de advertir que existen otros muchos aspectos del arte –la propia idea del arte en sí– que escapan a la simple recopilación de datos y entran dentro de ámbitos que difícilmente admiten una valoración desde el punto de vista objetivo, como pueden ser la sensibilidad o el gusto.

Además de los enfoques biográfico, histórico, social o técnico, otra manera de acceder al arte es intentar verlo siempre con ojos nuevos e ingenuos, relegando a un segundo plano, al menos en una primera lectura, todos los conocimientos que de la obra contemplada podamos tener y que, de una u otra manera, condicionan siempre nuestra visión. En este sentido, tal vez sea útil no considerar la obra como una joya única e irrepetible, como un valor supremo que se yergue al margen de nuestra propia vida, o evitar caer en valoraciones artísticas basadas en los miles de dólares que se hayan pagado por una u otra pieza. El espectador debe estar atento para saber ver cuándo el arte le está planteando un interrogante, cuándo le está cuestionando o sugiriendo algo. En el momento en que las vibraciones, en forma de sensaciones y sentimientos que experimentamos, son más fuertes que lo que conocemos sobre la obra, conviene prestar mucha atención, ya que entonces entramos en el verdadero significado del arte, accedemos al terreno de la verdadera "comprensión".

Para ilustrar esta idea hemos seleccionado dos retratos muy distintos, alejados en el tiempo y en el espacio y que, sin embargo, logran transmitir esa rara cualidad que transforma una imagen en una obra de arte. Don Juan de Pareja, en uno de los más famosos retratos pintados por Velázquez, observa al espectador con una mezcla de interés y displicencia, orgullo y despreocupación, revelando también, a través de pinceladas certeras y contundentes, aspectos de la personalidad del artista. También se "desnuda" Van Gogh en su famoso *Autorretrato de la gorra*. La personalidad del artista, sin embargo, se convierte aquí en el único objeto de su obra; la identificación pintor-retratado no se desliza por el terreno de lo insinuado, de la trasposición de un sentimiento en un cuerpo ajeno. Más allá del posible drama de unos personajes concretos y reconocibles, la contemplación, la "comprensión" de una gran obra de arte como ésta, puede incluso ayudar a conocernos mejor a nosotros mismos; el arte ver-

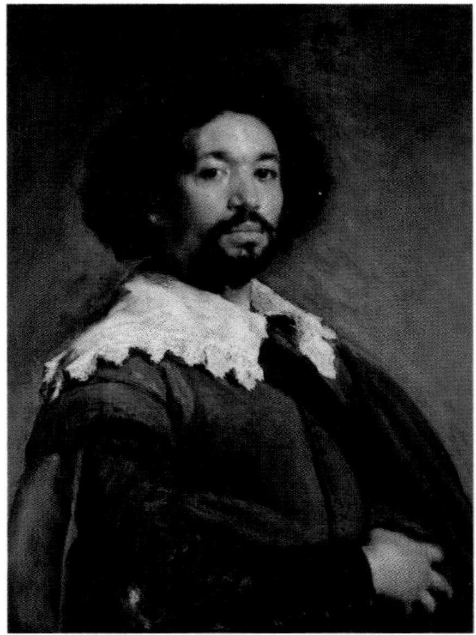

DIEGO DE SILVA VELÁZQUEZ
Don Juan de Pareja

VINCENT VAN GOGH
Autorretrato con sombrero de paja

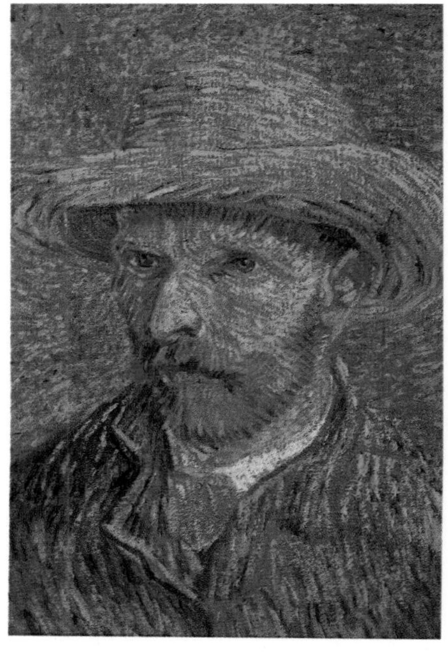

dadero puede ser visto como el vehículo transmisor de una verdad esencial, en este caso referida a la propia naturaleza humana. Comprender el arte significa saber identificar la luz de un atardecer en un paisaje de Camille Corot; ver en el rostro de una *madonna* renacentista los rostros de cientos de madres anónimas, vibrar con el movimiento congelado de una tarde de fútbol. La comprensión implica un diálogo personal con la obra, por lo que requiere cierta imaginación y capacidad de decisión; es un tú a tú del espectador con el objeto de contemplación artística.

Resulta aquí oportuna la alusión a Rainer Maria Rilke, quien cultivó un acentuado interés por las artes plásticas, en especial por la obra de Cézanne. El poeta, al hablar de las creaciones de este artistas las definía como un lenguaje indecible, el cual prácticamente no se puede expresar con palabras. Así, la lectura de la obra de arte consiste en dotar de significado los estímulos generados por su contemplación, aunque a veces no puedan explicarse verbalmente.

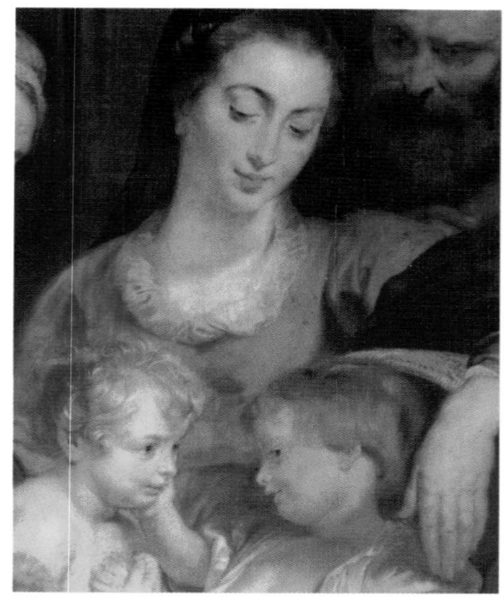

PETER PAUL RUBENS
Sagrada Familia

A pesar de que se trate éste de un "lenguaje indecible, 'Comprender la obra de arte' intenta despertar la curiosidad del lector a través de algunos elementos que pueden conocerse de la obra, enfocados siempre de cara a nuevas vías de ver el arte. Por este motivo, en muchos temas de esta sección del libro se utiliza un lenguaje figurado, metafórico, con alusiones a otros aspectos de la realidad.

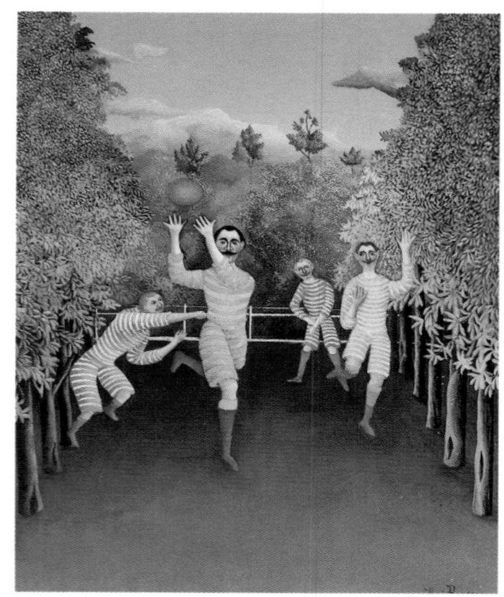

HENRI ROUSSEAU, EL ADUANERO
Jugadores de fútbol

El pintor rupestre, el anónimo artesano medieval, los grandes maestros del Renacimiento o del Barroco y el artista del siglo XX han plasmado en la roca, en tablas, en lienzos, retazos de realidad (¿o quizás sueño?) que perdurarán a través de los tiempos en la mirada anónima del espectador que los contemple. En una mirada curiosa, inquisitiva, admirada. O sorprendida.

PAUL CÉZANNE
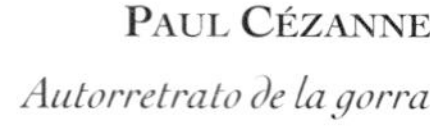
Autorretrato de la gorra

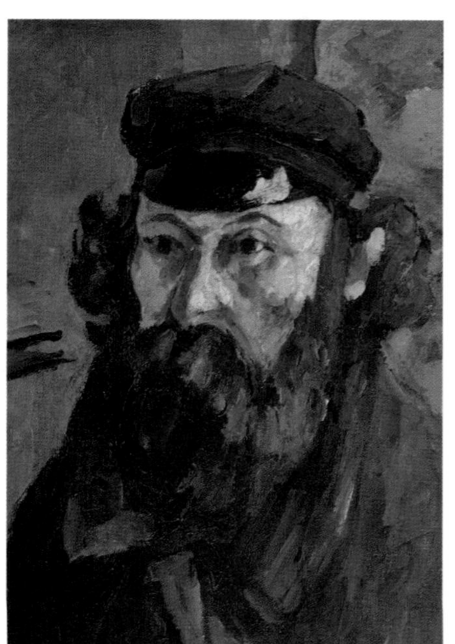

JEAN-BAPTISTE-CAMILLE COROT
El puente de Narni

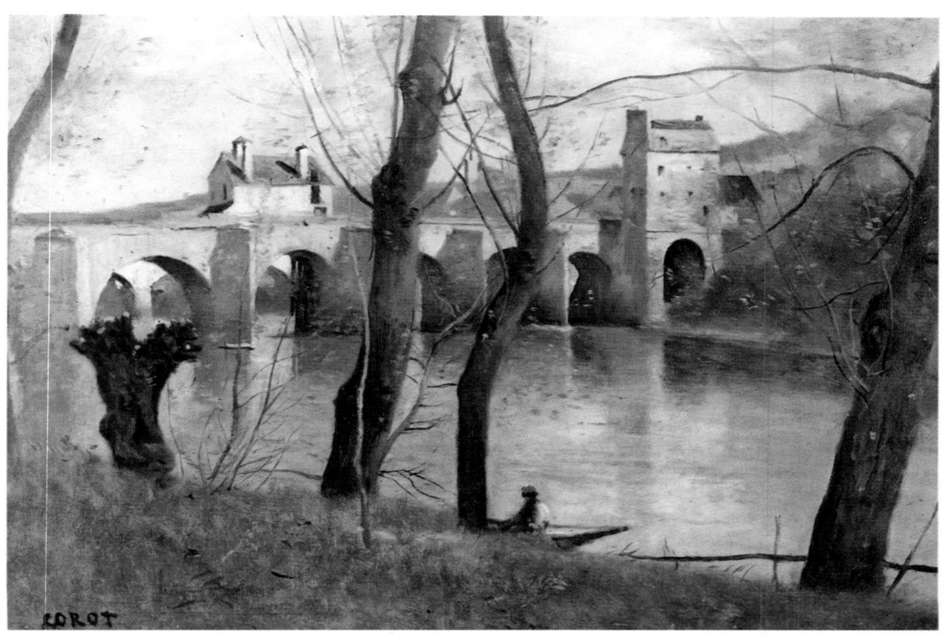

El color

Al hablar de color se debe distinguir entre dos conceptos: el color-luz y el color-pigmento. El color-luz pertenece a la disciplina científica: la luz se compone de longitudes de onda separadas que se perciben como rayos cuando se refractan a través de un prisma en una superficie, con lo cual revelan siete colores distintos, los siete colores del arco iris. El concepto del color-pigmento parte del punto de vista pictórico. En la paleta del pintor, los colores están formados por pigmentos (colorantes procedentes de tierras, minerales o sustratos vegetales o animales) y un aglutinante (el aceite de linaza para la pintura al óleo, la goma arábiga para las técnicas al agua, como la acuarela, o la yema de huevo para la pintura al temple) que, disuelto en el pigmento, permite las mezclas de los colores y la adhesión al soporte.

La relación cromática del color-pigmento tiene poco que ver con los teoremas científicos sobre la descomposición de la luz. No obstante, algunos artistas han intentado conciliar ambos presupuestos en sus obras. Es el caso del poeta alemán Johann Wolfgang von Goethe, quien, en colaboración con el pintor Otto Runge, construyó los llamados círculos de color, para que los descubrimientos de Newton fuesen útiles para los futuros pintores.

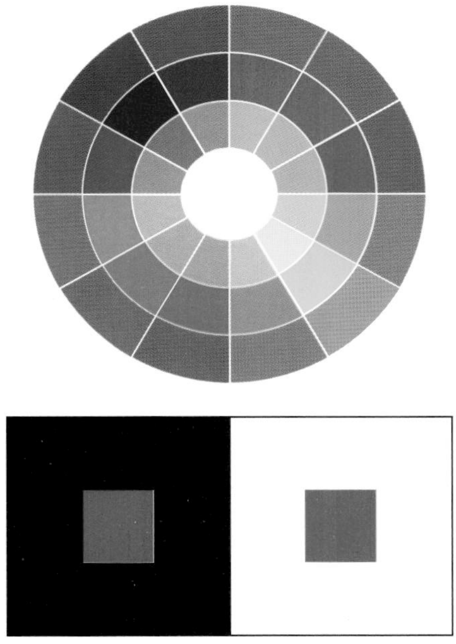

El círculo cromático (arriba) se divide en tres bandas: la interior muestra la mezcla resultante de los tres colores primarios: el rojo, el amarillo y el azul, los colores más puros, saturados (porcentaje de tinte puro), porque no pueden hacerse con la mezcla de otros colores. La banda interior muestra los doce colores mezclados con cantidades variables de blanco, con lo que se obtienen tonalidades diferentes (cantidad de valor de luz distinta). La banda exterior está formada por los doce colores mezclados con cantidades variables de negro, que proporcionan tonos más oscuros.

En la ilustración de la izquierda se observan dos cuadrados idénticos, uno sobre fondo blanco y otro sobre fondo negro. Aunque los dos son iguales, uno parece más pequeño que el otro. Este experimento se recoge en las *Leyes del contraste simultáneo* publicadas en 1839 por Eugène Chevreul, químico francés que estudió la luz y la captación de las sensaciones colorísticas.

Los experimentos cromáticos que dieron lugar al divisionismo o puntillismo se basaron en los descubrimientos de físicos como Eugène Chevreul y Oden Road. Los pintores de esta corriente, como Signac o Seurat, llevaron hasta las últimas consecuencias las aportaciones del impresionismo: en sus obras, el ojo del espectador acaba amalgamando los colores superpuestos en pequeños puntos. La mezcla de color ya no se realiza en la paleta del artista, sino en la retina del espectador.

Algunos pintores han convertido el color en un medio de expresión de inusitada fuerza. Es el caso de Joan Miró, en cuya producción más temprana se aprecia la voluntad de transgredir la relación tradicional entre color y forma para, en la última etapa de su creación artística, desdibujar la frontera entre percepción formal y cromática, creando para el espectador un mundo imaginado preñado de alusiones sensitivas.

GEORGES SEURAT
Bañistas en Asnières

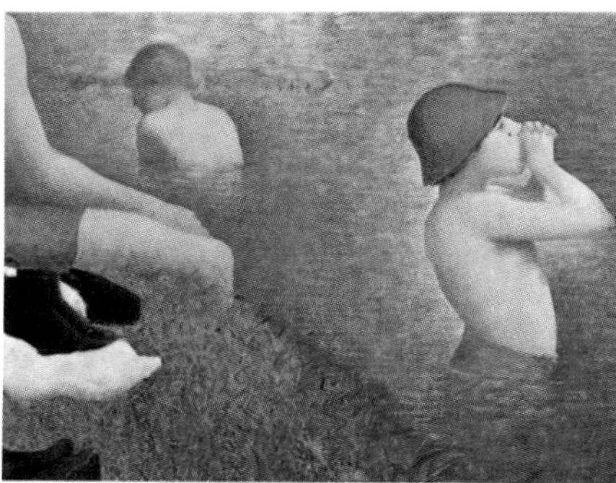

JOAN MIRÓ
El campo labrado

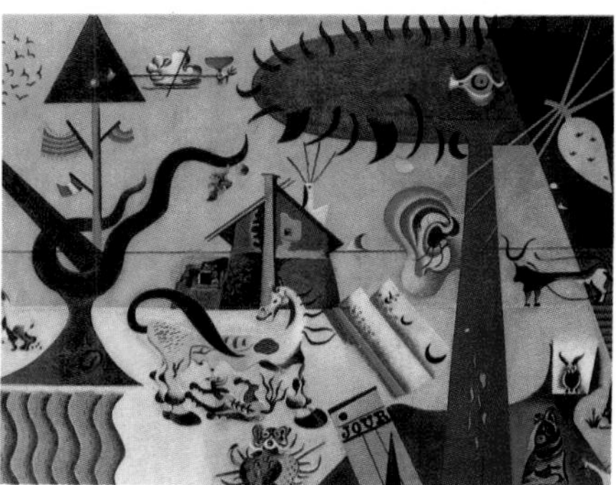

La luz

El inicio de la cultura, las leyendas y los mitos, surge alrededor del fuego que ilumina y conforta a la comunidad. En las primeras civilizaciones, la importancia de la luz se manifiesta en la representación del Sol en escudos, emblemas y vestidos de reyes y chamanes. Asimismo, la luz era considerada un don divino en la Edad Media: las figuras religiosas eran representadas con un halo áureo como símbolo de iluminación. Durante la revolución científica, la luz se convirtió también en objeto de estudio.

Entendida como materia, fue analizada hasta llegar a los descubrimientos de Newton, cuyos hallazgos se basaban en la descomposición de la luz. En el mundo del arte, el estudio de la luz adquiere especial importancia, ya que es entendida como una serie de rayos o partículas que inciden sobre las formas de la realidad, y así permite que sean reconocidos. Los artistas observan el mundo atentamente para captar los matices que nos posibilitan reconocer las cosas.

El claroscuro ha sido la forma plástica que mejor ha permitido expresar a los artistas su conocimiento de la luz. El contraste entre el blanco y el negro sirve en estos casos para explicar plásticamente la configuración de los objetos, casi siempre con una clara voluntad expresiva.

El claroscuro permite al artista representar la forma de un objeto mediante el juego de luces y sombras: se emplean gamas de luces que van desde el blanco, para las zonas más luminosas, hasta los oscuros de las sombras, representadas por el negro. Leonardo escribió al respecto: "Hemos de poner blanco como representación de la luz".

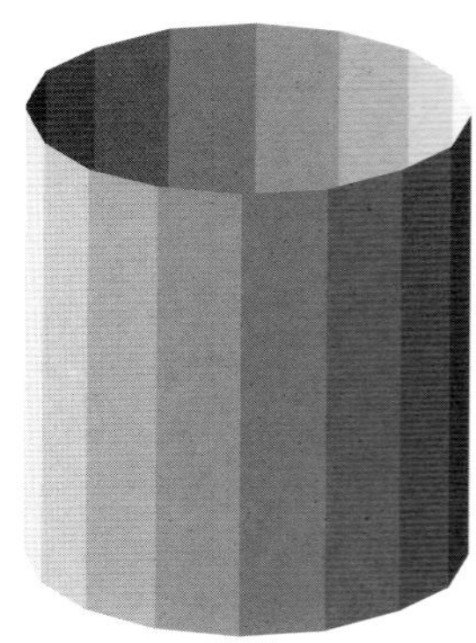

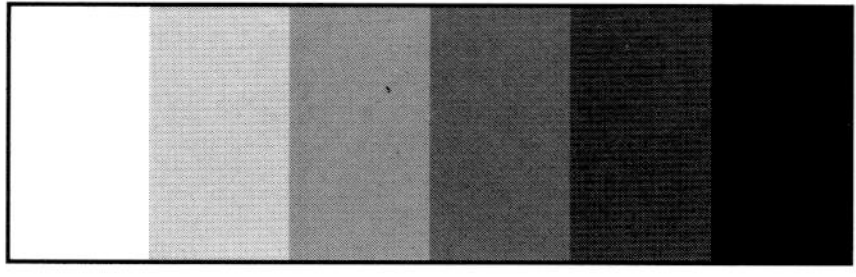

La representación de la muerte de la Virgen permite al pintor experimentar con la luz, buscar la representación de la realidad bajo un foco de luz que se dirige en diagonal hacia el rostro de la Virgen yacente, rodeada de los apóstoles, velándola, arropados todos por cortinajes de un rojo intenso. El resultado es una obra contrastada en la que aparecen grandes zonas de luz y sombra. Es un ejemplo del estilo claroscuro iniciado por Caravaggio en la pintura, más conocido como estilo "tenebrista". Esta manera de utilizar la luz permite resaltar el carácter expresivo del momento, tal y como lo describen las posturas y los gestos de los apóstoles en actitud de sorpresa.

El gran pintor holandés Johannes Vermeer ha alcanzado gran fama merced a sus lienzos, en los que representa a gentes anónimas realizando actividades domésticas y cotidianas, en el interior de sus hogares y rodeadas de objetos de uso diario organizados en forma de bodegón. Como en el cuadro *La encajera*, todas sus obras se desarrollan en una escena bañada por una luz sutil y transparente que trasluce silencio y reposo. Ante la pintura de Vermeer se habla del instante diario congelado para la eternidad, o de la "santificación" de un momento vulgar, cotidiano, gracias a esa luz delicada y tenue que eterniza el espacio temporal, preservando el gesto en el tiempo.

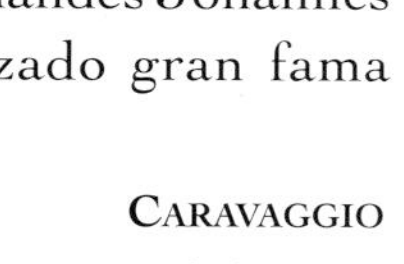

CARAVAGGIO
Muerte de la Virgen

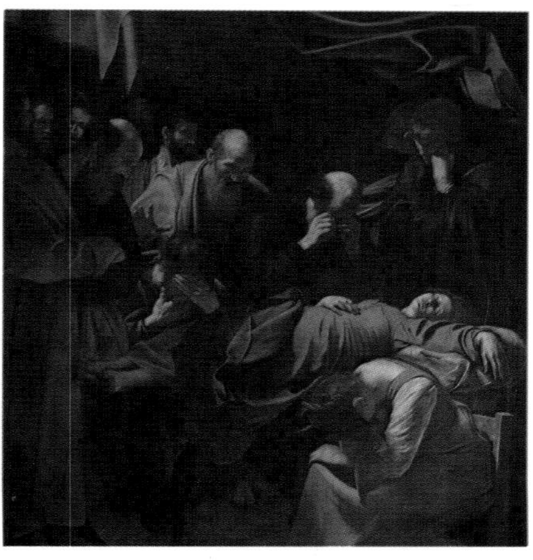

JOHANNES VERMEER
La encajera

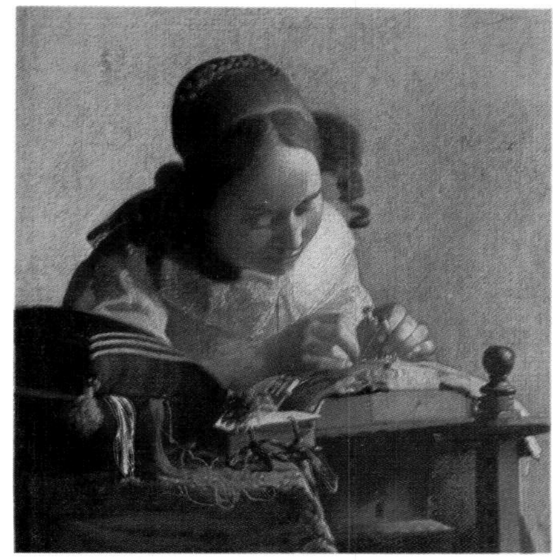

La forma

Además de por la textura o el color, el hombre identifica el mundo que le rodea por sus formas. Esto, que a primera vista puede parecer una perogrullada, reviste una particular importancia en el terreno del arte, ya que éste utiliza un lenguaje compuesto e integrado por formas. Por sus características, diferencias y similitudes, el hombre ha ido asociando los volúmenes que ocupan los cuerpos en el espacio y los ha clasificado por sus formas: geométricas, redondeadas, angulosas o rectas, compactas, dispersas, etc.

Las formas pertenecen al universo de las tres dimensiones (altura, anchura y profundidad) y, a lo largo de los siglos, han sido utilizadas para crear obras de arte. El arte de las formas consiste, por tanto, en transformar la materia o el espacio para expresar ideas, sentimientos o, simplemente, suscitar en el espectador un placer estético.

Observando algunas representaciones artísticas podemos identificar ciertas características de la forma entendida como vehículo de expresión. También comprenderemos que la simplificación, la geometrización o el esquematismo, característicos de ciertas culturas o momentos artísticos (pensemos en el medioevo), no se deben a impedimentos técnicos, sino a una clara voluntad expresiva.

Cuando en pintura utilizamos el concepto "lineal", nos estamos refiriendo a la relación existente entre las formas de las figuras y el fondo de la composición. Al contemplar *La gran odalisca* comprendemos que es posible hablar de forma en un espacio bidimensional, esto es, de dos dimensiones. La obra del pintor francés se caracteriza por el predominio de lo lineal.

El gráfico inferior muestra la figura como una mancha negra. El ejercicio consiste en mirar la línea, el contorno creado por el fondo blanco y la figura oscura. De este modo puede observarse la riqueza de pequeños matices que dibuja la línea, describiendo el hermoso cuerpo.

JEAN-AUGUSTE-DOMINIQUE INGRES
La gran odalisca

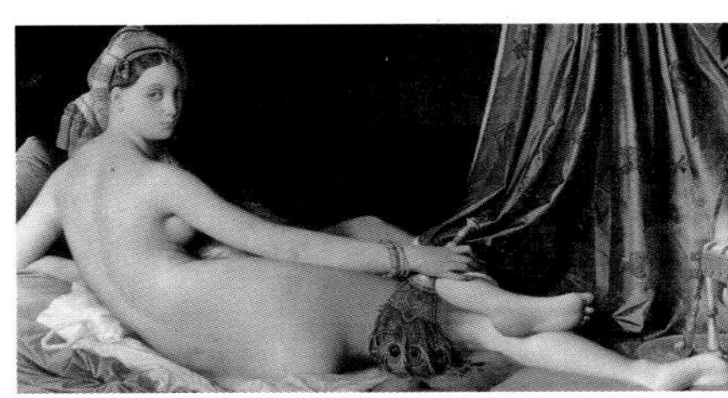

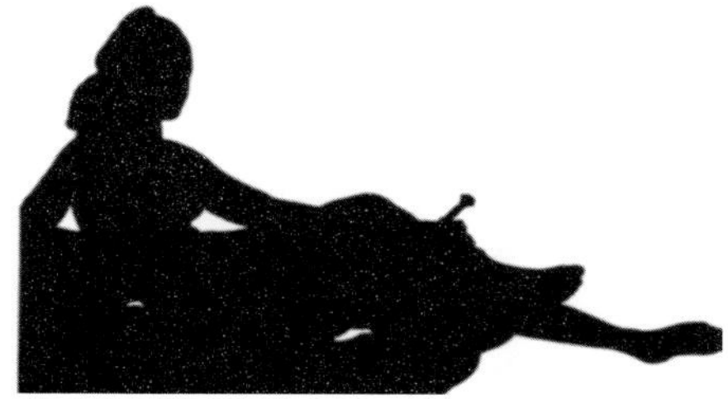

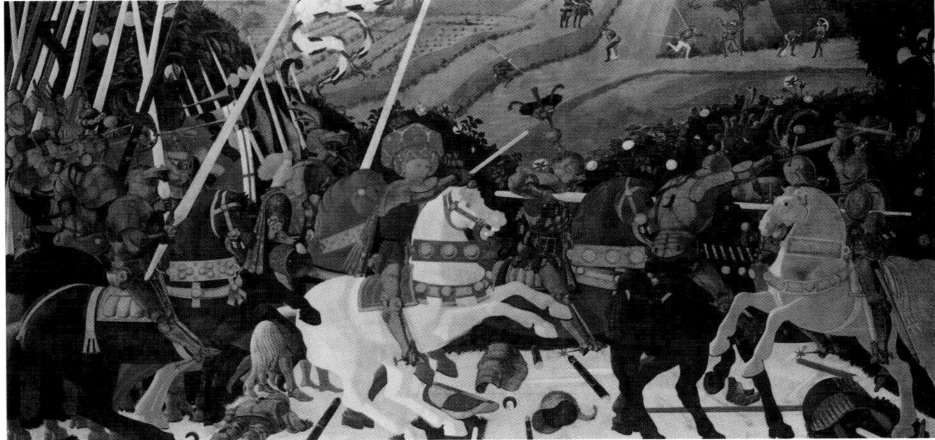

ANDREA MANTEGNA
La batalla de San Romano

La batalla de San Romano, de Mantegna, nos muestra cómo es posible definir un conjunto mediante el uso de formas compactas y líneas marcadas; el resultado es una composición que, a partir de la contraposición entre el primer plano y el fondo, describe un espacio irrel, un "escenario".

En oposición a "lo lineal" distinguimos "lo pictórico". Esta corriente estética encarna una manera de entender la pintura más libre, en la Çque entran en constante diálogo plástico el fondo y los elementos situados en primer plano, en ocasiones incluso confundiéndose. La pintura de Rubens, Delacroix o Turner, busca en el lienzo una poética menos definida, más referida al color y a la atmósfera que a la forma.

PETER PAUL RUBENS
La coronación de María de Médicis

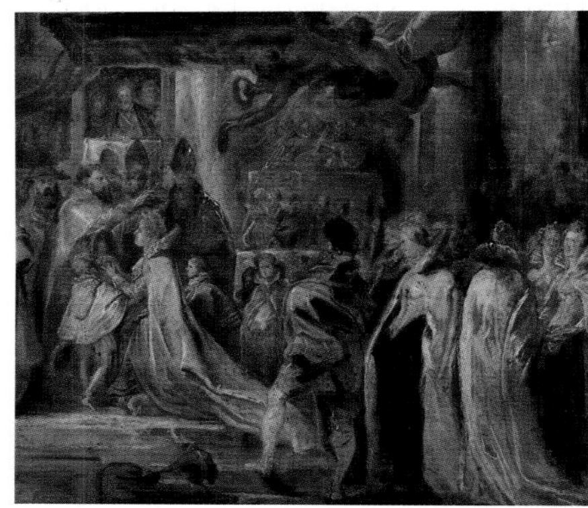

El movimiento

Suele decirse que las buenas obras de arte son aquellas que "están vivas". Ésta es una exprsión frecuente entre los artistas. Es interesante conocer este tipo de comentarios, ya que nos invitan a la reflexión y a una comprensión de la obra alejada de cualquier tipo de academicismo.

La experiencia artística es aquella en la que el creador refleja lo vivido o el espectador revive momentos o sensaciones que alguien plasmó en otro lugar y tiempo, como si de una huella se tratase. Conviene, como espectadores que somos, que entremos en estas coordenadas, que sintamos la obra como algo nuevo, que seamos capaces de interpretar lo que a cada uno nos está diciendo, para acceder a un lenguaje sin palabras, pero lleno de significado.

Cada obra de arte posee un tiempo, llamémosle ritmo o cadencia. Igual que las personas o cualquier otro ser vivo, hay obras que son lentas y tranquilas, y otras que son nerviosas y muy dinámicas. Muchas veces, instintivamente, el espectador se identifica con una u otra en función de las coincidencias entre lo que la obra le transmite y su propia personalidad. El tema del movimiento profundiza en estos tiempos, en estos ritmos, y constituye una ayuda para identificar los latidos del arte.

Podríamos dividir el movimiento de las obras en dos grandes grupos: las que por sus características producen una sensación estática, y las que sugieren el efecto contrario, es decir, una sensación dinámica.

En el grupo de obras que producen una sensación estática se observan unos rasgos característicos: desde el punto de vista compositivo, estas creaciones están inscritas en una estructura en la que predominan la verticalidad y la horizontalidad. Son cuadros ordenados, a menudo simétricos. Desde el punto de vista cromático, muchos de estos trabajos se caracterizan por el predominio de los tonos fríos. Las tonalidades oscuras se observan en obras serenas e invitan a sentir ritmos lentos y tranquilos, debido a que estos tonos se asocian a la idea de profundidad.

Las obras que producen una sensación dinámica se estructuran en líneas oblicuas o curvas que provocan la impresión de desequilibrio. Los tonos cálidos se asocian a percepciones de agitación.

Las naturalezas muertas del Barroco español, como ésta de Francisco de Zurbarán, invitan a la contemplación y el reposo. Son obras muy sencillas, pero que lo llenan todo. Construida sobre una estructura compositiva de absoluto orden horizontal y simétrico, es un claro ejemplo de pintura cuyo ritmo es estático y de un regusto místico.

Sin embargo, el lienzo *Los girasoles*, pintado por Vincent van Gogh, se acerca al tema de la naturaleza muerta de un modo muy distinto. La obra es un claro ejemplo de cómo la mirada del artista está condicionada por su estado de ánimo. Van Gogh se siente inquieto, alterado, y por eso pinta las flores con pinceladas que giran en direcciones opuestas.

FRANCISCO DE ZURBARÁN
Bodegón

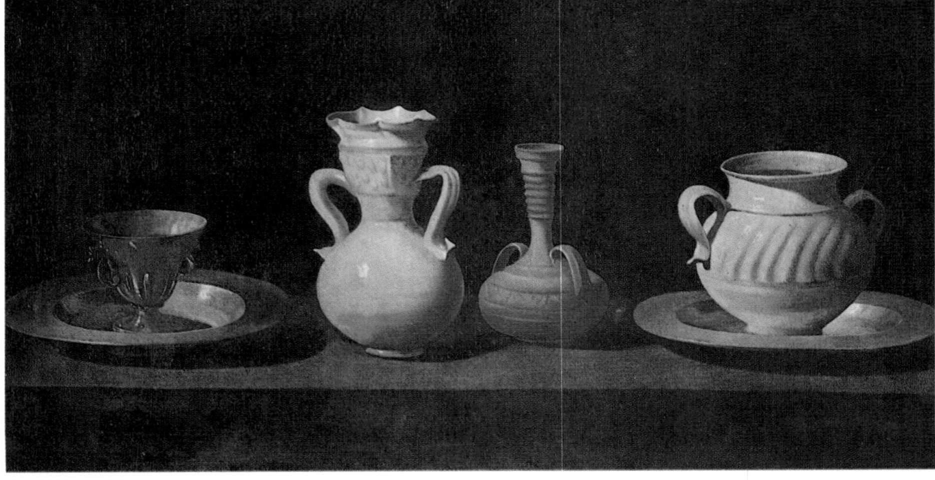

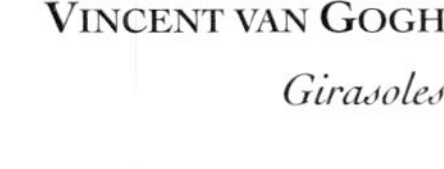

VINCENT VAN GOGH
Girasoles

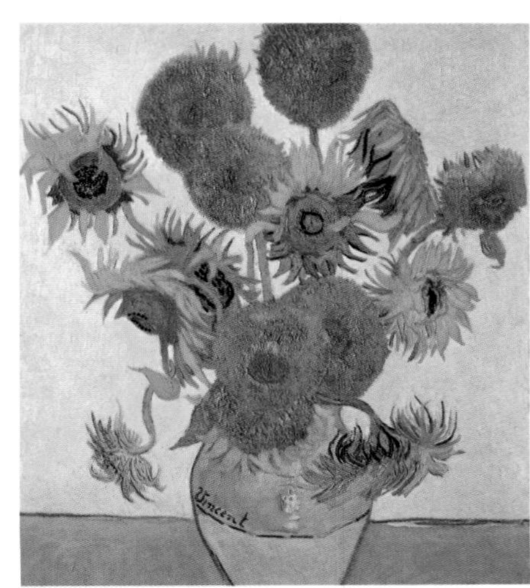

El espacio

Una de las mayores preocupaciones de los artistas a lo largo de toda la historia ha sido la representación del espacio. Desde las primeras manifestaciones artísticas, éste sigue siendo un tema abierto que elude cualquier solución definitiva. Sinembargo, antes de seguir adelante, es necesario definir el concepto de espacio. Evitando toda disquisición filosófica, en el caso de la pintura no es más que el ámbito en el que se desarrolla la acción plasmada en la obra, todo aquello que se sitúa en el interior del límite impuesto por el marco de un lienzo, y las distintas relaciones que se establecen entre los elementos en él representados.

Fue durante el Renacimiento cuando la reflexión sobre la representación fiel del espacio se erigió como una cuestión que rebasó los límites del arte para invadir disciplinas tanto científicas como filosóficas, dando origen a la perspectiva y a todos los sistemas de representación del dibujo geométrico que hoy conocemos. Los artistas centraron su creatividad en el estudio del mundo natural, y la rigurosa y detallada observación y plasmación de la naturaleza constituyó la actividad de estos creadores, para los cuales, como en el caso de Leonardo da Vinci, la frontera entre arte y ciencia es casi inexistente.

La estructura compositiva del cuadro de Perugino parte de los principios compositivos que se investigaron en el Renacimiento: destaca, por un lado, la línea del horizonte, que indica la altura de los ojos o, lo que es lo mismo, el punto de vista del observador. Por otro lado, sobre esta línea se sitúa un punto conocido como punto de fuga. Todas las líneas oblicuas de la composición convergerán en él. Curiosamente, este punto también se encuentra en el centro de la escena. Así, Perugino confiere más importancia al edificio que ocupa el fondo que a las figuras en primer plano.

PERUGINO (PIETRO VANNUCCI)
La entrega de las llaves

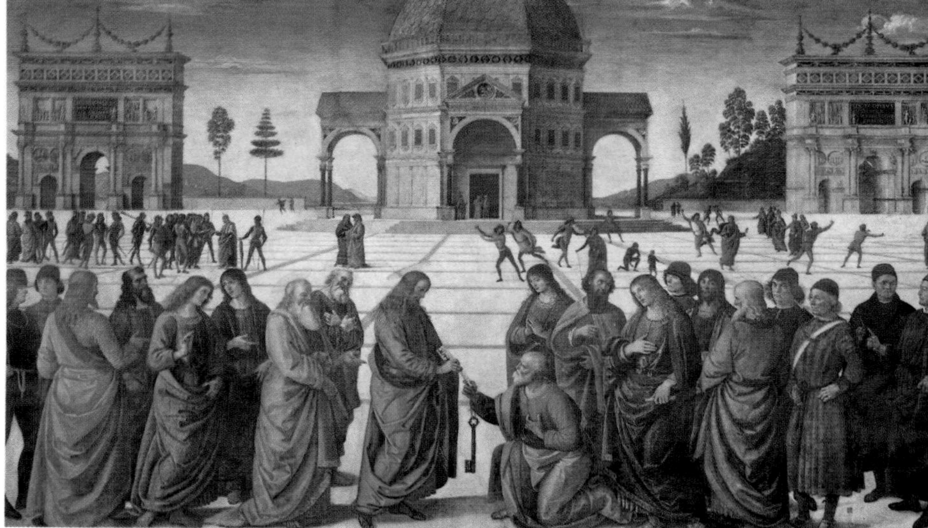

El cuadro de *Las lanzas* representa la entrega de las llaves de la ciudad que el derrotado hace al vencedor. La escena transcurre en un campo de batalla: en un primer plano se desarrolla la acción principal y al fondo, en tamaño menor, todos los detalles propios del campo de acción. Pero lo más importante desde el punto de vista espacial es lo que se conoce como perspectiva aérea, recurso definido por primera vez por el revolucionario Leonardo da Vinci y que consiste en considerar las formas y los objetos representados en profundidad, lo cual se consigue a través de un grado de contraste mucho menor y mediante una difuminación de los colores desde el punto de vista cromático.

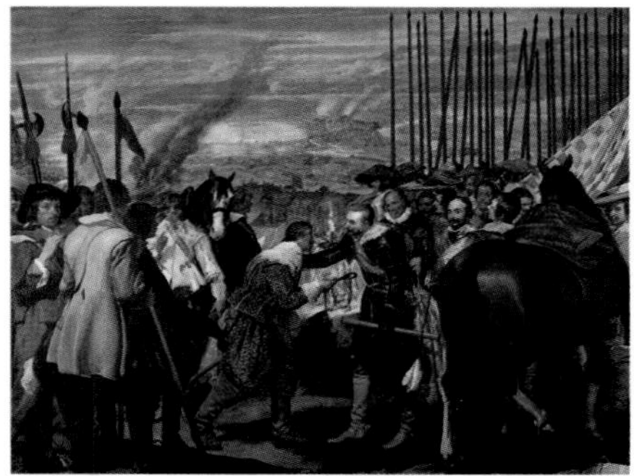

DIEGO DE SILVA VELÁZQUEZ
Las lanzas o *La rendición de Breda*

Por su técnica, se dice que lo que hace Velázquez, pictóricamente hablando, es "pintar el aire", debido a esta sensación atmosférica que percibe el espectador.

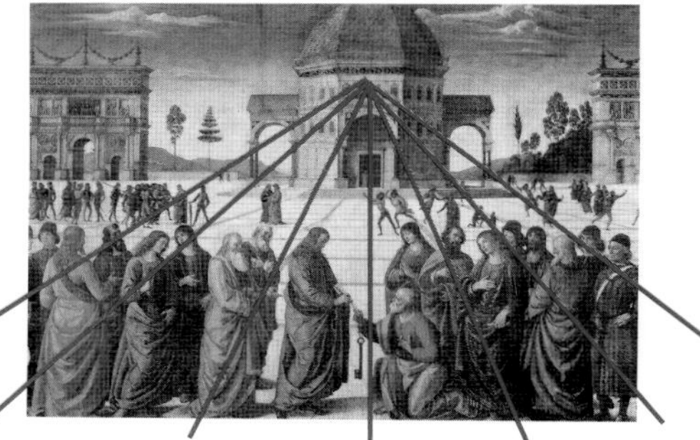

La composición

La obra de arte se organiza según unas leyes que permiten que los elementos que intervienen en ella adquieran significado. Los artistas clásicos, como por ejemplo los renacentistas, fueron grandes conocedores de las leyes plásticas, aunque, paradójicamente, su dominio de ellas llegó a ser tal que resultan imperceptibles: no constituyen aquello que atrae la mirada del espectador, sino que sólo se descubren en toda su complejidad tras un minucioso análisis.

Uno de los componentes más importantes que configuran la obra pictórica es la composición, que es la ordenación de las formas y los elementos en el lienzo. Tomemos como ejemplo una balanza: en las mejores obras de arte se puede observar que los elementos que las configuran guardan una perfecta armonía, un equilibrio, y que unos y otros se compensan y complementan mutuamente. Sin embargo, a veces el artista, para crear una sensación concreta, puede romper de manera deliberada este equilibrio: en este sentido, la transgresión de la lógica compositiva, por la sorpresa que conlleva, constituye un medio expresivo inusualmente adecuado. Es el caso de muchos artistas barrocos y románticos, en los cuales las leyes estructurales están siempre subordinadas a la voluntad expresiva.

Podemos hablar de cuatro ejes que regulan las normas compositivas. En el lienzo inferior priman los dos primeros ejes compositivos: el vertical y el horizontal. Centrados, ambos ejes dividen el espacio en cuatro cuadrados iguales, dos superiores y dos inferiores. La situación de las formas en relación con estos ejes hace que la obra sea o no equilibrada en función de su simetría.

Los otros dos ejes importantes desde el punto de vista compositivo son los que unen los vértices, conocidos como las diagonales del cuadrado. Las flechas indican la sensación ascendente o descendente que caracteriza a cada una de ellas. Este recurso ha sido explotado por los artistas barrocos y románticos.

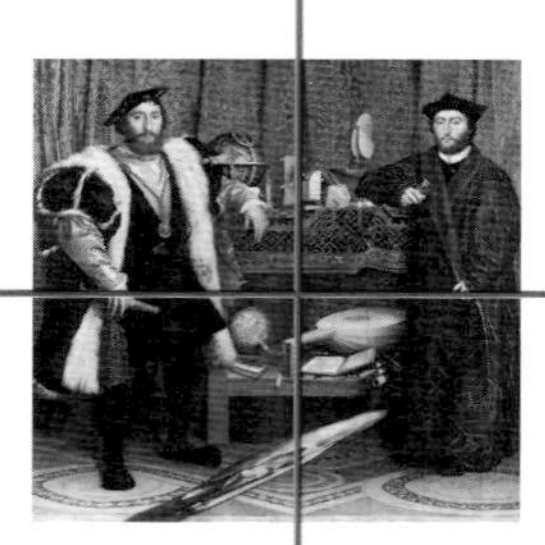

HANS HOLBEIN "EL JOVEN"
Los embajadores

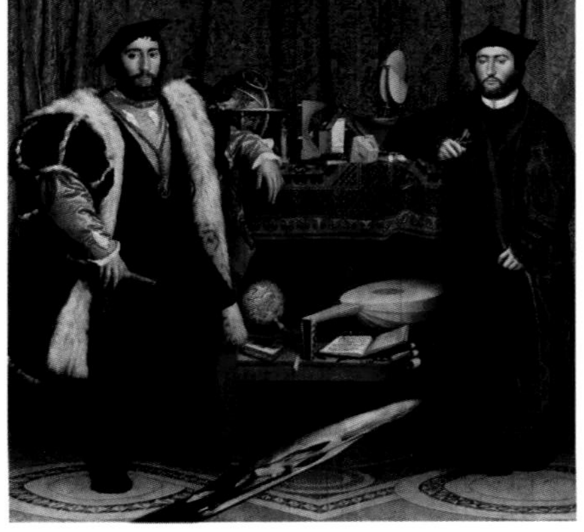

FRANCISCO DE GOYA Y LUCIENTES
La Maja desnuda

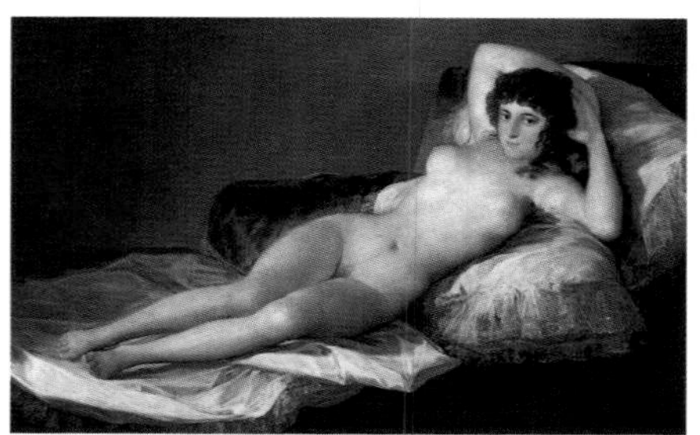

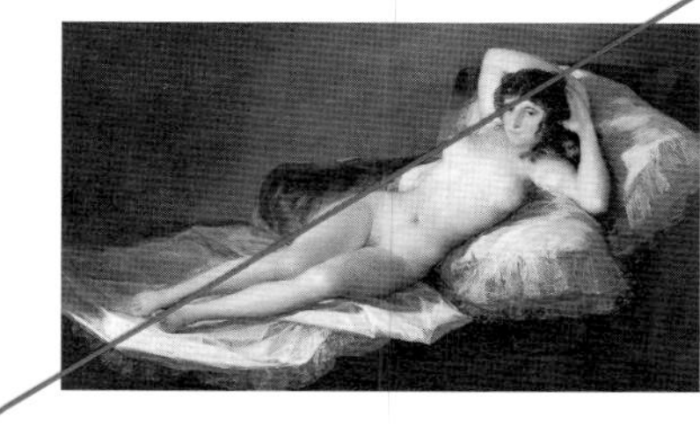

En *La maja desnuda*, Goya se apoya en una de las diagonales del cuadrado para expresar visualmente la idea de languidez. La obra transmite la sensación de calma, reforzada por la luz que ilumina el cuerpo de la maja, de cualidad marmórea.

Pero si existe un lugar predominante en la composición, ése es el punto central, donde se cruzan todos los ejes. Es como el punto de atracción en el que convergen todas las líneas del cuadrado y hacia el cual se dirige primero la mirada del espectador. Este lienzo barroco de Willem Kalf es muy interesante desde el punto de vista compositivo por la ordenación que en él se establece de los principales elementos del bodegón en un cruce de líneas, una recta y otra curva. El artista compone el cuadro de manera consciente sobre un estricto orden geométrico.

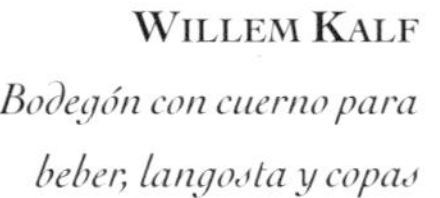

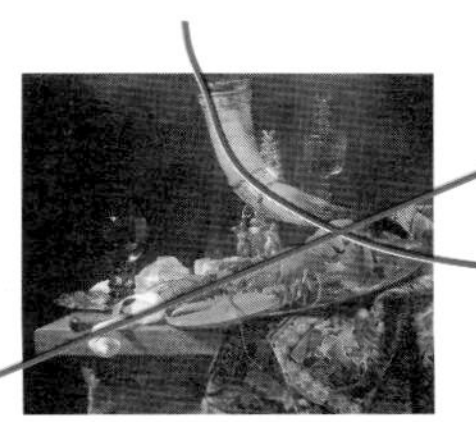

WILLEM KALF
Bodegón con cuerno para beber, langosta y copas

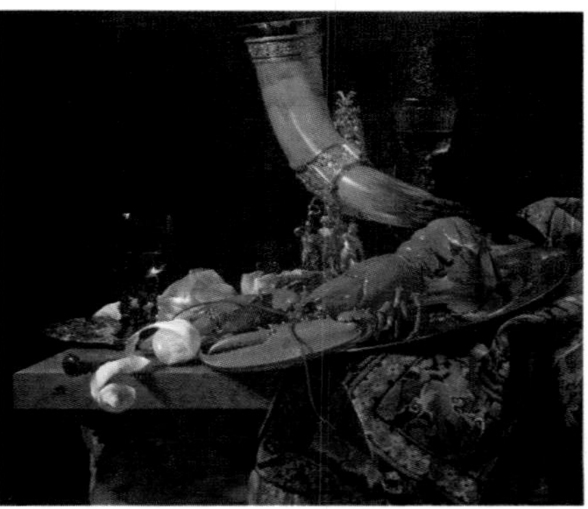

La expresión

En el arte, la única y verdadera norma que dictamina sobre la calidad de una obra, si es buena o no, es el transcurso del tiempo. El paso del tiempo nos habla de Velázquez, de Rembrandt, de Picasso y de tantos otros genios que, con sus obras, han iluminado el mundo del arte. Como si de una conciencia colectiva se tratara, presente en todas las épocas, nunca se equivoca. El tiempo va desnudando las obras de todo aquello que es accesorio hasta mostrarnos la verdadera esencia del creador.

Toda obra de arte y, en consecuencia, todo creador, trata de expresar algo a través de su labor artística, del fruto de su talento. Al espectador corresponde el ser capaz de ver qué quiere transmitir en su obra el artista, cuál es la esencia de la obra, su significado último.

En este apartado, a partir del estudio de cuatro obras, intentaremos descubrir la expresión más importante de cada una de ellas. Se trata de ver qué es lo predominante en el cuadro o la escultura, cuál es su esencia. Para llegar a este nivel es necesario profundizar en un tipo de análisis en el que la intuición, educada bajo la observación de muchas obras de arte y el conocimiento de los medios, las técnicas y los materiales, nos permita descubrir las claves de la expresión.

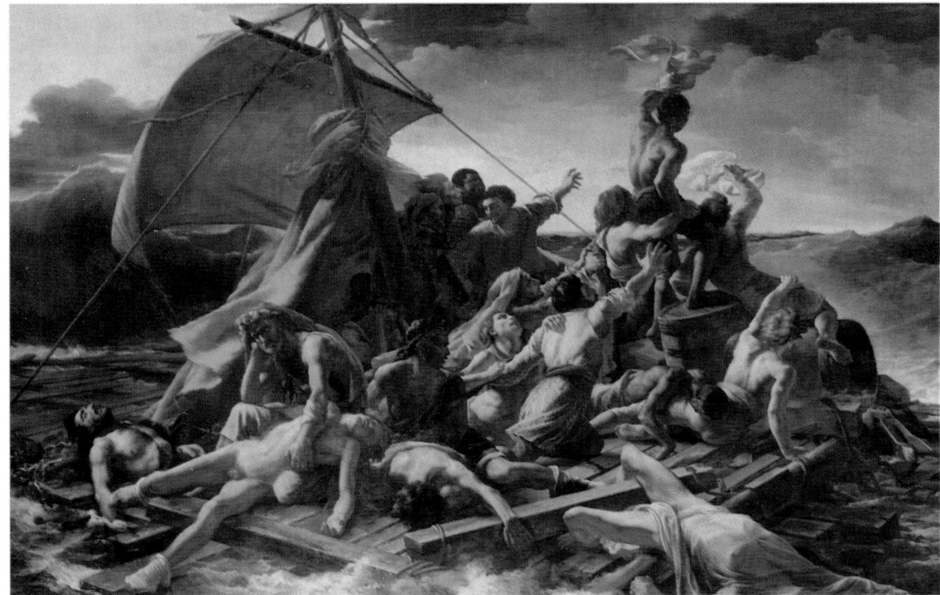

JEAN-LOUIS-THÉDORE GÉRICAULT
La balsa de la "Medusa"

La balsa de la "Medusa" es la obra más emblemática del francés Théodore Géricault. En él, el pintor expresa el drama de la existencia mediante la representación de la violencia y el dolor, a través de un cuerpo desgarrado, retorcido, atormentado, que destaca cromáticamente por sus tonos carnosos (pálidos, amarillentos, hábilmente contrapuestos por otros colores "putrefactos"). Se trata de una obra que acentúa la idea de la fragilidad humana, con el hombre visto como un náufrago, en constante sufrimiento.

También se ha seleccionado uno de los cuadros más conocidos de Tiziano para estudiar la expresión en la obra de arte, ya que en él tanto la temática tratada como los recursos expresivos se funden en un todo perfecto y único. Se ha seleccionado uno de los cuadros más conocidos de Tiziano para estudiar la expresión en la obra de arte, ya que en él tanto la temática tratada como los recursos expresivos se funden en un todo.

El tema del lienzo representa a María Magdalena ante un libro (enigmáticamente apoyado sobre una calavera), experimentando dos sentimientos encontrados: la más profunda de las penas, el arrepentimiento, y el gozo del encuentro con Dios. El dominio de la técnica de Tiziano le permite expresar la espiritualidad dominante sobre todo a través de un aspecto tan abstracto como es el color. El lienzo ejemplifica cómo el tema y la técnica encuentran algo que expresar en consonancia: la iluminación del espíritu.

TIZIANO VECELLIO
La Madgalena arrepentida

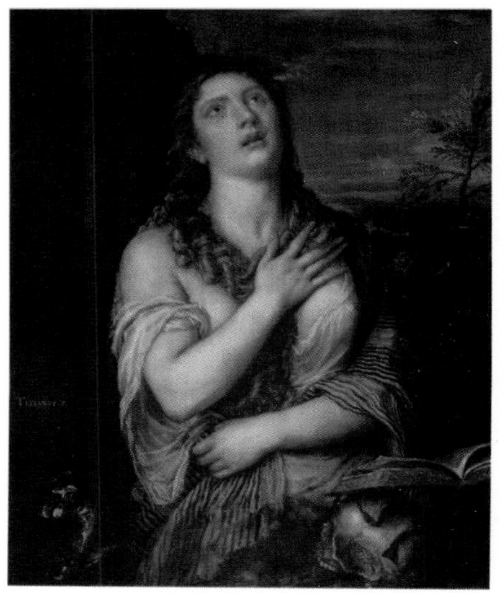

Las proporciones

Los grandes artistas que han buscado la belleza en la representación del cuerpo humano han topado siempre con el problema de las proporciones. Por "proporciones" se entiende la relación equilibrada entre las partes de un todo. En el caso de la representación de la figura humana, las proporciones hacen referencia a las relaciones de tamaño existentes entre las diferentes partes del cuerpo.

Los dos cánones (o relación de proporciones) más conocidos en la cultura grecolatina se deben a dos escultores pertenecientes a la Grecia clásica: Policleto (siglo v a.C.) y Lisipo (siglo IV a.C.).

Las proporciones establecidas por Policleto o Lisipo constituyeron en su tiempo el canon para la representación del cuerpo humano que en el Renacimiento retomaron artistas y científicos. A humanistas como Leonardo da Vinci debemos estudios que culminaron en unos sistemas matemáticos que permitieran al artista la expresión de una belleza ideal cuyo referente formal es el grecorromano.

En la representación de la figura humana posterior al Renacimiento, sin embargo, los artistas han transgredido repetidamente el canon clásico, moldeando cuerpos a su gusto para convertirlos en vehículos expresivos.

La escultura más difundida de Policleto es el *Doríforo*, también conocida como *El canon* por su importancia en el estudio del tema de las proporciones. A partir de las proporciones de esta escultura, Policleto estableció relaciones matemáticas muy simples y efectivas en función de las diferentes partes del cuerpo.

El canon de Lisipo también relaciona la altura total del cuerpo humano con el tamaño de la cabeza, con la salvedad de que en el caso de Lisipo la altura total de la escultura es de ocho veces la altura de la cabeza. Gracias a esta proporción, las figuras de Lisipo son más estilizadas y esbeltas que las de Policleto.

Cuando la representación del cuerpo sobrepasa las ocho cabezas con relación a la altura total del mismo, nos encontramos con unas proporciones más apropiadas para atletas, héroes o divinidades. Éste es el caso del *Apolo de Belvedere*, atribuido a Leocares, una escultura que responde a un canon de representación en que la altura total equivale a ocho cabezas y media.

Los cánones que desde antaño dictan las medidas de la perfección en la representación del cuerpo humano han variado notablemente a lo largo de la historia del arte. Basta sólo con comparar las figuras de El Greco y las de Rubens para apercibirse de que lo que en el primero es estilización, en el segundo es generosidad de volúmenes, de que el cuerpo delgado y alargado evoca una dimensión espiritual, mística, mientras que la rotundida de formas contribuye a la manifestación más gozosa de la sensualidad.

Observando los dos desnudos inferiores, obra de pintores contemporáneos, podemos comprobar que a la hora de representar el cuerpo humano, cada artista adecúa los cánones y las estéticas imperantes a su sensibilidad. Cézanne se decanta por una glorificación de la carne y de la expresión de la corporeidad como vehículo de gozo sensual, mientras que la figura humana aparece en la obra de Modigliani impregnada de una estilización que espiritualiza todos los cuerpos que éste pinta.

LEOCARES
Apolo de Belvedere

POLICLETO
Doríforo

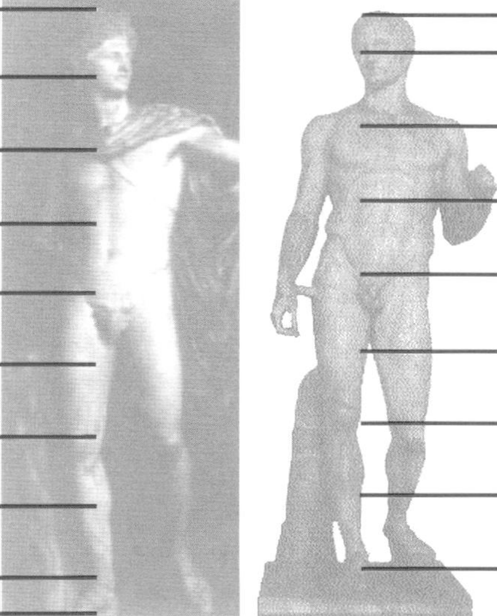

PAUL CÉZANNE
Las bañistas

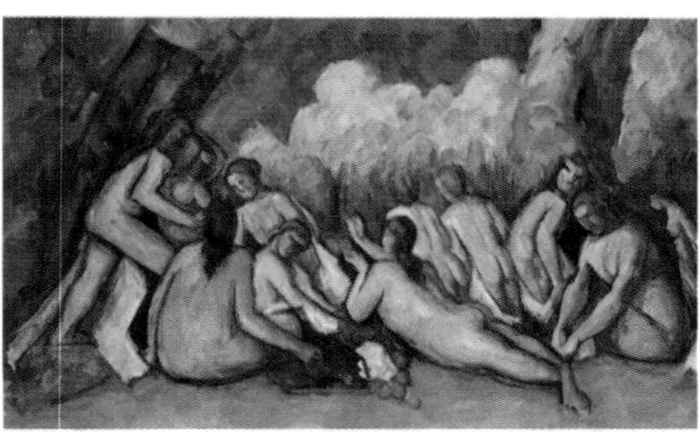

AMEDEO MODIGLIANI
Desnudo acostado

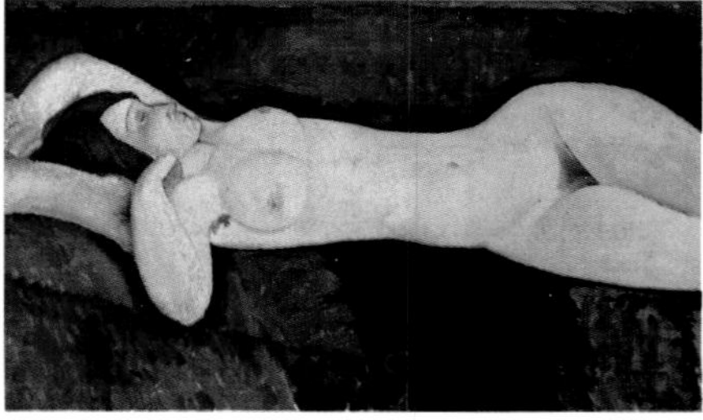

La tensión

Al hablar de tensión, la primera imagen gráfica que nos asalta es la de un arco tensado por una flecha. Si analizamos la imagen, podemos afirmar que la tensión es el fruto de dos fuerzas opuestas: la cuerda del arco y la fuerza que genera el brazo mediante la flecha.

En la antigua Grecia, el filósofo presocrático Heráclito argumentaba que la vida sólo era posible gracias a la lucha de contrarios: el árbol no existiría sin una oposición entre la semilla y la tierra, ni tampoco el día, la luz, si no fuese por la noche, la oscuridad. En el campo de la moral, el bien y el mal son las dos caras de una misma moneda: una permite la existencia de la otra. Es la clásica lucha que los griegos personificaron en las figuras de los dioses Apolo, símbolo del equilibrio y perfección, y Dionisos, que encarna el instinto y la irracionalidad, la pasión. La tensión es, por lo tanto, el resultado del enfrentamiento entre dos fuerzas opuestas; es el desequilibrio, una vibración o una presencia de algo que "no es", engendrado por lo que "sí es".

En el tema dedicado a la expresión, al referirnos a la obra hablábamos de la necesidad de sentirla como algo vivo; esa vida, ese cosquilleo que uno siente frente al arte, se debe a una tensión entre opuestos.

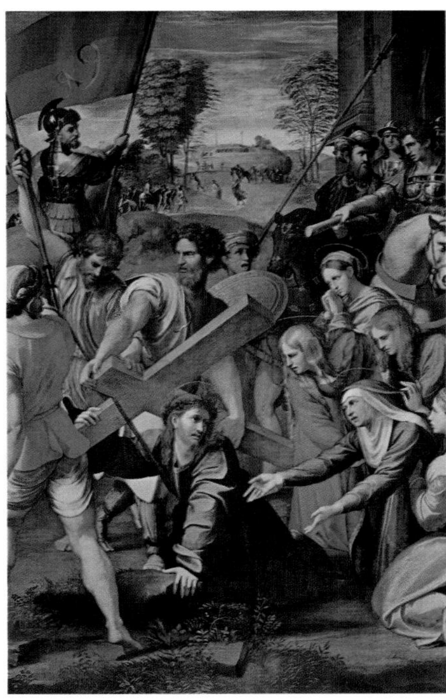

Rafael Sanzio
Caída en el camino del Calvario

El lienzo de Rafael *Caída en el camino del Calvario* refleja una increíble tensión en la acción plasmada. El pintor representa el dramático momento en que Cristo cae bajo el peso de la cruz que transporta, antes de ser crucificado. La intensidad del momento se refleja mediante la multitud de personajes que, con la direccionalidad de sus miradas y la contraposición de sus gestos, crean una sensación de desorden formal y emocional. El Salvador introduce un elemento de sufriente quietud en un espacio vibrante y en continuo movimiento.

La tensión, no sólo a nivel emocional, sino sobre todo desde un punto de vista formal, ha sido un elemento estudiado y explotado por los artistas a lo largo de los siglos. Goya, en *La carga de los Mamelucos*, crea una composición definida por la violenta contraposición de líneas y formas en un espacio vibrante de encendido cromatismo, de blancos cegadores y rojos sangrientos, con la intención de que, a través de la inestabilidad compositiva, el impacto que recibe el espectador trascienda el sentimiento para llegar a la reflexión moral.

Si en los ejemplos precedentes la acción era una fuerza engendradora de tensión, en *El buey desollado* es la muerte, la "falta de acción" por excelencia, la que se erige en elemento dinámico; los músculos inertes del buey siguen tensos, vibrantes contra el fondo oscuro. Se diría que el fin de la vida no ha traído consigo el fin del sufrimiento.

Francisco de Goya y Lucientes
La carga de los Mamelucos en la Puerta del Sol de Madrid

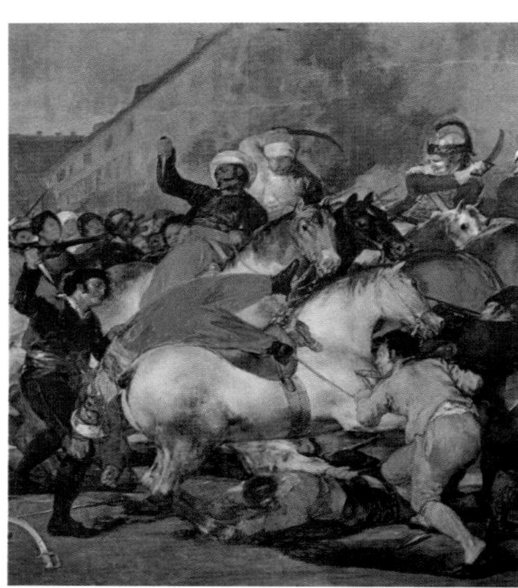

Rembrandt Harmenszoon van Rijn
El buey desollado

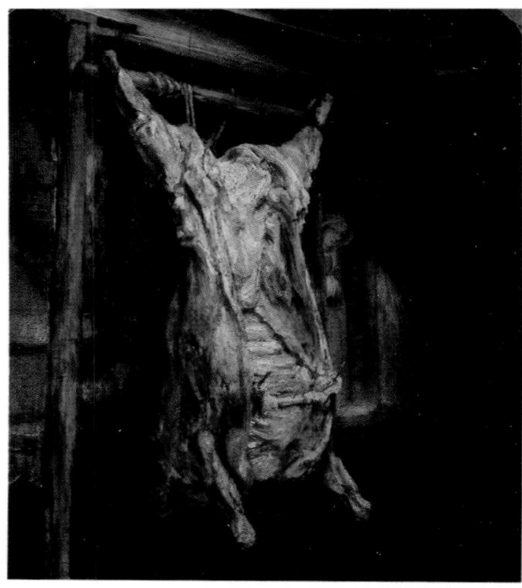

La síntesis

Para ver cómo todos los elementos analizados hasta ahora por separado concurren en una misma obra de arte, hemos seleccionado uno de los cuadros más representativos de uno de los mejores artistas de la historia del arte: el español Diego de Silva Velázquez. Se trata de Las Meninas, *una obra en la que este pintor dio acabada muestra de su dominio de conceptos como la luz (expresada a través de un magistral empleo del claroscuro), el color (restringido en cuanto a la paleta, pero con una infinita gama de matices para cada tono), la composición (siempre equilibrada) o, sobre todo, la expresividad, realzada por la perfecta conjunción y el exquisito equilibrio de todos los elementos que constituyen el alma del cuadro.*

En esta última sección, sin embargo, dejamos para el lector (el espectador) la tarea de mirar el cuadro a la luz de los elementos que hemos ido desgranando en las páginas anteriores. No se trata de realizar un análisis exhaustivo de la obra según criterios rígidos, sino de poner los conocimientos adquiridos al servicio de la sensibilidad artística de cada uno. Acompañan al cuadro cinco detalles del mismo, ampliados, cuya observación sin duda facilitará la apreciación global de la obra y lo que es aún más importante: su disfrute.

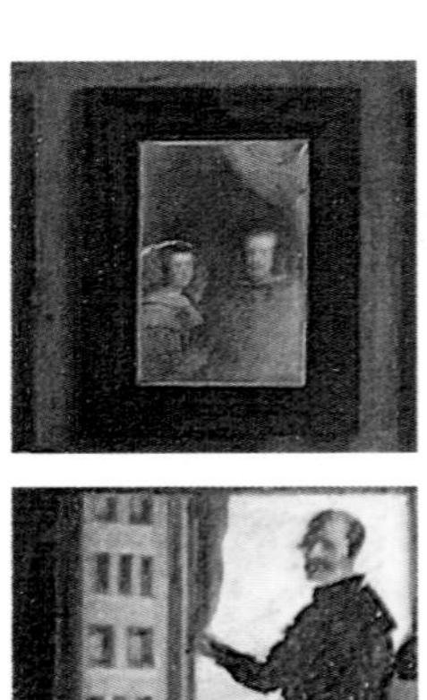

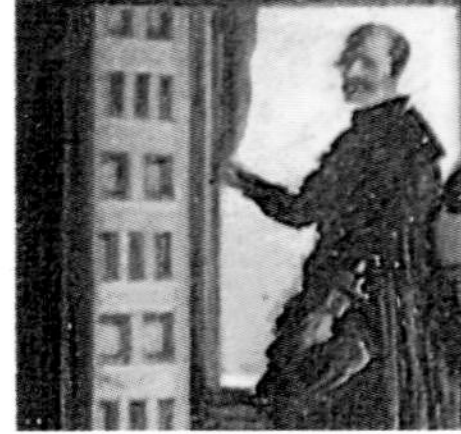

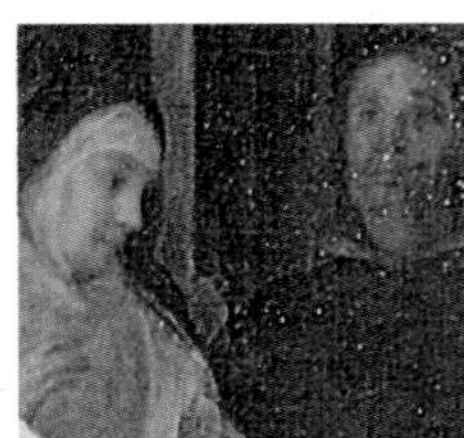

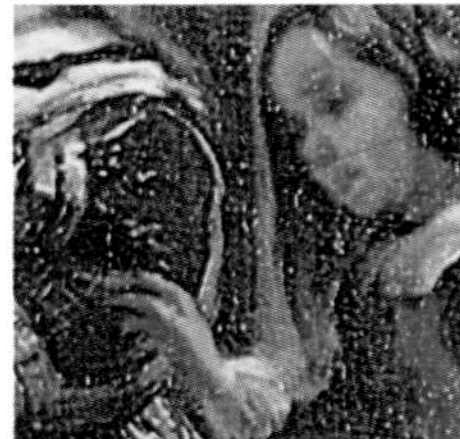

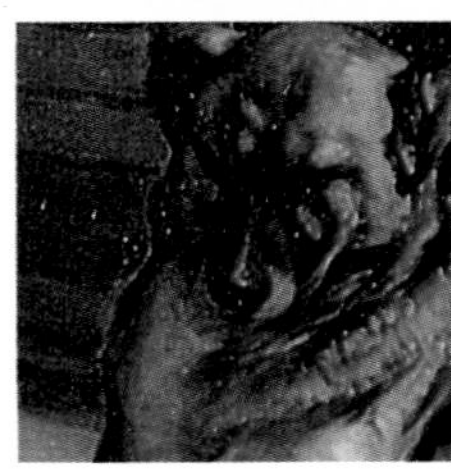

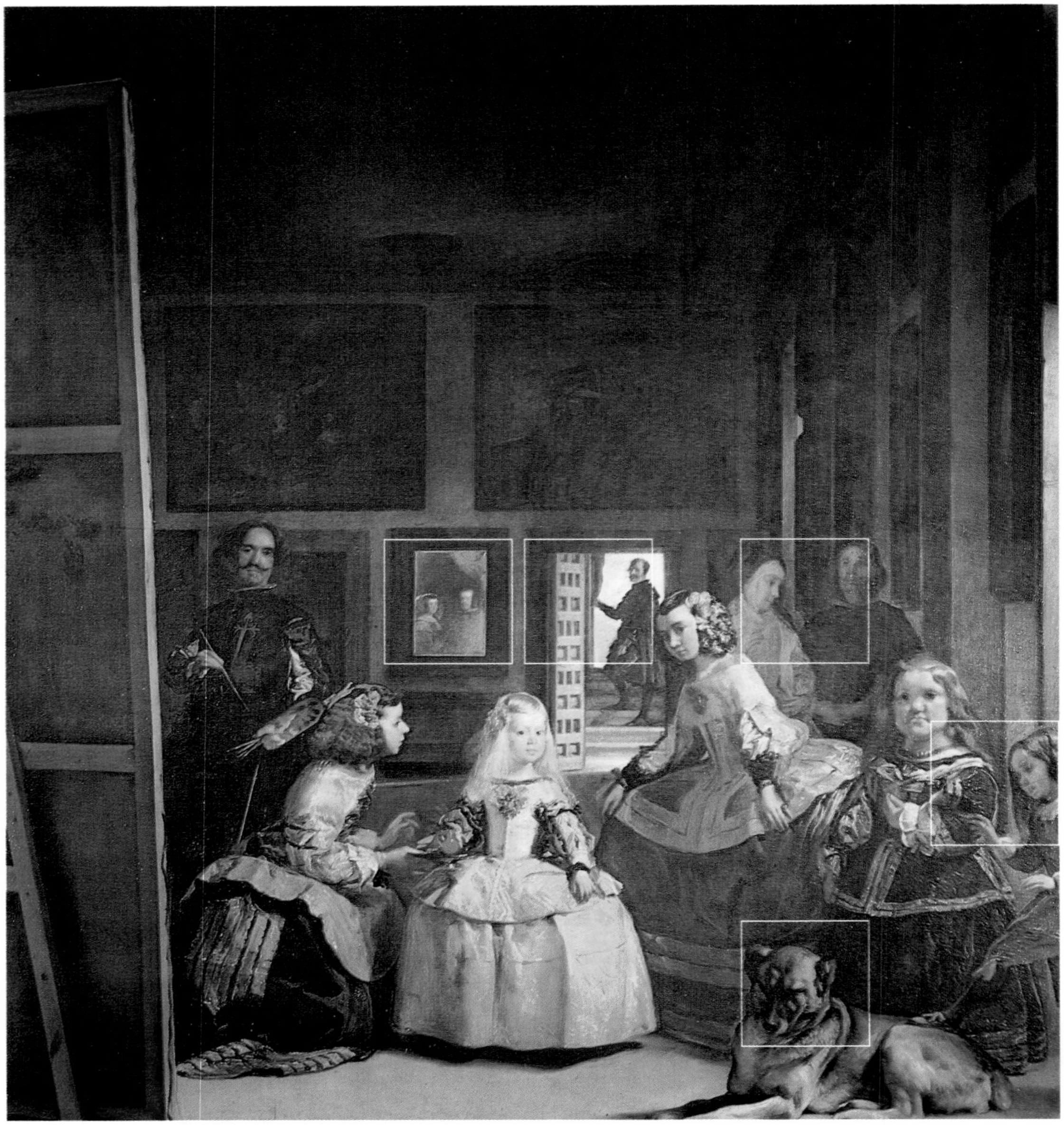

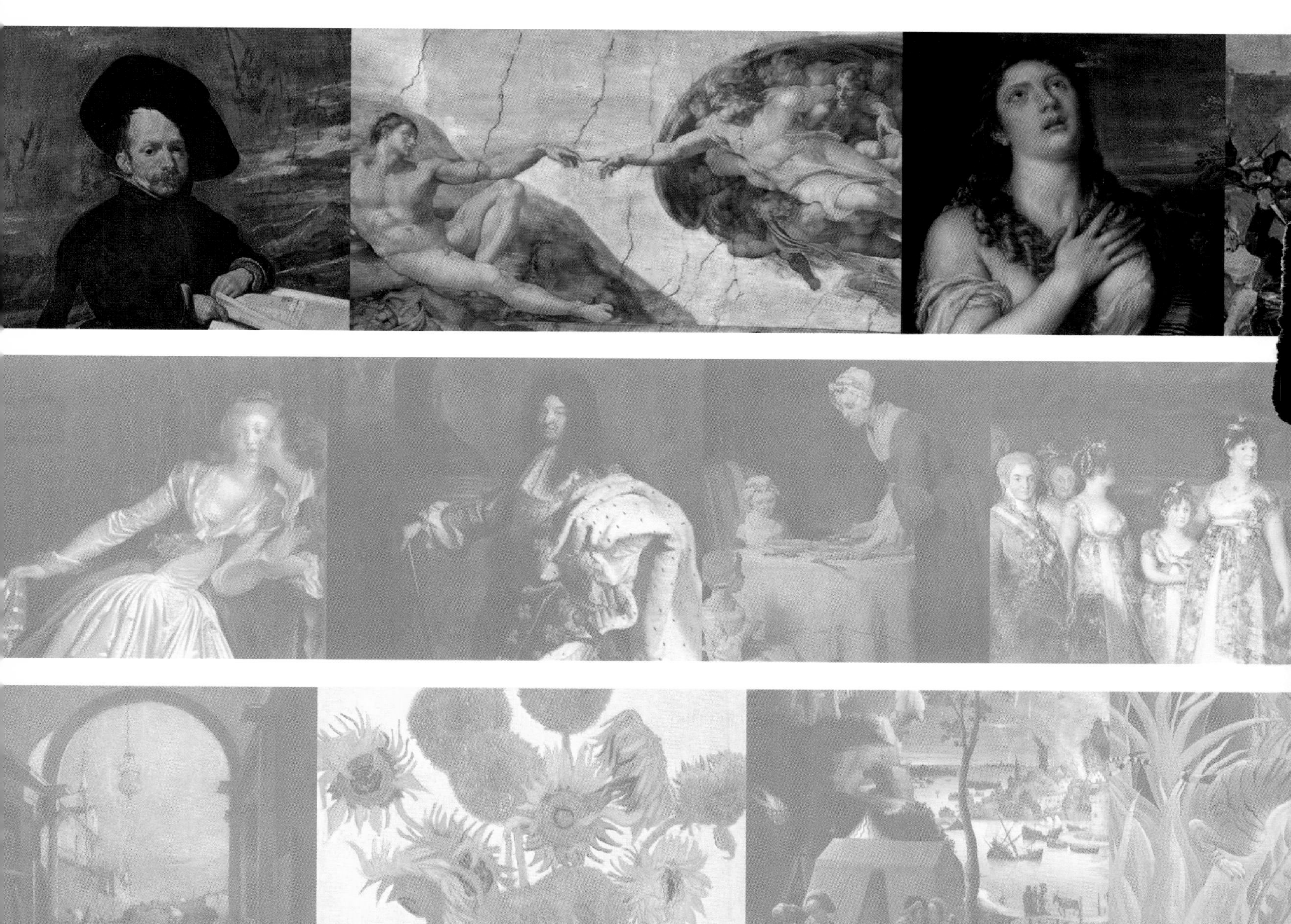
Henri Rousseau

LA CONDICIÓN HUMANA

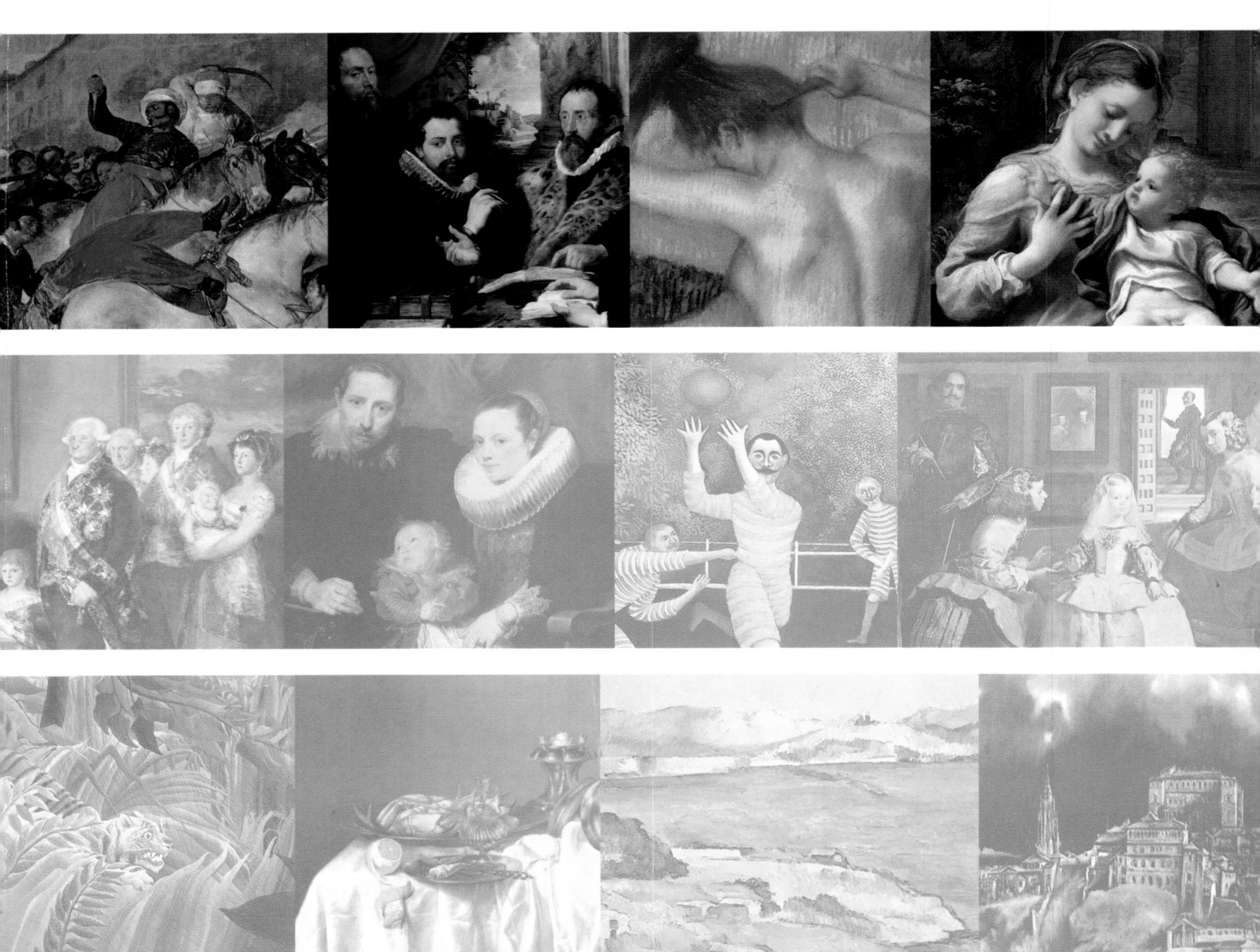

El cuerpo

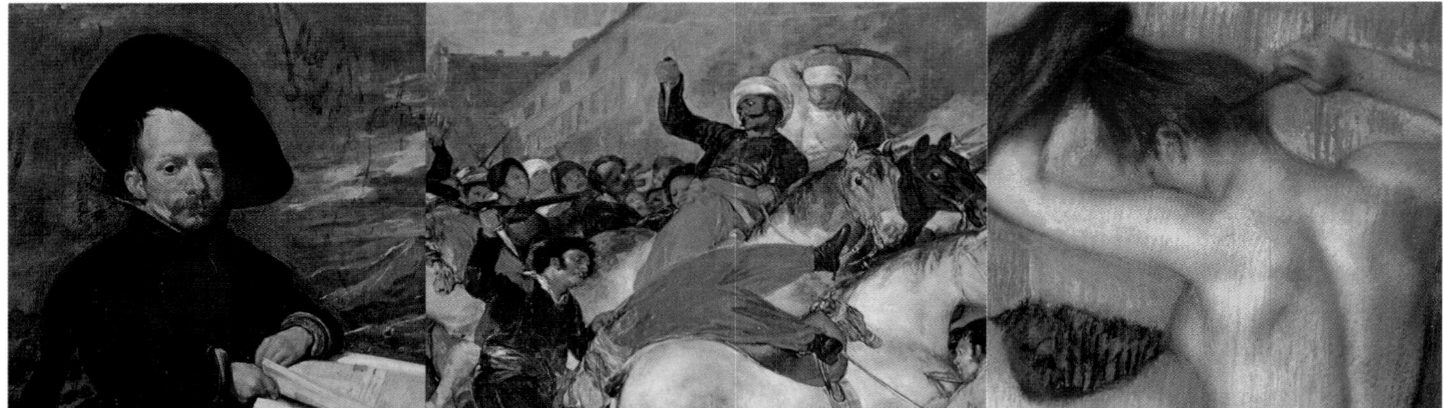

El cuerpo humano es, en la tradición pictórica de Occidente, el objeto emblemático de la pintura misma. La pintura acontece en la representación del cuerpo. El paisaje es pintura sin cuerpo, el bodegón es pintura como cuerpo; sólo la pintura del cuerpo o del rostro humano es plenamente pintura tal como se la ha entendido en Occidente desde el Renacimiento hasta entrado el siglo XX. El cuerpo desnudo, o el rostro como desnudamiento del alma, permiten desvelar una verdad oculta que se asocia con un concepto físico e intelectual de belleza.

Ello es así no sólo por la concepción cristiana de un Dios que crea a los seres humanos a su imagen y semejanza, y que después se hace hombre para descender entre ellos y morir su muerte, sometiendo su cuerpo a los sufrimientos y debilidades humanas. También la poderosa tradición que en Grecia y Roma adopta las proporciones del cuerpo humano como un canon de belleza –que se hace extensible a todas las formas de representación y a los espacios de habitabilidad y civilización–, pesa en la historia de la pintura, sobre todo a partir del Renacimiento. El cuerpo humano que Leonardo da Vinci inscribió en un círculo a partir de las proporciones propuestas por Vitruvio –la altura de un hombre es igual a su envergadura con los brazos extendidos– no determina solamente la correcta proporción que los miembros de un cuerpo bello deben guardar entre sí. También introduce la idea de que las medidas y las proporciones formales que rigen no sólo la creación artística, sino también el "orden moral", se derivan del cuerpo humano –reflejo de Dios–, estableciendo una conexión entre el microcosmos –el cuerpo individual– y el macrocosmos –Dios–. "El hombre es la medida de todas las cosas.". La célebre sentencia de Protágoras puede aplicarse también para el arte: el cuerpo da la medida, da la forma, da el color, da la luz.

No obstante, el hecho de que el mismo Leonardo dibujara a su hombre canónico forzando en cierto modo las proporciones de su cuerpo, falseándolas, demuestra hasta qué punto el ideal viene determinado a su vez por una distorsión, creándose un círculo vicioso en el que la realidad, por así decirlo, irrumpe siempre a modo de traspié y como de improviso. La forma está para ser forzada hasta que se hace visible como tal, y toda la pintura en Occidente gira en torno al prodigio de la visibilidad. El cuadro de Edgar Degas *Mujer en su*

aseo, *La gran odalisca* de Ingres, *La Maja desnuda* de Goya o el *Desnudo acostado* de Modigliani no pueden verse como meras celebraciones del cuerpo femenino. Tampoco se trata de toscas idealizaciones en el sentido de pintar un "deber ser" en lugar de un "ser". Pero sí que se nos ofrecen como campos de visibilidad extraída de donde, de otro modo, nada se vería tal y como la pintura hace posible que lo veamos. El pintor Francis Bacon hablaba, a propósito de su trabajo, de "zonas de sentimiento y emoción". Se refería, claro está, a la superficie pictórica. Pues bien, esto es lo que estos desnudos femeninos hacen visible: no lo que ellos representan, cuerpos desnudos de mujeres recostadas, sino eso que son: superficies de luz y color, texturas, formas.

El cuerpo humano constituye también un exceso, un objeto de escándalo. Su desnudez puede resultar ofensiva. Ninguno de los cuadros anteriormente citados busca transmitir al espectador una corporeidad material, son carne convertida en luz, aún a costa de mentir, como de hecho "miente" Ingres al forzar la posición de las piernas de su odalisca o al hacer demasiado larga su columna vertebral, o "miente" Goya al pintar a su Maja como si fuera una escultura de cera. También la *Mujer con un papagayo* de Courbet se nos presenta con un grado de turgente inverosimilitud que sólo resulta aceptable por la irónica broma de convertir la iconografía de Leda y el cisne en una escena mucho más doméstica que mitológica. Pero toda veracidad se desvanece cuando nos vemos confrontados a *Las bañistas* de Cézanne o a *Las señoritas de Avinyó* de Picasso. Los desnudos de Cézanne forman parte de las rocas y los troncos de los árboles, y ello no por medio de ninguna confusión mimética; lo que sucede es que las mujeres –¿son todavía mujeres?– aparecen pintadas como las rocas, como las ramas de los árboles, confundidas en una síntesis formal que ya no permite ni tan siquiera la ilusión de la piel, pues lo que aquí cuenta es la pintura, la organización de los volúmenes en una superficie plana. Picasso da un paso más allá. Sus señoritas de burdel aparecen también con un espíritu de composición heredero de Cézanne.

El lienzo que las enmarca hace pensar en el mantel arrugado de algún bodegón: cuerpos como frutas, podríamos pensar. Pero ni tan siquiera son frutas. Parecen reminiscencias de ídolos de madera o arcilla irrumpiendo en algún aquelarre capaz de confundir el amor con la muerte, la búsqueda del placer con un temeroso afán en pos de la propia destrucción. Tan ambiguas son estas figuras, tan incomprensibles a partir del mero ofrecerse de un cuerpo, y tan profundas en su seca materialidad, que el crítico de arte norteamericano Leo Steinberg se refirió a este cuadro como la representación de un "burdel filosófico", en el que la lección primera y principal se referiría a la vanidad de todo deseo y a la persistente fugacidad del tiempo.

La representación del cuerpo humano, singularmente el desnudo, ha sufrido importantes cambios a lo largo de los siglos. No se trata ya de la evolución de los cánones de belleza, que introducen obvias diferencias en el gusto, y tampoco de la permisividad que admite únicamente ciertos tipos de desnudos y en determinadas circunstancias. Velázquez pinta una mujer de espaldas en un contexto cultural y religioso en el que el desnudo femenino brilla por su ausencia. Goya pinta una muñeca de cera. Courbet escandalizó a sus conciudadanos con el exceso de carnalidad palpitante en la *Mujer con un papagayo*. Picasso, en cambio, pudo pintar el interior de un burdel con un haren de extrañas criaturas ofreciéndose para un juego que todavía se parece, en su versión entre lúgubre y amenazadora, al juego del amor.

La pintura ha sabido adaptarse a los condicionantes históricos sin por ello renunciar a sus ambiciones internas. ¿Cómo entender de otro modo la profusión de cuerpos de santos sometidos a martirio –singularmente el extasiado San Sebastián–, por no hablar del mismo cuerpo de Cristo en la cruz? El suplicio se convierte entonces en una ocasión excelente para que el artista muestre el cuerpo al límite de sus posibilidades de contorsión, convertido en el espacio de un drama, pero también en la zona abierta de una claridad nueva que el des-

nudo en reposo no ofrece con tanta intensidad. Ahí están el Cristo de Delacroix, como el mascarón de una nave en medio de la tempestad, o el San Sebastián de Ribera, como un hierro incandescente en la oscuridad. O los cuerpos agonizantes de *La balsa de la "Medusa"* de Géricault. Pero sin duda, un momento culminante nos lo proporciona el rostro, vagamente tenso por la curiosidad más que por el temor, de este San Bartolomé de José Ribera a las puertas de su martirio. Aquí, la desnudez del cuerpo –que recuerda en su disposición la víctima de los ladrones en *El buen samaritano* de Pollaiuolo– no iguala la fuerza de este rostro curtido, terriblemente humano, desde el que nos habla una suerte de atavismo que funde el tiempo histórico en un presente eterno y silencioso. Es un rostro de una insignificancia tan contemporánea, que resulta difícil no ver en él la sombra de eso que somos y olvidamos constantemente. Hubo que inventar la pintura para poder verlo.

Pero reduciríamos mucho las razones históricas de la pintura si nos limitáramos a lo que queda al descubierto generación tras generación de miradas posándose, gozosas y escrutadoras, sobre estas fuentes inagotables de visibilidad. La potencia del arte de la pintura consiste, en buena medida, en la superposición de planos que la mirada ha de ir apartando o penetrando. Mirar un cuadro es como leer un libro: se lee pasando página. Pero en la pintura, cada página dice lo mismo, y sin embargo el ojo ve cada vez más, lee cada vez más a fondo. El teórico del arte Richard Wollheim habla de un tiempo prolongado de contemplación del cuadro necesario para su comprensión. Entonces, y sólo entonces, podemos preguntarnos lo que históricamente tiene valor de dato objetivo: ¿por qué se pintaban retratos, por qué desnudos, por qué así y no de otro modo?

Dejar constancia del aspecto físico de una persona siempre ha sido una necesidad. Antes de la invención de la fotografía, la pintura constituyó el vehículo ideal para este fin. Velázquez pintó a menudo a la Infanta Doña Margarita para darla a conocer en la que sería su futura corte, y por ello hoy podemos ver tantos retratos de esta muchacha en Viena. Las intenciones del mismo Velázquez para pintar al bufón Don Diego son, sin embargo, otras. Y las de Picasso para llevar a cabo el retrato de su amiga la escritora Gertude Stein son también distintas. ¿Y qué decir de los autorretratos, verdadera obsesión en Rembrandt, impensable en muchos artistas tan sólo cien años antes?

La pintura sirve del modo más complejo a la necesidad más simple: mirarse, darse a conocer. Nosotros hemos convertido esa necesidad en una acción prosaica, hasta el punto de dejarla caer de nuevo en la invisibilidad. De tanto ver, hemos "desaprendido" a mirar. La época gloriosa del retrato del rostro humano y del cuerpo humano, que va del siglo XVI hasta el postimpresionismo, esto es, hasta 1900, supone también la celebración de lo subjetivo y de lo humano de un modo tan fulgurante, tan preciso, tan fugaz al mismo tiempo, que le permitió decir al filósofo e historiador francés Michel Foucault que la idea del hombre no había sido más que un "desgarrón" en el transcurso de la misma historia de la humanidad. Y la pintura se instaló en ese desgarrón para hacerlo brillar de un modo irrepetible.

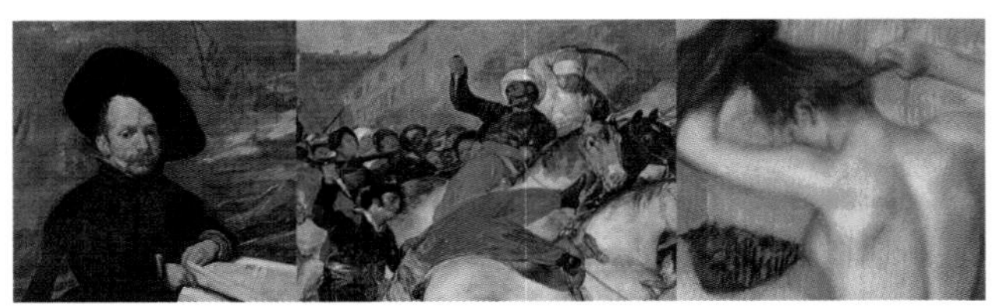

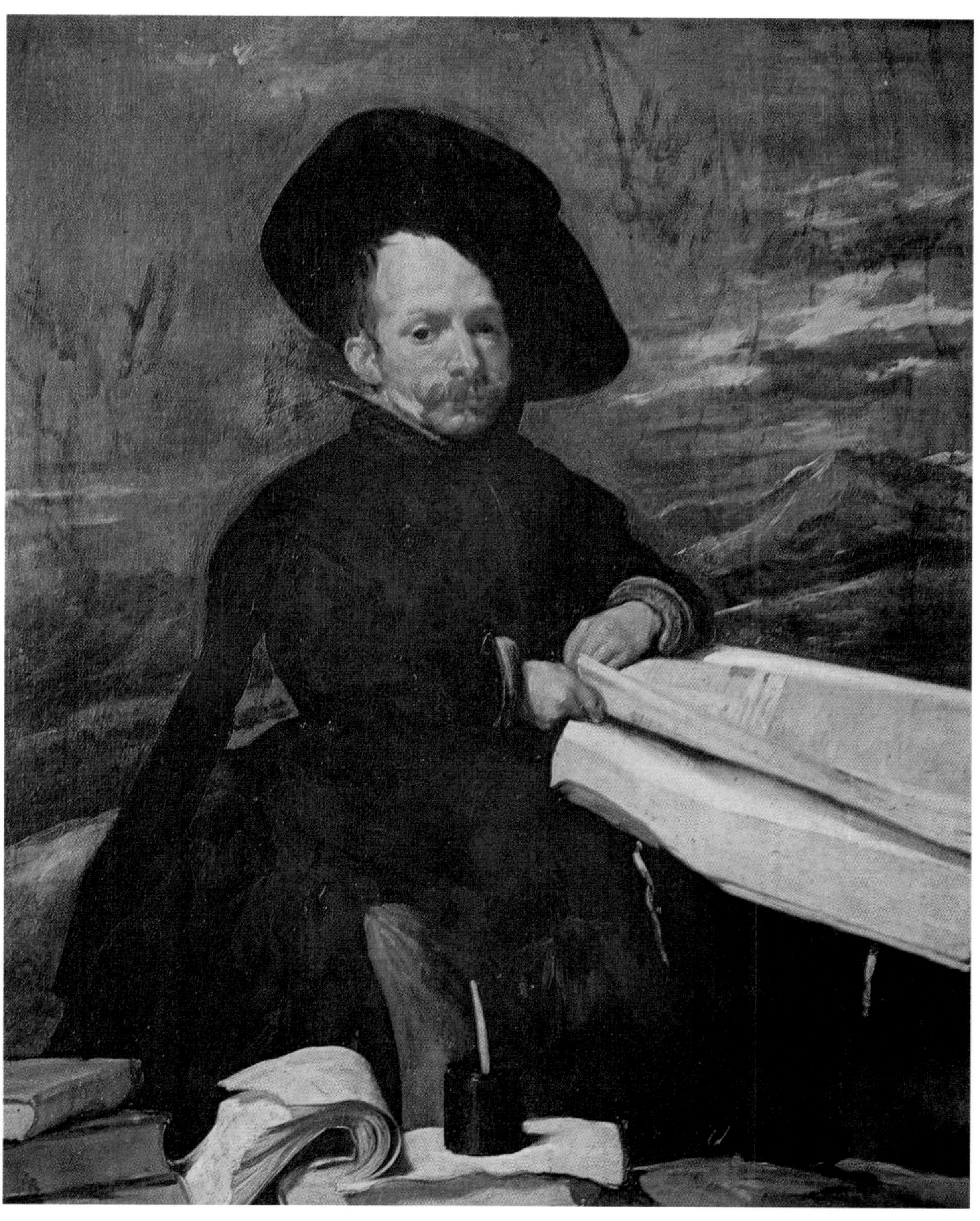

La mirada

"El rostro es el espejo del alma,
y los ojos, sus delatores."
CICERÓN

DIEGO DE SILVA VELÁZQUEZ *El bufón Don Diego de Acedo "El Primo"* 1,07 × 0,82 Museo del Prado

Hay, en esta pintoresca efigie del loco Don Diego de Acedo, como una burla del mundo de genealogistas y rebuscadores de ascendencias que pululaban en la España de su tiempo. Gruesos infolios forman el escenario de este curioso personaje que parece conocer al dedillo árboles genealógicos y ejecutorias de nobleza. La grave ropa negra e incluso el tono de ausente dignidad de su rostro ido, le hacen quizás el más severo y cortesano de la serie de los bufones. Como pura pintura, la maestría de los negros y los grises, y la realidad palpable de la naturaleza muerta, la hacen pieza de primer orden.

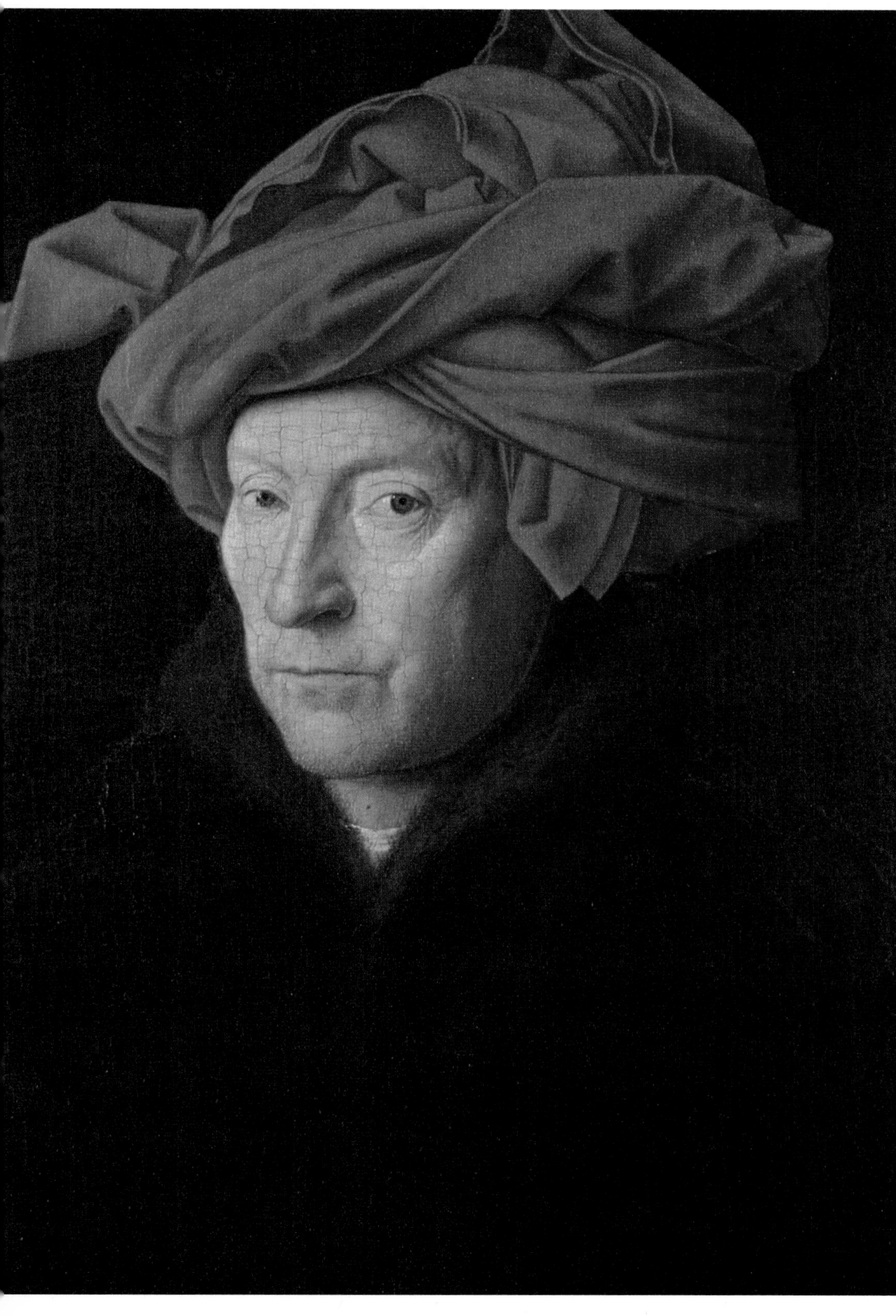

Jan Van Eyck
El hombre del turbante
0,33 × 0,26
National Gallery

Jan van Eyck fue uno de los primeros en perfeccionar la técnica al óleo, consiguiendo esa superficie uniforme y tersa, transparente y brillante, que tanto admiraban sus contemporáneos. Según Vasari, Van Eyck se convirtió en "objeto de envidia", al no permitir, durante mucho tiempo, que nadie viera cómo trabajaba, negándose a compartir su secreto con los compañeros.

Este hombre que luce un elaborado turbante rojo, podría ser el suegro del pintor, según algunos, o el mismo artista, según otros. Sin embargo, no hay pruebas concluyentes en ninguna de las dos suposiciones. El austero e inteligente rostro ha sido pintado con minuciosidad, pero Van Eyck no pierde nunca de vista el volumen de la cabeza, pese a su atención a los detalles. El resultado es un impresionante, aunque frío, retrato.

Sandro Botticelli
Retrato de un hombre joven
0,37 × 0,28
National Gallery

Los retratos de la primera mitad del s. XV eran meros perfiles que ofrecían aproximaciones ligeras y lejanas con las partes más sobresalientes del rostro. En cambio, en este retrato de rostro completo, el joven nos mira directamente, colocado sobre un fondo oscuro, con una presencia real y sorprendentemente moderna, aunque la identidad del personaje permanece desconocida. Botticelli ha pintado solamente las sombras para modelar las formas de la cara, sin precisar los rasgos, pero sin tratar de esconder ningún detalle de la personalidad retratada.

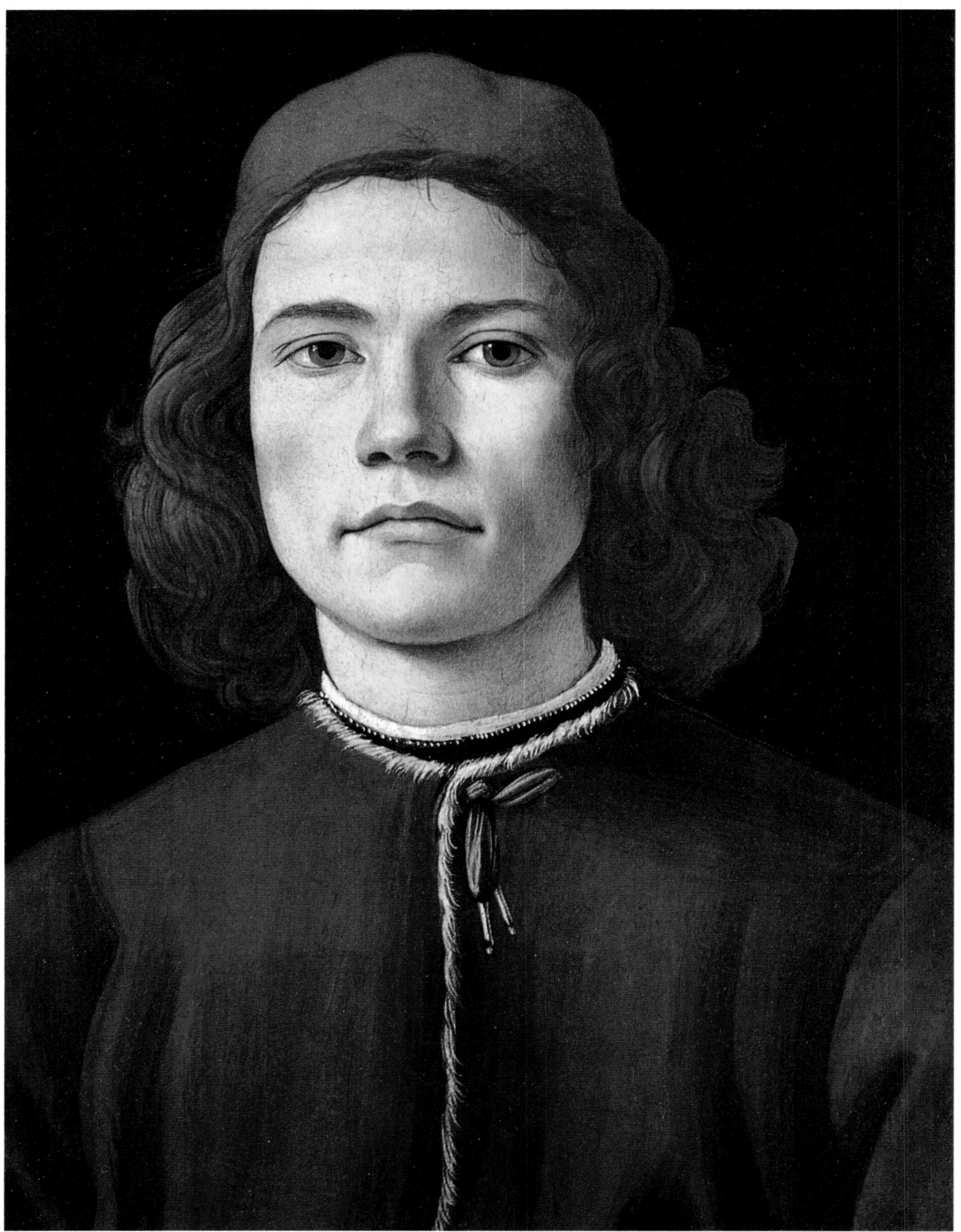

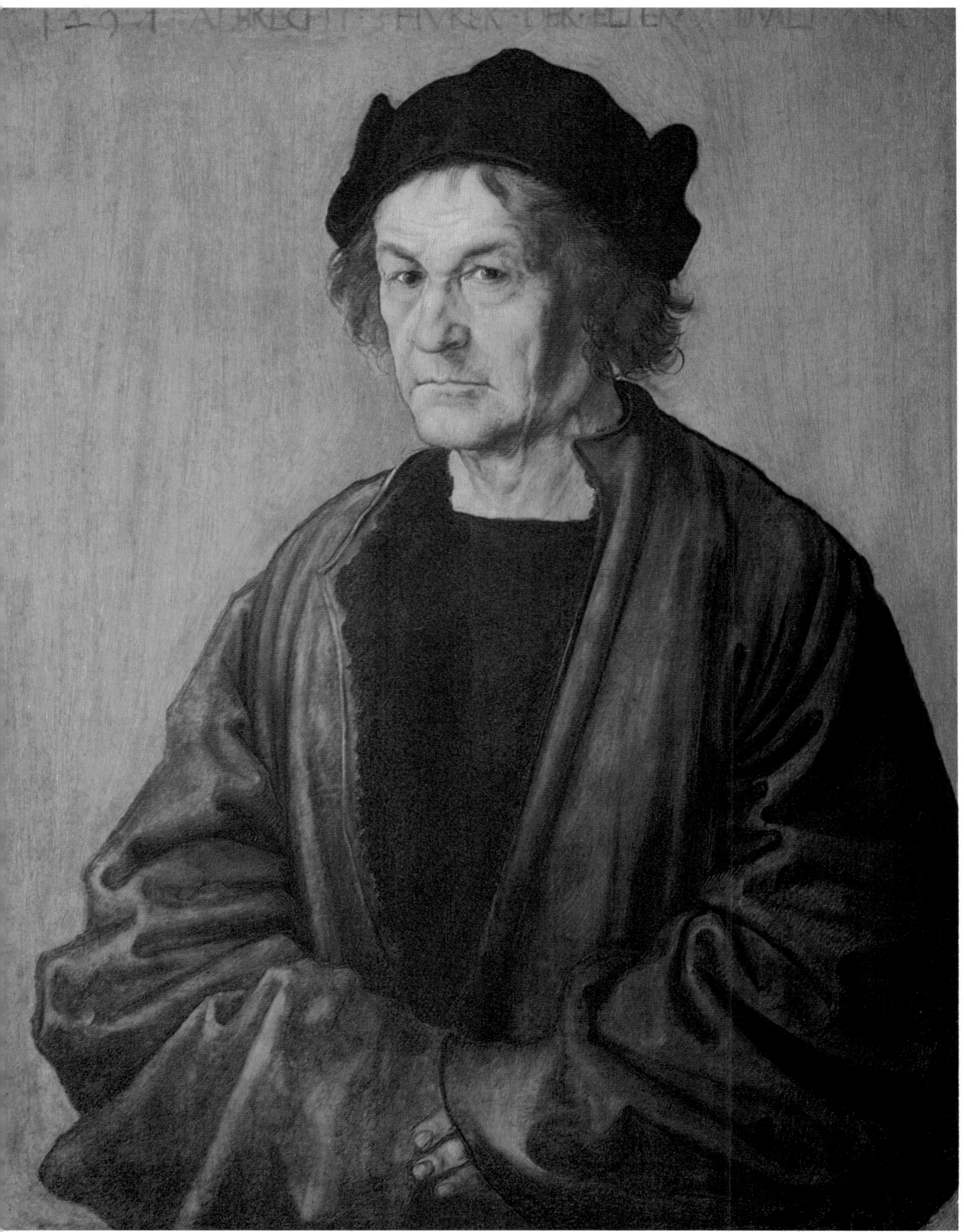

Alberto Durero (atribuido)
El padre del pintor
0,51 × 0,40
National Gallery

En 1636, la ciudad de Nuremberg, lugar natal de Durero, presentó este cuadro al rey Carlos I, junto a un autorretrato del artista que ahora se conserva en el Museo del Prado, de Madrid. A pesar de este convincente certificado de origen, el retrato ha sido objeto de una larga y feroz controversia. Si bien se acepta que probablemente es la más antigua y la mejor de las diversas versiones existentes del bosquejo, no todos los expertos coinciden en atribuirlo al mismo Durero.

Alberto Durero el Viejo, que tendría setenta años cuando se le efectuó este retrato, fue un orfebre y pintor que trabajó en Nuremberg, y fue también el primer maestro de su hijo.

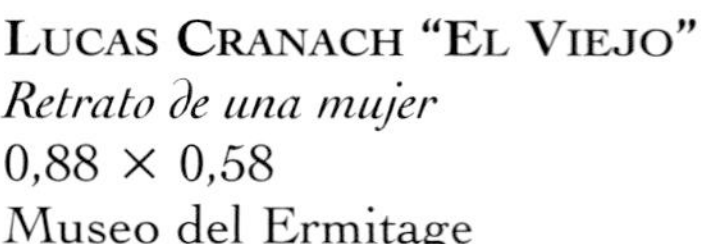

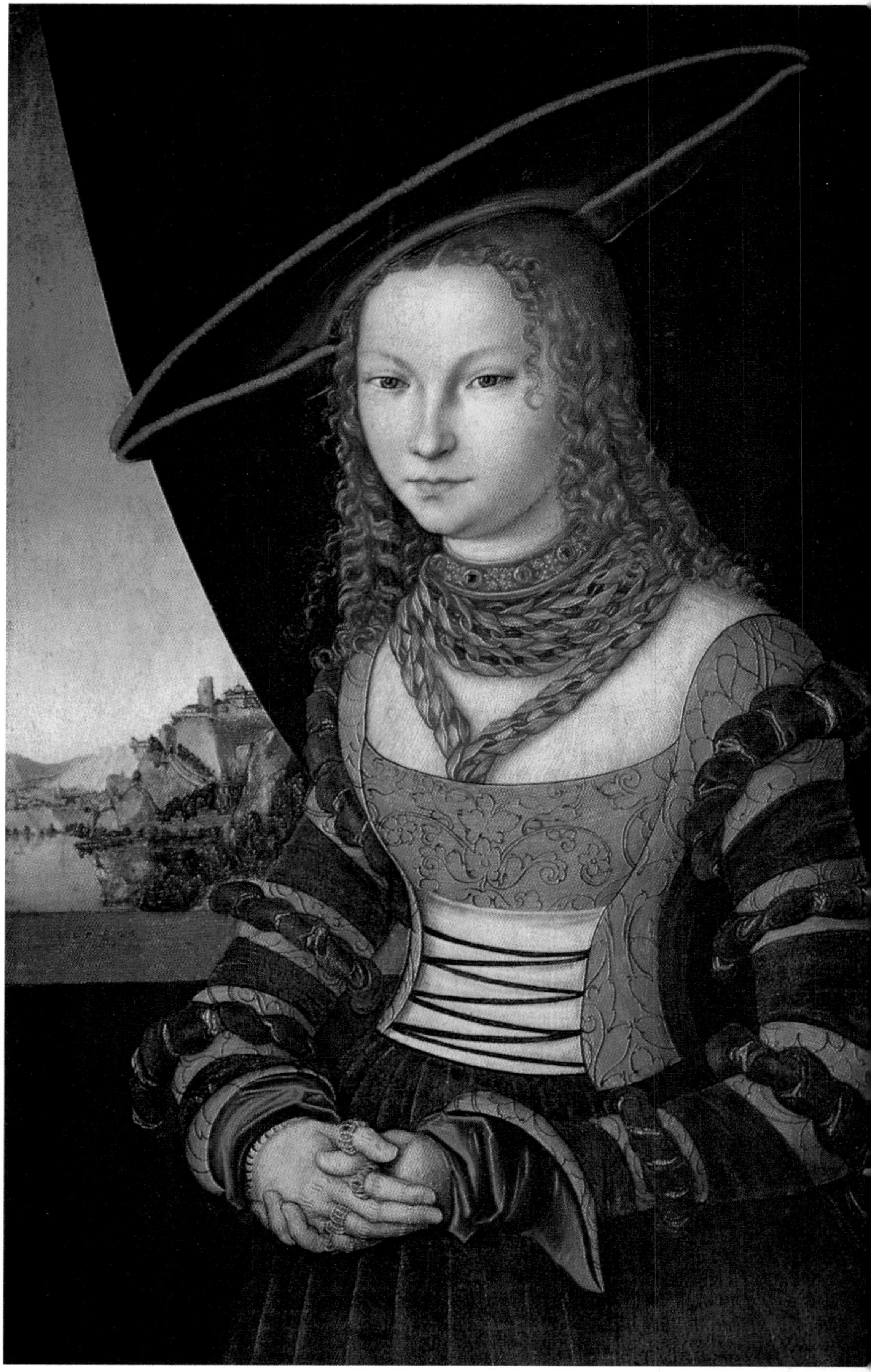

Lucas Cranach "El Viejo"
Retrato de una mujer
0,88 × 0,58
Museo del Ermitage

No parece ser ésta la imagen de una persona determinada, sino más bien una representación basada en los rasgos de dos mujeres: Katharina von Bora, esposa de Lutero, y la princesa Sibila de Clèves. El artista probablemente procura reflejar una belleza femenina ideal. La creación de este tipo de mujer idealizada fue el resultado de la búsqueda de nuevos temas, ya que la Reforma privó al arte de todo el material que surgía de la vida de los santos.

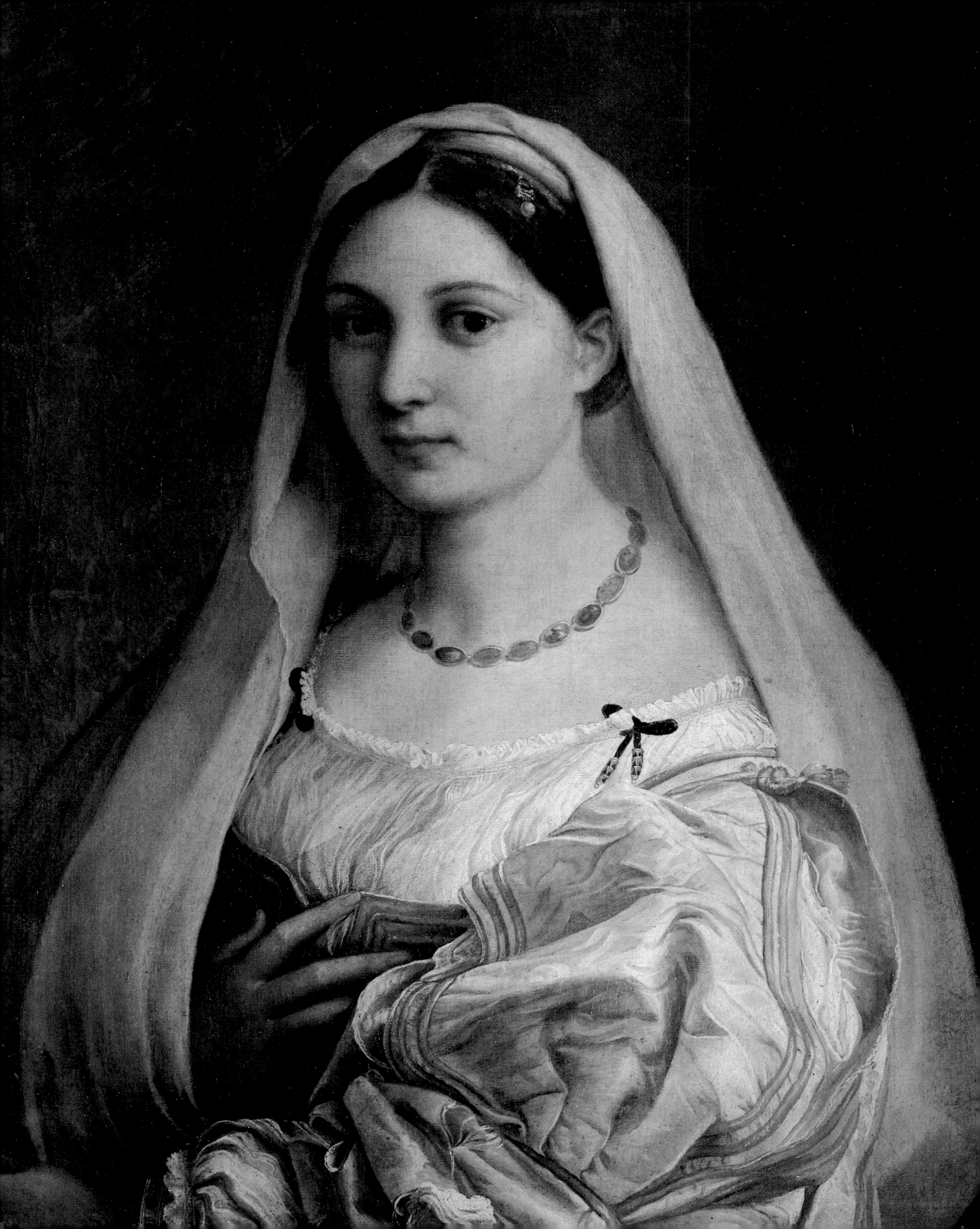

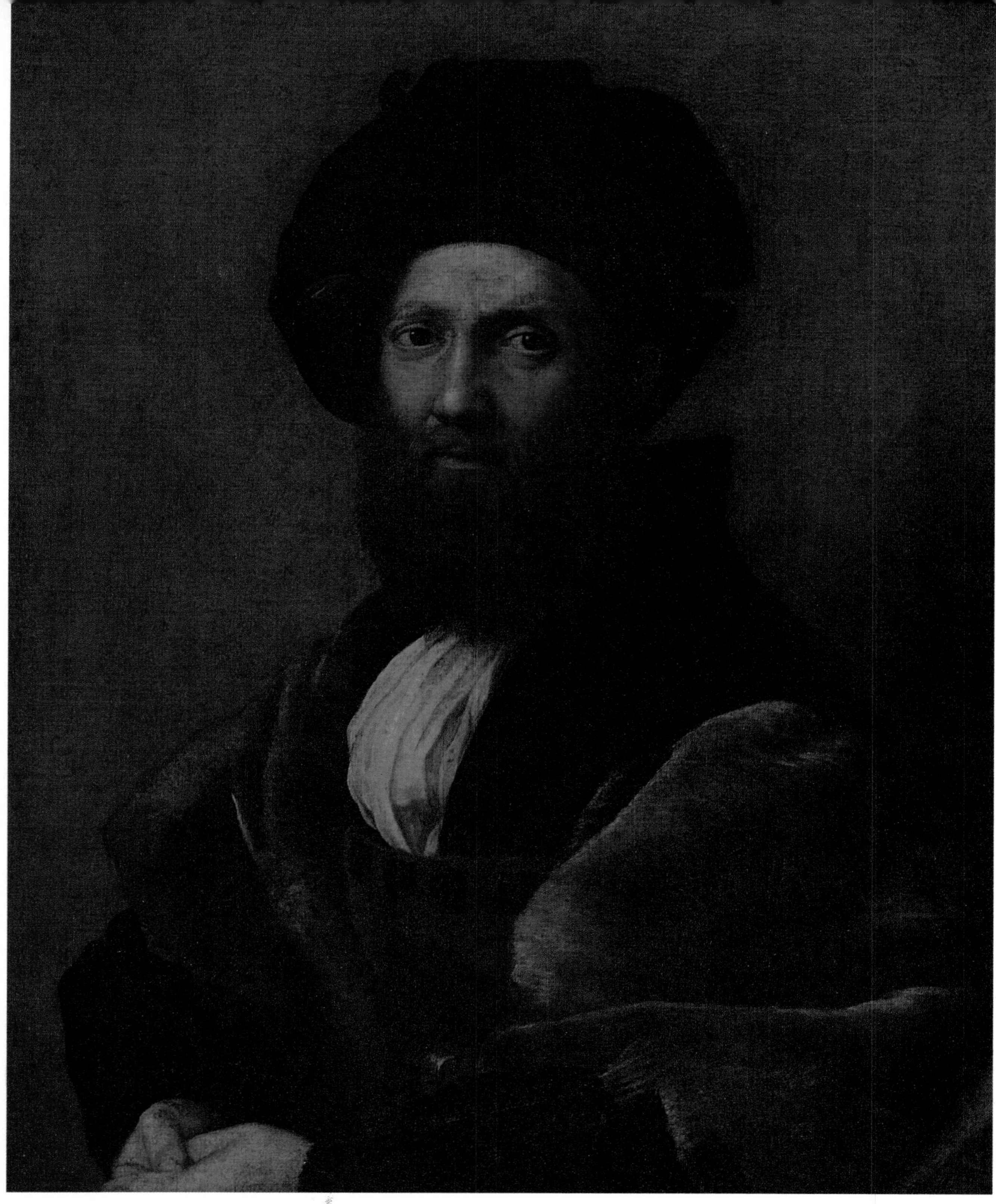

RAFAEL SANZIO
La velada 0,85 × 0,64
Palacio Pitti

La atención del pintor se centra en el hermoso rostro, en los pliegues de la manga, en los juegos de luz sobre el raso y el terciopelo y en el collar de ágata y ámbar. Presenta un gran esplendor cromático y los paños ricos que envuelven la belleza de la joven poseen un movimiento casi barroquizante, donde se manifiesta la tendencia veneciana del colorido.

RAFAEL SANZIO
Retrato de Baltasar de Castiglione 0,82 × 0,67
Museo del Louvre

Este sobrio y vigoroso retrato del famoso diplomático y autor de *El cortesano*, data del año 1515. Adquirido en 1661 para la colección de Luis XIV, enriqueció el conjunto de cuadros que el Louvre poseía del artista. Rafael propone aquí un tipo de armonía equilibrada, con una sabiduría cálida e inteligente en la expresión y en el color.

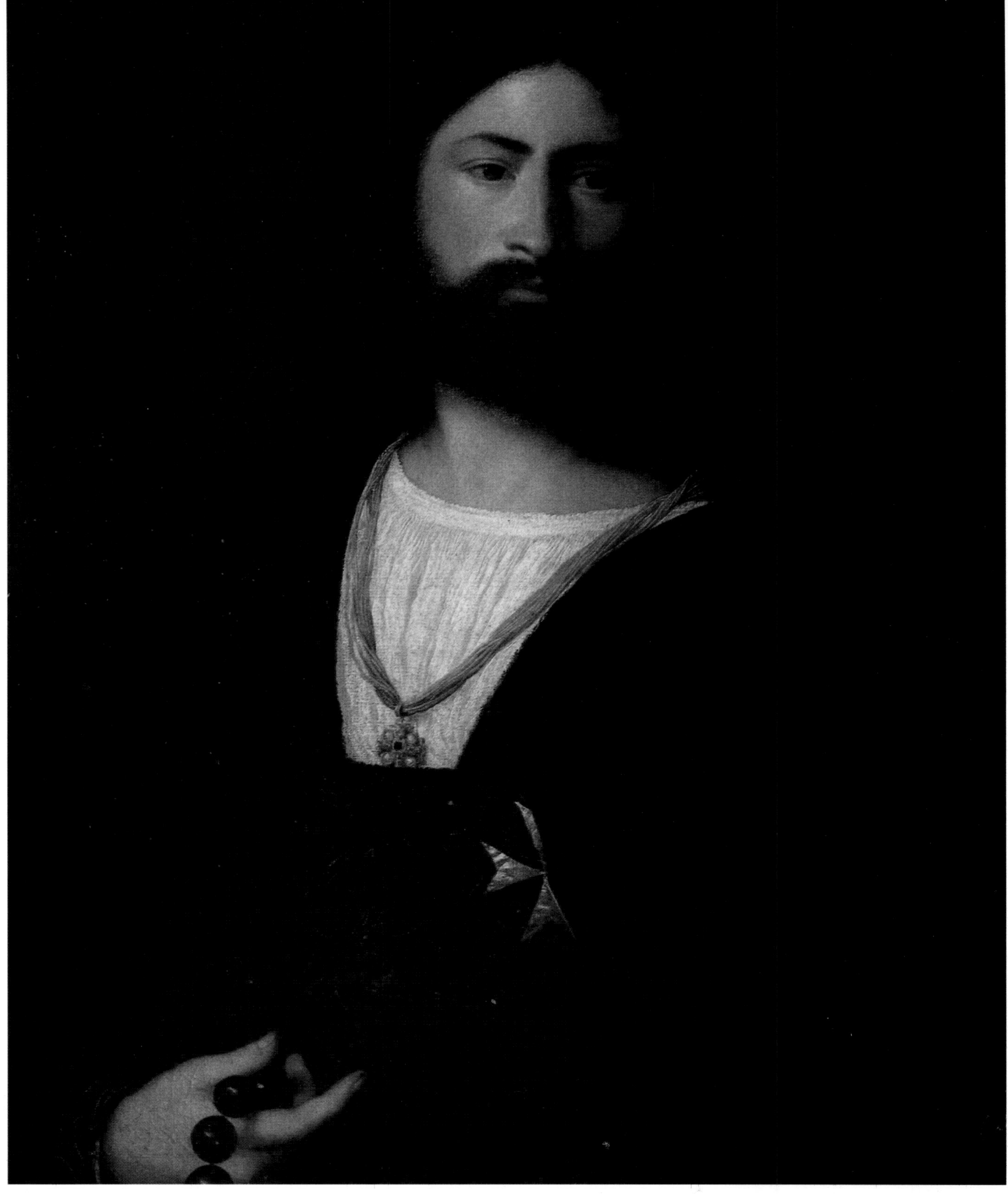

TIZIANO VECELLIO *El caballero de Malta* 0,80 × 0,64 Galería de los Uffizi

Tiziano fue la figura preeminente del *Cinquecento* véneto. Las figuras de sus obras se presentan heroicamente poderosas, como un eco lejano de la grandiosidad miguelangelesca, adquiriendo en la última etapa de su infatigable actividad una expresión casi dramática y un mágico juego de palpitantes claroscuros, donde las sombras, llenas de tensos significados, quedan vencidas de improviso, convirtiéndose en objeto de exploración a cargo de haces de luz casi milagrosos. El lienzo de *El caballero de Malta* procede del legado del cardenal Leopoldo de Médicis, quien lo había adquirido en Venecia. Fechado hacia 1518, durante algún tiempo se atribuyó a Giorgione, pero es claramente tizianesca la manera firme de encuadrar la figura de medio cuerpo y el afortunado juego de la sombra y la luz.

AGNOLO BRONZINO *Don García de Médicis* 0,48 × 0,38 Museo del Prado

Como retratista, Bronzino nos dejó retratos impecables y acerados. Minucioso en la técnica, y de una profundidad de análisis casi sin equivalencia, consiguió una calidad de distanciamiento asombrosa y, bajo su apariencia casi fotográfica, una hondura de interpretación, que hacen de él uno de los primeros retratistas de todos los tiempos. Su altiva frialdad se atempera un tanto ante los niños, cuya vitalidad es capaz de traducir de modo perfecto.

Este don García, hijo del gran duque Cosme I y de la española Leonor de Toledo, retratado en 1549, cuando apenas cuenta dos años de edad, es un tanto excepcional por su viveza gozosa en una corte nerviosa y enfermiza.

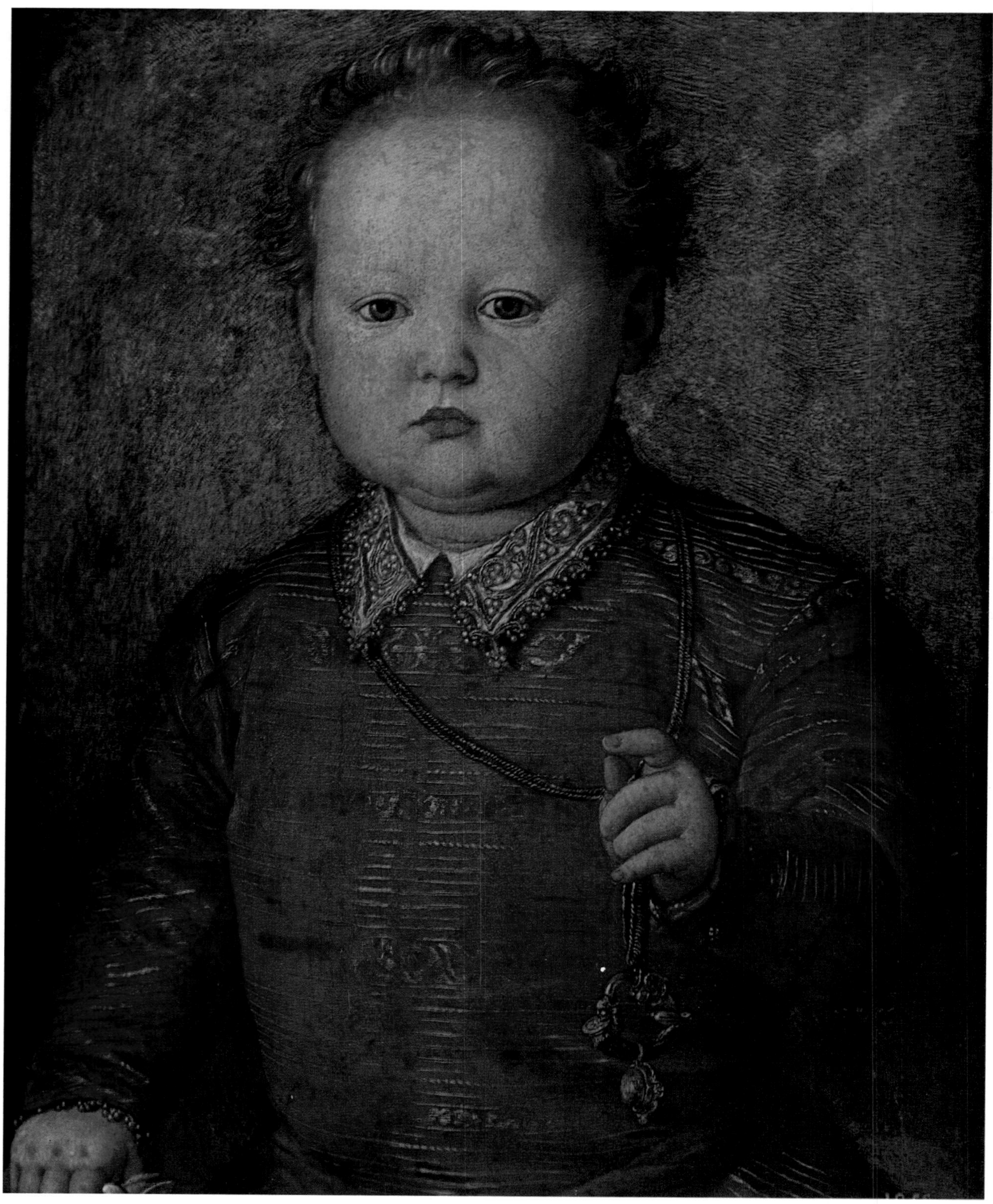

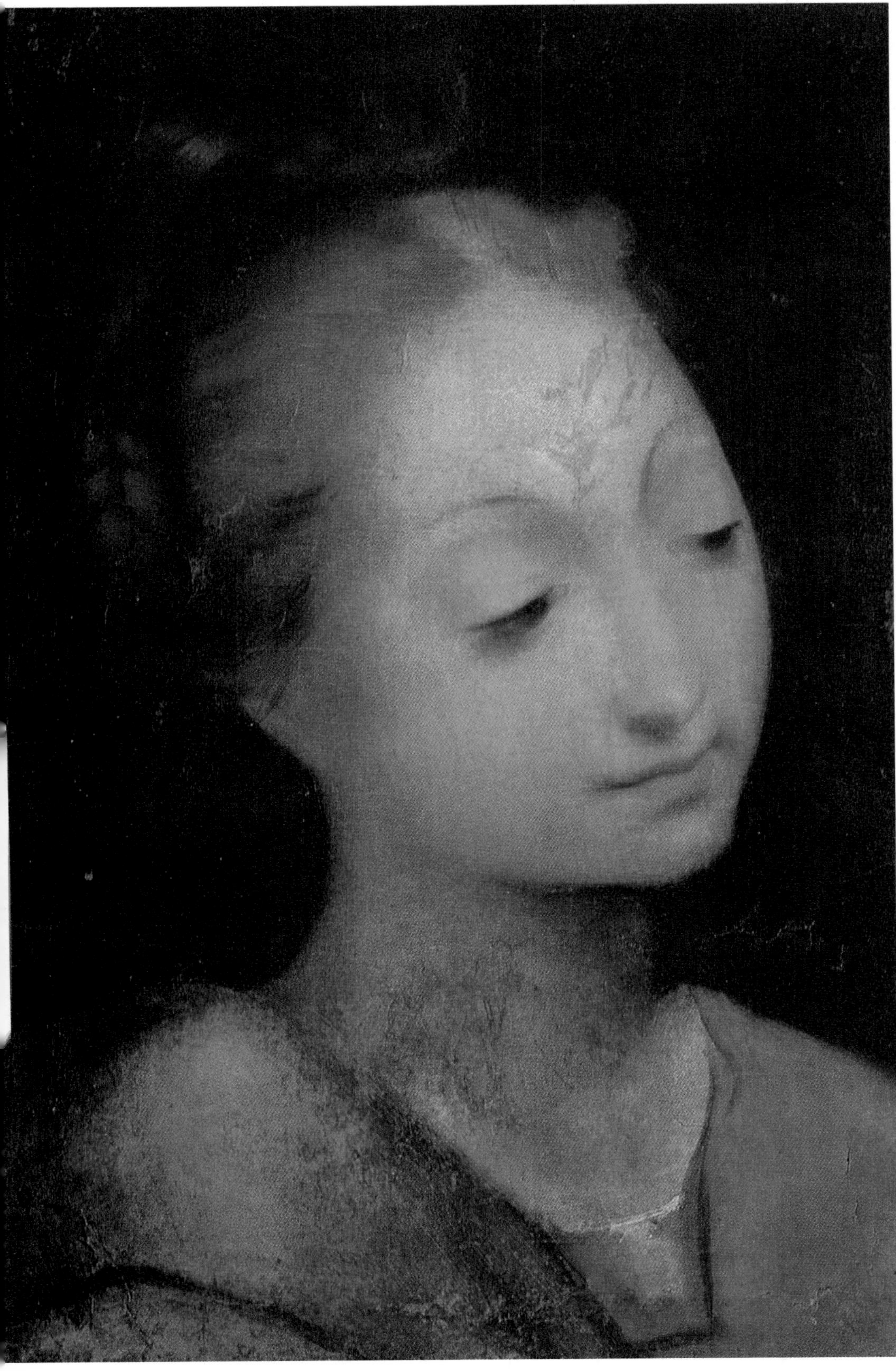

Federico Baroccio
Cabeza de la Virgen
0,44 × 0,30
Pinacoteca Vaticana

El estilo de Baroccio tiene ostensibles concomitancias con el de Correggio, caracterizado por el suave difuminado de las figuras sobre el fondo, pero resulta difícil comprender cómo pudo entrar en contacto con la obra del artista parmesano. La morbidez de sus carnaciones preanuncia el aspecto más típico de la pintura del s. XVIII. En la *Cabeza de la Virgen,* que es un boceto para una *Anunciación,* adorna la melosidad de este rostro con tonos que recuerdan al pastel. La encantadora expresión y el cálido colorido están próximos a la sensiblería, aunque la portentosa técnica de Baroccio y su sentido del equilibrio le impiden caer en la exageración.

El Greco (Domenicos Theotocopoulos)
El caballero de la mano al pecho
0,81 × 0,66
Museo del Prado

Domenicos Theotocopoulos se establece en Toledo en 1577 y desde entonces viene a identificarse de tal modo con el ambiente y tono humano de la ciudad imperial, que para nosotros la España de entonces es ya, para siempre, la de los personajes afilados y visionarios que el cretense más universal pintó.

Así, por ejemplo, este caballero de la mano al pecho, tópico casi, a fuerza de citaciones literarias, ha venido a ser el prototipo del hidalgo español del tiempo de Cervantes, cargado de irremediable y severa melancolía. El ignorar, además, la identidad del personaje añade un tanto de misterio a esta inolvidable figura cuya mano parece afirmarnos un juramento o una promesa, y cuyos ojos nos miran desde un más allá que es como el fondo de nuestra propia conciencia.

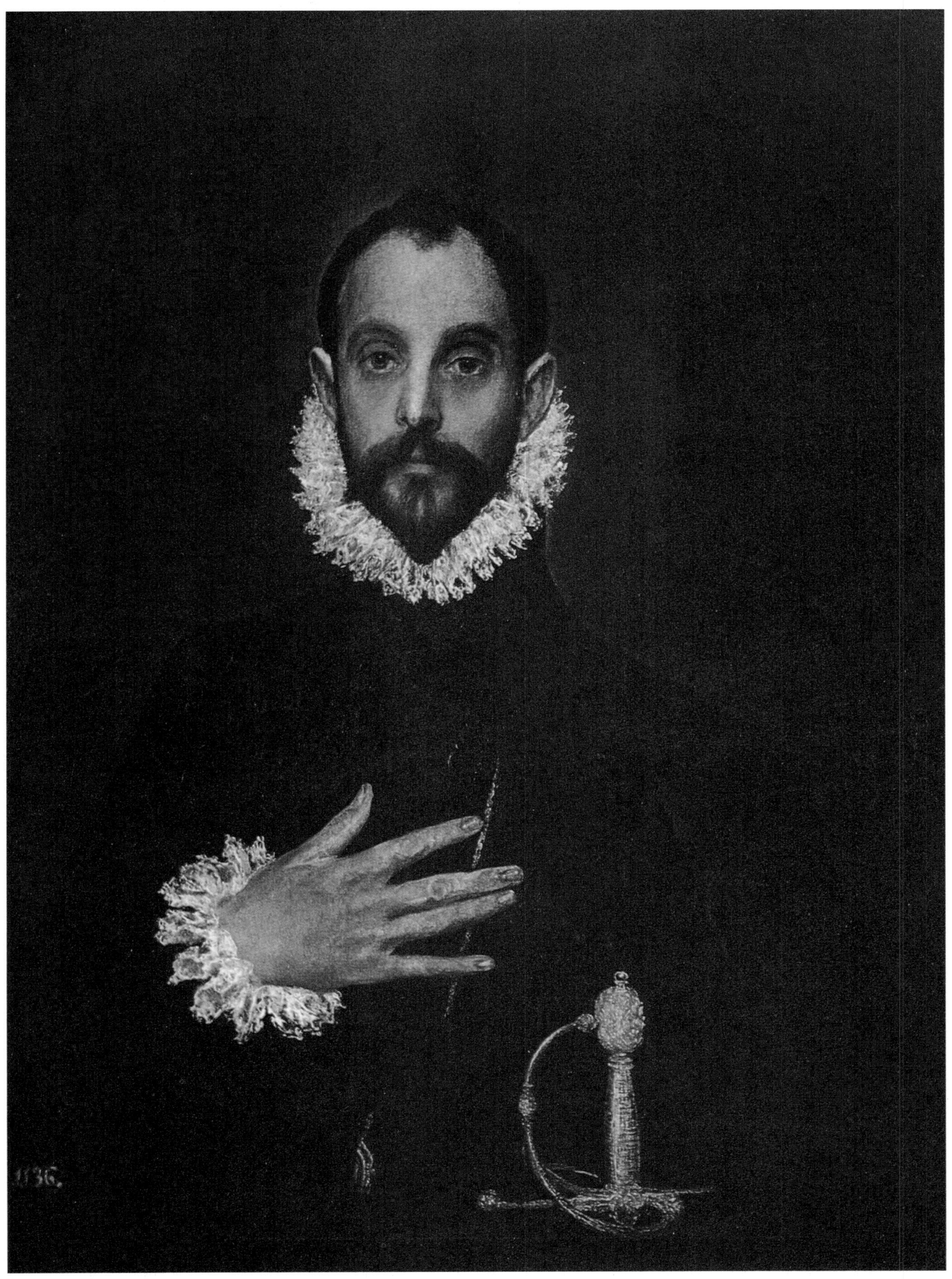

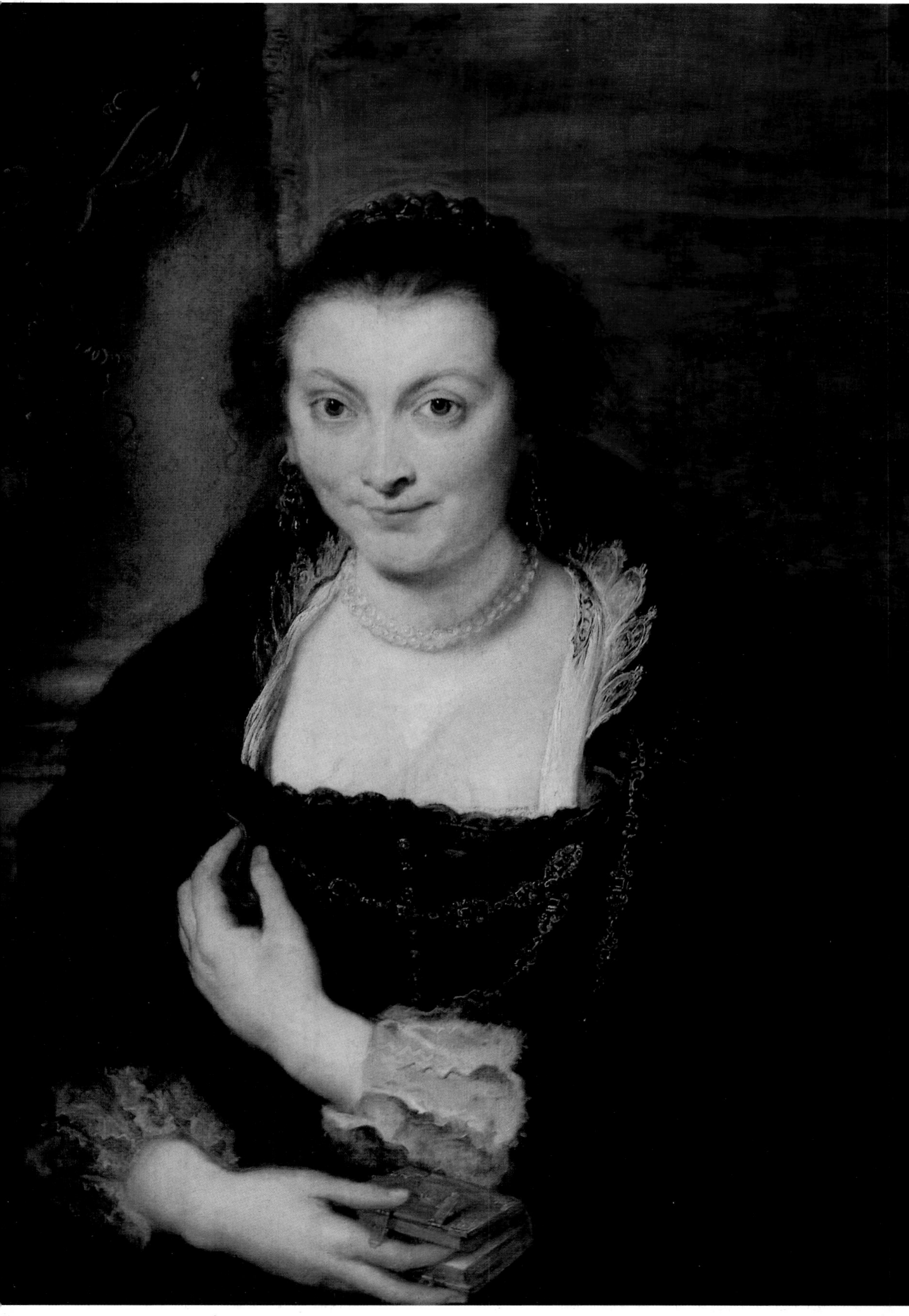

PETER PAUL RUBENS
Retrato de Isabel Brandt
0,86 × 0,62
Galería de los Uffizi

Este retrato recoge la efigie de la primera esposa del pintor y fue realizado hacia 1624. La luz abundante destaca el rostro feliz de su compañera durante tantos años, sobre un fondo rojo que enciende las formas barrocas en una tonalidad caliente. No sólo el nuevo lenguaje de Caravaggio interviene en este cuadro, sino el colorido de Tiziano y la tonalidad del Veronés. Rubens juega con la fantasía del color, aunque limitada al rojo, al negro y al blanco, mientras la luz solar se proyecta sobre la seda del vestido, sobre las puntillas y sobre las joyas, amorosamente descritas a toque de pincel. La columna y el pámpano del fondo parecen querer simbolizar calladamente la fortaleza y la fragilidad femenina.

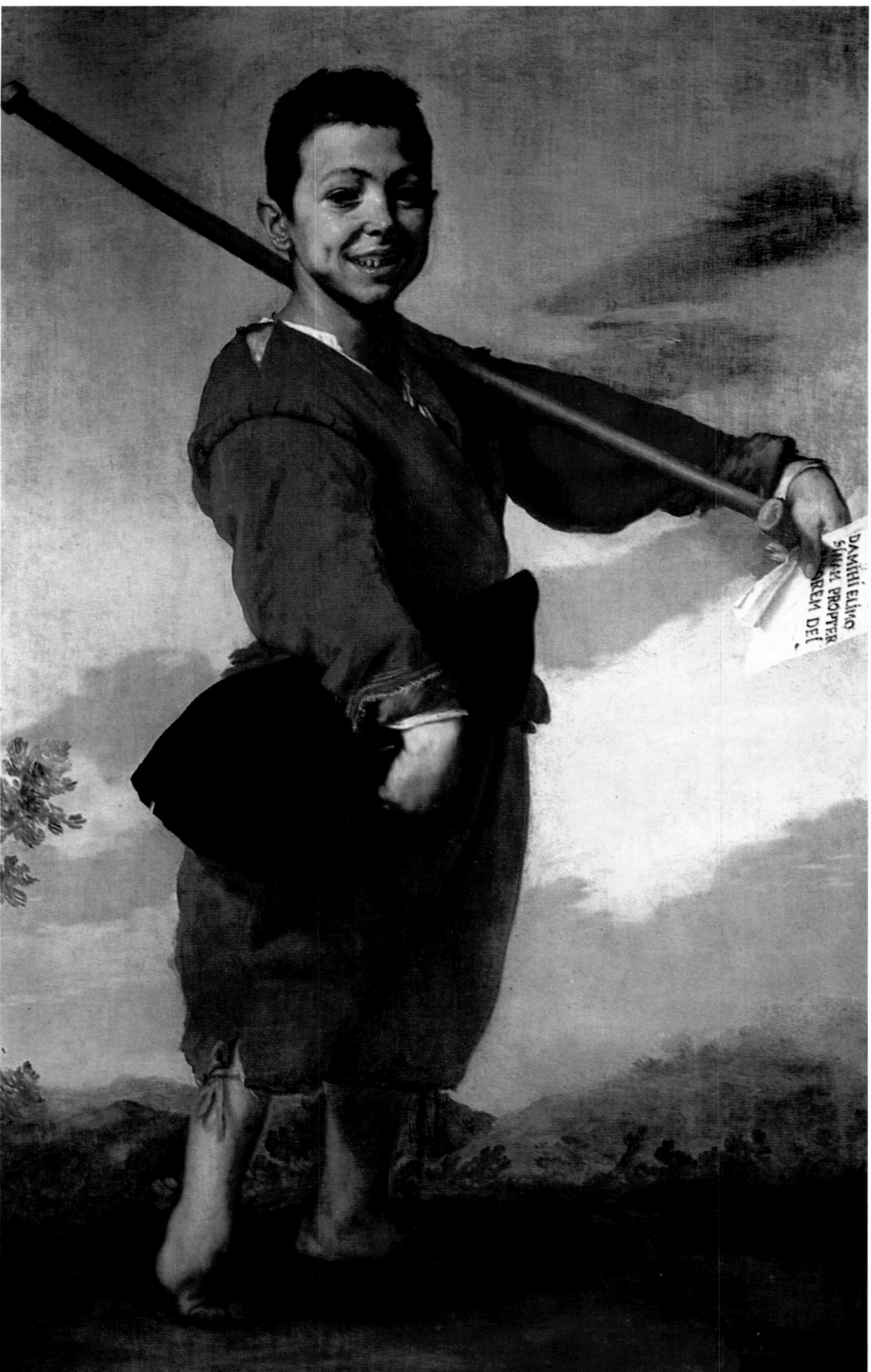

José de Ribera "El Españoleto"
El pie deforme
1,64 × 0,92
Museo del Louvre

En esta tela, como en otras obras de madurez, Ribera se incorpora a la tradición realista española por medio de la asimilación del naturalismo de Caravaggio, que pudo estudiar en Nápoles. La ausencia de puesta en escena y el realismo directo de la representación de este enfermo, sin duda también mudo puesto que lleva en la mano un letrero escrito en latín, solicitando limosna —*Da mihi elimosinam propter amorem Dei*—, no impide que el personaje exhiba una cierta arrogancia sonriente que le emparienta con la tradición de la picaresca española. Al gusto popular y caravaggiesco se suma así un sentimiento de la debilidad del hombre que explica que en la España realista y trágica, cínica y cristiana, del Siglo de Oro hubiese tal preferencia por la representación de deformidades físicas; no sería serio, sin embargo, recargar de simbolismo la bella y sobria tela de Ribera, más franca que patética.

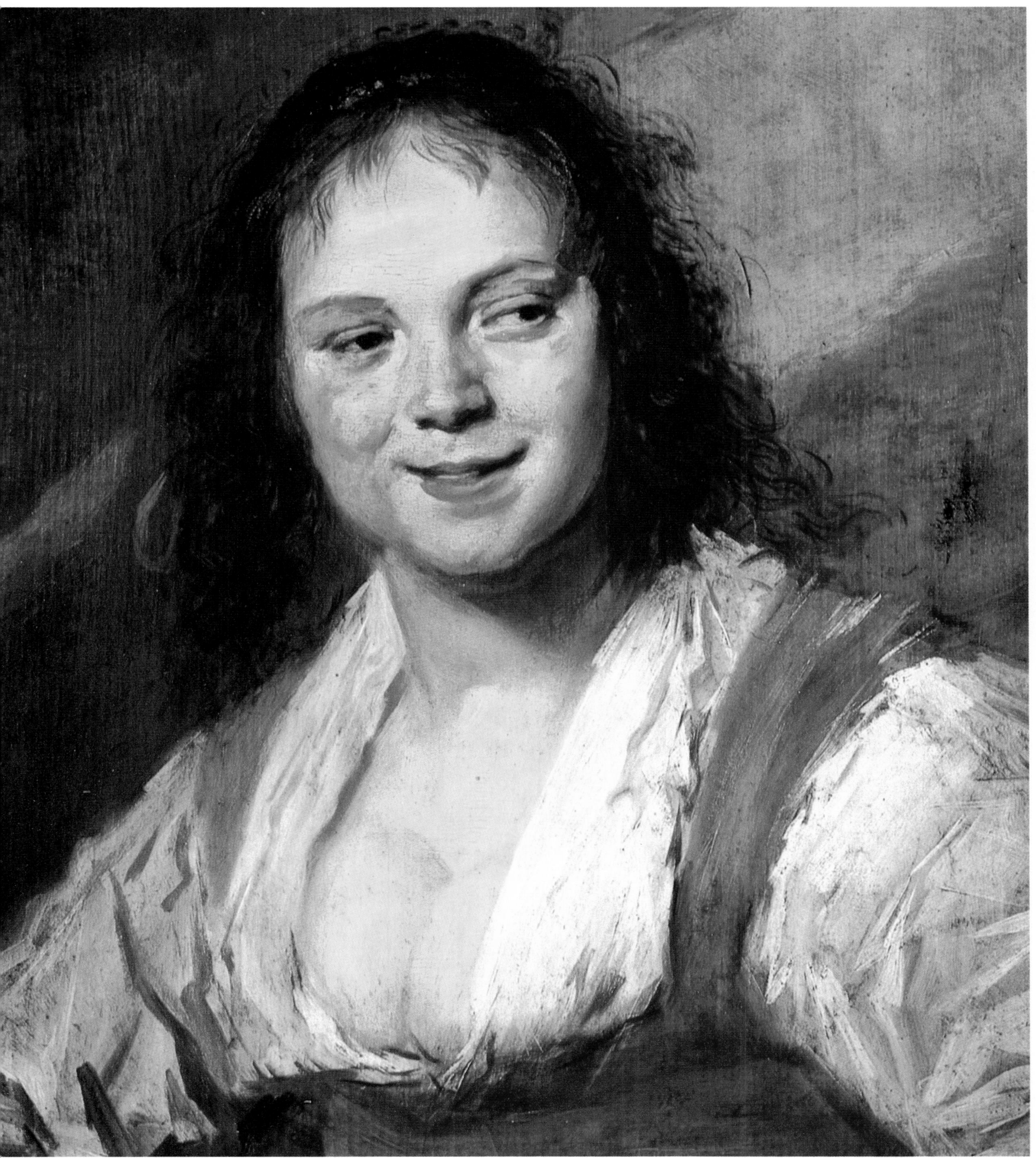

Frans Hals
La gitana
0,58 × 0,52
Museo del Louvre

Junto a los retratos de encargo, esencialmente retratos colectivos o retratos individuales de burgueses, los retratos "de carácter" permiten al artista inspirarse con toda libertad en los tipos del pueblo, utilizar una técnica más audaz –por ejemplo en el manejo de la materia pictórica–, y dar prueba, en fin, de espontaneidad en la percepción de una expresión fugitiva o de una actitud. El personaje pintoresco sirve también de pretexto a Hals para modelar el rostro a base de oposiciones de sombra y de luz muy vigorosas, que a fines del s. XIX provocaron la admiración de un Edouard Manet.

Diego de Silva Velázquez
Juan de Pareja
0,81 × 0,69
Museo de Arte Metropolitano

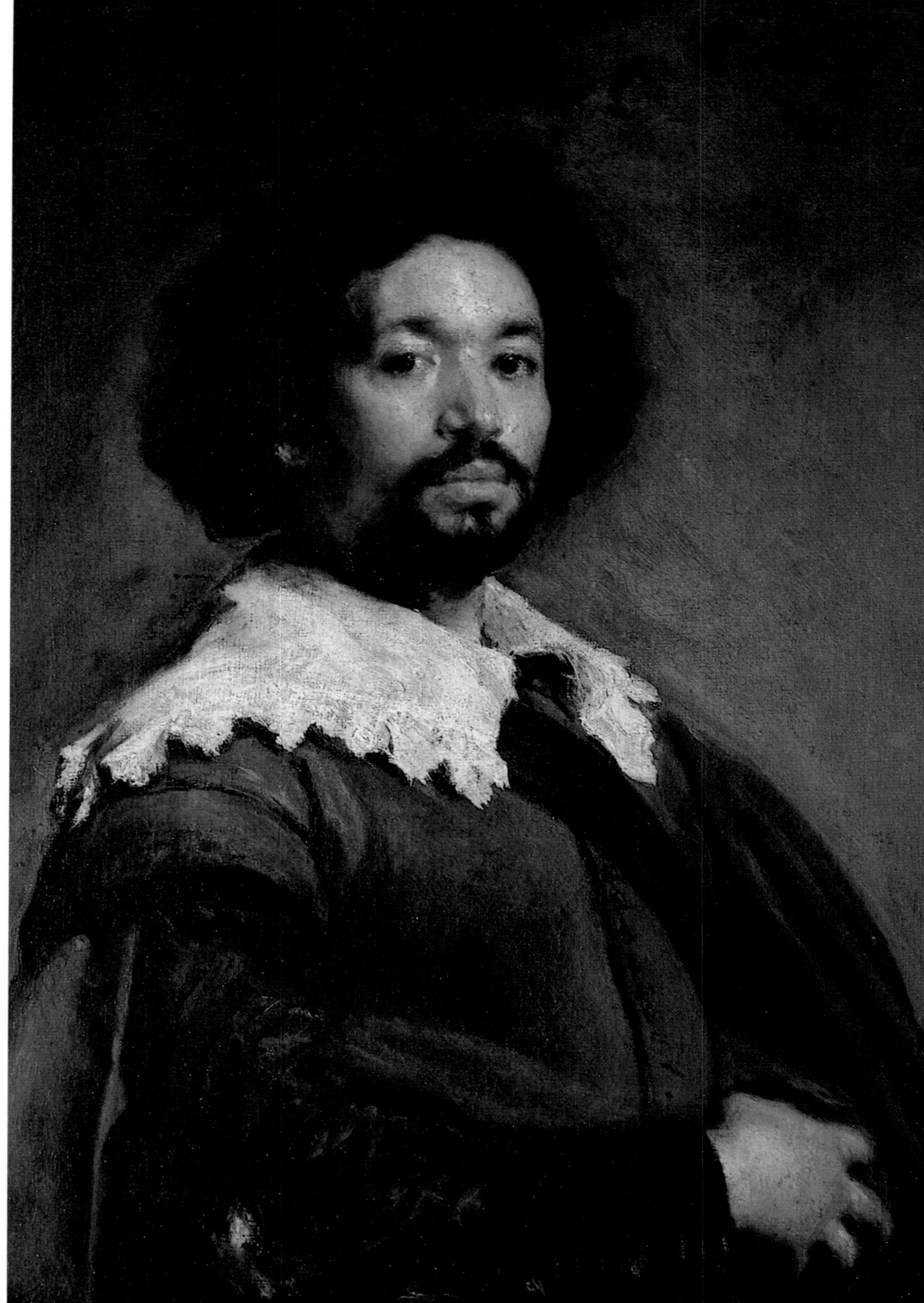

En 1648 Felipe IV de España envió a Velázquez a Italia a fin de adquirir obras de arte para el Alcázar, el cual había sido renovado como Palacio Real de Madrid. Mientras estuvo en Roma, Velázquez pintó dos retratos que asombraron a sus contemporáneos: el del Papa Inocencio X y el del ayudante del pintor, Juan de Pareja (hacia 1610-70), un sevillano de ascendencia morisca. Esta obra fue expuesta en el Panteón el diecinueve de marzo de 1650, y un experto que la vio entonces dijo que mientras todo lo demás era arte, sólo aquí estaba representada la verdad. Este singular realismo se advierte en la profundidad psicológica con que Velázquez supo dotar a su modelo.

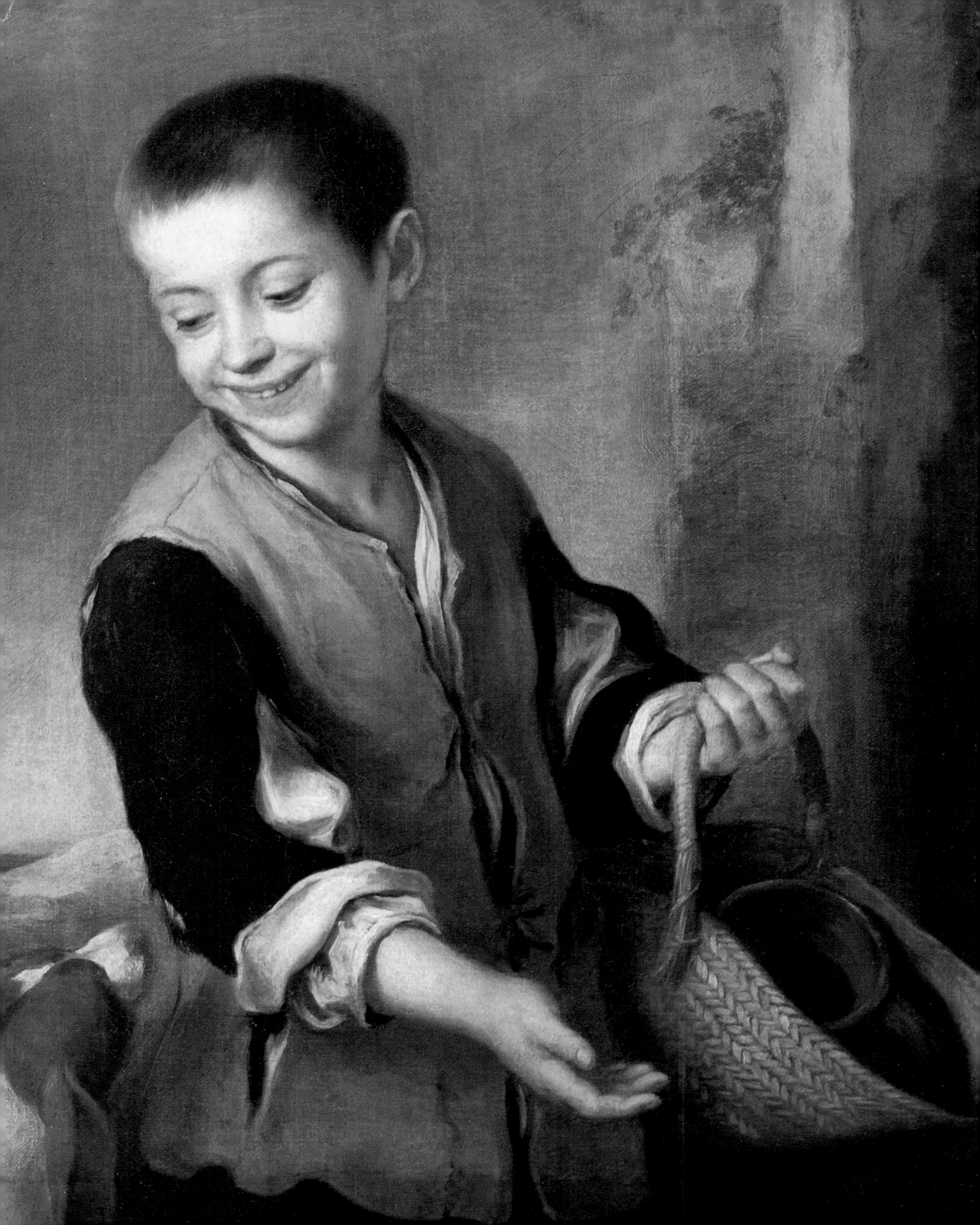

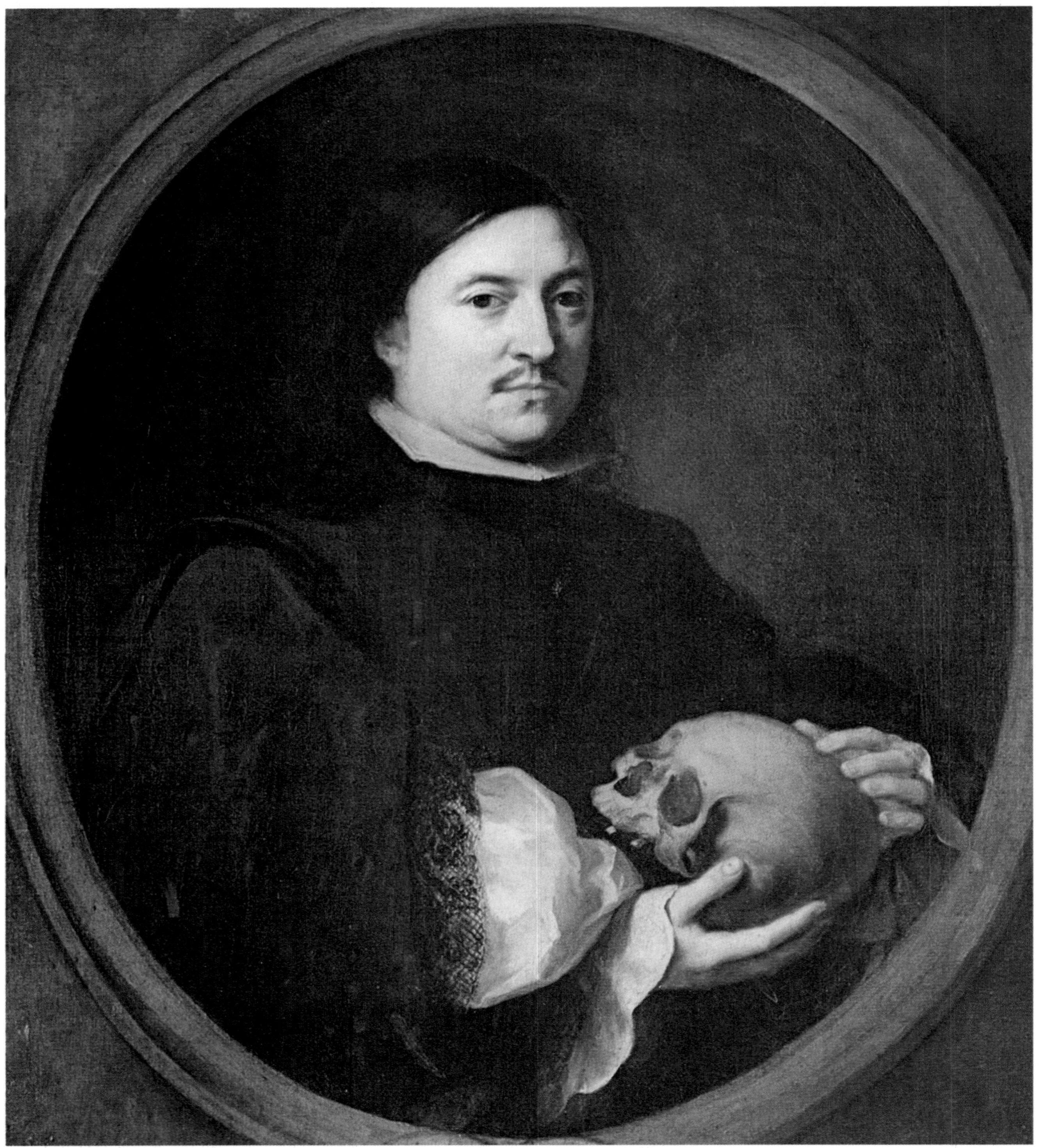

BARTOLOMÉ ESTEBAN MURILLO
Muchacho con un perro 0,75 × 0,61
Museo del Ermitage

Durante toda su carrera, Murillo mostró una marcada preferencia por pintar a los chiquillos pobres de Sevilla. Como se puede ver en esta obra, no pretende, ni necesita, idealizar a sus personajes. Murillo observa con atención a su modelo y refleja admirablemente cada mirada, cada movimiento, cada expresión del simpático niño.

BARTOLOMÉ ESTEBAN MURILLO
Nicolás Omazur 0,83 × 0,73
Museo del Prado

Este soberbio retrato del comerciante y poeta flamenco Nicolás Omazur revela lo que Murillo puede dar enfrentado a un modelo humano cuya psicología le interesa. La elegancia del gesto, el uso del marco oval fingido y la armonía de los tonos nos emparientan el retrato con los mejores logros de Van Dyck en su etapa inglesa.

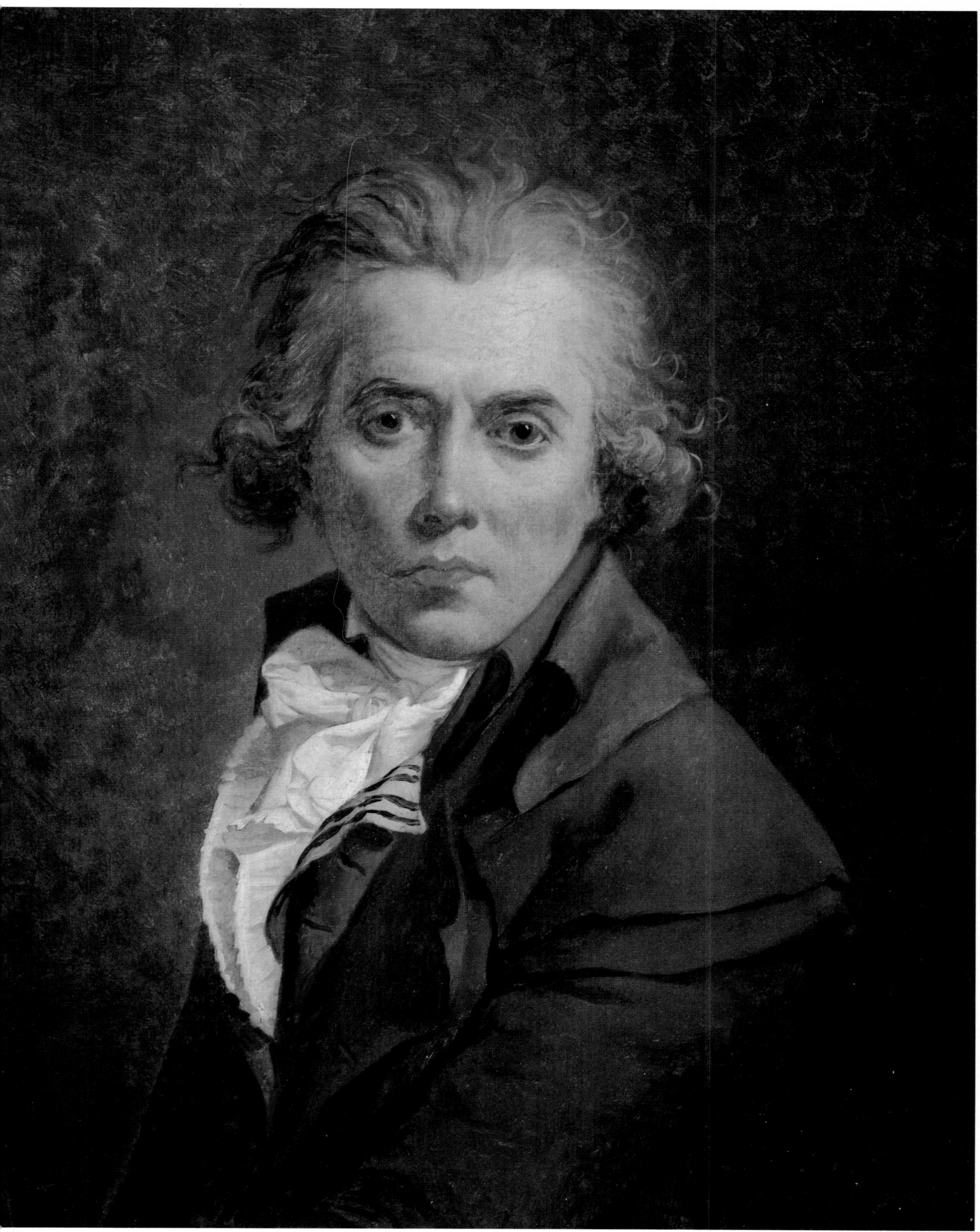

Jacques-Louis David
Autorretrato
0,64 × 0,53
Galería de los Uffizi

En el reverso de este cuadro aparece escrito: *L. David fecit 1791.* Fue legado a la colección de autorretratos de los Uffizi por los herederos del pintor en 1893. David, autor de grandes escenas históricas por la influencia del arte neoclásico, se convirtió más tarde en el pintor de Napoleón.

En este autorretrato se manifiesta el sentido del color bajo un concepto pictórico nuevo: los objetos vuelven a tener su claridad formal que define cada una de las partes sin grandes contrastes de luz. Las telas presentan su cualidad visual de tejido y las carnes ofrecen un colorido pastoso.

Francisco de Goya y Lucientes
Doña Isabel Cobos de Porcel
0,82 × 0,54
National Gallery

Esta hermosa mujer va vestida de maja, según la moda popular femenina vigente a finales del s. XVIII y principios del XIX. Su esposo Antonio Porcel también fue retratado por Goya el mismo año (1806), como expresión de la gratitud del pintor por la hospitalidad recibida del matrimonio, seguramente en su casa de Granada.

La belleza y vivacidad de la retratada y el atractivo vestido, que no oculta el brillo de la seda debajo de la mantilla, están emparejados con la habilidad de Goya en la factura. En algunas de sus obras Goya incluyó mujeres para satirizar la locura y vanidad del sexo, pero el artista también fue capaz de dar una respuesta ante la visión de una mujer deslumbrante, segura de su belleza y posición.

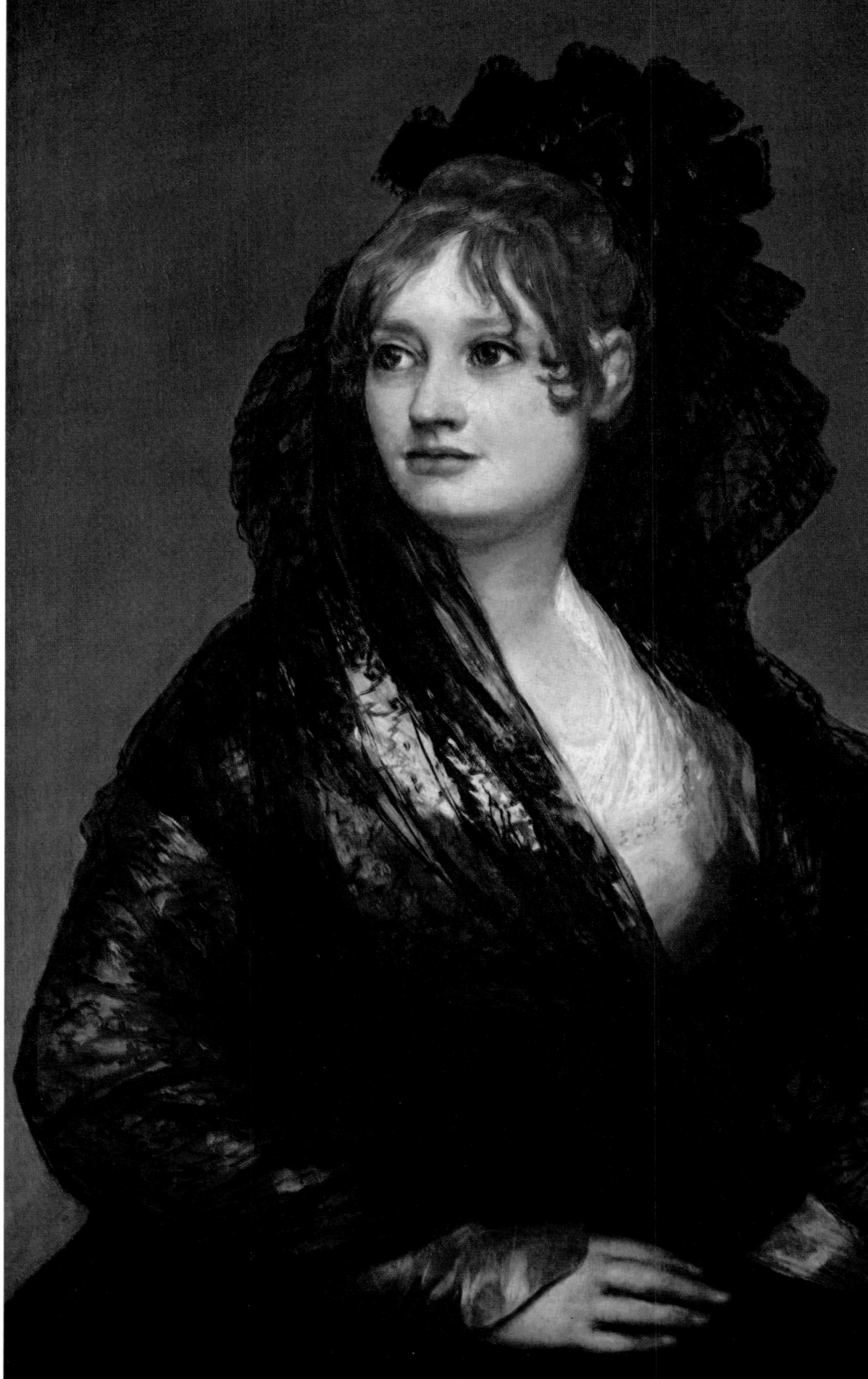

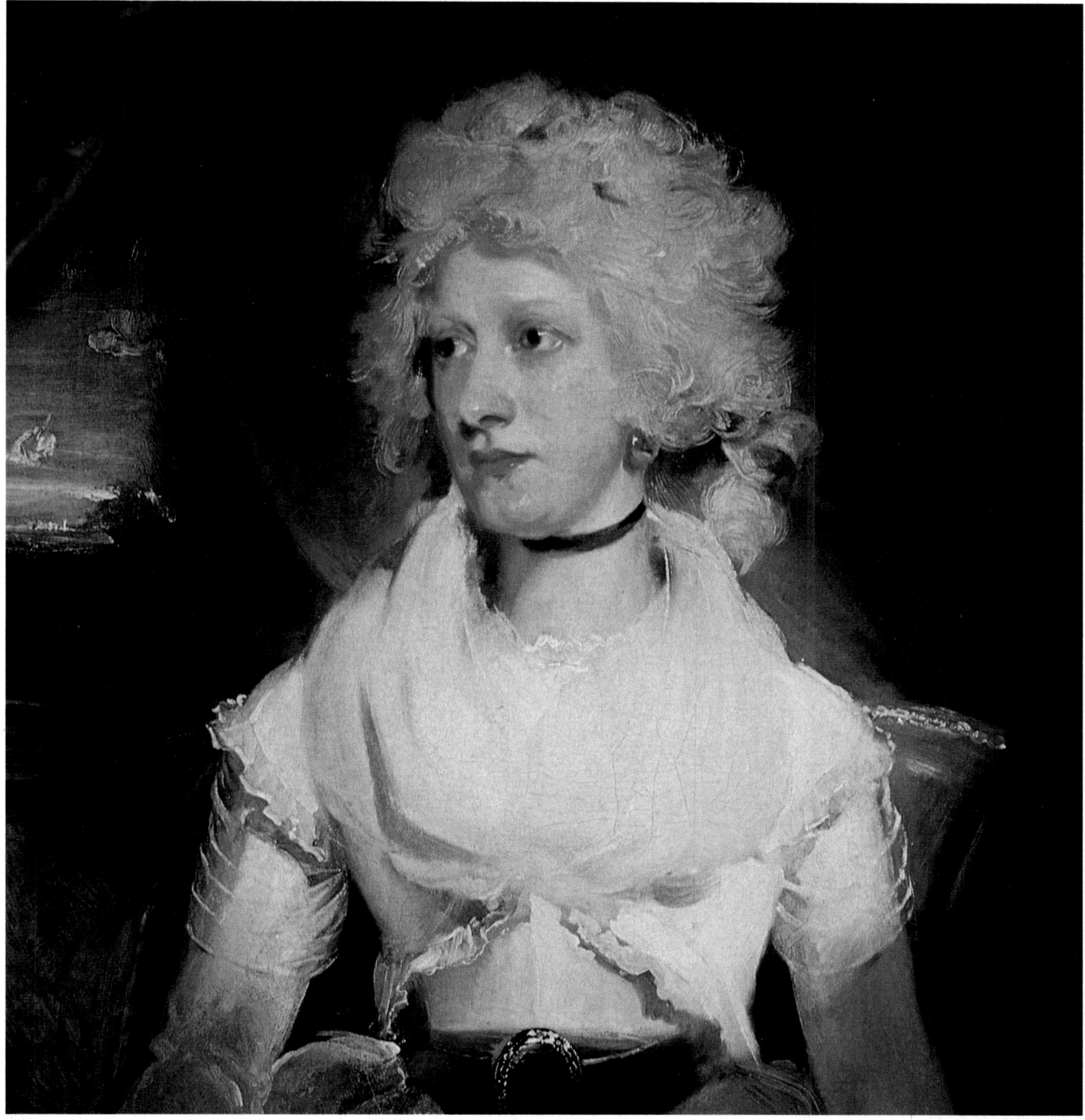

THOMAS LAWRENCE
Miss Marthe Carr 0,76 × 0,54 Museo del Prado

La muchacha, con su corpiño de volantes de tul vaporosamente pintados, está sorprendida en un gesto inmediato, y la tímida sonrisa de su rostro, característicamente inglés, nos la acerca afectivamente. La técnica, de maestría excepcional, con restregones y frotados de audaz modernidad en el fondo, hacen de este retrato una obra muy significativa.

JEAN-BAPTISTE-CAMILLE COROT
La mujer de la perla 0,70 × 0,54 Museo del Louvre

Corot adquirió una gran fama como paisajista, pero no hay que olvidar que fue igualmente un admirable retratista, sensible al carácter del modelo. En esta pintura construye una figura cuya actitud nos recuerda a la Gioconda, con una sabia armonía de colores y la voluntad de sugerir una silenciosa meditación de la belleza y sobre la belleza.

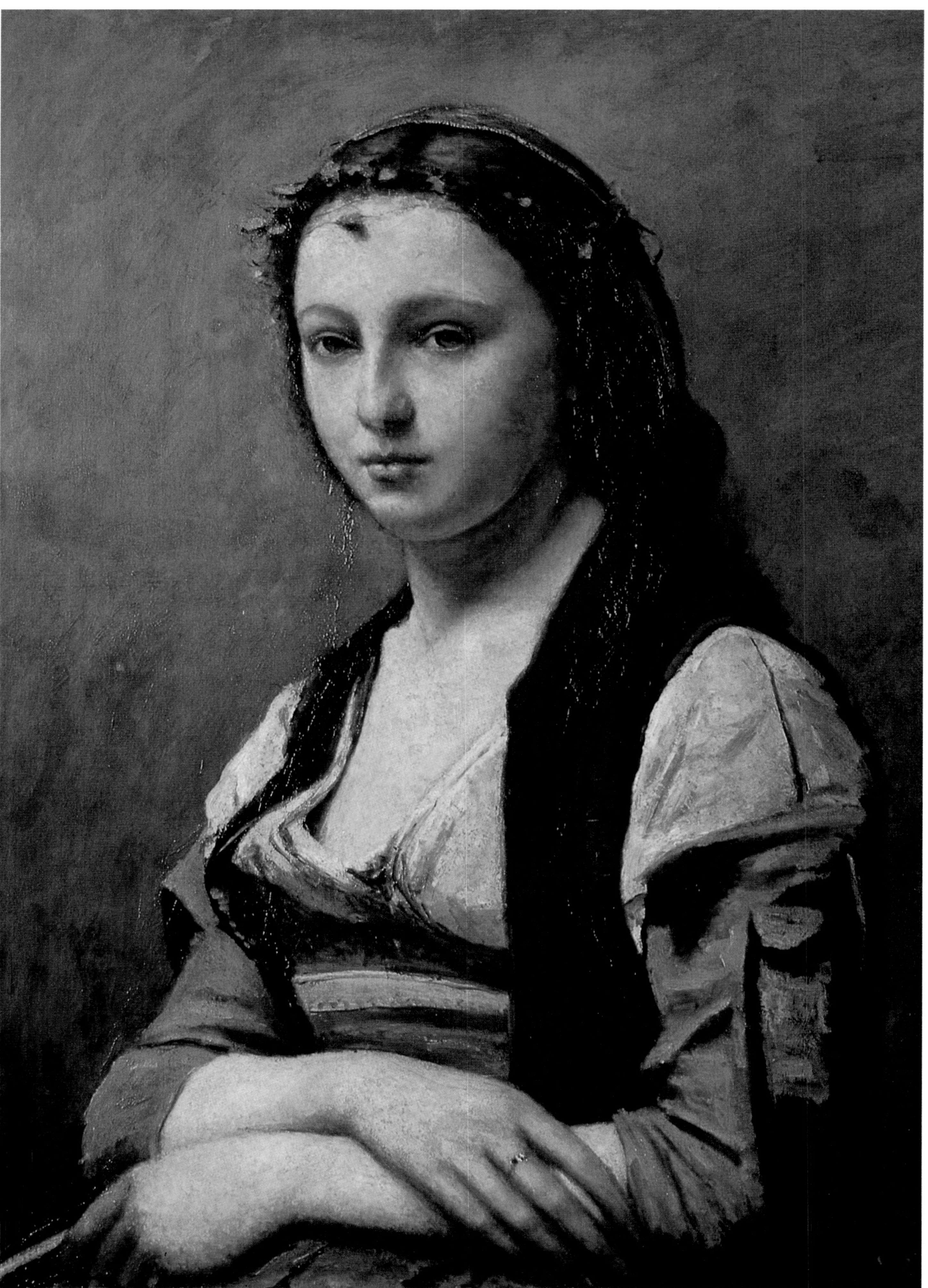

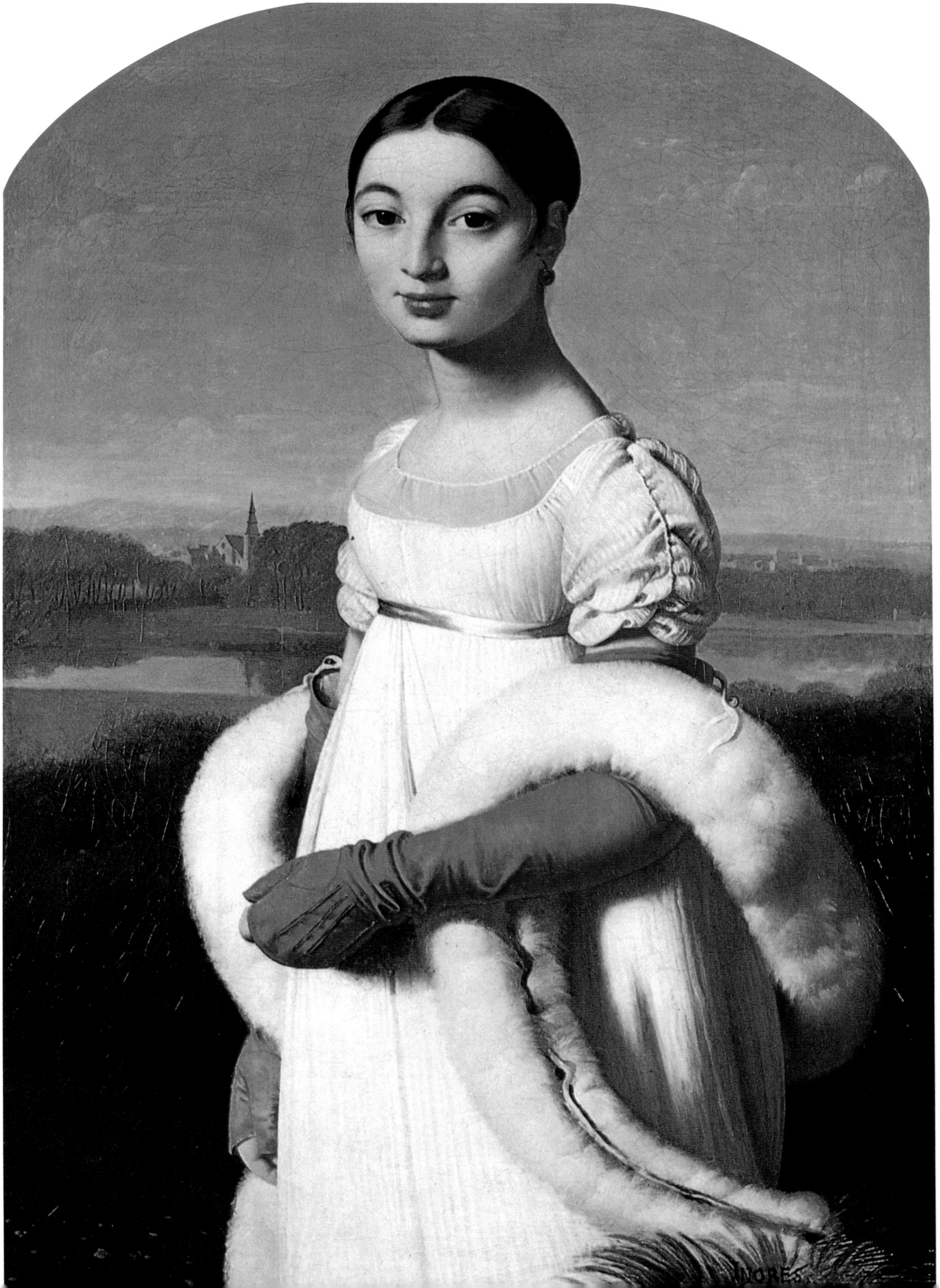

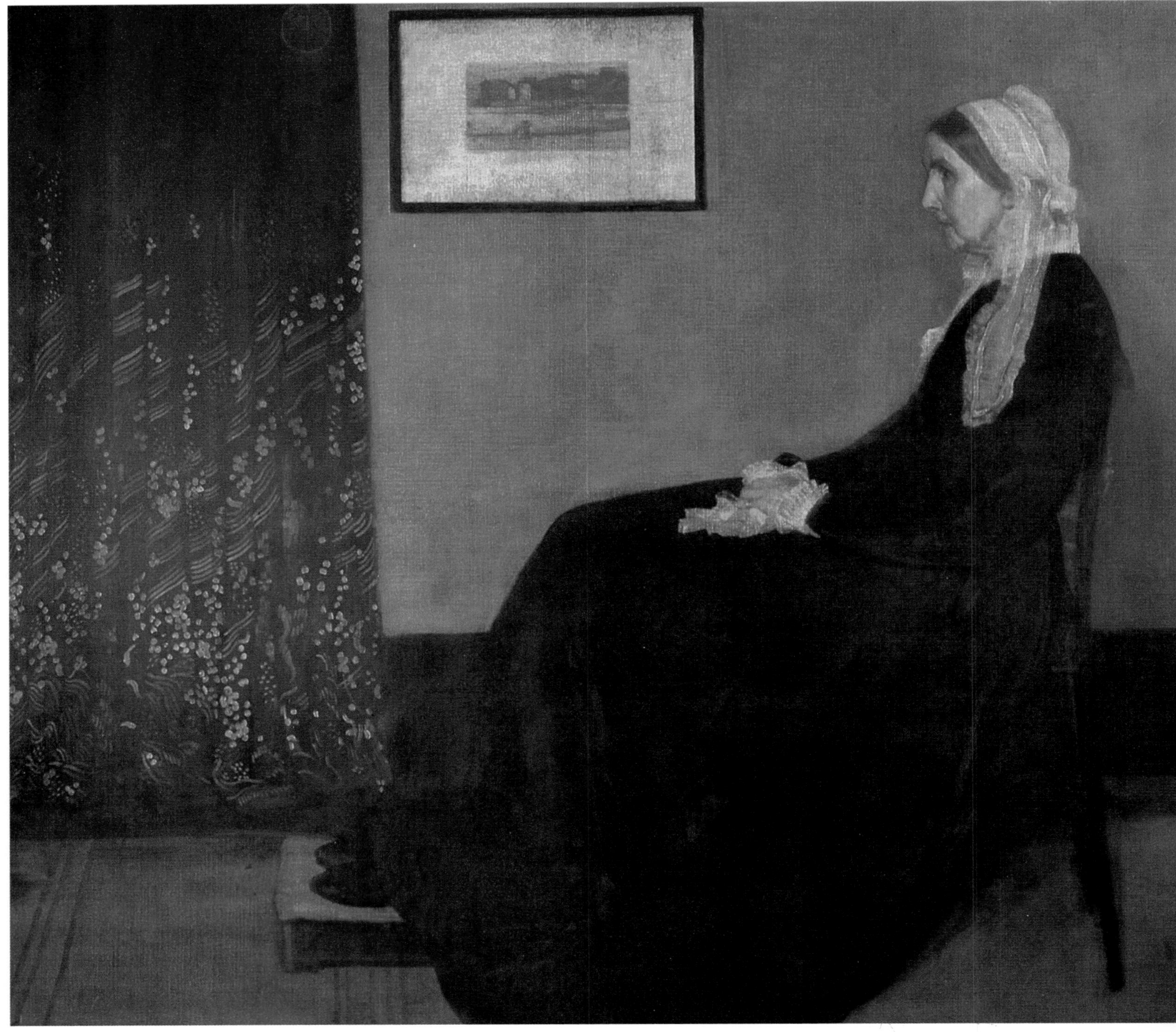

Jean-Auguste-Dominique Ingres
Retrato de Mademoiselle Rivière 1,00 × 0,70
Museo del Louvre

Mademoiselle Rivière está representada, de manera excepcional, reflejando la gracia de un rostro cuya fisonomía real trata de reproducir el pintor minuciosamente. Sin embargo, este retrato está destinado a mostrar más un determinado tipo y su entorno social y cultural, que una individualidad psicológica. El aspecto delicado de la modelo se acentúa por un ligero manierismo, al alargar el cuello en particular, en pos de una cierta idealización de estilo.

James McNeil Whistler
Retrato de la madre del artista 1,45 × 1,64
Museo del Louvre

El renombre actual de la obra, expuesta en 1872 en la Royal Academy bajo el título de *Armonía en gris y negro n.º 1*, y que se ha convertido en una especie de paradigma para la pintura de tradición realista anglosajona, se funda en un arte retratístico que no debe hacer olvidar la real originalidad de una composición severa, sobria y precisa, quizás retrasada respecto del impresionismo, pero muy moderna en la distribución de las líneas y los colores en una "armonía" pura.

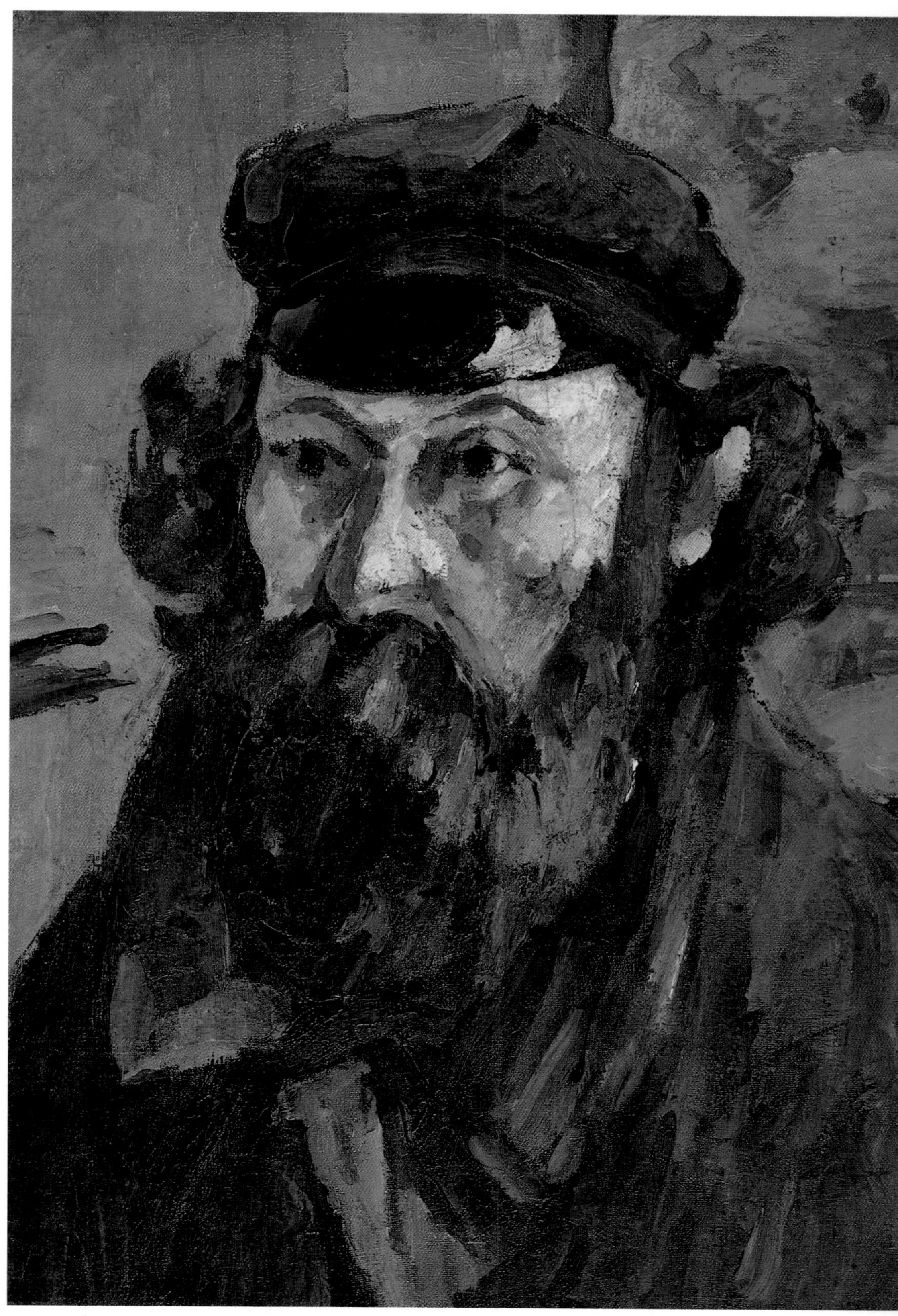

Paul Cézanne
Autorretrato de la gorra
0,53 × 0,38
Museo del Ermitage

Paul Cézanne realizó este autorretrato a comienzos de la década de 1870, cuando ya había dejado de lado el romanticismo de los impresionistas y utilizaba principalmente trazos simples en busca de una interpretación austera.

Para el artista era muy importante poseer, desde el comienzo, una idea de la construcción, tanto de la obra en su conjunto, como también de cada detalle. Busca el sitio de la imagen en el lienzo y la subordina al espacio que la rodea. Si es necesario, para dar más fuerza a la composición, introduce diversos detalles o simplemente una pincelada de color. Este método, que maduró con los años, le ayudó a solucionar una de las principales preocupaciones de su creación: la relación entre el volumen y el espacio.

En este cuadro Cézanne no se muestra especialmente preocupado por reflejar fielmente sus rasgos. Lo que más le interesa es subrayar la expresividad de la imagen.

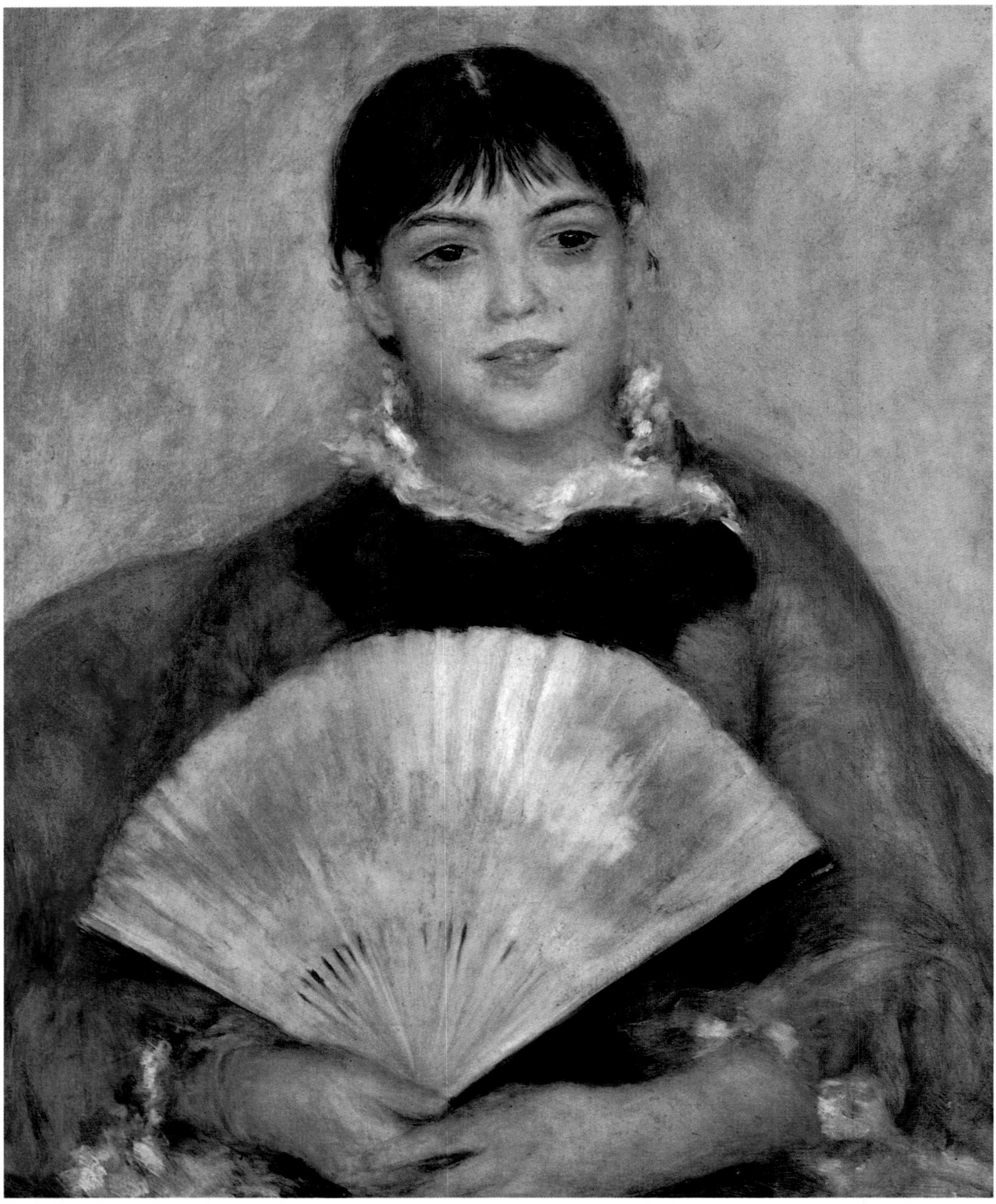

PIERRE-AUGUSTE RENOIR *Muchacha con abanico* 0,65 × 0,50 Museo del Ermitage

Este retrato, dibujado en llamativos tonos casi espectrales, parece ilustrar la modalidad pictórica impresionista. La señorita Fournez, al igual que Jeanne Samary, pertenece al grupo de heroínas de Renoir, que componen la base de un tipo peculiar de belleza femenina, al cual el arte del pintor le confiere un genuino encanto. En sus cuadros y retratos a menudo se repite el rostro femenino redondeado, encuadrado por una cabellera negra que contrasta con la piel blanca. La espontaneidad en la percepción de la modelo y la aguda interpretación artística convierten a esta obra en uno de los mejores trabajos de Renoir.

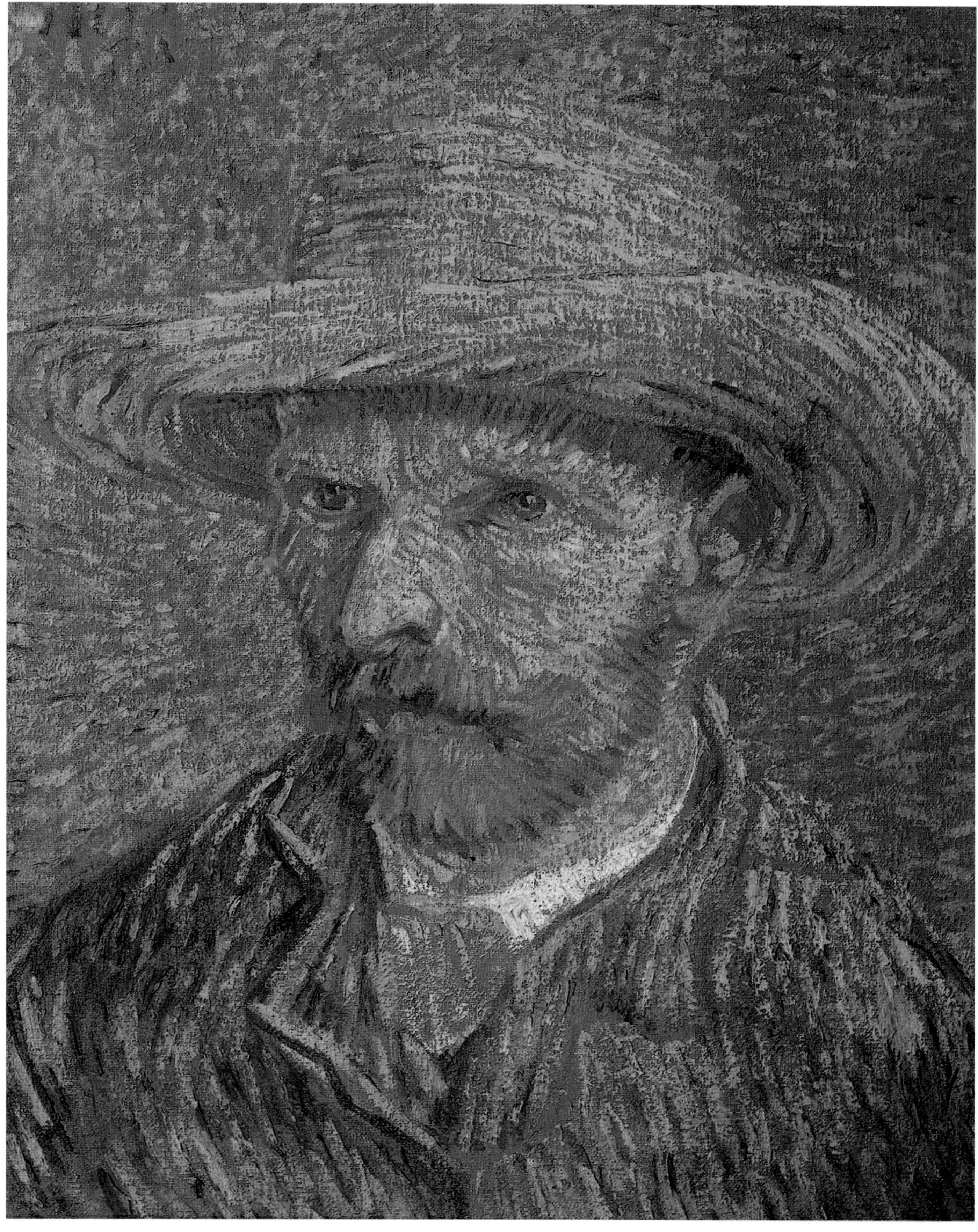

VINCENT VAN GOGH
Autorretrato con sombrero de paja
0,40 × 0,31
Museo de Arte Metropolitano

Este cuadro fue pintado probablemente hacia el fin de la estancia de Van Gogh en París, de mayo de 1886 a febrero de 1888, poco antes de que se marchara a vivir y trabajar en la ciudad provenzal de Arlés. La paleta y las pinceladas evidencian la influencia del divisionismo o puntillismo, especialmente representado por las obras de Seurat y Signac. Sin embargo, Van Gogh ha conseguido en esta obra una total asimilación de los principios neoimpresionistas. Este autorretrato refleja el fuerte temperamento de quien, en diciembre de 1885, escribía a su hermano: "Prefiero pintar ojos de seres humanos en vez de catedrales, ya que hay algo en los ojos que no está en las catedrales, no importa lo solemne e imponentes que éstas puedan ser. El alma de un hombre, así sea la de un pobre vagabundo, es más interesante para mí". De ese intenso y a menudo trágico humanismo surgió una obra incomprendida por sus contemporáneos, cuya profundidad inagotable es hoy admirada.

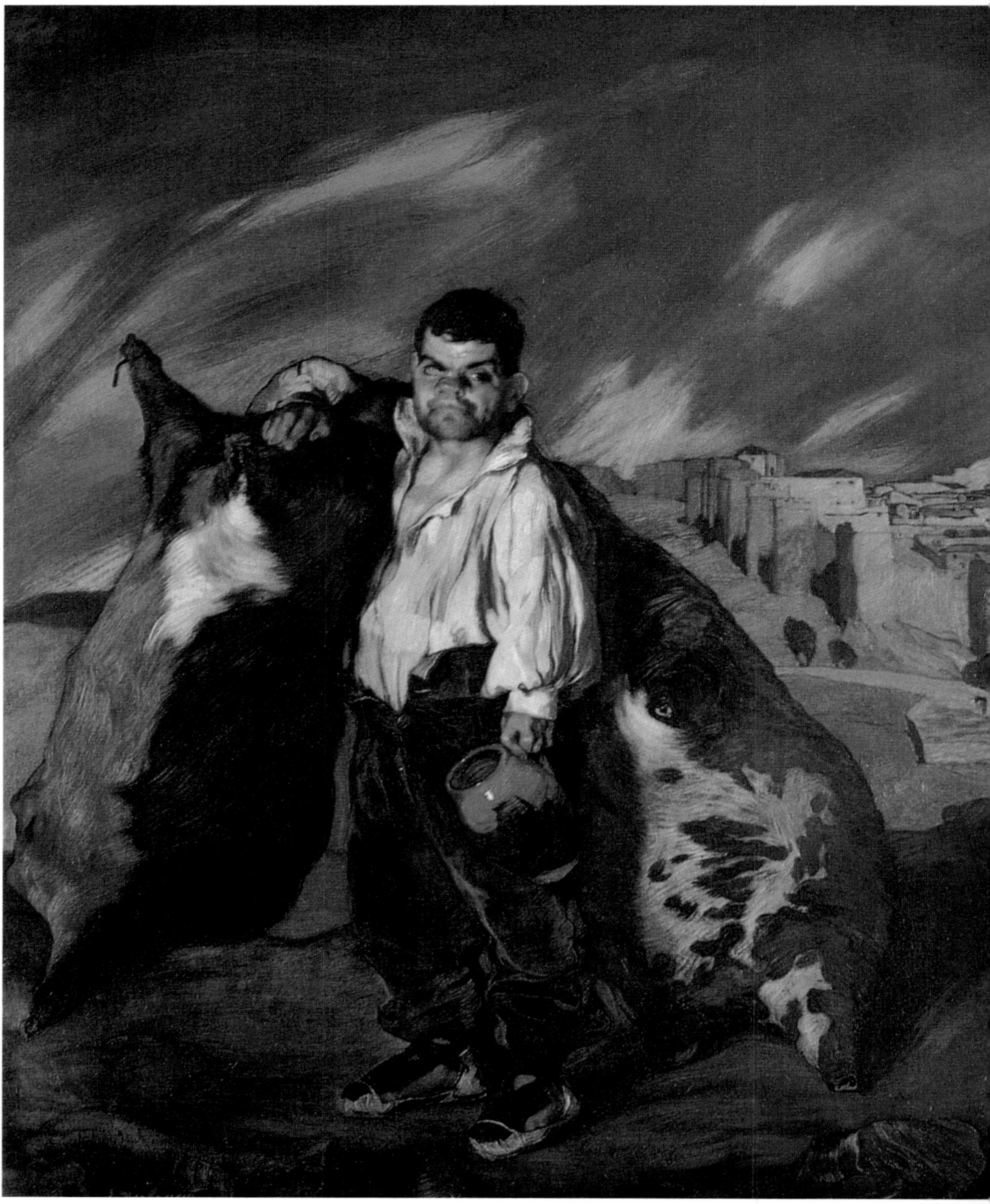

IGNACIO ZULOAGA *El enano Gregorio* 1,87 × 1,54 Museo del Ermitage

El tema de *El enano Gregorio* se inspira en los maestros del s. XVII, en Velázquez principalmente. En esta época los enanos y las personas que presentaban algún tipo de anormalidad física o psíquica, servían de diversión en la corte real o en el séquito de los grandes señores. Los maestros de aquel siglo retrataban a estos desgraciados personajes y no se limitaban a reflejar una imagen superficial, sino que también ponían de manifiesto su mundo espiritual. *El enano Gregorio* es un retrato de este tipo. La cara del enano es muy expresiva a pesar de su deformación. Denota inteligencia, tenacidad y algo de socarronería campesina. Parece ser dueño de una gran fuerza interior que contrasta con su anormalidad física.

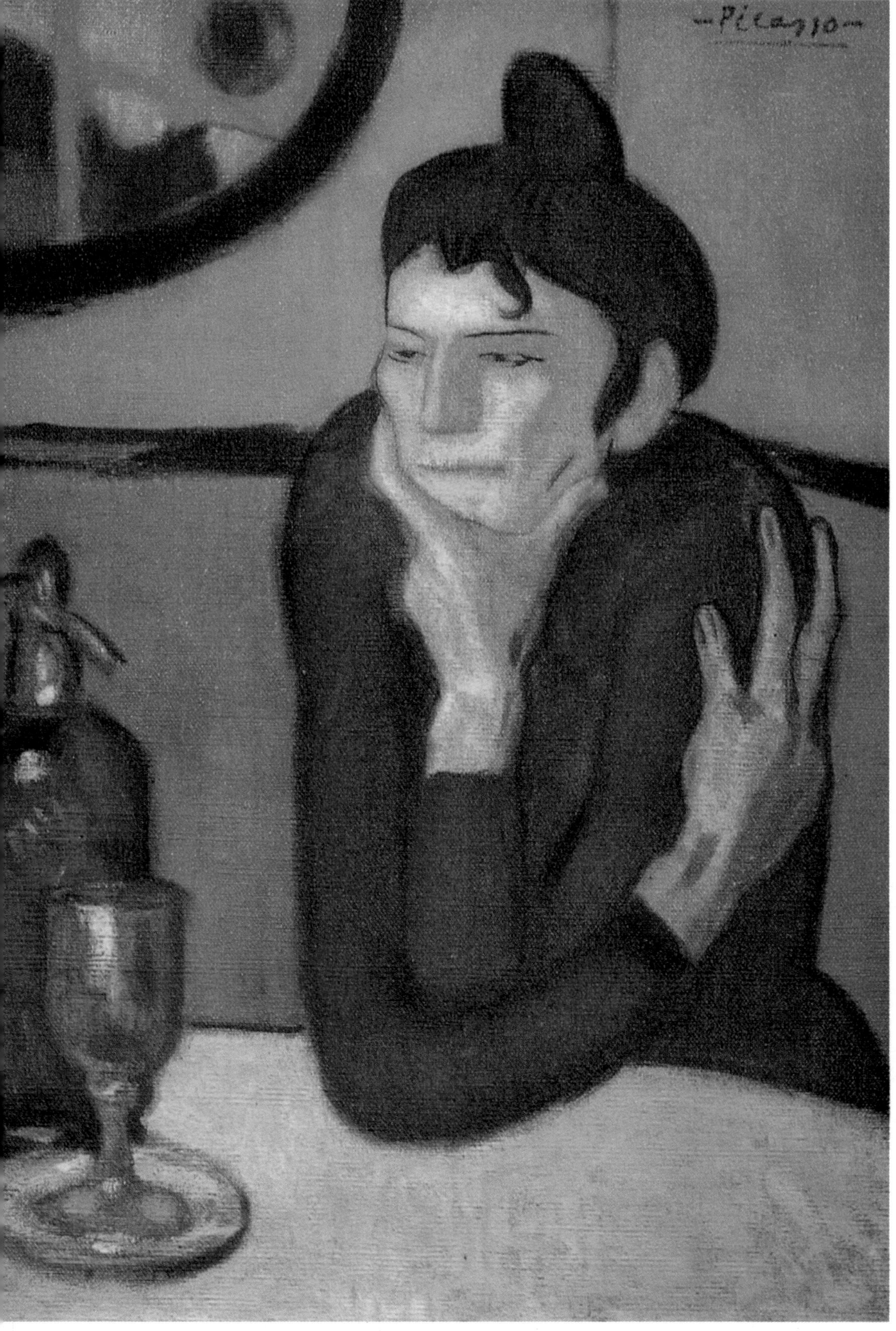

PABLO RUIZ PICASSO
La bebedora de ajenjo
0,73 × 0,54
Museo del Ermitage

La bebedora de ajenjo fue pintada por Picasso en su segundo viaje realizado a París, cuando sólo tenía veinte años. El tema de la mujer borracha que arrastra su vida por las tabernas, se encuentra presente en el arte francés de esos tiempos, particularmente en la creación del talentoso maestro Toulouse-Lautrec.

Su imagen es una brillante representación de la soledad. Unas pocas y magistrales pinceladas le sirven para otorgarle al rostro su aspecto de crueldad endurecida. Las líneas rectas que lo conforman quizá ya dejen entrever su futuro trabajo cubista. El pintor deja deliberadamente de lado las proporciones reales y con esto logra reflejar de una forma más acentuada la actitud de la mujer solitaria. El café barato de paredes casi desnudas, guarda relación con ella y su destino. Los tonos opacos y sombríos utilizados por Picasso culminan el logro de una imagen de gran agudeza.

PABLO RUIZ PICASSO
Gertrude Stein
1,00 × 0,81
Museo de Arte Metropolitano

Este retrato de la escritora americana fue empezado durante el invierno de 1905-1906. Picasso tenía entonces veinticinco años y llevaba cinco trabajando en París. La cara, con sus pesados párpados, que hacen pensar en una máscara, reflejan el reciente contacto de Picasso con el arte africano y romano y con la escultura ibérica. El volumen de la figura muestra la transición del artista desde las tenues y etéreas figuras de cinco años atrás, los llamados períodos rosa y azul, a las vigorosas formas cubistas que precedieron a la ruptura representada por *Las señoritas de Avinyó*. Es sabido que, en respuesta a la observación de la escritora, entonces con treinta y dos años, de que el cuadro se parecía poco al original, Picasso contestó simplemente: "Se parecerá".

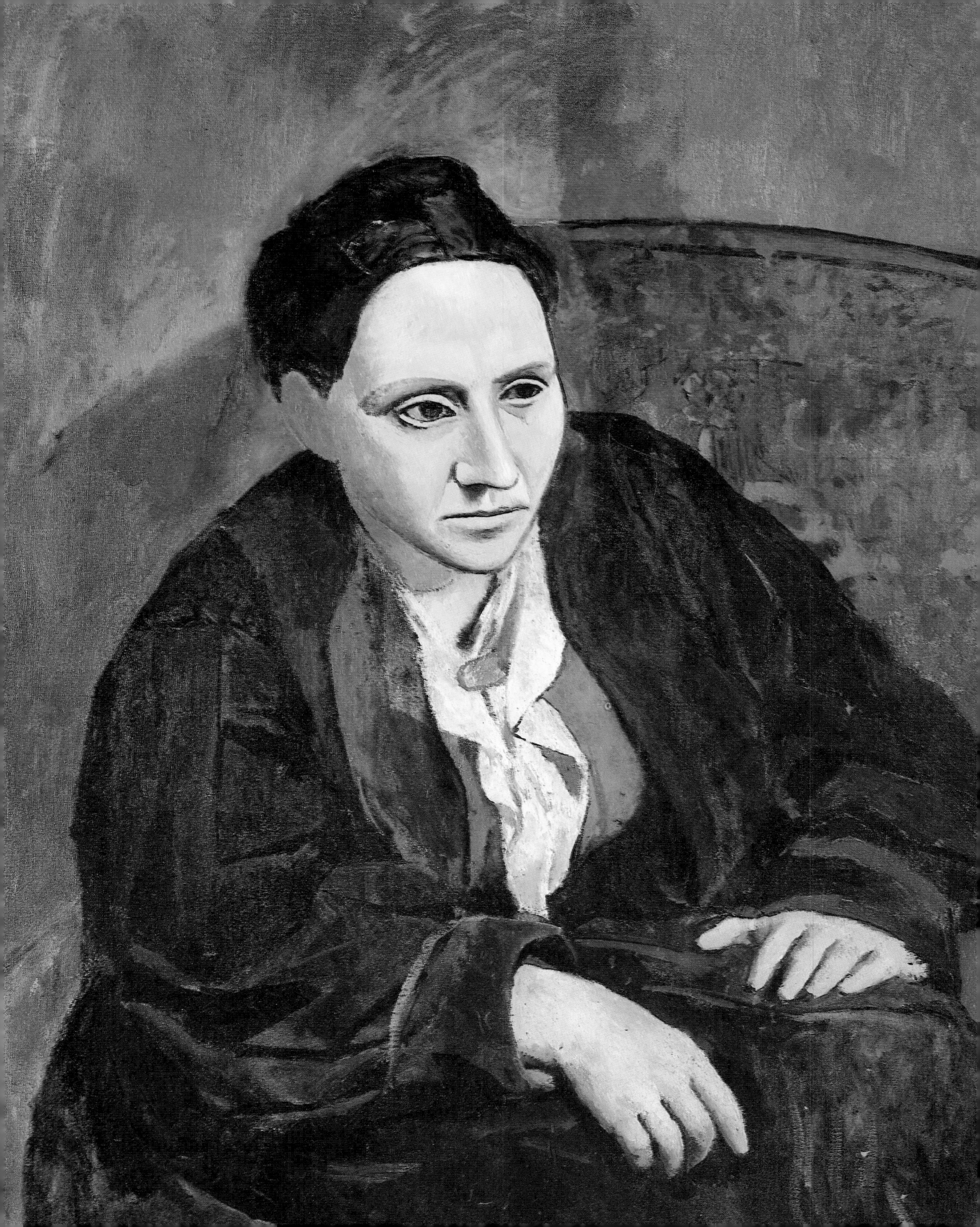

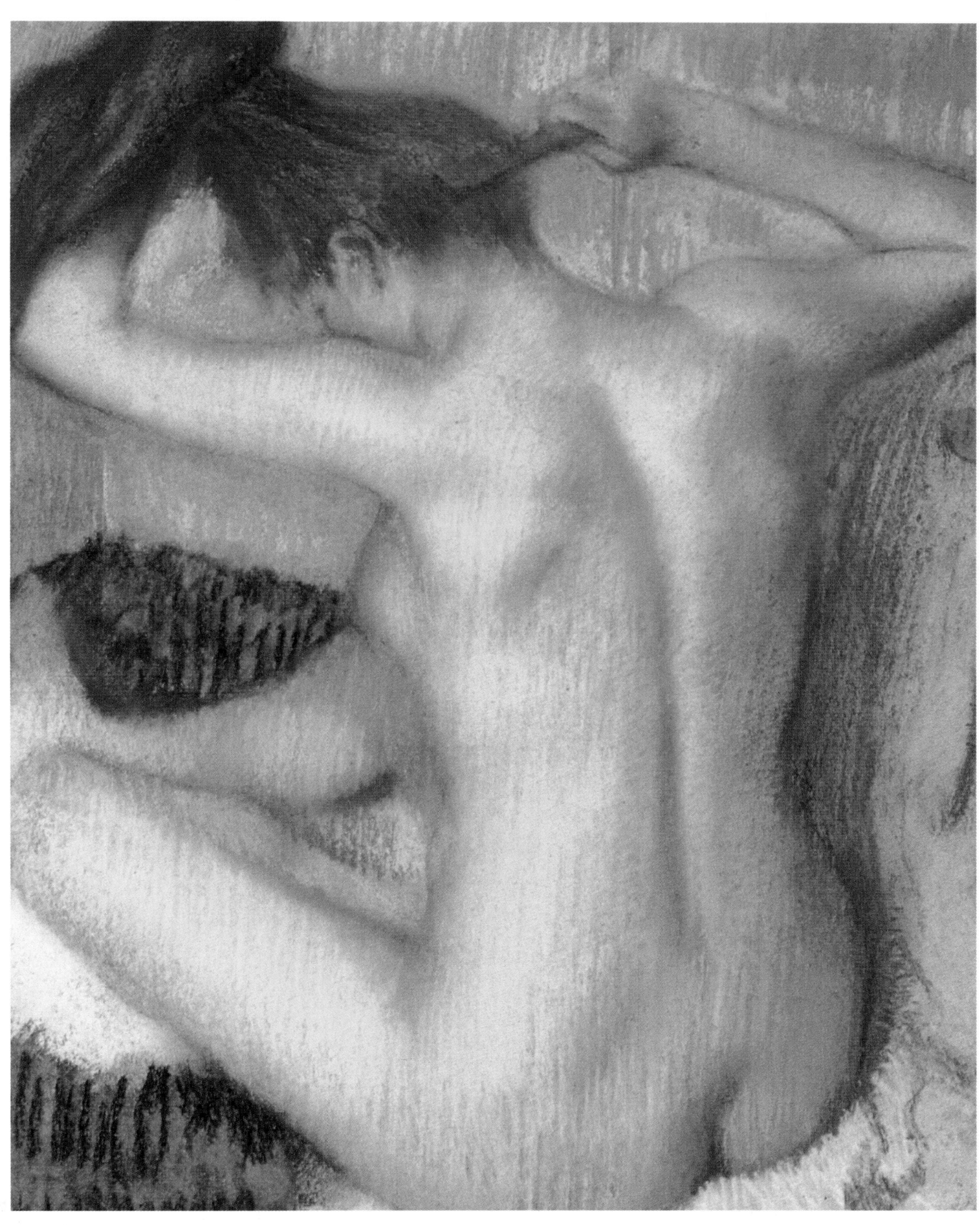

El placer y el dolor

*"Quien arrancase del hombre
el conocimiento del dolor, extirparía
al mismo tiempo el conocimiento del placer
y reduciría al hombre a la nada."*
MICHEL EYQUEM DE MONTAIGNE

EDGAR DEGAS *Mujer en su aseo* 0,65 × 0,78 Museo del Ermitage

La creación de Edgar Degas está íntimamente ligada al impresionismo aunque, en contraposición con los principales maestros de esta tendencia, no se interesa por los espacios abiertos. La vida de las bailarinas, las carreras de caballos, mujeres peinándose o bañándose, lavanderas y planchadoras, son sus temas predilectos. Al pintor le gustaba representar el cambio rápido de movimiento, el giro, la casualidad aparente del gesto, la complejidad del ángulo y de la silueta. En esta obra, dibujada al pastel, el artista nos ofrece una insólita armonía y un gran equilibrio interno en esta pose premeditadamente poco bella.

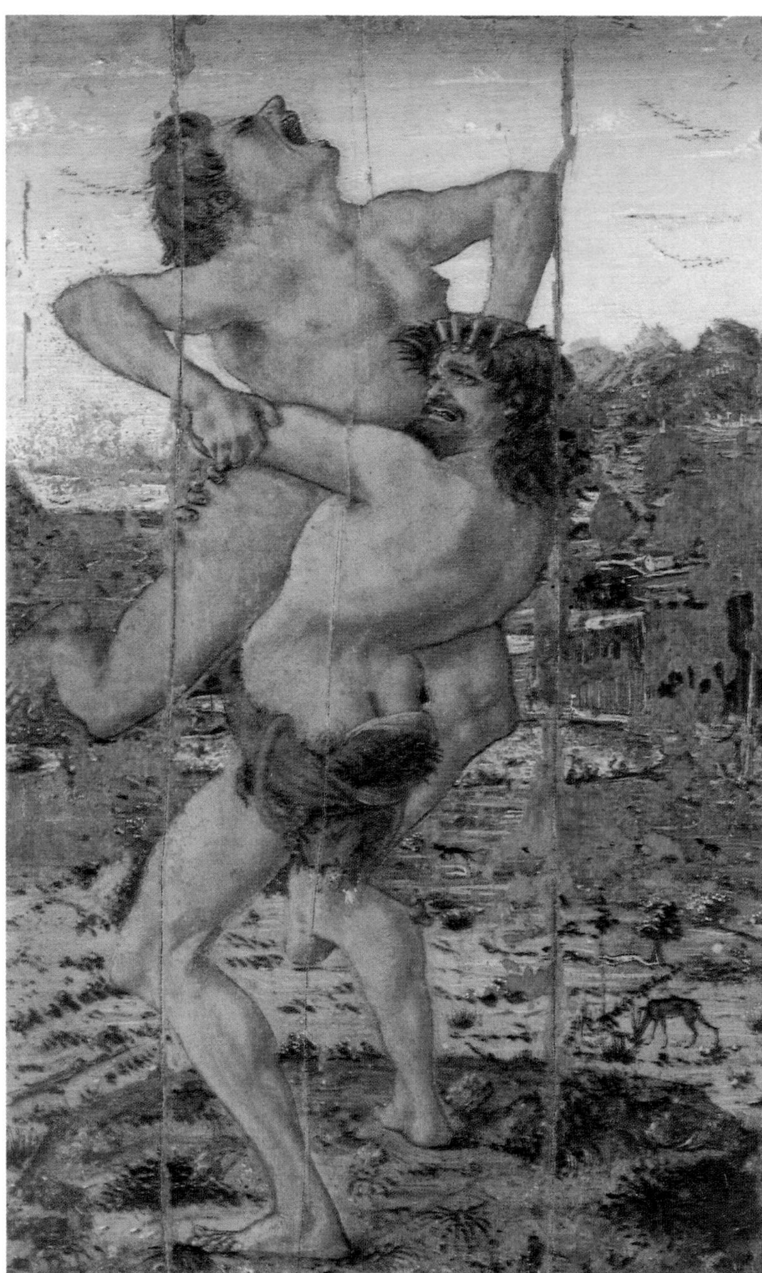

ANTONIO POLLAIUOLO
Hércules y Anteo 0,16 × 0,9
Galería de los Uffizi

Esta obra puede ser la expresión más clara de la fuerza y dinamismo expresivo de estos los pintores florentinos del segundo Renacimiento. El artista muestra una gran capacidad para reflejar el esfuerzo de Hércules, tenso por completo al levantar en el aire a Anteo, para matarle. Este último, con sobrehumana desesperación, arqueando la región lumbar y el tórax, trata en vano de liberarse de la mortal y terrible fuerza del héroe.

ANTONIO POLLAIUOLO
y PIERO POLLAIUOLO (atribuido)
El martirio de san Sebastián 2,91 × 2,02
National Gallery

San Sebastián fue un santo muy popular durante el s. XV, porque se le invocaba contra la peste y porque permitía a los artistas mostrar su interés por la anatomía, representándole casi desnudo. Otras preocupaciones de los artistas del Renacimiento fueron la perspectiva, el paisaje, los efectos de luz y sombra y lo relacionado con la Antigüedad. Todo ello se refleja en esta tabla, atribuida por Vasari a los hermanos Pollaiuolo, famosos en Florencia por ser escultores, pintores, grabadores y orfebres.

El estudio de la anatomía resulta más evidente en el cuerpo de los arqueros, que adoptan diversas poses para ser vistos desde diferentes ángulos, como si estuvieran esculpidos. El mismo sistema se utilizó con los caballos. El arco de triunfo puede recordar que fue Roma el lugar del martirio o aludir al triunfo del santo sobre la muerte. El paisaje del fondo recoge los alrededores del río Arno, en Florencia, y muestra la habilidad de los artistas al describir un paisaje con gran detalle, a pesar de la distancia.

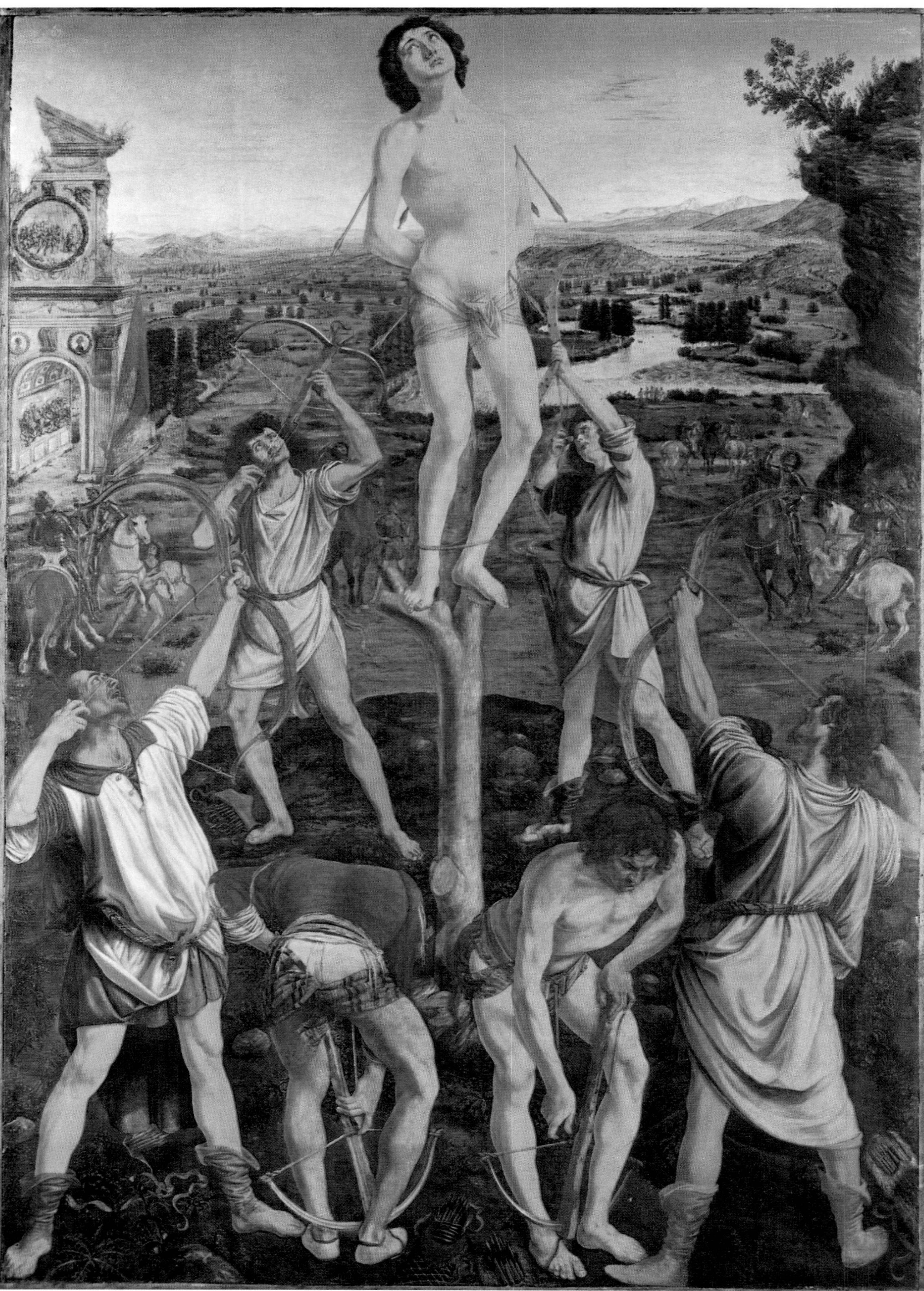

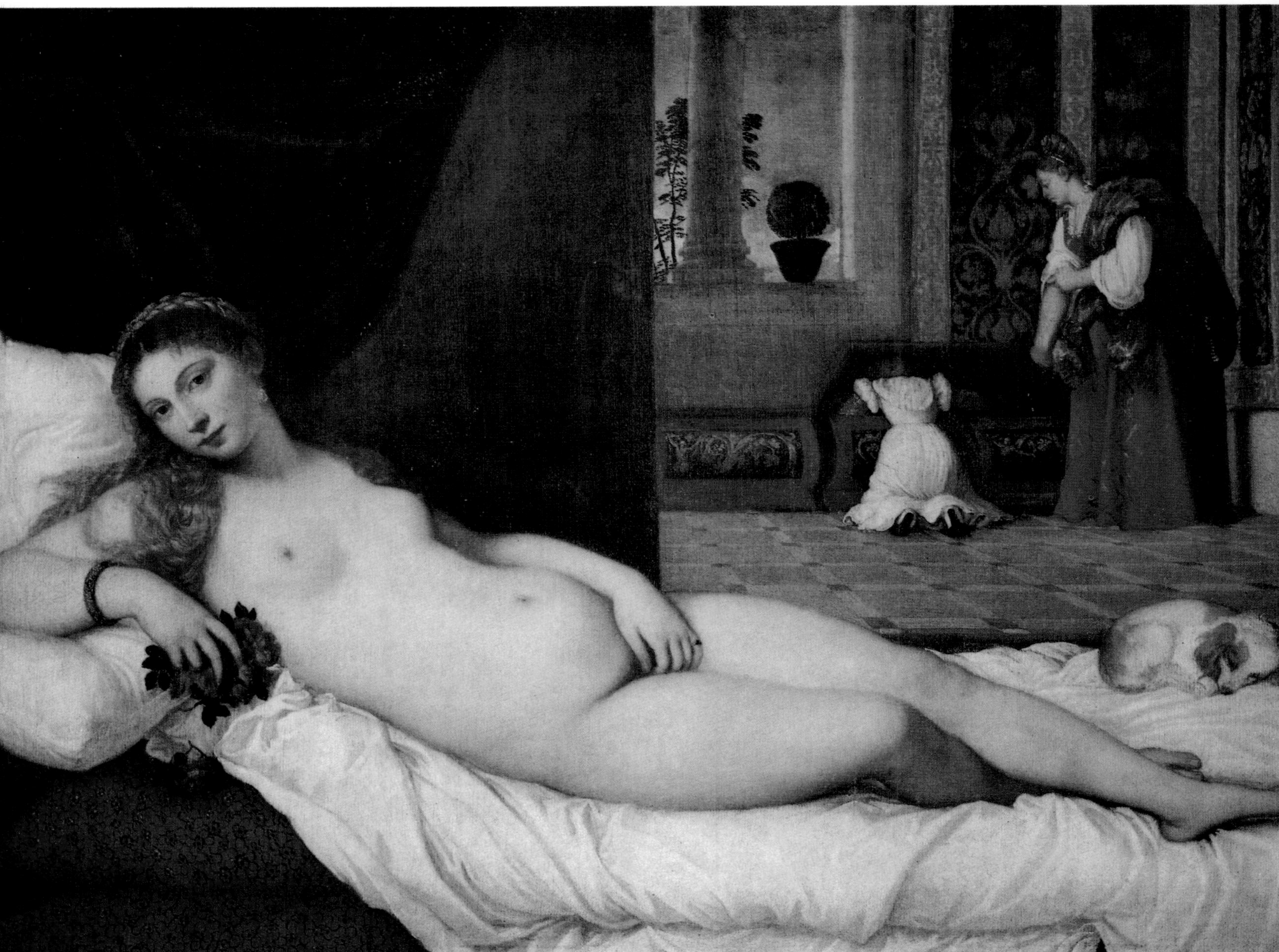

TIZIANO VECELLIO
Venus de Urbino 1,19 × 1,65 Galería de los Uffizi

Tiziano pintó este lienzo para Guidobaldo II, duque de Urbino, el año 1538 y es una de las obras más representativas de la madurez del artista. En esta composición se exalta el desnudo femenino, situando a la diosa en el primer plano, en una postura de abandono y laxitud. Los cabellos rubios y las doradas carnes destacan sobre el lienzo blanco en contraste con la cortina verde y la lana roja del lecho. En el exterior se evoca un amanecer, en el primer plano un despertar de la diosa del amor, mientras en el plano intermedio las domésticas se afanan en la preparación de los ricos vestidos. El lirismo de los primeros venecianos se ha transformado, humanizándose, en un intimismo cotidiano que presagia los interiores flamencos y el naturalismo, no exento de simbolismo, de Velázquez.

BASSANO (JACOPO DA PONTE)
El Buen Samaritano 1,01 × 0,79 National Gallery

El motivo inspirador de esta obra procede de la famosa parábola incluida en el Evangelio de San Lucas. El buen samaritano ha curado las heridas del viajero y se esfuerza por subirlo sobre el asno. Las actitudes de los dos hombres son muy expresivas; el uno trata de alzar al otro, cuyo curvado cuerpo sugiere la debilidad física y el estado de ánimo de una persona que ha estado al borde de la muerte.

Bassano fue admirado en su época por su arte en pintar animales, como lo demuestran el asno y los dos perros que olfatean el rastro de los ladrones. La ciudad del fondo, Jericó, es en realidad Bassano, en Italia, el lugar de nacimiento del artista

Este cuadro perteneció a sir Joshua Reynolds, retratista inglés del s. XVIII.

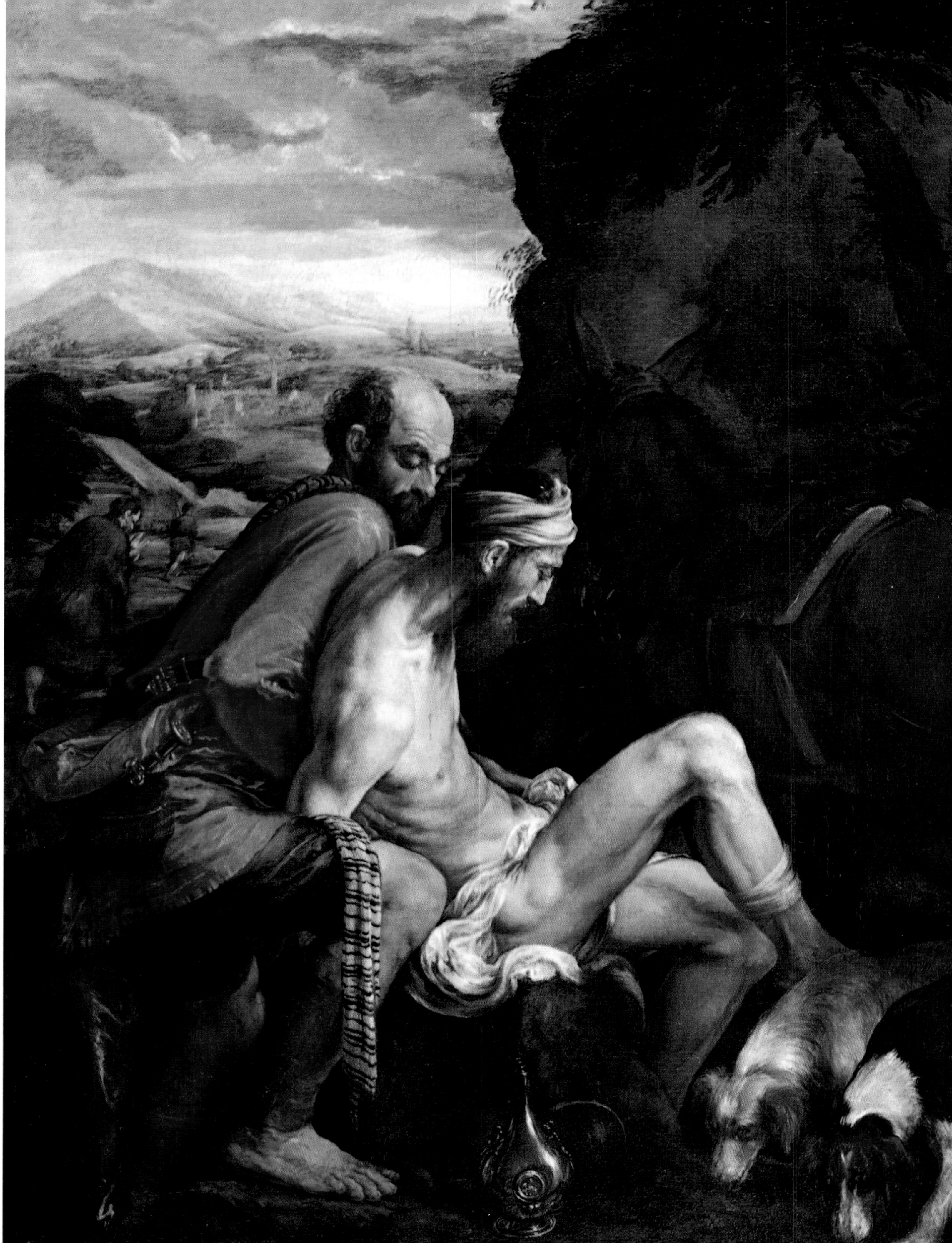

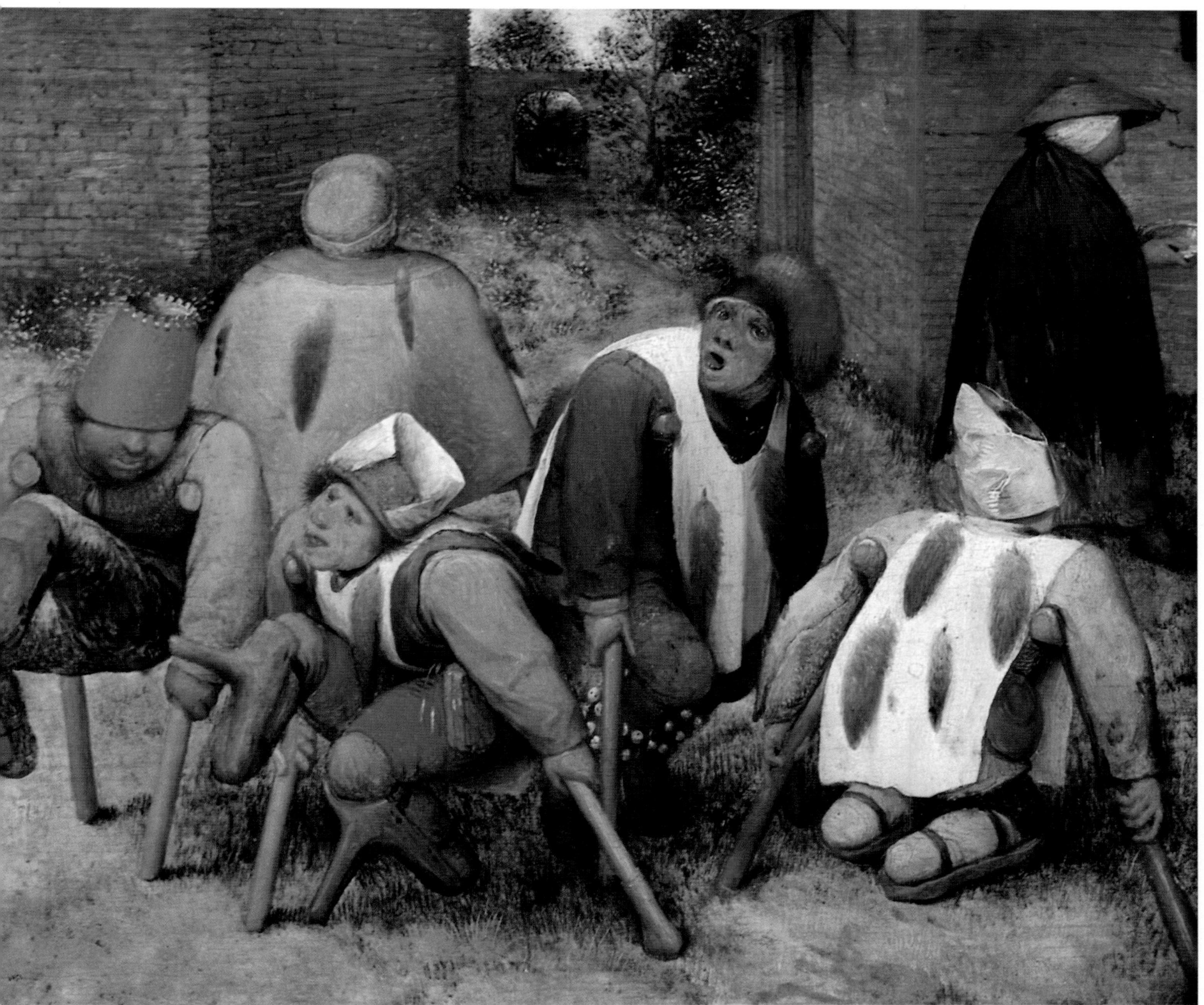

Pieter Brueghel "El Viejo"
Los mendigos 0,18 × 0,21 Museo del Louvre

Esta pequeña pintura es una de las últimas obras de Brueghel, y testimonia su sorprendente realismo en la forma de tratar la miseria, y un importante sentimiento de la naturaleza en el paisaje, con un estilo directo y poderoso. En lo que respecta a su interpretación, el cuadro y su tema proponen ricos análisis: en 1568 ya ha tenido lugar el compromiso de Breda, ha estallado la sublevación contra la ocupación española, y los lisiados, con sus colas de zorro, pueden significar una sátira política y una alusión a los *gueux* ("mendigos") rebeldes a Felipe II. La obra se puede interpretar también como una sátira de las clases sociales y, finalmente, como la alegoría de la humanidad enferma.

José de Ribera "El Españoleto"
Martirio de san Bartolomé 2,34 × 2,34 Museo del Prado

El *Martirio de san Bartolomé* es sin disputa una de las obras maestras del pintor pese a su tema, que en principio habría de resultar chocante o repulsivo. Pero el artista no ha querido representar el martirio mismo, sino más bien su preparación. Así, no hay sangre, sino bellos cuerpos en tensión, rostros atentos, cielo luminoso cubriendo la mitad del lienzo... El ritmo de las diagonales, en contraste con algunas verticales bien marcadas, la riqueza resplandeciente del color y la variedad de los detalles secundarios hacen del lienzo una absoluta obra capital en toda la historia del barroco, subrayando ese carácter de "representación viva" a la que el espectador asiste como a una auténtica realidad en acto.

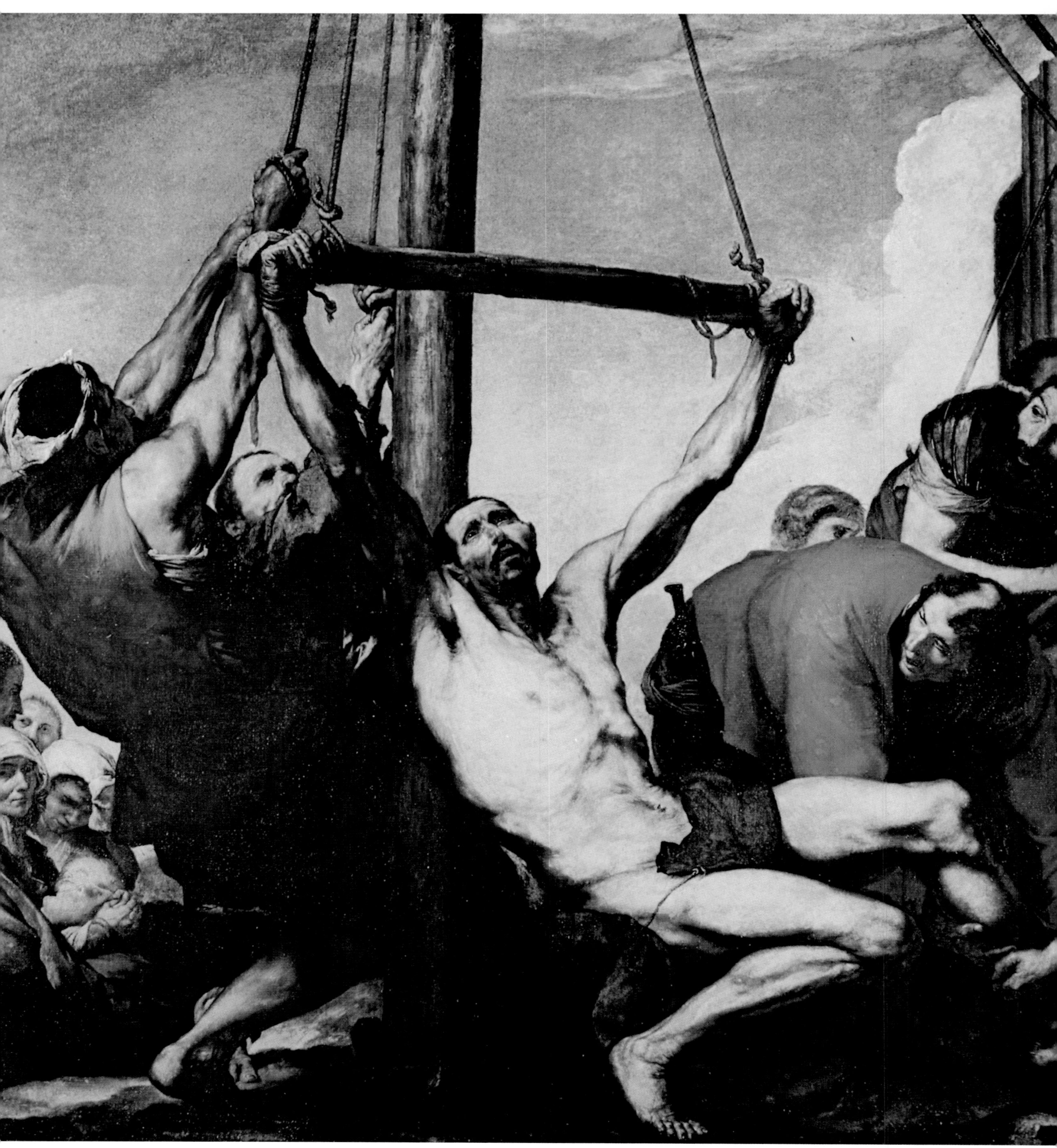

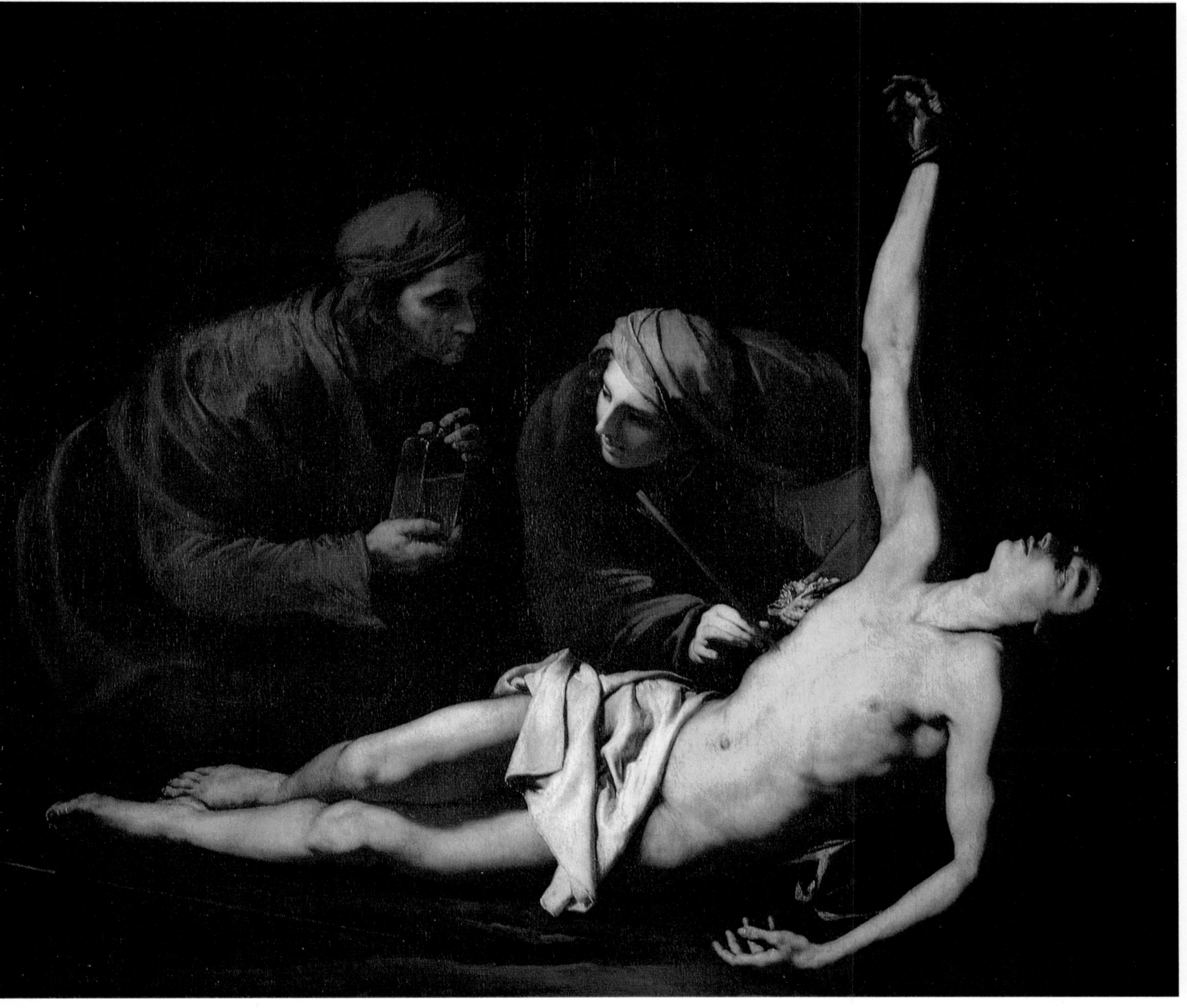

JOSÉ DE RIBERA "EL ESPAÑOLETO" *San Sebastián y santa Irene* 1,56 × 1,88 Museo del Ermitage

El tema de san Sebastián y su muerte heroica ha cautivado a muchos pintores en diversos periodos históricos. En el s. XVII otro episodio se agregó al de la mencionada muerte: la participación de la rica viuda Irene y su criada que intentan salvar la vida del joven.La obra pertenece al primer período de creación del maestro y puede observarse en ella la influencia de Caravaggio y de su estilo *tenebroso*. Esta influencia, sin embargo, no existe en la representación del cuerpo de san Sebastián. La tradición pictórica vigente hasta entonces presentaba al ex guerrero de Diocleciano como un ideal de belleza masculina y Ribera respeta dicha práctica. Toda la composición tiende a centrar la atención del espectador en el moribundo. La luz que su cuerpo desprende en medio de una impenetrable oscuridad, permite admirar cada uno de sus músculos.

NICOLAS POUSSIN
El martirio de san Erasmo
3,20 × 1,86
Pinacoteca Vaticana

Nicolás Poussin es uno de los pintores europeos más notables del s. XVII. Nació en Normandía, pero realizó su aprendizaje en París vinculado a la escuela de Fontainebleau, que ya había asimilado las conquistas del Renacimiento italiano. Se encuentra en el estudio de Domenichino de Roma en 1624 y cuatro años después pintó para San Pedro del Vaticano *El martirio de san Erasmo*. Esta obra sorprende por la luminosidad de los colores y la portentosa composición, perfectamente ordenada a pesar del hacinamiento de los personajes. Los sañudos verdugos remueven los entresijos del santo y los van enrollando en un torno: tres de ellos miran con odio al mártir y un tercero atiende a un soldado que se dirige a él. El anciano que se recoge elegantemente la túnica señala con el dedo una estatua de Hércules y reprocha con su airada actitud la persistencia en la fe de san Erasmo.

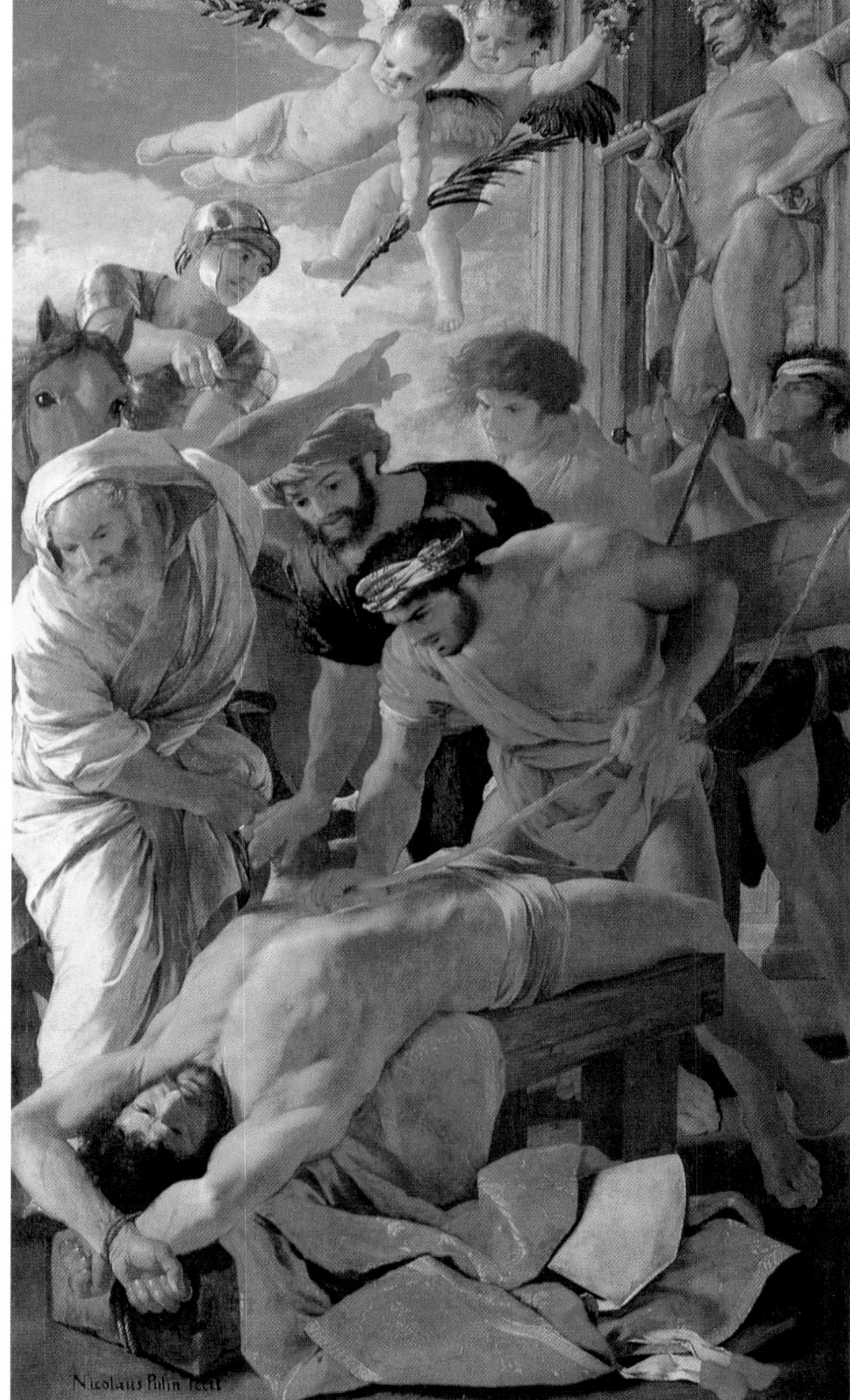

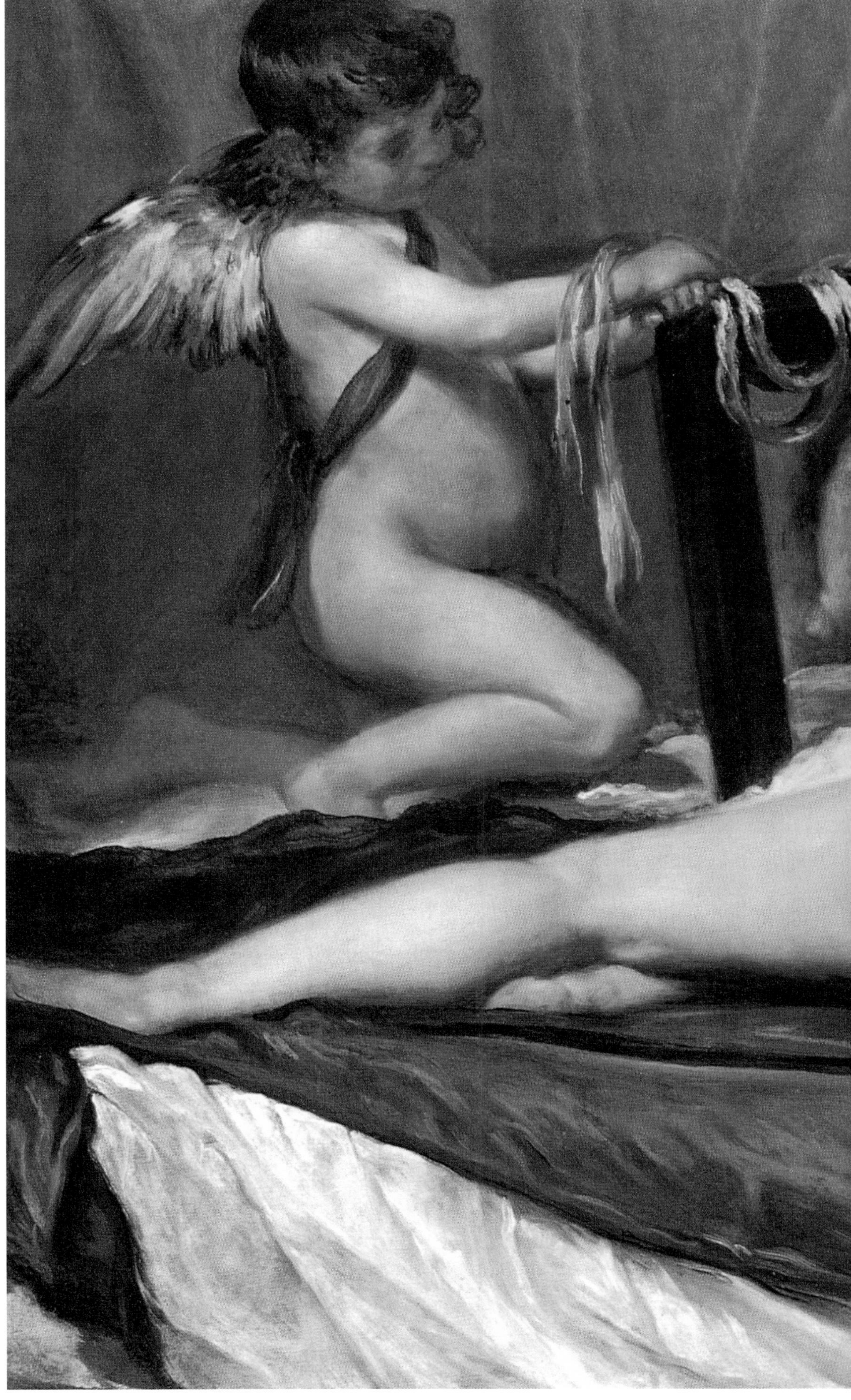

Diego de Silva Velázquez
La Venus del espejo
1,22 × 1,77
National Gallery

La mujer desnuda es un tema raro en la pintura española. Aunque de Velázquez solamente se conserva un cuadro de desnudo, se sabe que pintó al menos cuatro. El primer registro del cuadro procede de 1651, de la colección del marqués del Carpio, que era hijo del primer ministro del rey.

Este cuadro pudo ser pintado antes de la segunda visita del pintor a Italia (1649-1651) o en Italia, desde donde fue enviado a España. Velázquez creó su propia imagen de Venus, pero la idea de reclinar a la diosa vista de espaldas, con Cupido sujetando el espejo, deriva de Tiziano. En lugar de mostrar fuertes contrastes de luz y sombra y una minuciosa fidelidad de la textura superficial de los objetos, para crear una ilusión de realidad, Velázquez llega a pintar lo que el ojo percibe realmente. Los colores se funden unos con otros, los contornos no se destacan y los detalles son sugeridos pero no descritos. El reflejo del espejo no es real (no puede recoger el rostro de Venus desde esa posición). Una tira añadida en la parte superior del lienzo indica que la inclusión del Cupido con el espejo completó la primera realización.

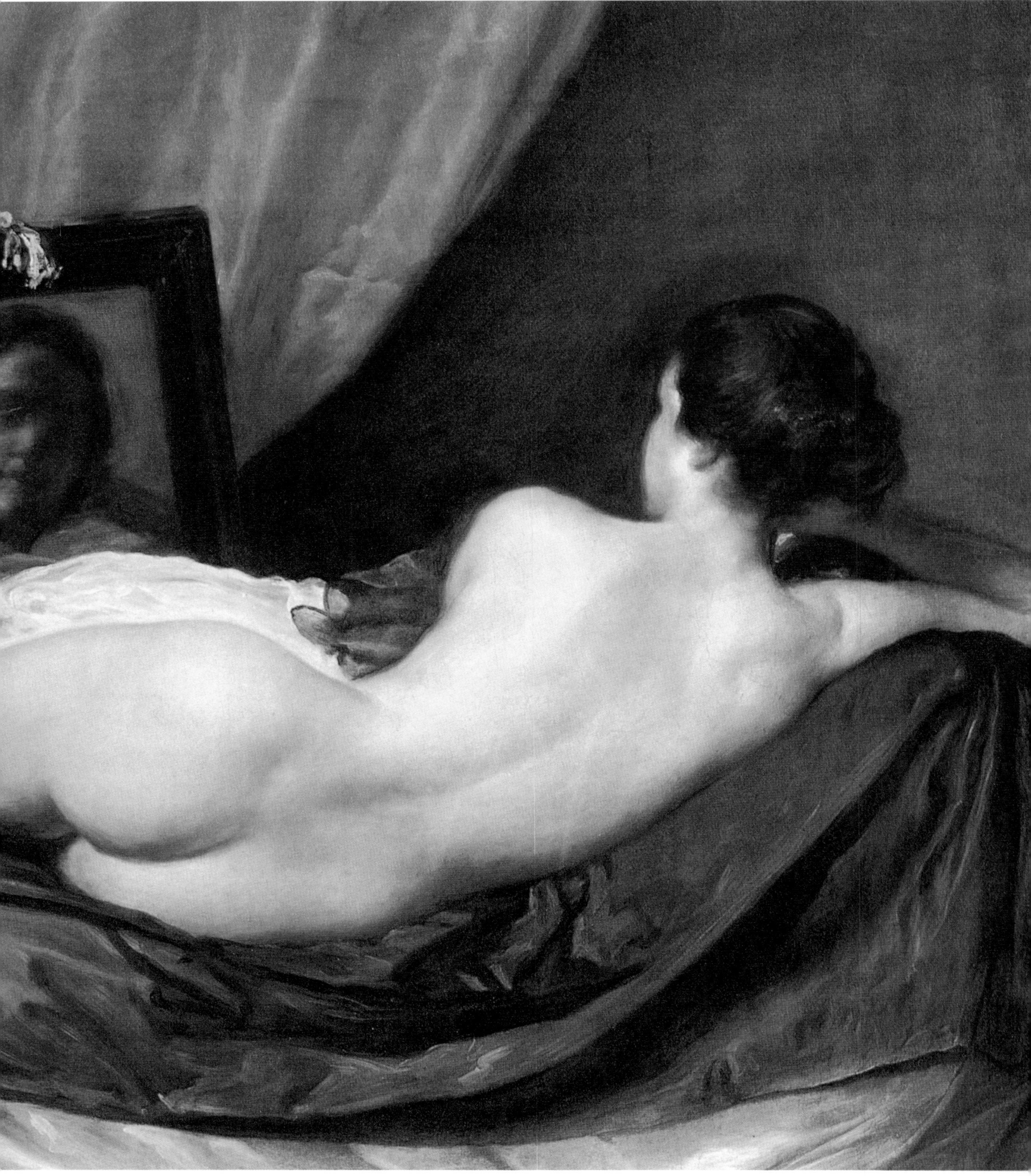

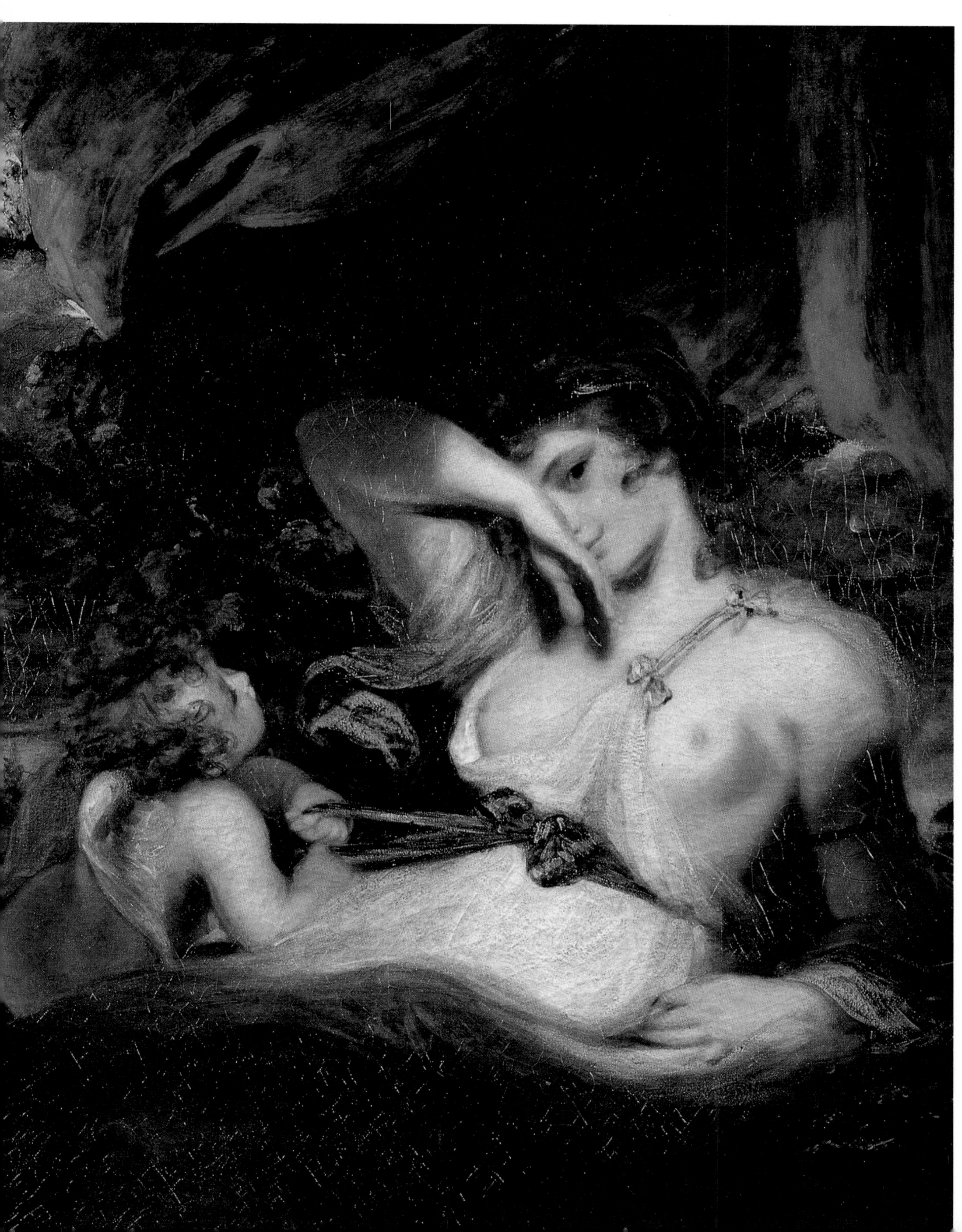

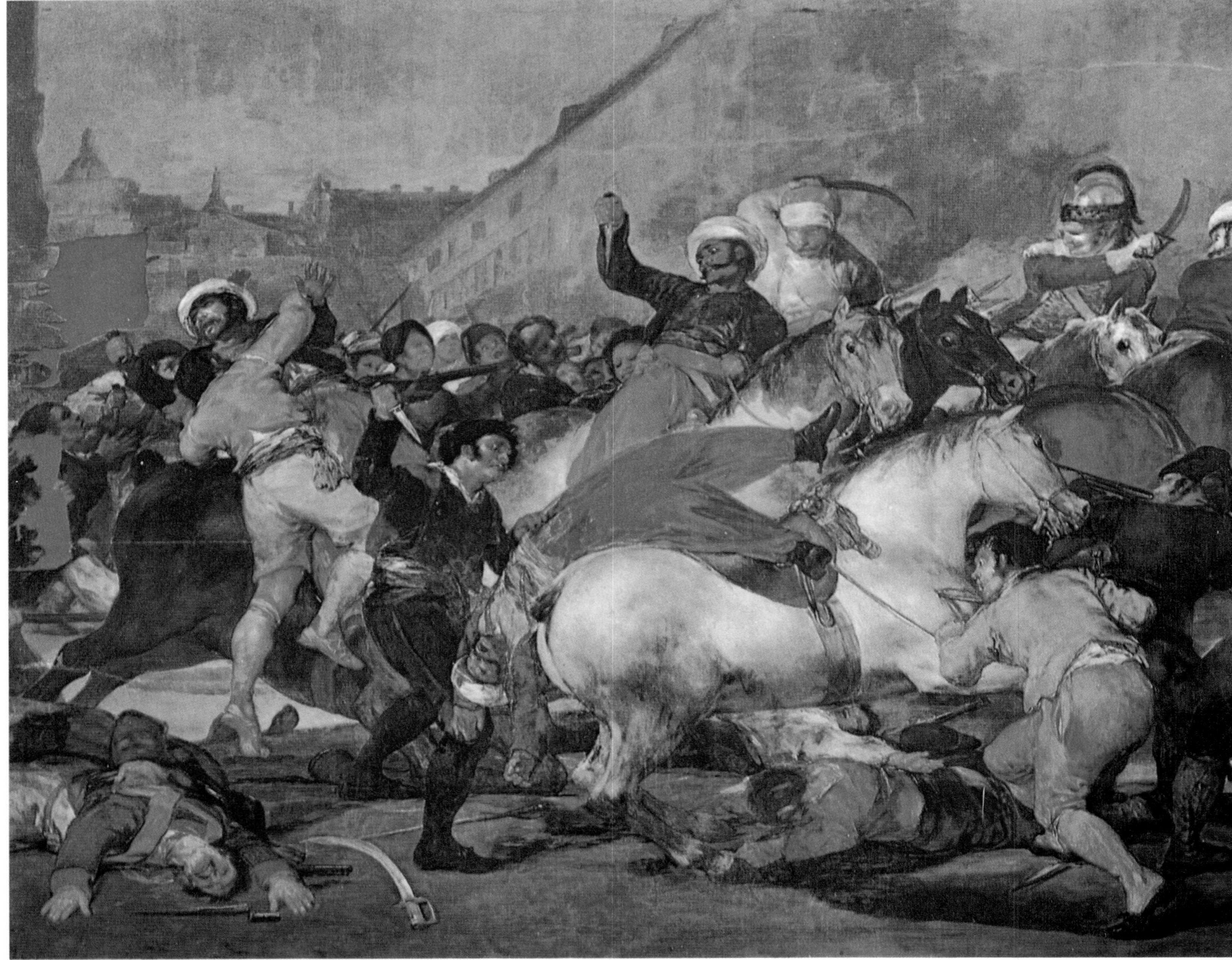

Sir Joshua Reynolds
Cupido desatando el cinto de Venus
1,27 × 1,01
Museo del Ermitage

En la presente obra, no del todo concluida, el pintor inglés sir Joshua Reynolds representa a Cupido que intenta llamar la atención de su madre tirando de su cinto. El rostro de Venus es un retrato, pero la identificación de la modelo no está aclarada. Muchos investigadores entienden que se trata de la célebre y bella lady Hamilton, pero la opinión no es unánime.

La obra, viva y delicada, destaca principalmente por su opulento colorido. Éste revela el influjo ejercido por Tiziano en el pintor inglés, manifestado principalmente en el rojo oscuro de la colgadura dispuesta como una tienda y en la solución cromática para la representación del paisaje.

Francisco de Goya y Lucientes
La carga de los Mamelucos en la Puerta del Sol de Madrid
2,66 × 3,45
Museo del Prado

Este lienzo recoge de modo magistral toda la violencia del estallido popular del Dos de Mayo. Su técnica y su pasión hubieron de dejar honda huella en toda la pintura patriótica del romanticismo, anticipándose al Delacroix de *La Libertad guiando al pueblo*. Con suma habilidad, al centrar la lucha del pueblo sobre las tropas africanas –mamelucos– que acompañaron a los franceses, consigue evocar la atávica violencia española contra el moro, que sin duda hubo de contar en aquellos turbulentos momentos. El escenario se ha creído siempre la Puerta del Sol, aunque ninguno de los edificios que se advierten permite afirmarlo. Quizá el gran edificio rectangular sea el parque de Monteleón.

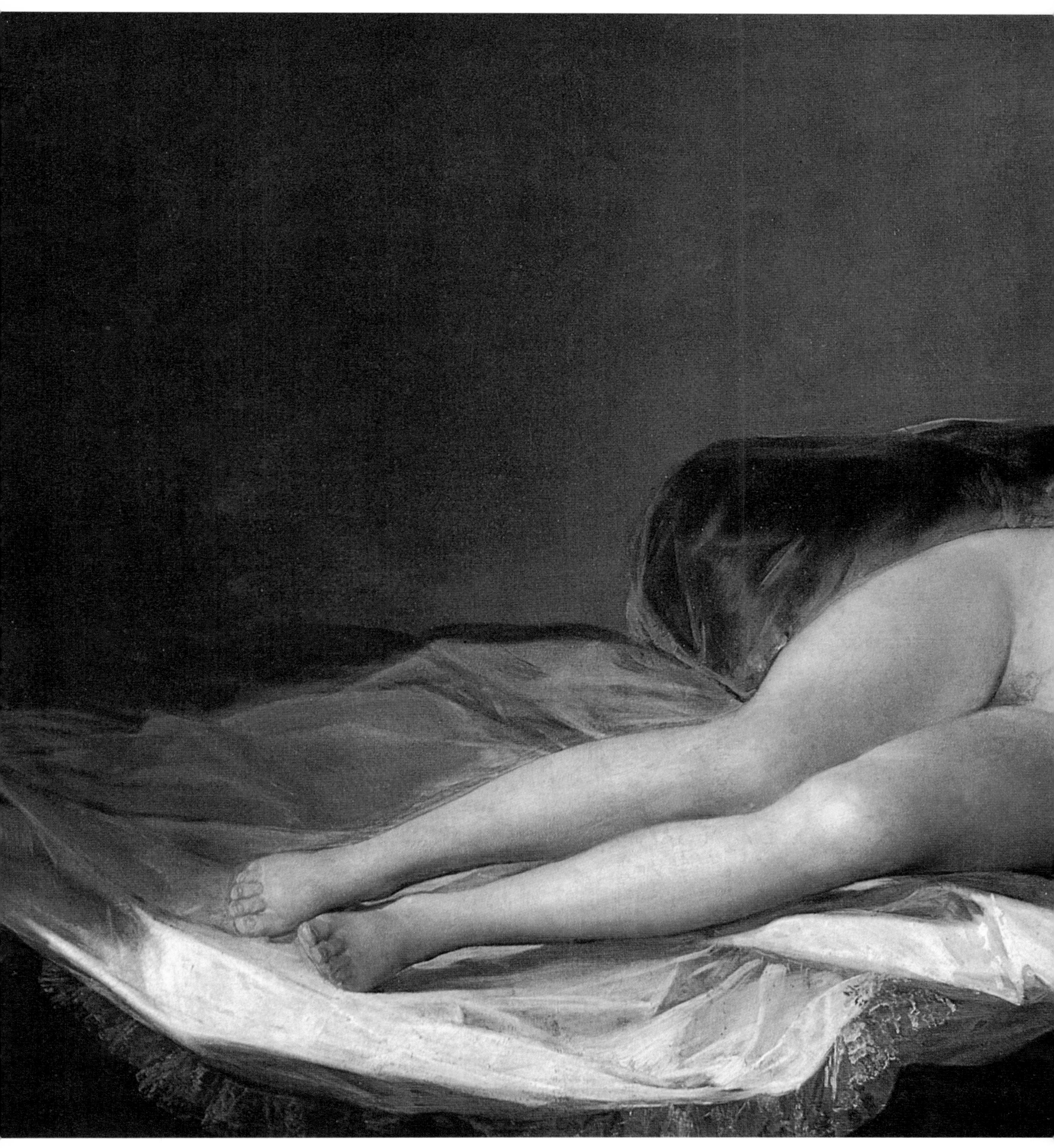

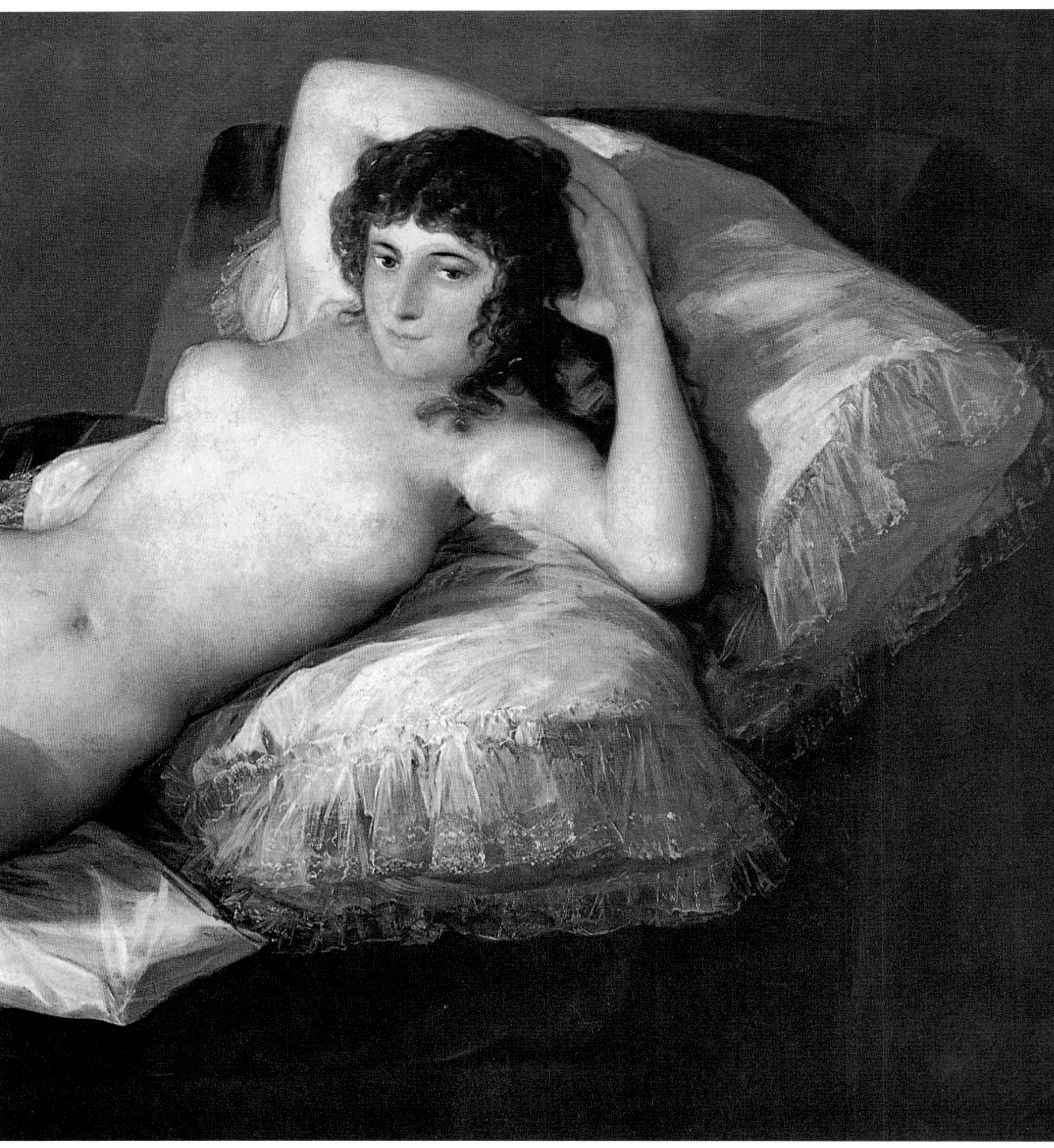

FRANCISCO DE GOYA Y LUCIENTES
La Maja desnuda 0,97 × 1,90
Museo del Prado

La *Maja desnuda* es un delicadísimo y acabado estudio de tonos nacarados, perfecto como pintura neoclásica, torneado y pulido el desnudo como una porcelana. Quizá sea, precisamente por su perfección y por su peso de Academia, lo menos "goyesco" de toda la producción del pintor. Se ha pensado que con la *Maja vestida* formase un díptico, de modo que la vestida pudiese descubrir, como al volver una página, a la desnuda. Es hipótesis muy verosímil, pues semejantes "picardías" eran frecuentes, aunque en menores dimensiones, en Francia y en los ambientes ilustrados.

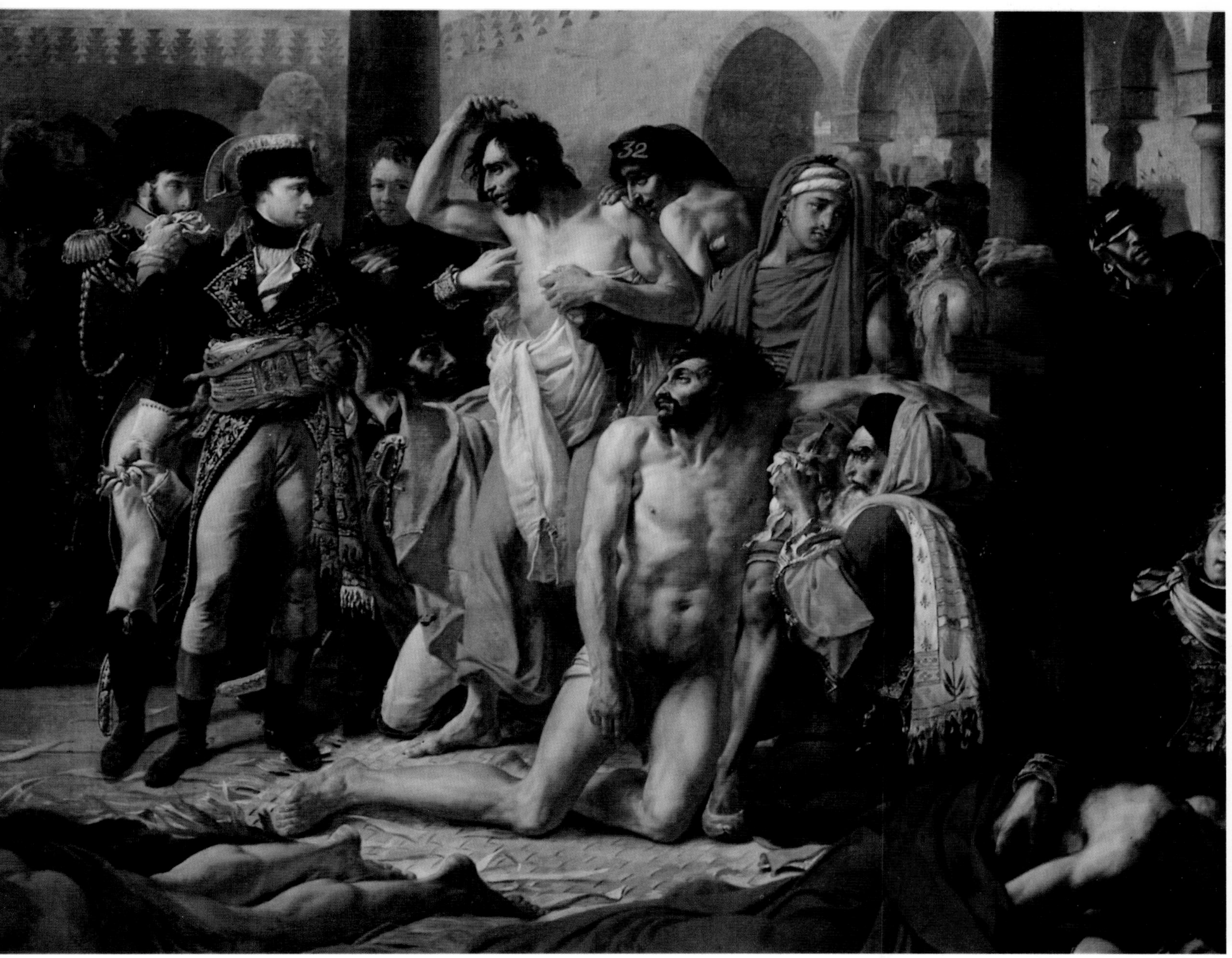

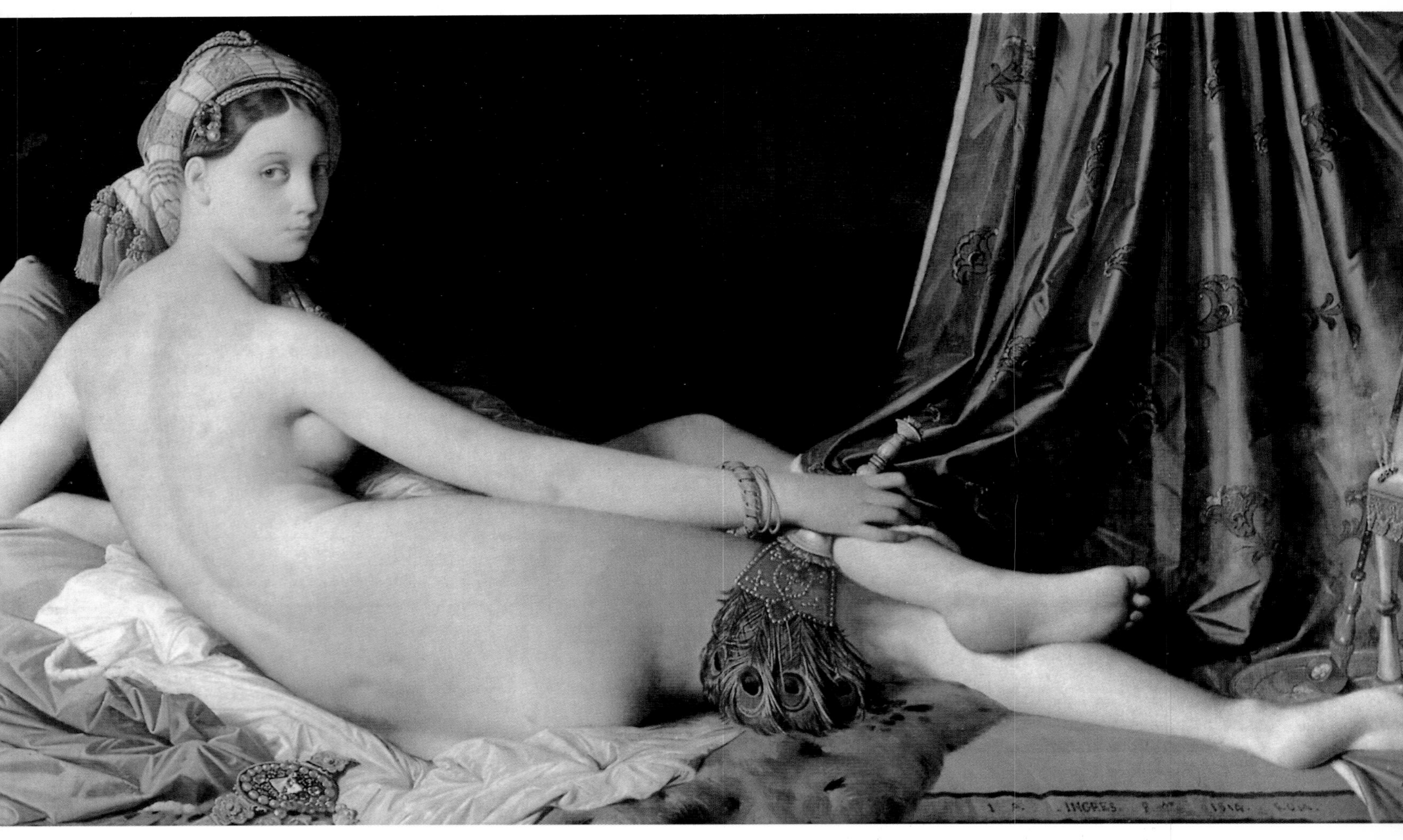

Antoine-Jean Gros
Los apestados de Jaffa . 5,32 × 7,20
Museo del Louvre

Este cuadro de 1804 rinde homenaje a Bonaparte durante la campaña de Siria; los contrastes de color, la fuerza de representación en los grupos de las zonas iluminadas, la brutalidad expresiva de ciertos personajes, el orientalismo, anuncian claramente el romanticismo de los contrastes dramáticos, a la vez que un individualismo, lejano ya, de David.

El tempermento de Gros y su inquietud estética, que tal vez puedan explicar su suicidio, le arrastran al dinamismo "romántico"; así, puede considerarse que establece una transición entre el sentido estático de David y el estallido tumultuoso de las primeras obras importantes de Delacroix.

Jean-Auguste-Dominique Ingres
La gran odalisca 0,91 × 1,62
Museo del Louvre

Al igual que los románticos, el "clásico" Ingres utilizó temas de inspiración oriental, pero éstos le sirvieron para pintar el cuerpo femenino, como en la composición de grupo del *Baño turco*, de 1862. El orientalismo es, igualmente, ocasión aquí para utilizar un colorido más brillante. Detrás del pretexto, encontramos la influencia de Rafael y la tendencia a una ligera deformación de la verdad anatómica (en la longitud de la columna vertebral) por razones de armonía. El cuadro, próximo al tema sensual de las bañistas, inscribe en un bello decorado el arabesco precioso de las formas femeninas.

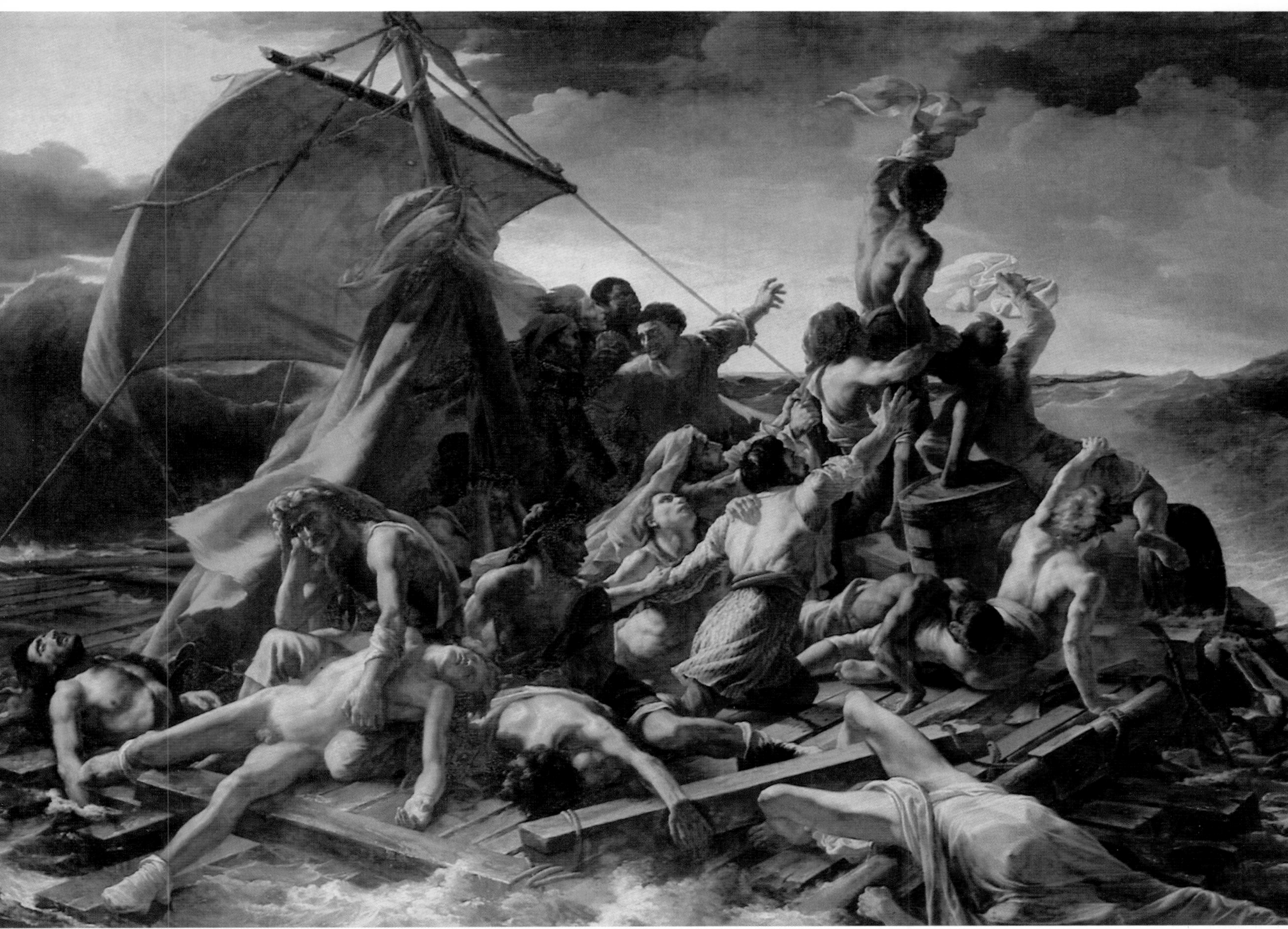

THÉODORE GÉRICAULT
La balsa de la "Medusa" 4,91 × 7,16
Museo del Louvre

Géricault es un ejemplo de las revoluciones del gusto y de la práctica pictórica de una época de transición. En Italia se inspiró en los frisos de los bajorrelieves antiguos y en su equilibrio rítmico, pero a esta educación añadió un dinamismo barroco y una fogosidad, unos violentos contrastes de luz y sombra y un vigor escultórico inspirados en Miguel Ángel. Supo también consagrar su talento a una pintura moderna. Así lo demuestra este cuadro, que evoca la odisea de 149 náufragos de la fragata *Medusa* en julio de 1816, según un suceso real sobre el que el pintor realizó una exhaustiva investigación entre los escasos supervivientes. El realismo de la composición, basado en la observación documental de cadáveres, agonizantes y locos en hospitales y asilos, aumenta en dramatismo por la ambientación sobrecogedora, que causó escándalo en la época.

EUGÈNE DELACROIX
Cristo en la cruz 0,73 × 0,59
National Gallery

Delacroix sintió un atractivo especial por los temas religiosos, preferentemente los relacionados con la Pasión de Cristo, y pintó varias crucifixiones, como ésta, realizada en 1853. Por su diario sabemos que sufrió mucho por las críticas que se hacían de sus obras y la repulsa que recibían del público. Su desesperación queda reflejada en este cuadro de la Crucifixión de Cristo, tratada de una manera muy emotiva. Es un cuadro sobre el sufrimiento humano, con la cabeza de Cristo escondida entre las sombras, su cuerpo iluminado en contraste con el amenazante cielo y las figuras angustiadas de san Juan y María a los pies de la cruz.

Delacroix estuvo influenciado en el color y el uso de la pincelada por la obra de Constable, Veronés y, sobre todo, por Rubens. Su arte emocional se opone al de pintores más a la moda y limitados al clasicismo, como Ingres.

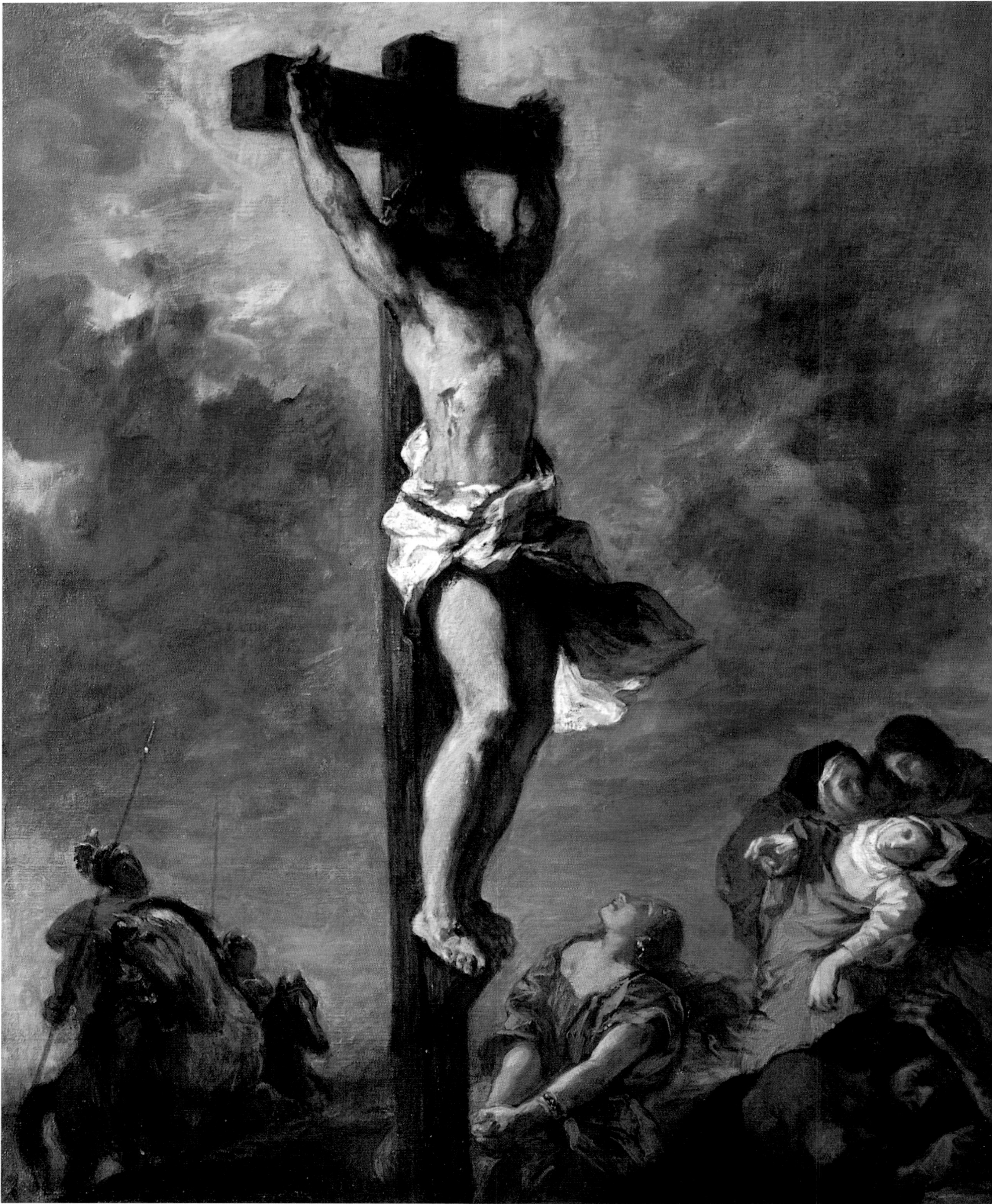

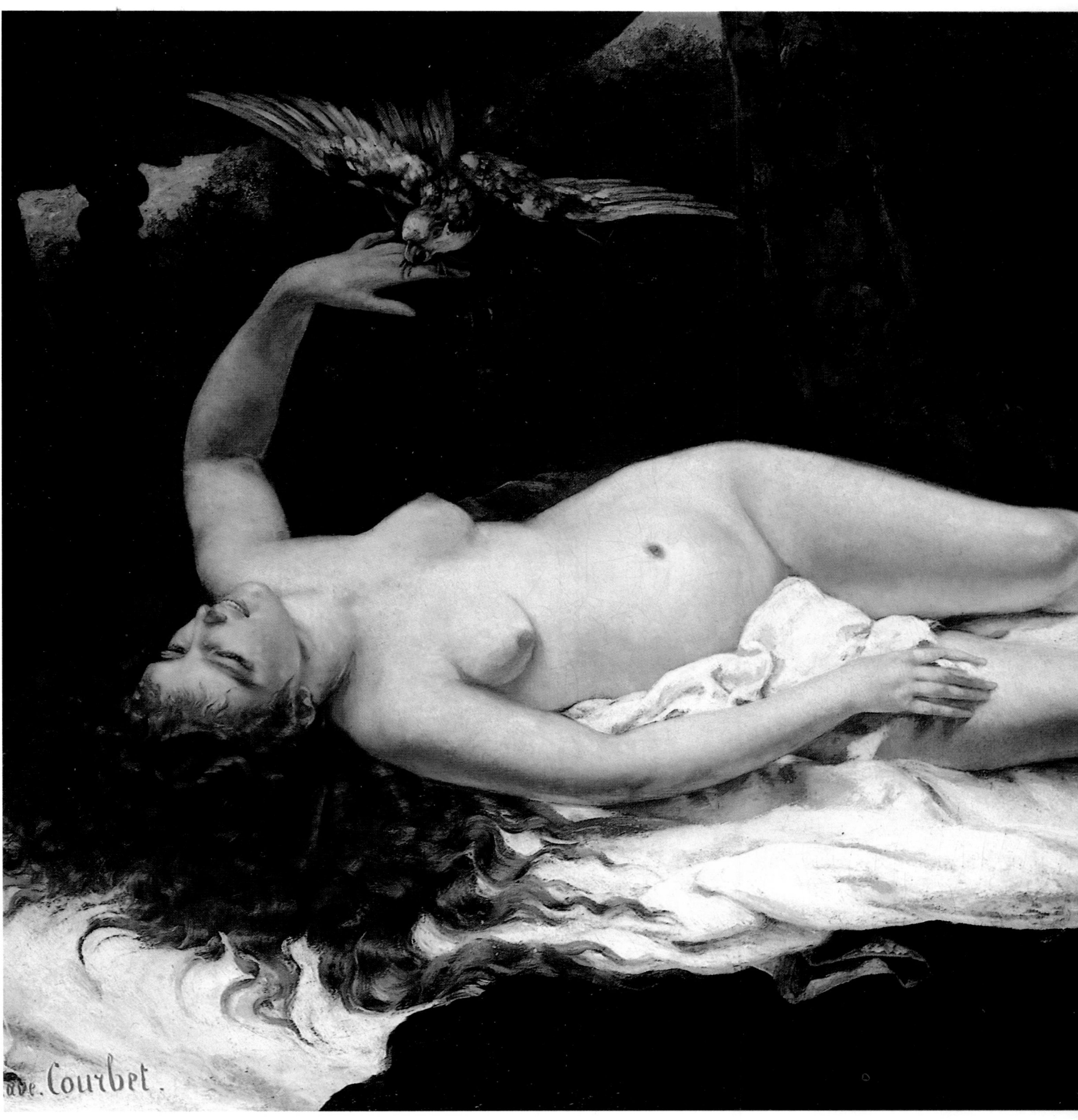
ave. Courbet.

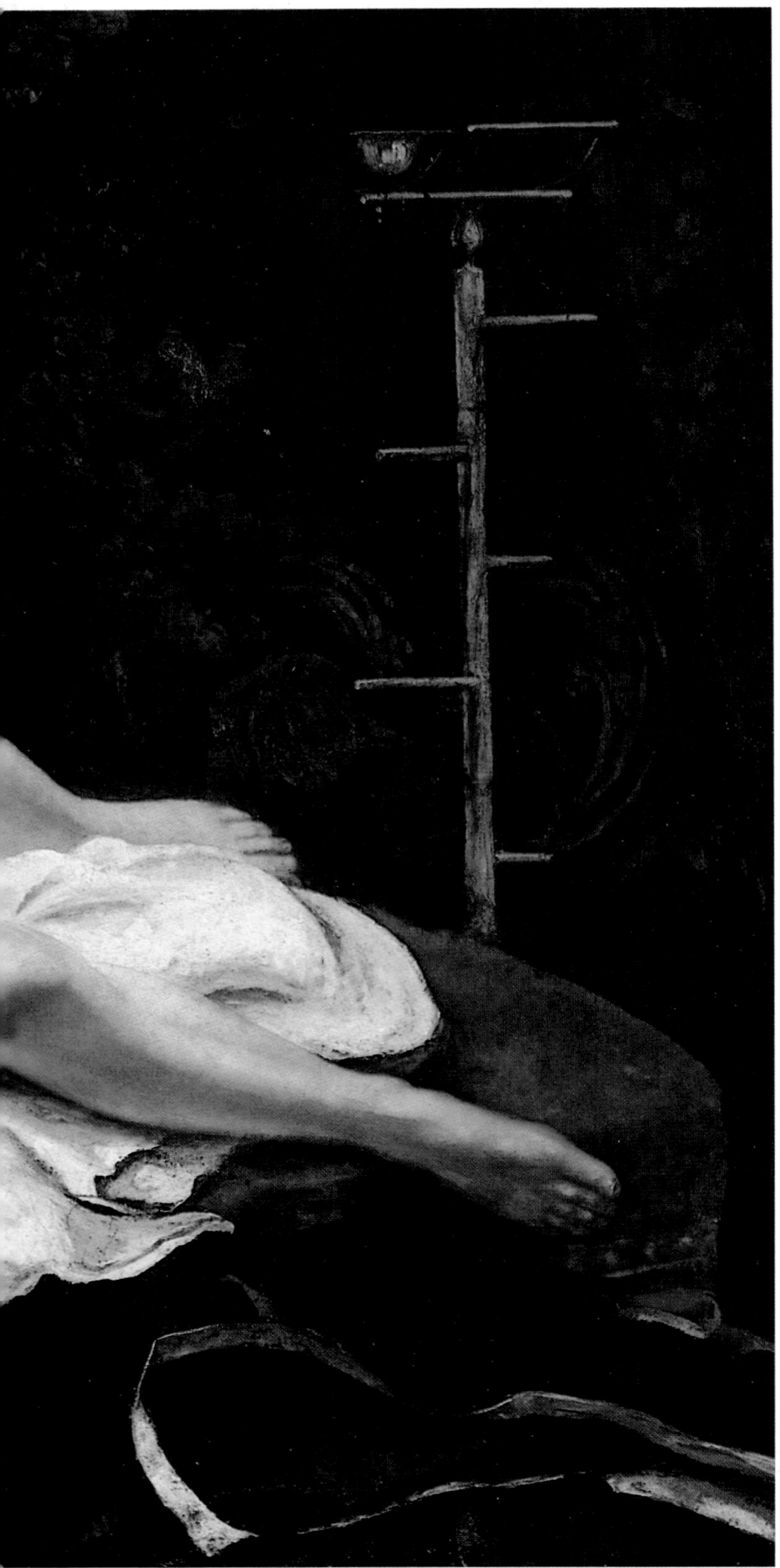

GUSTAVE COURBET
Mujer con un papagayo 1,29 × 1,95
Museo de Arte Metropolitano

Pintado en 1865-66, *Mujer con un papagayo* fue uno de los dos trabajos que Courbet expuso en el Salón de 1866. Es el más conocido de una serie de desnudos que pintó en la década de 1860. La sensualidad del modelo es enfatizada por la exótica riqueza de detalles, el plumaje brillante del ave, el paisaje y el tapiz del fondo.

Los críticos censuraron la "falta de gusto" de Courbet, así como la "pose desgarbada del modelo" y el pelo "alborotado". Igual que *La Olympia* de Manet (1863, en el Louvre), la *Mujer con un papagayo* de Courbet fue reconocida como un personaje real, una mujer mundana, e igual que aquélla ha sido pasto del escándalo precisamente por su inopinado realismo y por su deliberada procacidad. Estos desnudos suntuosos, sin embargo, fueron muy del gusto de otros grandes artistas de la época, como por ejemplo Mariano Fortuny (1833-1874). En la audacia técnica de Courbert se cifra, sin embargo, el principal mérito de este lienzo, casi contemporáneo de las obras maestras de los impresionistas, los cuales convirtieron a París en el foco de atracción de los más innovadores artistas europeos.

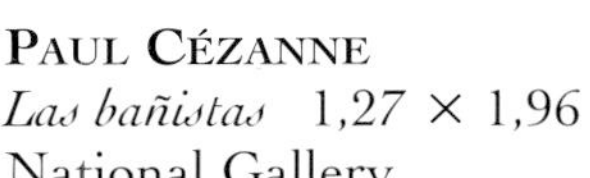

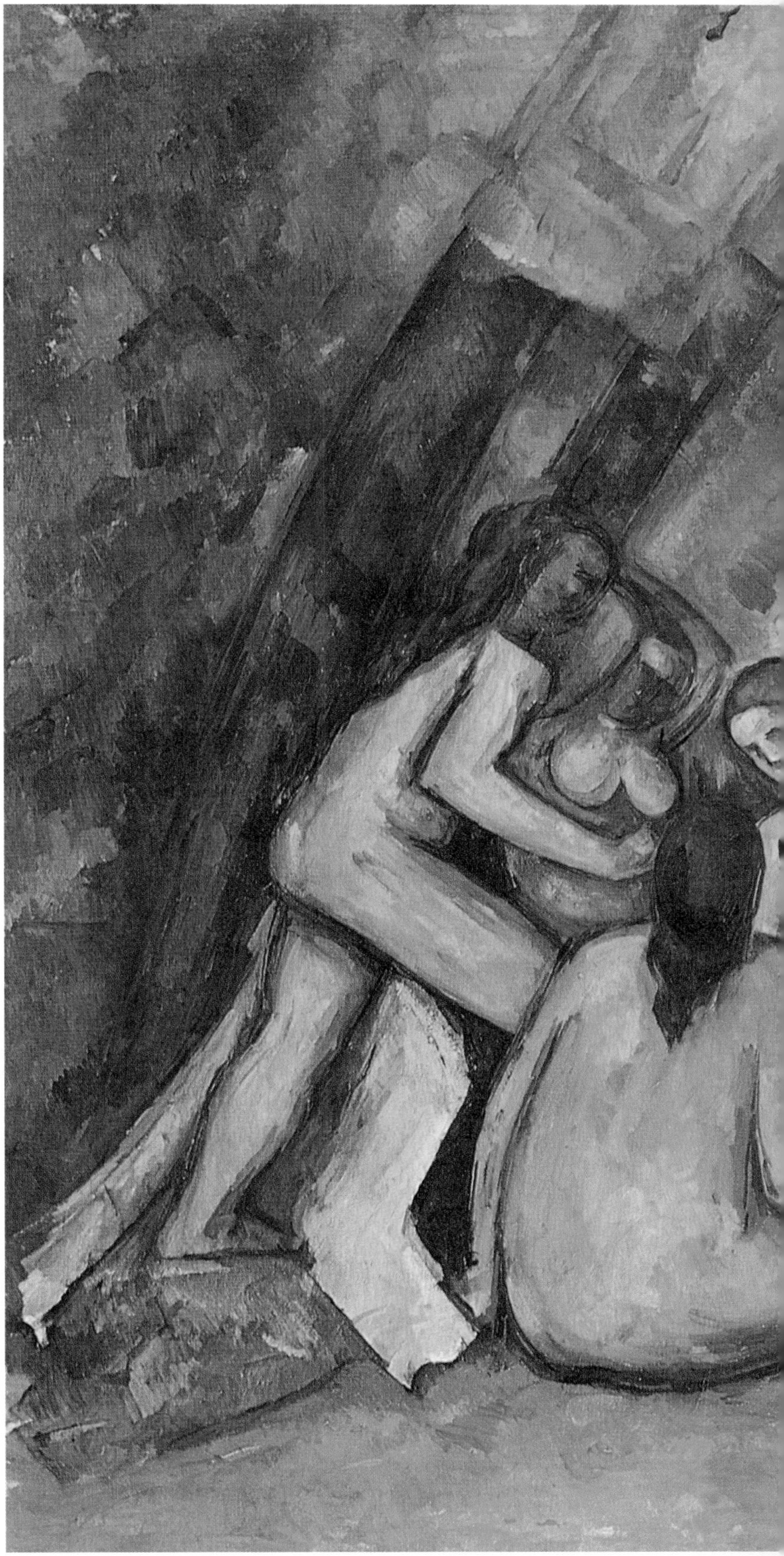

PAUL CÉZANNE
Las bañistas 1,27 × 1,96
National Gallery

La relación de Cézanne con los impresionistas motivó su inclinación hacia el paisaje, los bodegones y los retratos, pero no el abandono de uno de los grandes temas de la pintura desde el Renacimiento: la figura desnuda ante el paisaje.

Este cuadro es la primera de tres grandes pinturas dedicadas a este tema durante las últimas décadas de su vida. La primera impresión que produce es de gran solidez en la composición, en la que existen armonía y unidad, pero también puede observarse la distorsión de los cuerpos, que parecen toscos y mal dibujados.

Cuando su amigo el pintor Émile Bernard vio este cuadro le preguntó por qué no había usado un modelo. Cézanne respondió que a su edad se sentía avergonzado frente a una mujer desnuda y que la utilización del modelo podía motivar un escándalo entre los vecinos. Por eso había utilizado apuntes sobre desnudos realizados muchos años antes. Sin embargo, la anécdota no explica las formas del cuadro, que están sometidas a un ritmo interno y a la armonía de la composición.

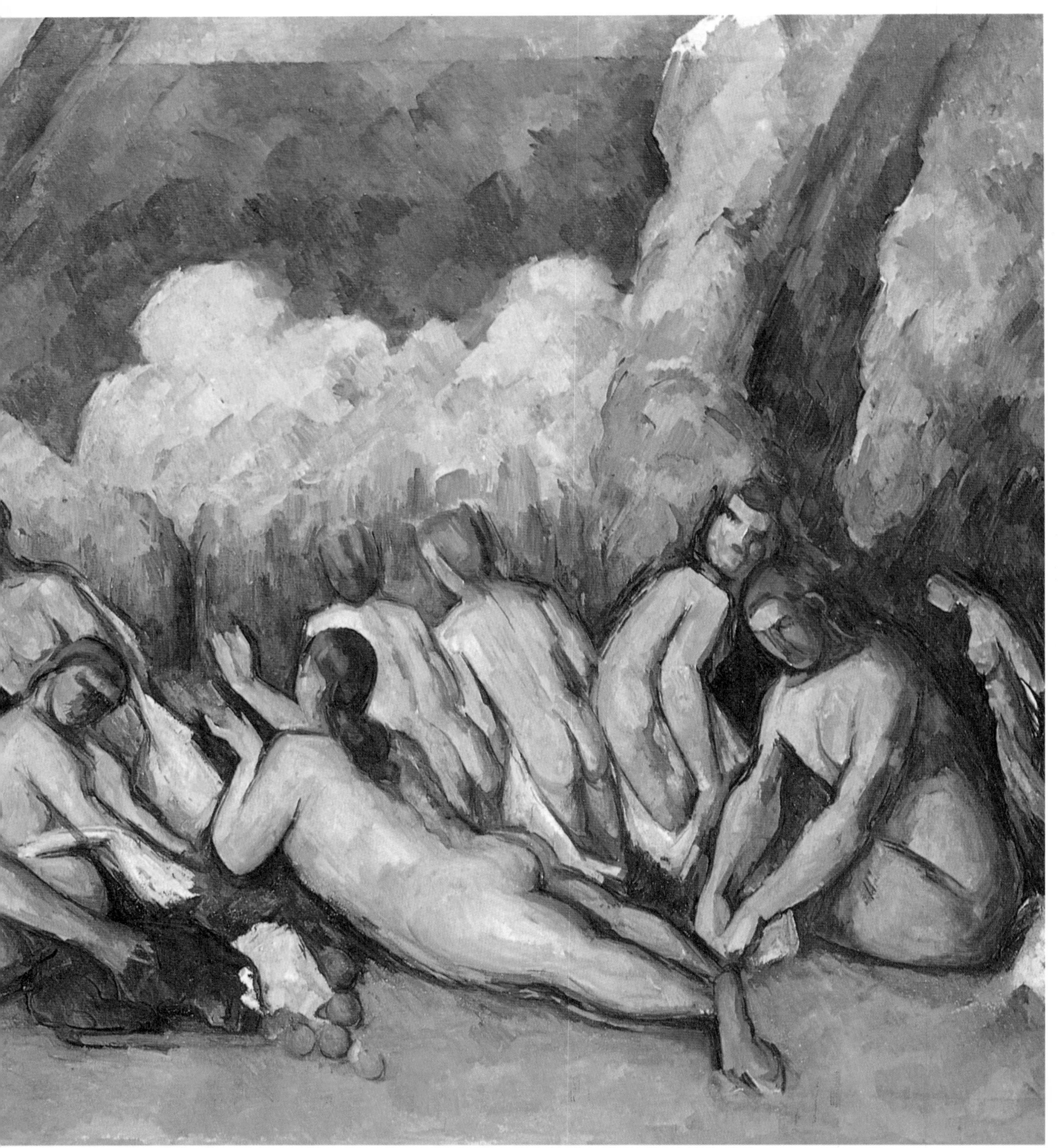

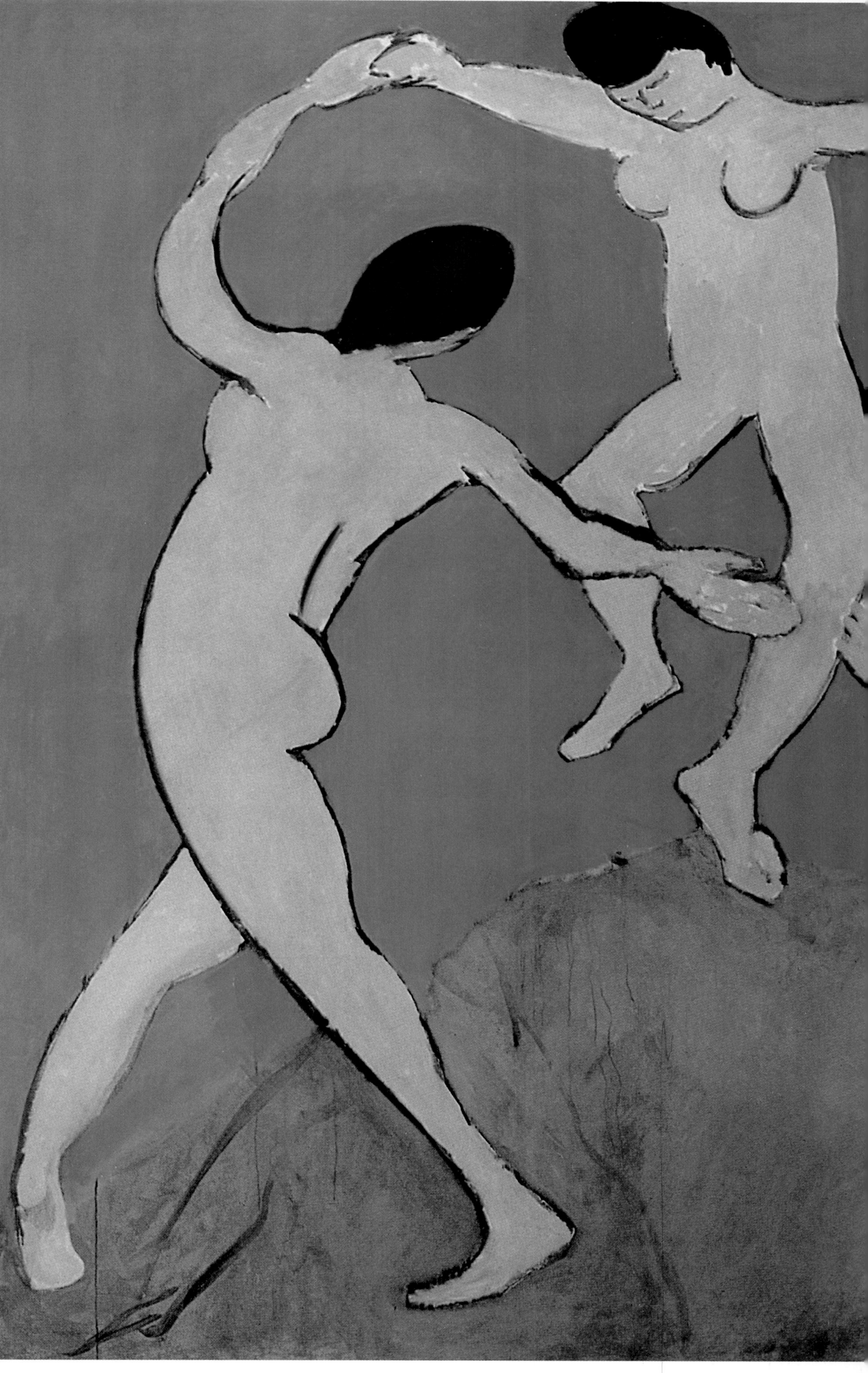

HENRI MATISSE
La danza
2,59 × 3,90
MoMA

Matisse abandonó rápidamente a su académico maestro Bouguereau para pasar al estudio de Gustave Moreau, donde permanecerá entre 1892 y 1897. Sensible en un primer momento al impresionismo, creó a partir de 1905 el movimiento *fauve,* adoptando una paleta de colores violentos y "salvajes".

Esta primitiva versión de *La danza* (1909) corresponde a una época en que Matisse oficiaba como indiscutido líder de la vanguardia, que un año después volvería grupas hacia el cubismo imperante en el círculo de Picasso. La obra preanuncia el que sería su gran trabajo ya en plena madurez: los grandes murales del mismo título realizados hacia 1932-33. Los colores puros y llamativos de tonos oscuros cubren las zonas nítidamente dibujadas, aspecto este último que Matisse toma de la pintura de Cézanne. La composición posee un ritmo vivo, al servicio del cual se han deformado artificiosamente las figuras, se ha sacrificado la descripción espacial y se han reducido a tres los colores presentes. A pesar de su inequívoco figurativismo, la imagen parece querer desprenderse de todo aquello que juzga superfluo para la representación del movimiento.

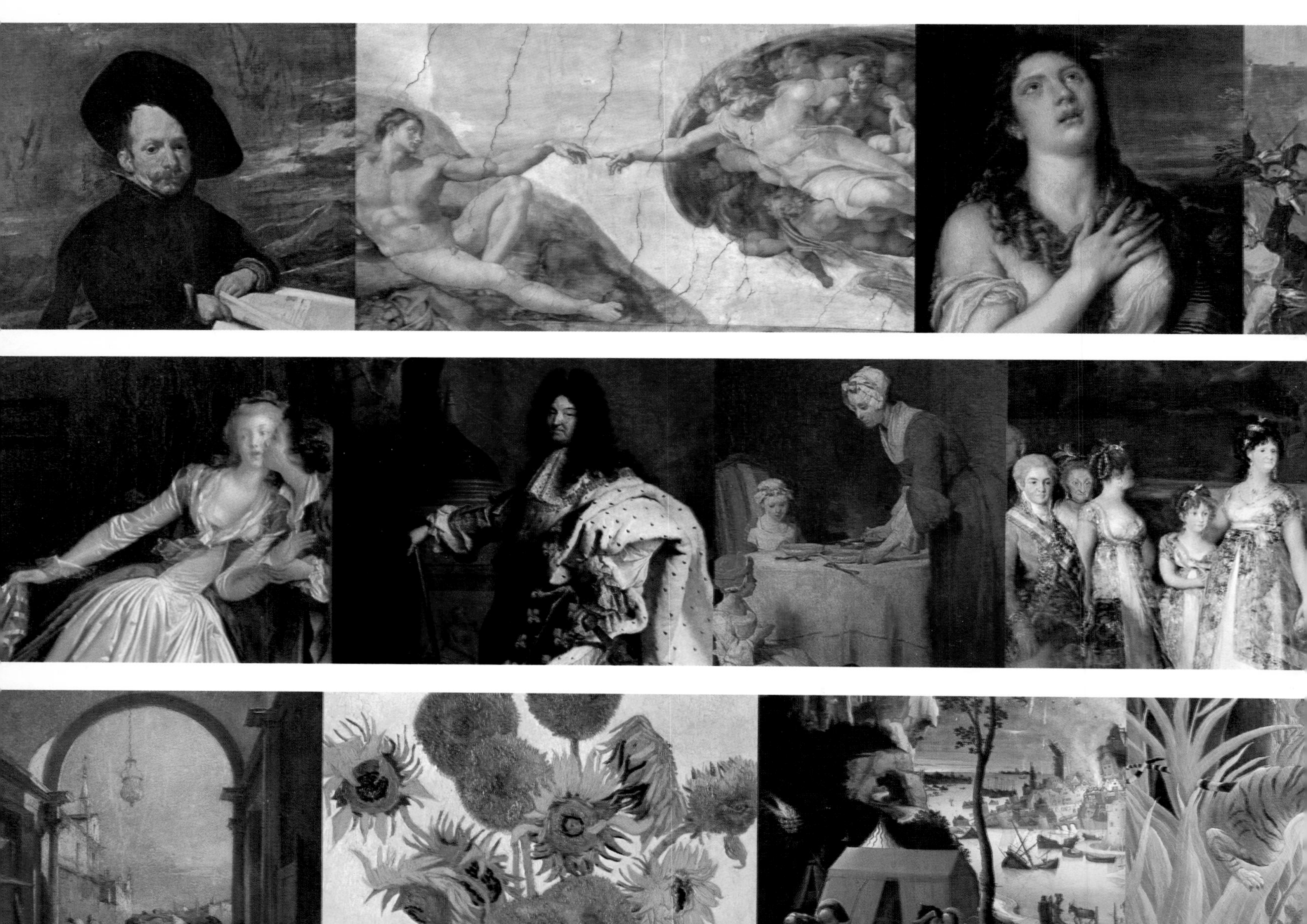
Henri Rousseau

EL MUNDO DE LA PINTURA

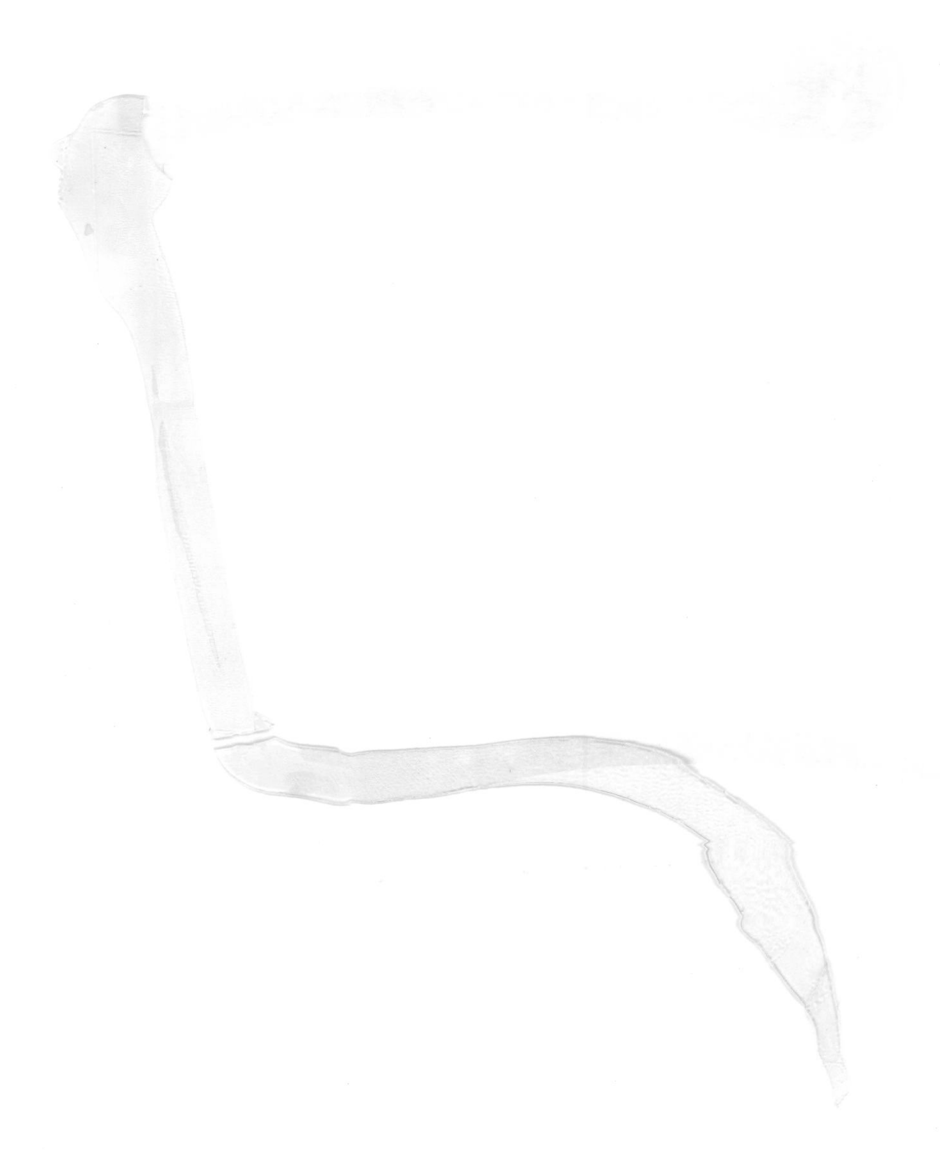

For Reference
S0-AXJ-321

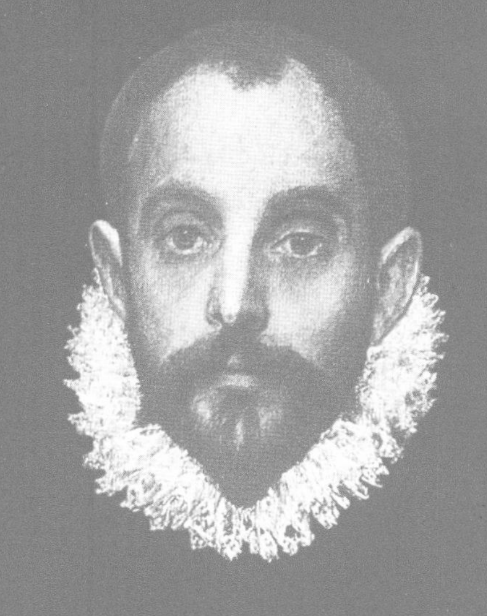

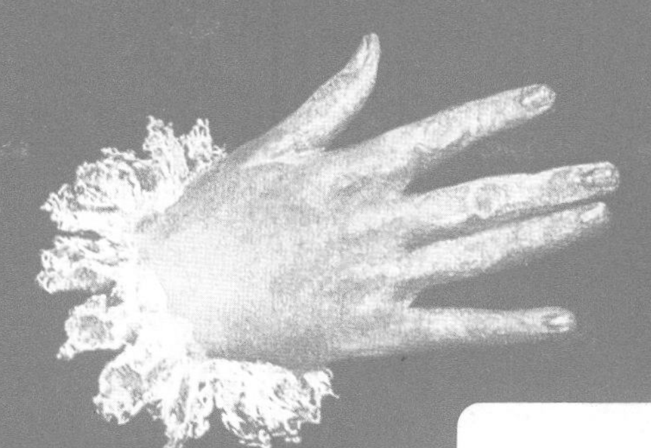

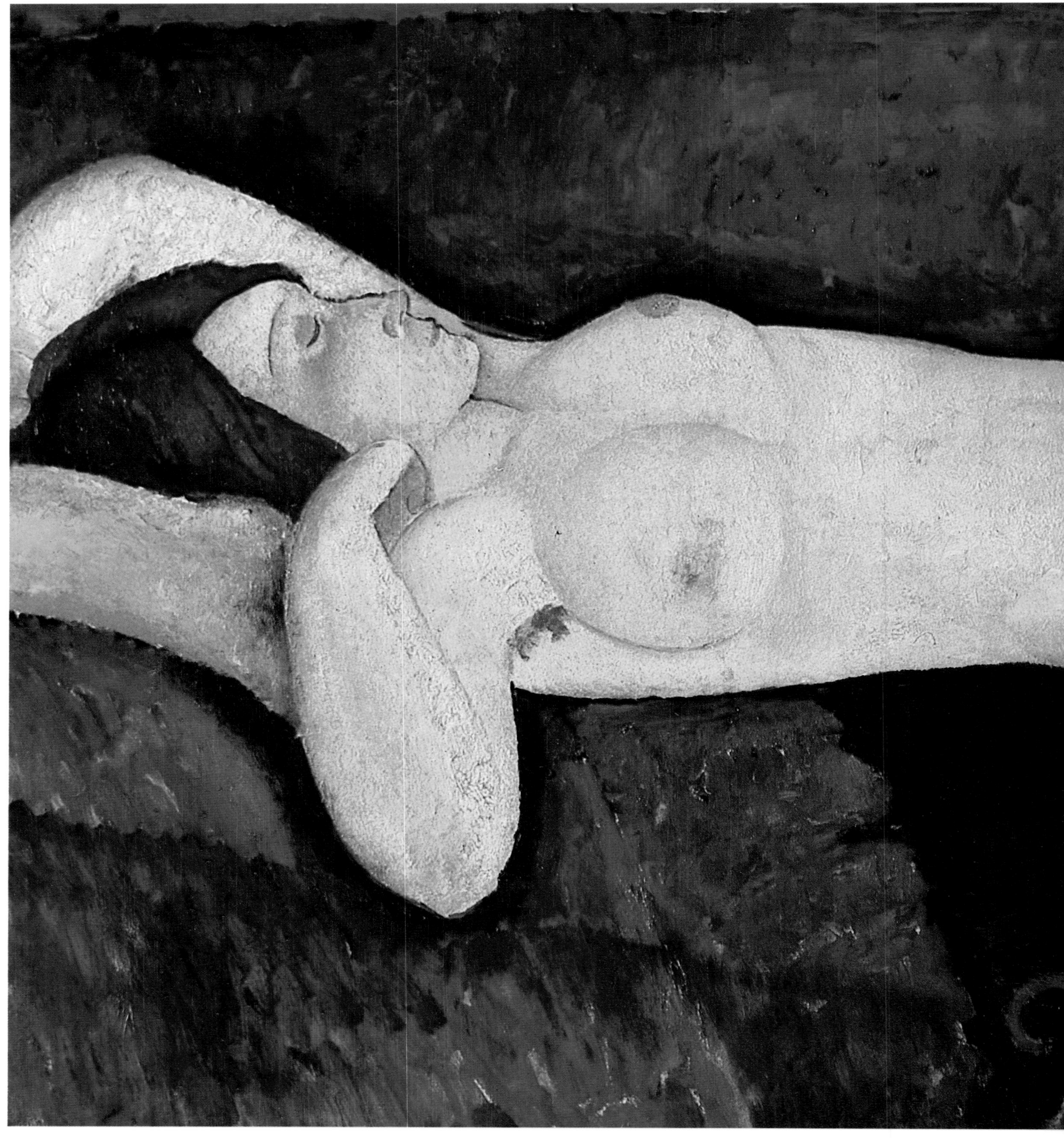

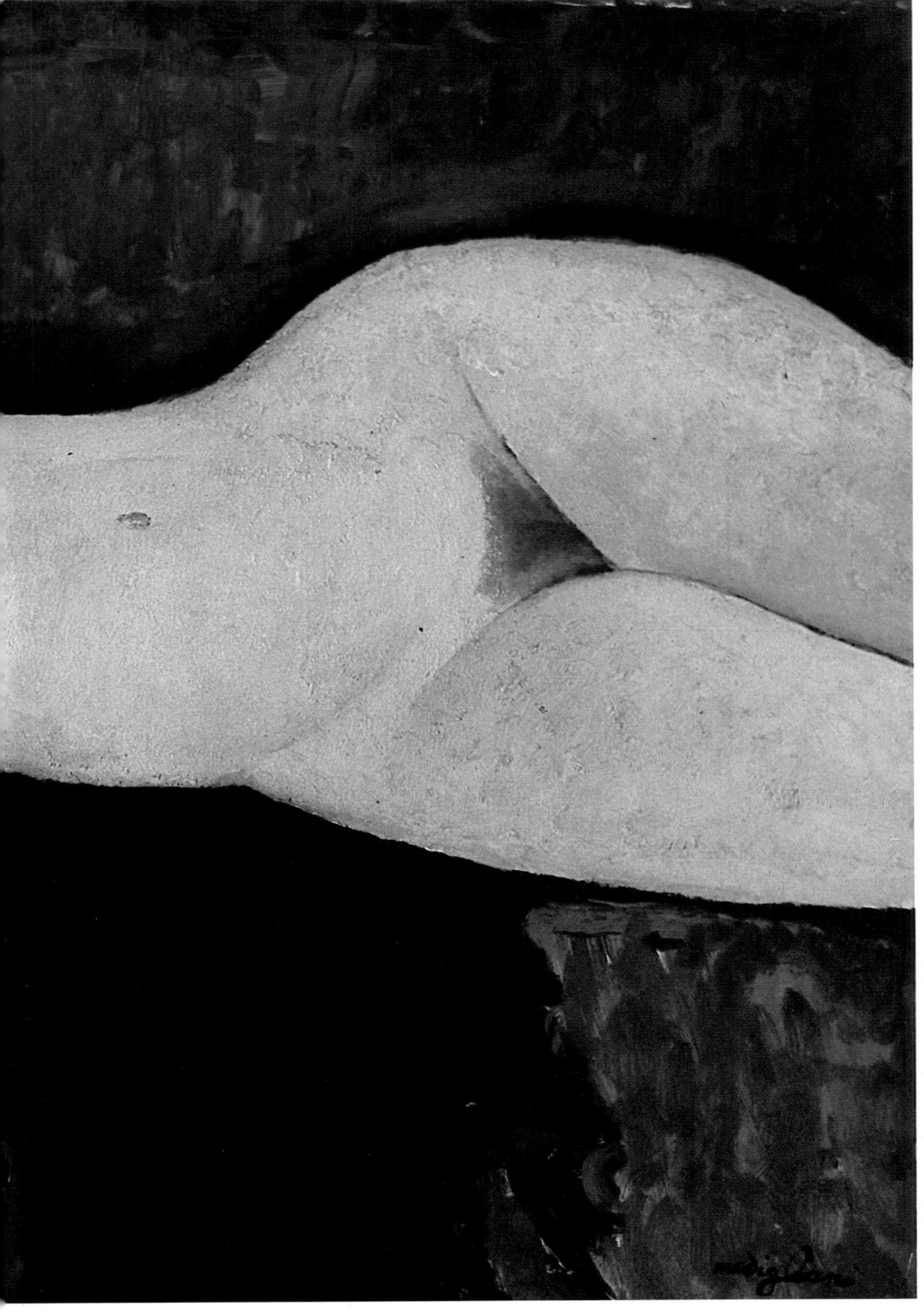

AMEDEO MODIGLIANI
Desnudo acostado
0,72 × 1,16
MoMA

Éste fue el último y quizá el más grande y el más sensual desnudo pintado por Amedeo Modigliani (1919). James Thrall Soby escribió sobre él: "Las mujeres de Modigliani no son esos querubines con quienes el s. XVIII estaba encariñado. Son mujeres adultas, sinuosas, carnales y reales, la etapa final en esa secuencia que lleva desde el *Concierto campestre* de Giorgione al *Déjeuner sur l'herbe* de Manet, Touluse-Lautrec y sus contemporáneos. No obstante, mientras a la obra de Lautrec se le atribuye un cierto pintoresquismo maldito, lo mismo, en realidad, que a muchos artistas desde Rops a Pascin, la sensualidad de Modigliani es clara y encantadora, semejante a la de Ingres, aunque menos tímida.

Los desnudos de Modigliani son una respuesta categórica a sus paisanos futuristas que, entusiasmados con la máquina, consideraban agotado este tema y apremiaban para que se suprimiera durante diez años".

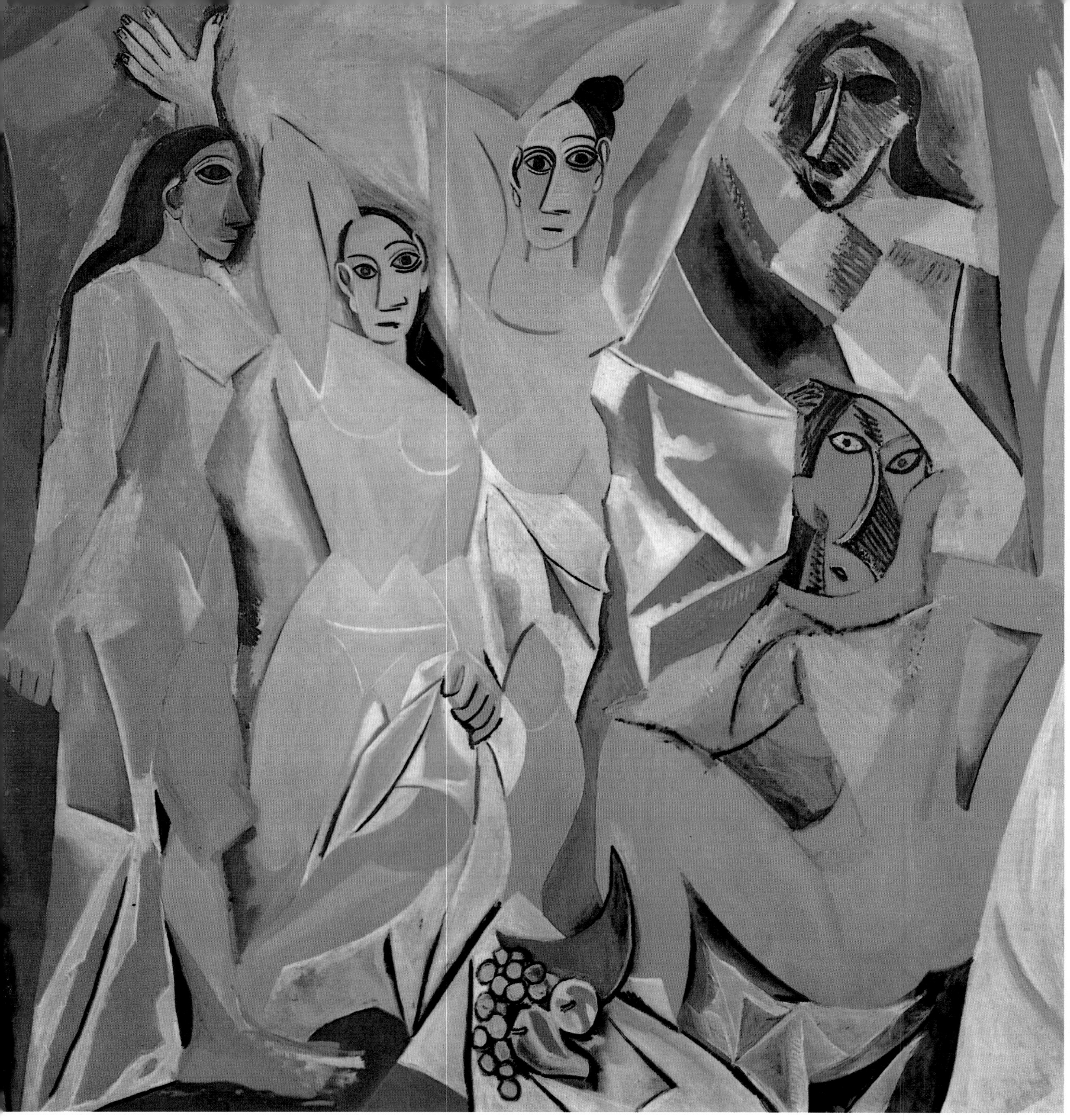

Pablo Ruiz Picasso *Las señoritas de Avinyó* 2,43 × 2,33 MoMA

Este cuadro empezó representando a un estudiante de medicina, un marinero y cinco prostitutas en un burdel. La versión final del tema, ya sólo con las cinco "señoritas", refleja la progresión desde lo narrativo hasta el carácter "icónico" que distinguió la obra de Picasso de 1905 a 1909. Aquí se palpa su deseo de proyectar más intensamente sus complejos sentimientos acerca de las mujeres, las cuales estaban asociadas a sensaciones de "libertad dionisíaca" y a aprensiones de enfermedad y muerte.

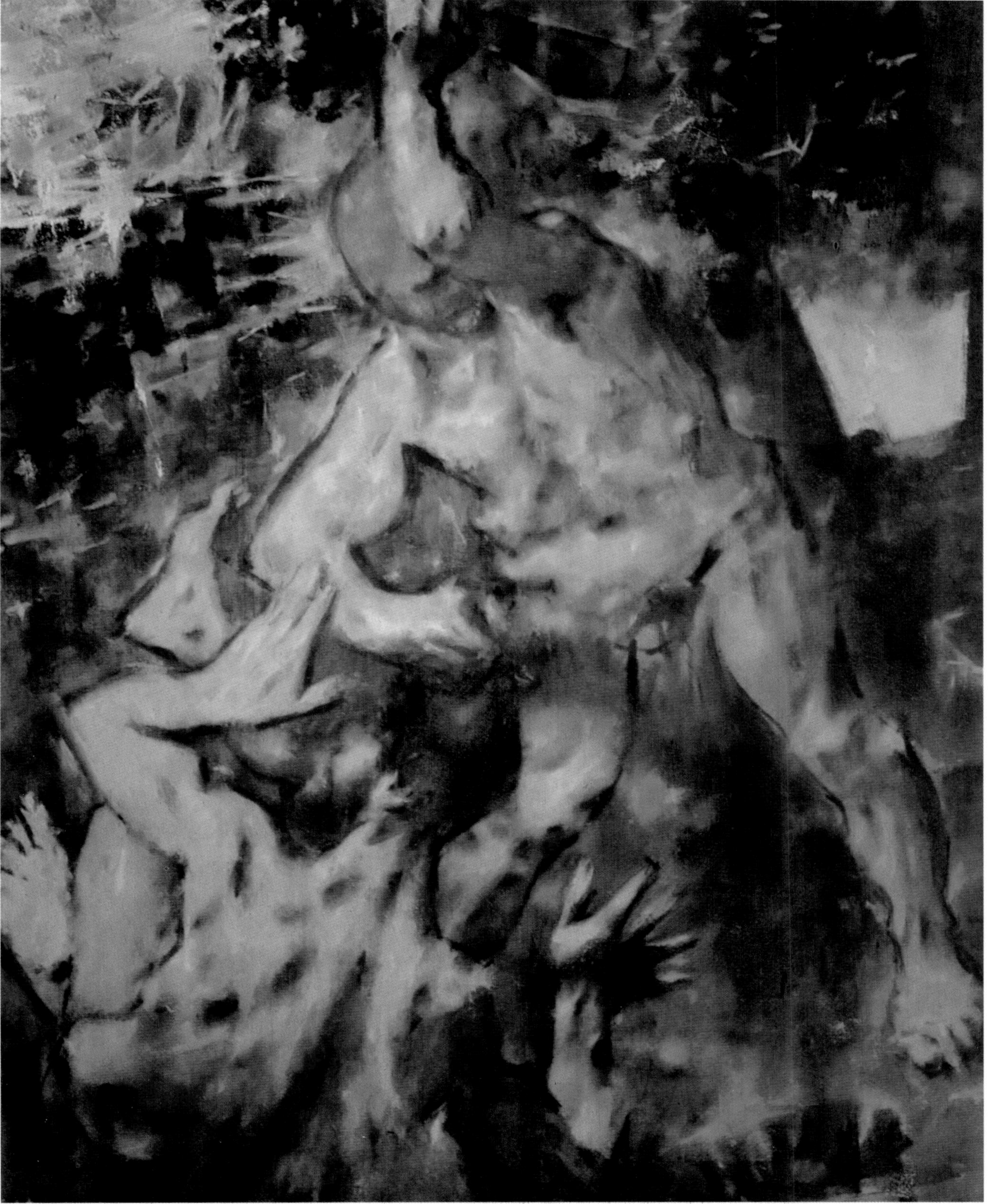

JACK LEVINE *Caín y Abel* Colección de Arte Moderno Religioso

Levine nació en Boston y ejerció durante los años treinta una crítica mordaz de los poderes públicos estadounidenses. Su obra pictórica pone de relieve los aspectos más grotescos de los ritos sociales de la época y está impregnada de una moralidad agresiva que no deja títere con cabeza. *Caín y Abel* es una pintura formalmente heredera del fauvismo europeo, de inestable composición e inequívoca violencia.

El espíritu

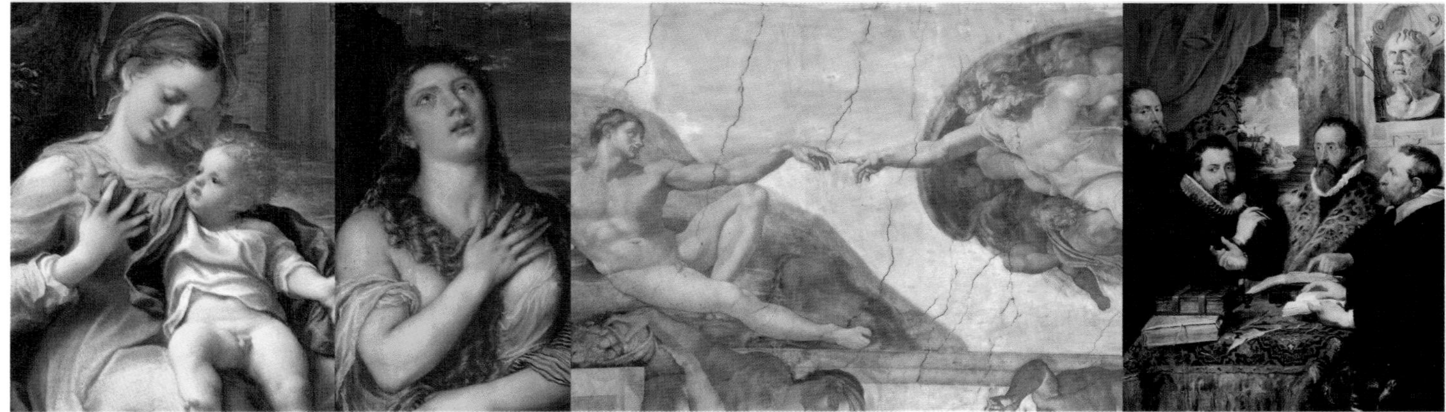

Lo que en el cuerpo era campo de representación, subrayado por la tarea tanto vivificadora como objetivadora de la mirada, en el orden espiritual aparece como un territorio desplazado, o, si se quiere, como el contenedor de algo que en cierto modo queda invisible. Mientras que la pintura del cuerpo es la pintura de la visibilidad a veces incluso escandalosa, la pintura de los atributos y facultades del mundo intelectual y espiritual es la pintura de la invisibilidad. Sin embargo, puesto que la pintura es el arte de hacer ver "eso que es y no es", esta invisibilidad exige un desplazamiento: los objetos, los cuerpos, las miradas dejan de ser lo que simplemente aparentaban, y salen a nuestro encuentro hablándonos de eso que no alcanzamos a ver.

San Agustín en la celda de Botticelli, con esta cortina corrida y encajado en una especie de nicho u hornacina, ya no es un simple sabio, sino la fuerza que vivifica este interior angosto y arquitectónicamente compacto. O si se prefiere: el gigante que colma el templo. Aquí las proporciones de Vitruvio se han vuelto, por así decirlo, transparentes. No es el cuerpo del hombre el que da la dimensión del espacio, sino su espíritu. De ahí ese cielo tan cercano y tan cuartelado que forma la bóveda sobre la cabeza del santo, auténtica representación de un espacio mental.

El orden del intelecto, el misterio de la fe, el aura de lo espiritual introducen una claridad nueva en el espacio imaginario del cuadro. San Agustín recibe la luz de una fuente luminosa externa, podría pensarse en un sol al amanecer. Pero si vamos al impresionante retrato que hizo Rembrandt representando a Aristóteles junto a un busto de Homero, o al encantador cuadrito de Donato Creti dedicado al tema de las observaciones astronómicas, con la luna como gran foco de luz, entonces asistimos a una suerte de explicitación de lo lumínico que no puede ser ajena al esfuerzo por hacer patente esta fuerza invisible de lo espiritual. La iluminación cenital hace más profundos los rasgos del Aristóteles de Rembrandt. Pero la impresión es que la luz sale de la mano al contacto con la cabeza del poeta ciego. Este doble punto luminoso, o si se prefiere, este desplazamiento del punto luminoso hacia el eco de su punto de brillo máximo, confiere a la escena una claridad aurática extraordinaria.

El espíritu también se expresa, desde su condición de invisibilidad, por medio de alegorías y de metáforas. Especialmente reveladora resulta la elección del cuerpo femenino como motivo recurrente en la representación de las facultades intelectuales. De este modo debemos ver el impresionante cuadro del Tintoretto, *El origen de la Vía Láctea*, con una Juno convertida contra su voluntad en origen tanto de las estrellas del cielo como de los lirios del campo, pero también de la sabia fuerza de Hércules. En el reino de la sabiduría el cuerpo femenino representa virtudes, facultades (las Musas) o, como podemos ver (y disfrutar) en el cuadro de Correggio en *Mercurio instruyendo a Cupido junto a Venus*, el necesario conocimiento de las fuerzas de la vida.

Si el cuerpo femenino está aquí en nombre de otra cosa que él mismo, los objetos aparecen igualmente en el reino de lo espiritual para hablar en nombre de algo que de otro modo no podría hacerse patente. La deliciosa pintura de Chardin, *Los atributos del arte*, debe leerse en esta clave. Este el bodegón nos habla de las habilidades artísticas básicas, la pintura, la escultura, la arquitectura. No obstante, el bodegón es también un paisaje. Podríamos incluso hablar de un paisaje "muerto", donde la figura en yeso de Mercurio, gracias en parte a la iluminación, parece un ser vivo dispuesto a vivificar todos estos objetos. El dios está atándose las sandalias aladas para emprender el vuelo. Con ello se nos recuerda que el máximo atributo del espíritu y de las artes es la comunicación, la dispersión, la proliferación de la creatividad, del talento.

Del mismo modo que no hay leyes sin moral, ni moral sin leyes –como decía Maquiavelo–, tampoco hay espíritu sin sentimientos, ni sentimientos sin espíritu. Es como si los sentimientos fueran la expresión del espíritu, algo mucho más complejo que la mera inteligencia o las habilidades orientadas a algún fin. Este espíritu de profunda sabiduría emocional se expresa en la mirada serena del anciano del cuadro de Ghirlandaio, cuya nariz monstruosamente recubierta de verrugas demuestra la independencia completa de la serenidad de ánimo con respecto a los accidentes de la superficie. Le corresponde la mirada del niño: abierta, cargada de esperanza y expectativas. El enlace de estas dos miradas, de un abuelo y un nieto, constituye el arco que tensa las cuerdas de la civilización: la confianza en el legado, la franqueza entre generaciones.

En el siglo XVII se clasificaron las pasiones –piénsese en los tratados de Descartes, o incluso en Spinoza–, para reducirlas a una cierta mecánica, cuya comprensión debía llevar al triunfo de la razón. El siglo XVIII, en cambio, se abrió a su autonomía: las pasiones y los sentimientos tienen su razón propia. Constituyen ese *je ne sais pas quoi*, ese "no sé qué" del cual ya hablaba Leibniz, y que orienta buena parte del sensualismo ilustrado. Algo de esto se percibe todavía en el cuadro de Girodet, *El entierro de Atala*, aunque aquí la cristalización (o la porcelanización) del clasicismo propio del estilo Imperio se deja ya notar.

Es algo extraordinario que este sensualismo sentimental, tan importante en las letras y en la música, pase por la pintura limitándose a un aire festivo, idílico, a veces incluso superficial. Por eso hay que ir hasta Goya –se puede ver sus tremendos *Viejos comiendo*– para que lo sentimental, abrazado a la razón ilustrada, se haga visible. O dar un paso atrás y volver a Rembrandt, cuyo *David despidiéndose de Jonatán* es toda una lección. El pintor se autorretrata en la figura de Jonatán. David, visto de espaldas y con una larga cabellera rubia, podría tratarse de una mujer. El fondo y la iluminación hacen pensar, curiosamente, en un decorado teatral. Sin embargo, Rembrandt nunca pudo haber visto decorados de ese tipo. Pero el aislamiento y el énfasis de las figuras con respecto al fondo es absoluto. La despedida de dos hombres amigos, separados por circunstancias que no afectan a su relación, deja en evidencia la recia soledad con que a veces los sentimientos pueden llegar a sentirse más allá de las condiciones ambientales. La lección poderosa del cuadro de Rembrandt, al margen de la curiosidad sobre quién puede ser este David que no vemos, es que la dignidad humana y los sentimientos de amistad o amor que se desprenden de ella, y que no están reñidos con ella, ostenta una luz propia en medio de las tinieblas y de los tiempos tumultuosos. Si viendo este cuadro de Rembrandt pensamos en dos actores, o en una inconfesable historia de amor, es porque no estamos habituados a ver lo que no se puede representar más que llevándolo hasta el límite mismo de lo visible, y entonces nos parece teatro. Pero esta pintura no es teatro. Más allá de ella, y para captar su misma verdad, hay que ir a la distorsión del enmascaramiento, como sucede con los viejos de Goya, o incluso a esta especie de hieratismo estatuario del *Encuentro* que pintara el joven Picasso del periodo azul. Es como si desde Rembrandt la representación directa, en carne y hueso, de los sentimientos se hubiera vuelto imposible.

Si prescindimos de esta capacidad de evocar los sentimientos mediante la representación de lo tangible, la pintura se vuelve algo inconcebible. Se trata de despertar sentimientos en el espectador, y en Occidente, los sentimientos que durante siglos se han querido transmitir a través de la imagen han sido de tipo religioso: los episodios de la vida de Jesús y de los santos eran revulsivos para la compasión y empatía del espectador. La Iglesia Católica no admite o no facilita un trato directo con los textos sagrados; la frecuentación de la Biblia mediante un ejercicio de lectura inmediato y en cierto modo espontáneo es algo que quedará circunscrito al ámbito protestante. Los elevados índices de analfabetismo que países como España o Italia arrastraron hasta mediados del siglo XX impedían también pensar en otro tipo de difusión de la doctrina eclesiástica que no hubiera sido el oral o el visual. De modo que buena parte de la iconografía desde la Edad Media hasta bien avanzada la Contrarreforma servirá para hacer visibles estos elementos esenciales de emotividad empática, sin los cuales el mensaje de Cristo se hace inasequible o incomprensible.

La plasmación de los sentimientos sirve pues, en primera instancia, para instruir al espectador en una moral inspirada en la fe y el temor, en el ejemplo del sufrimiento y el sacrificio de los mártires y santos. Y aunque estos cuadros raramente estuvieran destinados al pueblo llano, sino a los ricos personajes capaces de costeárselos, lo cierto es que este esfuerzo de visualización constante y reiterado de un mismo pasaje textual o conceptual, abrió la vía para la difusión de una iconografía que ha calado hondo en la retina occidental. Piénsese, por ejemplo, en la multitud de imágenes de la Piedad o del Escarnio de Cristo: en el fondo, todas se funden en una sola, en esa que vemos con los ojos cerrados e invocando nuestro propio sentimiento de piedad o de solidaridad con el que sufre.

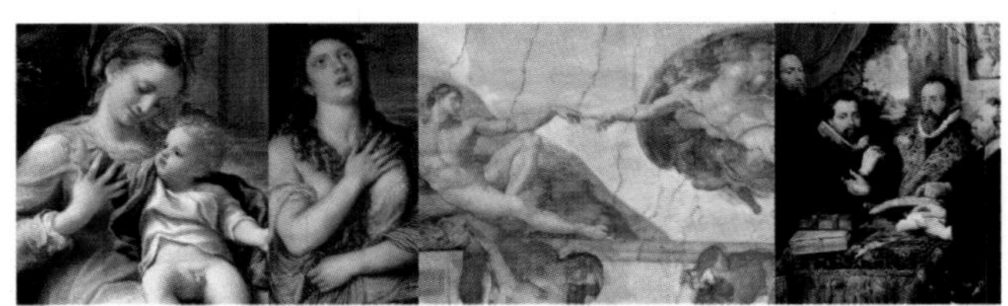

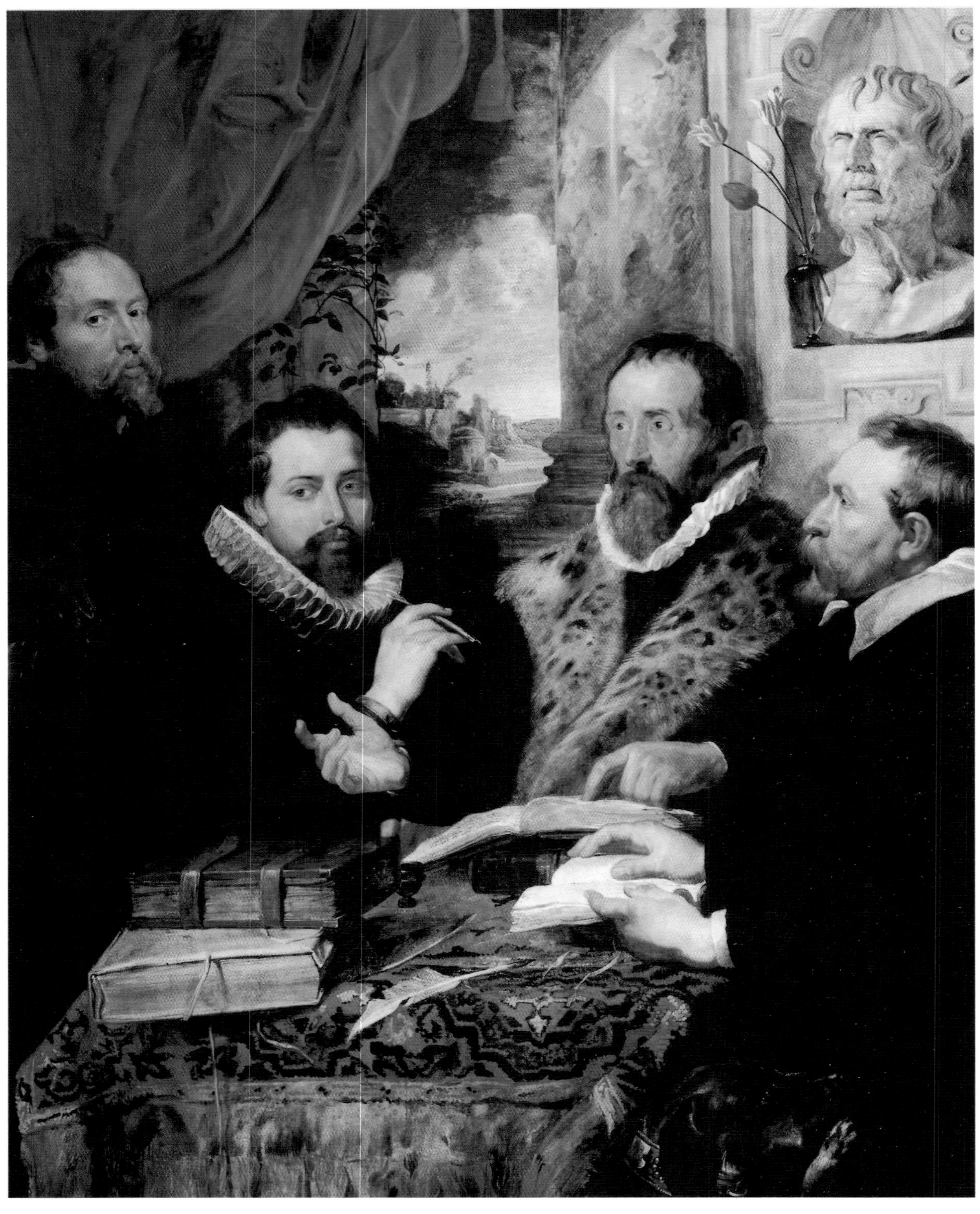

El conocimiento

"Hay mucho por saber, es poco el vivir,
y no se vive si no se sabe. Hombre sin noticias,
mundo a oscuras."
BALTASAR GRACIÁN

PETER PAUL RUBENS *Los cuatro filósofos* 1,64 × 1,39 Palacio Pitti

La obra puede fecharse en los años de estancia del pintor en Italia (1600-1609). Las cuatro figuras son otros tantos retratos –el propio Rubens, su hermano Felipe, y los humanistas Justo Lipsio y Juan van der Wouwere–, que constituyen la expresión más cultivada del pintor, erudito y humanista. Predomina la finura cromática y luminosa que pone de manifiesto la nobleza de los personajes. El pintor flamenco, sin embargo, no puede renunciar a la más fiel representación de la realidad en el rojo tapete de la mesa, en el sedoso brillo de las vestiduras negras, en el perro que avanza hacia su dueño y, sobre todo, en la delicadeza cromática de los cuatro tulipanes en el vaso de vidrio transparente, como sencillo homenaje de los cuatro filósofos al busto de Séneca. En su conjunto, la riqueza del color evidencia que Rubens conserva vivo el recuerdo de Venecia.

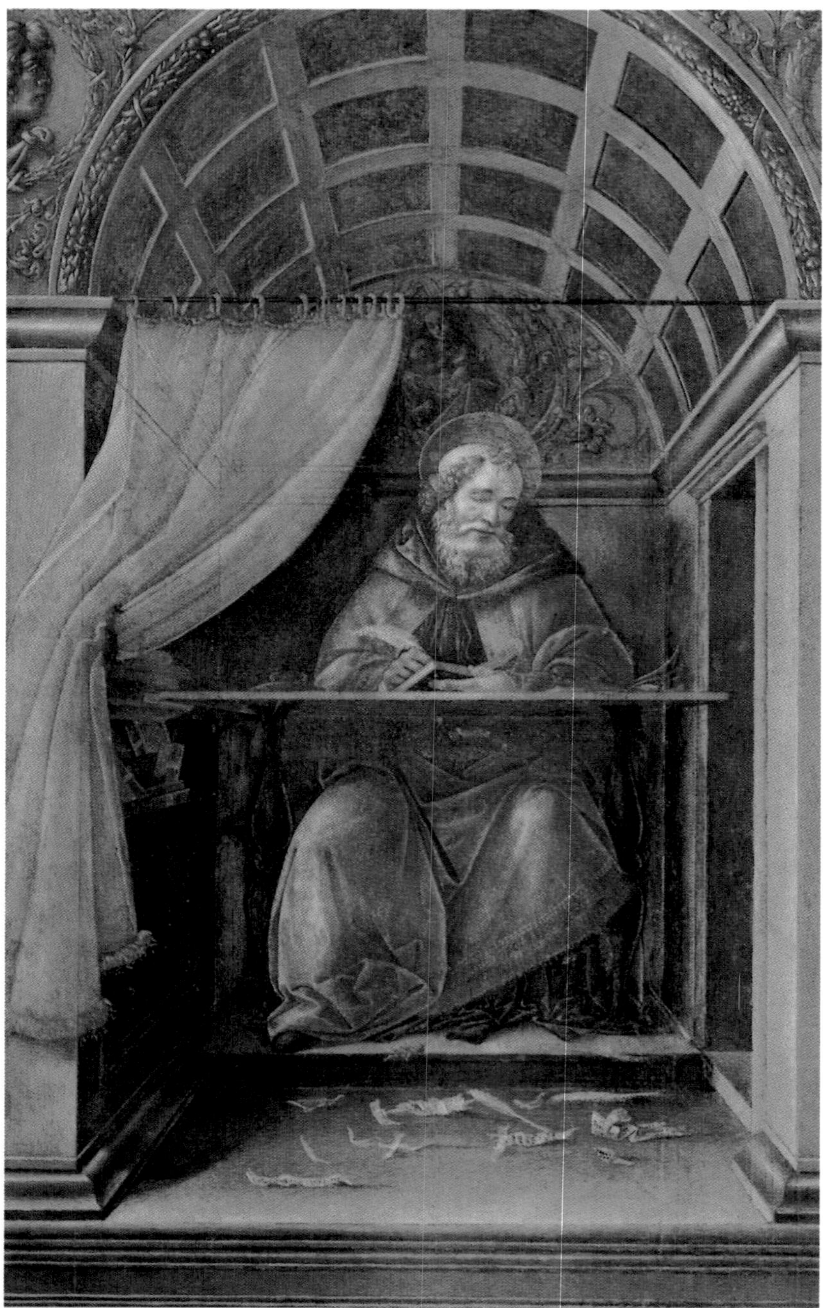

Sandro Botticelli
San Agustín en la celda 0,41 × 0,27
Galería de los Uffizi

Esta tabla forma parte del altar de la iglesia de Santa Bárbara. Botticelli parece volver a las formas arcaizantes en este tema religioso. Las figuras se representan en un espacio perfectamente delimitado por las líneas y por la atmósfera de una luz fría. Puede afirmarse que representa una manifestación de la nueva vida interior de Sandro Botticelli acentuada al final de sus años.

Correggio (Antonio Allegri)
Mercurio instruyendo a Cupido junto a Venus
1,55 × 0,91
National Gallery

Esta pintura, llamada también *Escuela del Amor*, fue pintada hacia 1520-1525 para la familia Gonzaga, en Mantua.

Cupido, dios del Amor, está pintado junto a su madre, Venus, diosa del Amor. Mercurio, con sus aladas sandalias y el sombrero, como mensajero de los dioses, enseña a leer a Cupido. Otro cuadro de Correggio, conservado en el Louvre de París, formaba pareja con éste y representa a Venus dormida con su hijo al lado, mientras un sátiro la contempla lujuriosamente. El cuadro de París representa el amor profano, el amor terrenal, el sensual; el de Londres toma el aspecto sagrado del amor, el amor celestial y espiritual. En este caso, Venus lleva alas y Cupido, desechando los atributos normales del amor, la flecha y el arco, renuncia al amor terrenal en favor de la lectura. El tema de aprender como actividad elevadora, y casi con connotaciones religiosas, tuvo mucho éxito en el Renacimiento. El cultivo de la inteligencia y la contemplación de la belleza en forma de la Venus espiritual conducía a los hombres hacia el cielo. Este trío de los dioses clásicos tiene una relación composicional con la Sagrada Familia, tomando Mercurio el lugar que ocuparía san José.

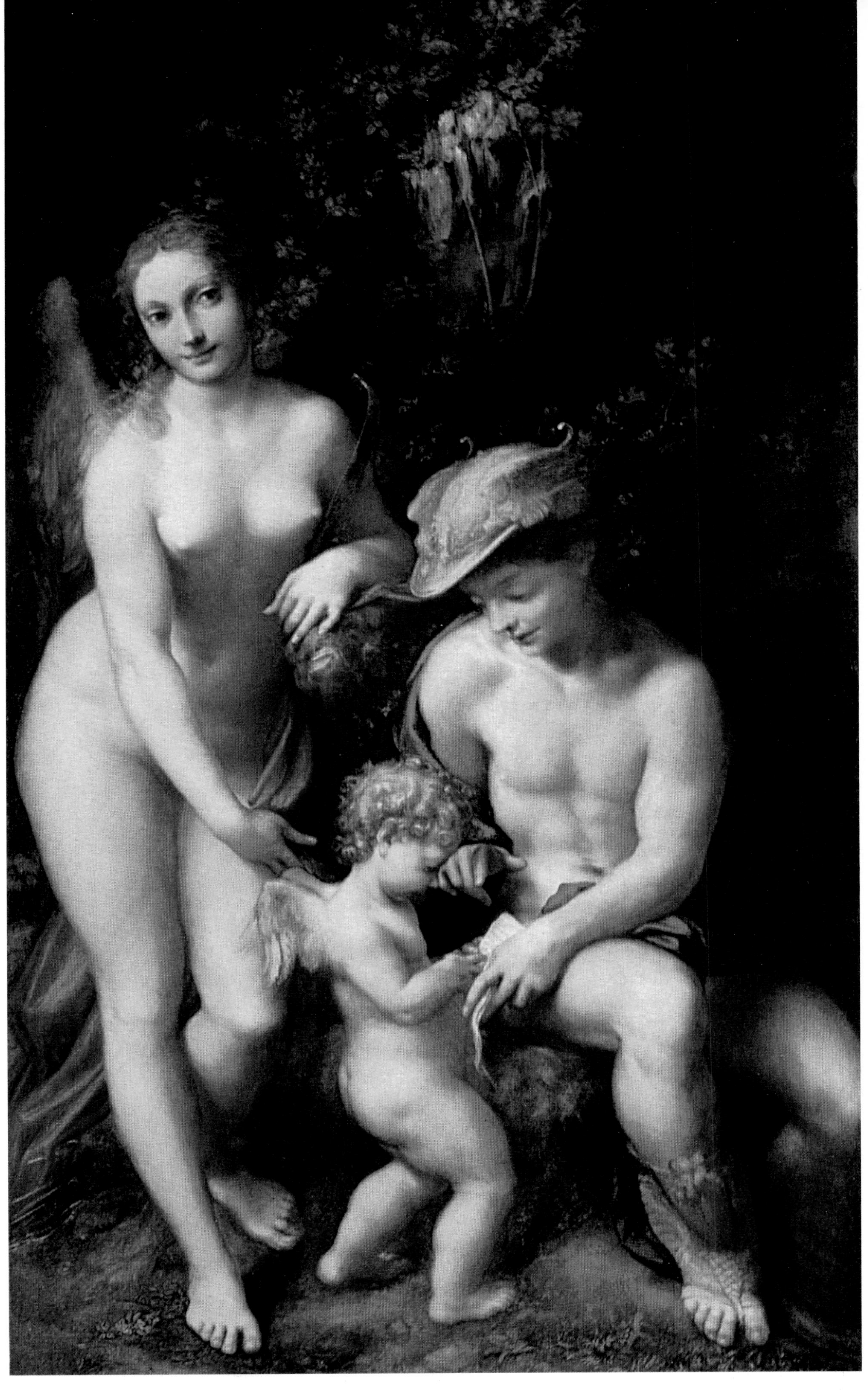

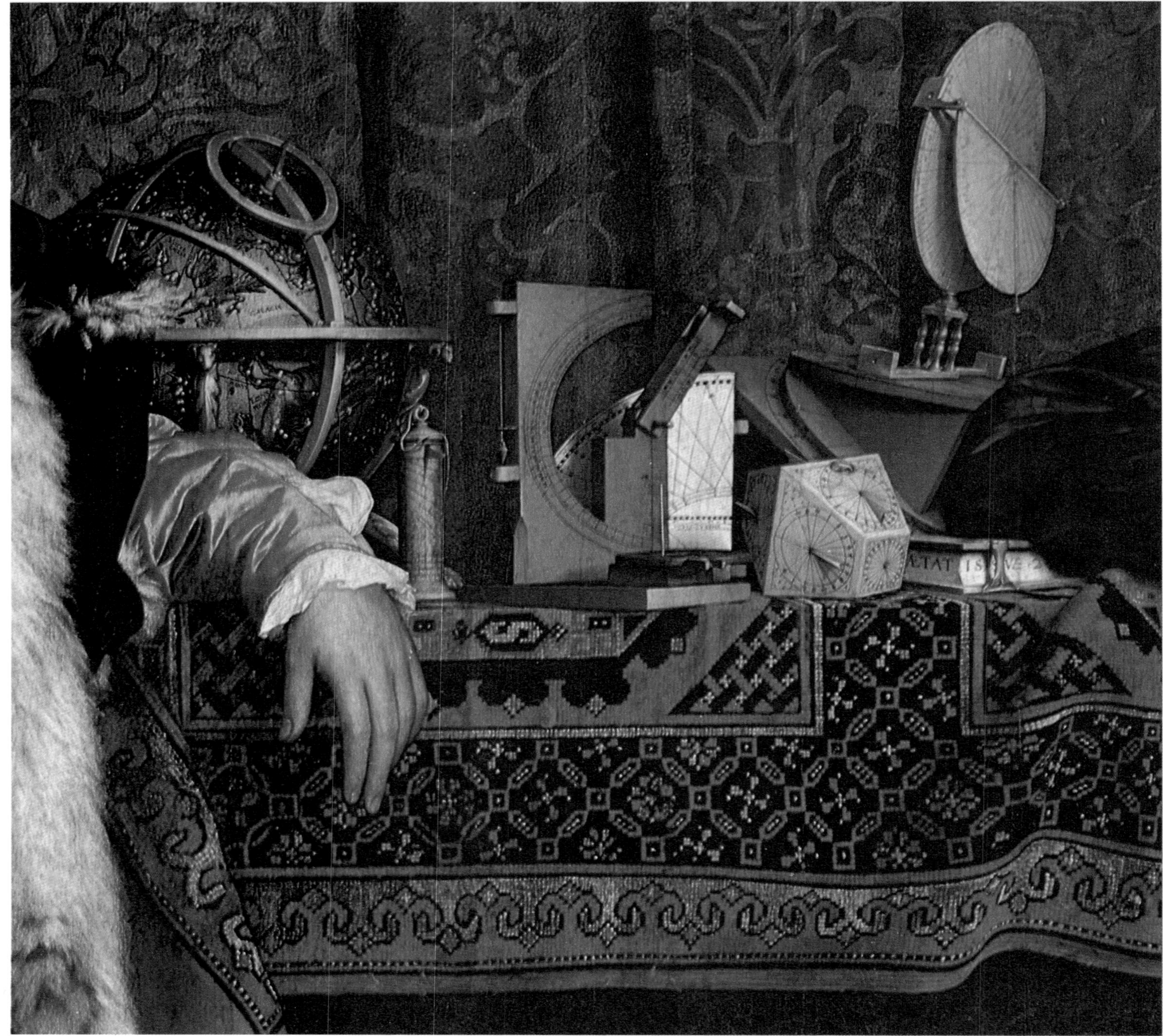

HANS HOLBEIN "EL JOVEN" *Los embajadores* 2,07 × 2,09 National Gallery

Esta pintura constituye el ejemplo característico de un tipo de retrato renacentista en el cual el que se retrata está rodeado por una serie de objetos que manifiestan su interés y sus conocimientos, e incluso algunos de tales objetos pueden tener un significado alegórico. El suelo de mosaico se inspira en el que aún existe en la abadía de Westminster. Entre los objetos, aparte de los instrumentos musicales, destacan: un libro de aritmética, un globo terráqueo, varios instrumentos astronómicos y dos relojes de sol. Este elaborado bodegón demuestra que los retratados son doctos y de amplia formación, pero otros objetos sugieren *vanitas*, expresión de lo transitorio de la ciencia humana.

El broche de la gorra de Dinteville está adornado con una calavera y la extraña forma situada abajo, en primer término, es una gran calavera deformada por la perspectiva. El laúd, con alguna cuerda rota, no puede hacer música y los relojes indican el paso del tiempo. Las calaveras constituyen una evocación de la mortalidad.

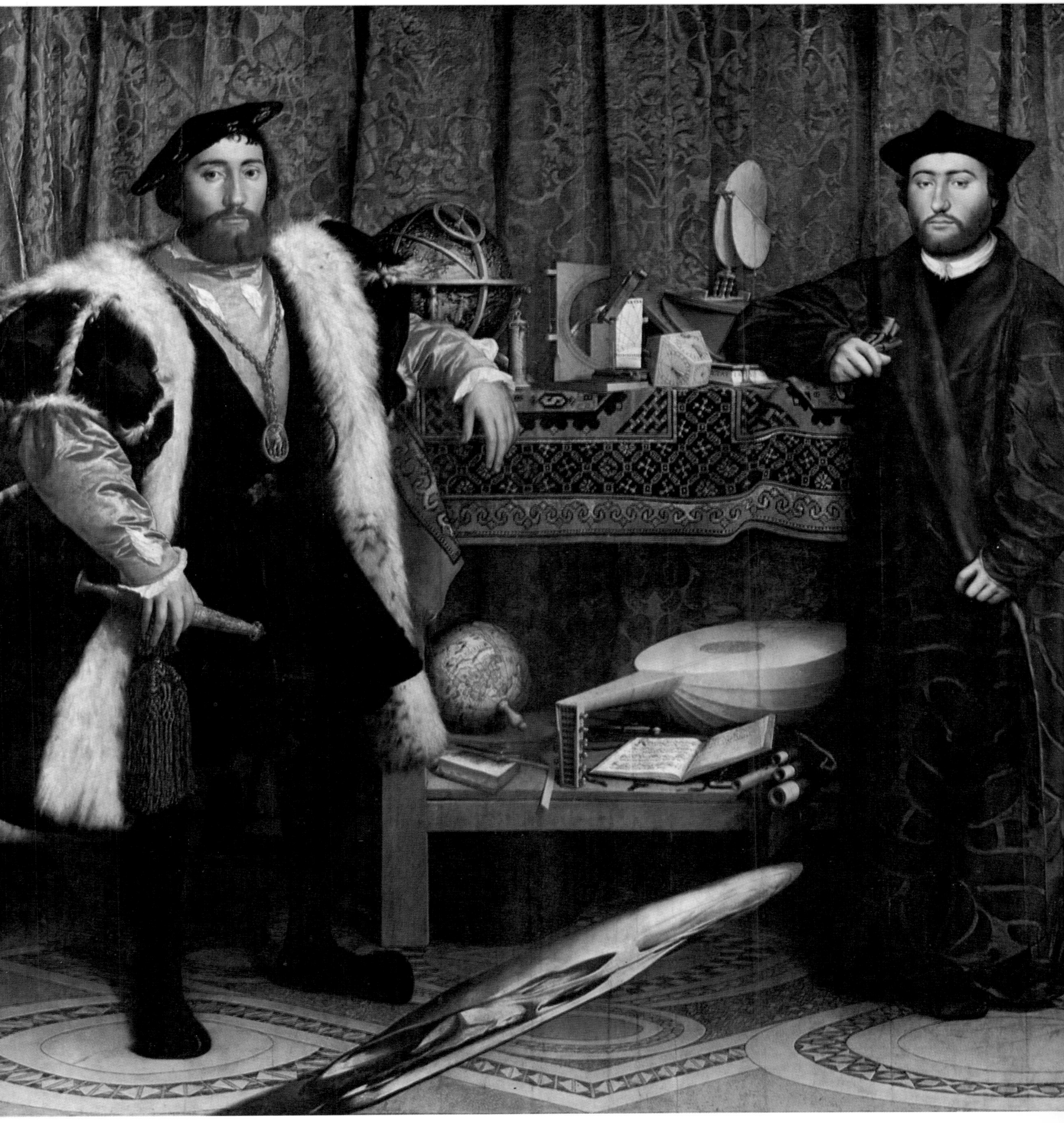

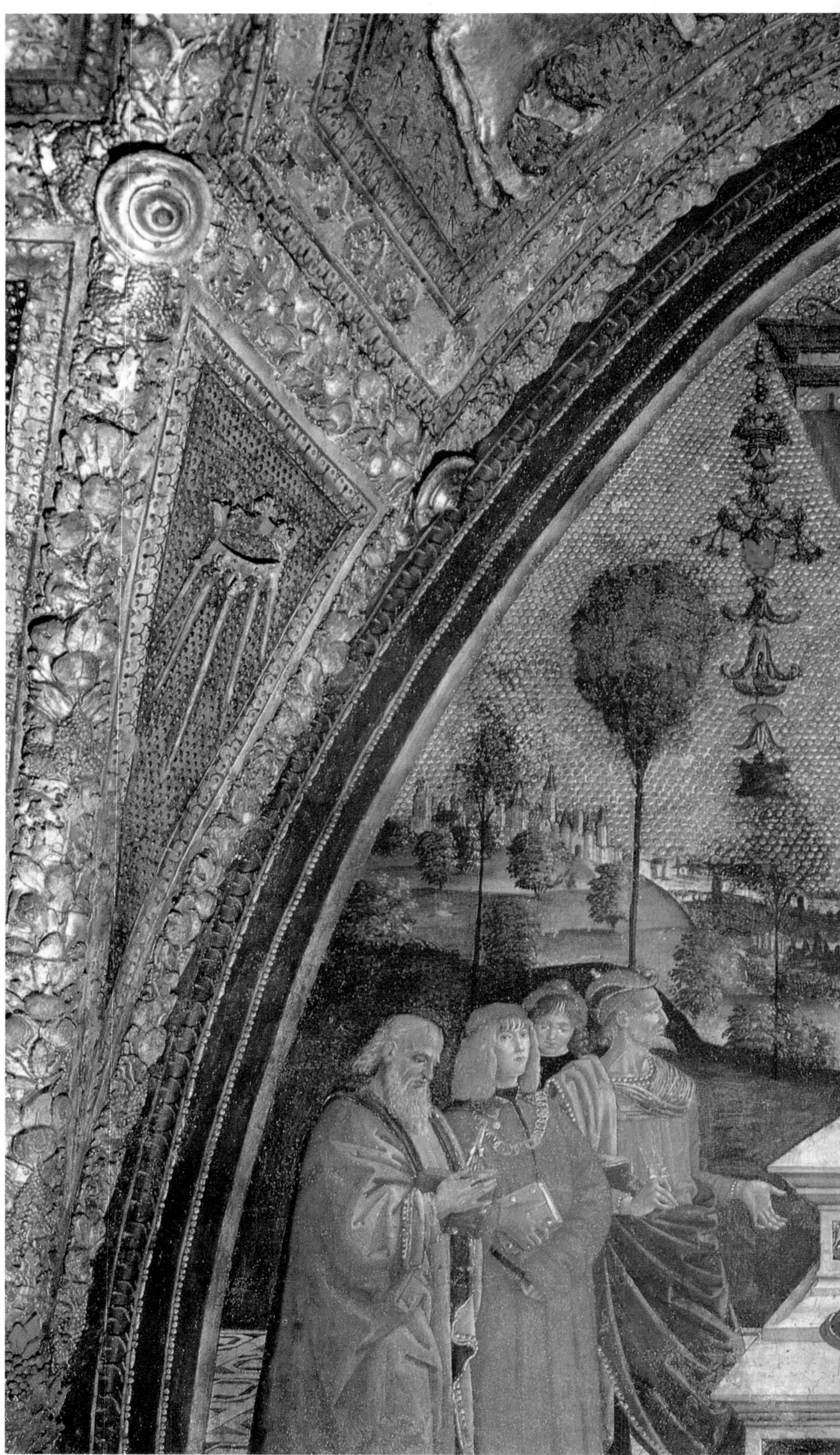

ESCUELA DE PINTURICCHIO
La Aritmética
Capilla Nicolina

Los temas del *trivium* (gramática, lógica y retórica) y el *quatrivium* (geometría, astronomía, aritmética y música), presentes en la sala de las Artes Liberales, fueron diseñados por Bernardino Pinturicchio, pero con toda probabilidad su ejecución fue llevada a cabo por seguidores del maestro, tales como Pastura y Tiberio d'Assisi. A este último pintor le atribuyen los expertos *La Aritmética,* fresco alegórico donde una mujer entronizada y rodeada de sabios –al modo de la *Sacra Conversazione* con la Virgen y santos, que introdujo la generación de Filippo Lippi y Fra Angélico– se inscribe sobre un fondo dorado, lo cual supone un cierto anacronismo. Por el contrario, el elegante amaneramiento de los gestos, la composición claramente centralizada –donde se hallan implícitas las leyes de la perspectiva–, la convencional naturaleza y el lejano paisaje, las guirnaldas con flores y mascarillas que cuelgan del raro dosel piramidal, y las volutas y el tímpano semicircular del trono marmóreo, son indicativos de las nuevas concepciones renacentistas. La representación alegórica de las artes liberales había conocido su auge durante la Edad Media, época en la que se fijó ya el atributo del compás para este tema, así como el resto de los trebejos concernientes a la ciencia aritmética, y también la costumbre de incluir el nombre de la ciencia (*Aridmetrica*) en la composición.

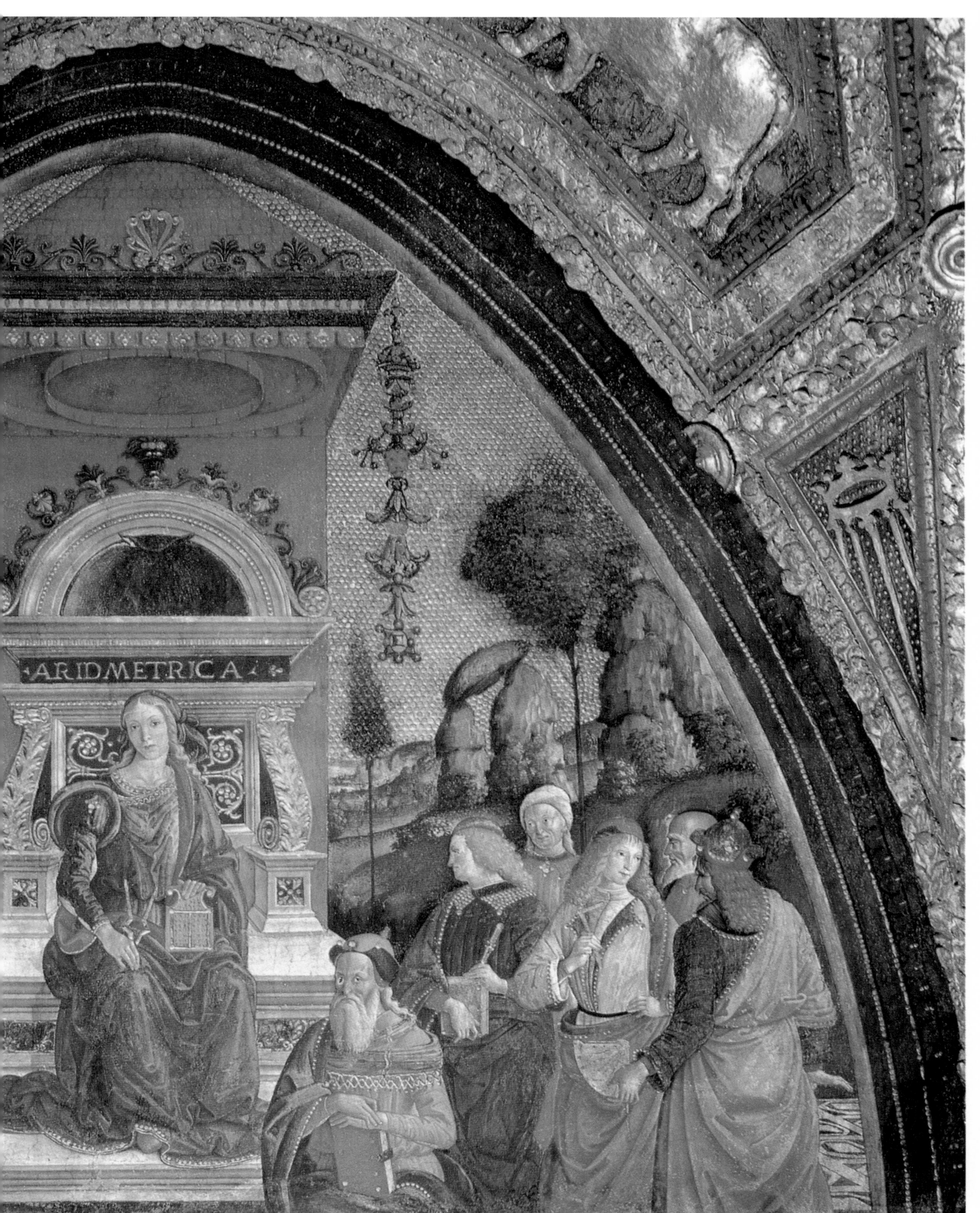
ARIDMETRICA

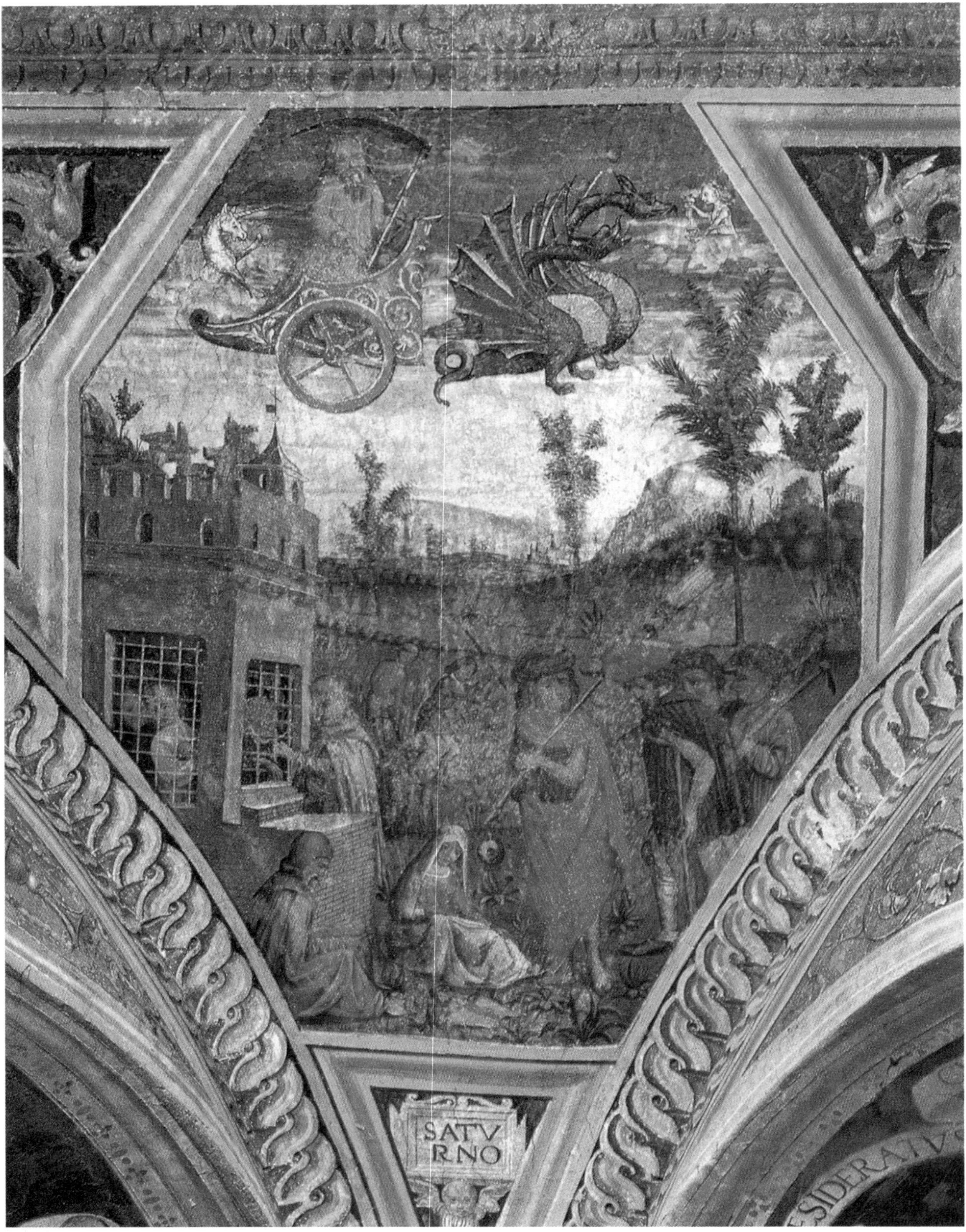
SATV
RNO

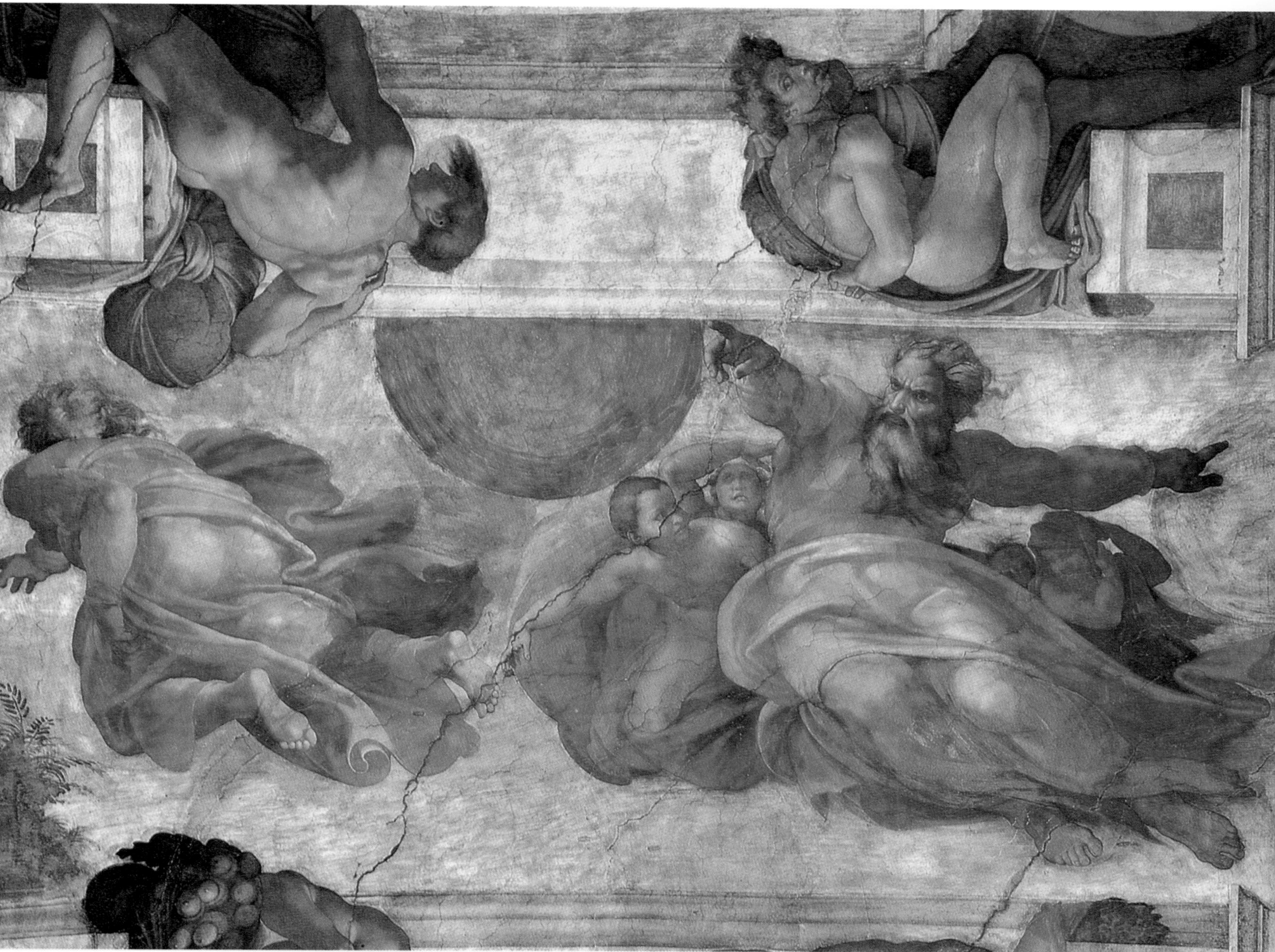

Escuela de Pinturicchio
Saturno
Capilla Nicolina

Este fresco es obra de un discípulo de Pinturicchio. A pesar de la racionalidad del Renacimiento, se mantuvo en auge en esta época la superstición que concede a estrellas y planetas poder sobre el destino humano, e incluso provocó encarnizadas polémicas, como la célebre mantenida por Marsilio Ficino, quien confeccionaba horóscopos a los vástagos de la familia Médicis, y Pico della Mirandola, que refutó esta pseudociencia en *Adversus astrologos*. A Saturno, identificado con el dios griego Cronos, que recorre los aires en un carro tirado por dragones y empuña una hoz, se le atribuye la educación del hombre en las labores agrícolas, lo que explica la presencia de los labradores y sus aperos en la pintura.

Miguel Ángel
Creación de las plantas y los astros
Capilla Sixtina

Miguel Ángel dispone en la segunda composición del centro de la bóveda de la Capilla Sixtina los acontecimientos que corresponden al tercer y cuarto días de la Creación, en los que Dios ordena, respectivamente, que broten sobre la tierra la hierba y los astros. En una esquina aparece ya la verde naturaleza, pero la imagen se concentra principalmente en la terrible generación de los cuerpos que deben lucir en el firmamento para alumbrar la tierra. Dios muestra en su rostro crispado el titánico esfuerzo: sus ojos miran con irrefrenable fiereza. De manera simultánea, Dios, de espaldas, ordena el nacimiento de las plantas. Rodea al Creador un coro de ángeles, que actúa de tierno contrapunto del tremendo episodio.

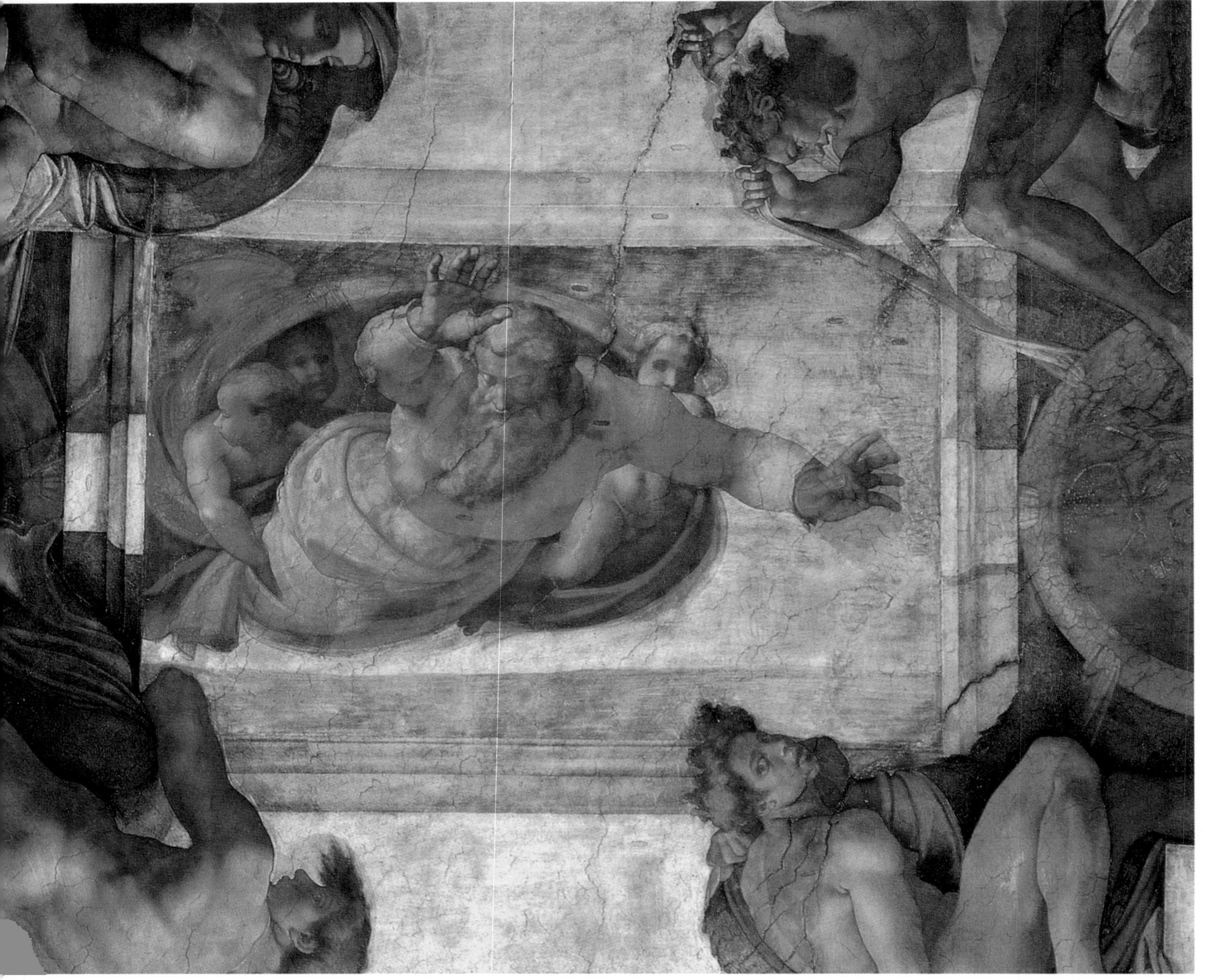

MIGUEL ÁNGEL *Separación de la tierra y de las aguas* Capilla Sixtina

Este fresco, la tercera composición en el centro de la bóveda, que en realidad debería ir por cronología en segundo lugar, está dotada significativamente de mayor nitidez que la primera, y de mayor simplicidad que la segunda. Aparece de nuevo el Creador cortejado por serafines. El dibujo es más preciso, la luz más clara, las líneas curvas del manto menos caóticas, el escorzo apenas enrevesado, las manos ya perfectamente modeladas y sombreadas.

Dios está separando la tierra de las aguas, y aparece concentrado en su labor, circunspecto y sereno; ya no es el "espíritu", la balbuciente palabra en el origen, sino el Autor omnisciente del mundo; ya no es el demiurgo enfrascado en una tarea descomunal sino el padre clemente, cuya autoridad no procede tanto de su poder como de sus amorosos gestos. Miguel Ángel no repite en ninguna de sus versiones la misma cara de Dios, que por definición son infinitas, y aspira a personificar en Él, como en el resto del programa iconográfico de la Sixtina, la idea esencial de la proteica condición humana.

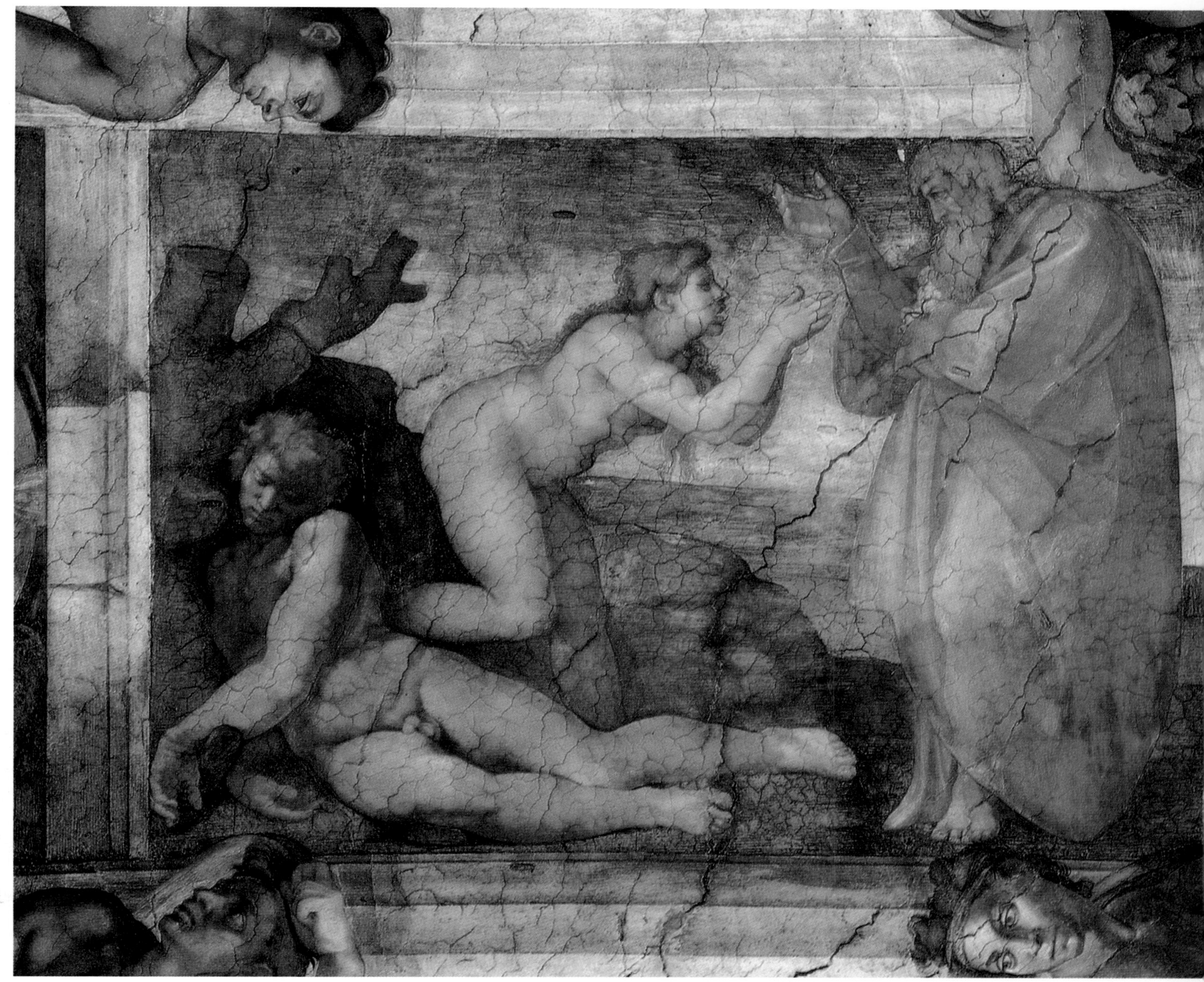

MIGUEL ÁNGEL *La Creación de Eva* Capilla Sixtina

Se representa aquí la creación de la mujer a partir de la costilla de Adán, tumbado y dormido mientras acontece la mirífica germinación. En un sencillo paisaje que reproduce llanamente el mar, el verdor, la tierra, el cielo y un robusto tronco, se inscriben las tres figuras. El serpentino cuerpo de Adán, en un extremo de la composición, aparece fuertemente sombreado en el pecho y el rostro, que reclina sobre el hombro. Eva, la más activa de las tres figuras, surge del interior mismo de su pareja juntas sus manos en signo de adoración a su Creador y con la boca entreabierta entonando una oración de agradecimiento. Las dos figuras desnudas se inspiran en el arte vigoroso de Masaccio, en cuyos personajes voluminosos y sus escenas de reconcentrado e intenso dramatismo, había estudiado con gran dedicación Miguel Ángel en la iglesia del Carmen de Florencia. La representación humanizada de Dios es de un tamaño superior al marco y para integrarse en la composición ha de inclinar algo la cabeza, con lo cual el anciano obtiene un inédito matiz de familiaridad.

MIGUEL ÁNGEL
La Creación de Adán
Capilla Sixtina

Escribió T. Mann en 1950 refiriéndose a Miguel Ángel: "El deseo que le extenúa es *el amor*, un enamoramiento sin fin, tan largo como su propia vida, orientado hacia la figura humana, hacia la belleza viviente, hacia la fascinación que emana del hombre: una insaciable fuerza amorosa y una disposición beata hacia el tormento que sólo encontramos en otras vigorosas naturalezas dotadas de sensibilidad y de resistencia sensual, como por ejemplo Goethe y Tolstoi". Cuatrocientos años antes, prefigurando el Romanticismo, Miguel Ángel escribió en uno de sus poemas: "La mia allegrezz' è la malinconia". La magnitud inabarcable de la personalidad de Miguel Ángel y el agudo conocimiento sobre el alma humana que había alcanzado por medio de la introspección se plasman en el celebérrimo fresco de *La Creación de Adán*. Una miríada de comentarios elogiosos y una unánime admiración ha ganado durante toda la Edad Moderna este fresco, que –a la par que el retrato de *La Gioconda* de Leonardo– constituye uno de los lugares comunes más frecuentados de la literatura artística. *La Creación de Adán* presenta a un hombre melancólico como el pintor, a un Dios extenuado por la ardua tarea de la creación como el pintor, y también el congelado instante previo a que todas las promesas de la vida adquieran su sentido en el contacto ultramundano entre los dos seres. Extenuado y rebosante de amor, melancólico y perpetuamente esperando la fusión con Dios, difícilmente Miguel Ángel podía confortarse con los estrictos, y tan a menudo ruines, límites de lo humano sino absorbido por la vanidosa tarea de emular a la divinidad por medio de la perfección artística, de la que tan próximo estuvo en *La Creación de Adán*.

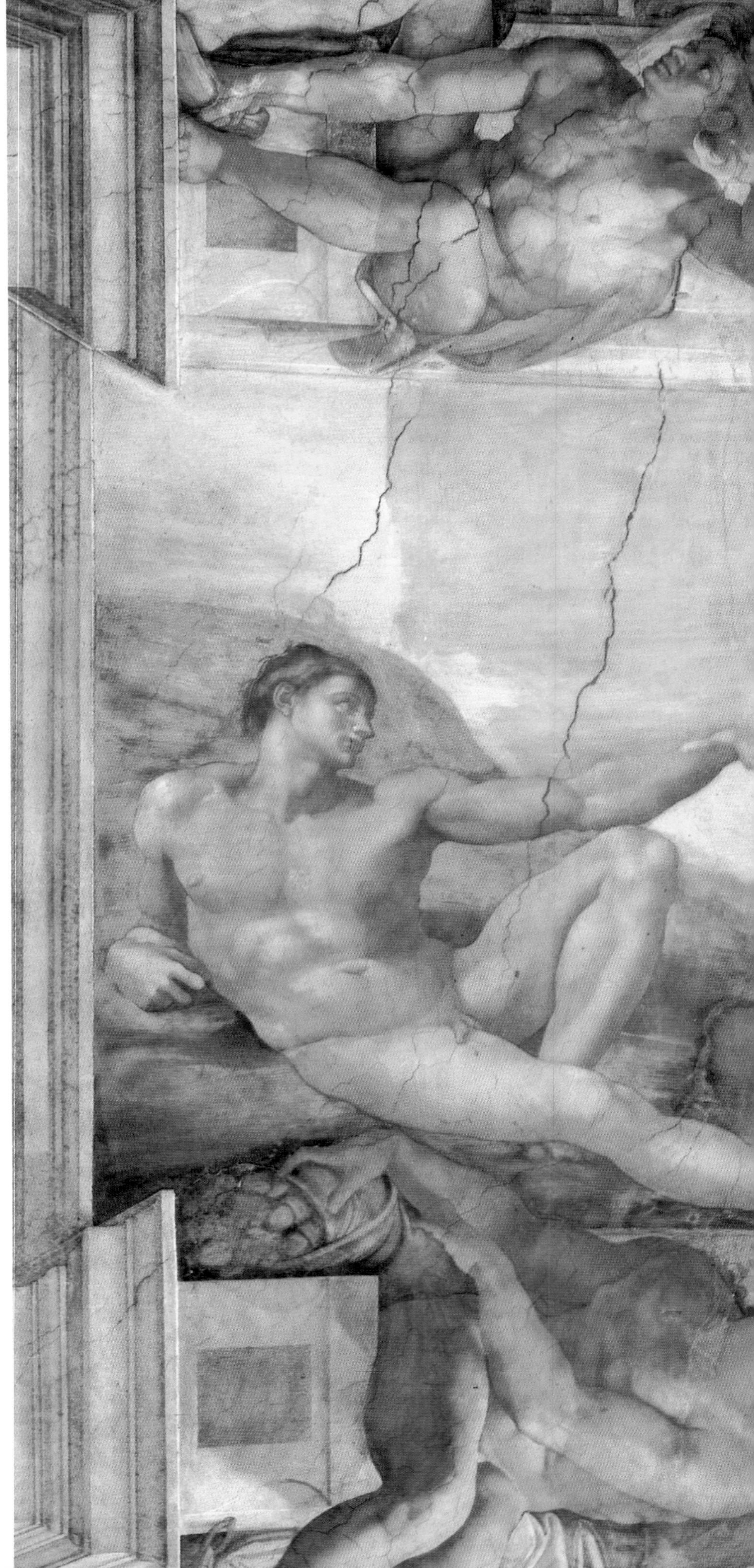

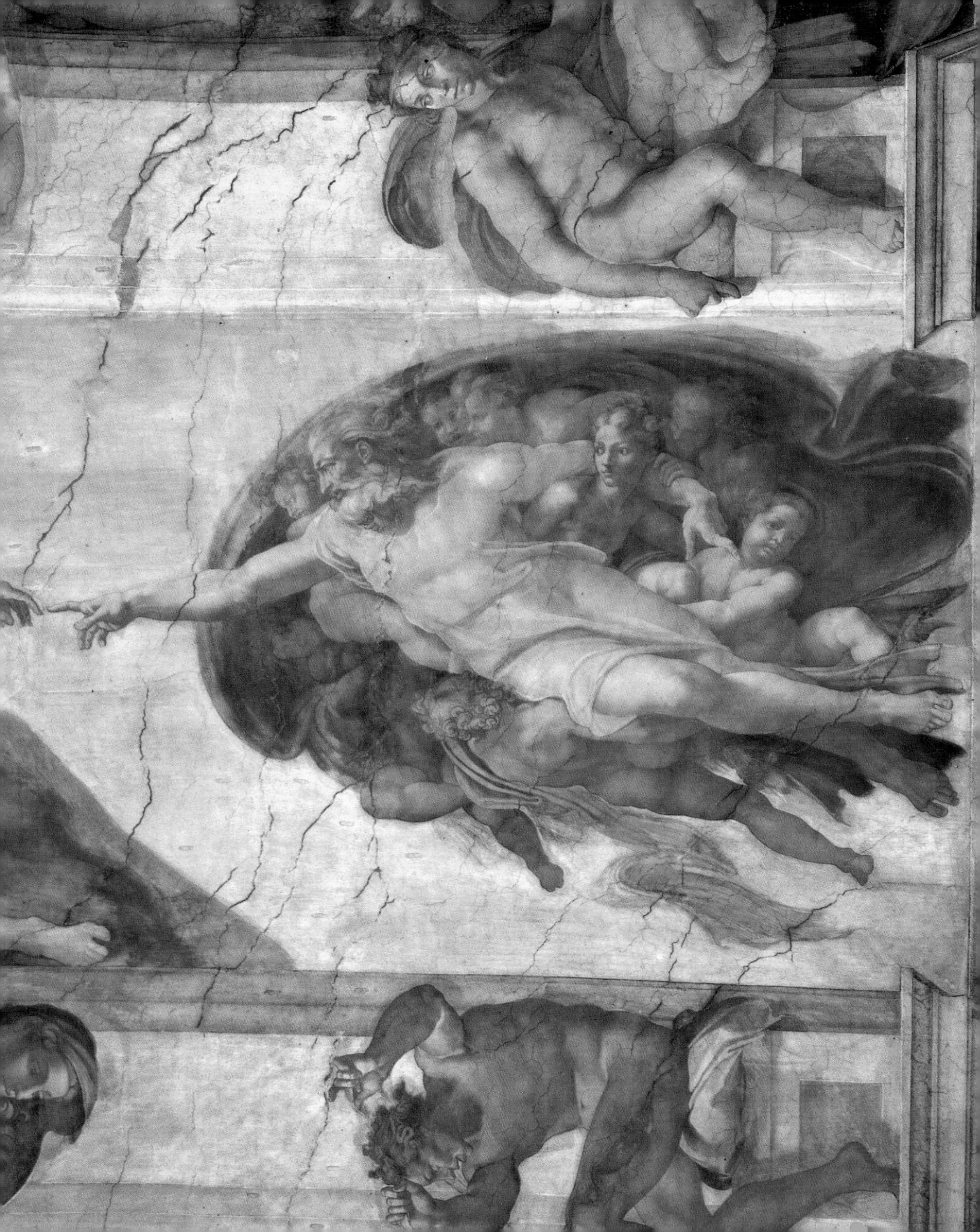

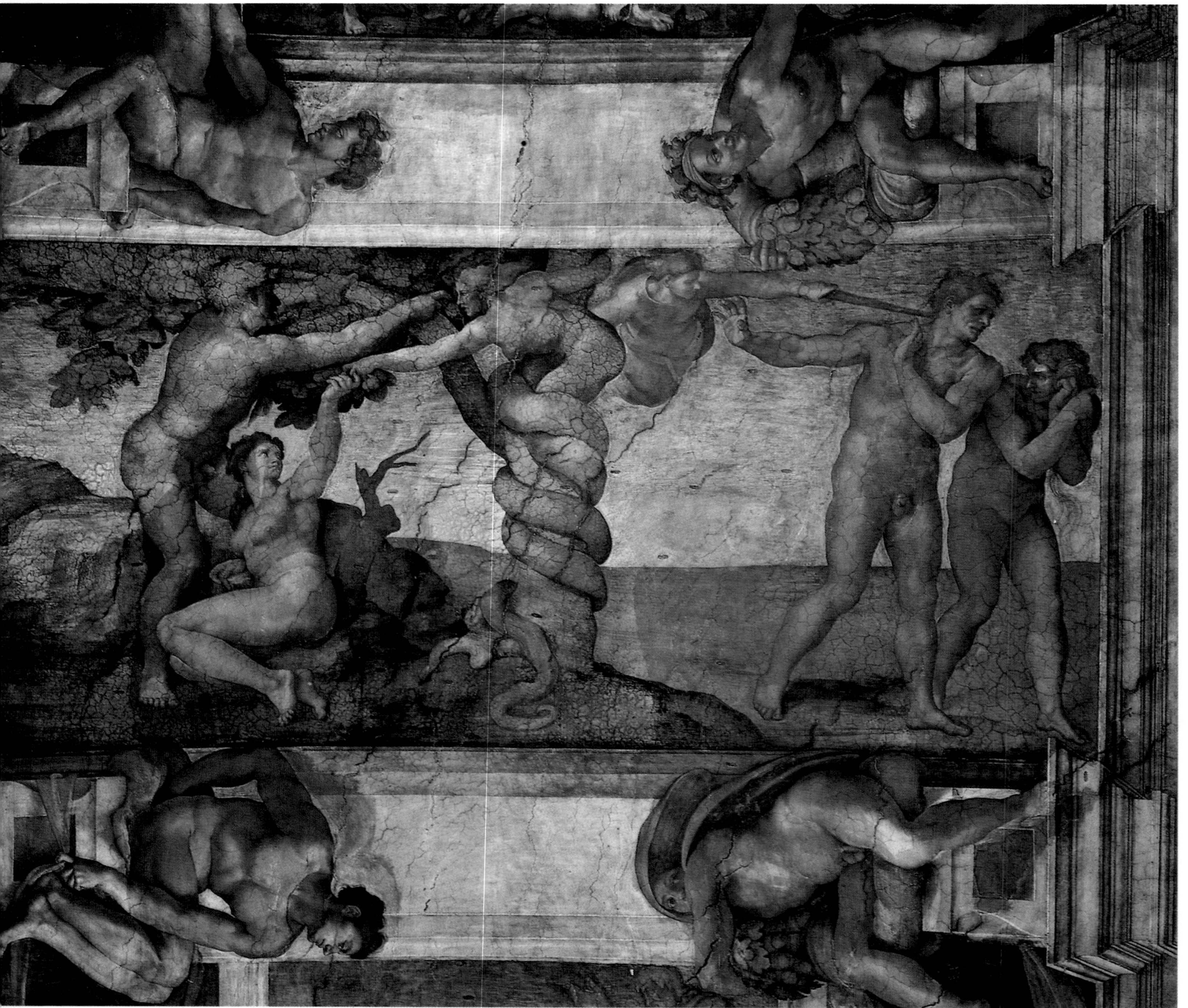

MIGUEL ÁNGEL *El pecado original y la expulsión del Paraíso* Capilla Sixtina

En esta composición, Miguel Ángel ha renunciado al prescindible decorativismo, procurando situar la relación dramática exclusivamente en los cuerpos desnudos de Adán y Eva, lo que en cierto modo constituye un paso más en la progresiva individualización que trajo consigo la mentalidad renacentista.

Las dos escenas simultáneas que relata la composición están divididas con gran habilidad por el Árbol del Bien y del Mal, donde se enrosca la serpiente, a la cual el misógino pintor ha añadido significativamente, y separándose del relato bíblico, un cuerpo de mujer. A la izquierda, en el Paraíso, la pareja, juvenil y feliz, se huelga en un paisaje más acogedor que el de la derecha, símbolo del destierro eterno y por lo tanto de horizonte ilimitado y de aspecto desértico e inhóspito, pintado de color verde amarillento. Si a la izquierda, arriba, se extendían las tupidas hojas del árbol, a la derecha, un intransigente y conminatorio ángel vengador señala el desolador camino del destierro a la atormentada y prematuramente envejecida pareja que se contrae en gestos adoloridos.

RAFAEL SANZIO
Las virtudes cardinales
Estancias de Rafael

En este fresco, el estilo miguelangelesco ha sido integrado y dulcificado por la paleta de Rafael. A la izquierda, la *Fortaleza* lleva casco bélico y arnés y sujeta un feroz león y una rama, alusión a la familia de la Rovere, a la que pertenecía Julio II. El amorcillo que le acompaña simboliza la caridad que debe de estar unida siempre a esta virtud. La *Prudencia* se representa ingeniosa y sugestivamente con una mujer que se mira vanidosamente a un espejo sostenido por un servicial *putti*, pero que, como Jano, tiene dos caras: además de su hermoso rostro juvenil, el de un viejo de barba cana, lo que significa que la edad vetusta, acumuladora de experiencia, tiene encomendada la misión de morigerar las pasiones juveniles, idea que fue lugar común en la poesía renacentista. Las riendas y la brida de la *Templanza* son metáforas cuya explicación puede obviarse. A su lado, el ángel que señala el cielo simboliza la fe, según Wing, y también siguiendo a este mismo autor habría que identificar al amorcillo portador de antorcha con la esperanza.

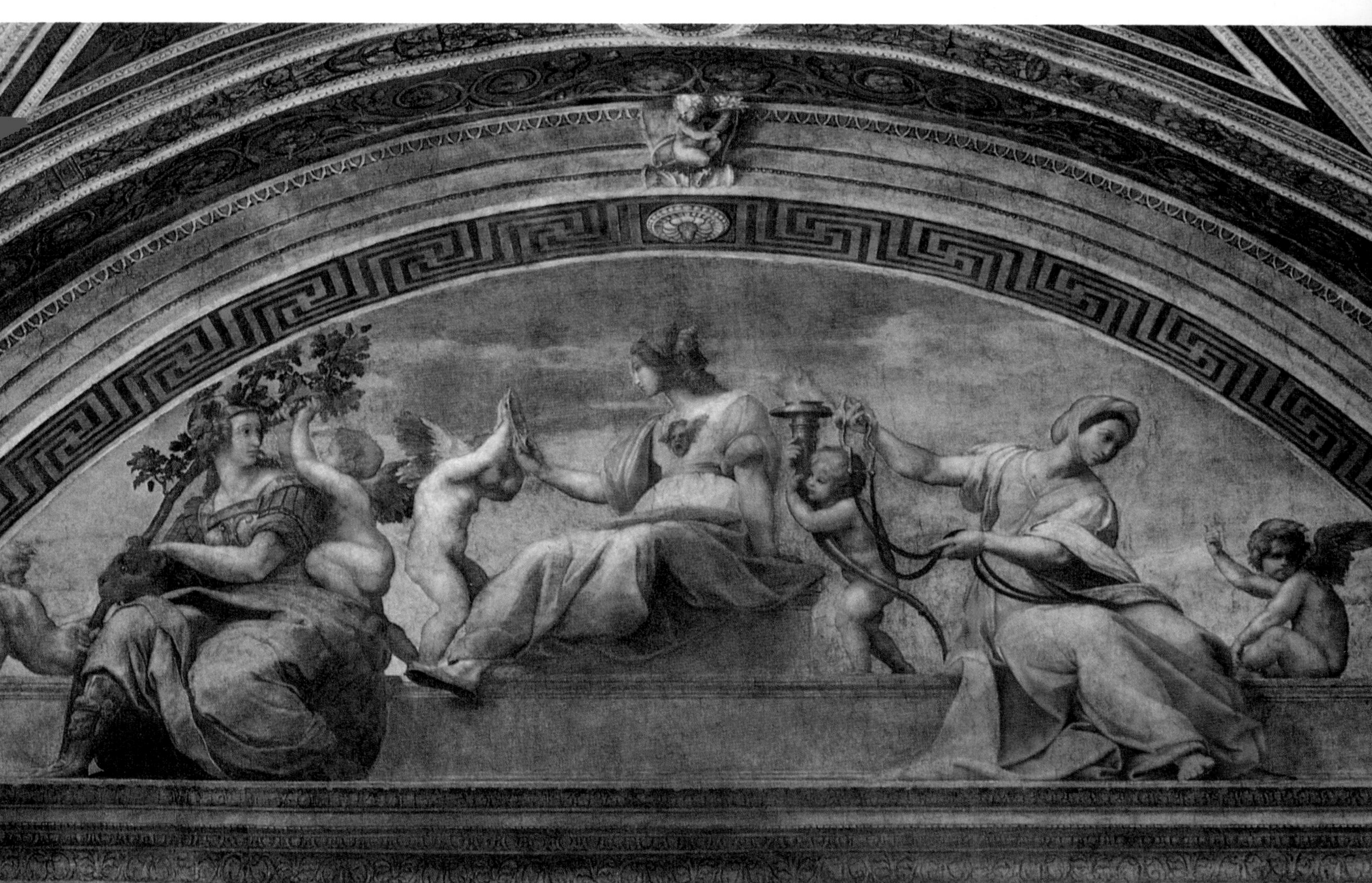

Rafael Sanzio *El Parnaso* Estancias de Rafael

El Parnaso conjuga maravillosamente realismo e idealismo en una organización semicircular cuyo ritmo parece corresponder a la silenciosa melodía del dios Apolo. Rafael va adueñándose en este fresco de un estilo cada vez más acabado, donde la simplificación y la esencialización constituyen el programa para alcanzar el puro concepto de la belleza. Excepción hecha del dudoso personaje del fondo, están perfectamente identificados los dos poetas laureados que flanquean al ciego Homero, situados a la izquierda de la musa Calíope. El joven sentado que se ensimisma con el tránsito del gran poeta épico e inmortaliza su canto transcribiéndolo es Ennio. Rafael alcanza en la representación del autor de *La Odisea* la sublimidad: su vacía mirada elevada al cielo, la crispación dolorosa del rostro, los rizos sinuosos de su barba y, por contraste, la concentración serena de todo el cuerpo y el elegante y firme ademán –reclamando atención– de su mano derecha, componen un prodigio de intensidad dramática enfatizado aún más con el oscuro azul de la túnica, color más saturado que el resto de los dispuestos en el fresco. Quisiéramos ver esta figura aislada con toda su magnificencia, y no desposeída en parte de su poderoso encanto por la ajena vivacidad de los movimientos que llevan a cabo los personajes aledaños, indiferentes a una escena que sólo atrae e incumbe a Ennio. Los autores de *La Divina Comedia* y de *La Eneida* están entregados a un diálogo distinto: Virgilio, el guía de Dante en su descenso al Hades, señala al dios pagano ante la severa mirada del poeta florentino, no exenta de reprobación.

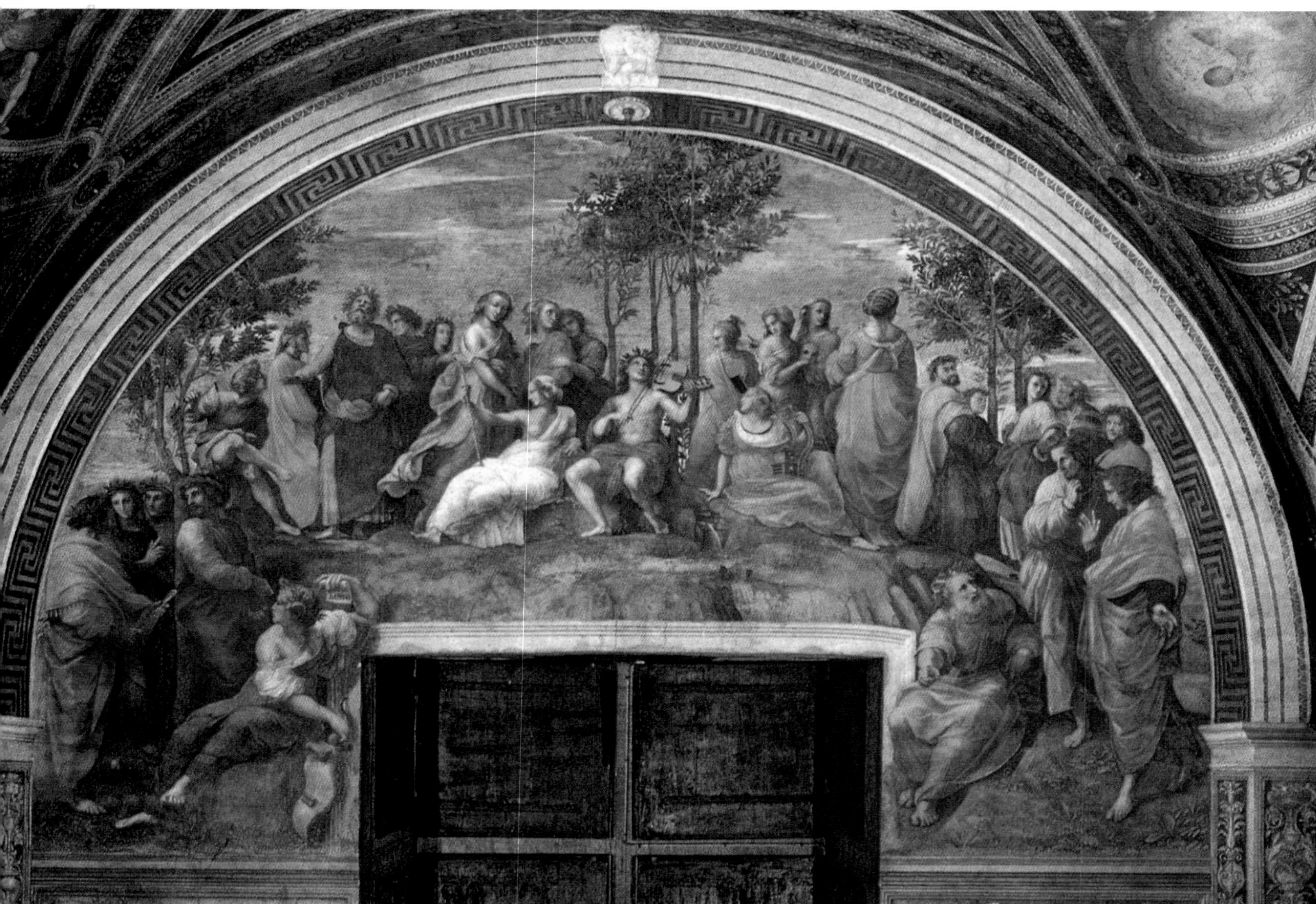

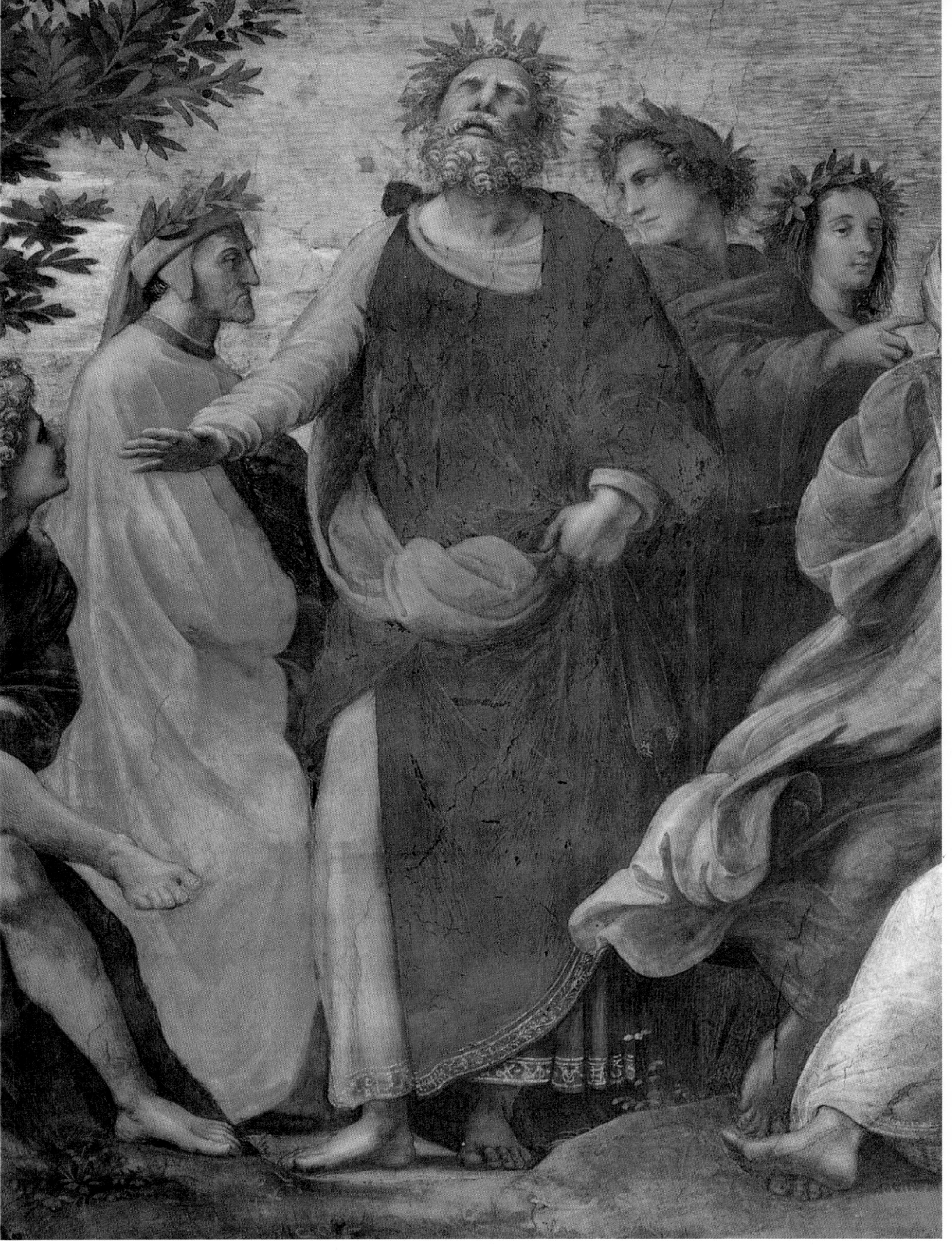

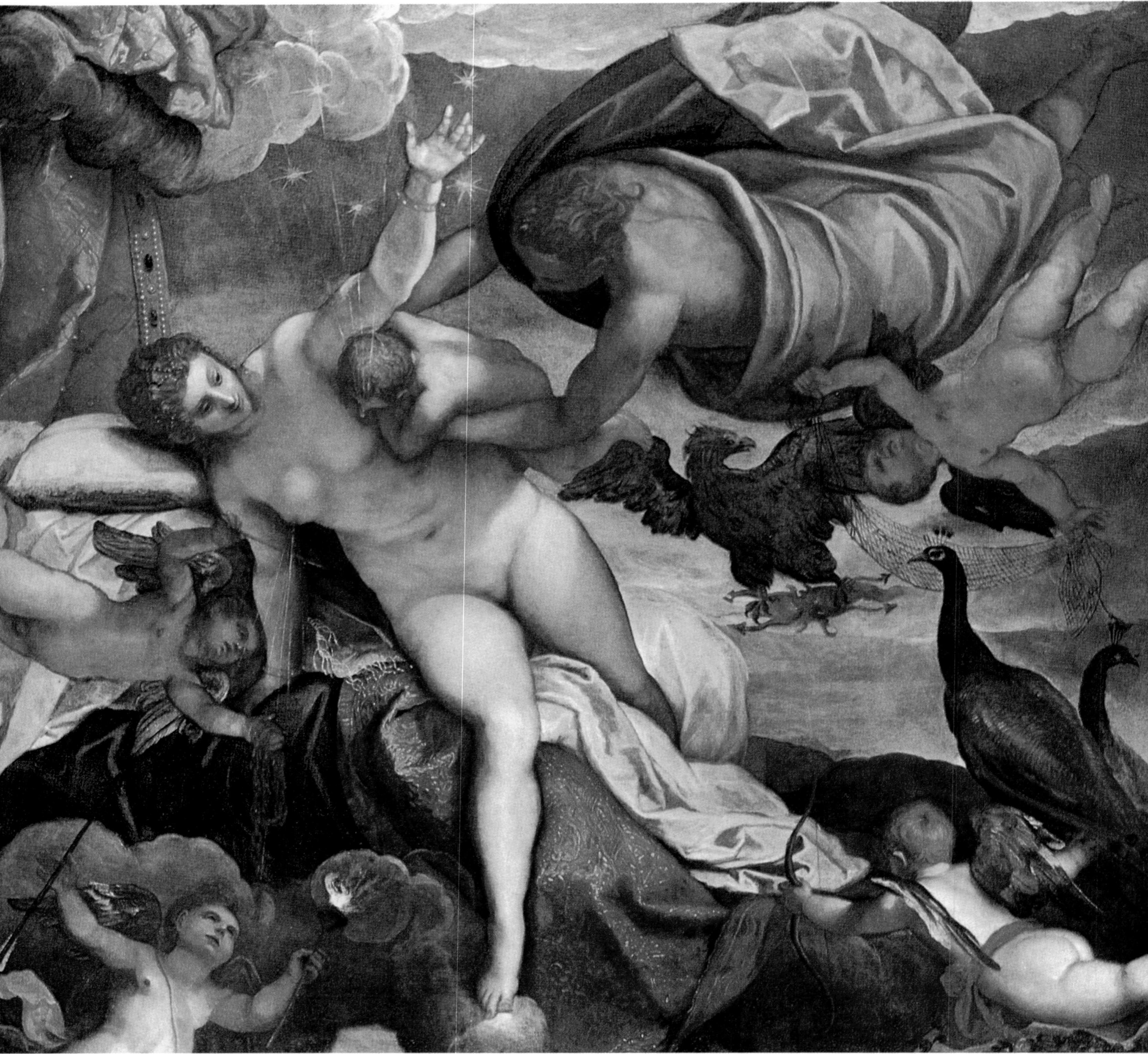

TINTORETTO (JACOPO ROBUSTI) *El origen de la Vía Láctea* 1,48 × 1,65 National Gallery

El cuadro relata el mito sobre el origen de la Vía Láctea. Júpiter, deseoso de hacer inmortal a su hijo Hércules, nacido de una mortal, Alcmene, consiguió que lo amamantara su esposa, la diosa Juno, mientras dormía. Cuando el niño quedó saciado, la leche continuó saliendo hacia el cielo, donde se convirtió en estrellas de la Vía Láctea, y hacia la Tierra, originando los lirios.

En la composición, Juno aparece en actitud de levantarse de la cama. La leche que brota de sus senos se convierte en estrellas, pero los lirios no aparecen. Algunos bocetos conservados demuestran que el cuadro fue cortado por la parte inferior, donde el artista había situado los lirios brotando de la tierra, personificada ésta por una mujer desnuda yacente.

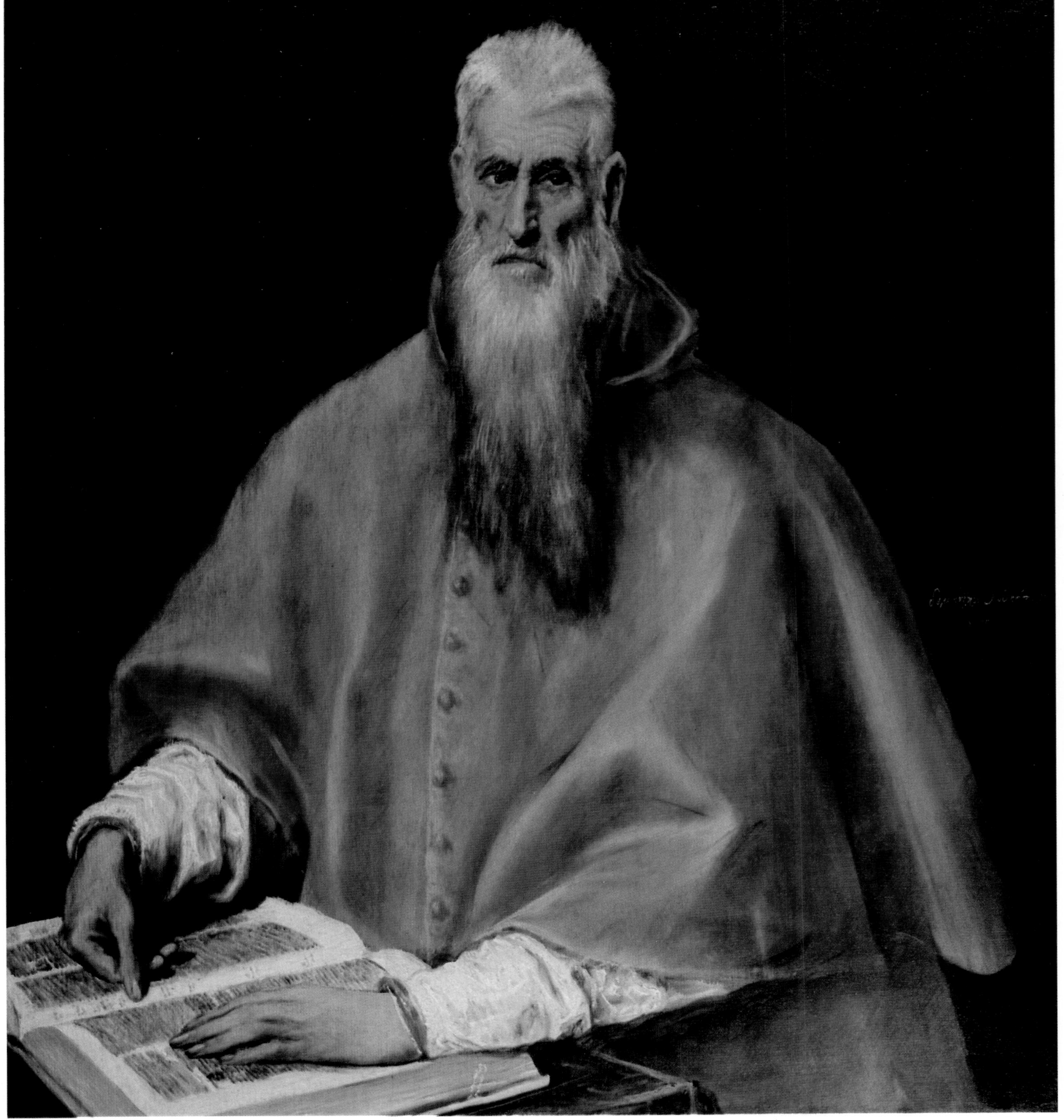

El Greco (Domenicos Theotocopoulos) *San Jerónimo* 1,10 × 0,95 Colección Frick

En 1570, El Greco residía en Roma, pero en 1577 se trasladó a Toledo, donde pasó el resto de sus días. Su obra se compone fundamentalmente de retratos y temas religiosos, aunque son célebres sus vistas de la ciudad castellana.

San Jerónimo, uno de los cuatro grandes doctores de la Iglesia, es venerado por su ascetismo y por su monumental traducción de la Biblia al latín, representada aquí por el enorme tomo que sostiene el sabio. Conforme a una antigua convención, el artista lo retrató vestido de cardenal. La composición tuvo tanto éxito que El Greco y su taller realizaron por lo menos cuatro versiones más.

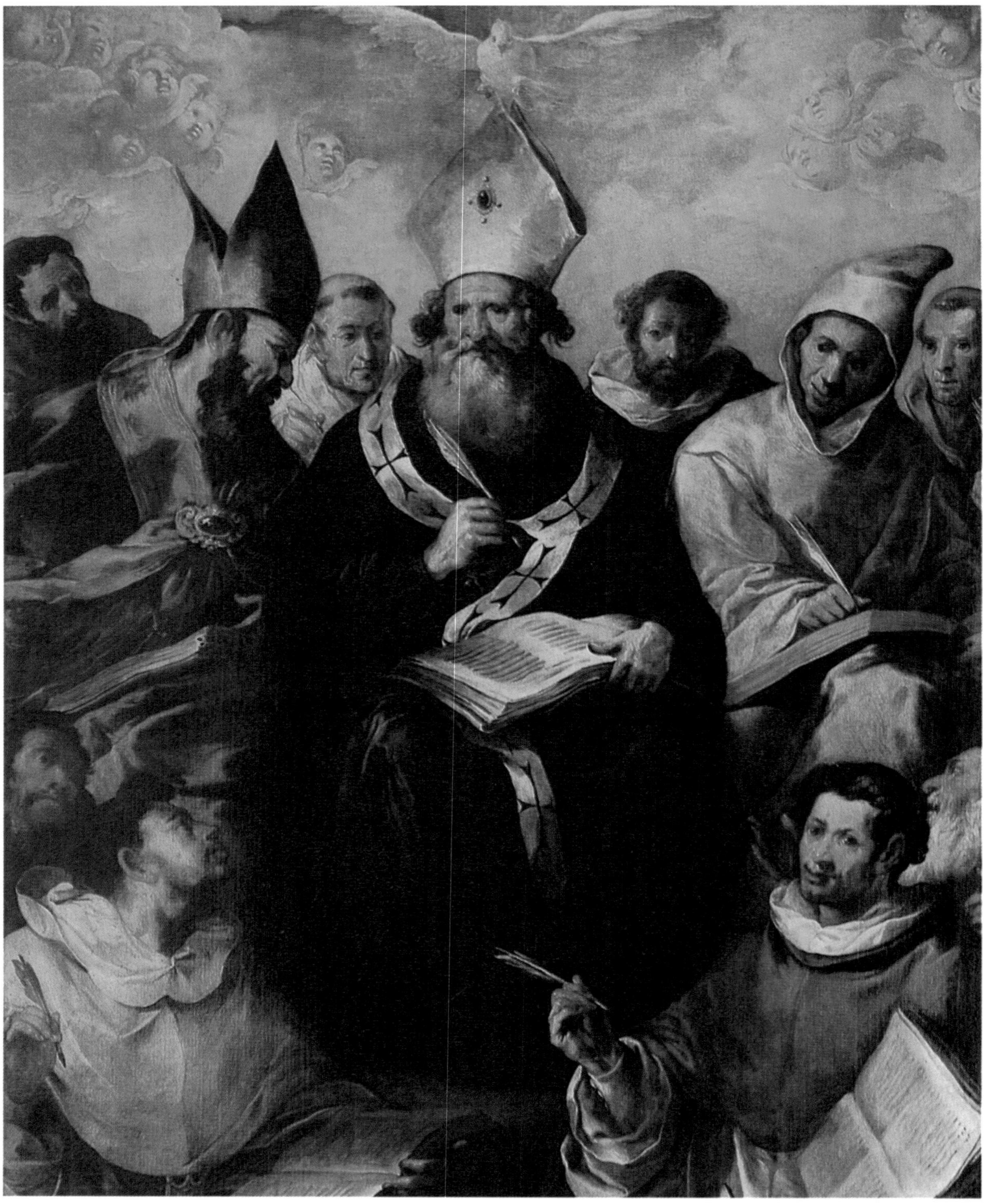

FRANCISCO DE HERRERA "EL VIEJO" *San Basilio dictando su doctrina* 2,50 × 1,95 Museo del Louvre

El primer maestro de Velázquez se nos muestra en esta escena como pintor del "tumulto" pictórico, y sobre todo nos sorprende por la lograda adecuación entre el carácter salvaje de las figuras y una técnica fogosa que compone y modela con amplitud, utilizando la brocha, en vez del pincel, para aplicar y distribuir vigorosa y directamente el color en grandes manchas sobre la tela.

PHILIPPE DE CHAMPAIGNE
El exvoto de 1662 1,65 × 2,29
Museo del Louvre

Philippe de Champaigne, oriundo de Flandes, trabajó en París a partir de 1621 en la decoración del palacio de Luxemburgo, antes de convertirse en pintor de María de Médicis y del rey. Notable retratista que sabe plasmar, más allá de la semejanza, la situación social y el carácter psicológico, fue, más especialmente, el cronista austero del jansenismo. *El exvoto*, su obra maestra, data de 1662 y constituye una acción de gracias por la curación de su hija, sor Catalina, religiosa en Port Royal des Champs. El cuadro nos muestra a la madre abadesa Agnès Arnauld, en su celda, recibiendo la alegre revelación de la próxima curación de la paralítica. No se ponen de relieve únicamente las oraciones y la actitud moral de una comunidad religiosa, sino el ambiente de todo un siglo fervoroso y severo a la vez, el de Descartes y Pascal, en una composición sobria que sabe expresar plásticamente la espiritualidad.

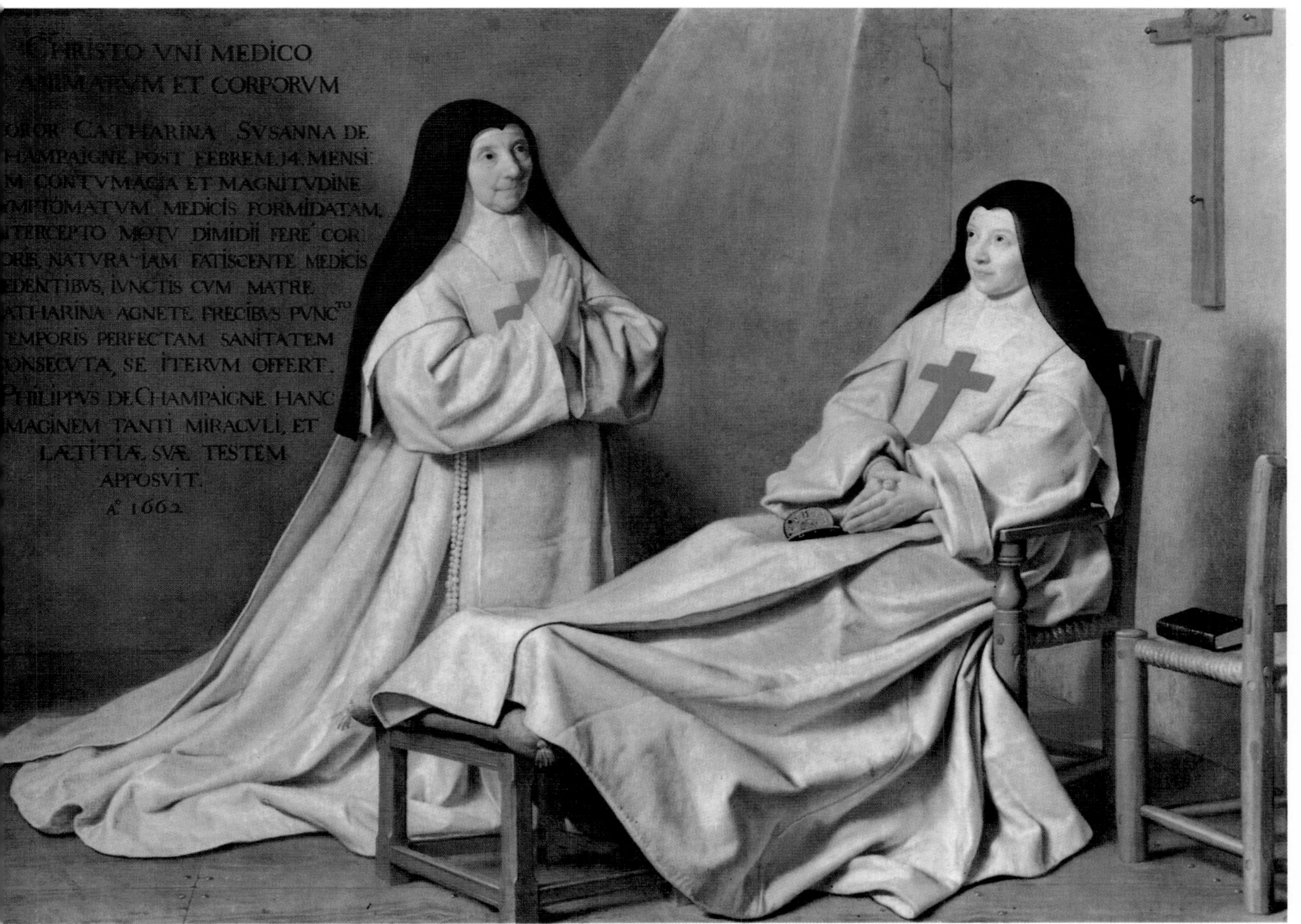

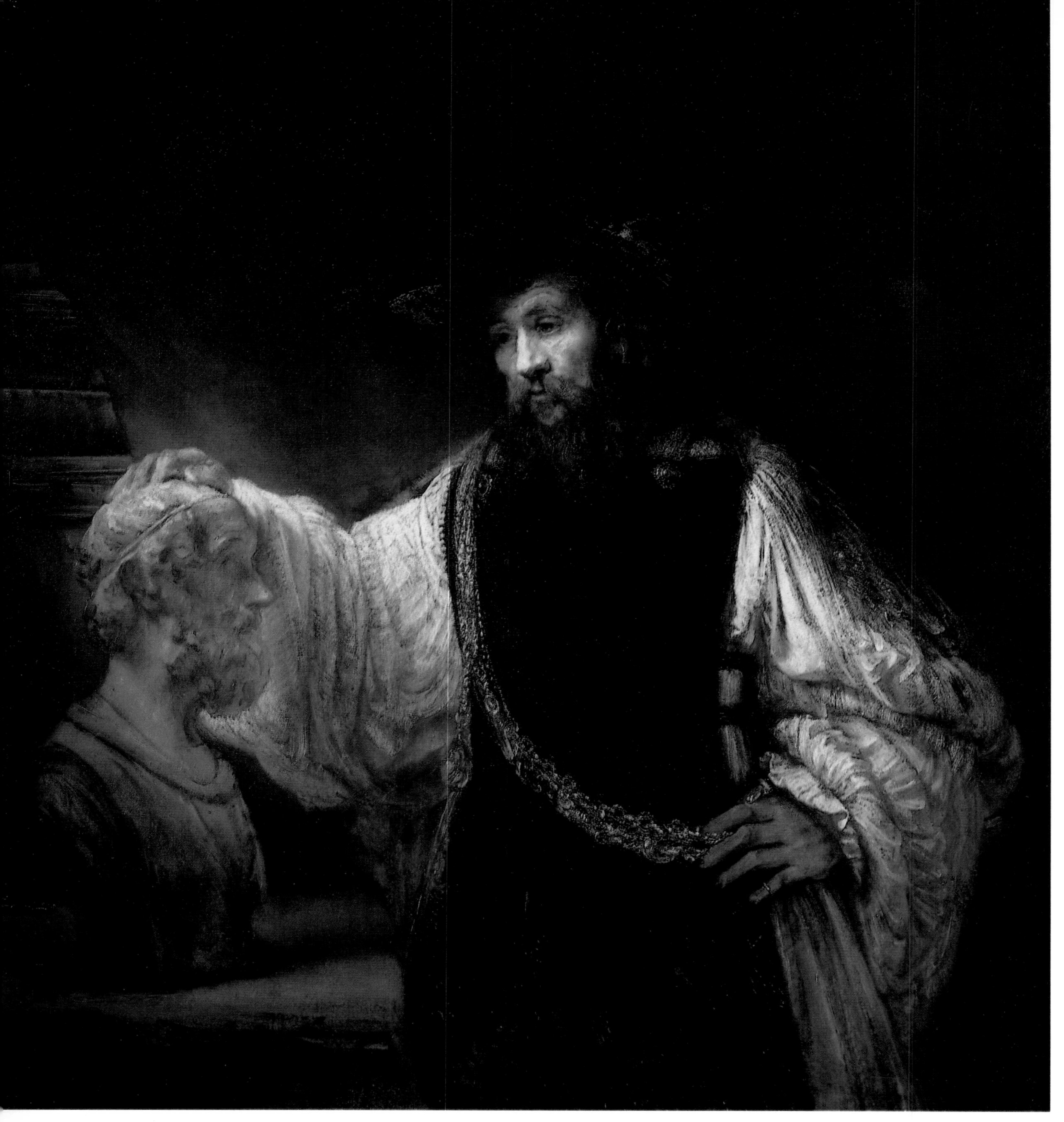

REMBRANDT HARMENSZOON VAN RIJN *Aristóteles junto a un busto de Homero* 1,43 × 1,36 Museo de Arte Metropolitano

En este cuadro están íntimamente asociados tres grandes hombres de la antigüedad: Aristóteles descansa su mano sobre el busto de Homero, y luce una cadena de oro con un medallón en donde vemos la imagen de Alejandro. La solemne quietud del estudio del filósofo, la elocuencia de los dedos sobre la cabeza del poeta ciego y, sobre todo, el melancólico misterio del rostro de Aristóteles, se unen para comunicarle a la obra un gran poder de seducción.

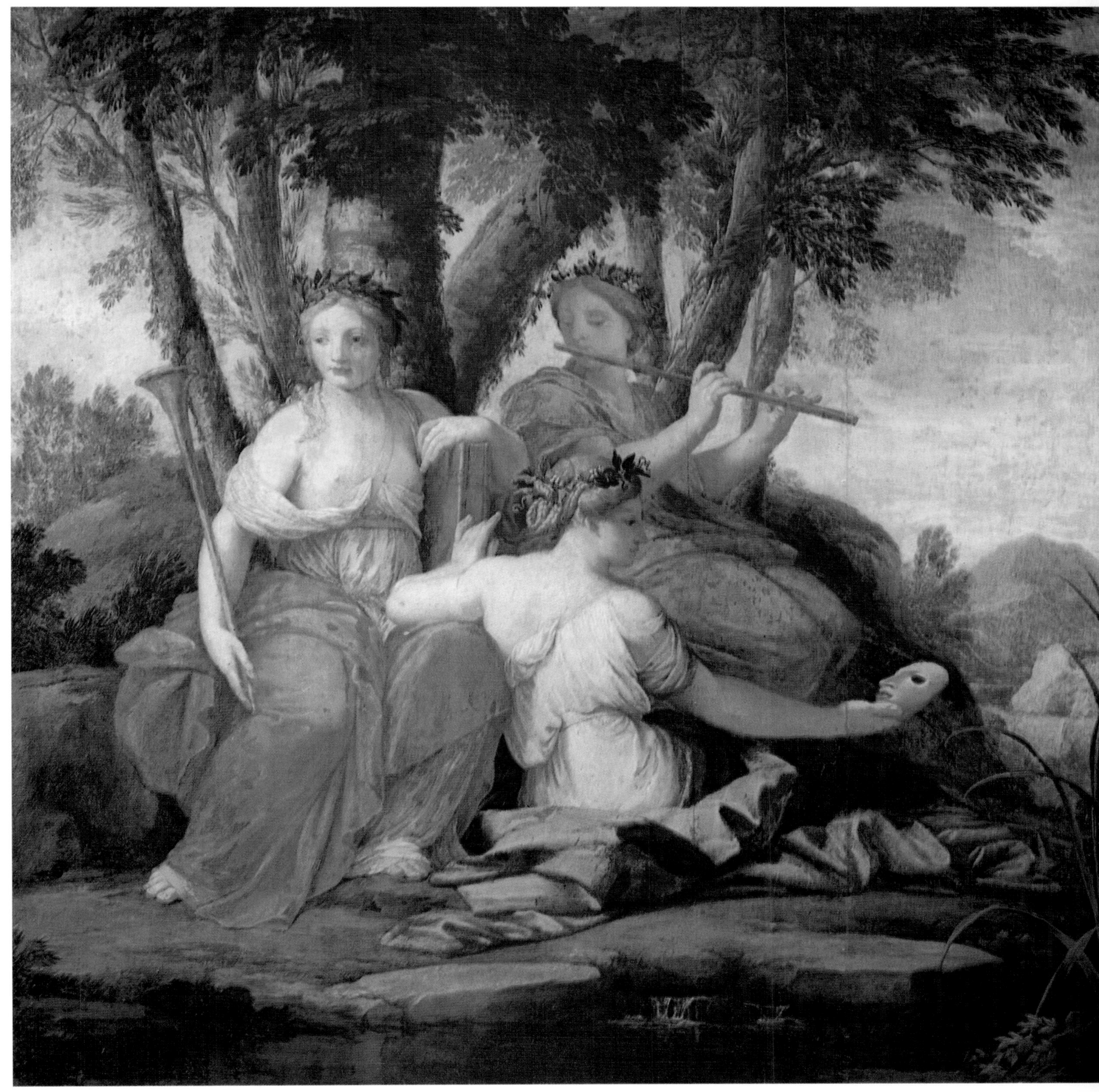

EUSTACHE LE SUEUR *Las musas: Clío, Euterpe y Talía* 1,32 × 1,30 Museo del Louvre

Le Sueur desarrolló un arte influido por Rafael y consagrado a los temas mitológicos. En 1648 ejecutó cinco paneles decorativos evocando a las Musas, destinados al palacio Lambert. La que aquí presentamos cae de forma especial bajo el signo de la música y del teatro en un decorado campestre. A la izquierda, Clío sujeta una trompeta; a la derecha, Euterpe toca la flauta, y en el centro, Talía contempla una máscara de comedia. La armonía entre el fondo y los personajes es magistral.

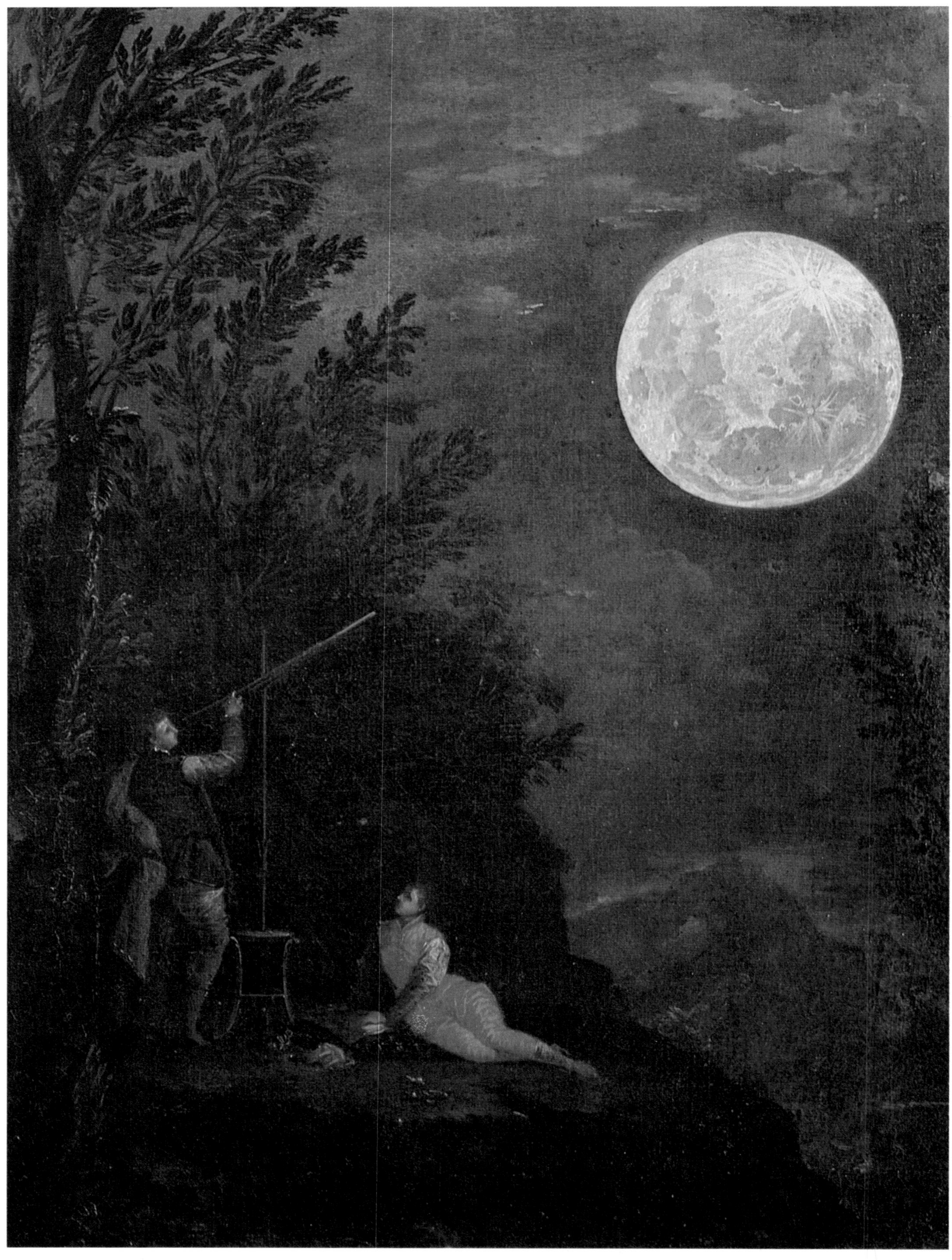

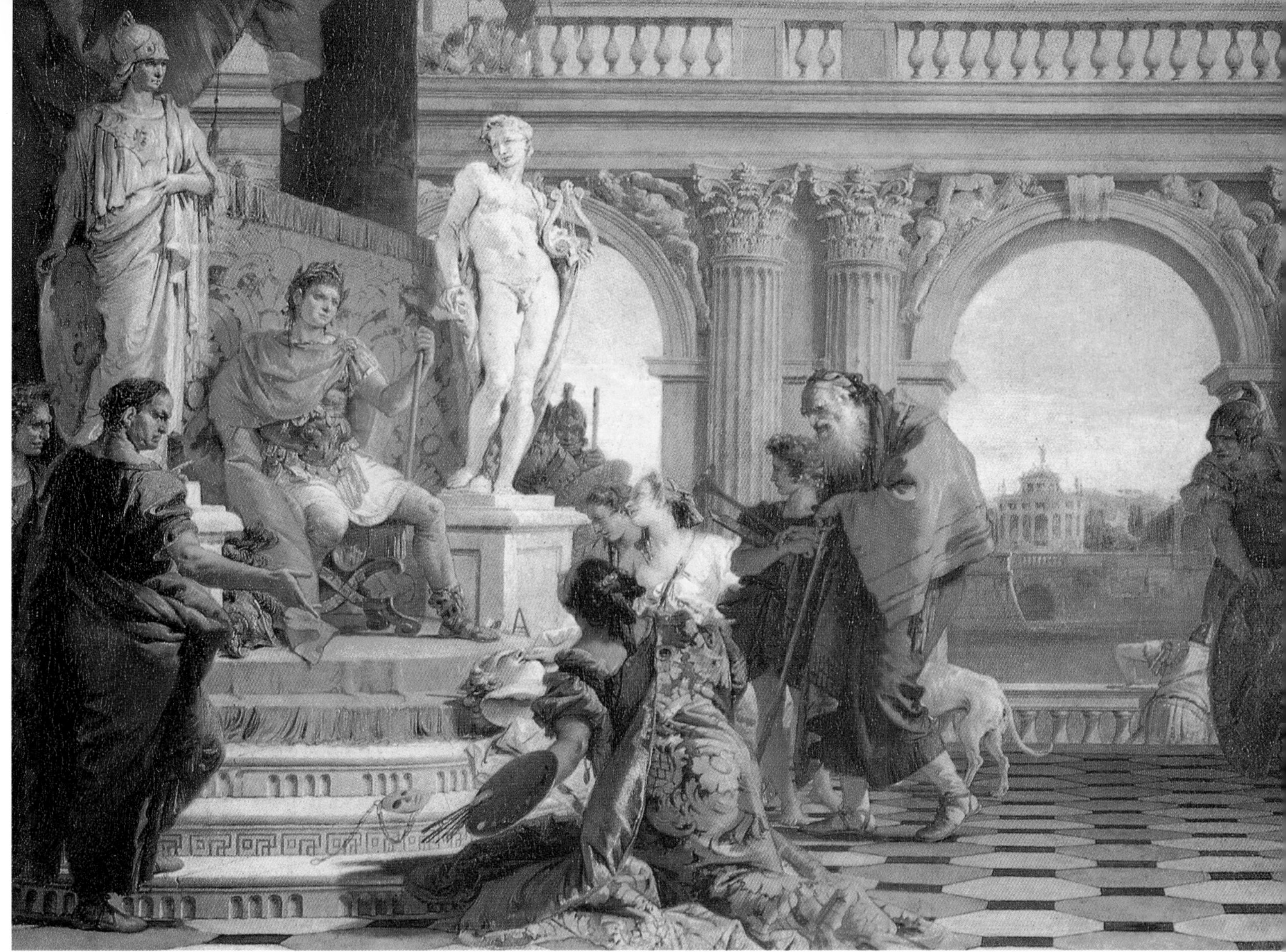

DONATO CRETI
Observaciones astronómicas: la Luna
0,55 × 0,35
Pinacoteca Vaticana

Pintor nacido en Cremona, Donato Creti estudió la obra de los Carracci y de Guido Reni e ingresó pronto en la corriente clasicista. Son célebres sus temas alegóricos o mitológicos, pero sobre todo ha dejado, como obra única en la iconografía del *settecento,* ocho insólitos lienzos que representan el Sol, la Luna, Mercurio, Venus, Marte, Júpiter, Saturno y un cometa, recogidos bajo el epígrafe común de *Observaciones astronómicas.* Fueron encargados por Luigi Marsigli con el propósito de convencer al Papa de que se construyera un observatorio en el Vaticano y que favoreciera la hasta entonces desatendida ciencia de la Astronomía. Ello explica la inclusión de instrumentos propios de esta disciplina en los cuadros y la preeminencia visual de los astros. Las pequeñas figuras inmersas en el nocturno paisaje con la Luna en lo alto pueden ser igualmente visualizadas e interpretadas como un motivo protorromántico.

GIOVANNI BATTISTA TIEPOLO
Mecenas presenta las artes liberales al emperador Augusto
0,69 × 0,89
Museo del Ermitage

El tema de este cuadro es alegórico. Augusto y su colaborador Mecenas, político sutil y protector de pintores y poetas, son personajes históricos reales. Los demás representados no son personajes concretos y personifican a las Artes. La excepción es el ciego Homero, que encarna la poesía. El tema no surgió al azar. El cuadro fue encargado por el conde Algarotti para el conde Brül, poderoso ministro del Elector de Sajonia que poseía muchos rasgos afines a Mecenas.

La forma en que está resuelto el cuadro revela el talento del artista acostumbrado a crear enormes y decorativas pinturas, resplandecientes por los magníficos colores y accesorios y que impresionan por sus figuras majestuosas. Aunque el presente es un cuadro pequeño, el principio de su composición y el colorido magníficamente orquestado permiten imaginárselo ejecutado en un gran lienzo mural.

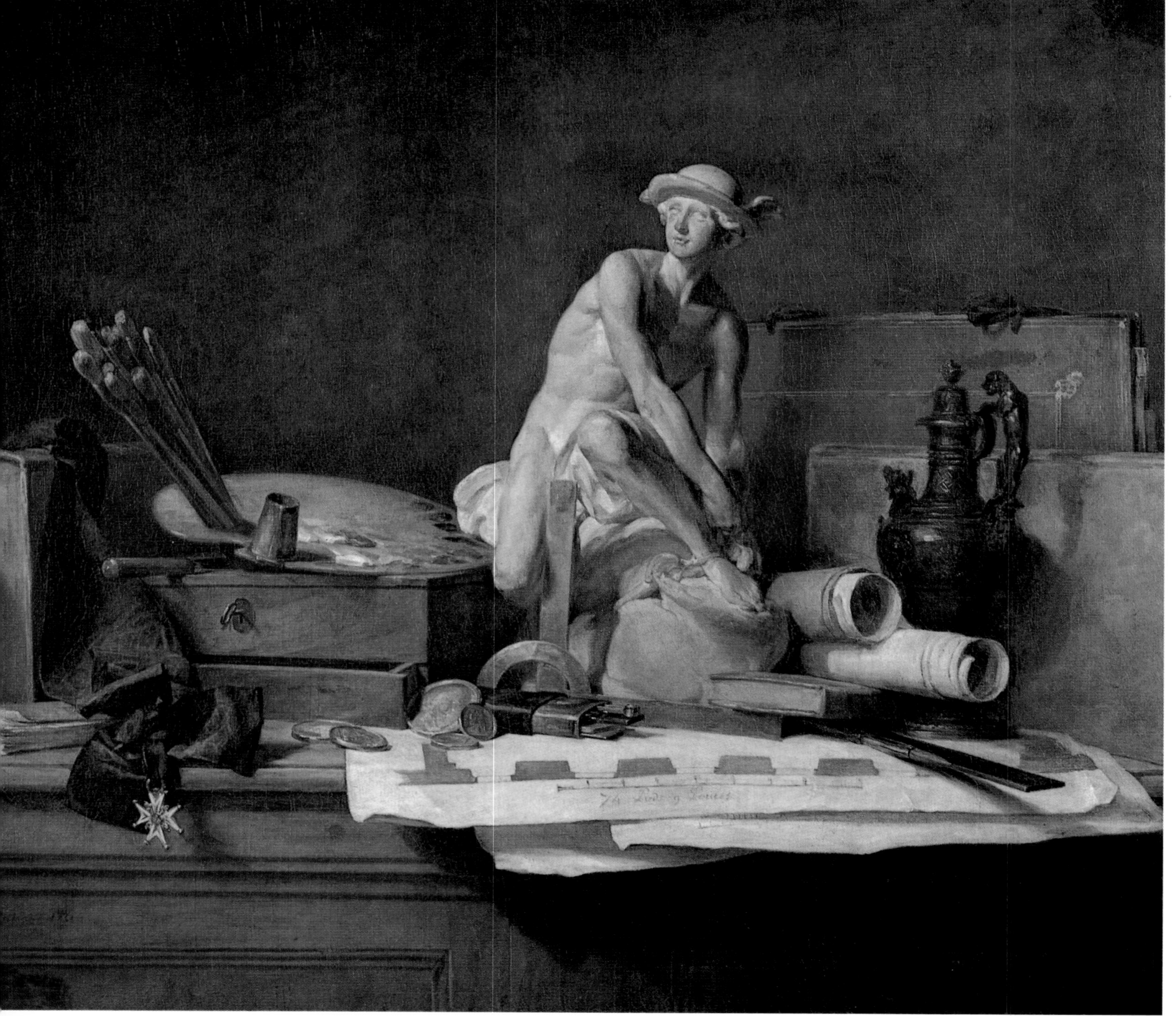

Jean-Baptiste-Siméon Chardin *Los atributos del arte* 1,21 × 1,40 Museo del Ermitage

Jean-Baptiste-Siméon Chardin es el más notable maestro del realismo francés prerrevolucionario. Sus héroes son los habitantes comunes de la ciudad. En el centro de su atención siempre está el hombre con sus sentimientos reales. Esta característica la mantiene incluso en las naturalezas muertas.

El presente cuadro del Ermitage es una de las mejores naturalezas muertas de carácter alegórico realizada por Chardin. Sobre la mesa del artista hay varios objetos dispersos, atributos del arte. En el centro de la composición vemos una estatuilla de Mercurio en yeso, obra de Pigalle, que junto con la vasija ornada con relieves, representa a la escultura. La pintura está simbolizada por la caja de colores y la paleta. La arquitectura, por los rollos de planos y un estuche con instrumentos de dibujo. La Cruz de la Orden de San Miguel nos señala las recompensas del pintor. El material y la textura de los objetos están reflejadas con precisión y con un colorido apagado acorde con su simplicidad.

JEAN-AUGUSTE-DOMINIQUE INGRES
La apoteosis de Homero 3,86 × 5,15
Museo del Louvre

Ingres era el paladín de composiciones estáticas de las que este célebre cuadro, de rígida composición, es un buen ejemplo. El decorado antiguo y la construcción en pirámide permiten instalar a diferentes alturas, y de forma simétrica si exceptuamos el elemento de variación dado por la figura que corona a Homero, personajes diversos que van desde los poetas y artistas de la Antigüedad hasta los clásicos de la literatura y de la pintura francesas. Podemos reconocer, por ejemplo, a la izquierda del cuadro y en primer plano, a Poussin, y a la derecha, a Molière.

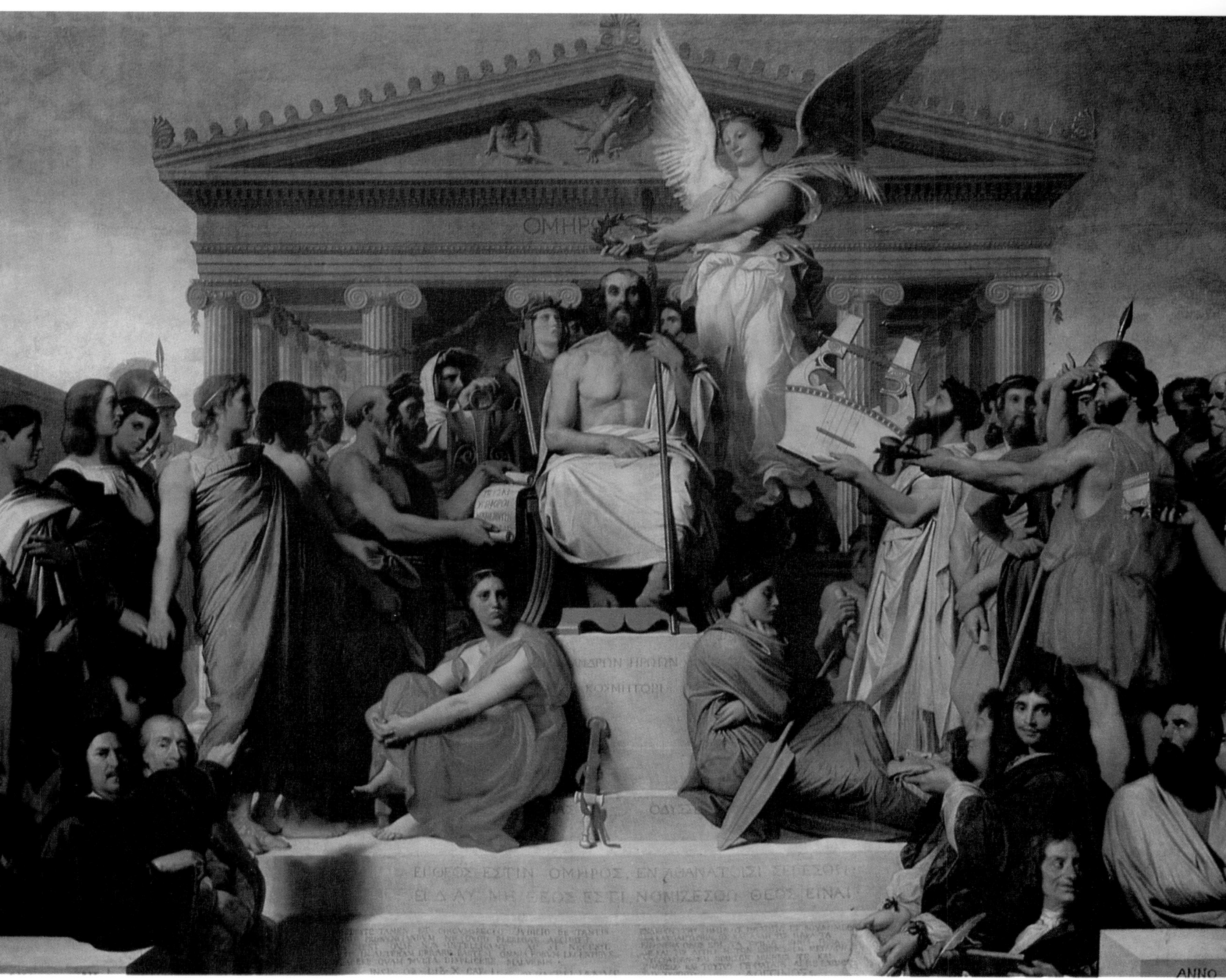

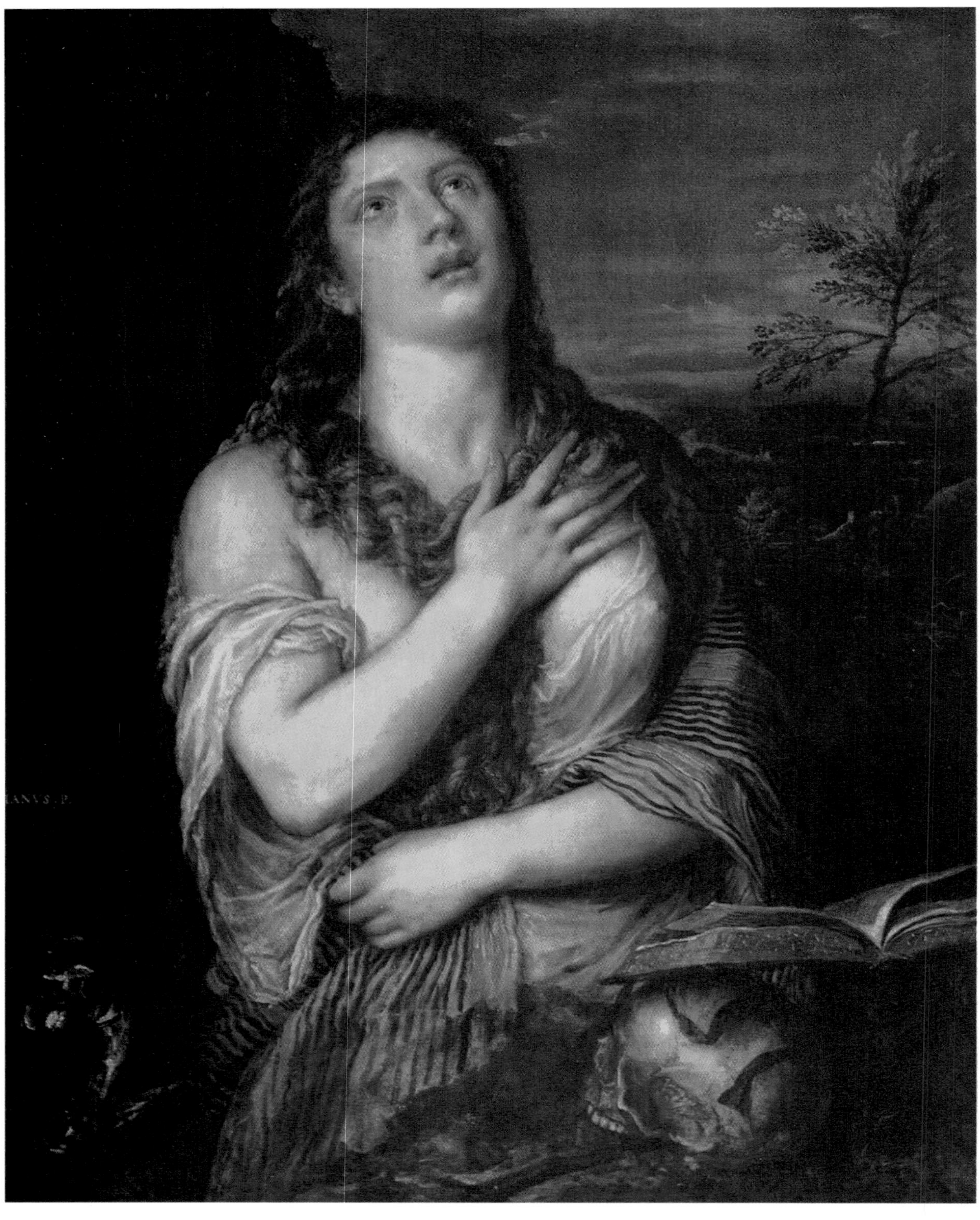

Los sentimientos

"Si la razón hace al hombre,
el sentimiento le conduce."
JEAN-JACQUES ROUSSEAU

TIZIANO VECELLIO *La Magdalena arrepentida* 1,19 × 0,97 Museo del Ermitage

La Magdalena arrepentida es una de las mejores obras del magnífico pintor veneciano Tiziano Vecellio. La tradición cristiana reconoce en Magdalena a una pecadora que siguió a Cristo y que, arrepentida de sus pecados, hizo penitencia para lograr el perdón. Tiziano la convirtió en la imagen del amor todopoderoso. Su Magdalena es una mujer joven y hermosa. El cuerpo, cubierto por sus vaporosos cabellos y por su ropa, es de una belleza imperecedera. El infinito e irresistible dolor que expresa, parece más vinculado a una persona extremadamente querida que a un sentimiento de culpa. El tenebroso paisaje del fondo, con el árbol inclinado por el viento y parte del cielo iluminado por el resplandor de la puesta del sol, hace más intensa la expresividad de la pecadora arrepentida.

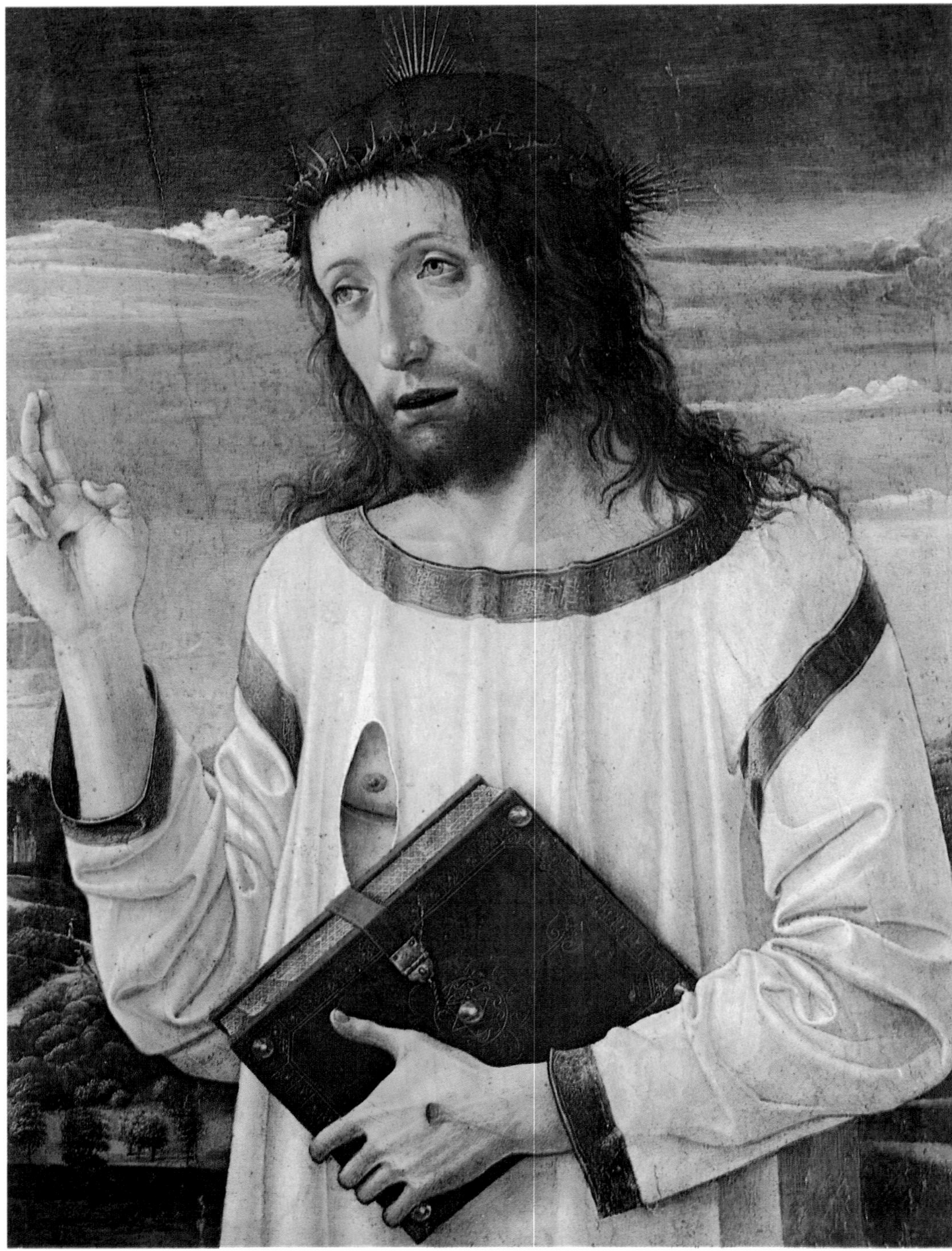

GIOVANNI BELLINI
Cristo bendiciendo
0,58 × 0,44
Museo del Louvre

Bellini es uno de los grandes maestros venecianos del primer Renacimiento. Todas sus diferentes obras marcan una evolución constante hacia el realismo que, junto con su dominio en los juegos de sombras y luces, le otorga un alto grado de expresividad.

Su Cristo resucitado, doloroso a la vez que saturado de sublime caridad, pone de manifiesto un elocuente realismo realzado por la fluidez del estilo. Al mismo tiempo, en el cuadro se mezcla la tristeza con una representación conmovedora de la bondad y de la compasión que nos lleva a pensar en la predicación de san Bernardino de Siena y en una especie de inmediatez de la presencia humana de Cristo.

ANDREA MANTEGNA *El tránsito de la Virgen* 0,54 × 0,42 Museo del Prado

Para algunos, la pequeña tablita de Mantegna es una joya del arte de todos los tiempos. Su prodigioso dibujo, su claridad compositiva, a la que tanto ayuda el ritmo arquitectónico de las pilastras que flanquean la escena y la disposición del pavimento ajedrezado, y el lirismo del paisaje rigurosamente real pero de misteriosa y audaz modernidad, hacen de esta obra una de las más simples y monumentales de la historia de la pintura.

Se señaló hace algún tiempo que la composición no está completa. En una colección de Ferrara se guarda una tablita con un solemne *Cristo recogiendo el alma de la Virgen*, según la vieja iconografía medieval, que puede, con toda verosimilitud, ser la parte superior de esta composición, ya que su marco arquitectónico, un gran arco de medio punto, enlaza perfectamente con las desnudas pilastras de esta tabla.

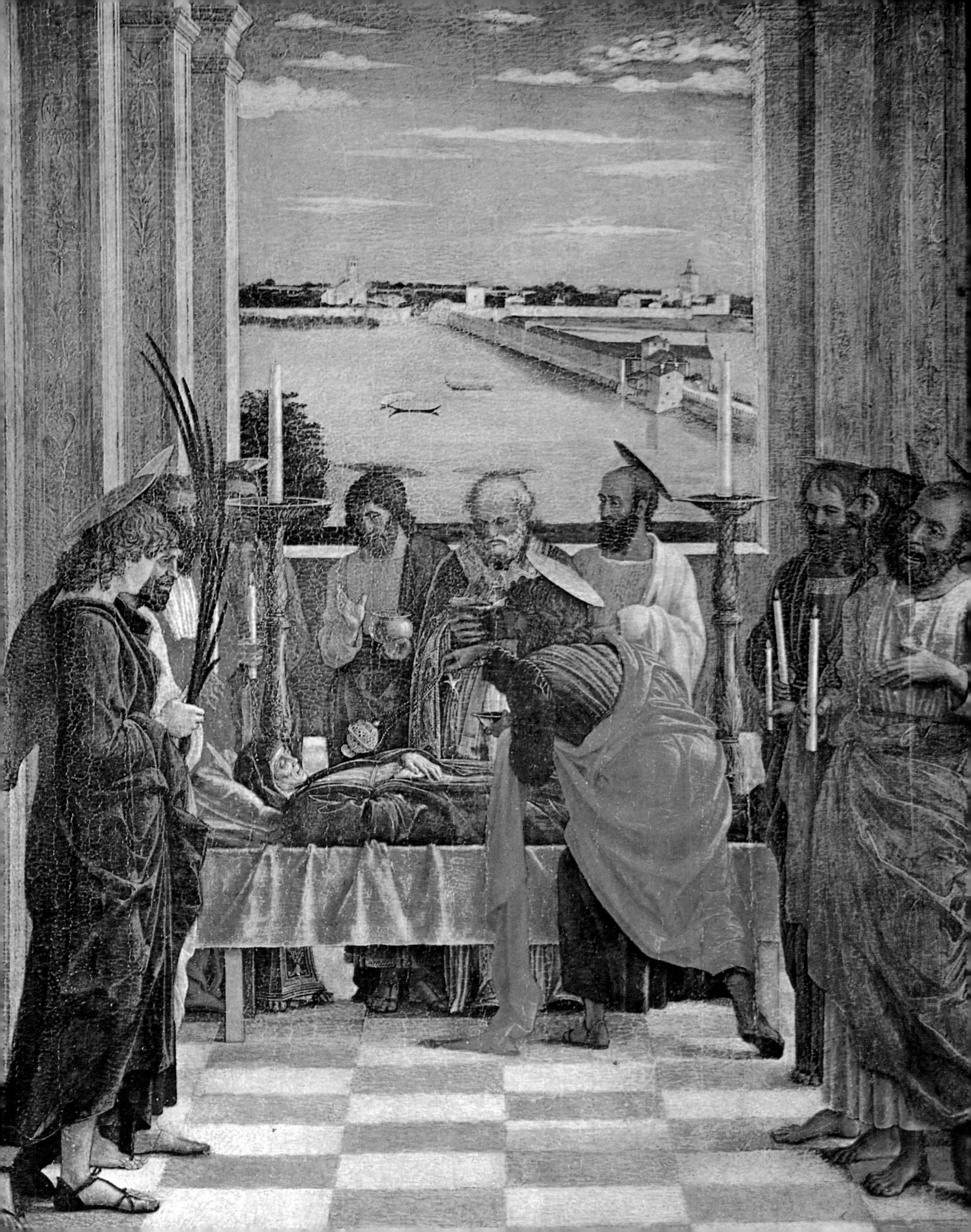

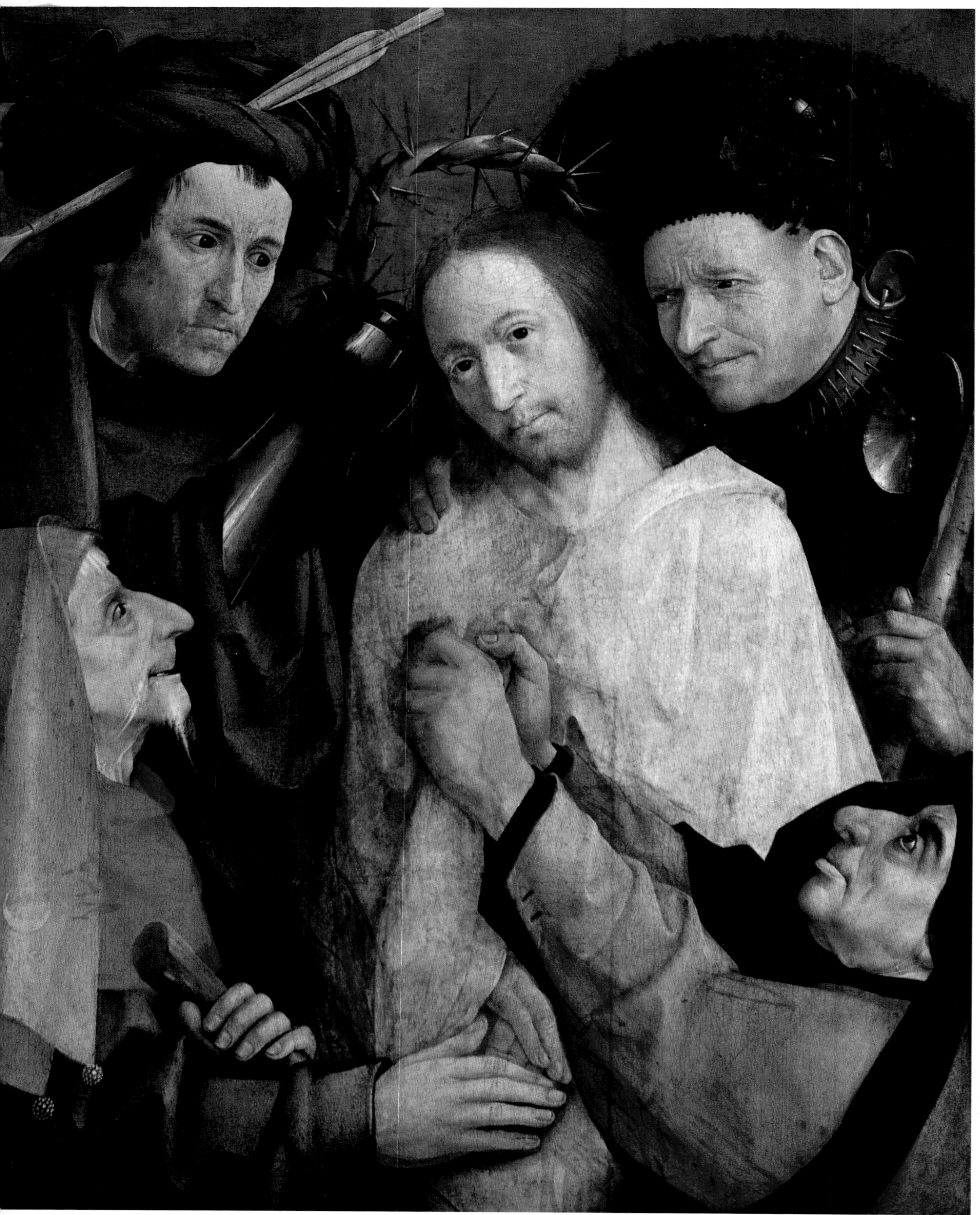

El Bosco (Hieronymus van Aeken Bosch)
La coronación de espinas
0,73 × 0,59
National Gallery

Al Bosco, que vivió en Hertogenbosch, de donde deriva su nombre, se le asocia a pinturas con personajes de pequeño tamaño, entregados a actividades impregnadas de extraordinaria fantasía, pero que en realidad tienen un profundo significado religioso y moral. Bosch destacó por su personal e inimitable estilo entre los grandes maestros de la pintura flamenca. Este cuadro de Cristo escarnecido es una obra temprana, pero ya evidencia la feroz sátira, el bello colorido y la delicada artesanía que le harán famoso.

La punzante corona de espinas contrasta con la delicada faz. Los hombres que rodean a Cristo no son soldados romanos, sino personajes identificables y vestidos según la moda de la época. Bosch conjuga la posición de las manos y la crispación de los rostros en los agresores con la pasiva y resignada actitud de Cristo.

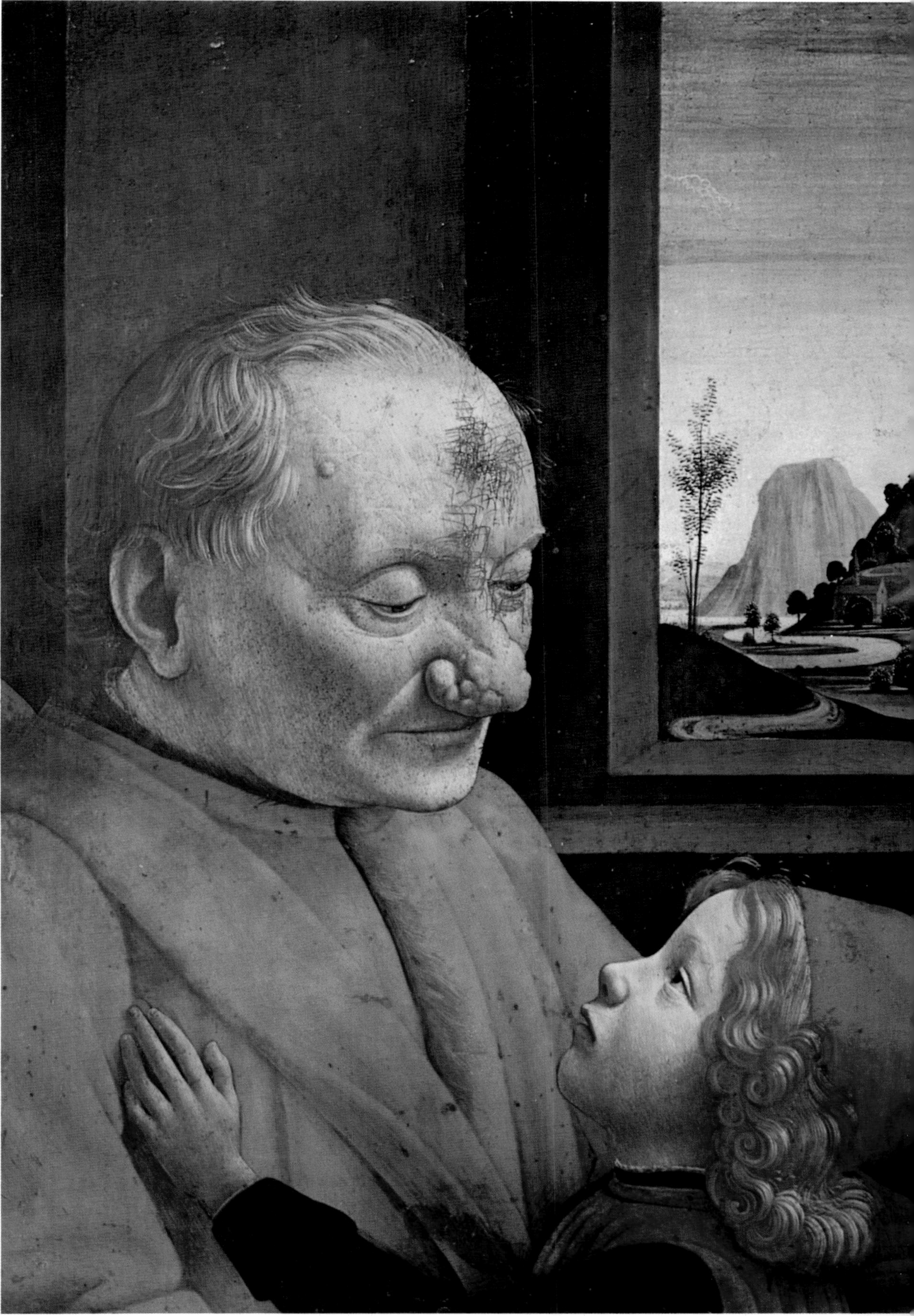

Domenico Ghirlandaio
Retrato de un anciano y un niño
0,62 × 0,46
Museo del Louvre

Este pintor florentino nos ha dejado toda la gracia delicada del estilo toscano en el puro y regular rostro del niño, sin duda nieto del anciano con ropaje de magistrado florentino al que acompaña en esta composición. Por el contrario, el paisaje del fondo recuerda la técnica flamenca y el anciano, sobre todo, parece colocarse bajo la influencia de Hugo van der Goes, con su análisis minucioso y naturalista.

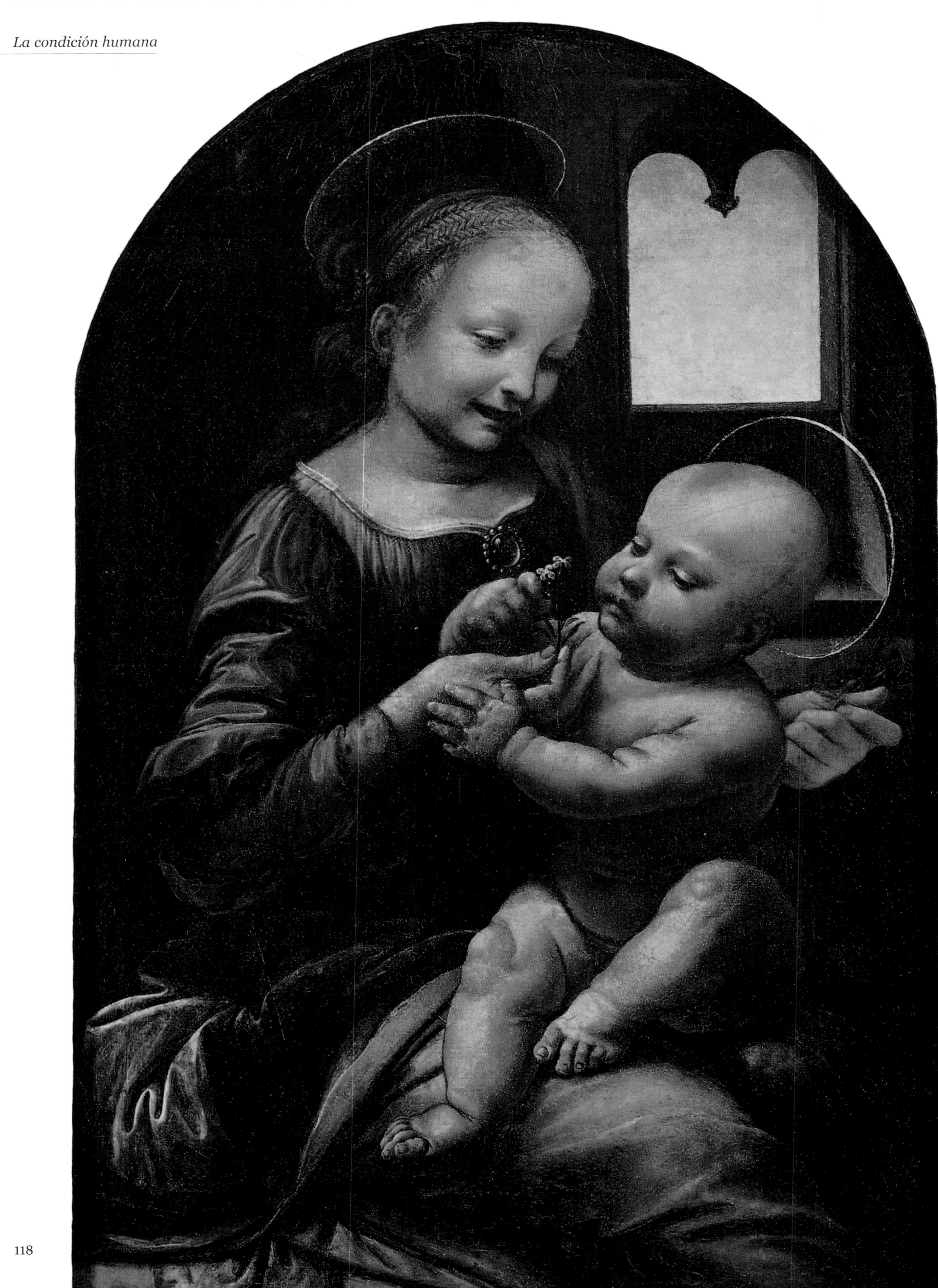

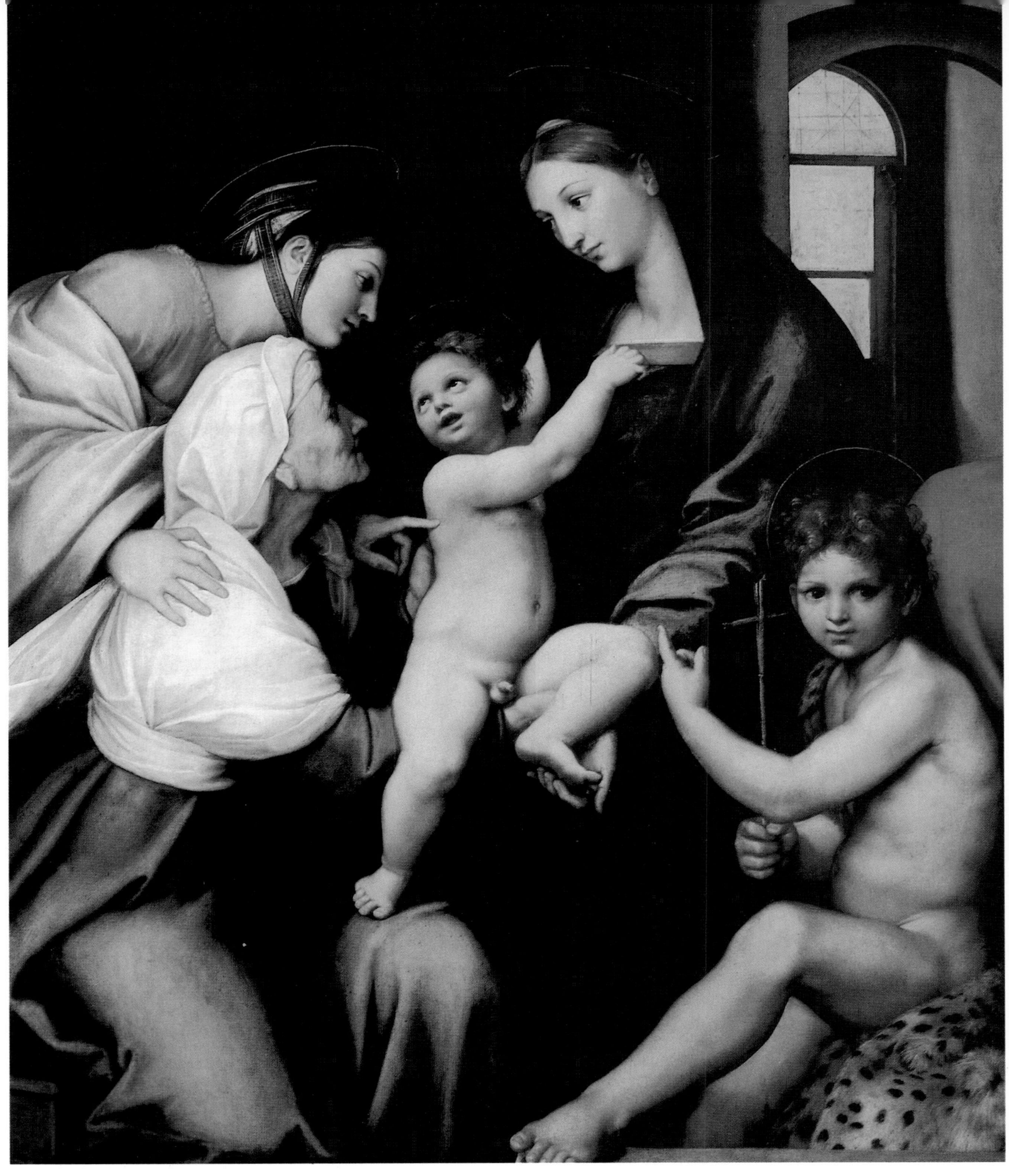

Leonardo da Vinci
La Virgen de la flor 0,49 × 0,31 Museo del Ermitage

La Virgen de la flor o *La Virgen de Benois* como también se la conoce, por haberla adquirido el Ermitage a una familia así apellidada, es una obra temprana de Leonardo.

La Virgen, muy joven, juega con el niño presentándole una flor. Se trata de una escena cordial, íntima y ajena a todo misticismo religioso. Leonardo introduce aquí grandes aportaciones pictóricas: las gradaciones del claroscuro, la entonación cromática y la suave plasticidad de los cuerpos.

Rafael Sanzio
Virgen de la silla 0,71 Palacio Pitti

La composición está inserta en un círculo dinámico, que parte del torneado respaldo de la silla para involucrar la mirada en las figuras, cariñosamente apretadas sobre las rodillas elevadas de María. Esta última, en su tierno abrazo al robusto Niño, forma como un círculo dentro del *tondo*.

Al mismo tiempo, el pintor parece abandonarse a la más afortunada gama de sus colores, que halla su momento álgido en el manto romano que cubre los hombros de María.

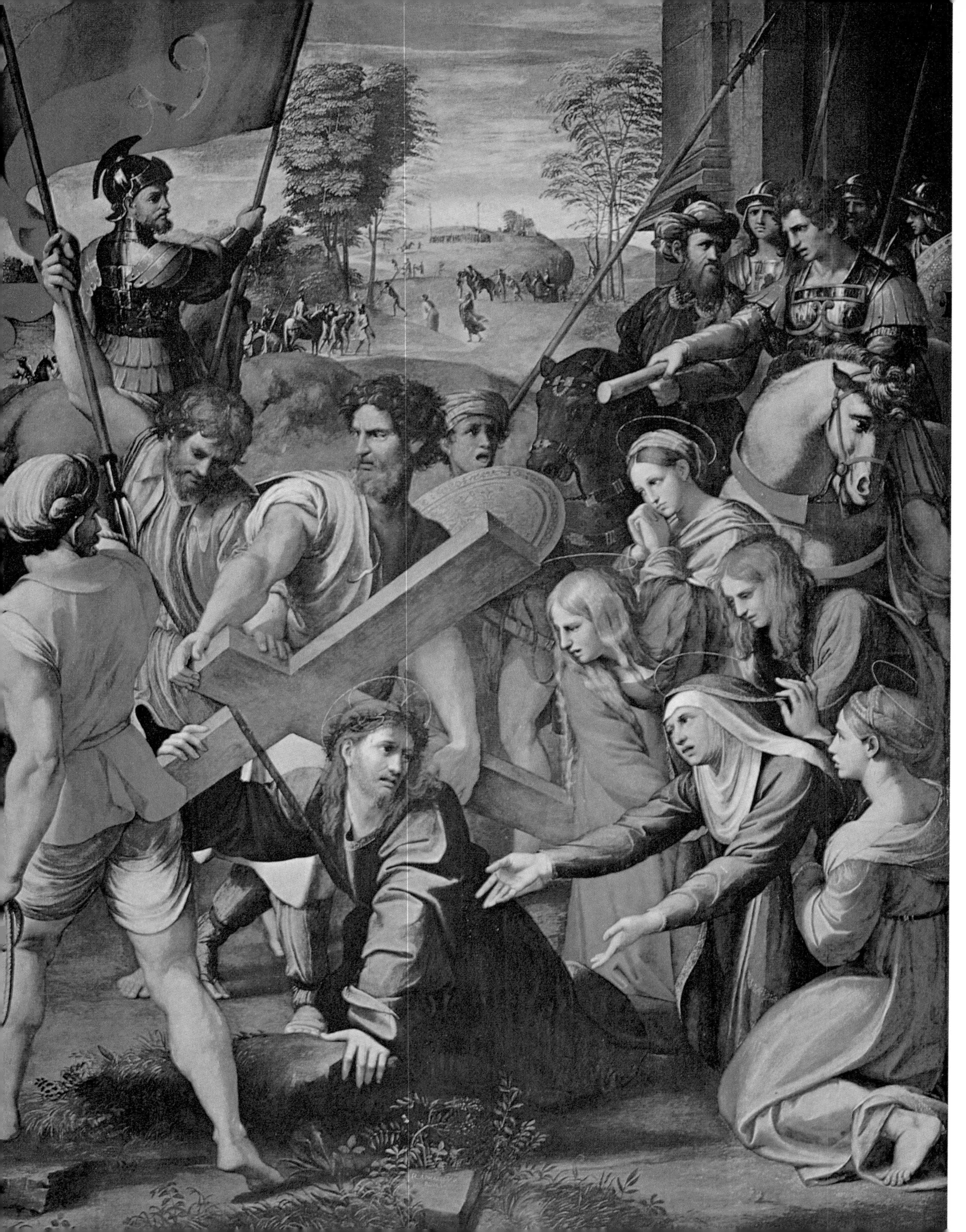

Rafael Sanzio
Caída en el camino del Calvario
3,18 × 2,29
Museo del Prado

Este enorme cuadro, al cual una reciente restauración ha devuelto todo su esplendor, es una de las más famosas obras de Rafael en su madurez romana, en plena posesión de todos sus recursos y en la cumbre de su perfección clásica. Es posible que en la ejecución material se valiese de alguno de sus mejores colaboradores, quizá Julio Romano, a juzgar por el tono rojizo ladrilloso de las carnes de algún sayón, y los modelos femeninos secundarios. Pero las partes fundamentales –y la restauración y limpieza lo han evidenciado sobradamente– son enteramente de mano del maestro y alcanzan un nivel sobresaliente dentro de toda su obra. Véanse por ejemplo el patético diálogo de las miradas de Cristo y la Virgen, la soberana elegancia de la Magdalena, en el borde derecho de la composición, o la inolvidable cabeza gritadora en su centro mismo, de una intensidad y belleza indescriptibles. La composición, conocida inmediatamente en toda Europa a través del grabado, ejerció una enorme influencia en los albores del Renacimiento y fue copiada, por entero o fragmentariamente, con muchísima frecuencia.

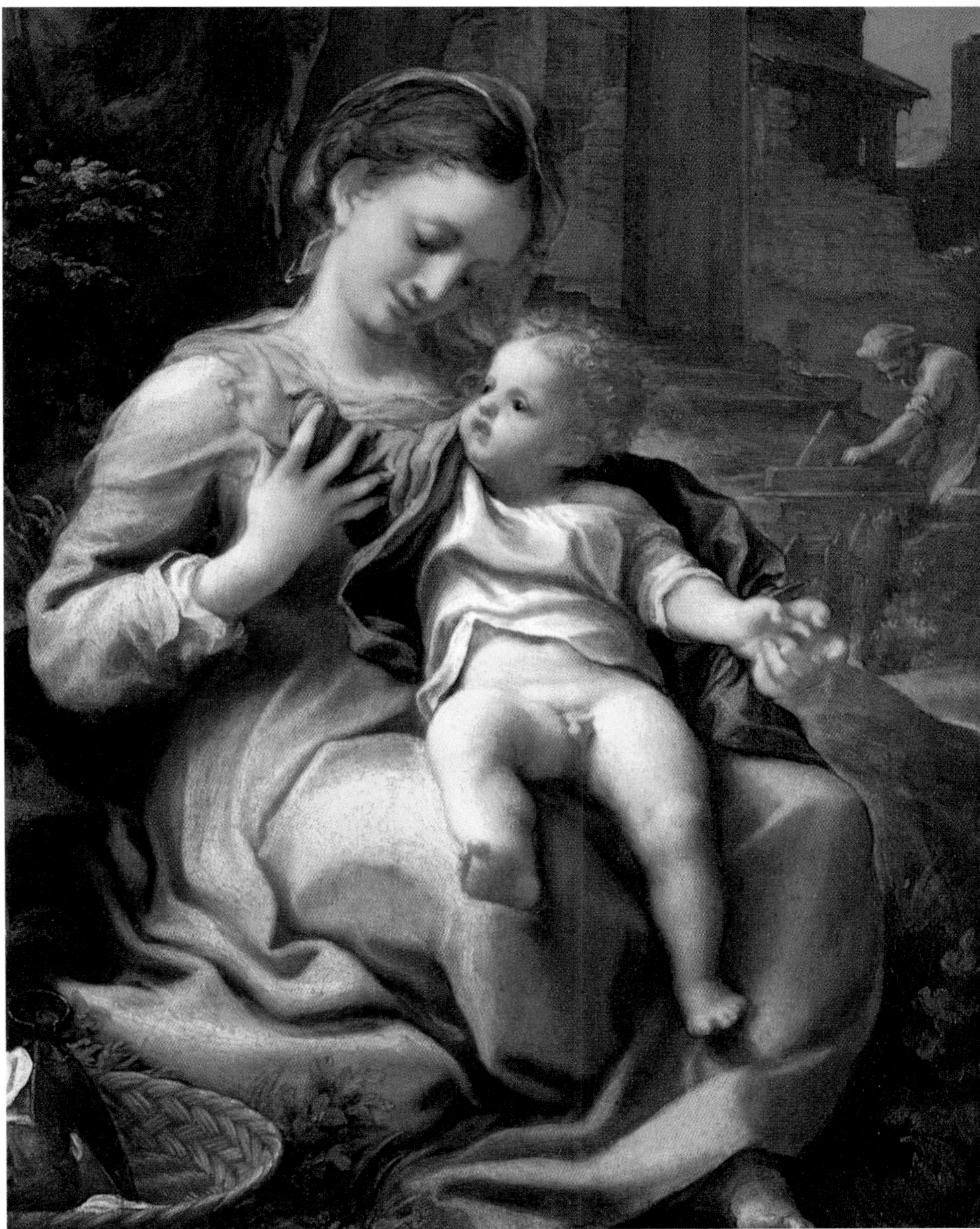

Corregio (Antonio Allegri) *La Madonna de la cesta* 0,33 × 0,25 National Gallery

Este pequeño cuadro representa una imagen llena de gracia y encanto. María, con una mirada casi infantil, pone una camisa a Jesús, el cual mueve sus pies sobre la falda de una manera muy natural. Correggio aprendió de Rafael la composición de las figuras en grupo y de Leonardo el suave y contrastado sombreado, pero renunció a las cualidades rigurosamente intelectuales de ambos presentando un grupo de figuras más humano y hermoso. En el fondo se ve a san José trabajando en su banco de carpintero.

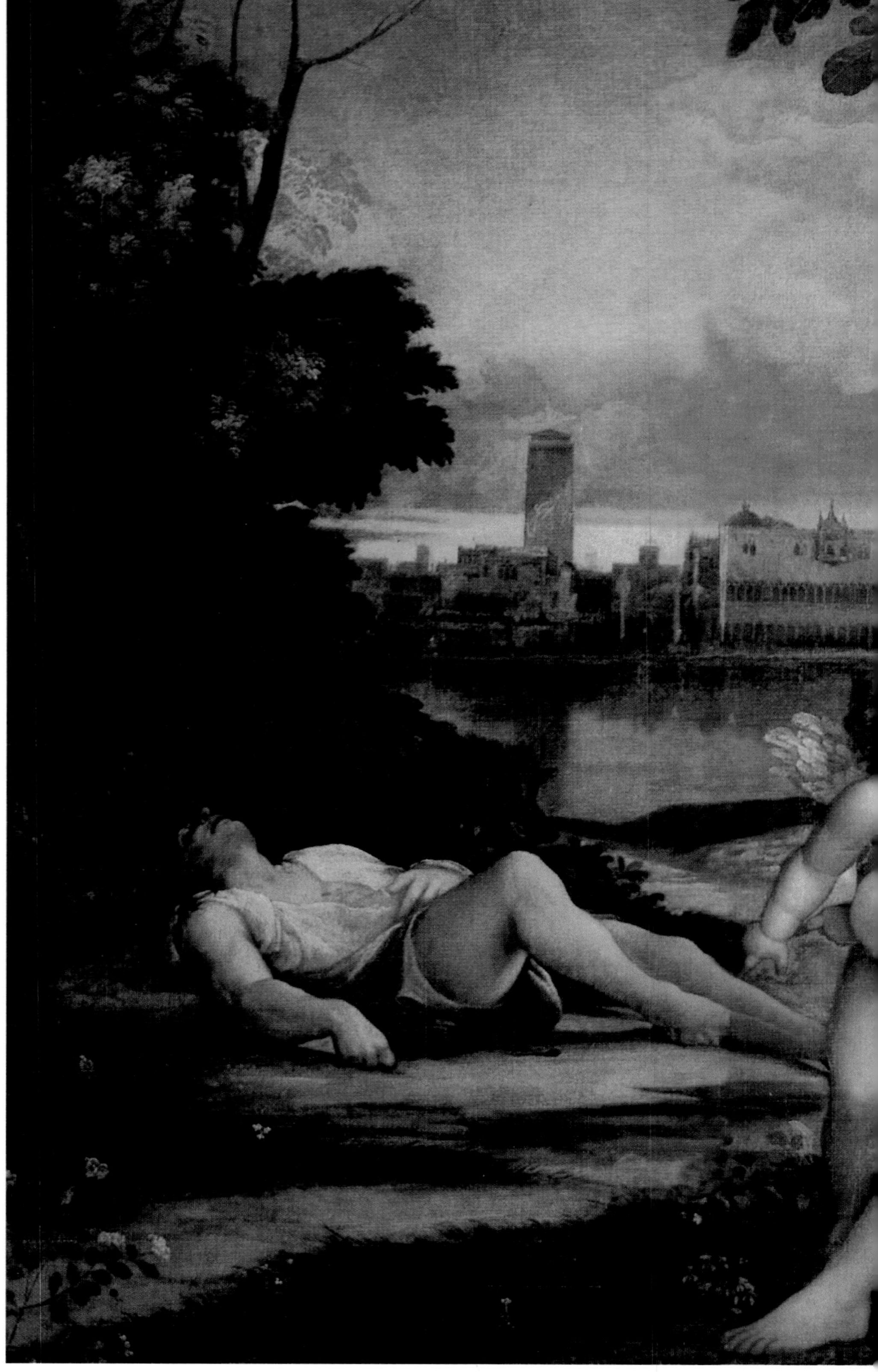

SEBASTIANO DEL PIOMBO
La muerte de Adonis 1,89 × 2,95
Galería de los Uffizi

La muerte de Adonis, realizada después de haberse instalado Sebastiano del Piombo en la Ciudad Eterna, manifiesta la complejidad de las relaciones, expuestas anteriormente, entre Roma y Venecia. Las figuras sintetizan el cromatismo de su maestro Giorgione con la plasticidad rafaelesca. El paisaje es una evocación de su Venecia, con el palacio de los dux, en un nostálgico atardecer que inunda con luz dorada, de forma admirable, la conmovedora escena donde predominan los desnudos femeninos.

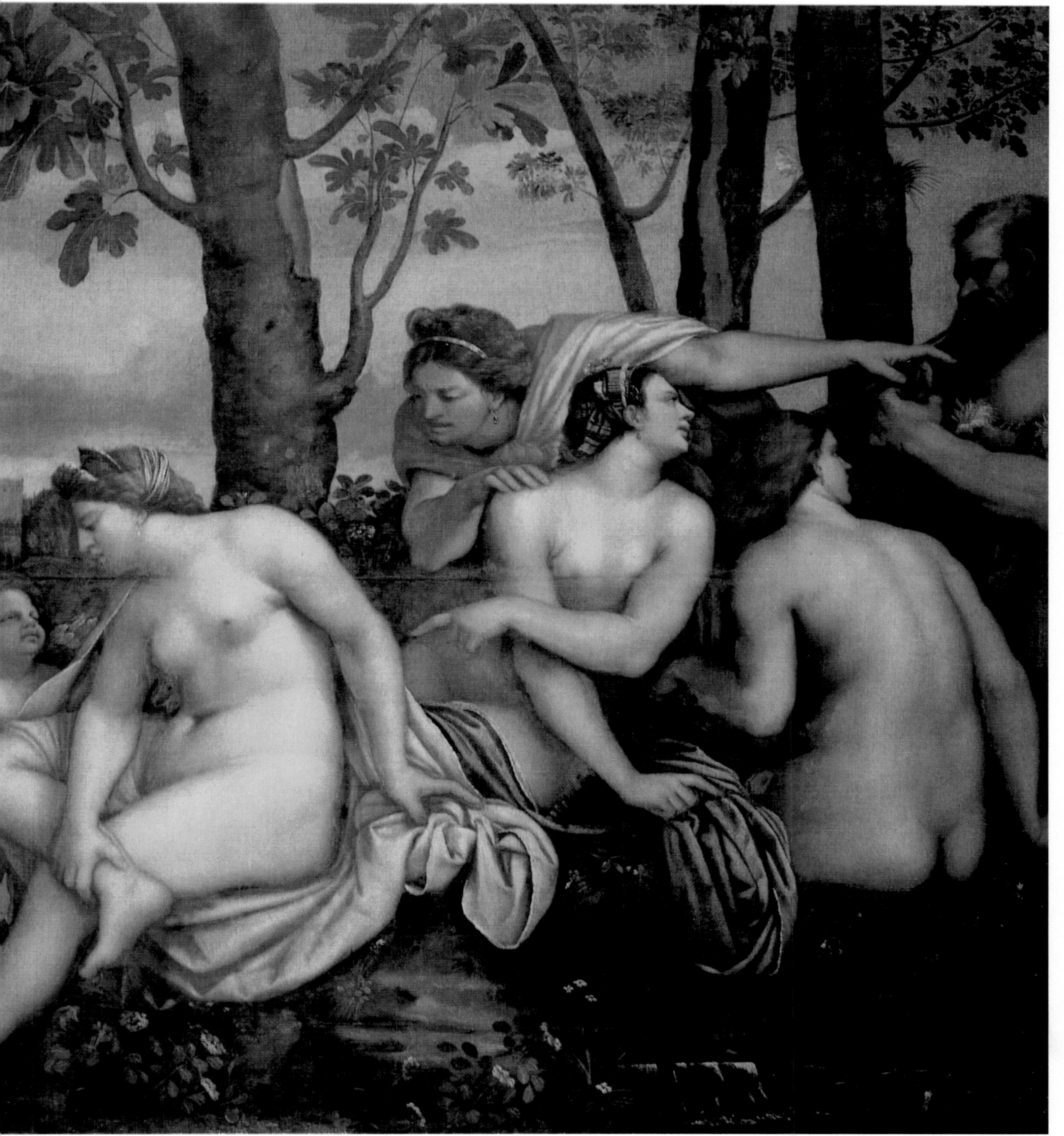

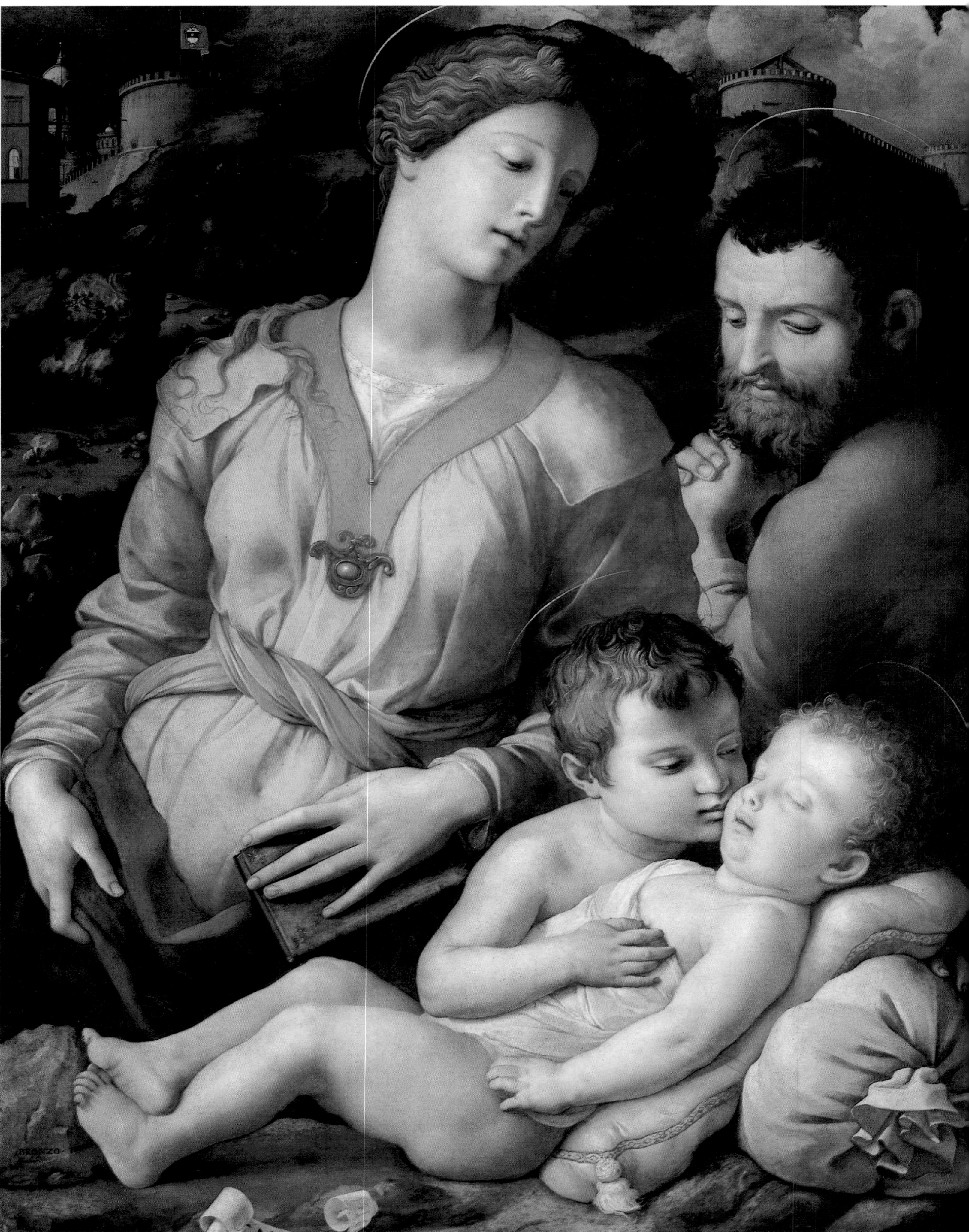
BRONZO

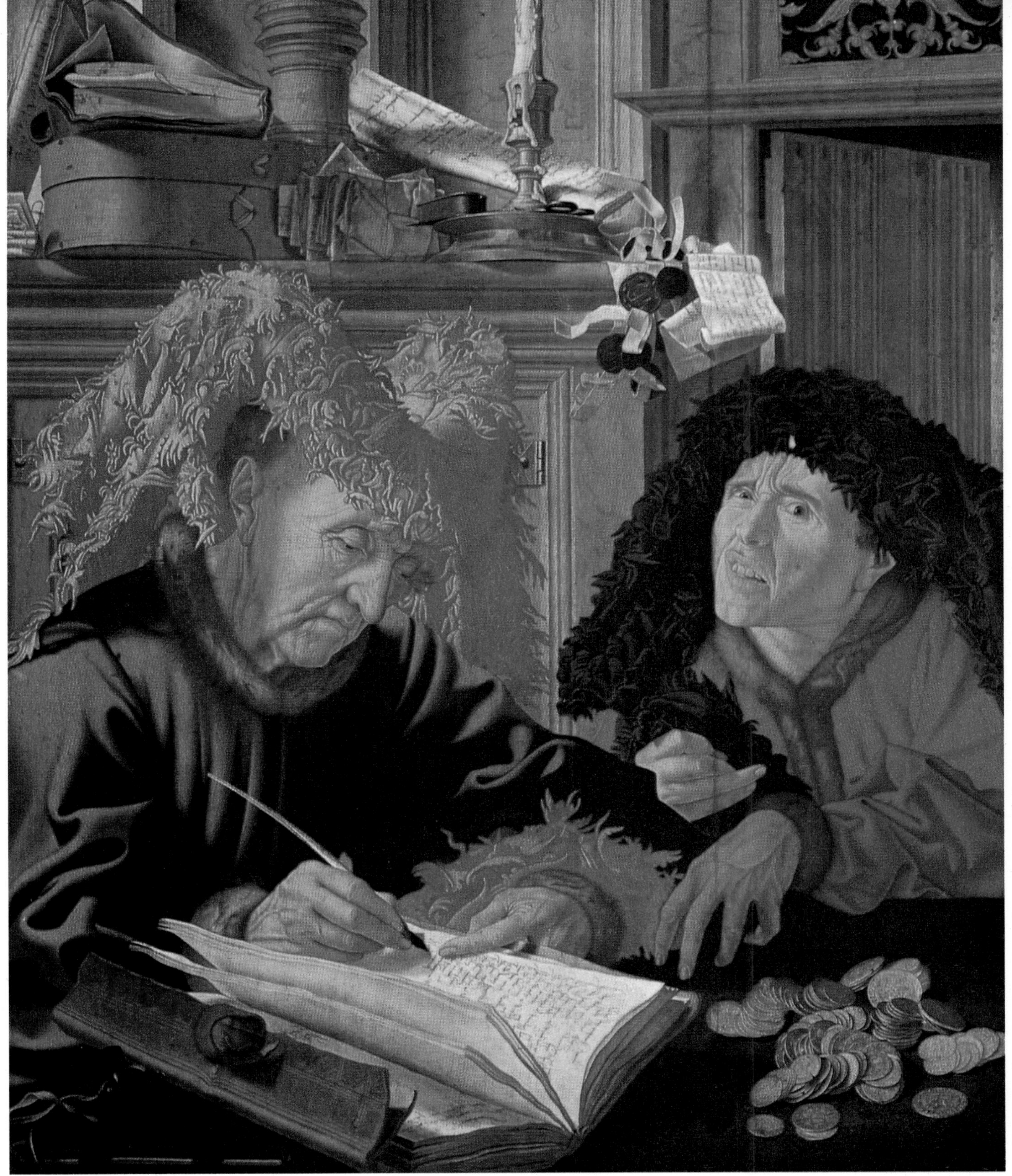

AGNOLO BRONZINO
Sagrada Familia 1,17 × 0,89 Galería de los Uffizi

En las obras de tema religioso, como esta *Sagrada Familia,* Bronzino, perteneciente a la segunda generación de manieristas florentinos, se fija en Miguel Ángel, pero suavizando la tensión dramática con formas modeladas de recuerdos clásicos, con la simplicidad fría de las formas y un colorido fijo bajo la luz clara.

MARINUS VAN REYMERSWAELE
Dos recaudadores 0,92 × 0,74 National Gallery

Este desconcertante cuadro parece querer acusar a los encargados de cobrar las tasas, que realizaban su labor bajo amenazas y con crueldad y, si obtenían más dinero del estipulado, se guardaban la diferencia en sus bolsillos. Los dos hombres llevan ropajes casi de fantasía y sus rostros están tratados de una manera satírica.

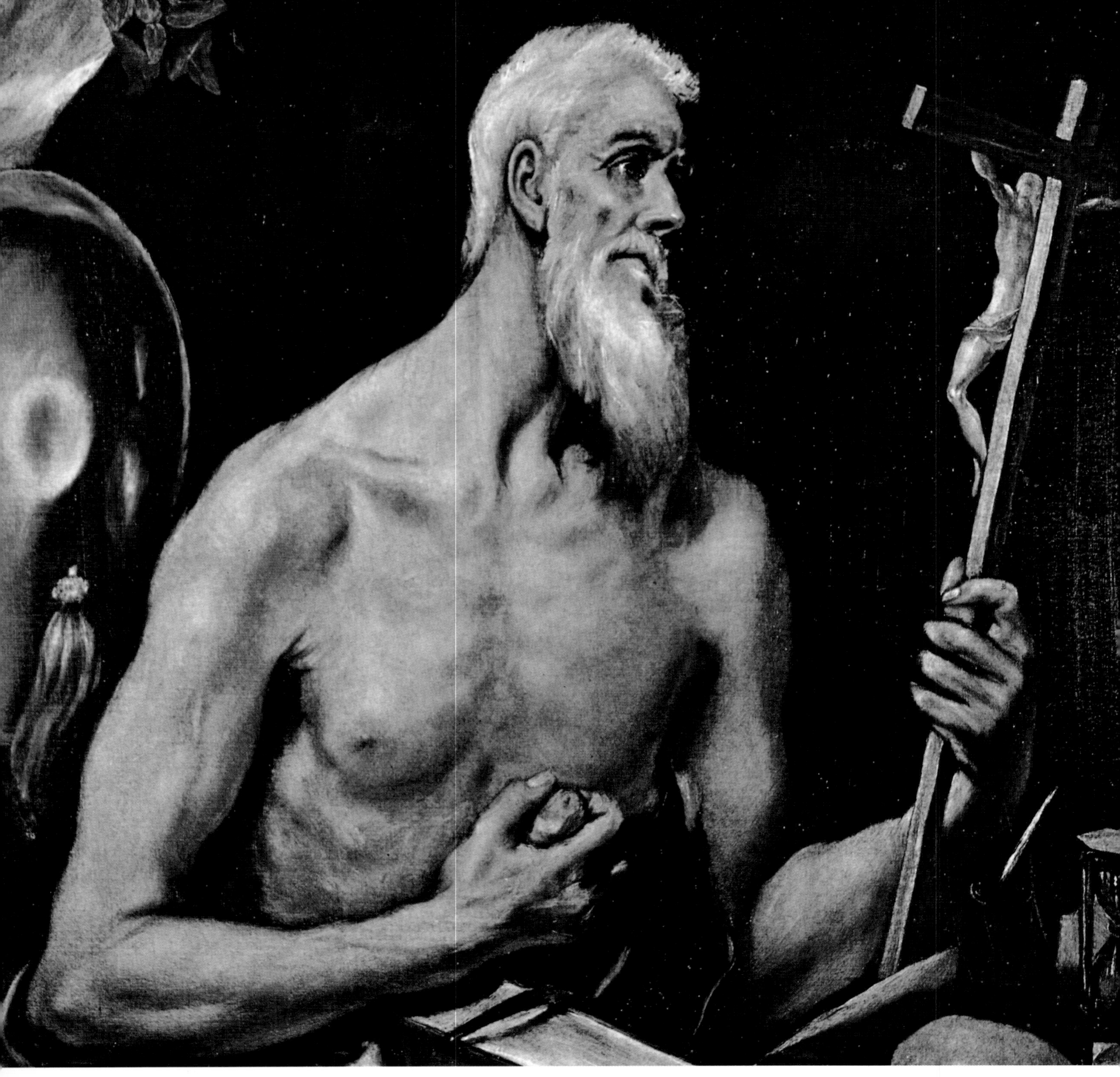

El Greco (Domenicos Theotocopoulos)
San Jerónimo 0,90 × 0,89
Museo del Prado

La figura de san Jerónimo es de las más frecuentemente representadas por El Greco, bien en hábito de cardenal, rebosando serena majestad, bien penitente y ascético. El Greco parece querer destacar en el cuadro la dimensión más humana del santo, centrando su atención en la expresióndel sentimiento religioso y en la dimensión humana del santo doctor.

Veronés (Paolo Caliari)
Marte y Venus unidos por el Amor 2,05 × 1,61
Museo de Arte Metropolitano

Cuando Veronés ejecutó esta obra, en la década de 1570, se encontraba en el apogeo de su madurez y dominaba una técnica insuperable. Este cuadro, que aborda la representación del amor a partir de un tema mitológico, está firmado imitando una inscripción en caracteres romanos sobre la piedra donde se acomoda Marte.

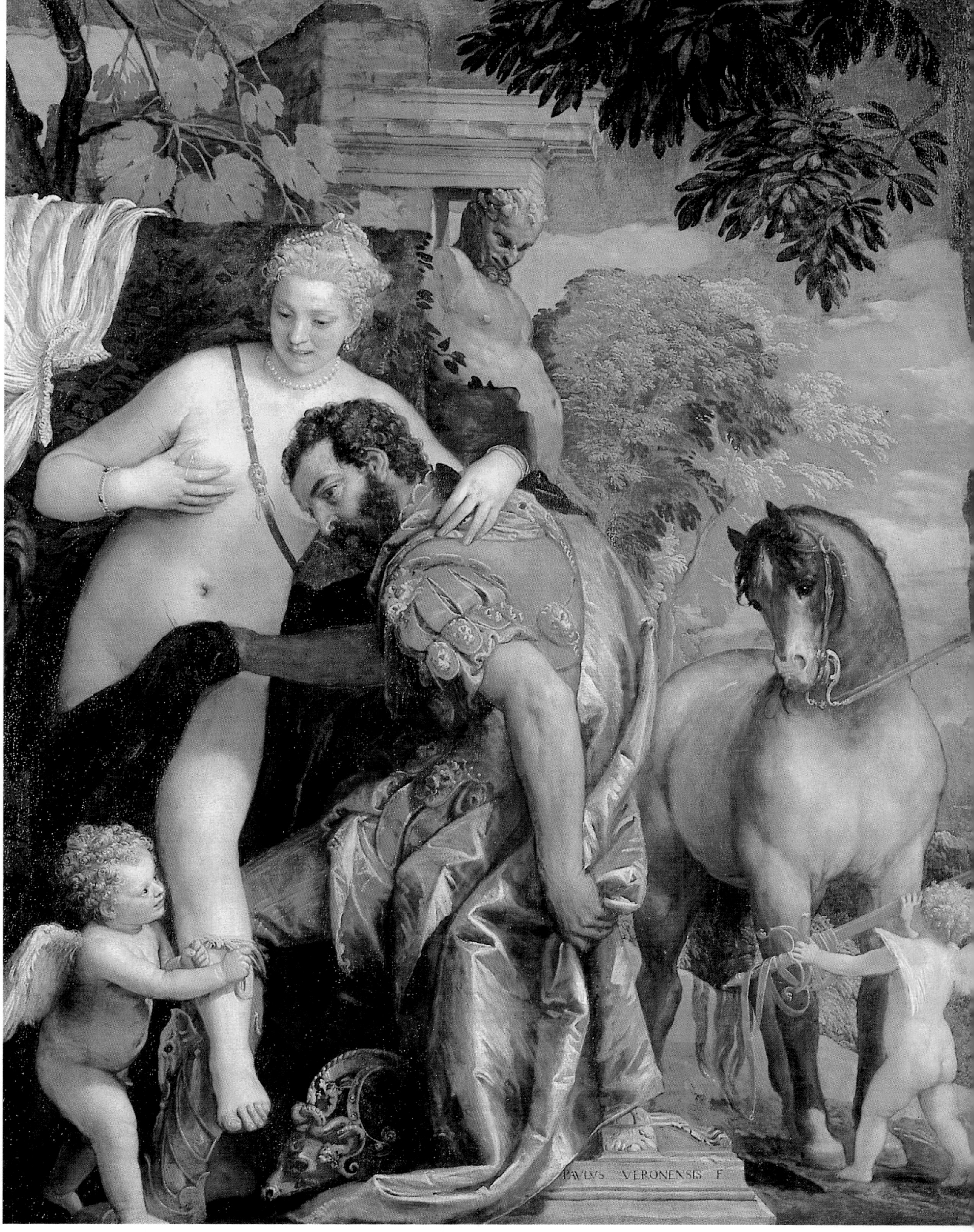
PAVLVS VERONENSIS F

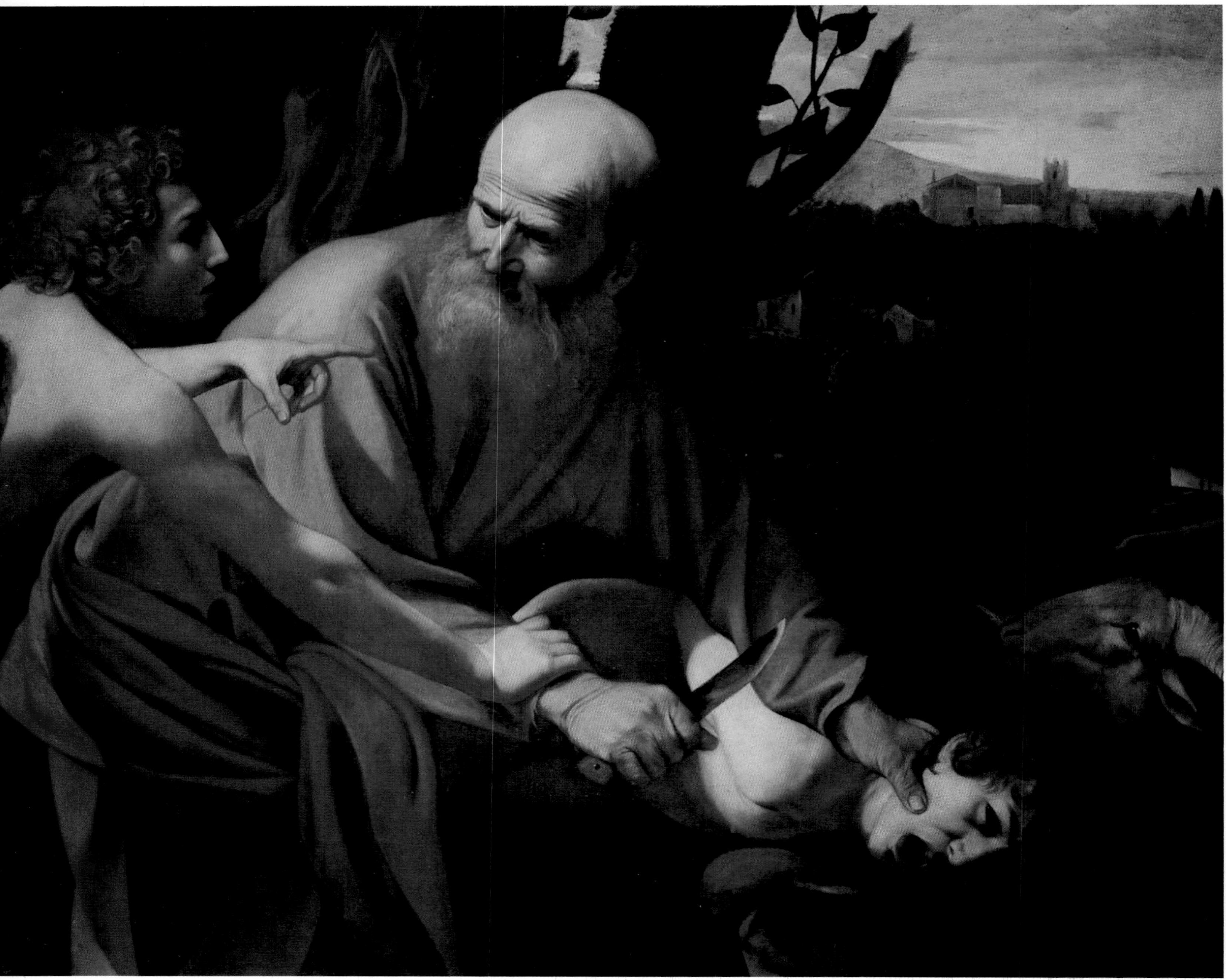

Caravaggio (Michelangelo Merisi)
Sacrificio de Isaac 104 × 1,35 Galería de los Uffizi

En esta obra, con seguridad juvenil, Caravaggio cambia el sentido de las escenas sacras. El inmediato realismo de la acción vista en primer plano tiene un matiz religioso: el manto rojo de la izquierda nos conduce al gesto del ángel que detiene la mano e indica el lugar donde está el verdadero sacrificio; la expresión de dolor y perturbación de Abraham que empuña el cuchillo; el grito desesperado de Isaac, aprisionado por la mano de su padre, y la mirada tensa del animal, como si pidiera una sustitución.

La luz incide en los puntos importantes, destacando la narración. El paisaje de fondo, de tonalidades azuladas, conserva transparencias venecianas.

Caravaggio (Michelangelo Merisi)
El Entierro de Cristo 3,00 × 2,03 Pinacoteca Vaticana

Caravaggio había mostrado en sus primeros lienzos el fruto de sus investigaciones con luces intensas, proyectadas sobre personajes de piel surcada por arrugas y curtida por los sufrimientos de la edad. Pertenece *El Entierro de Cristo* al segundo estilo de Caravaggio, estilo llamado "negro", con el cual pretende presentar el drama escénico prescindiendo de elementos superfluos. La resignación aparece en los rostros ensombrecidos de la Magdalena, que enjuga sus lágrimas con un pañuelo, y de María, mujer que se representa casi anciana. Juan, en la penumbra, y Nicodemo, autorretrato del artista, sostienen el cuerpo de Cristo, y María Cleofás levanta sus manos en expresiva pose de desesperación.

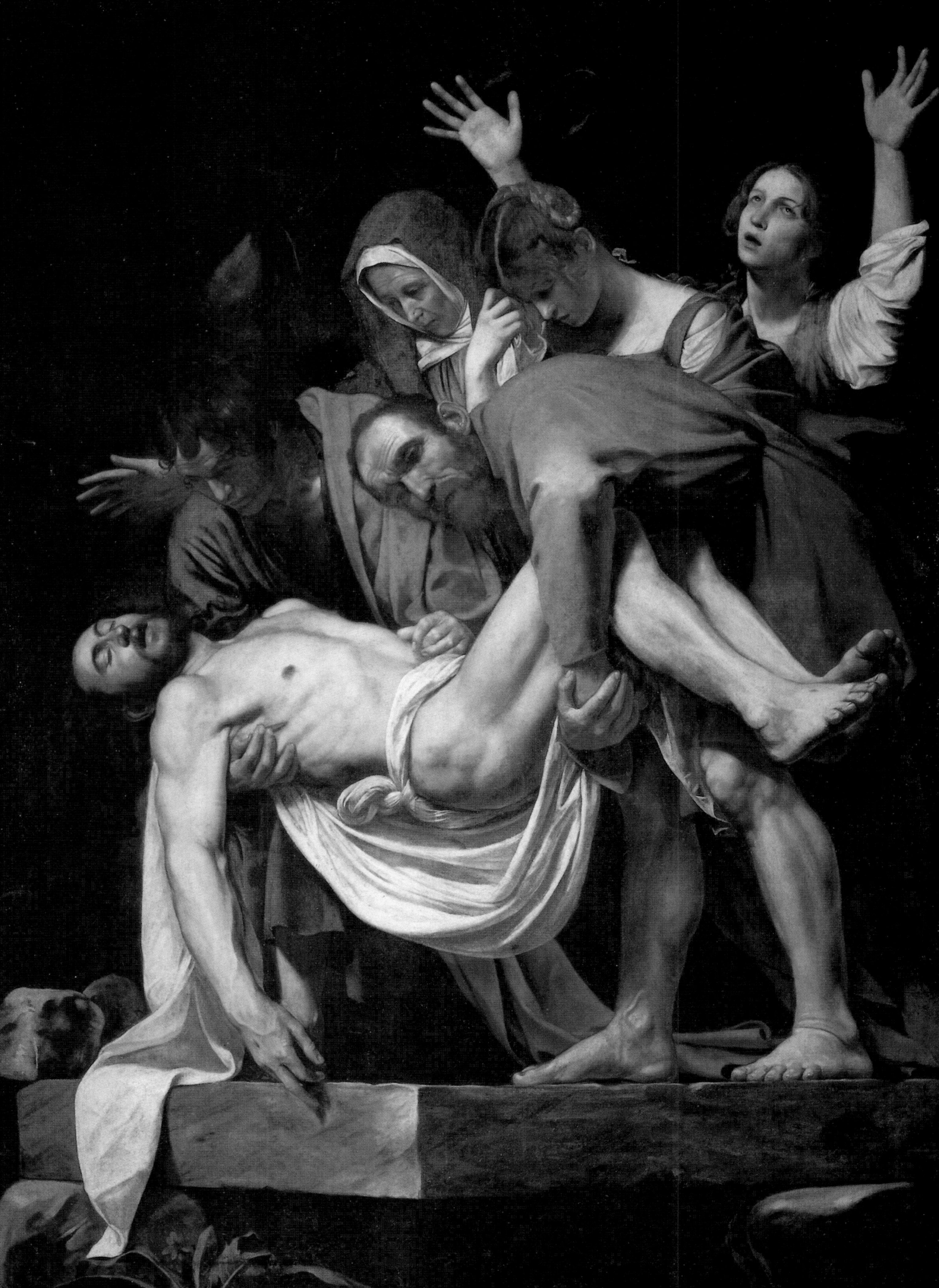

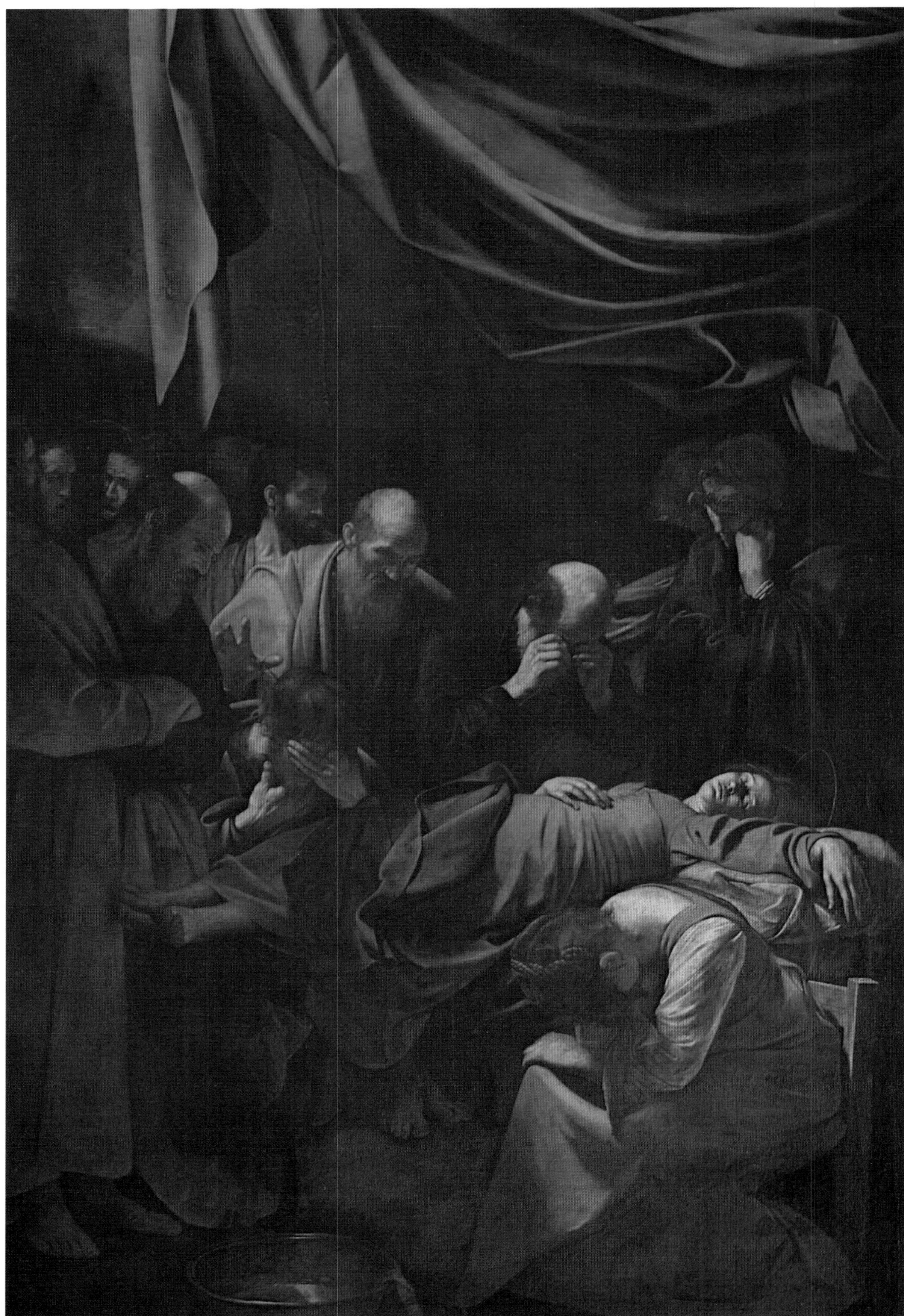

Caravaggio (Michelangelo Merisi)
Muerte de la Virgen 3,69 × 2,45
Museo del Louvre

Este cuadro, que había sido encargado en 1605 para una iglesia de Roma, causó escándalo por su realismo. Es ésta una gran obra revolucionaria, implacablemente realista a la vez que barroca por su dramatismo. A lo largo de una vida tormentosa que terminó trágicamente, Caravaggio volcó sus preferencias hacia las escenas de la vida cotidiana, con episodios brutales y a veces desagradables como reacción contra el idealismo, que le permiten dar un nuevo sentido a temas tradicionales. Su estilo violento y dinámico, de luces violentas y sombras contrastadas, está servido por una técnica sólida.

Escogiendo sus modelos entre el pueblo, incluso en sus capas más bajas, Caravaggio se sirve del Evangelio no tanto como un pretexto, sino para obtener de él una fuerza de evidencia dirigida a los estratos populares: así sucede con la figura de esta Virgen hidrópica, rodeada de apóstoles de rasgos toscos. Este arte triunfará en Roma y en Nápoles, y también inspirará una estética propagada a través de toda Europa, especialmente en la España de Ribera y en los más elegantes caravaggescos franceses, en particular Valentin y Georges de La Tour.

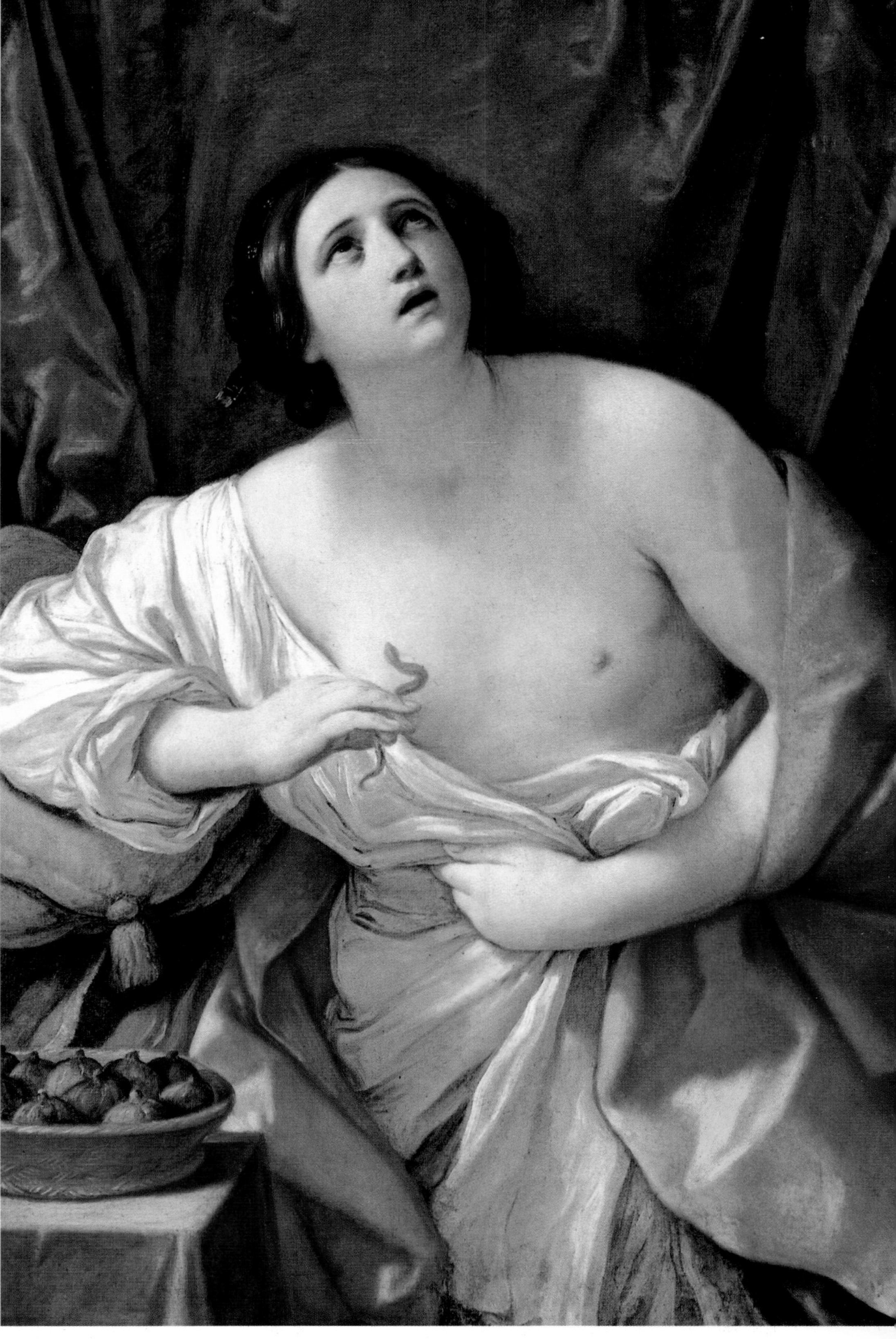

Guido Reni *Cleopatra* 1,22 × 0,96 Palacio Pitti

Esta pintura fastuosamente decorativa, que puede fecharse en 1639, participa de matices de vigoroso dramatismo, tal vez de ascendencia caravaggesca, tamizados por formas y colores suaves, que acentúa una iluminación fría. La gama de colores plateados se apaga en el violeta de la gran tela de raso que hace de fondo y se anima sobre la cesta de higos de evidente recuerdo caravaggesco. El conjunto disimula el momento dramático de la acción, relegado al casi imperceptible detalle de la serpiente sobre el pecho. Más parece un gesto de contemplación que de muerte trágica y voluntaria.

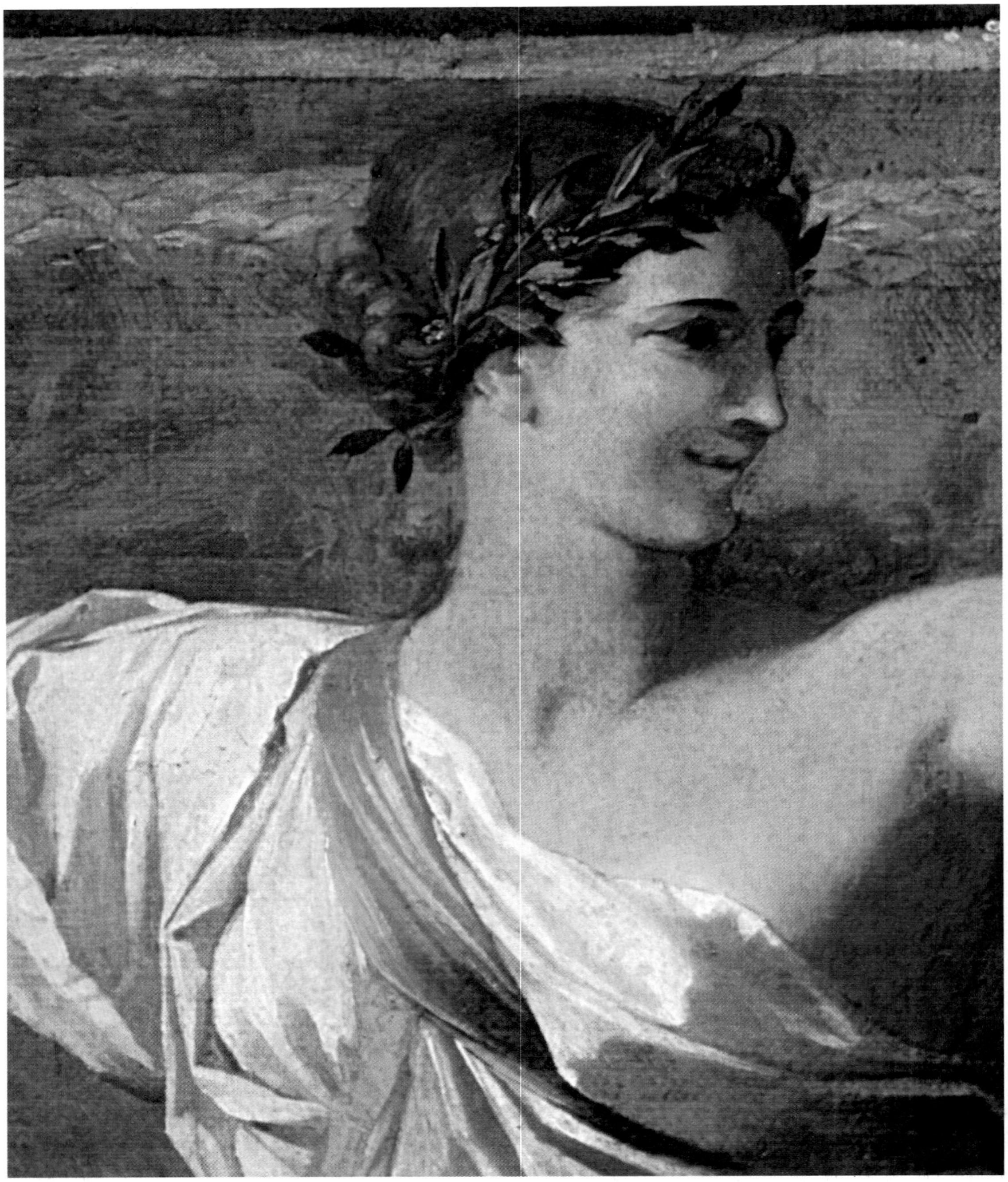

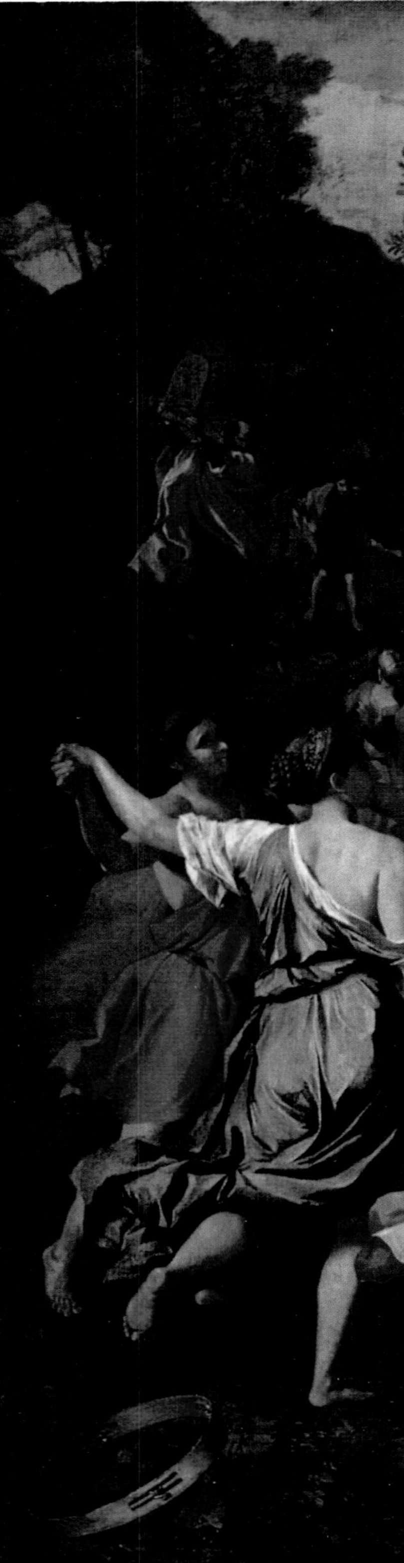

NICOLAS POUSSIN *Adoración del becerro de oro* 1,54 × 2,14 National Gallery

Nicolas Poussin se sintió atraído por Italia y se estableció en Roma. Mientras su contemporáneo Claude de Lorena recreó con el paisaje clásico sus sentimientos poéticos de la naturaleza, Poussin respondió intelectualmente a los temas filosóficos de la lógica y la razón. Sus cuadros no tienen una llamada inmediata a las emociones, pero reclaman un estudio cuidadoso para descubrir que cada detalle tiene una función y el todo y cada cosa están dispuestos para explicar el tema de manera clara. Todos los personajes están pintados desarrollando una acción. Moisés baja de la montaña y arroja las Tablas con furia. Las figuras danzantes parecen un friso esculpido para adornar el pedestal sobre el que está colocado el becerro. Aarón, vestido de blanco, dirige el culto y los gestos y las miradas de la multitud fuerzan al espectador a poner la atención en el ídolo. Pero el cuadro tiene un carácter estático, ya que cada figura parece congelada en sus movimientos. Esto impide al espectador participar en la excitación de la gente y le permite percatarse de lo que los protagonistas no podían, esto es, que el becerro de oro era simplemente una estatua, un dios falso. Todo ello puede observarse perfectamente en el detalle de la izquierda.

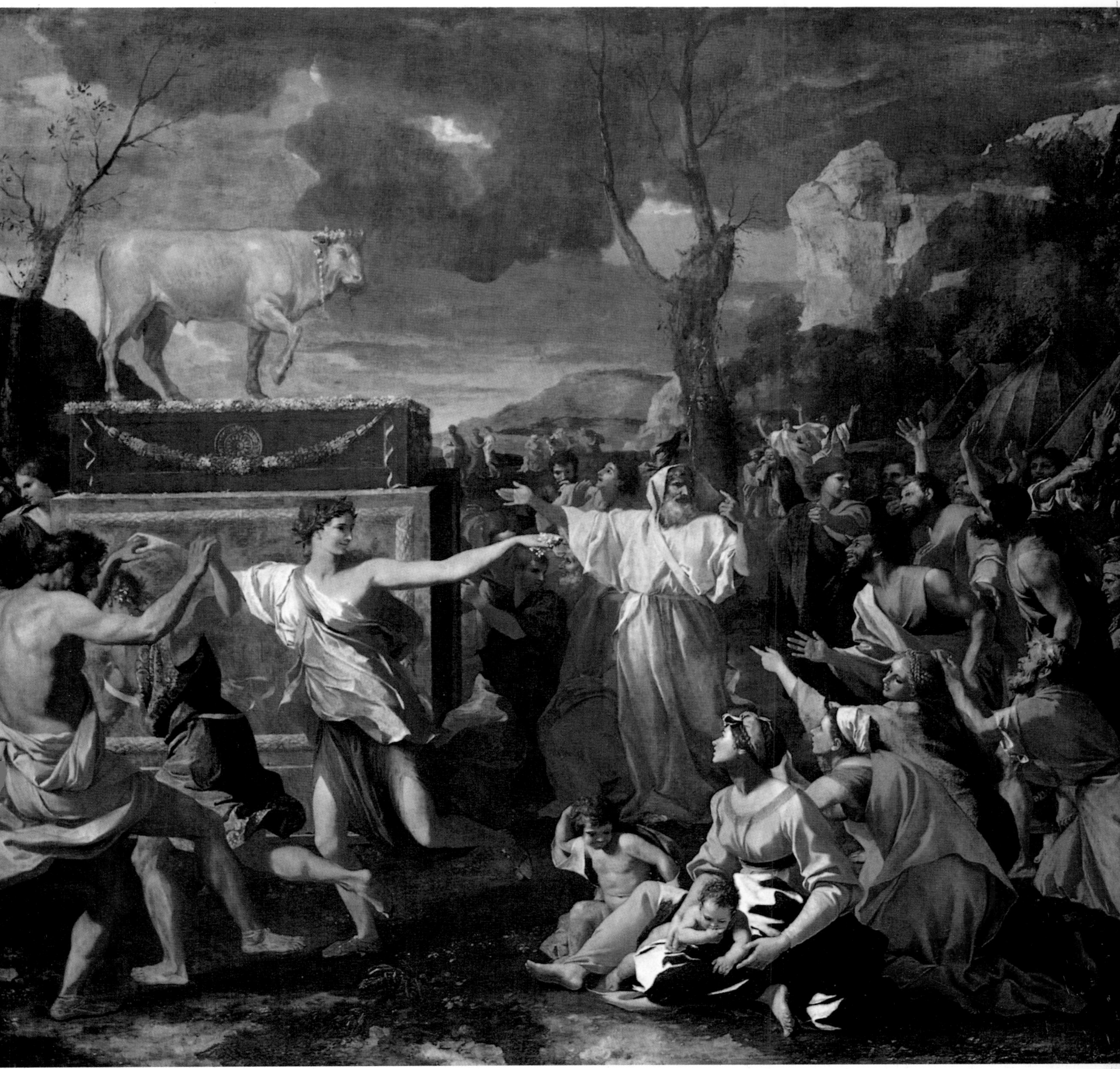

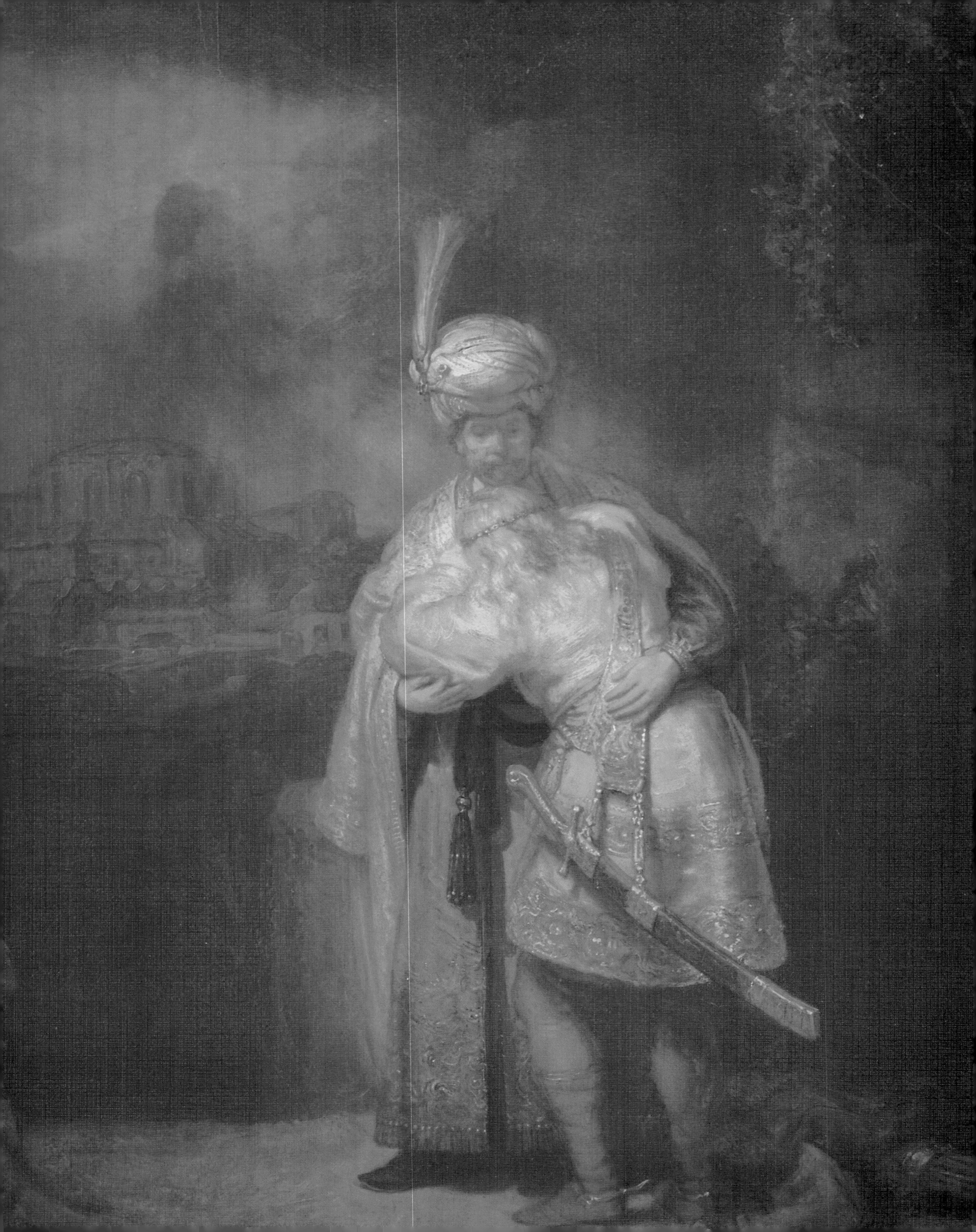

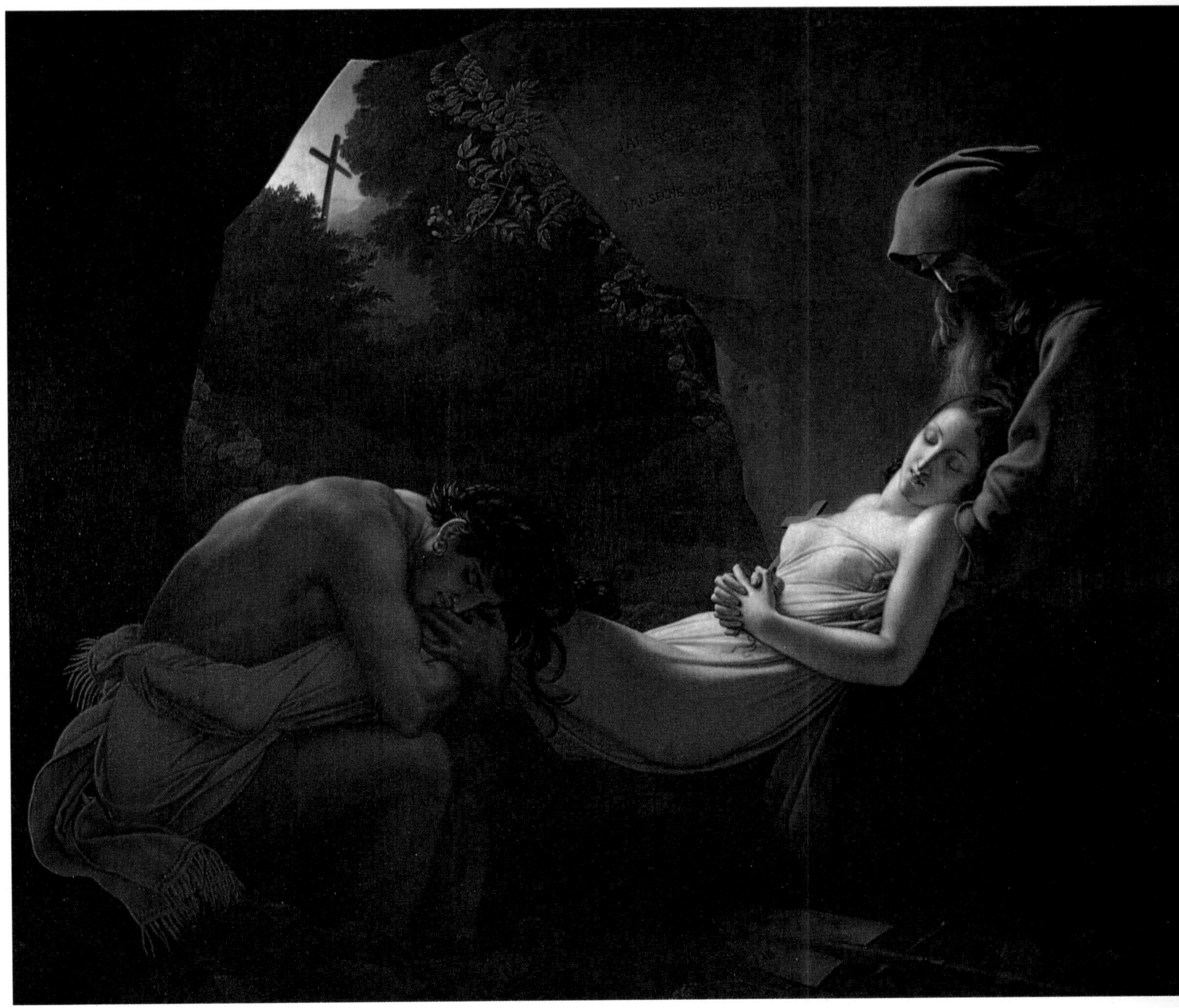

REMBRANDT HARMENSZOON VAN RIJN
David despidiéndose de Jonatán 0,73 × 0,61
Museo del Louvre

Según el relato bíblico Saúl, rey judío, odiaba a David. Sin embargo Jonatán, hijo de Saúl, quería a David como a un hermano. El artista representa en esta obra el emotivo momento en que ambos amigos se despiden

Rembrandt muestra el dolor provocado por una misma causa en dos personas distintas. El más joven, David, llora y hunde su cara en las vestiduras de su amigo. Jonatán sufre tanto como el joven, pero se mantiene firme. Para resaltar el contraste de la aflicción de los héroes el artista pinta el cuadro en tonos claros y delicados.

GIRODET-TROISON (ANNE-LOUIS GIRODET DE RONCY)
El entierro de Atala 1,54 × 2,14
Museo del Louvre

Girodet-Troison, discípulo de David y uno de los más destacados pintores franceses de su generación, se inspiró en el sentimentalismo de los autores prerrománticos del s. XVIII, como Bernardin de Saint-Pierre, en quien, como en Rousseau, se insinuaba lo que triunfó con Chateaubriand: el tema exótico, la reflexión moral, la pasión conmovedora. En este lienzo, Girodet se inspira en la *Atala* de Chateaubriand, sin llegar a igualar en su pintura el carácter apasionado de la obra literaria. Más bien, una vez más, se plasma y representa una atmósfera típica del s. XVIII.

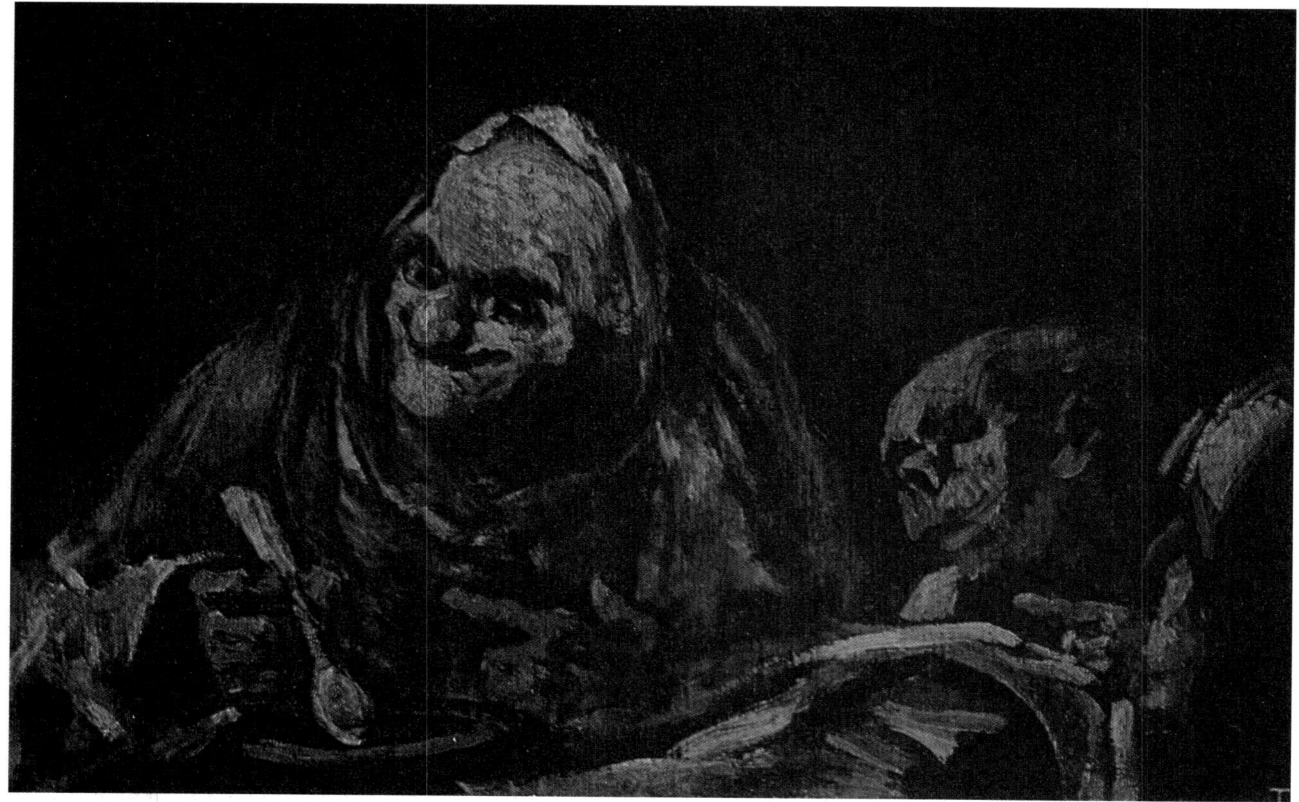

Francisco de Goya y Lucientes
Dos viejos comiendo 0,53 × 0,85 Museo del Prado

La visión angustiosa de la vejez como suprema maldición, de tanta tradición en la literatura española, se expresa aquí con una dureza cruel de la más honda vena expresionista. La gula, en las bocas desdentadas de estos monstruosos viejos, adquiere una expresión casi diabólica.

Pablo Ruiz Picasso
Encuentro 1,523 × 1,00 Museo del Ermitage

El presente cuadro pertenece al primer período creativo de Picasso, el azul. Según consta en una carta escrita a un amigo, su intención era la de pintar a una monja junto a una prostituta del hospital Saint-Lazare de París. En esta época el pintor repetidas veces se inclinó por la representación de los parias y solitarios, quizá porque él mismo experimentaba la soledad.

La escena no presenta elementos que permitan descubrir el argumento y más bien parece pintada como una concepción abstracta. La composición, realizada sobre gruesas tablas, quizá tenga la deliberada intención de asemejarse a las representaciones religiosas.

En esta obra, Picasso recurre a una inesperada deformación de las figuras: la mujer de la derecha, aunque está de perfil, presenta su gran ojo abierto mirando de frente al espectador con una expresión de tristeza que aumenta el clima de aflicción que impregna todo el cuadro. El particular tono azul predominante intensifica la concepción irreal y mística del trabajo.

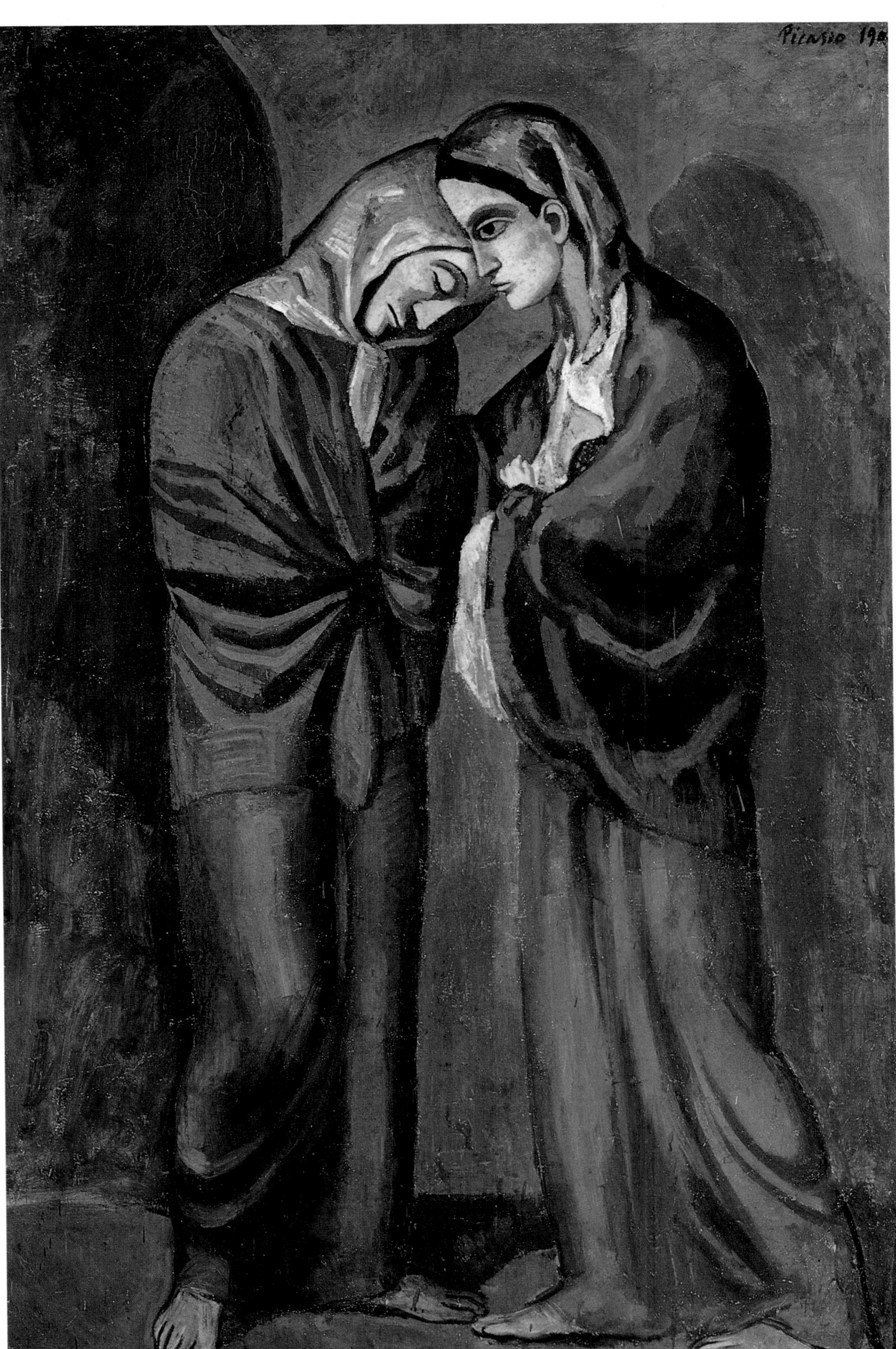
Picasso 19

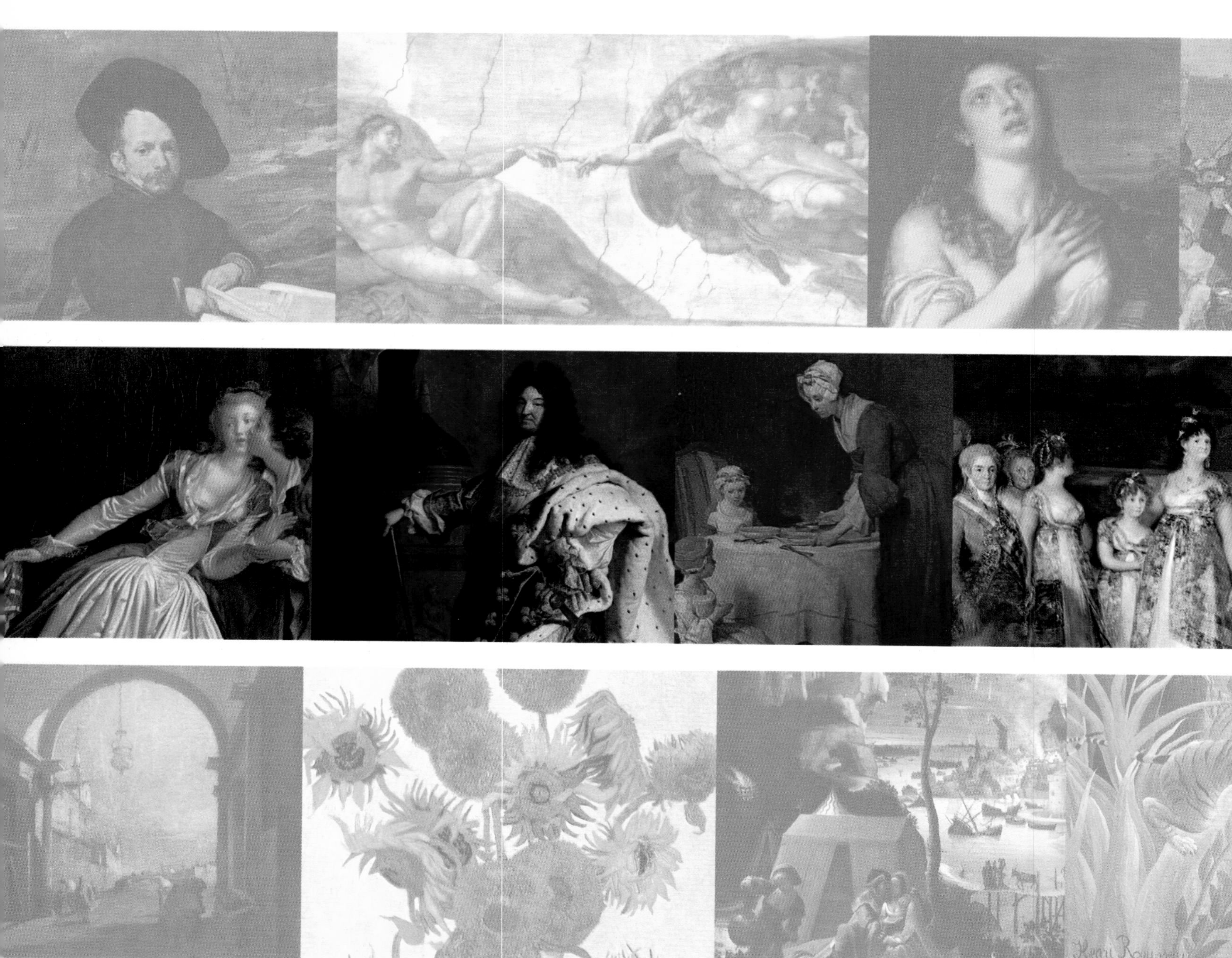
Henri Rousseau

LOS TRABAJOS Y LOS DÍAS

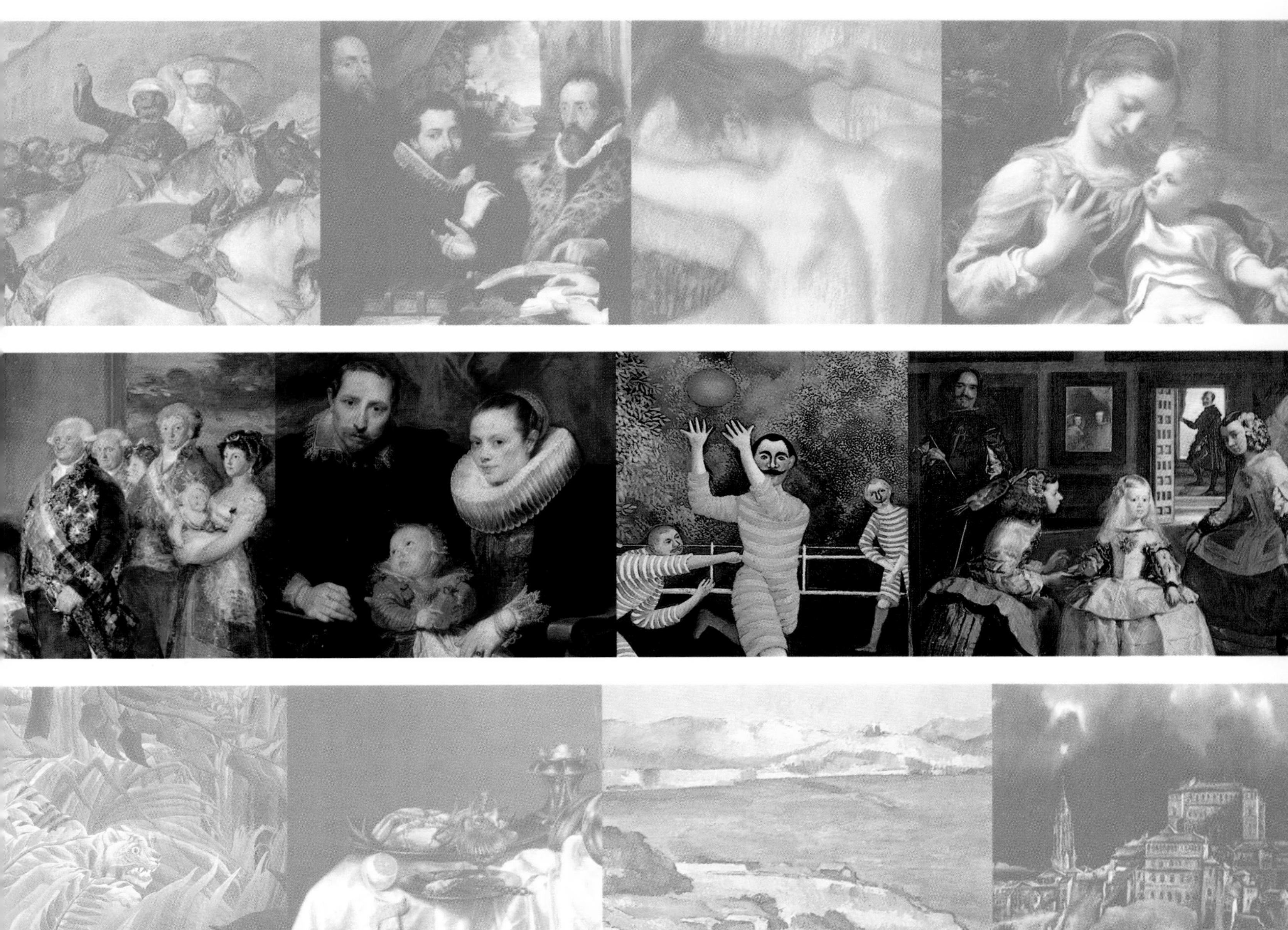

Vida privada

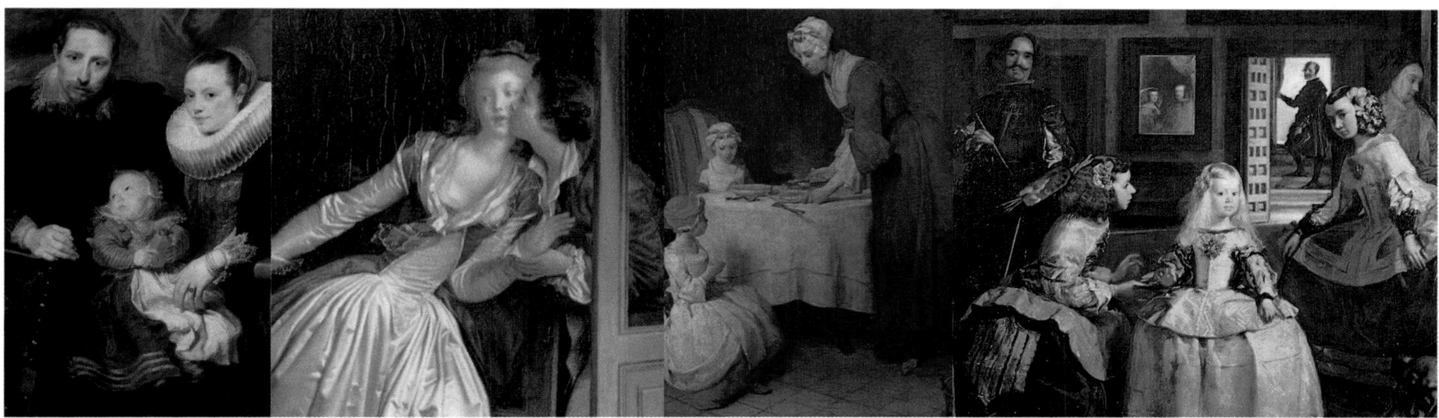

El largo período en la cultura occidental que se extiende desde principios del siglo XVI en Holanda, hasta mediados del siglo XX –aquí la ubicación del final variaría–, podría considerarse el de la celebración de lo doméstico, de lo privado, de lo interior. En la pintura holandesa del XVII esta voluntad es patente, clamorosa: el interior burgués resplandece como un bodegón hecho de disponibilidad humana abierta a la autorrepresentación, sin por ello dejar de subrayar este rasgo privado, íntimo, que se alza como un valor en sí mismo.

Ni para el mundo antiguo, griego o romano, ni para el mundo medieval, lo privado y lo íntimo fueron nunca un valor; quedaban circunscritos al reino de lo femenino, y por lo tanto eran signo de debilidad y de falta de interés. La burguesía, en cambio, descubre esta dimensión, que contrapone a la ostentosa exhibición de una aristocracia replegada en los hábitos de la corte: lo íntimo es portador de valores que, en parte, entroncan con viejos clichés del estoicismo, transportados de la dignidad romana a la nueva moral burguesa. La Revolución francesa de 1789 constituirá una exaltación concreta y exacta de esta coincidencia.

La visibilidad que deslumbra con su inmediatez en la visión del cuerpo y se convierte en desplazamiento para plasmar los sentimientos y las facultades del espíritu, se transforma en la representación de lo privado en discreta ostentación, en pulcra descripción de un mundo interior que está aprendiendo el arte de dejarse ver no como lo que es, sino como lo que quiere que se crea que es. El juego de la ocultación y la desocultación es llevado aquí hasta extremos de máxima sutileza, y los pintores pueden ejercer de cómplices en el juego, o de incómodos desenmascaradores. Goya fue el primero, el más grande de los desenmascaradores –si prescindimos de las sátiras de Hogart–; seguramente porque las dosis de hipocresía en la España de su tiempo eliminaban todo resquicio para la complicidad en comparación con las del mundo holandés del glorioso siglo XVII, que el historiador británico Simon Schama ha tratado en un libro bajo el epígrafe de la "incomodidad de los ricos".

Este mundo de interiores se nos muestra atrayente y sólido en la pintura holandesa y flamenca desde finales del siglo XV, aunque lleno de titubeos todavía en la actitud que sus figuras han de adoptar.

La burguesía está tomando conciencia de su papel en el ejercicio del poder, pero no está claro que los los resortes de la autorrepresentación estén todavía dominados. La disposición con que el matrimonio Arnolfini, en el célebre cuadro de Van Eyck, se presta al retrato, no deja de recordarnos esas imágenes de pueblos primitivos cuyos miembros, antes de ser barridos por el "progreso", se dejan fotografiar con inconsciente condescendencia. Se percibe una serenidad que viene de un lugar que nos es –para los que miramos "fuera" del cuadro– por completo desconocido, y un orgullo que está a punto de ser indescifrable. Son espectros de un mundo desaparecido, y que está desapareciendo ya en el instante mismo en que se convierte en imagen. Los Arnolfini "posan" adoptando una actitud en la que, involuntariamente sin duda, ponen de manifiesto esto que están dejando de ser al convertirse en imagen.

La serena inseguridad templada por el coraje de querer ser una imagen se convierte en retratos posteriores en un extraño y desconcertante exceso de confianza. La Sagrada Familia, con la Virgen, San José y el Niño Jesús, apenas nos ofrece ya un modelo, se ha convertido, en cualquier caso, en un esquema vacío, en un mero molde que se rellena con un material humano completamente nuevo. La secularización de eso que se representa, la familia como saludable y próspera institución, nos abre un campo de posibilidades tan estimulante como incierto. El espléndido *Retrato de familia* de Van Dyck es de lo más ilustrativo al respecto. La serenidad de la mujer contrasta sutilmente con la actitud vagamente interrogativa, sorprendida, del joven marido, que parece dejarse llevar por la sombra de una duda, como si dijera: "¿Y ahora?". El niño, al elevar su mirada sonriente hacia el padre, confirma con su inocencia lo certero de esta vaga melancolía. En cambio, los retratos de Jordaens nos muestran una humanidad convertida ya en estatua. No hay lugar para dudas. La representación más ostentosa lo domina todo.

De hecho, hay que volver a los interiores de Velázquez o del gran Vermeer para escapar a la petrificación de lo humano por culpa de su propia imagen, perdida en esta privacidad exhibida de modo demasiado elocuente. Naturalmente, Velázquez sabe jugar con la profundidad que la referencia a episodios bíblicos, explícita o no, confiere a una situación aparentemente anodina. También debemos considerar que lo que este pintor tiende a mostrar no es una condición social, sino el enigma mismo de la condición humana. El impresionante *Almuerzo* del Museo del Ermitage puede servir de ejemplo. Vemos a dos jóvenes riéndose, mirando afuera del cuadro, hacia ese "nosotros" abstracto que somos los espectadores. Uno de ellos levanta una botella de vino blanco. El otro parece estar diciendo algo sobre él con un gesto indicativo del dedo pulgar. Los dos chicos están de guasa. Un hombre ya mayor está sentado en la mesa con ellos. Su seriedad contrasta con la alegría festiva de los dos muchachos. El hombre tiene en la mano algo que se parece a un calamar, agarrado quizá con demasiada fuerza. Los mejillones, las granadas y el calamar evocan una comida de otoño en España. Velázquez, sin embargo, introduce una nota enigmática en esta representación festiva: detrás de los tres personajes aparece un cuarto que, a modo de trampantojo, sostiene la botella de vino y una espada. La cabeza está formada por los gorros colgados en la pared, sobre una especie de pechera o babero. ¿Quién es esta figura espectral, que está y no está? ¿Quizás la muerte, que en lugar de guadaña trae espada y en lugar de reloj de arena una botella de vino? La profundidad de Velázquez nos abre de repente a una dimensión nueva y siniestra de lo que parece una escena cotidiana. Lo privado, lo ocioso, aparecen así como el receptáculo del enigma mismo de la vida humana: las edades de la vida, los espacios contiguos formados por planos simultáneos de realidad, el vacío interior y el sentido de lo que se hace o dice cristalizan en este cuadro prodigioso convirtiéndose en la claridad de lo que al verterse en palabras ya sería ambiguo. También el mundo de lo privado siente este temor ante lo público: lo que en privado es verdad, en público puede ser no solamente falso, sino espantoso.

Con el tiempo, y muy claramente a lo largo del siglo XVIII, este "interiorismo" se vuelve sentimental y, en cierto modo, se repliega de nuevo en la invisibilidad. Se trata, entiéndase bien, de una invisibilidad hecha de magnífica pintura. Ahí está Chardin, en cuya *Bendición de la mesa*, o en el cuadro del niño jugando –un niño solitario y contemplativo, de hecho–, deja que todo acontezca bajo la apariencia de lo cotidiano e inocente: el milagro de la mirada humana, del instante de humanidad. Ahí está Fragonard, en cuya pintura los temas picantes hacen las veces de cobijo para la feliz insignificancia del individuo. Y ahí está Goya, el gran desenmascarador, retratando por una vez con aprecio y amor a sus amigos y protectores, *Los duques de Osuna*. Y aún así, ¿cómo evitar la impresión de que no son seres humanos los retratados, sino títeres, juguetes, muñecos esperando la intervención de otro Niño gigantesco y por ahora ausente?

A principios del siglo XIX, en la pintura romántica, la privacidad se convierte también en expresión de un mundo íntimo y profundamente vinculado a los sentimientos, al confort del alma más que del cuerpo. El asunto se adentra luego en el territorio de la psicología y del exotismo en la Francia de Ingres, golpea en la rigidez de la Inglaterra victoriana, y se disuelve, como un azucarillo en las cálidas corrientes de sueños espesos, con el simbolismo y el decadentismo a finales del siglo XIX. Esta ascensión y caída de un mundo no supone el final de la pintura intimista. Siempre viviremos bajo un techo, siempre tendremos habitaciones. Y aunque las ventanas que nos conectan al mundo nos llevan ahora, en la era de la televisión e Internet, tan lejos que fundimos por completo nuestro espacio más propio con eventos y aventuras completamente extraños que tienen lugar a cientos, a miles de kilómetros, lo cierto es que persistimos en este confortable sueño de la privacidad. El arte, sin embargo, ya no puede dar razón de esta persistencia sino es de un modo monstruoso y cruel. La pintura calla al respecto con Matisse. Su *Retrato de familia* tiene algo de profundamente antiguo: parece un mosaico bizantino concebido por la mente de un pintor moderno. Matisse, que renunció a la vida familiar para concentrarse en la pintura –aunque sin el dramático patetismo con que Gauguin adoptó la misma decisión, y por descontado con consecuencias mucho menos graves–, consigna aquí el final de un idilio: sus hijos jugando al ajedrez son también caballeros extraídos de alguna ilustración medieval. Su esposa y su hija parecen damas incrustadas también en un contexto completamente remoto. Matisse comprime bajo la prensa de la historia de la pintura la imposibilidad de un mundo que se distrae, que se pierde. Lo que extrae es, una vez más, unos centímetros cuadrados de felicidad.

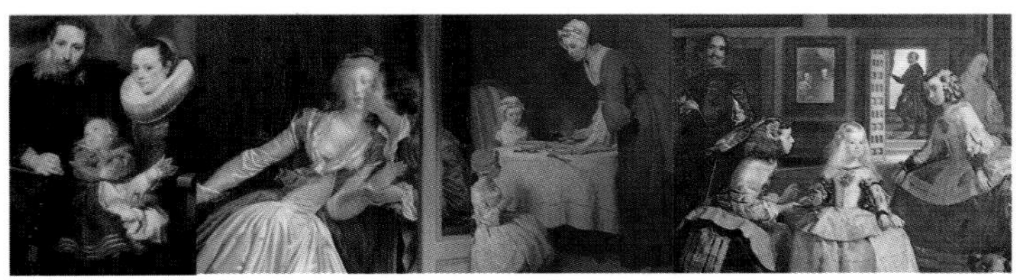

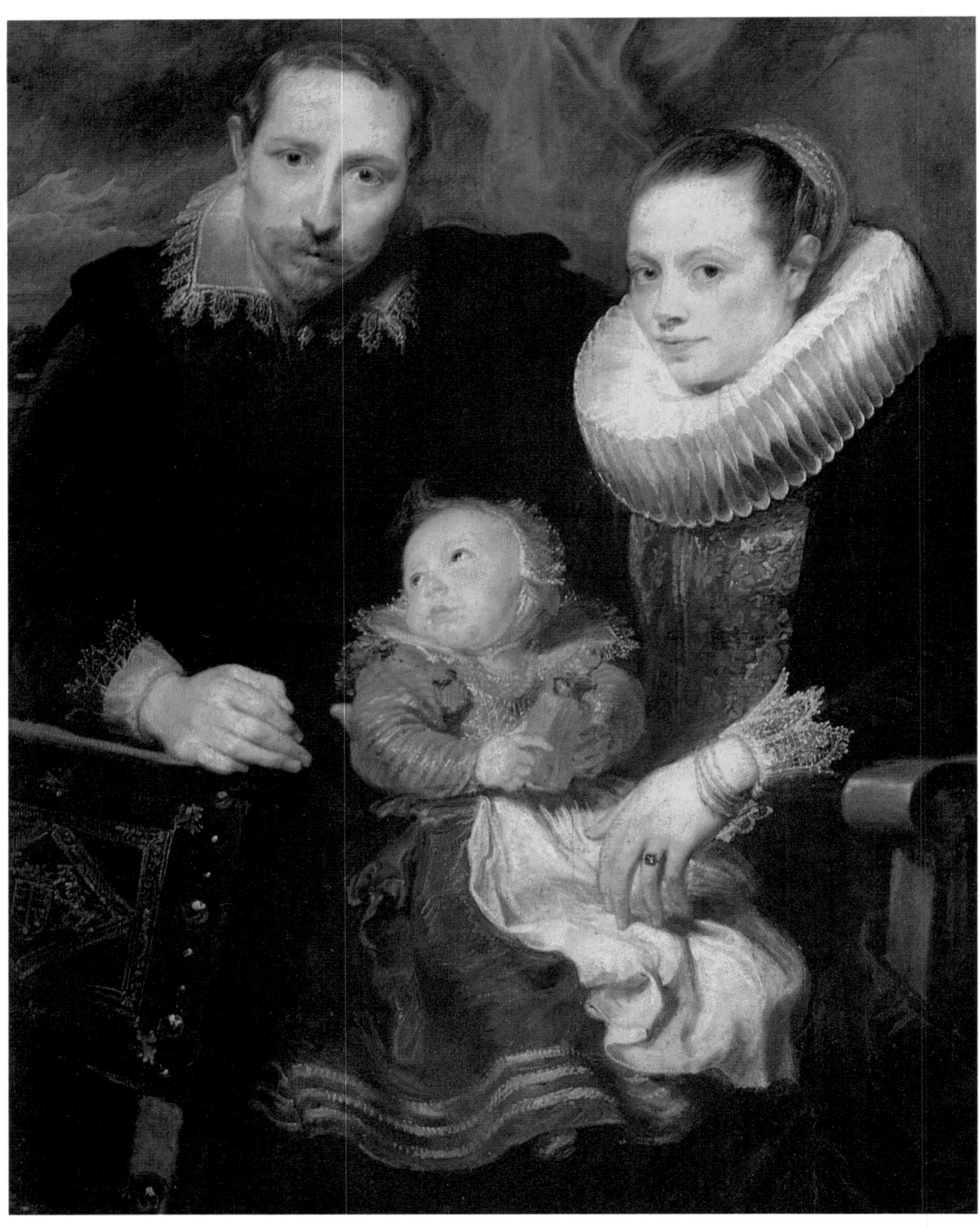

La familia

"Y Dios les bendijo, y Dios les dijo:
Sed fecundos y multiplicaos ..."
GÉNESIS

ANTON VAN DYCK *Retrato de familia* 1,15 × 0,93 Museo del Ermitage

Retrato de familia, una de las más reconocidas obras del pintor, representa a una joven pareja con su hijo, que posa con desenvoltura frente al artista. La característica del joven es muy aguda. Quizá se trate de alguien dedicado al arte, la literatura o la ciencia. Su figura contrasta con la imagen, floreciente y pletórica, de la mujer que tiene a su lado. La cara de ésta no denota ninguna preocupación y atrae por su tranquilidad y lozanía.

Van Dyck presta gran atención a la interpretación artística de la vestimenta. Resulta particularmente atractivo el color negro de los trajes, matizado por el blanco de las puntillas del cuello y de los puños y el de la gorguera de la mujer.A pesar de los elegantes accesorios y de cierto romanticismo transmitido por las nubes de tormenta, el retrato resulta veraz y natural.

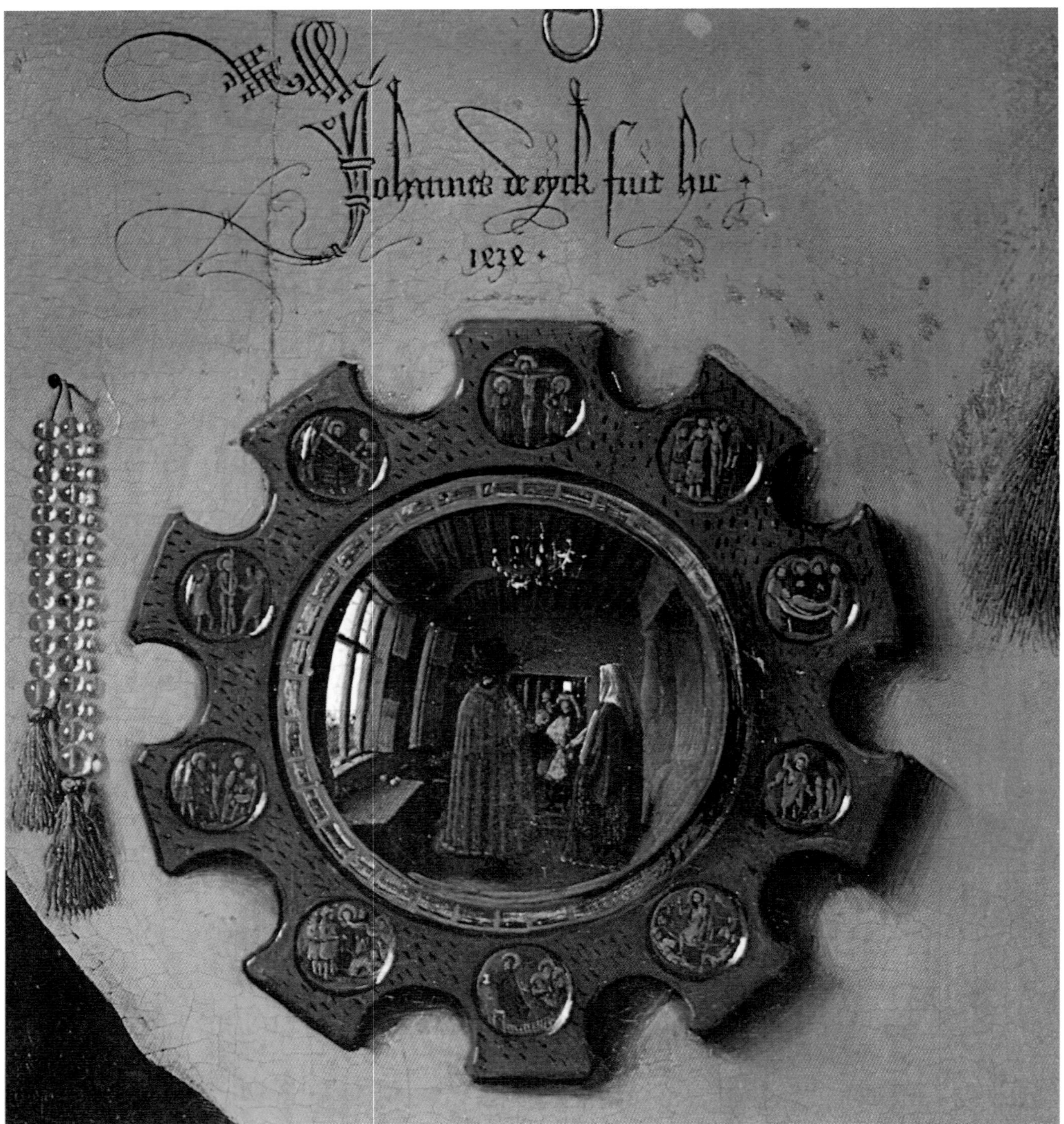

JAN VAN EYCK *Los esposos Arnolfini* 0,82 × 0,59 National Gallery

Este doble retrato ha sido objeto de mucha controversia. El mismo título es discutible, ya que no existe ninguna seguridad de que el mercader Giovanni di Arrigo Arnolfini sea el retratado, ni de que se trate de una ceremonia nupcial. Ciertamente, parece que sea esto último lo que muestra el cuadro, con dos testigos del hecho reflejados en el espejo convexo situado en la pared del fondo. Encima del espejo está escrito: *Johannes de eyck fuit hic. 1434* ("Jan van Eyck estuvo aquí"). Pero la pintura es tan estática que parece razonable interpretar la escena como una representación simbólica del acto del matrimonio por el simbolismo de los detalles. La escena tiene lugar en una cámara nupcial y está llena de imágenes cristianas: escenas de la Pasión de Cristo pintadas en el marco del espejo; la vela encendida (aunque es a plena luz del día) significa la presencia de Dios; el perro pequeño significa fidelidad; la fruta en la ventana recuerda el jardín del Edén y la inocencia del hombre. La habitación está visiblemente iluminada por una ventana situada al fondo, pero hay otra ventana que ilumina el suelo que puede verse reflejada en el espejo.

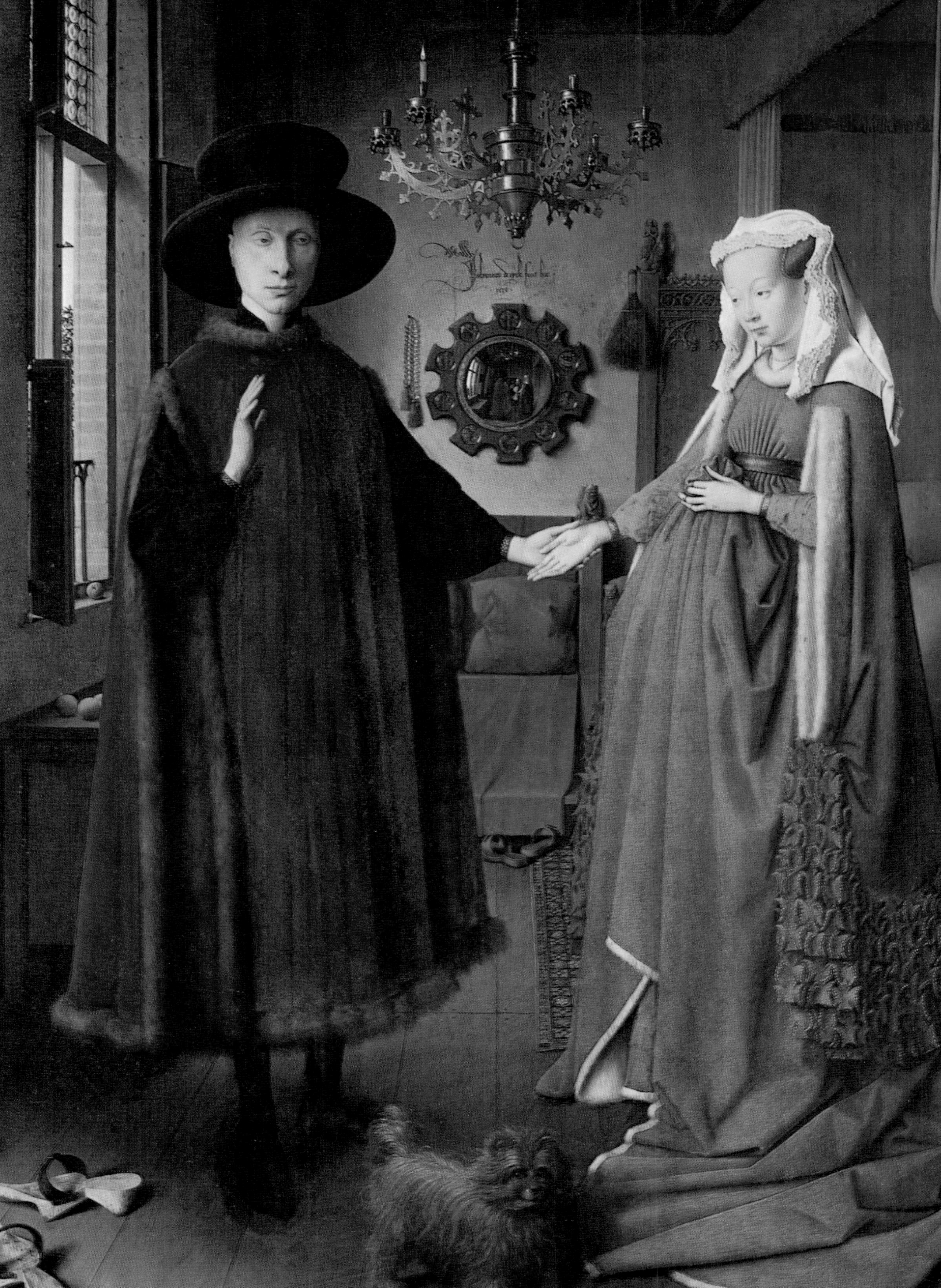

Lorenzo Lotto

Micer Marsilio y su esposa 0,71 × 0,84 Museo del Prado

Lorenzo Lotto es una de las figuras más independientes de la pintura italiana en la primera mitad del s. XVI. Hombre extraño, con crisis religiosas vehementes, crea un arte personal en el que la sensualidad veneciana se tiñe de una extraña y estremecida melancolía que puede, sin duda alguna, relacionarlo con lo más caprichoso y subjetivo del primer manierismo. En este doble retrato de esponsales las figuras de los desposados, de miradas ausentes y ensoñadoras mientras unen sus manos, son sometidas al yugo de Himeneo por un amorcillo juguetón de pícara sonrisa.

Parmigianino (Francesco Mazzola)

Dama con tres niños 1,28 × 0,97 Museo del Prado

Este retrato muestra una dama, al parecer de la familia Sciarra, con sus tres hijos. La dama, lujosísimamente vestida, de ancho rostro sereno y continente majestuoso de matrona, posa con severidad solemne. Los tres niños, de enormes ojos asombrados, traducen ya ese nerviosismo y esa excitabilidad enfermiza que parece ser la tónica general en la retratística del manierismo. En sus ojos melancólicos y tristes, se advierte ya la angustia de la Europa en crisis que ha visto el saqueo de Roma y se abre a un horizonte de guerras, quiebras y miserias de todas clases.

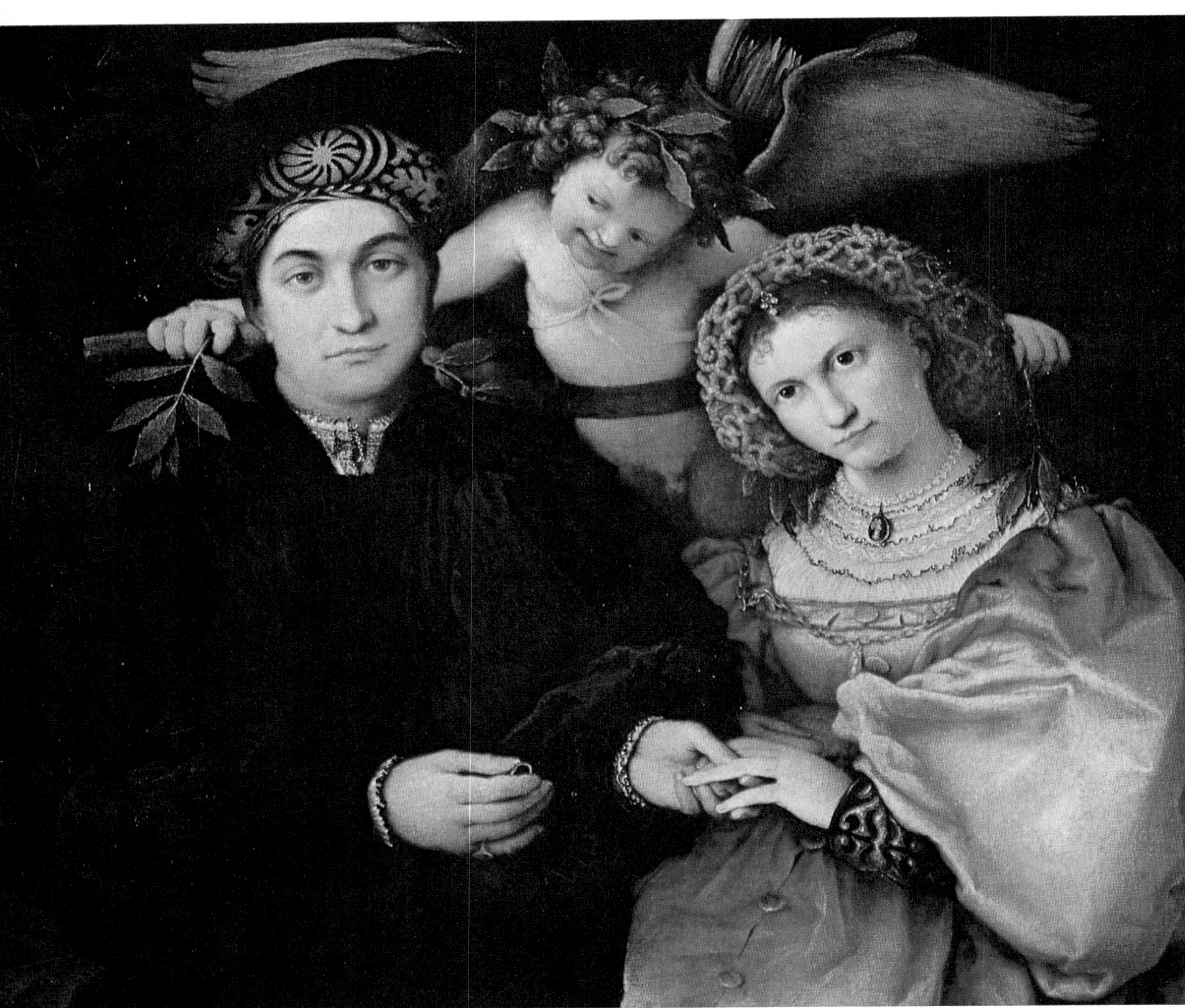

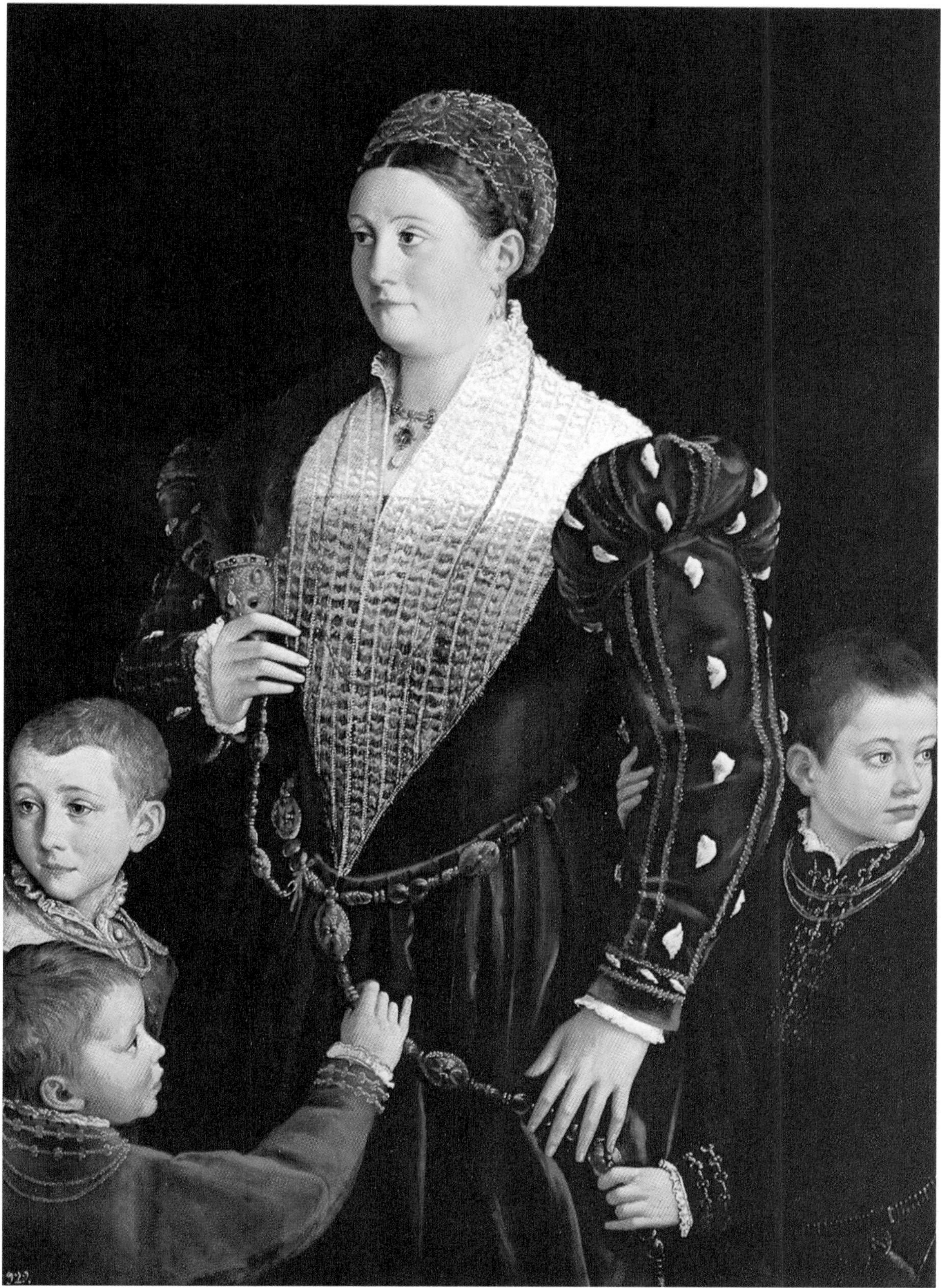

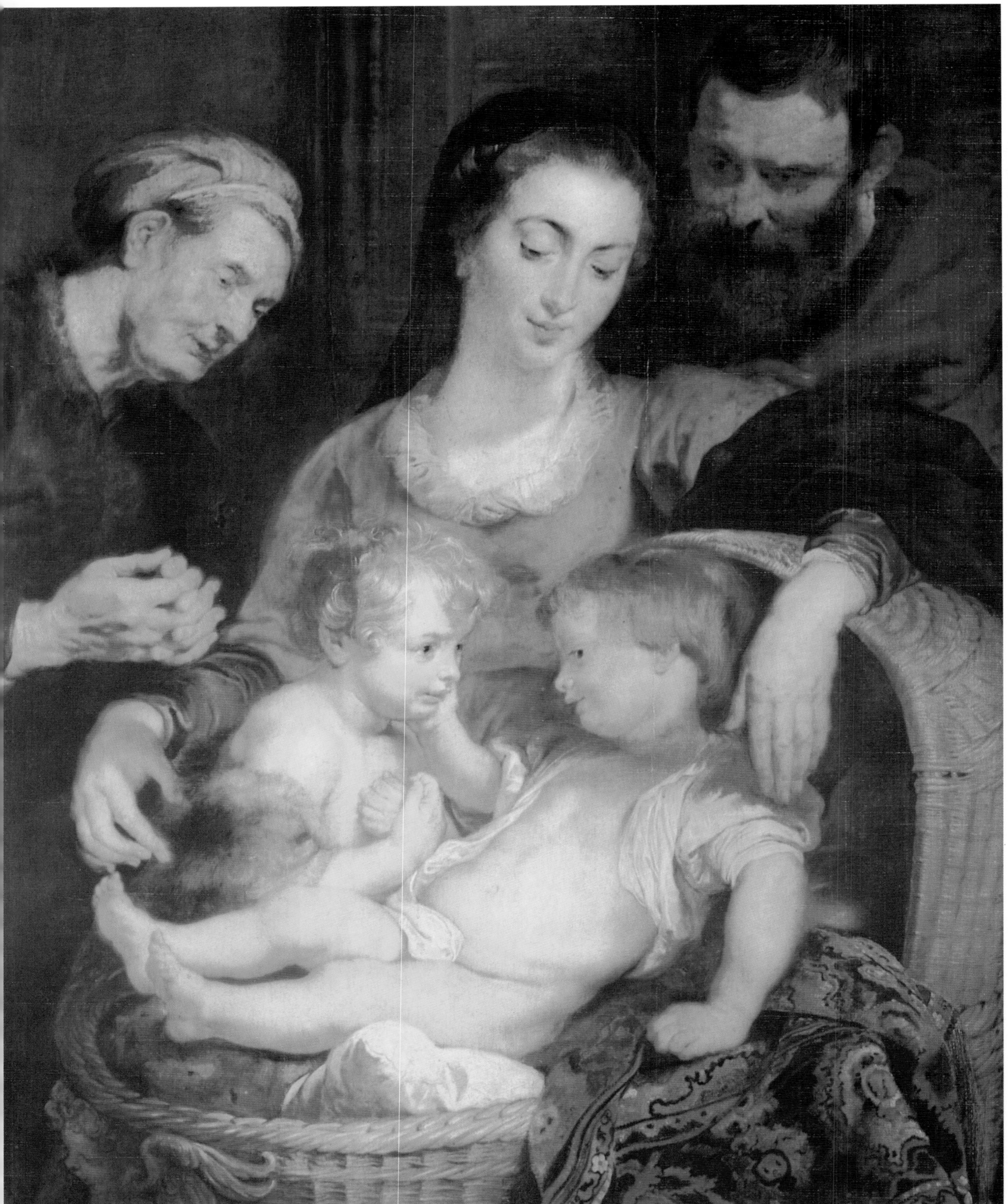

Peter Paul Rubens
Sagrada Familia
1,14 × 0,88
Palacio Pitti

El ímpetu creador del artista parece calmarse en esta delicada imagen de serena vida familiar. El pintor interpreta la escena sacra con afecto familiar por medio de colores llamativos, expresiones y actitudes tomadas de la realidad, como la morbidez de las carnes infantiles, los objetos, las pieles, el mimbre trenzado de la cuna y el frescor limpio de los pañales. Los rostros son expresivos: la anciana Isabel, casi caravaggesca, la dulce expresión de la Madre que contempla a los dos niños en su intercambio de caricias, el uno delicadamente rubio y el otro con la cara pícara, enmarcada por el flequillo de suaves cabellos tizianescos.

La crítica sitúa la realización de este cuadro en torno a 1616.

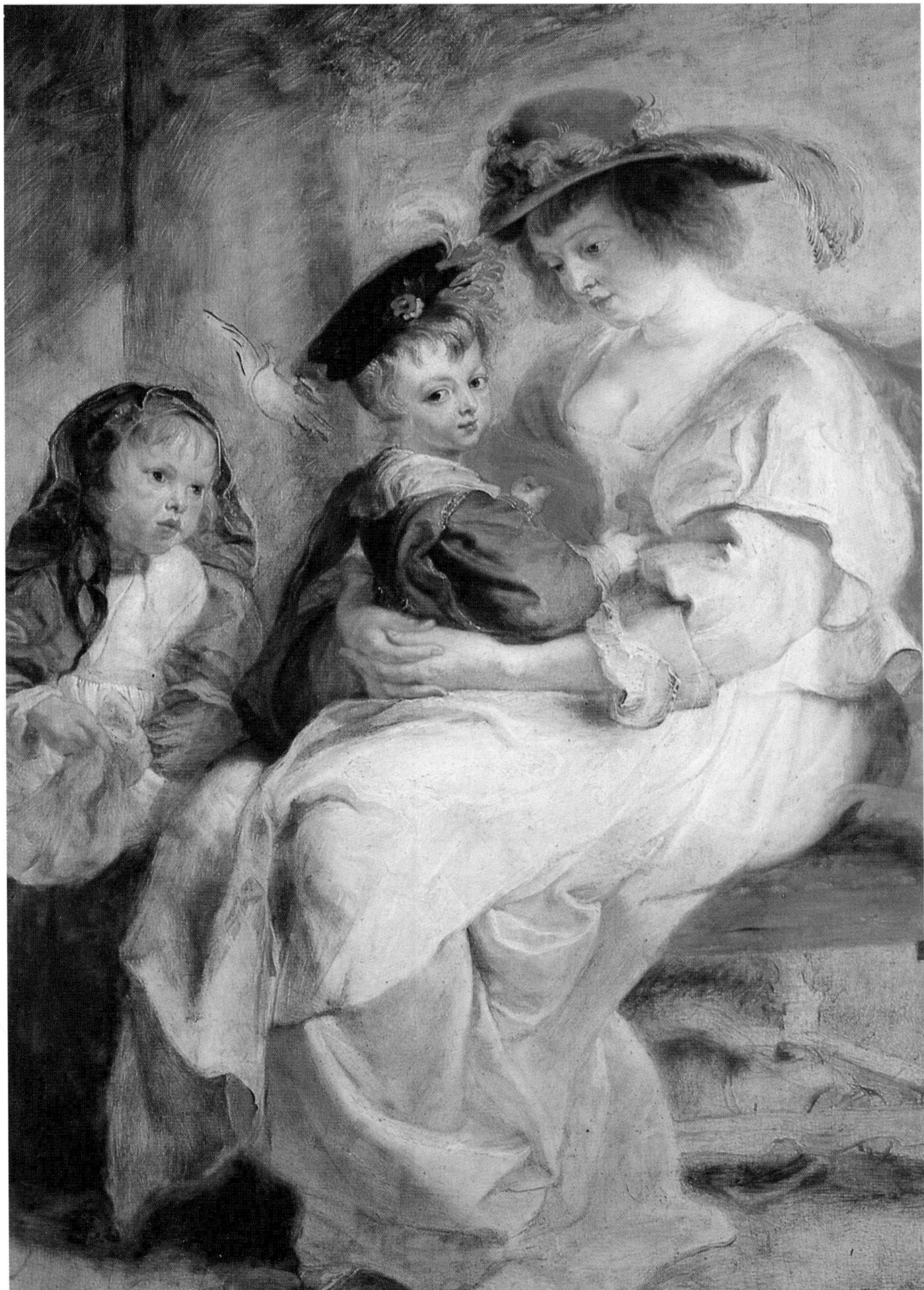

Peter Paul Rubens *Retrato de Elena Fourment y sus hijos* 1,13 × 0,82 Museo del Louvre

Hacia el fin de su vida, sobre 1636, pintó Rubens este retrato de la muchacha con la que se casó en segundas nupcias en 1630. Tuvo con Elena Fourment tres hijos, dos de los cuales, Clara Juana y Francisco, están aquí representados. El retrato familiar ha quedado en parte en estado de boceto, y puede adivinarse sobre la silla, a la derecha, esbozada una mano infantil, tal vez la de la pequeña Isabel Clara. Este cuadro tan vivaz es, de todas formas, un modelo de dibujo ágil y de libertad técnica, en sus tonalidades nacaradas y, sus leves pinceladas.

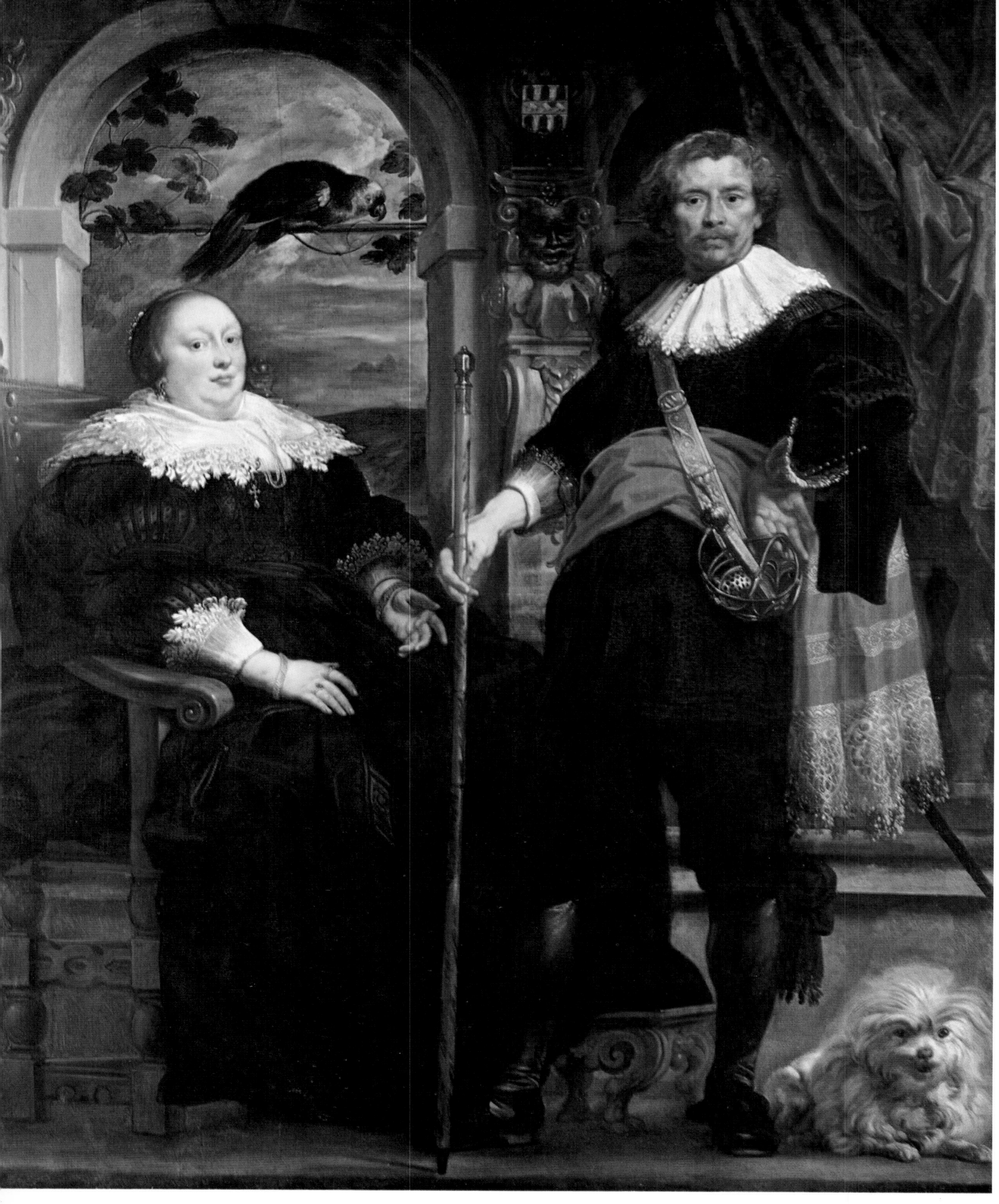

JACOB JORDAENS
Retrato de Govaert van Surpele y su esposa 2,13 × 1,89
National Gallery

Este cuadro pudo ser encargado para conmemorar el nombramiento de Govaert Van Surpele para algún cargo oficial. El báculo en la mano es quizás el distintivo de "Presidente de la Ley", título que el retratado poseyó. También lleva una faja y una espada, indicando que el cargo era de tipo militar. La esposa hace un gesto de satisfacción con la mano izquierda, quizás por los logros de su marido.

JACOB JORDAENS
La familia de Jordaens en un jardín 1,81 × 1,87
Museo del Prado

En este retrato familiar Jordaens nos brinda una imagen que hace evocar los retratos holandeses del tipo de Frans Hals. El lienzo reúne al pintor, su esposa Catalina y su hija Isabel, con una sirvienta. Jordaens, gran aficionado a la música, se retrata con un laúd en la mano; la sirvienta trae un cestillo de frutas. Lo más vivaz del lienzo es la figurilla de la niña, rebosante de salud y de coquetería infantil.

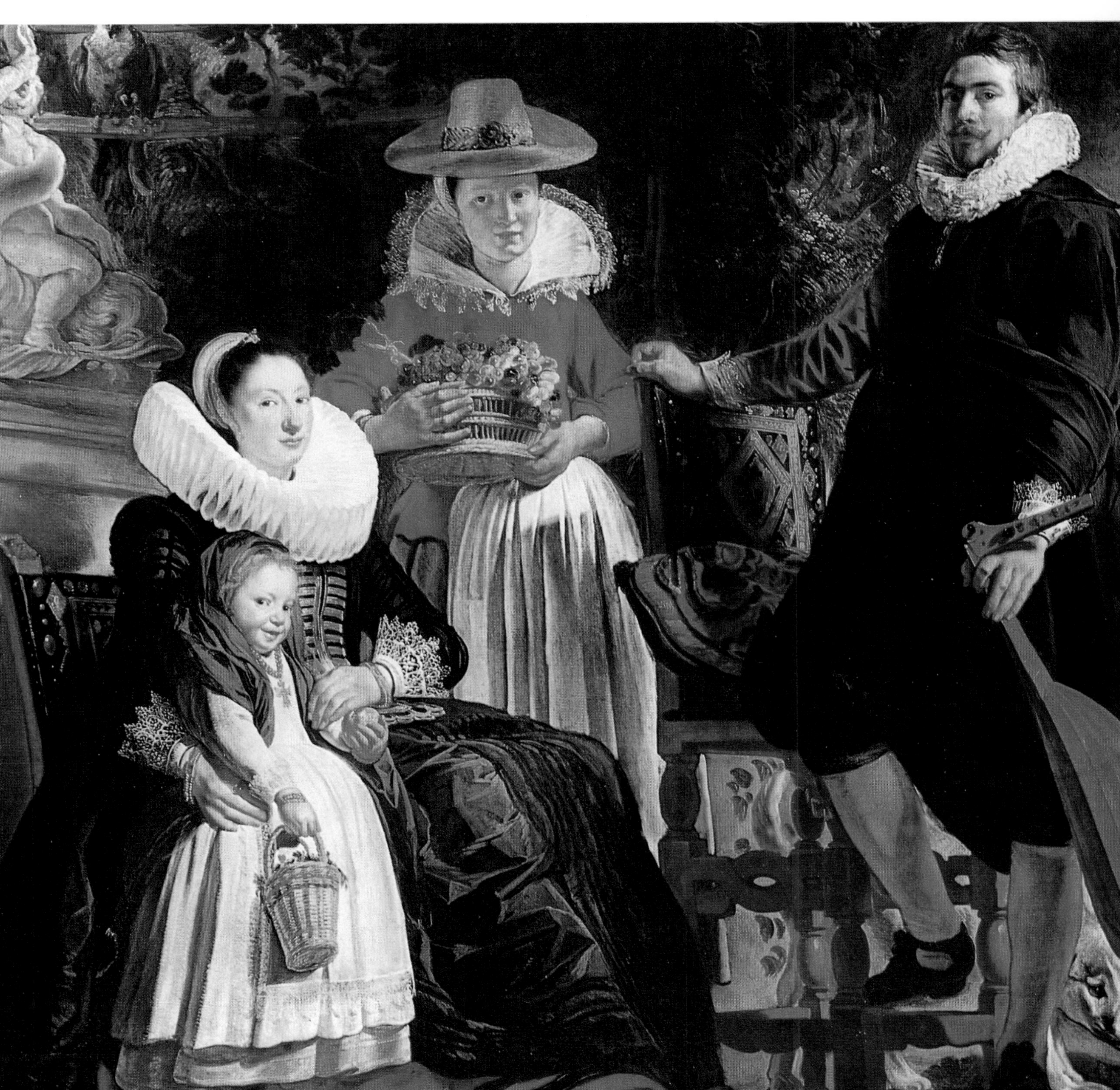

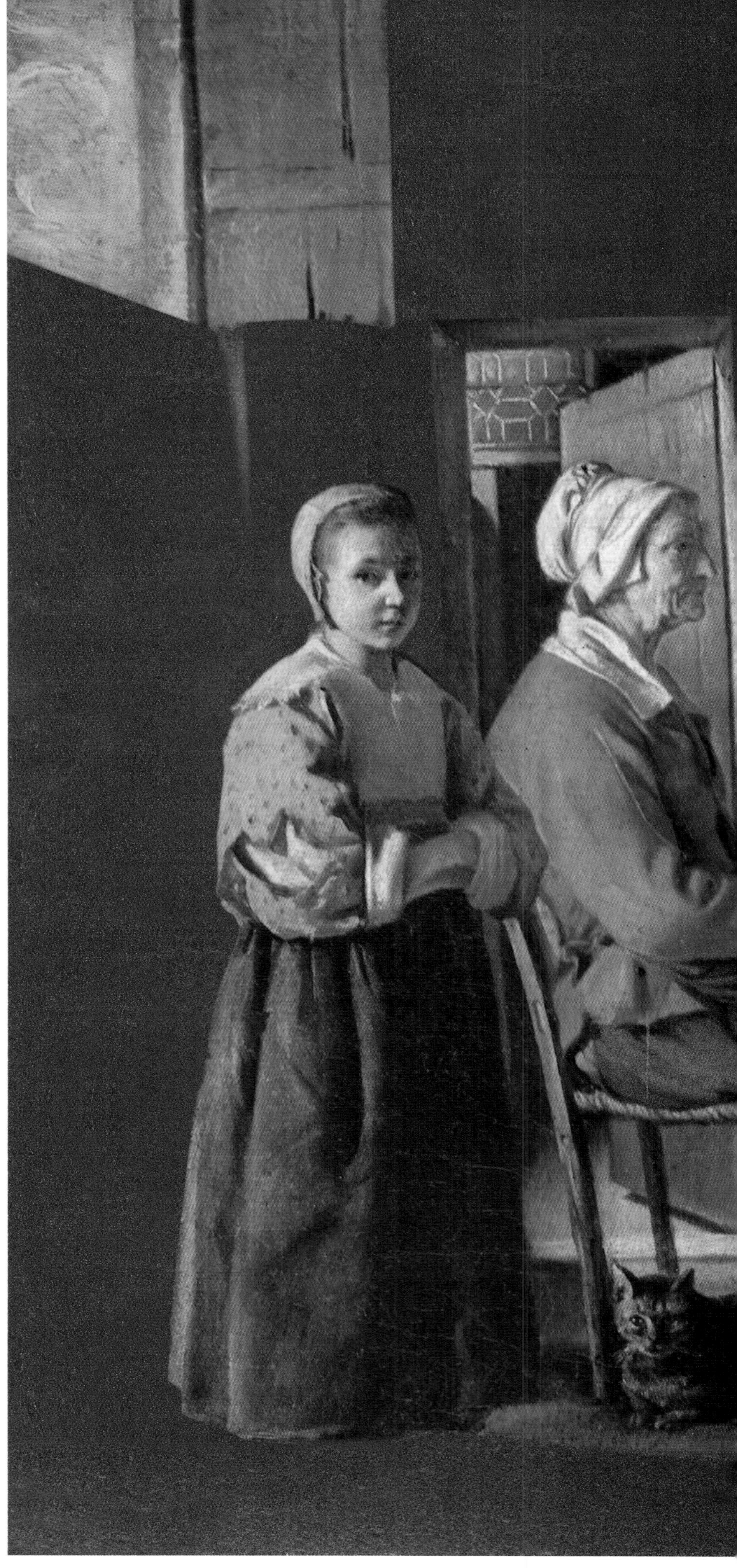

LOUIS LE NAIN
Una visita a la abuela
0,58 × 0,73
Museo del Ermitage

Una visita a la abuela, es una de las mejores obras de Louis Le Nain. Los personajes son campesinos franceses, como en la mayoría de las obras del artista.

El pintor pone de manifiesto un gran sentido de observación y un profundo amor y respeto al reflejar a sus protagonistas. Las actitudes, algo rígidas, y cierto esquematismo en el trazado de las formas, caracterizan el estilo de Le Nain y le otorgan una gran dignidad a los personajes. La imagen de la abuela, seria pero bondadosa, es majestuosa a pesar de la pobreza de su ropa.

La joven madre con su último hijo en brazos y el resto de los niños han ido de visita a casa de la anciana. Ligeros ademanes y movimientos corporales apenas perceptibles, resultan suficientes para transmitir los lazos afectivos a través de los cuales todos están unidos.

Los muchachos que cantan, acompañados de un caramillo, para divertir a la abuela, otorgan a la obra un singular encanto poético.

En este cuadro del Ermitage, al igual que en otros, Louis Le Nain demuestra sus brillantes cualidades de colorista y dibujante.

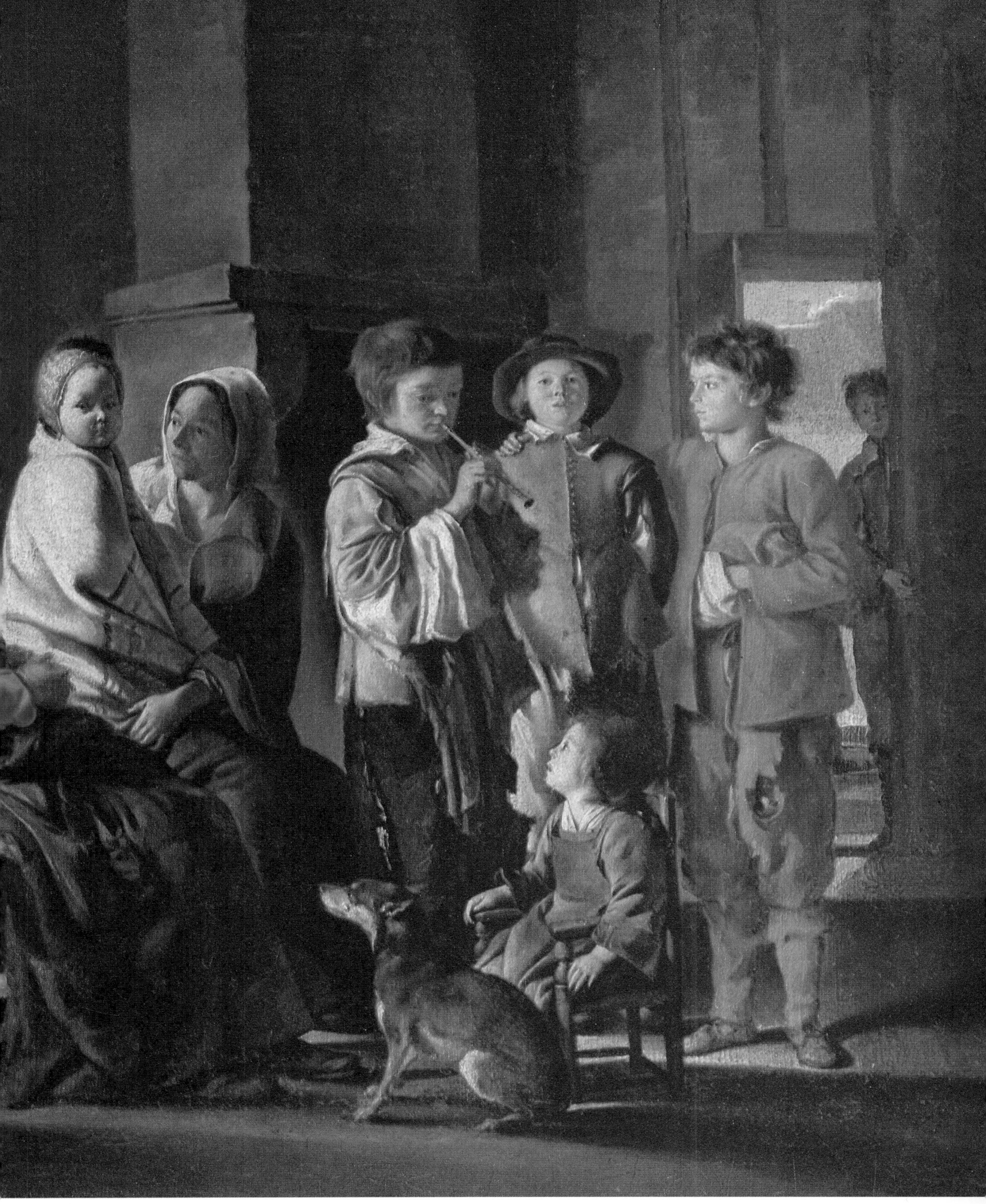

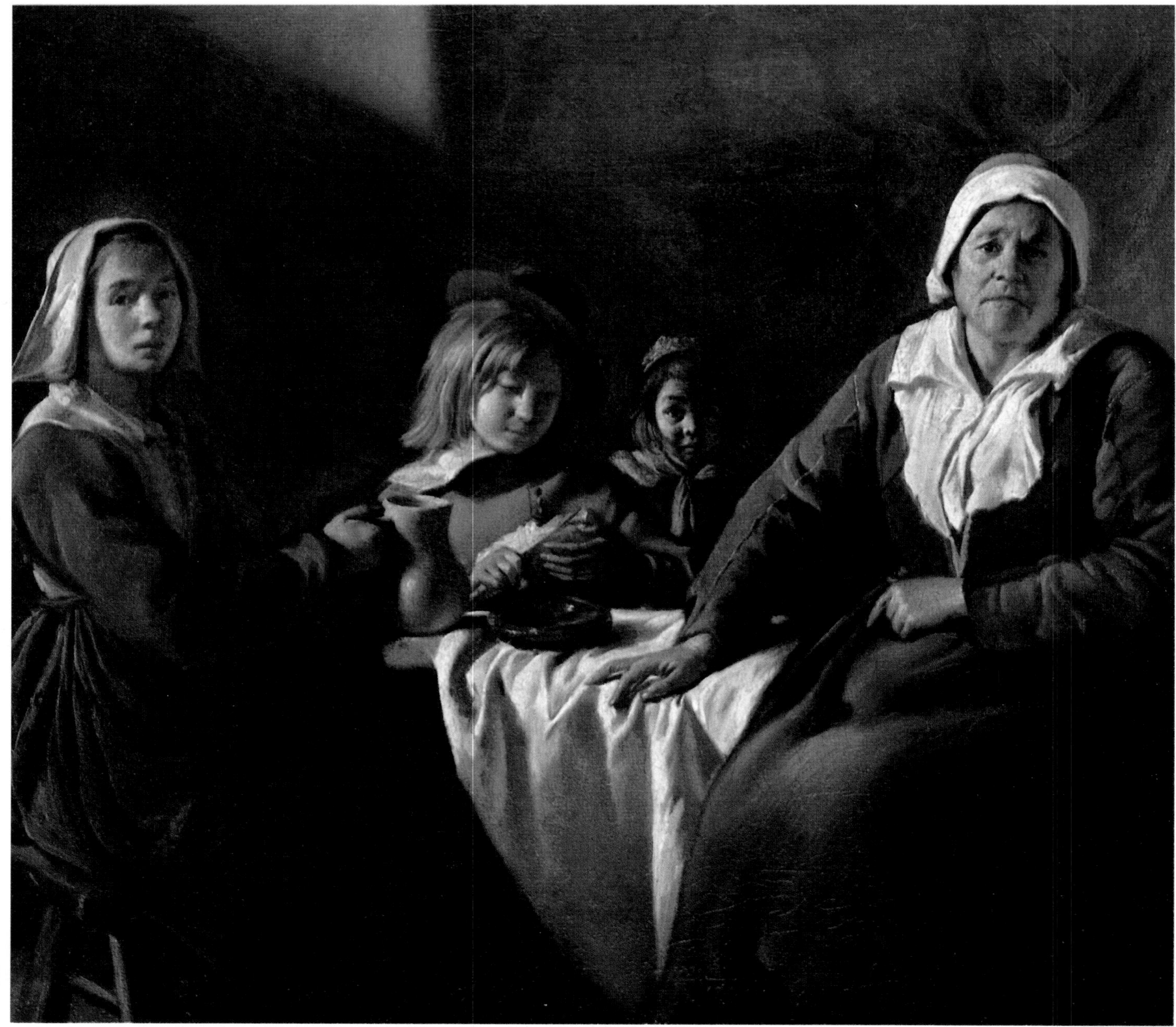

Louis Le Nain
Cuatro figuras en una mesa 0,46 × 0,55 National Gallery

Los tres hermanos Le Nain fueron pintores, y de ellos Louis está considerado como, el mejor. Nacieron en Laon, pero se establecieron en París consiguiendo un notable éxito. Todos fueron miembros de la Academia, pero como los tres firmaron sus obras solamente con el apellido, es difícil identificar el trabajo de cada hermano. Produjeron cuadros religiosos, retratos y pinturas de género sobre la vida campesina burguesa. Sólo las pinturas de Louis han recibido una mayor atención en nuestro tiempo.

Louis retrataba familias alrededor de una mesa o delante de sus modestas viviendas. El novelista Bail dijo de este pintor que hacía "pequeños cuadros en los que un centenar de actitudes diferentes, que copiaba del natural, interesaban las miradas". Este cuadro de una madre y tres niños alrededor de la mesa con la comida es típico de Louis le Nain. Las figuras son gruesas, inmóviles, serias, están concentradas en su propia actividad, miran al espectador, pero no invitan ni a la lástima ni a la diversión. La luz es sombría, la composición simple y los colores atenuados.

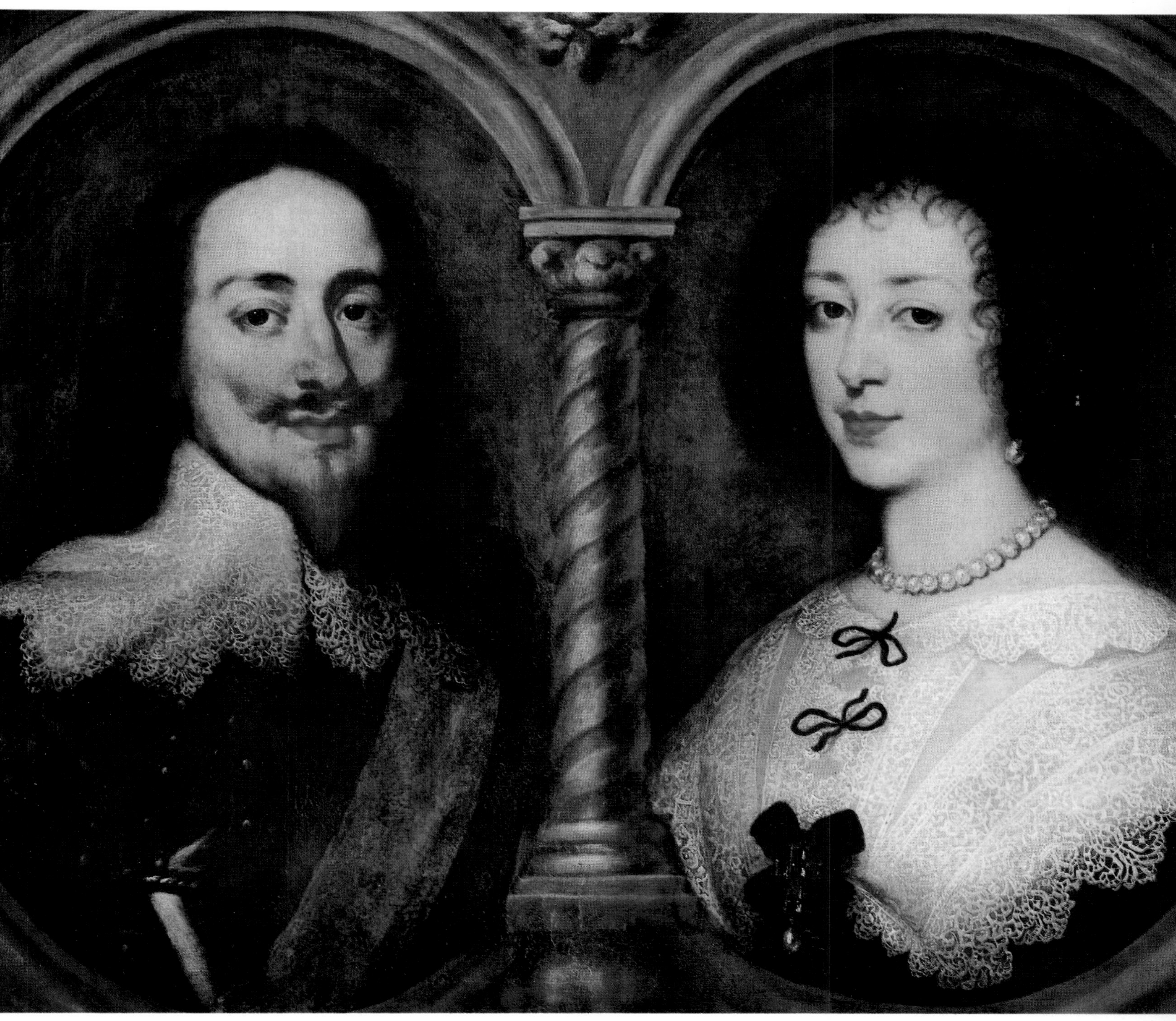

ANTON VAN DYCK
Retrato de Carlos I de Inglaterra y su esposa Enriqueta María de Francia 0,66 × 0,82
Palacio Pitti

Se trata de Carlos I, el rey de Inglaterra decapitado en Londres el año 1649, y de su esposa Enriqueta, hija de Enrique IV y María de Médicis.

Tal vez en mayor medida que en otros retratos, decorativos, Van Dyck parece recrearse aquí en la penetración psicológica de los personajes. El soberano acusa una melancolía casi romántica y Enriqueta se muestra más aguda, consciente y reflexiva. La luz fría y las tonalidades bajas contribuyen a acentuar esta melancolía. Sin embargo, el pintor no renuncia al elegante refinamiento de los encajes, los terciopelos y las joyas, y de ciertos encantadores destellos azulinos de la coraza y del pañuelo del rey.

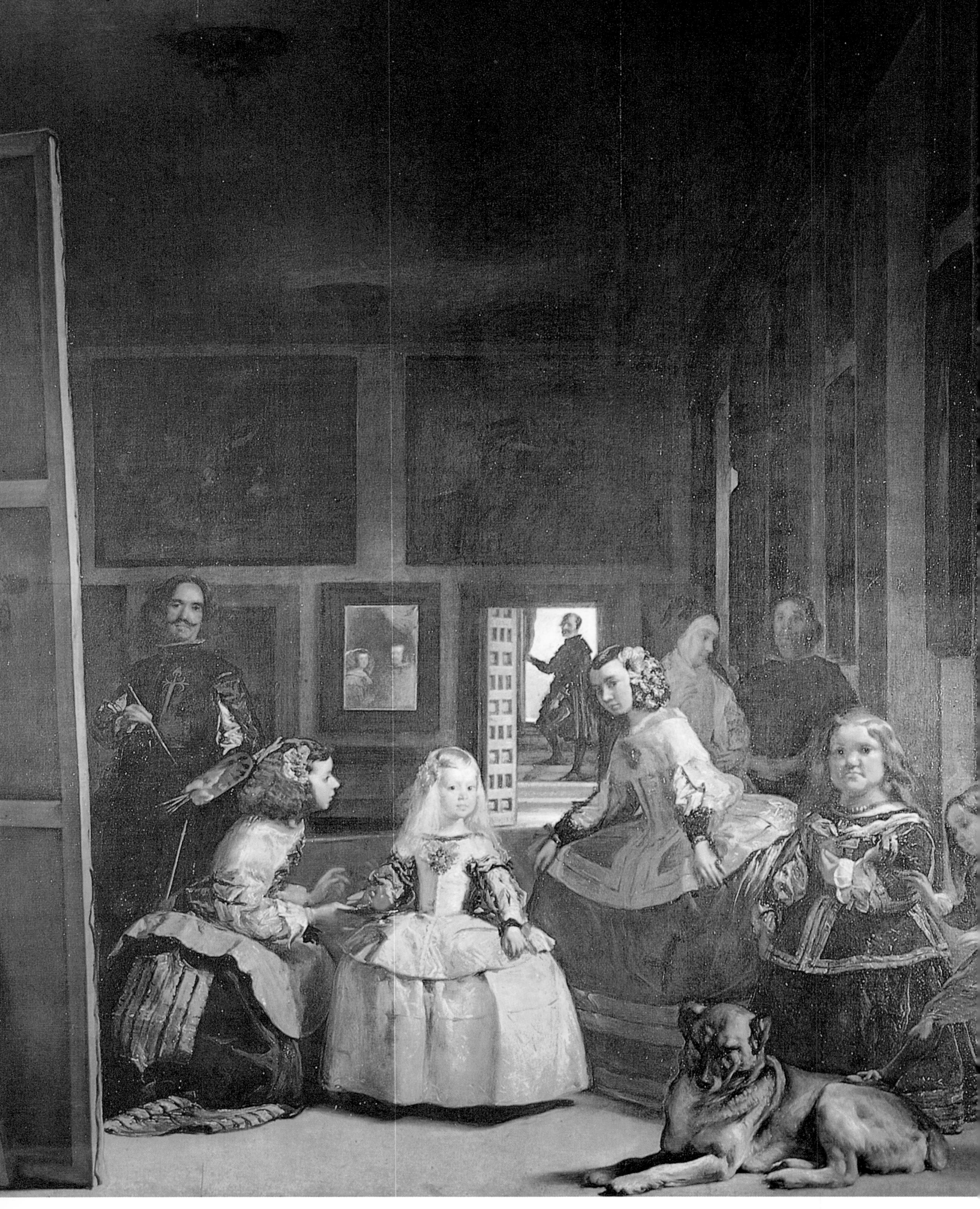

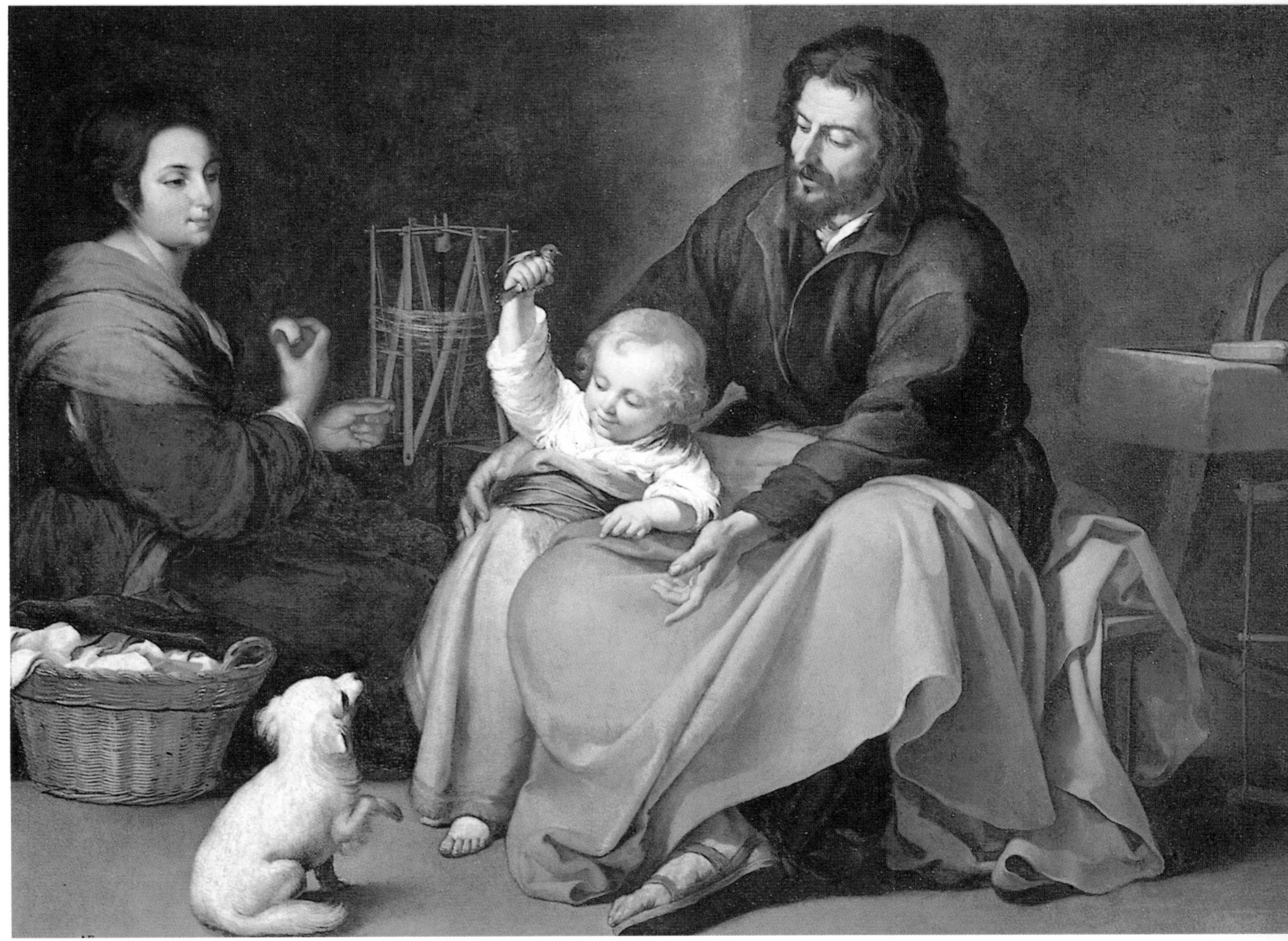

DIEGO DE SILVA VELÁZQUEZ
Las Meninas 3,18 × 2,76
Museo del Prado

En un salón bajo del Viejo Alcázar de Madrid se ha reunido la familia real para que el pintor de cámara retrate a los reyes. La infantita, los servidores más inmediatos, los enanos, el mastín, son tratados igualmente como puros elementos plásticos, fundidos todos en el aire casi palpable que se dora de luz bajo los altos techos. Los reyes reflejan su imagen pintada en el espejo del fondo, y el pintor los mira –nos mira– con fijeza y profundidad.

El eje plástico del cuadro, hacia el que se inclinan las dos "meninas" que le traen de beber en un búcaro, es la infanta Margarita María, futura emperatriz de Alemania, de algo más de cinco años, rebosante de gracia infantil y con algo ya de femenina coquetería. La técnica pictórica se hace ligerísima al recorrer los brillos de las sedas de su traje y del de sus meninas, enanas y dueñas. El golpe de sol del fondo y el polvillo luminoso frente a las ventanas, hacen del cuadro algo vivo, con realidad instantáneamente sorprendida.

BARTOLOMÉ ESTEBAN MURILLO
La Sagrada Familia del pajarito 1,44 × 1,88
Museo del Prado

La segunda mitad del s. XVII la llenan, en Sevilla, las personalidades, en cierto modo contrapuestas, de Murillo y Valdés Leal, representantes respectivamente de la dirección de piedad amable y sentimental, y de la que se ha venido a llamar "veta brava" de la sensibilidad española. La evolución de Murillo va desde el relativo tenebrismo de sus comienzos, bajo la influencia de Zurbarán y de Ribera, hasta el dinamismo trasparente, en gama clara y luminosa, de su madurez, ya asimilados Van Dyck y Velázquez. En su popular *Sagrada Familia del pajarito,* obra relativamente juvenil, se nos muestra aún influido por el naturalismo tenebrista, con evidentes contrastes luminosos de luz y sombra al modo de Zurbarán o Ribera. Pero a la vez, aparecen ya ciertos aspectos de gracia delicada y dulce familiaridad juguetona, de casera ternura, evidentes en el gesto infantil y en la deliciosa figurilla del perrito. En ningún otro cuadro como en éste, se nos insinúa el Murillo hombre, tierno y familiar.

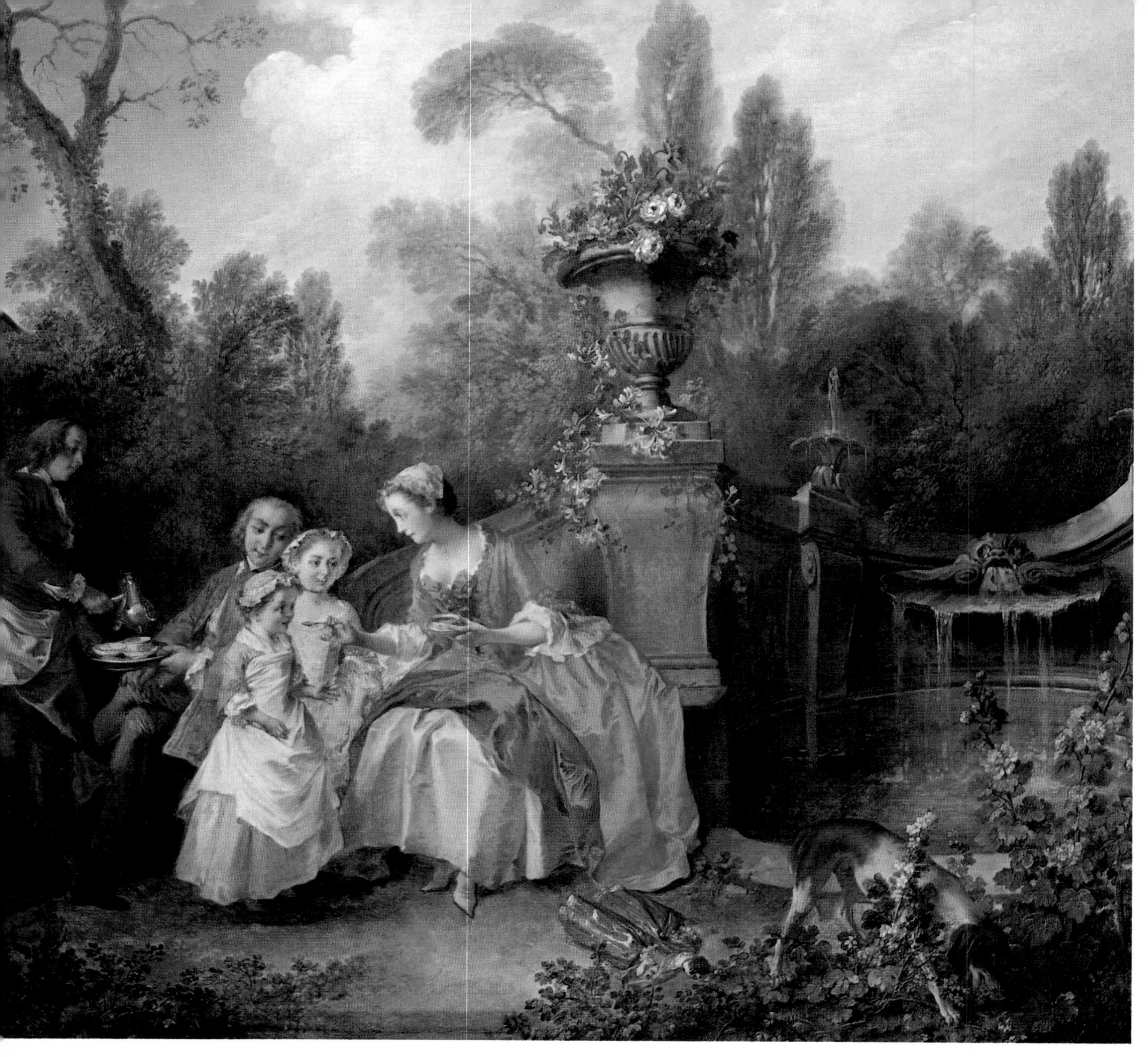

NICOLAS LANCRET *Una dama y un caballero con dos niñas en un jardín ("La taza de chocolate")* 0,89 × 0,98 National Gallery

Esta escena familiar no es simplemente una pieza de género, sino un retrato de grupo, aunque la familia no ha sido identificada. Tales composiciones en las que los personajes están ocupados en actividades cotidianas, fueron muy populares durante el s. XVIII. Reflejan la creciente reacción en contra de los retratos típicos, a menudo faltos de vida, de finales del s. XVII. Sin embargo, la composición de Lancret es aún muy artificial, pues la familia está cuidadosamente dispuesta en un grupo con apariencia casual y el jardín en el que se halla, con fuentes, grandes tiestos llenos de flores y árboles frondosos, es una naturaleza idealizada, como un marco perfecto para esta familia feliz.

Lancret estuvo muy influenciado por Watteau y durante algún tiempo sólo pintó imitaciones de los cuadros de fiestas galantes de dicho pintor. Se muestra más auténtico en cuadros de género y retratos, combinando observaciones del comportamiento humano con un estilo delicado y encantador.

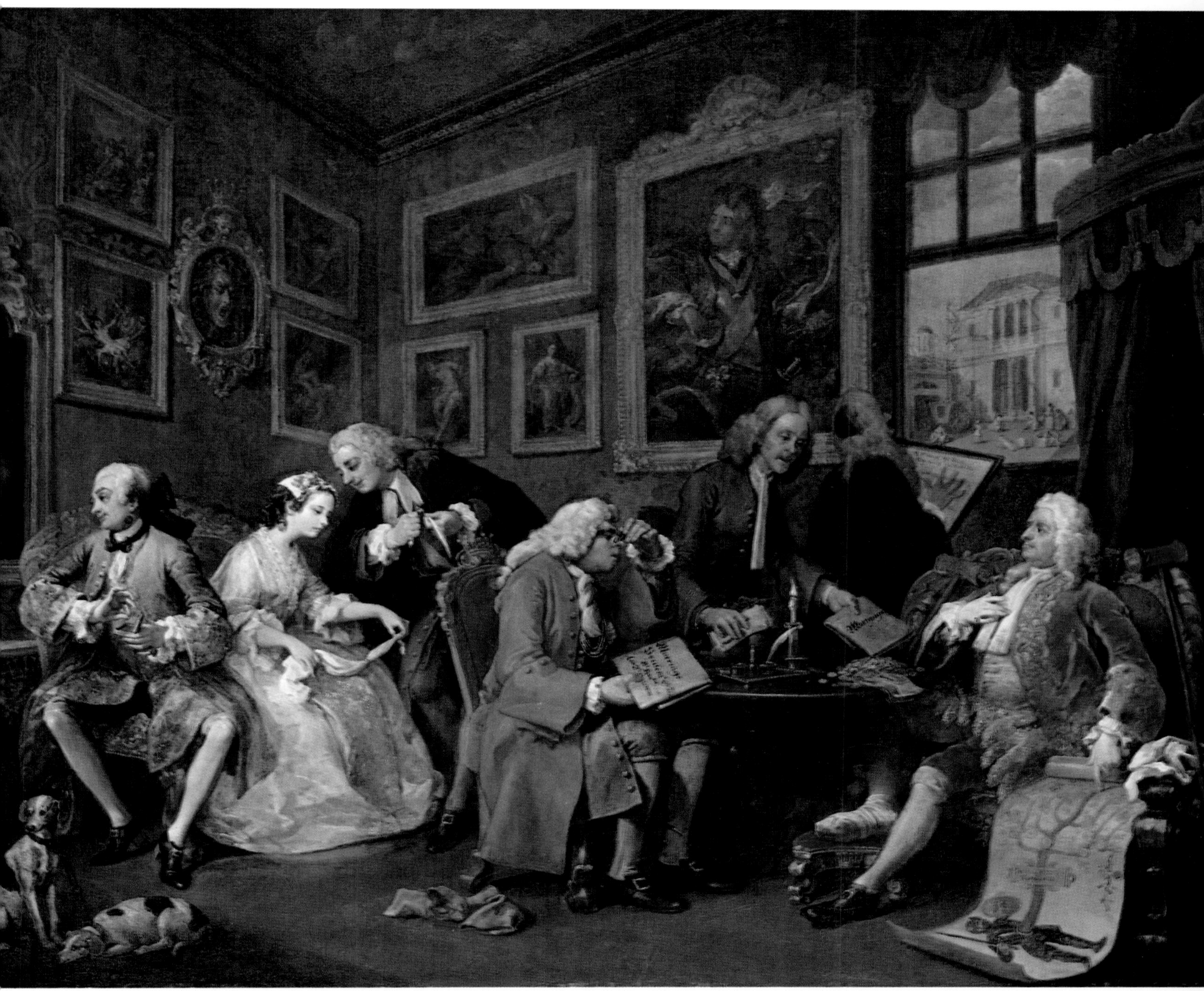

WILLIAM HOGARTH *El contrato matrimonial* 0,70 × 0,91 National Gallery

Éste es el primer cuadro de una serie de seis pinturas conocida con el nombre de *Matrimonio a la moda*. Hogarth desarrolló un tipo de temas para cuadros que denominó "pinturas sobre moral moderna". Con ellos expresó las costumbres y vicios de la alta sociedad y los matrimonios basados en el dinero y en la vanidad. Un aristócrata empobrecido casa a su hijo con la hija de un rico con aspiraciones sociales: el uno adquiere una buena dote y el otro un título. Pero en este matrimonio sin amor las cosas no van bien y los cuadros siguientes muestran al matrimonio llevando cada uno una vida de intriga. Finalmente, el esposo mata al amante de su mujer y es ahorcado por esta causa, ella se suicida y queda como heredero el desdichado hijo.

La escena es significativa: lord Squander, sentado junto a la mesa, discute los términos del contrato con el concejal y su abogado; a la izquierda, la pareja se muestra indiferente, mientras la muchacha es requerida por su abogado, que terminará siendo el amante. Los novios serán unidos en matrimonio al igual que los perros situados a sus pies.

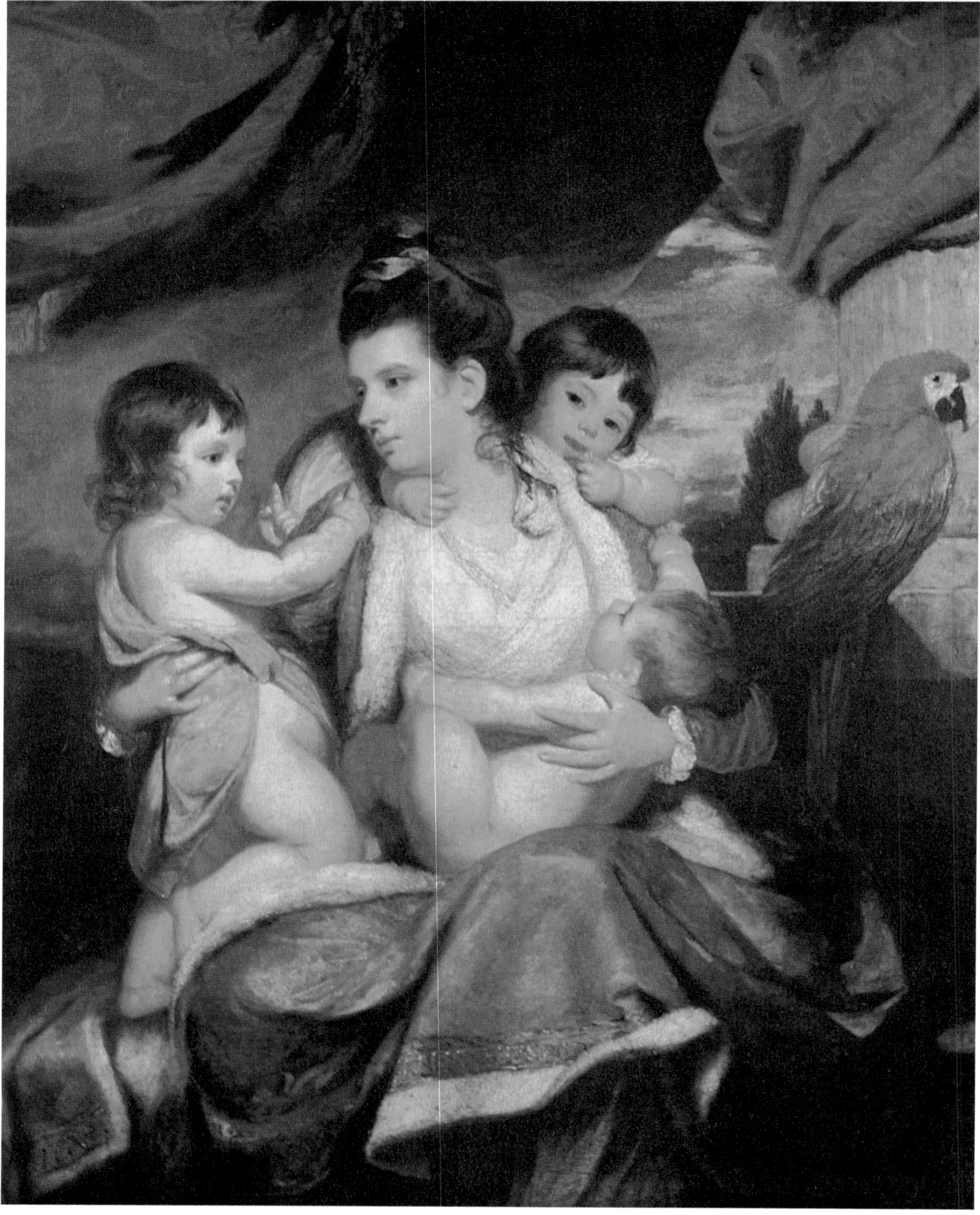

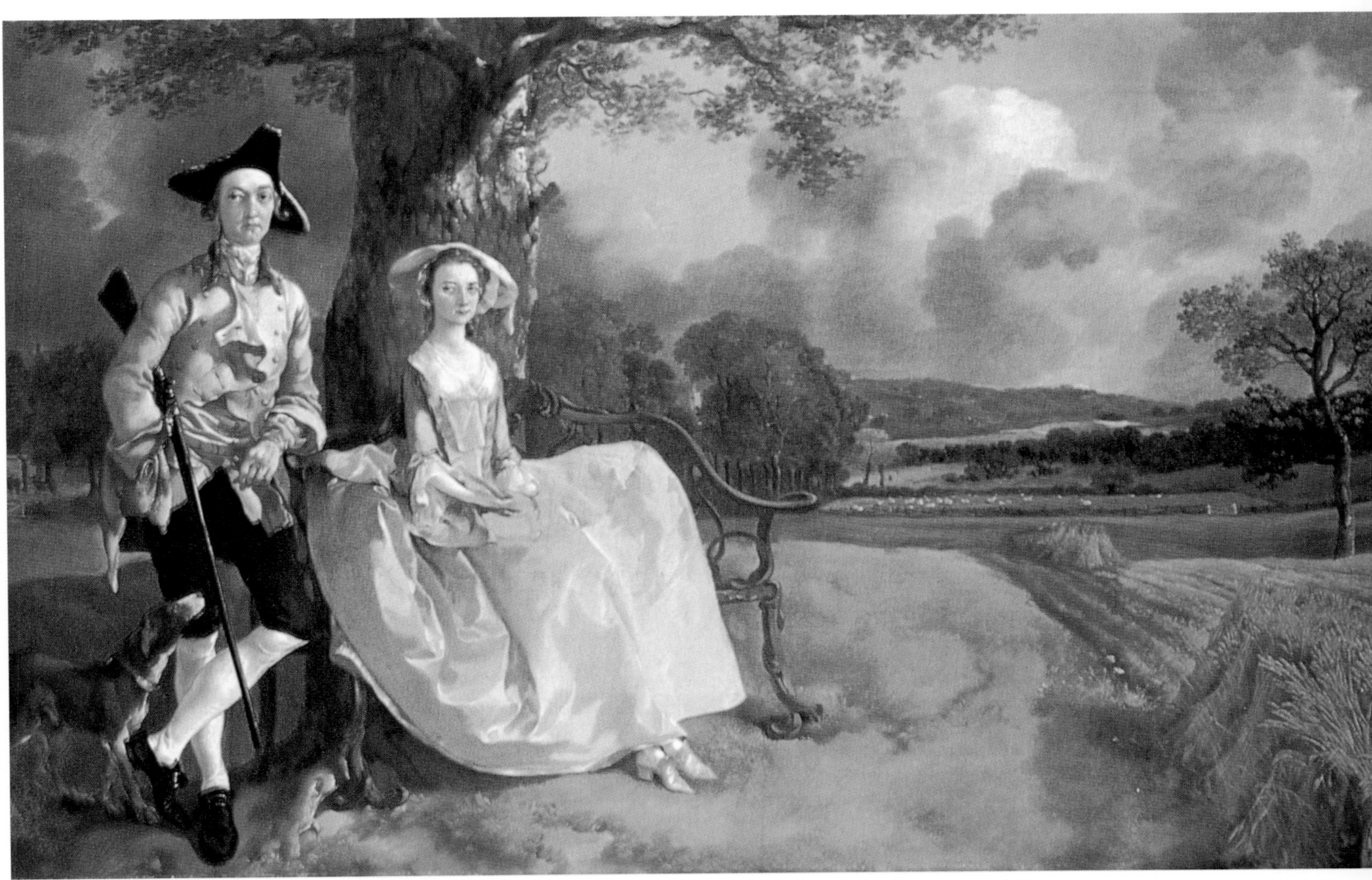

Sir Joshua Reynolds
Lady Cockburn y sus tres hijos 1,41 × 1,13 National Gallery

Lady Cockburn está retratada a la edad de 24 años, con su hijo mayor, James, a la izquierda, William, bebé de seis meses, en el regazo, y George, el mediano, agarrado a su cuello. Reynolds pinta a la madre con los hijos como una Sagrada Familia moderna, utilizando el esquema desarrollado en el Renacimiento para pintar a María, el Niño y san Juan, con frecuencia acompañados por San José. Lady Cockburn lleva una túnica clásica debajo de su vestido, de acuerdo con el deseo de Reynolds de vestir a los personajes a la vez con aire antiguo para salvar su dignidad y algo moderno para conservar su parecido. En esta actitud se diferencia radicalmente de Gainsborough, el cual sentía un placer especial en describir los detalles de los encajes, las plumas y los volantes.

Thomas Gainsborough
El señor y la señora Andrews 0,70 × 1,19 National Gallery

Este cuadro, que representa al matrimonio integrado por Robert Andrews y Frances Mary Carter, está considerado como la obra maestra de Gainsborough en su primera época, con sus personajes retratados como muñecos.

El matrimonio Andrews está colocado sobre un paisaje que aún hoy día puede reconocerse, y los prados y los cercados están pintados con un naturalismo muy raro en todo el conjunto de la obra del pintor. Éste parece querer mostrar a los señores Andrews como unos modernos granjeros, orgullosos de su condición. Él está situado en una posición de estudiada elegancia, con la escopeta debajo del brazo y el perro a los pies. Ella está sentada en un banco rococó y una parte de su vestido está sin terminar; según parece, el artista deseaba añadirle un faisán cazado por el marido.

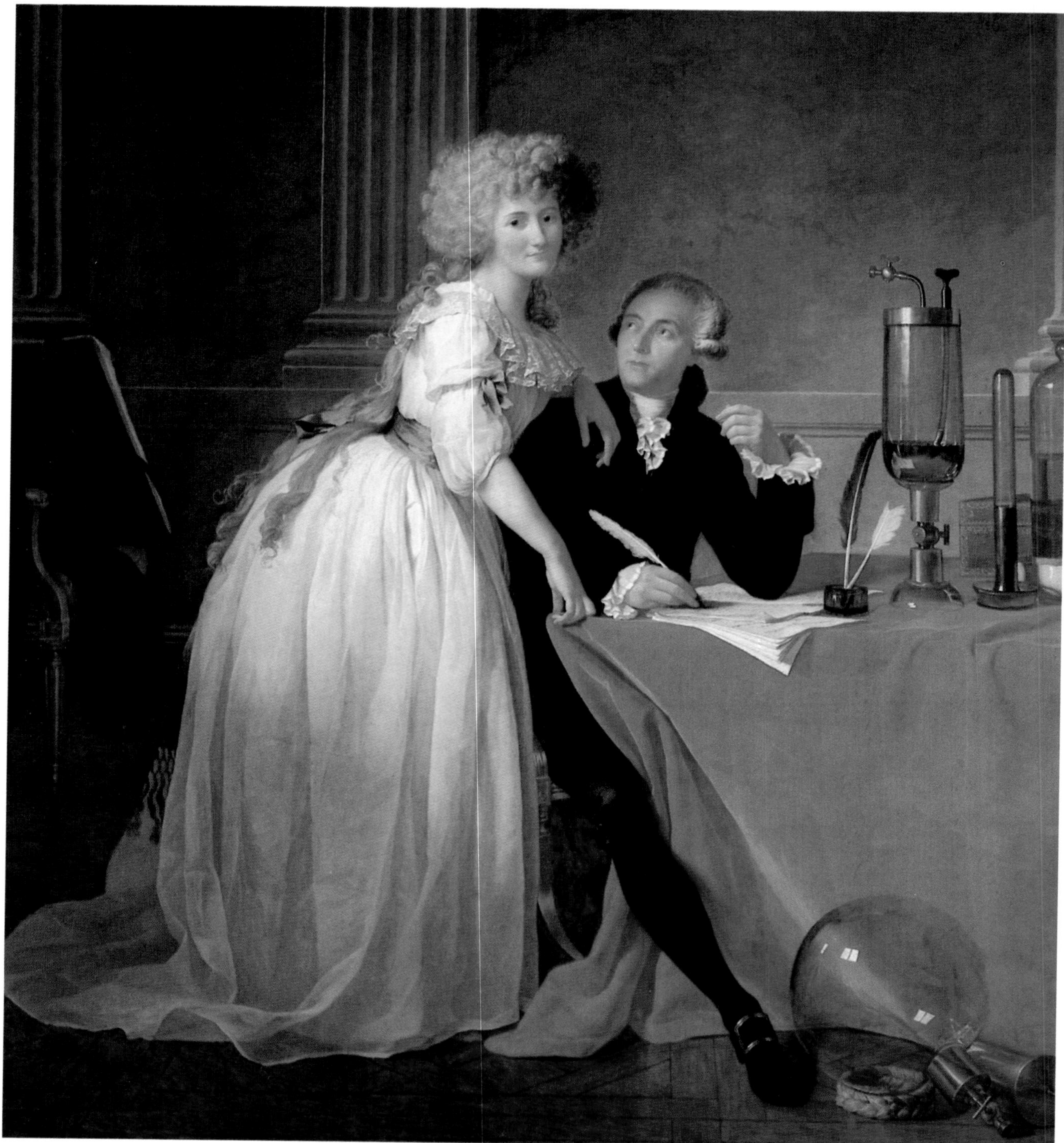

JACQUES-LOUIS DAVID
Antoine-Laurent Lavoisier y su esposa 2,59 × 1,94
Museo de Arte Metropolitano

Lavoisier, célebre científico y químico, está representado aquí con algunos instrumentos, incluidos los relativos a sus experimentos con la pólvora y el oxígeno. El manuscrito al que dedica su atención puede ser el *Tratado elemental de química,* publicado en 1789, un año después de que este cuadro fuera realizado. Es ésta una pieza clave en el desarrollo del género del retrato en el s. XVIII.

FRANCISCO DE GOYA Y LUCIENTES
Los duques de Osuna y sus hijos 2,25 × 1,74
Museo del Prado

Los duques, protectores de Goya, le abren las puertas de su intimidad y Goya, en 1790, los retrata con un afecto que se extrema sobre todo en los niños, de los más verdaderamente infantiles de cuantos pintó Goya, que sintió siempre una honda ternura hacia la infancia. El más pequeño de los niños, sentado en un cojín, sería director del Prado. La gama de color, acordada en grises, es de una delicadeza magistral.

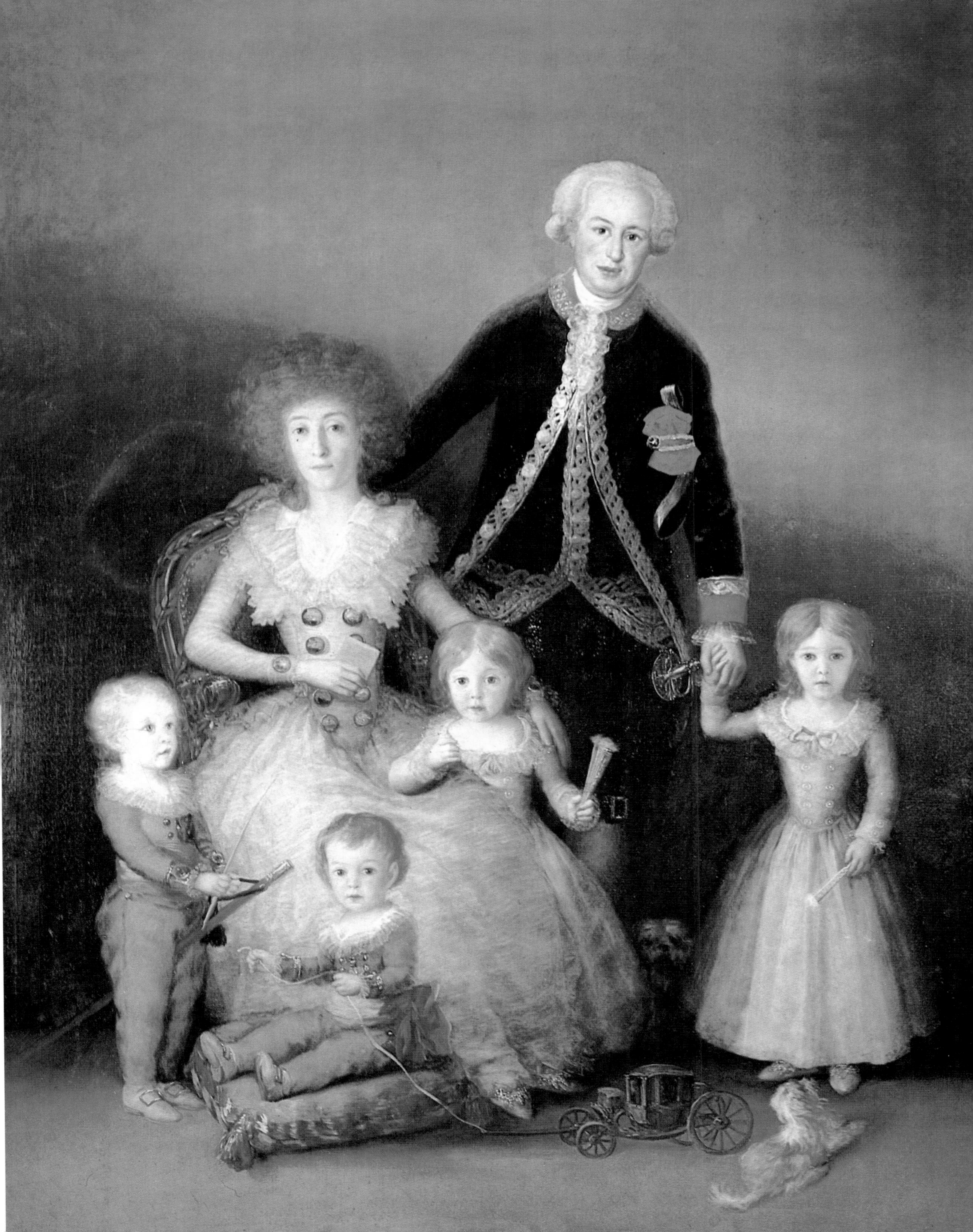

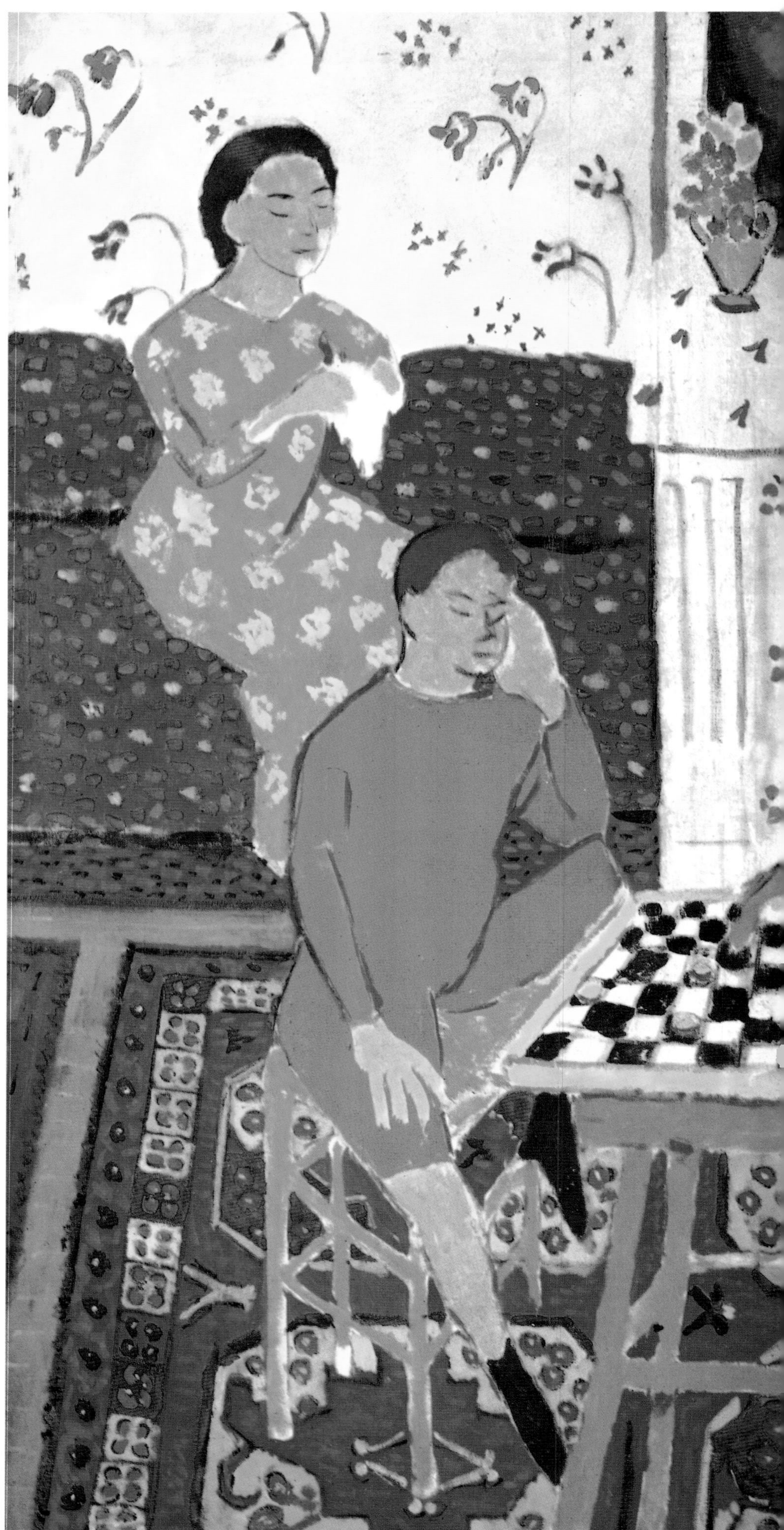

Henri Matisse
Retrato de familia
1,43 × 1,94
Museo del Ermitage

Retrato de familia es una de las obras en que más claramente se observa la influencia del arte de Oriente en la creación de Matisse. Es la composición más importante de la serie denominada Interiores sinfónicos.

En el cuadro están representados la mujer y los hijos del pintor. Amelie Matisse está sentada con la labor, al fondo, en un diván. En el primer plano los hijos Pierre y Jean juegan al ajedrez, mientras la otra hija, Marguerite, permanece de pie muy cerca de ellos.

El interior es la base de la composición y los personajes tienen un significado secundario. En el año 1910 el pintor visitó en Munich una exposición de arte musulmán que lo impresionó profundamente. Y por lo visto, el artista quiso utilizar los principios de la miniatura oriental en obras monumentalistas. El cuadro abunda en pequeños detalles decorativos, al contrario de lo que sucede en otros trabajos de quien "fue llamado a simplificar la pintura" según la frase de Moreau. El dibujo del empapelado, la tela del tapizado de los divanes, el insólito decorado del hogar, el ornamento sumamente complejo del tapiz, todo parece, a primera vista, amontonado y desmenuzado. Pero una mirada más atenta sirve para que nos demos cuenta de que el profundo racionalismo del artista está también aquí presente.

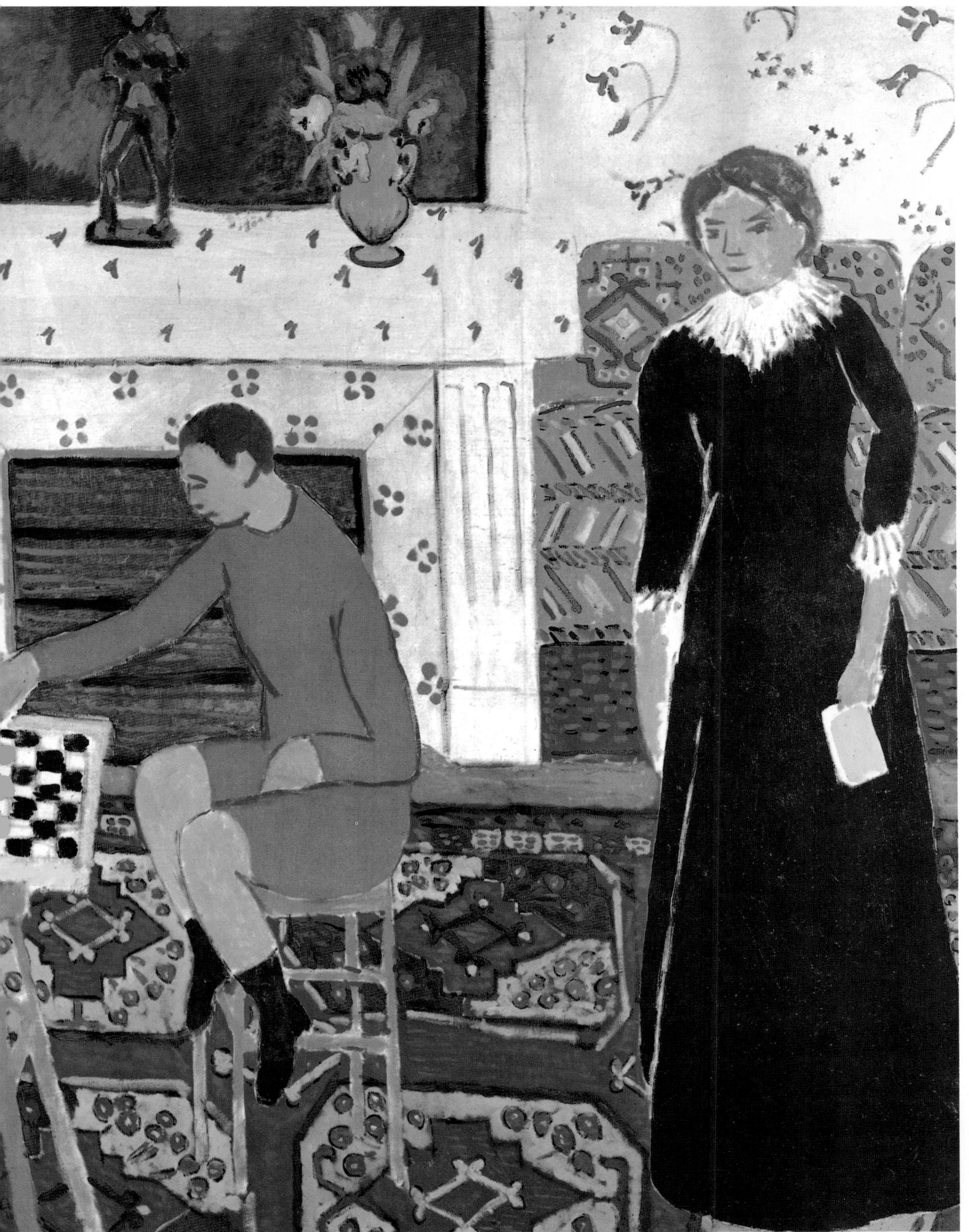

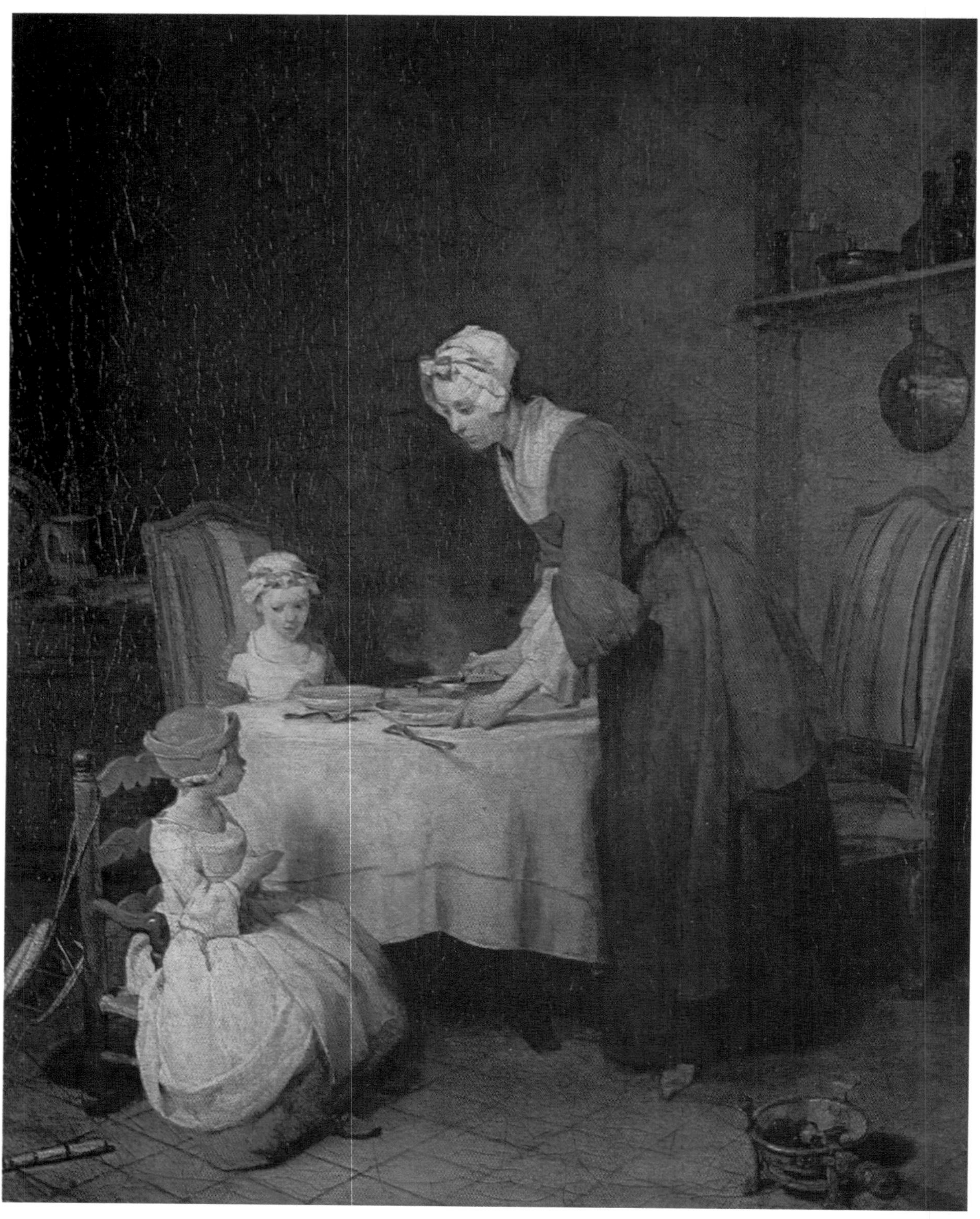

La intimidad

"Yo os corono reyes de los goces íntimos,
oh placeres del hogar, oh felicidad doméstica."
WILLIAM COWPER

JEAN-BAPTISTE-SIMÉON CHARDIN *La bendición de la mesa* 0,49 × 0,39 Museo del Louvre

A la muerte de Watteau, Chardin se convierte en el gran pintor-poeta del s. XVIII francés, por su mismo realismo y por sus escenas, muy personales, de la vida cotidiana y de la intimidad familiar, que llegan a la simple crónica de los trabajos hogareños de cada día en interiores burgueses. Composiciones de pequeño formato como *La proveedora* o *La bendición de la mesa,* que recuerdan la pintura flamenca u holandesa, evocan la quietud doméstica. Pero comparadas a otras interpretaciones de la intimidad burguesa, éstas añaden al cuidado del detalle, de los objetos y de la fidelidad ambiental, en primer lugar un estudio de sentimientos sencillos y verdaderos (la ternura atenta de la madre, la sensatez o la malicia infantil), y además un refinamiento técnico que da como resultado la ilusión de la presencia viva de los personajes.

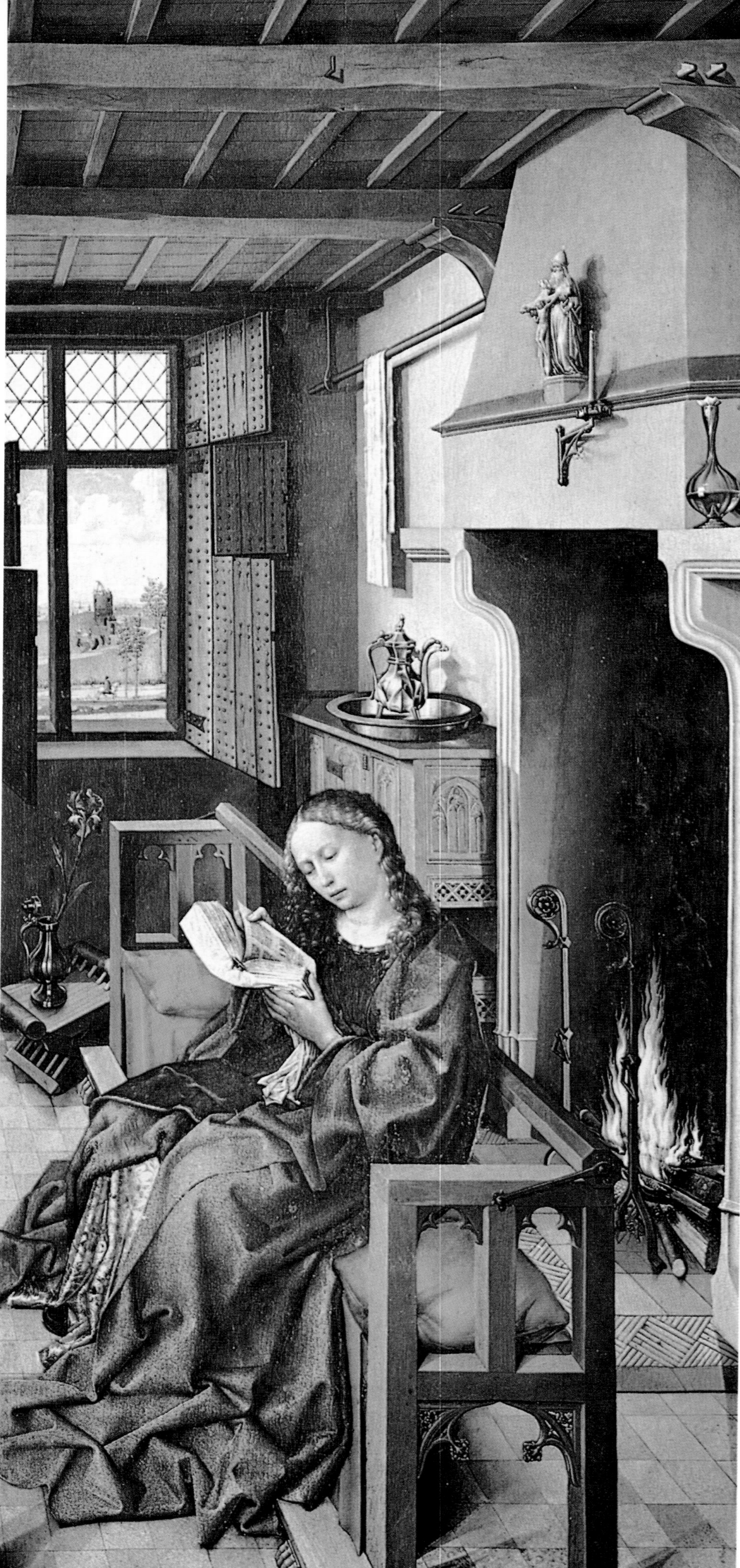

MAESTRO DE FLÉMALLE
(ROBERTO CAMPIN)
Santa Bárbara 1,01 × 0,47
Museo del Prado

Durante largo tiempo los especialistas han venido agrupando bajo el nombre provisional de "Maestro de Flémalle" un conjunto de obras que delataban un pintor contemporáneo de los Van Eyck, con una sensibilidad algo distinta y con un virtuosismo extremado en la representación de interiores.

Esta *Santa Bárbara,* representada como una dama contemporánea, leyendo u orando en su cuarto, entre objetos cotidianos representados con minuciosa perfección y con un asombroso sentido de las calidades de las cosas, es seguramente una de las más bellas y sencillas obras salidas de sus manos. La alusión al martirio de la santa, limitada a la construcción de la torre que se ve a través de la ventana, es lo único que permite la identificación del cuadro como asunto religioso. Sin ella, sólo tendríamos una escena de interior doméstico que anticipa en doscientos años los característicos interiores holandeses, y que, como ellos, parece complacerse en mostrarnos la materia de las cosas, la trasparencia del vidrio, el brillo del metal bruñido, la nobleza de la madera claveteada, con un encantador sabor de paz doméstica.

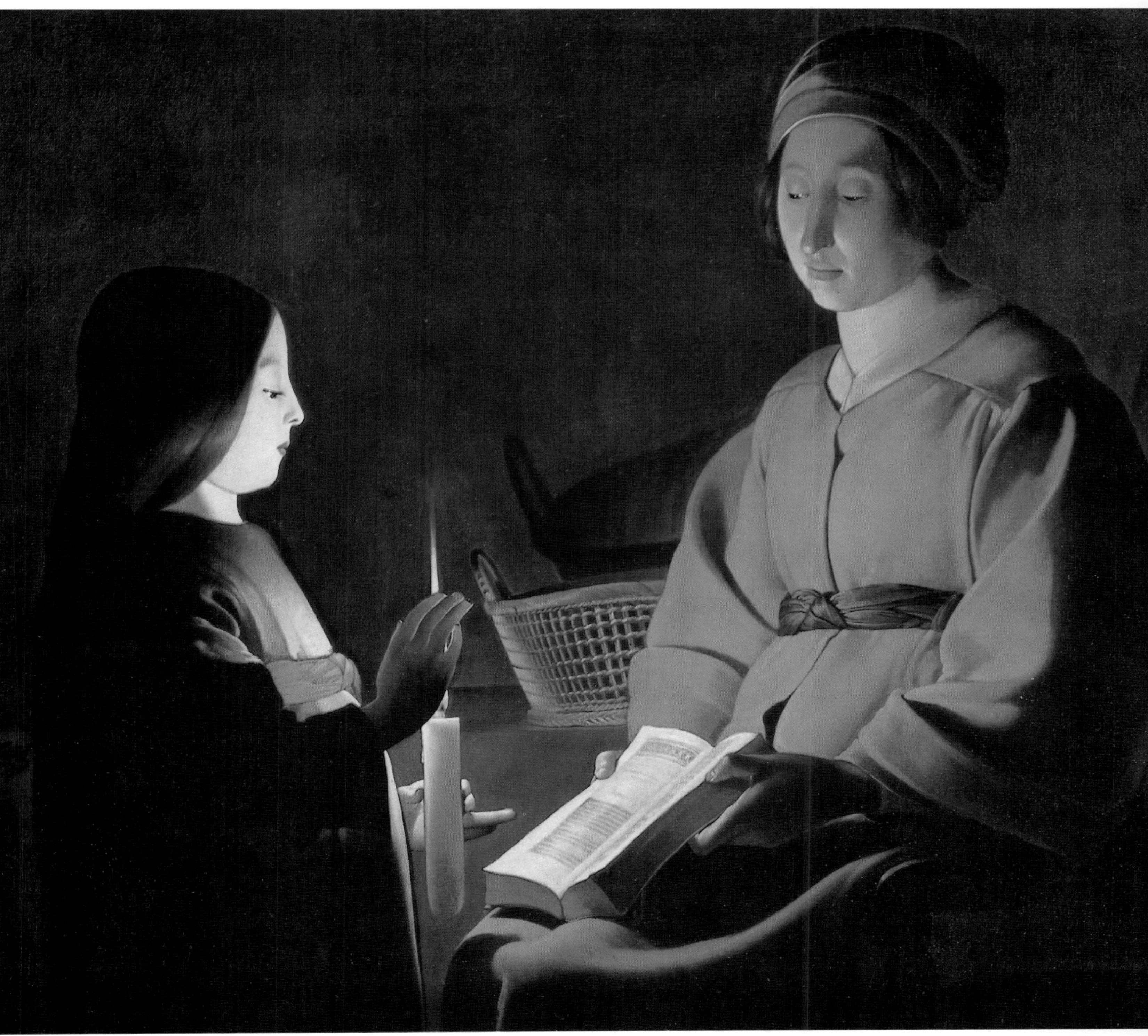

GEORGES DE LA TOUR *La educación de la Virgen* 0,83 × 1,00 Colección Frick

Pese a que La Tour pasó la mayor parte de su vida en su Lorena natal, su estilo, claramente influenciado por Caravaggio o sus seguidores holandeses, sugiere que podría haber viajado al extranjero. Un documento de 1639 lo cita como pintor del rey; sabemos además que también trabajó para la corte ducal de Lorena. Murió durante una epidemia en Lunéville.

El tratamiento audaz que da a luz transforma los temas corrientes y les da un aire de misterio. El lema de la educación de la Virgen, quien aquí lee una Biblia que sostiene su madre santa Ana, aparece por primera vez en los libros ilustrados del s. XV. Existen muchas pinturas similares a ésta. Probablemente son copias de taller de un original perdido de La Tour.

DIEGO DE SILVA VELÁZQUEZ *Cristo en casa de María y Marta* 0,60 × 1,03 National Gallery

Este cuadro pertenece a la época sevillana de Velázquez. Escenas en las que aparecen naturalezas muertas o bien cocinas y tabernas fueron muy populares en Sevilla.

Son propios de esta etapa velazqueña los colores terrosos y las pinceladas densas que describen la textura de los objetos y la piel curtida de los aldeanos. Velázquez plasma maravillosamente las brillantes escamas mojadas de los peces y la solidez y el carácter metálico del mortero.

La escena del fondo está tomada de san Lucas y está pensada como un cuadro dentro del cuadro o, quizá, como un reflejo en un espejo, pero es más probable que sea una escena que tiene lugar en una habitación contigua, que se ve a través de una abertura en la pared.

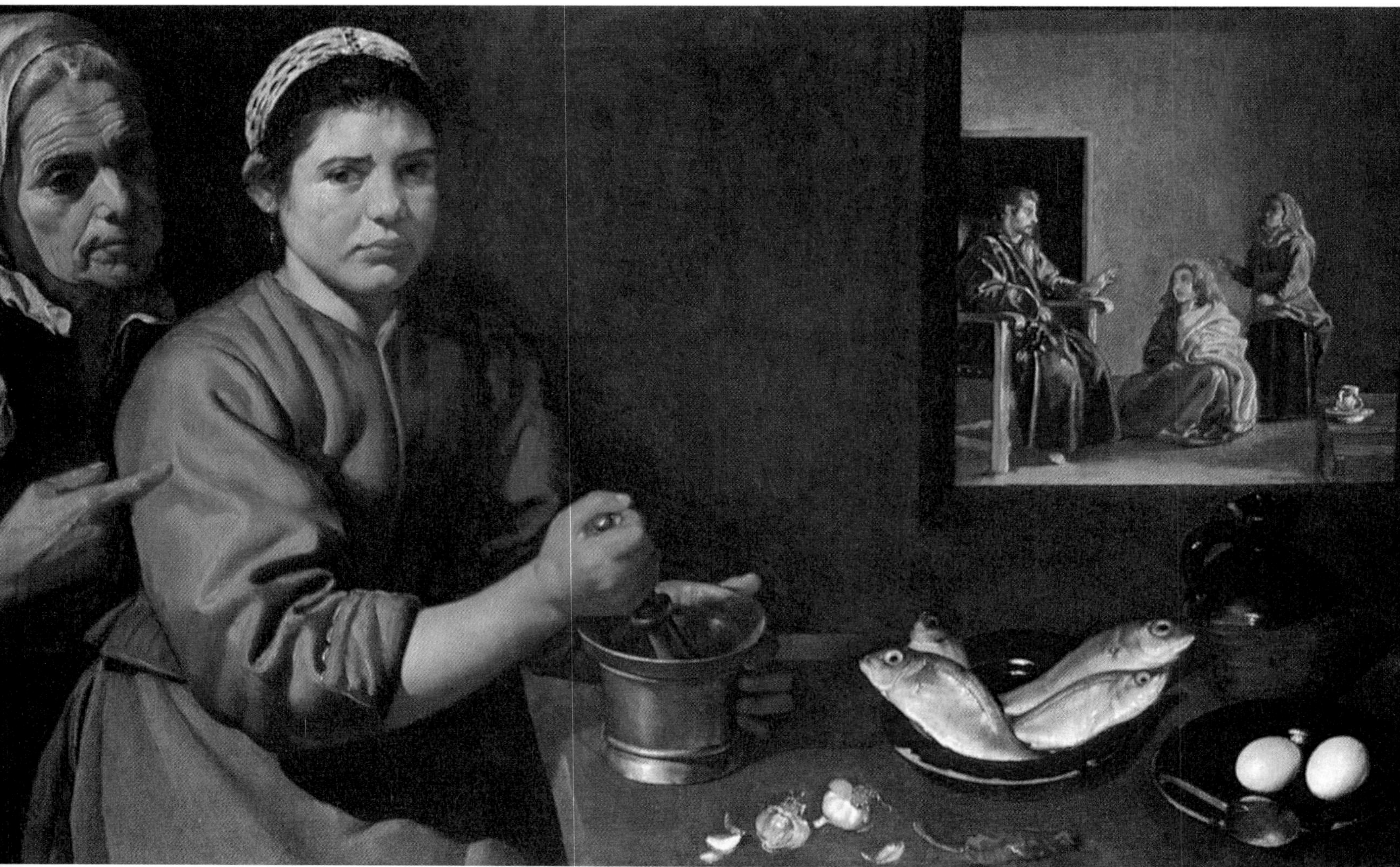

DIEGO DE SILVA VELÁZQUEZ *El desayuno* 1,70 × 1,01 Museo del Ermitage

En *El desayuno*, el artista nos muestra a dos alegres jóvenes que, aparentemente, han invitado a un hombre viejo, un vagabundo quizá. El argumento y los personajes se repiten a menudo en la obra del pintor. Velázquez resalta a los gesticulantes jóvenes, llenos de vida y osadía, cuya actitud contrasta con la del anciano, algo inmóvil y reservado que mientras escucha la juvenil charla da muestras de poseer gran experiencia. La comparación entre juventud y vejez está hecha de una forma delicada y con mucho tacto. Fuertes contrastes de luz y sombra organizan magistralmente el espacio pictórico. Con gran habilidad es utilizada la luz para resaltar los rostros, el blanco mantel, el vaso de vino, el pan, el plato con comida y la fruta. El artista presta atención a todos los detalles. Cada objeto está dibujado admirablemente y la obra entera transmite gran verismo.

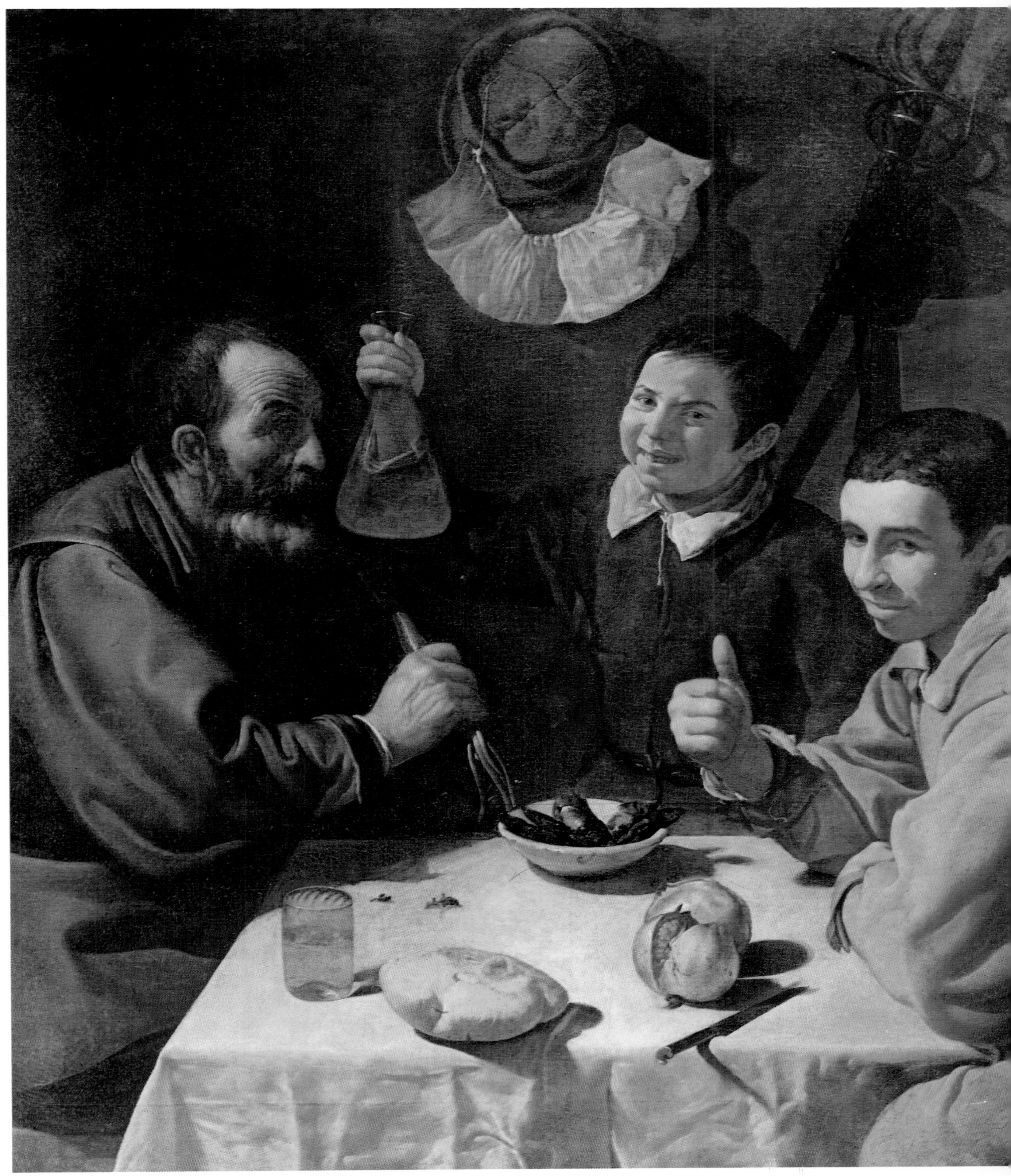

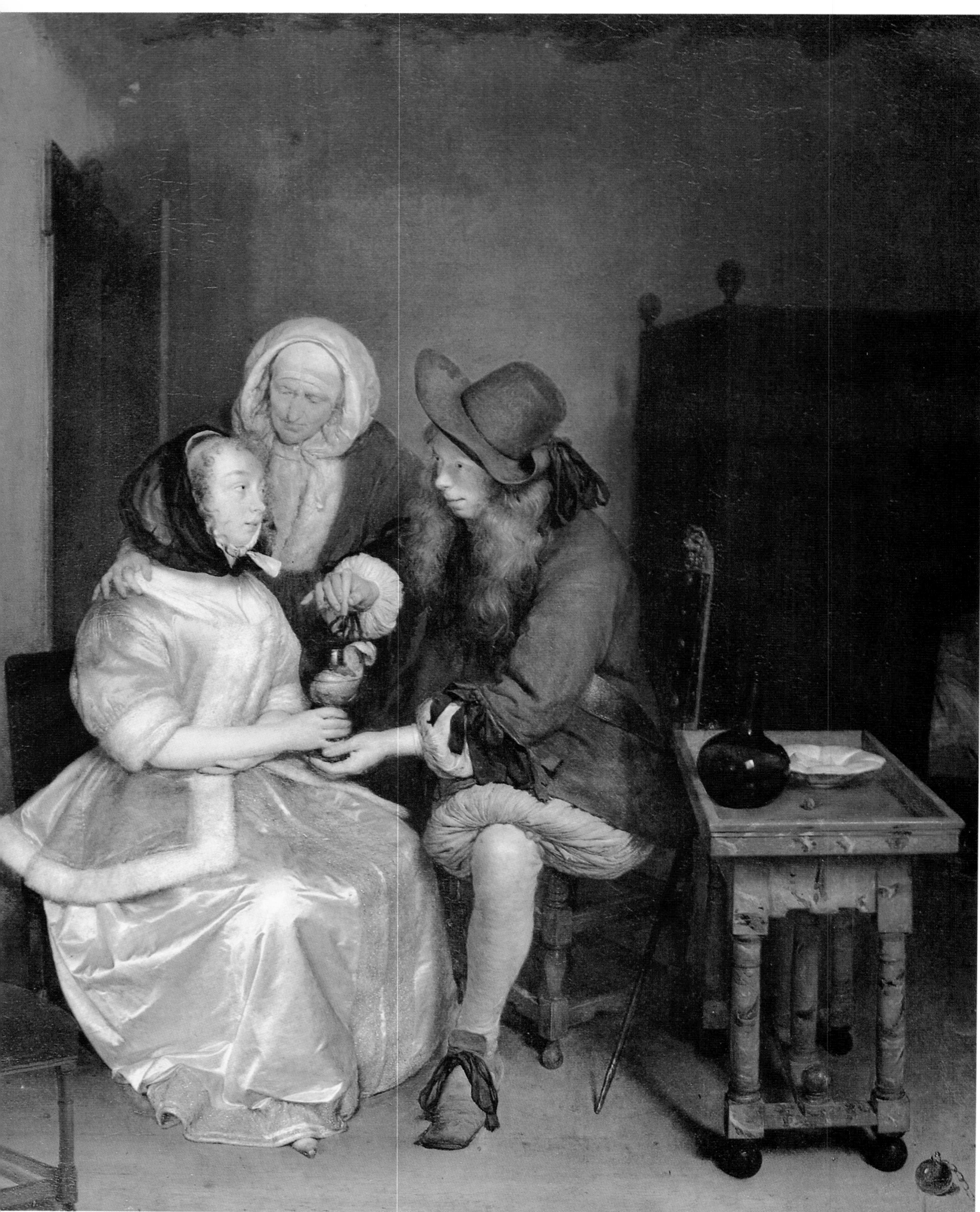

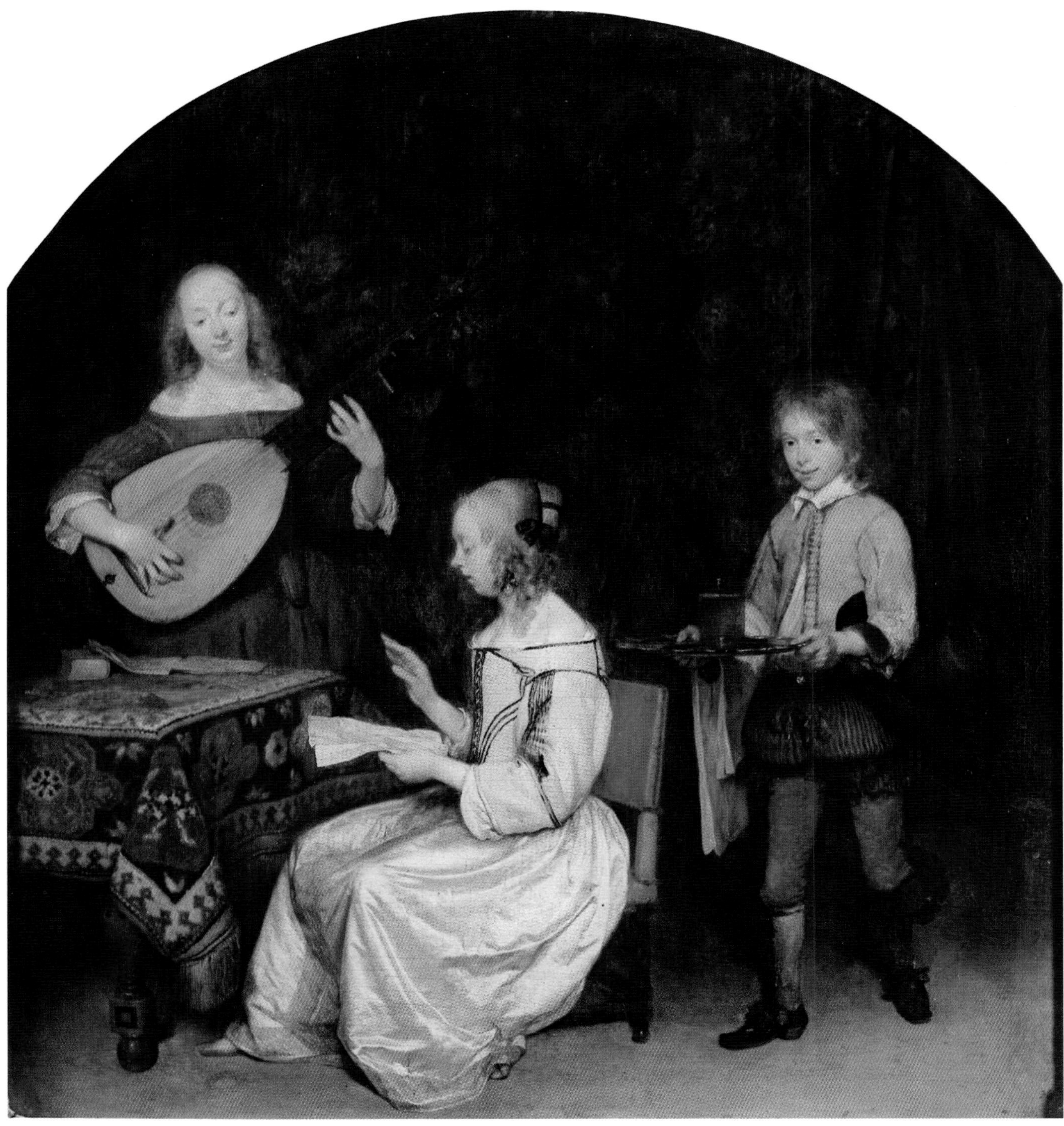

GERARD TERBORCH
El vaso de limonada 0,67 × 0,54 Museo del Ermitage

La preparación de la limonada es tan sólo un pretexto para la intimidad. Al sostener la copa, el objetivo del joven no es evitar que ésta se rompa, sino tener la posibilidad de tocar con su mano los dedos de la muchacha. Las miradas muy elocuentes del joven, lo mismo que la ligera turbación de la chica, muestran las emociones que aún no han sido expresadas con palabras. El tercer personaje es una vieja que parece aconsejar a la muchacha que tome una decisión segura.

GERARD TERBORCH
El concierto 0,47 × 0,43 Museo del Louvre

El carácter de este cuadro se relaciona con el tema, tratado a menudo, del concierto. Terborch es un analista y un observador notable, en el que encontramos ese talento en la representación de los objetos que constituye el mayor interés de las naturalezas muertas de los Países Bajos. Agrada también encontrar, en algunas obras de este artista, a los personajes sorprendidos en actitudes vivas, que contrastan con las "poses" convencionales frecuentes en la época.

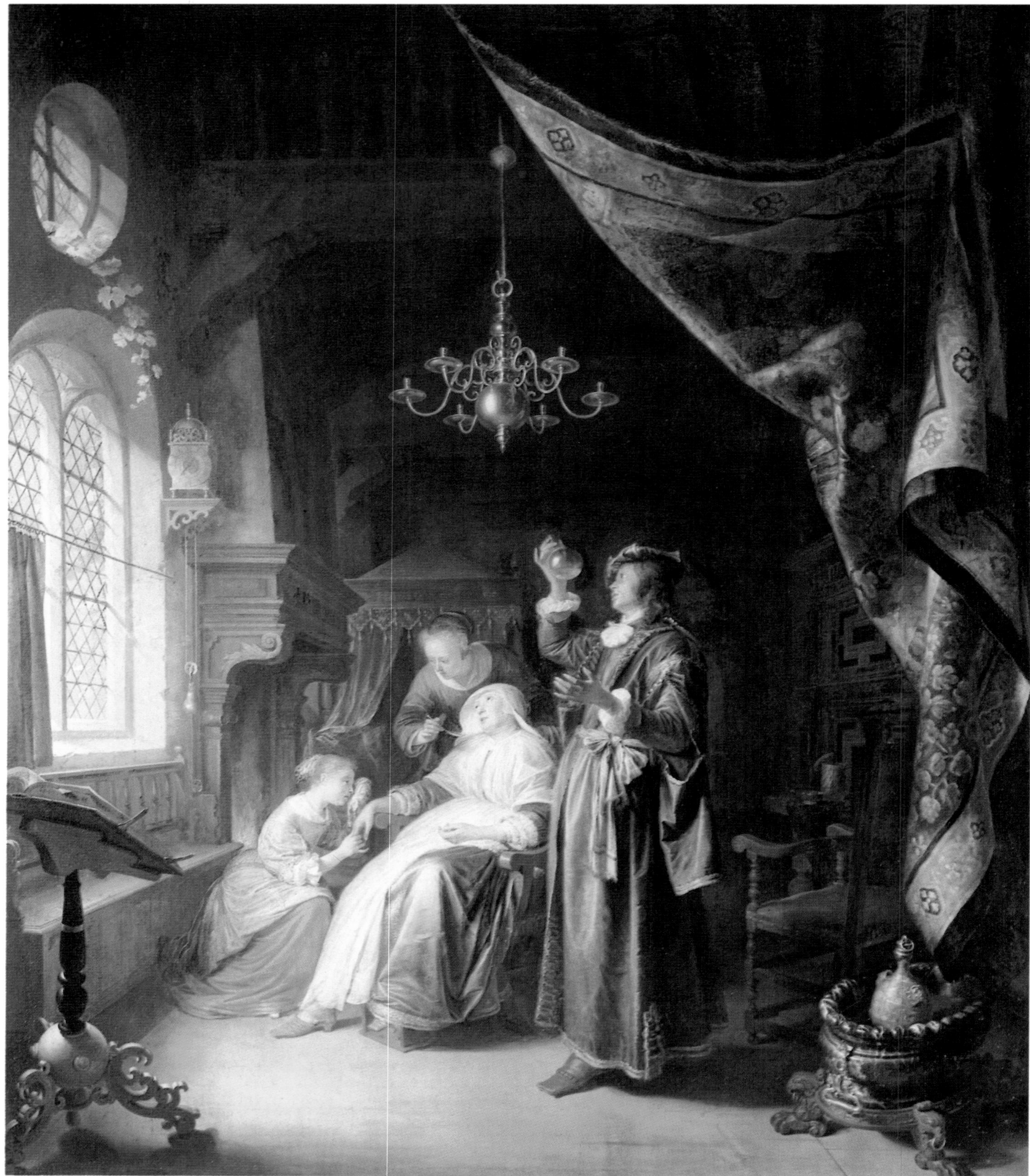

GERRIT DOU *La mujer hidrópica* 0,83 × 0,67 Museo del Louvre

Los pintores de género glosan la vida cotidiana. Pero en el seno de lo que es en ellos documento o anécdota, se desliza a veces una voluntad de representación que corresponde a un tema profundo. Detrás del tema de la visita de un médico, los objetos, sobre todo la lámpara, muestran una preocupación por la ilusión de realidad que alcanza una dimensión excepcional.

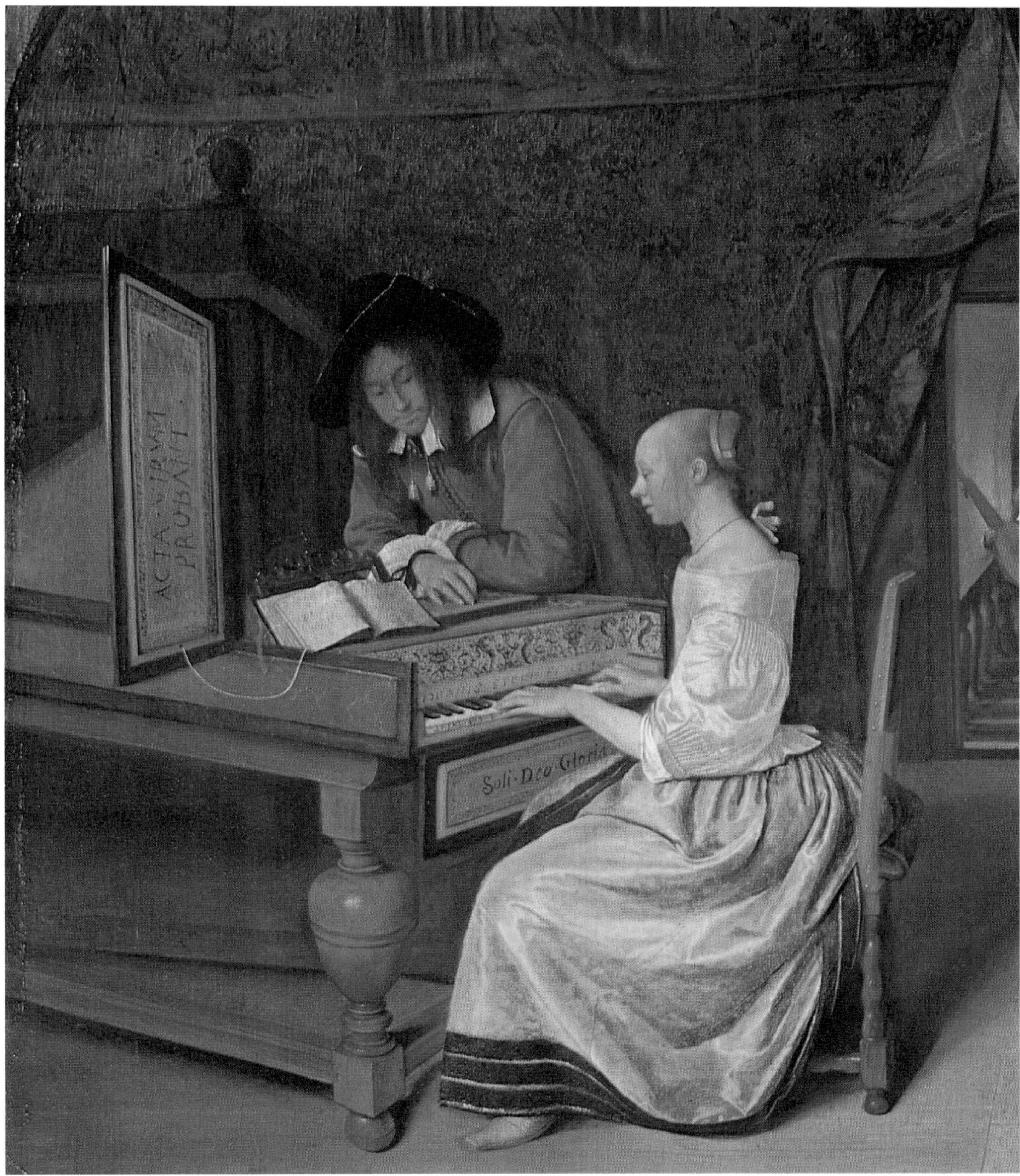

Jan Steen *Mujer tocando un clavicordio* 0,42 × 0,33 National Gallery

A menudo, la interpretación de música, relacionada con la presencia de un hombre y una mujer, hace referencia temática amorosa. Aquí, el hombre escucha a la joven que toca el clavicordio y, a través de la puerta, se ve un muchacho que se acerca con un laúd para que ambos jóvenes toquen los instrumentos a dúo, lo que podría interpretarse como una declaración de amor.

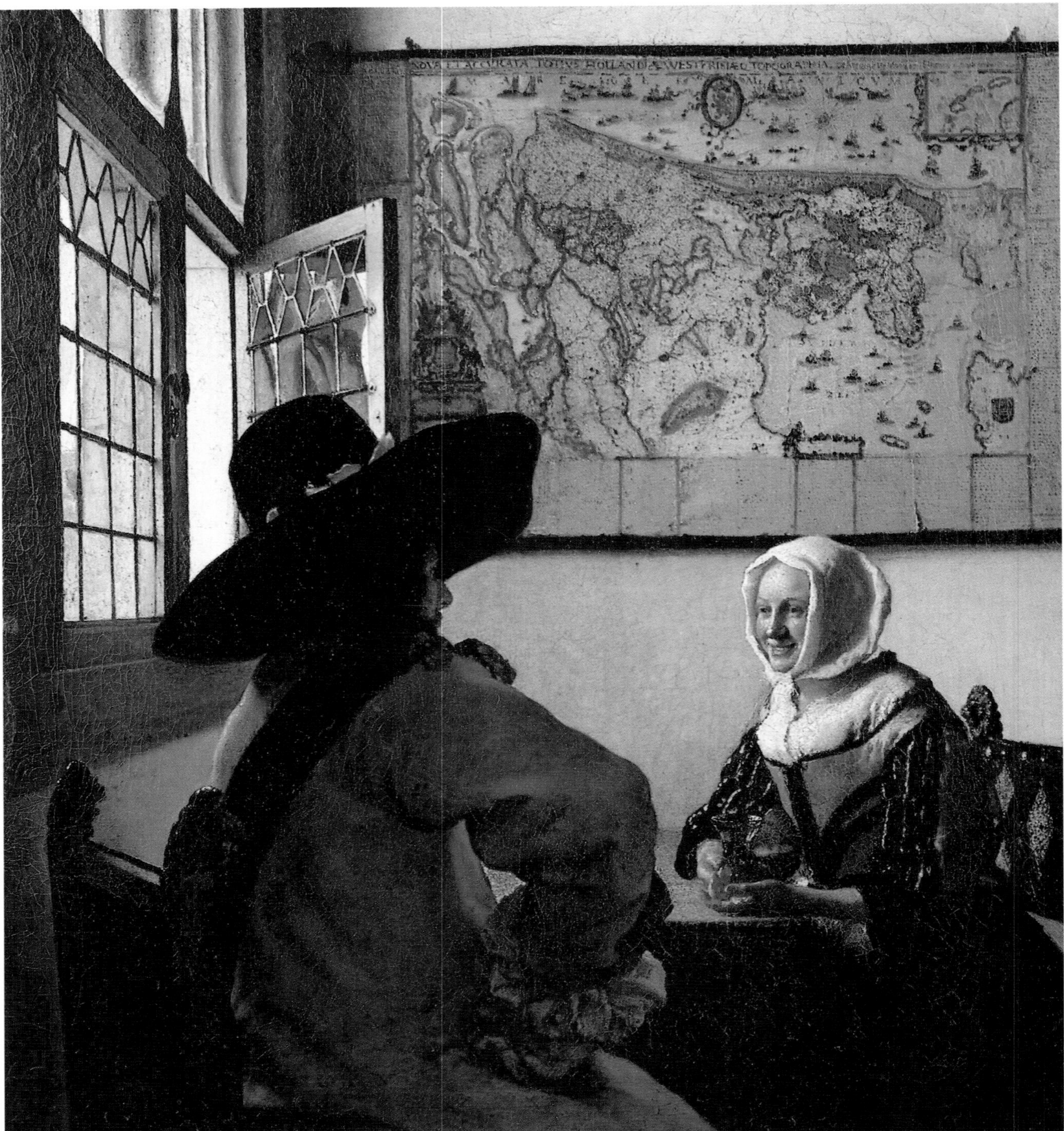

Johannes Vermeer
Oficial y muchacha sonriente 0,50 × 0,46 Colección Frick

Según parece, Vermeer pasó toda su vida en Delft, donde en 1653 entró a formar parte del gremio de pintores de la ciudad. En su obra se aprecian las influencias de los pintores de Utrecht que imitaban a Caravaggio. Pese a la elevada cotización de sus pinturas, parece que realizó pocas, ya que sólo se le reconocen treinta y cinco sobre un total de cuarenta existentes. Posiblemente ésta sea la primera obra en la que se aprecia el estilo maduro del pintor.

Johannes Vermeer
Dama ante un clavicémbalo 0,52 × 0,45 National Gallery

Vermeer fue un maestro en plasmar los efectos de la luz sobre los objetos en habitaciones interiores, produciendo un sentido espacial y volumétrico tan real como el de los mismos objetos. La manera sutil con que modula los colores, según la luz que cae sobre ellos, hace que el espacio luminoso se convierta en real y palpable. La composición, con sus horizontales y verticales cuidadosamente colocadas, casi tiene una cualidad abstracta.

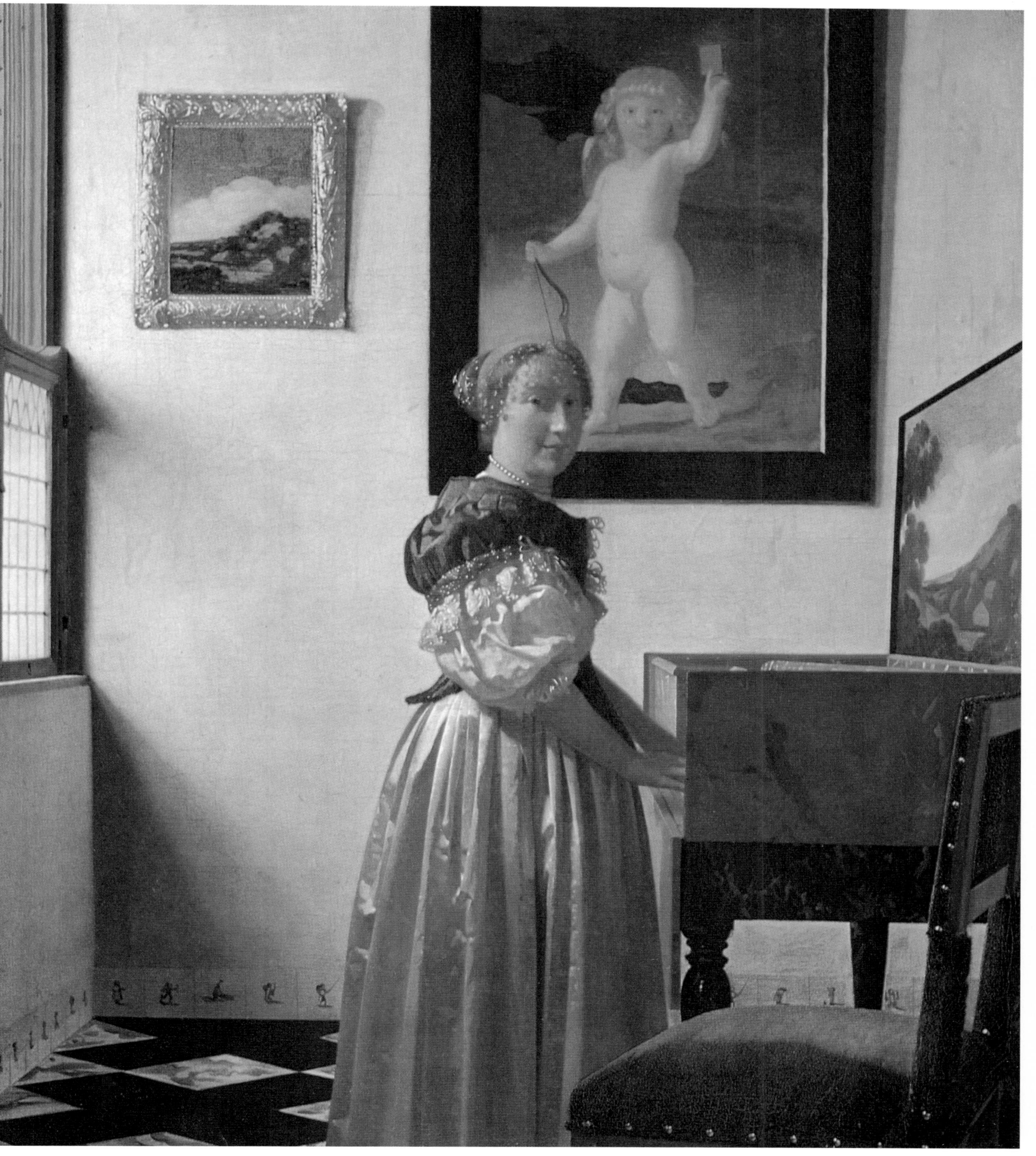

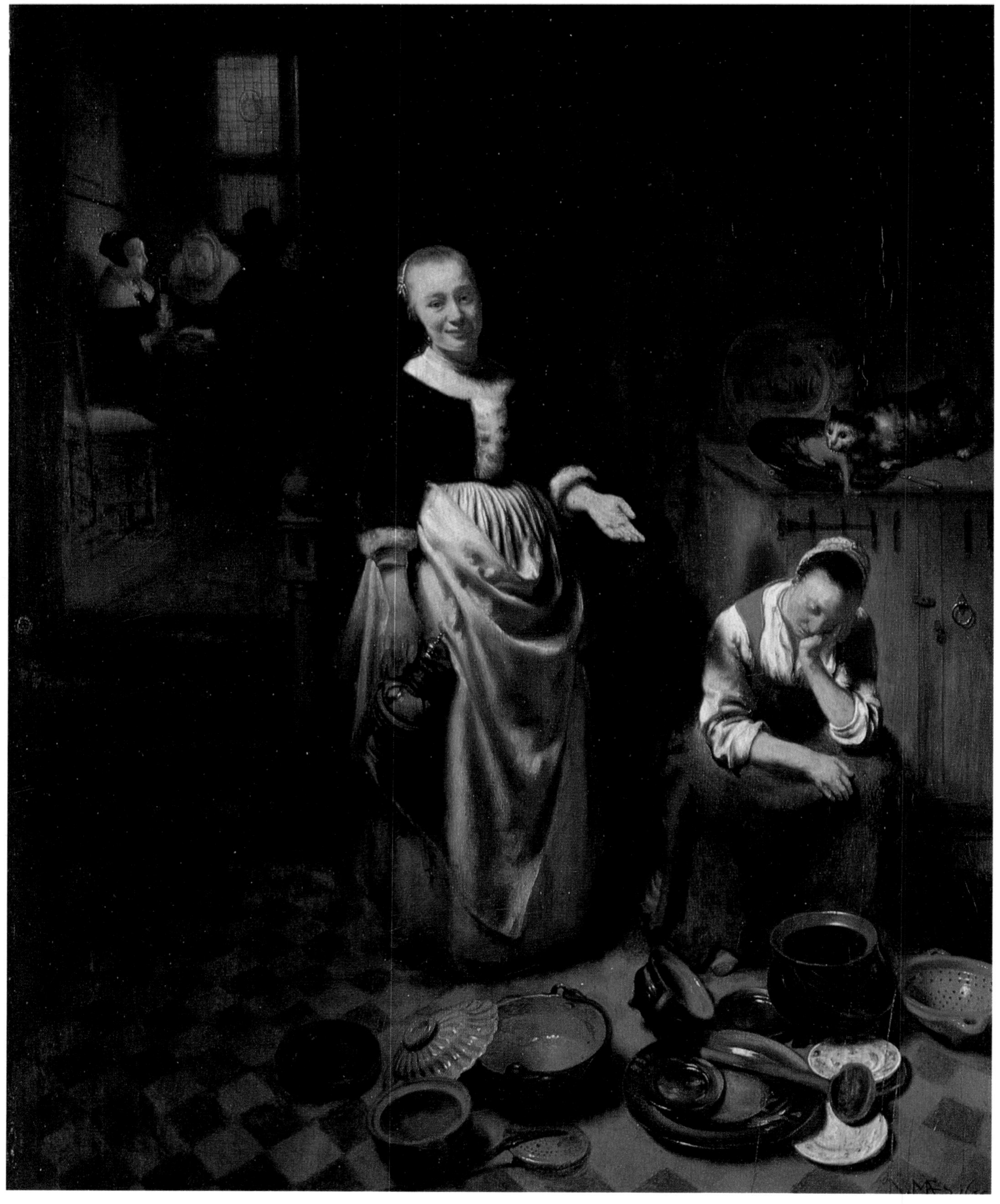

NICOLAS MAES *La criada dormida y su señora* 0,70 × 0,53 National Gallery

Éste es el primer caso conocido en que se nos muestra el interior de una habitación trasera, recurso que exige habilidad en la perspectiva. Este tipo de composición fue utilizado posteriormente por los pintores de Delft, especialmente Pieter de Hooch. La criada se ha dormido y un gato aprovecha la ocasión para robar algo de comida. La posición en que está sentado el personaje central expresa holgazanería, sin embargo, el gesto y la sonrisa de la señora indican indulgencia.

PIETER DE HOOCH *Interior con varios personajes* 0,73 × 0,64 National Gallery

En la segunda mitad del s. XVII, los artistas de Delft se especializaron en describir las actividades cotidianas y los entrenamientos familiares de la clase media, en sus limpias y ordenadas casas. En este cuadro, De Hooch ideó una habitación a la manera de un escenario y dispuso a las figuras como actores. Se advierte la introducción de algunos cambios, tras una primera elaboración. Se añadió la joven sirvienta en pie, delante de la chimenea, a través de cuya falda se transparenta el piso. Por otra parte, se eliminó una figura de hombre pintada al lado de la sirvienta. Sin embargo permanece la silueta y el sombrero es perceptible sobre la chimenea.

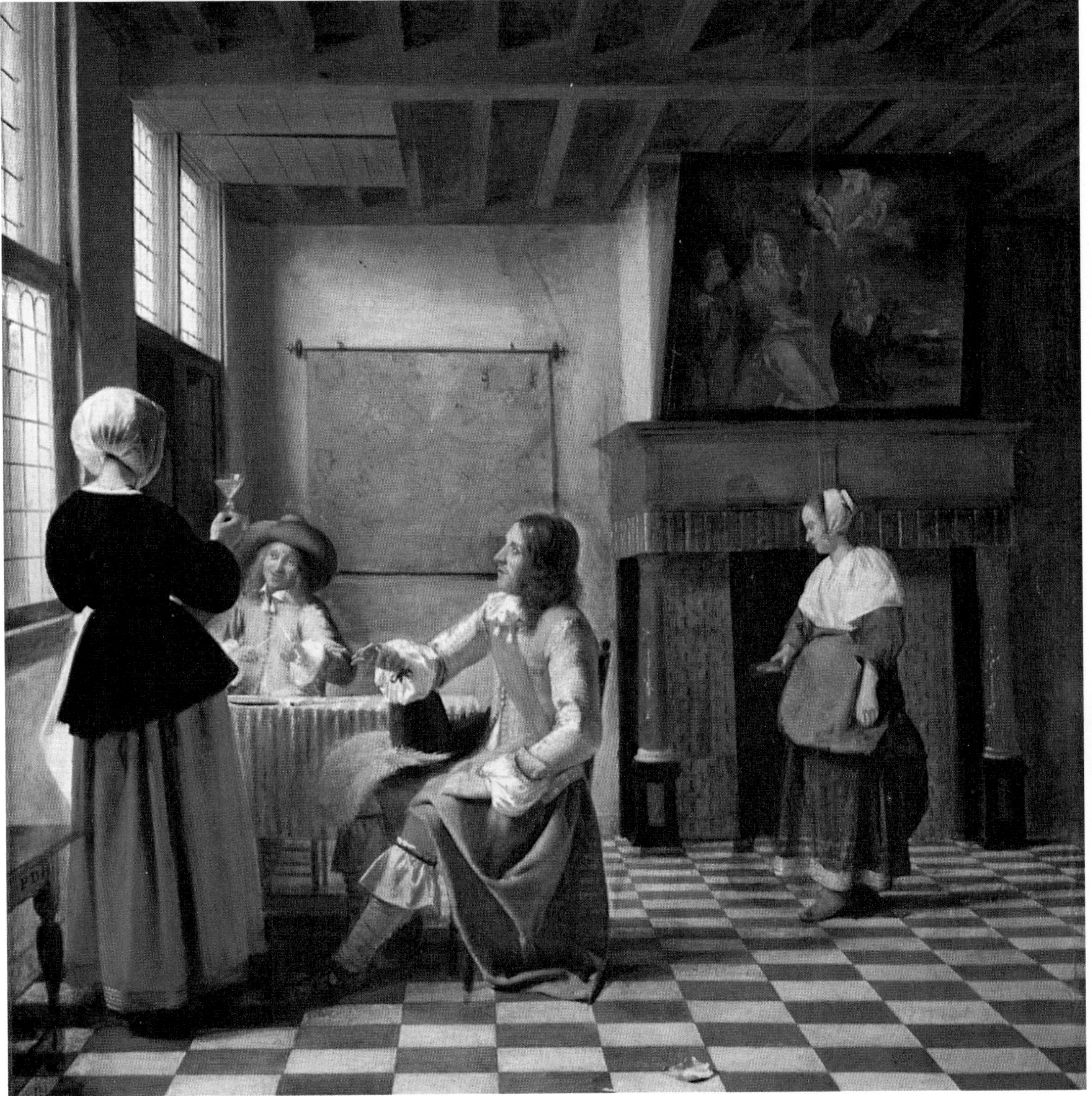

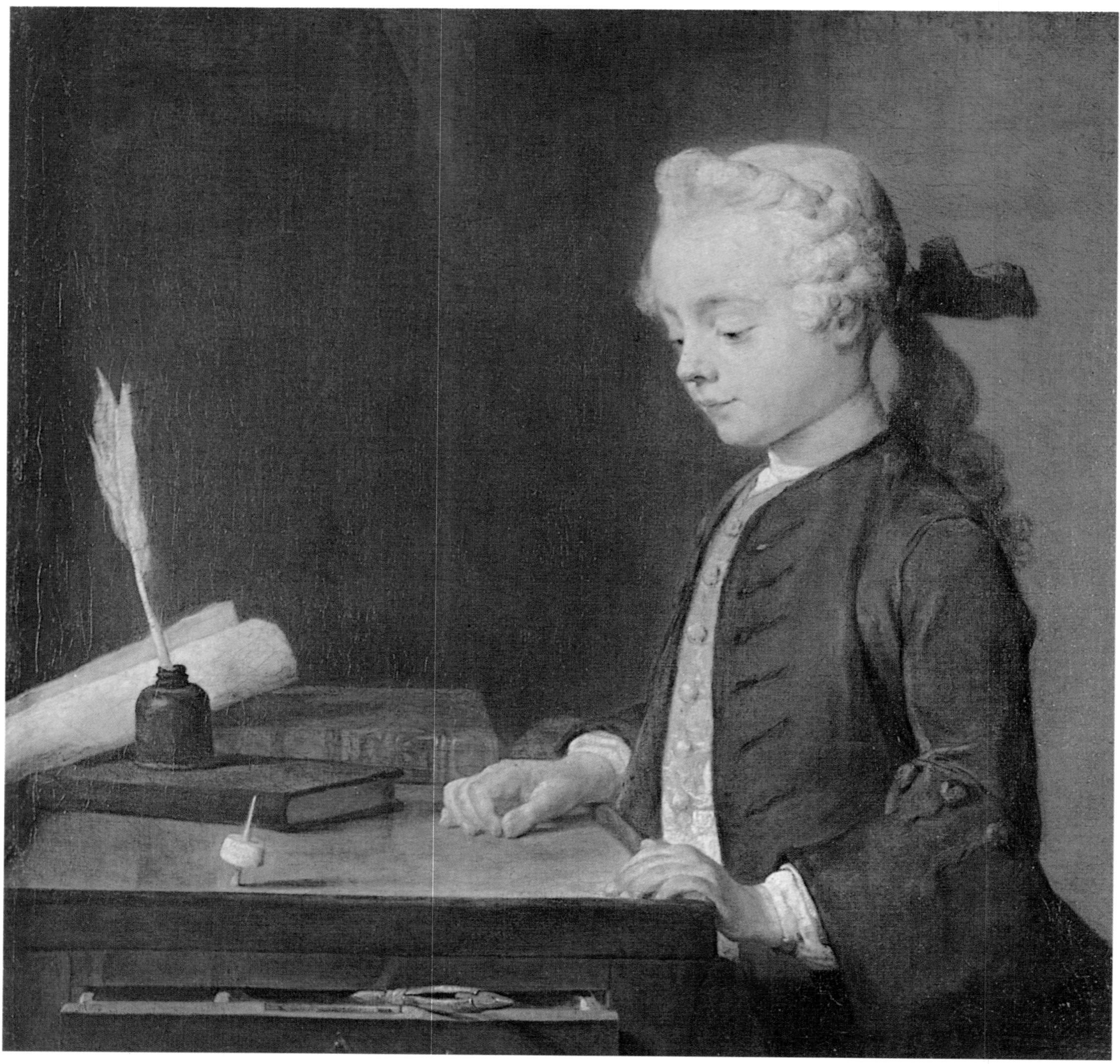

JEAN-BAPTISTE-SIMÉON CHARDIN
El niño del trompo 0,68 × 0,76 Museo del Louvre

Esta escena de género, a la vez retrato de niño y estudio de interior, realza la anécdota por su verismo humano y también por la evocación de la vida familiar a través de una armonía de colores neutros pero muy matizados.

FRANÇOIS-HUBERT DROUAIS
Madame de Pompadour 2,20 × 1,59 National Gallery

Con este retrato, Drouais plasma la vivacidad y. la gracia de esta famosa dama, que en la composición está sentada, bordando y rodeada de objetos hermosos. Drouais pintó a la Pompadour cuando ésta se hallaba en los últimos años de su vida, víctima ya de una enfermedad agotadora, y terminó el cuadro después de muerta.

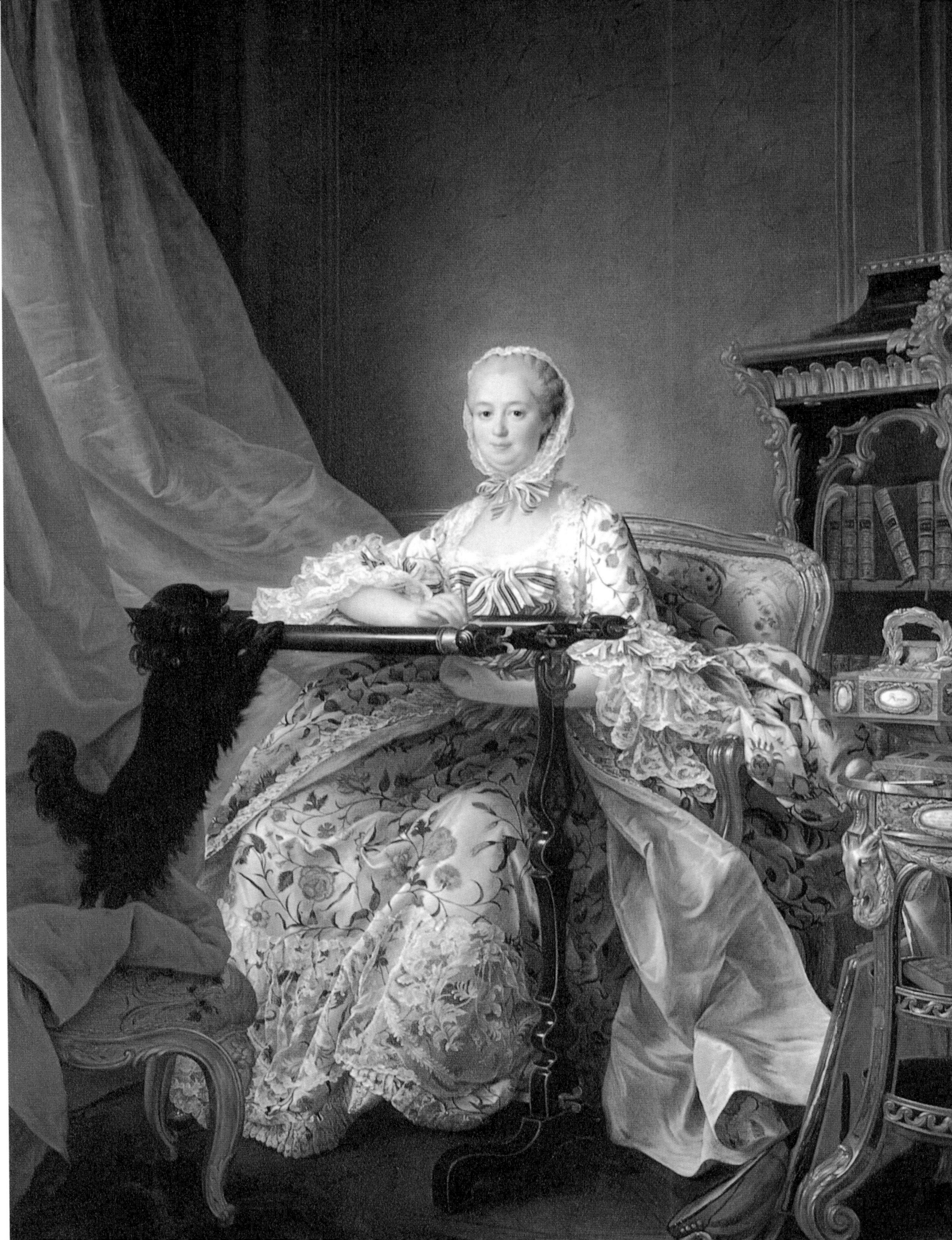

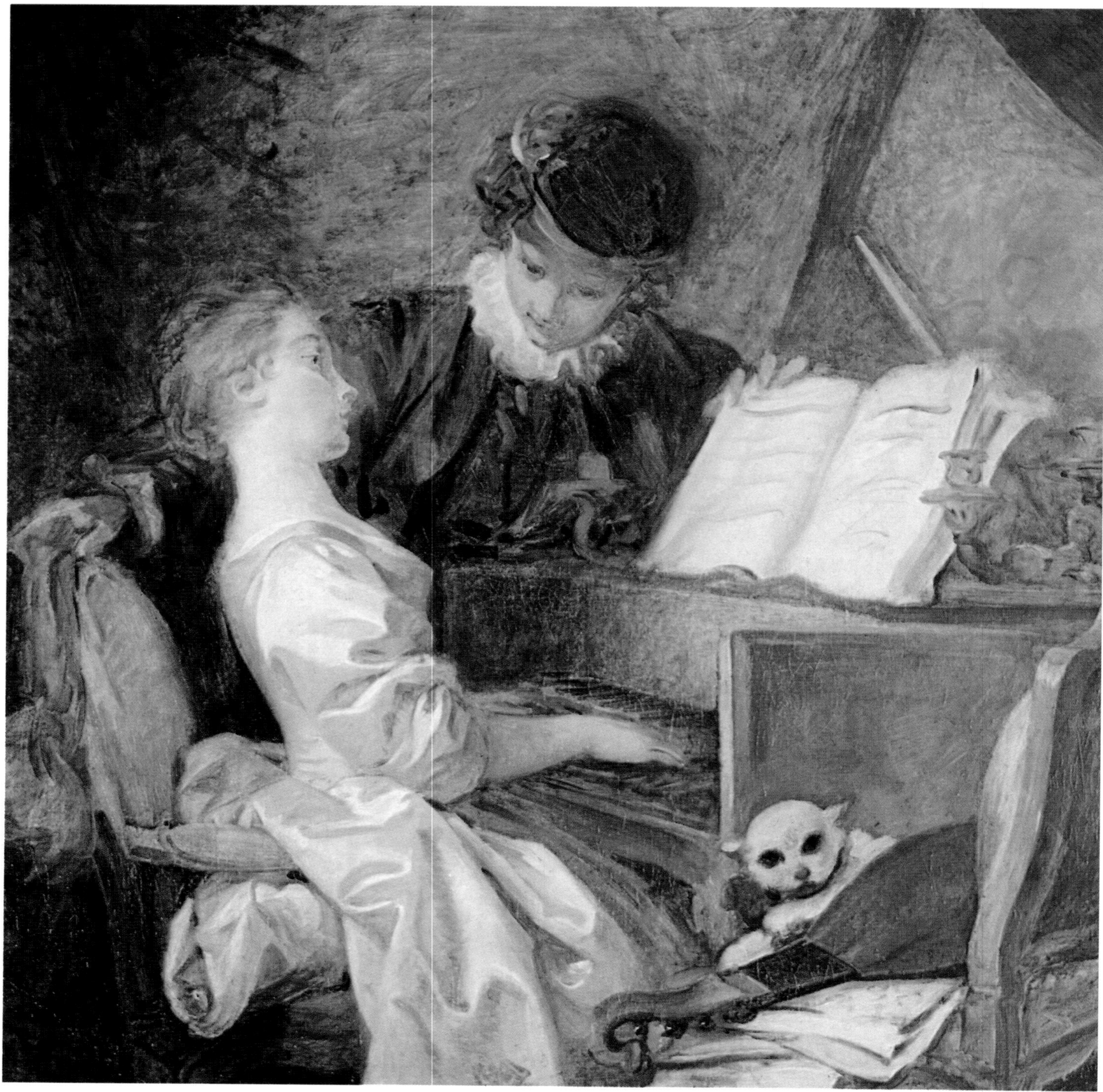

HONORÉ FRAGONARD
La lección de música 1,08 × 1,20 Museo del Louvre

La escena, un diálogo amoroso que parece sorprendido en un instante fugaz, revela una rapidez y una habilidad técnica que favorecen a la movilidad de las actitudes sugeridas. Es célebre, en efecto, el virtuosismo de Fragonard, con una audacia en la ejecución que recuerda a Frans Hals.

HONORÉ FRAGONARD *El beso robado* 0,45 × 0,55 Museo del Ermitage

Este cuadro de Honoré Fragonard es uno de los más interesantes de su creación. La sencilla escena del beso es narrada de una manera feliz y despreocupada. El modo utilizado por el maestro para reflejar el color y la factura de los objetos descubren el influjo de la escuela holandesa. La joven representada ha dejado un instante a los mayores, probablemente para recoger su chal transparente, y encuentra fortuitamente al galán que la besa. El pintor sabe transmitir con extraordinaria vivacidad el impulso de la joven, su confusión y su alegría, compartida con el muchacho. Fragonard elabora los detalles con verdadera minuciosidad y con el máximo esfuerzo por lograr la mayor precisión posible en las texturas. Buen ejemplo de ello son el vestido de la joven, la cortina ubicada a la izquierda del cuadro y la alfombra decorada.

Son tradicionales en el maestro francés las pinceladas anchas, fáciles y completas. Aquí, sin embargo, éstas han sido sustituidas por unos toques secos con todo el pincel. Es el recurso utilizado por el pintor para lograr que la superficie del lienzo dé la impresión de ser un esmalte.

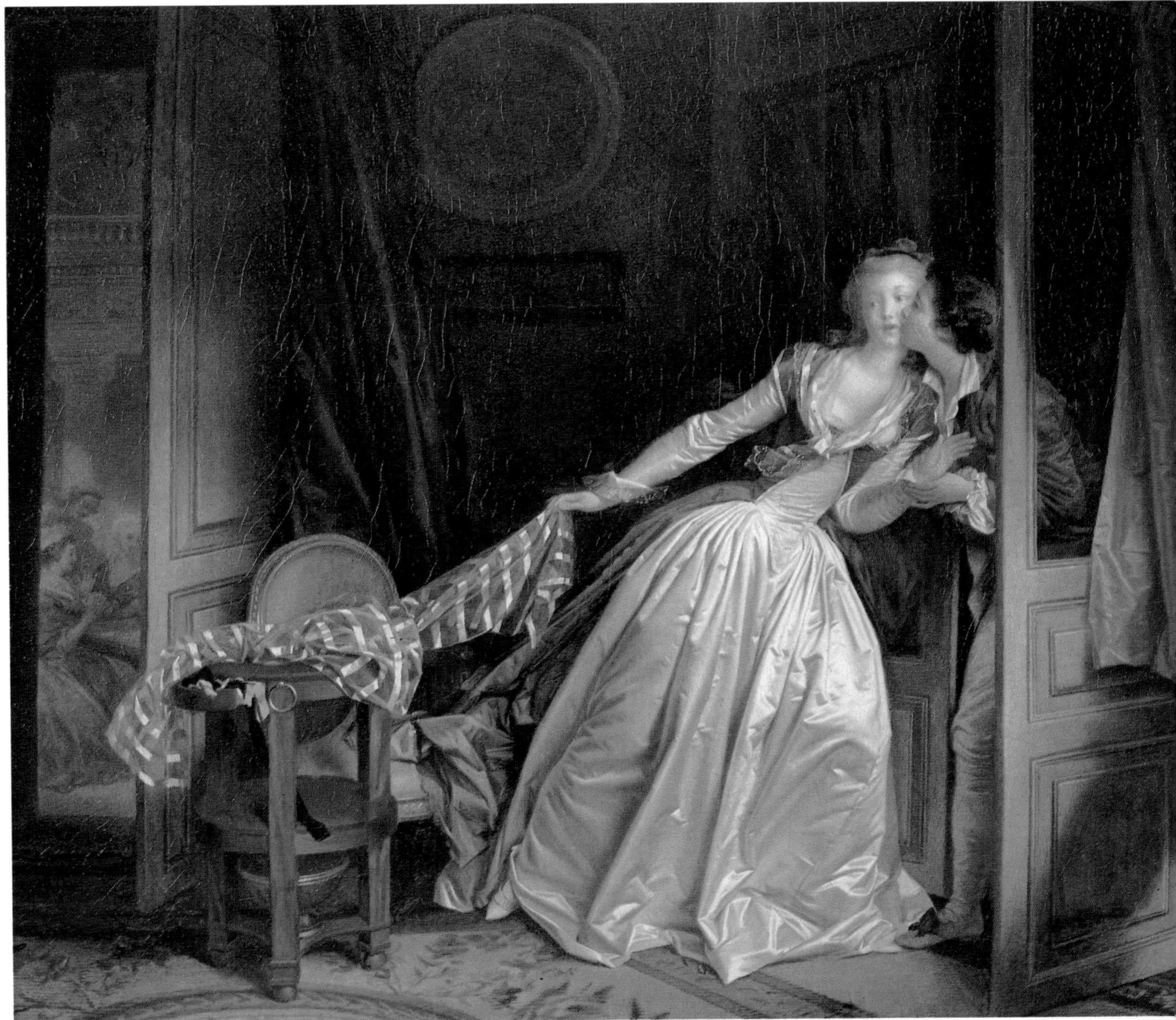

LOUIS-LÉOPOLD BOILLY
El billar 0,56 × 0,81
Museo del Ermitage

Louis-Leopold Boilly dibujó preferentemente escenas de género intimista. Supo transmitir con mucha precisión el mundo circundante y a través de sus obras se puede conocer la moda, los interiores, las costumbres de las épocas del directorio, del consulado y del primer imperio.

La sala de billar representada en el presente cuadro está iluminada por una luz que procede del techo, lo que posibilita al pintor crear varios puntos luminosos, oscureciendo a un personaje, iluminando a otro. Boilly presenta un grupo de personas muy heterogéneo. Los personajes principales son los jugadores de billar pero pueden verse también viejos que conversan, una madre amamantando a su hijo, damas coqueteando, niños jugando e incluso dos perros.

El artista presenta a todo el grupo con un cierto amaneramiento y lo embellece. Las figuras femeninas son marcadamente graciosas. Sus alargadas proporciones pueden ser consideradas como un tributo al clasicismo, pero este procedimiento ya era utilizado antes de la Revolución por Greuze.

El artista eligió un adecuado colorido en el que dio predominancia a los tonos suaves.

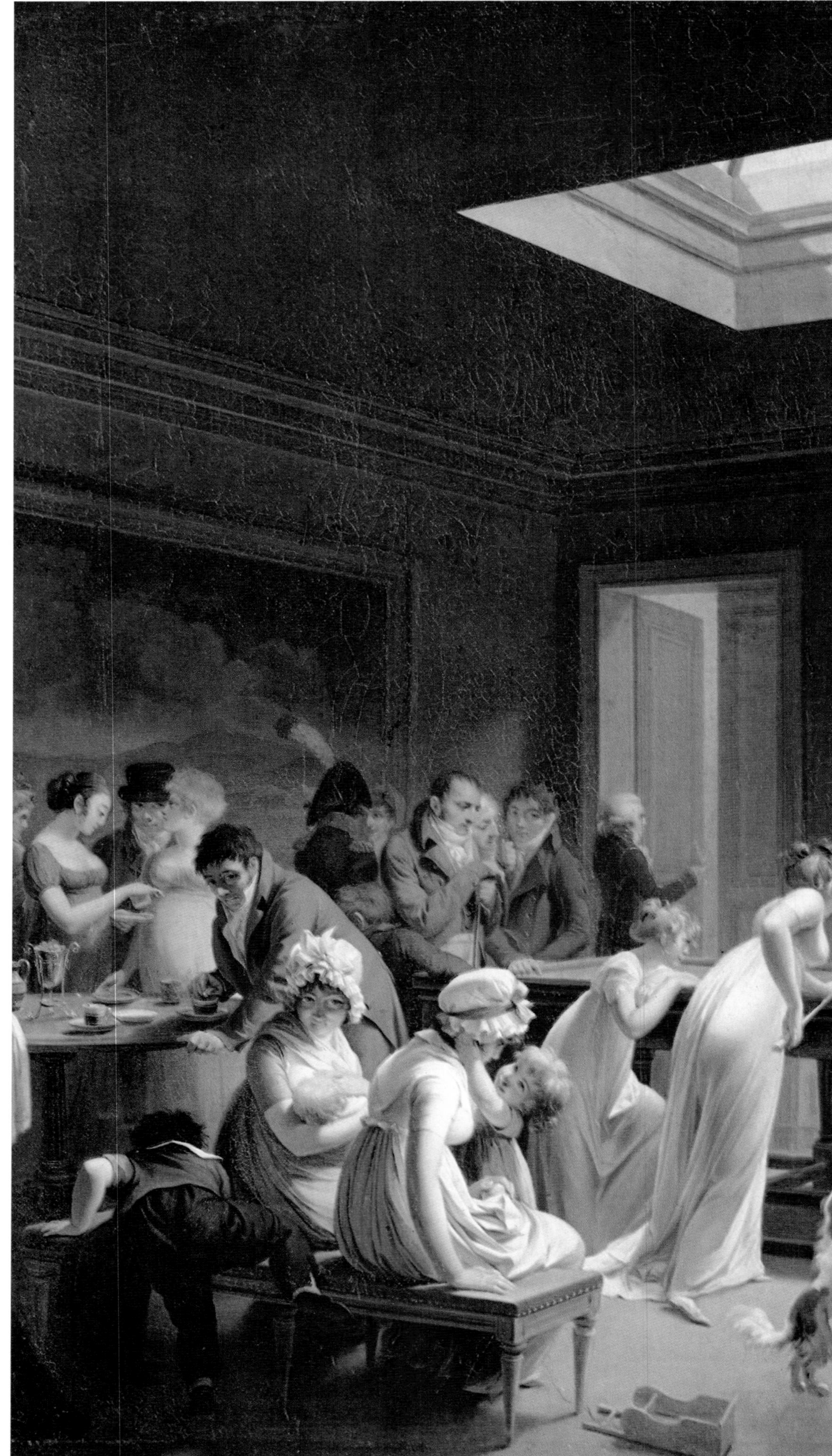

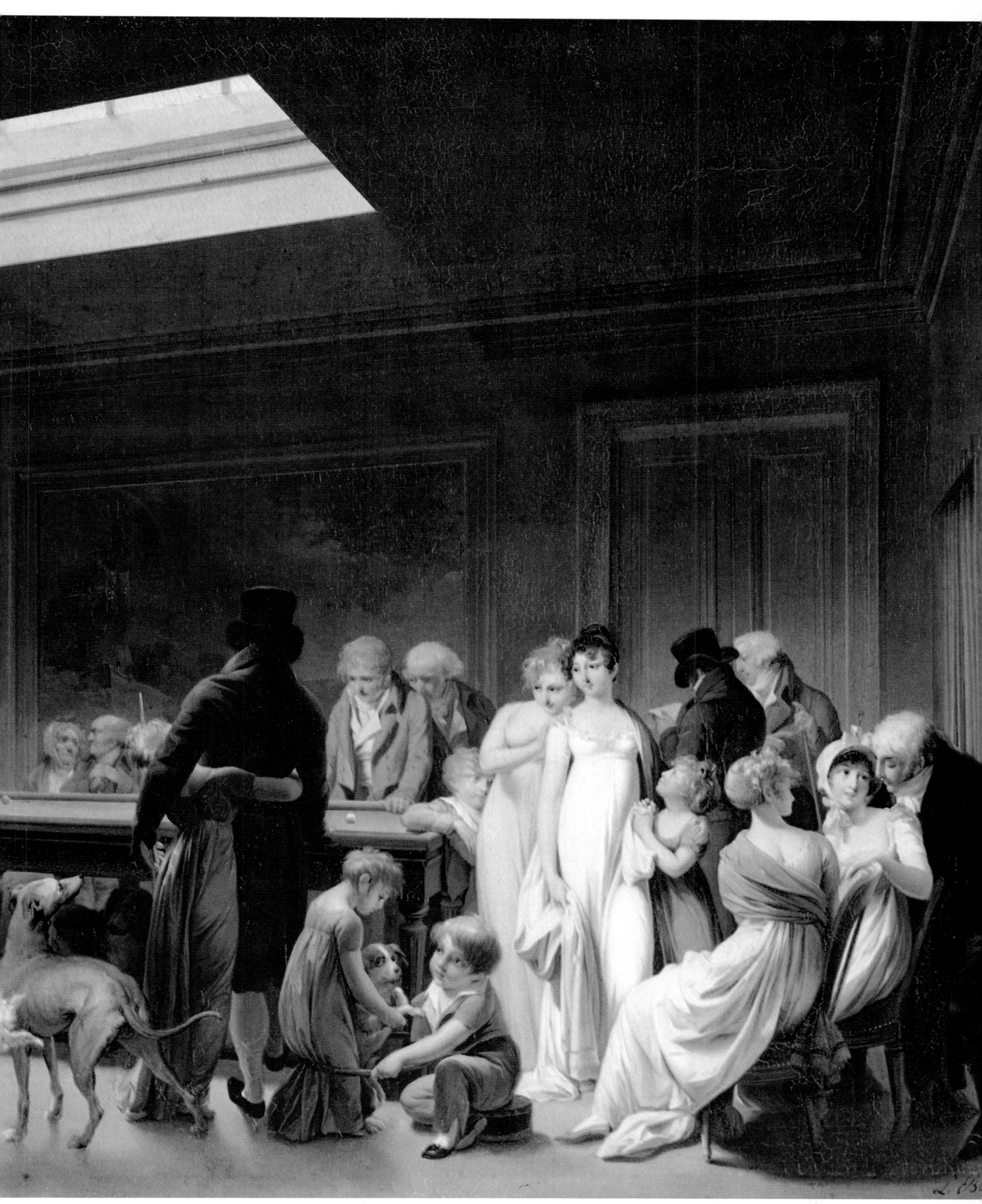

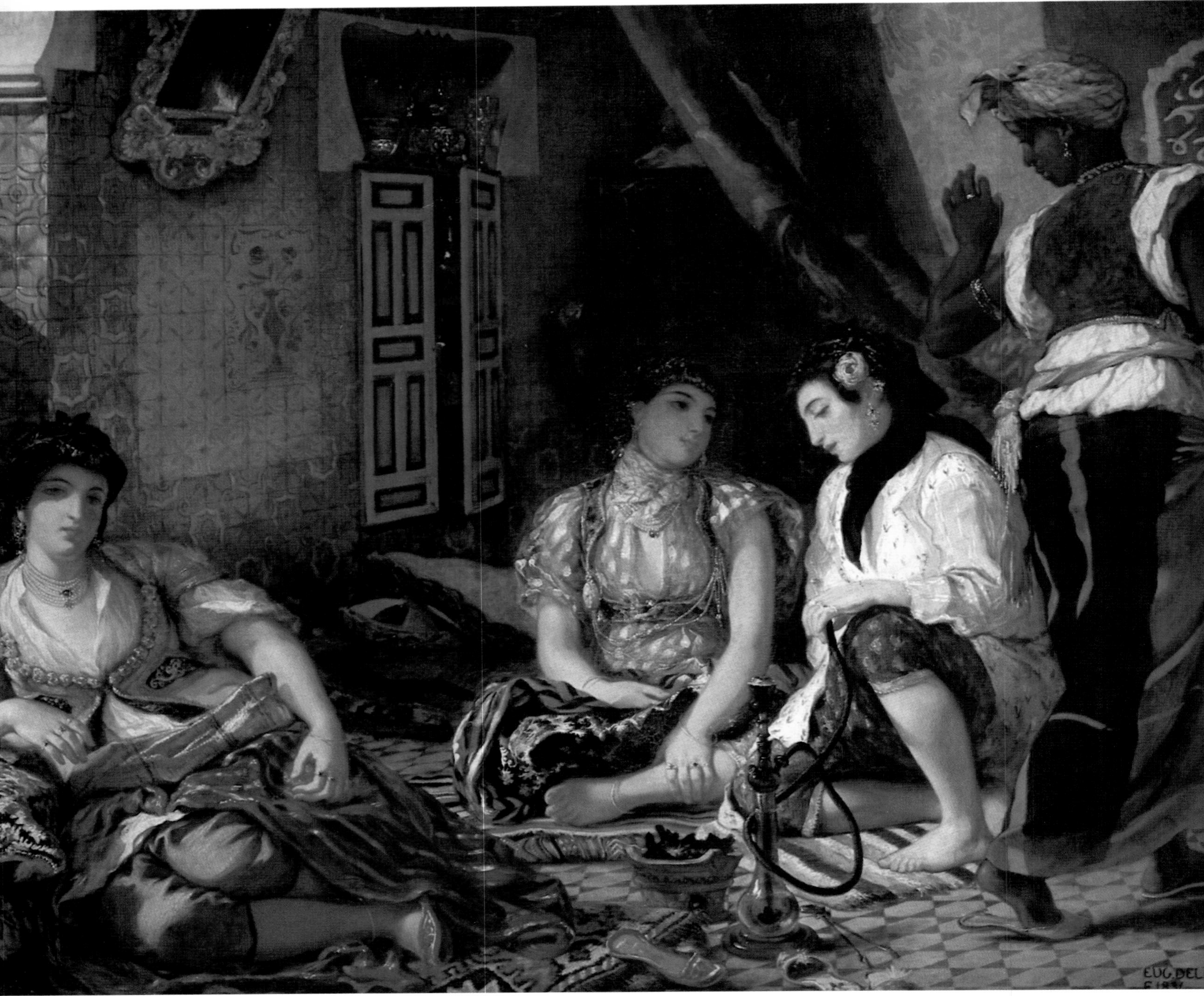

Eugène Delacroix
Mujeres de Argel 1,80 × 2,29
Museo del Louvre

Delacroix efectuó en 1832 un viaje por Marruecos y Argelia que fue decisivo para su obra y que le dio la idea de crear un clasicismo vivo. De vuelta a Francia, llevaba consigo numerosos apuntes que le sirvieron de repertorio. En esta escena de interior, cuyo carácter pintoresco y documental es mucho menos importante que la composición plástica y pictórica, la luz y los colores desempeñan un papel esencial.

Los reflejos se consiguen mediante una técnica de yuxtaposición de pinceladas, precursora del impresionismo.

Mary Cassat
Señora a la mesa de té 0,73 × 0,61
Museo de Arte Metropolitano

Cassat fue la única pintora norteamericana que llegó a formar parte del grupo impresionista de París. En esta pintura, coloca a la imponente figura en un plano ambiguo en donde el primer plano y el fondo tienen virtualmente el mismo color por estar casi fundidos. El cuadro está animado por un juego de té azul y oro, y por la fluida pincelada del delicado encaje y del rostro. La modelo está enmarcada por una serie de rectángulos que incrementan la intensidad tonal a medida que disminuyen de tamaño.

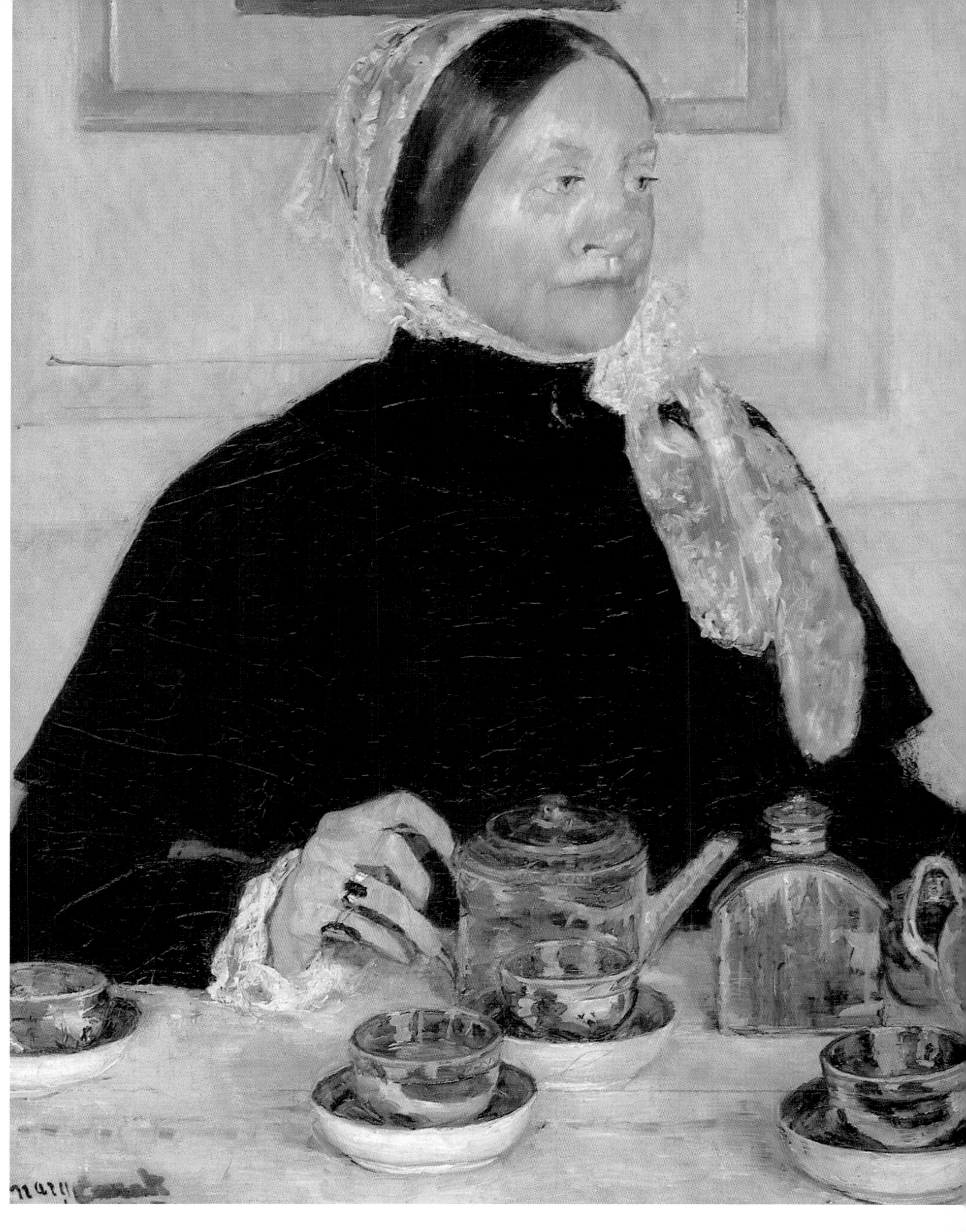

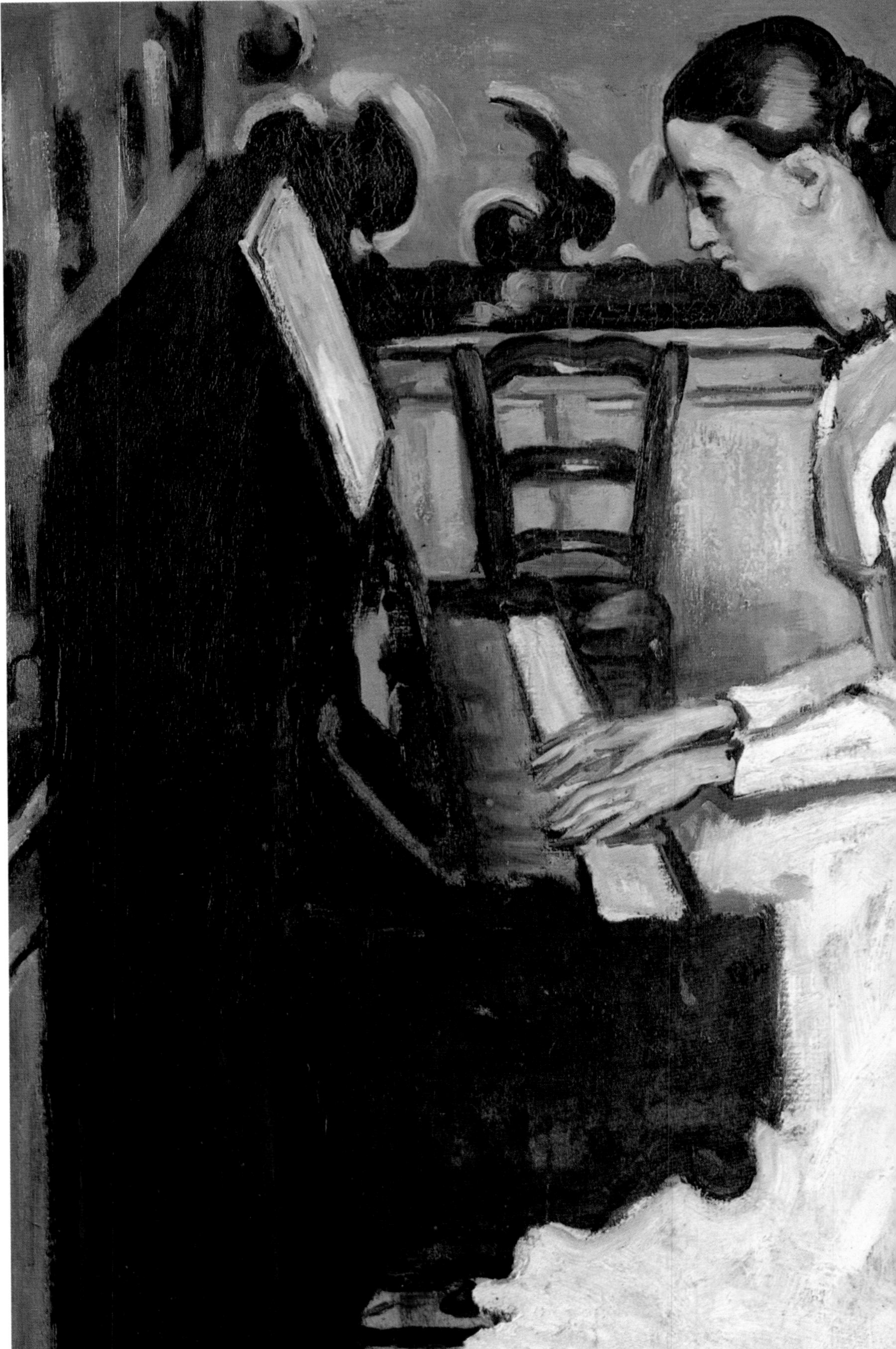

PAUL CÉZANNE
Muchacha al piano.
La obertura de Tannhäuser
0,57× 0,92
Museo del Ermitage

Paul Cézanne no siempre recorrió los mismos caminos que los impresionistas, los cuales centraban la atención en la luz y el color. El maestro, aunque concedía enorme importancia a estos factores pictóricos, buscaba al mismo tiempo nuevos medios para reflejar formas y volúmenes. La aspiración impresionista de plasmar el instante le era ajena a Cézanne, quien maduraba cada una de sus obras durante un largo periodo de tiempo, volviendo reiteradamente a los mismos motivos.

El presente cuadro es en realidad un retrato de su familia hecho en los años 1867-1869, al comienzo de su actividad creativa. Al piano está su hermana mayor, María, y sentada sobre el diván con la labor en las manos, su madre.

La obra está ejecutada con los caracteres propios de Cézanne en esa época en la que predominan los tonos oscuros, casi negros. Es interesante la manera de contornear cada forma con una línea negra bastante gruesa. Este procedimiento permite al artista localizar cualquier forma y acentuarla a la vez que lo conduce a la solución del mayor problema de su creación: construir el volumen.

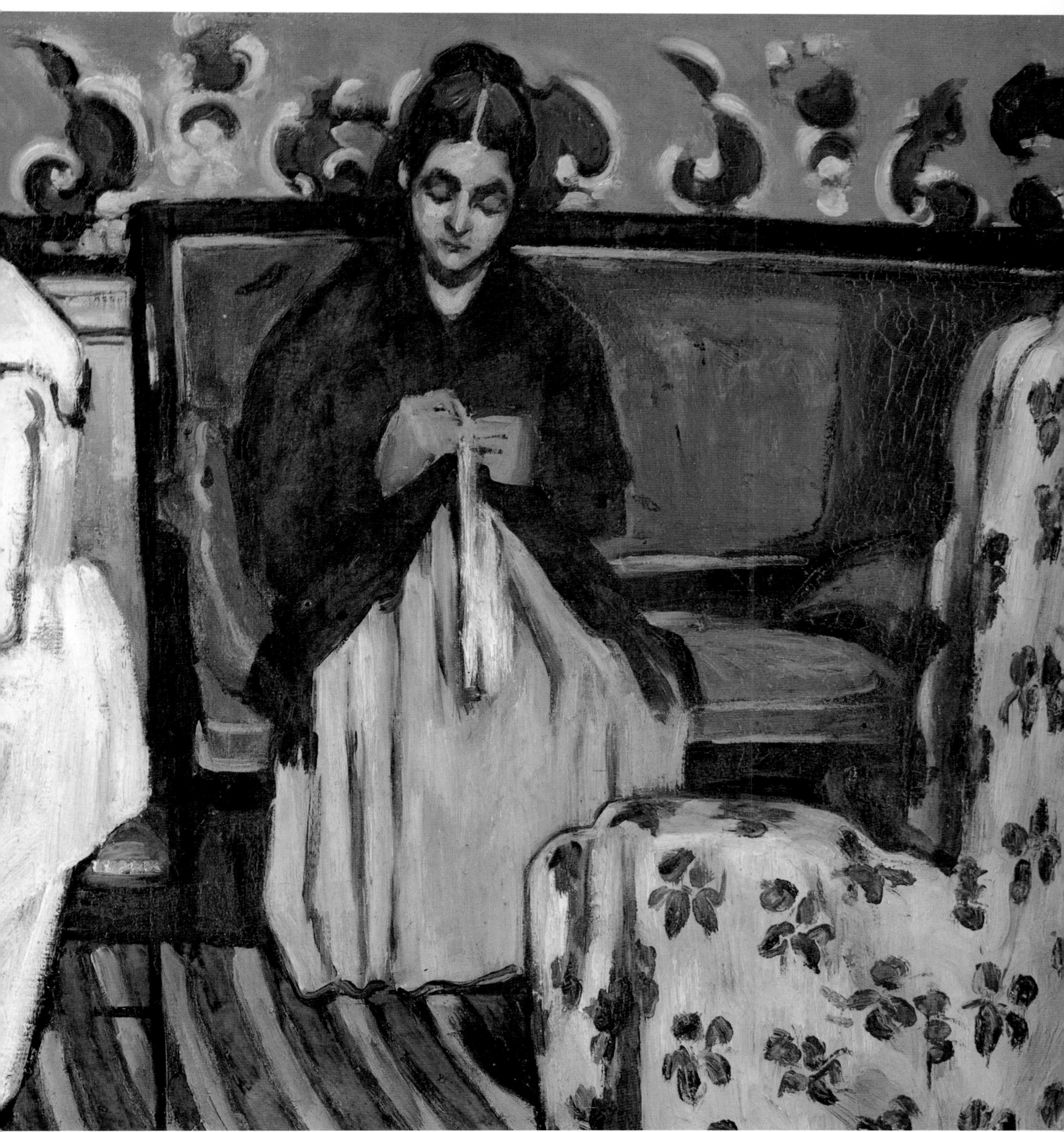

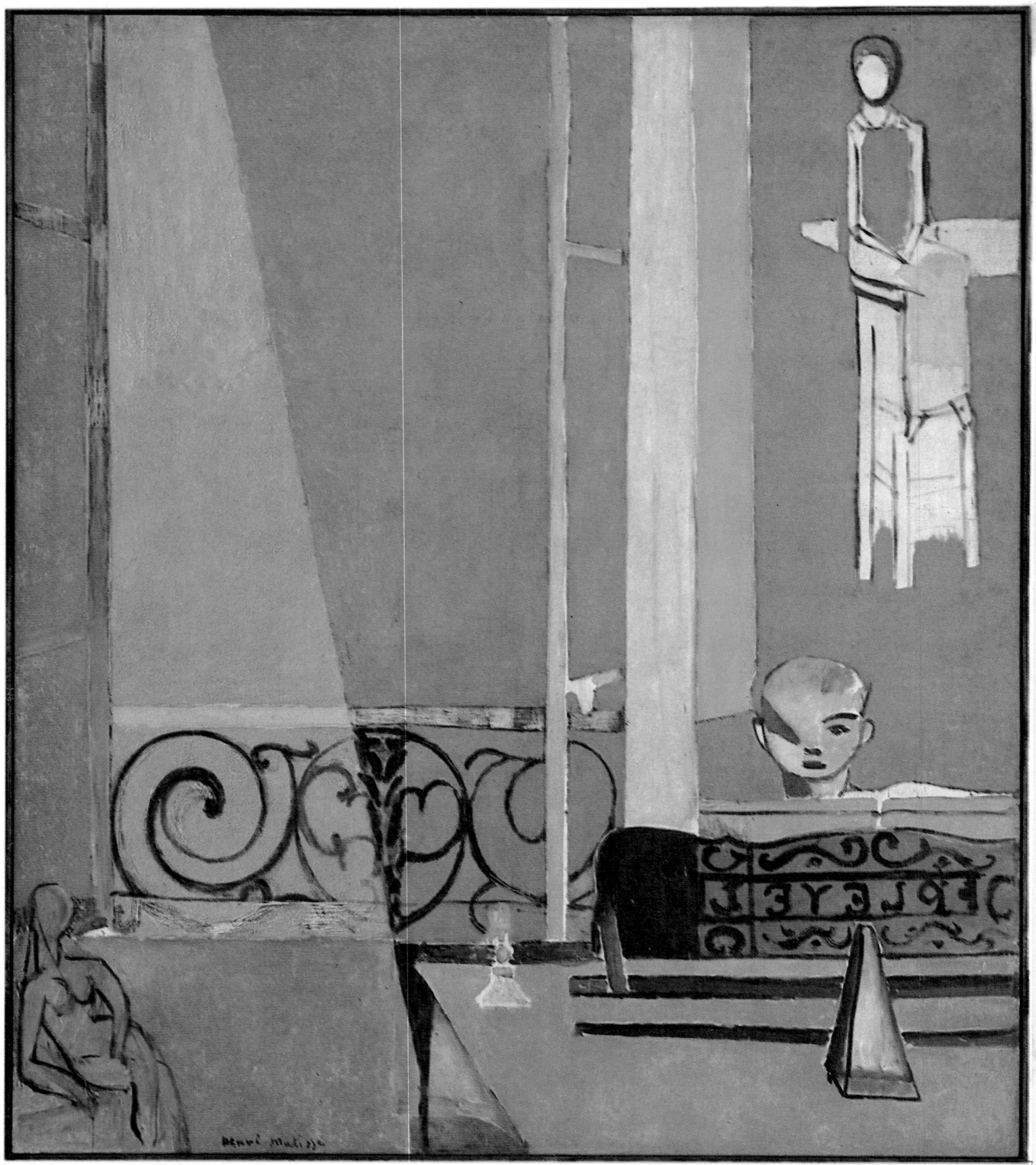

HENRI MATISSE *La lección de piano* 2,45 × 2,12 MoMA

En la poderosa arquitectura de *La lección de piano* (1916), el artista ha sugerido un delicado argumento visual mediante formas y objetos variados cuya interacción crea múltiples polaridades o efectos opuestos. Lo natural y lo artificial se interrelacionan gracias al artificio de una habitación interior, en donde el "arte" está simbolizado por el hijo del pintor, tocando un piano Pleyel.

Pierre Bonnard
La habitación del desayuno
1,59 × 1,13
MoMA

En 1890 Bonnard se establece en un estudio compartido con Vuillard y Denis que pronto pasa a ser lugar de reunión para los *nabis*. Este término hebreo significa "profetas", y sus partidarios afirmaban, con palabras del último pintor aludido, que "un cuadro, antes de ser un caballo, un desnudo o cualquier cosa anecdótica, es esencialmente una superficie plana que se cubre de colores siguiendo un cierto orden". Pero en 1899 el movimiento se disuelve y la pintura de Bonnard, influida en un primer momento por Gauguin y el arte japonés, evoluciona hacia lo que se ha llamado el impresionismo intimista. Su "intimismo", ejemplarmente representado en *La habitación del desayuno* (1930-1931), se caracteriza por una gama cromática intensa y luminosa y por frecuentar temas hogareños, escenas cotidianas, mujeres en interiores y paisajes apacibles.

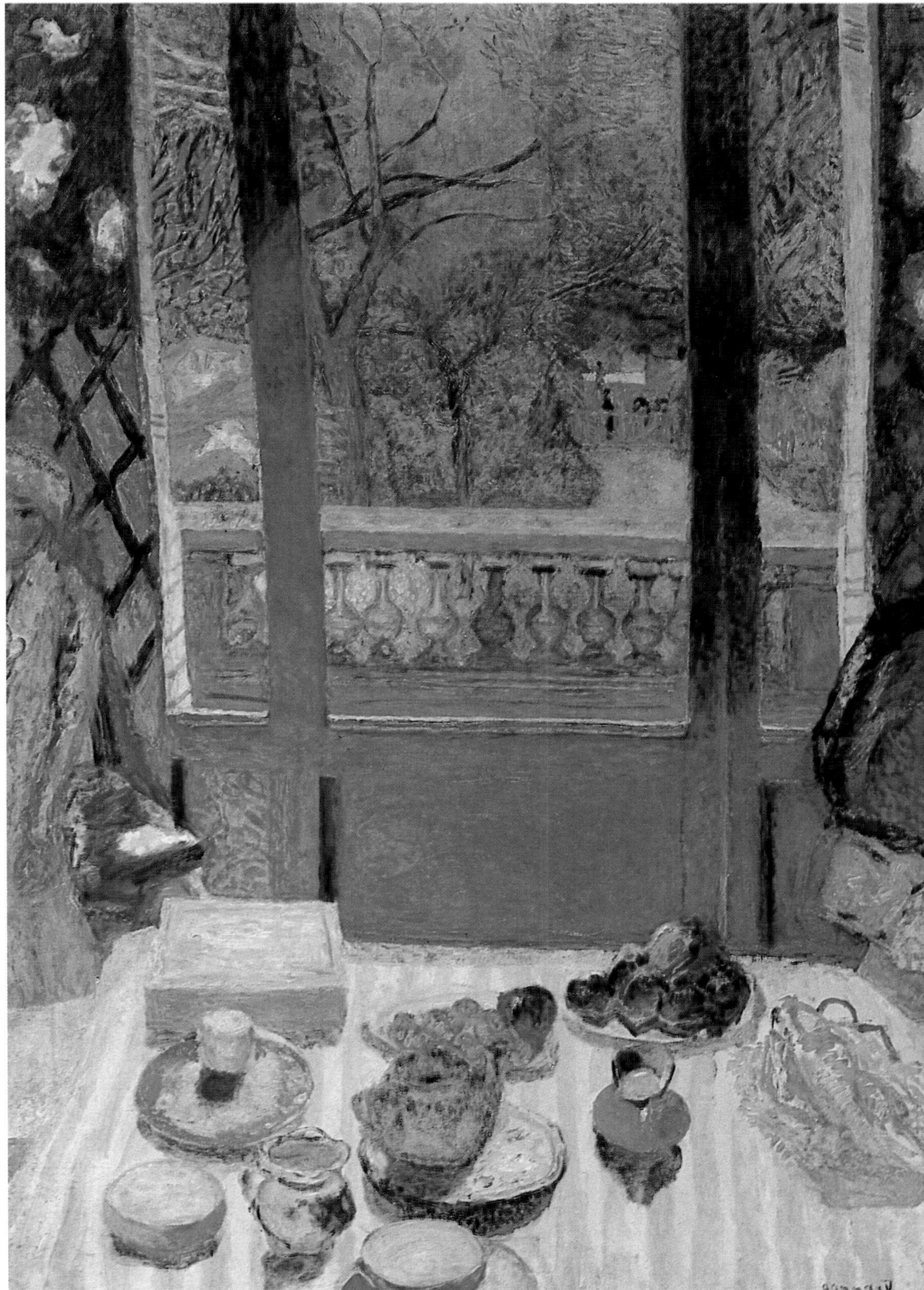

Vida pública

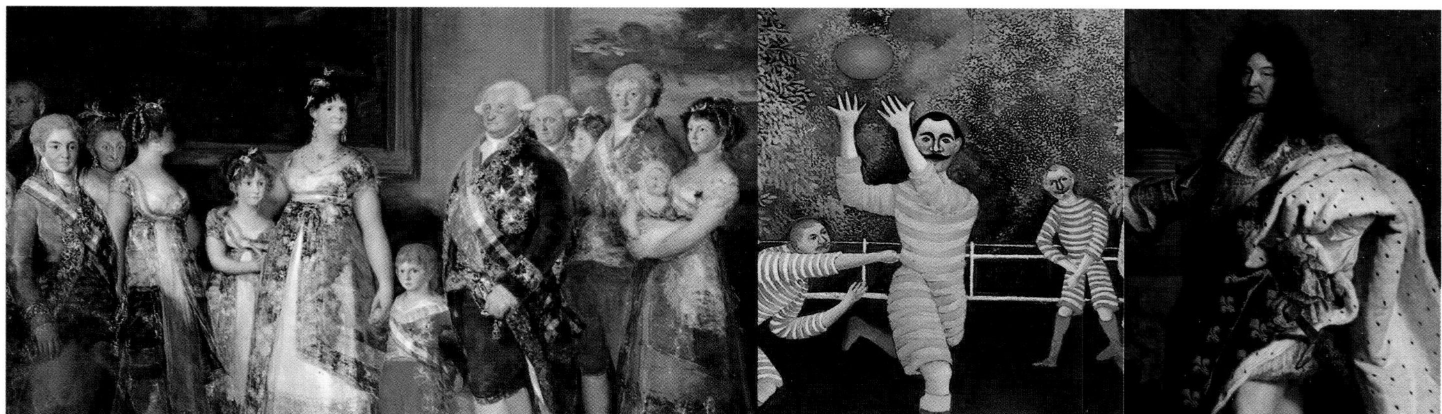

La conciencia de un espacio público tiene su origen en la superposición de dos lugares: el del comercio e intercambio de información, y el de la representación del poder. Ambos lugares no dejan de ser, a su vez, variaciones de un único espacio mucho más atávico: el lugar del rito y de la fiesta, relacionados los dos con lo divino y con la consideración mágica de la naturaleza, de los ciclos anuales, y de la agricultura o la caza vinculadas a estos ciclos. Los ciclos naturales que rigen a los ciclos de la productividad humana marcan, por lo tanto, la constitución de lo público, que es en primer término el espacio donde la comunidad –el poblado, la tribu– une sus fuerzas para enfrentarse a otras, a los caprichos de la naturaleza de los que depende: la llegada de las lluvias, la abundancia de caza, la buena cosecha. Todos estos factores, indispensables para una economía de subsistencia, se presentan también bajo el manto de la irregularidad, de la imponderabilidad, de una arbitrariedad a la que se ha de convencer para que acuda puntual a la cita de lo necesario. Las fiestas y los ritos convierten la pequeña comunidad en un grupo unido en la magia, en un círculo de invocación.

No es difícil ver que, cuando de una economía de subsistencia se pasa a otra basada en el intercambio de productos, este mismo círculo de la invocación se abre también al encuentro con los que vienen de otros poblados para canjear bienes. El comercio "mágico" con la divinidad, basado en el sacrificio y en el ritual, sólo necesita tener enfrente no a una imagen de lo imponderable, sino a un igual, para convertirse en comercio a secas, y los rituales se orientan entonces más al establecimiento de las necesarias relaciones de confianza que al agasajo o la expresión de actitudes sumisas. Lo público se constituye entonces como un espacio en el que se ha operado un extraordinario cambio: aunque el lugar siga estando muy marcado –la plaza del mercado–, lo que se produce en él es un auténtico proceso de desterritorialización. Las mercancías ofrecen un nuevo sentido del espacio y del tiempo, ya que muchas de ellas vienen de lejos y están hechas para perdurar. La comunidad se abre también a otras comunidades, se establecen contactos, los matrimonios crean también nuevos vínculos. La magia, como ya vieron los antiguos griegos, no consiste en lo misterioso, sino en la evidente generación de valores buenos y útiles dentro de un proceso de socialización creciente y justa.

Sin embargo, para que la justicia se imponga en favor del interés común y por encima de la inmediatez de los intereses individuales o sectarios, hace falta un legítimo monopolio de la violencia. El poder surge primero como la fuerza administradora de los rituales, de la cercanía a la divinidad y de sus favores, para luego convertirse en la instancia que administra este otro intercambio no ya entre lo profano y lo sagrado, sino entre la producción y la difusión de bienes. Sin embargo, como Max Weber supo mostrarnos, la interrelación entre las creencias religiosas, los modos de producción y las fórmulas para administrar el poder, es total. Nada escapa a ese todo hecho de trascendencia, inmanencia, poder constituyente y poder ya constituido. Cuanto más armónico y transparente sea el engarce entre lo ideológico y lo material, más próspera –más feliz, diría Platón– será una comunidad.

Es natural que todo ese complejo proceso haya sido no solamente un objeto propenso a convertirse en imagen, sino también una razón a favor de la visibilidad de determinados factores, de ciertos elementos que, sin hacerse visibles, seguramente no habrían logrado alcanzar su propia autorrealización. De hecho, a menudo nos cuesta no asociar esta autorrealización con la inmediatez y la operatividad de una imagen, pero una imagen puede encubrir también una realidad dolosa: la dignidad puede enmascarar la injusticia, la fastuosidad puede desviar las miradas de la crueldad, la sobria serenidad puede ocultar el cinismo más espeso. Los poderosos buscan controlar la puesta en escena de su representatividad con vistas a fortalecer el poder que detentan. En la gran pintura del Renacimiento y de la Contrarreforma, el poder ha buscado presentarse a sí mismo bajo la aureola de la inaccesibilidad. Esos papas, esos cardenales de miradas impenetrables, gélidas y escrutadoras, si resultan tan imponentes es porque siempre son ellos los que nos miran, nosotros a lo sumo miramos el retrato que sus pintores-servidores, Velázquez, Rafael o Tiziano, hicieron de ellos. El retrato ejerce una tarea de mediación entre una realidad que se presenta de tal modo que, vista directamente, siempre pensamos que nos resultaría insoportable. ¿Alguien se imagina tropezando con Felipe II tal como lo retrató Tiziano? Su mirada nos advierte, en el mismo cuadro, de una distancia infranqueable. El retrato de los más poderosos sirve para acercarnos a ellos del único modo posible: tomando el desvío de la representación de su poder; un desvío en el que, evidentemente, nos empequeñecemos y nos perdemos. Entonces sentimos nuestra pertenencia a ese mundo a lo sumo en el pliegue de estos ropajes, de estos encajes, de estas armaduras: pensamos en los artesanos que forjaron estas espadas, en las tejedoras que labraron estos bordados, en los carpinteros que hicieron estos muebles. Pensamos en el hombre que hace el retrato. Ahí esta Goya, al fondo del cuadro –esta vez cruel–, de la familia de Carlos V. ¡Cuántas diferencias con el autorretrato de Velázquez en *Las Meninas*, que aquí Goya parafrasea! El pintor de la Quinta del Sordo nos recuerda aquí simplemente lo que es un hombre, entre las sombras, sí, pero de una pieza, enfrascado en la verdad de lo que se hace, no de lo que se es ni del poder que se detenta.

Esta formidable lejanía en la que los poderosos se instalan tiene que ver también con un concepto que la Ilustración tardía desplaza a las representaciones de la naturaleza: lo sublime. En la retórica clásica, el estilo sublime era el de las tragedias, y en sus altisonantes modos hablaban únicamente los dioses, los héroes y los reyes. La disolución de los registros a lo largo del siglo XVIII –y por lo menos desde que el muy burgués Monsieur Jourdain de Molière hablara en prosa sin saberlo él mismo– dejaron a la deriva un concepto poderoso. Lo sublime se adhirió a las elevadas cumbres de los Alpes, que por aquella misma época empezaban a llamar la atención a los pioneros del montañismo, o a los descomunales fenómenos de la naturaleza que se descubrían en continentes recientemente descubiertos. Lo sublime era lo inconmensurable. Kant lo analizaría como un sentimiento que causa un doloroso placer: lo sublime fuerza la razón a reconocer algo más grande que ella. ¿Es extraño entonces que los héroes del nuevo poder que desencadenarían las revoluciones norteamericana y francesa aparecieran como fenómenos de una naturaleza desbordada? Ya no se trata del hieratismo de reyes, papas y cardenales, algunos de ellos convertidos en auténticas estatuas humanas. Ahora el poder aparece como un proceso en movimiento, dinámico, tempestuoso.

Pero lo público no debe asociarse únicamente con el poder. La representación del trabajo y el ocio marcan también sus tonalidades históricas. En cierto modo, el rostro de Goya al fondo del retrato de la familia de Carlos V anticipa el trabajo como una contrafigura del poder. El ocio, a su vez, se erige en un espacio de descompresión completa, aunque también de subversión: los círculos danzantes, los bañistas, los paseantes en barca parecen representar un movimiento que tiende a disolver tanto la solidez de la plaza del mercado como la rigidez del poder. Aunque de nuevo tropecemos aquí con figuras ambiguas. *Los jugadores de fútbol* de Rousseau o *Los bañistas en Asnières* de Seurat nos recuerdan, si bien radicalizada, la misma estrategia goyesca: son figuras de un juego jugado por otros, en el caso de Rousseau, y sujetos de un goce estático e improbable en su humanidad disuelta en pura descomposición fotoescópica, en el caso de Seurat.

El hecho de que ninguna de las imágenes seleccionadas nos hable directamente del trabajo como un valor en sí mismo tampoco es extraño. Para encontrar imágenes de este tipo deberíamos acudir al ensalzamiento del productivismo en un contexto de industrialización plena, y estos no suelen ser momentos propicios para la buena pintura. Lo que aquí vemos es la representación del trabajo como alegoría de virtudes y habilidades, y no como un fin en sí mismo, lanzado a una productividad tan heróica como ciega. Los historiadores saben bien que las horas dedicadas al trabajo se han incrementado extraordinariamente en el siglo XX (si bien es verdad que este siglo ha inventado las vacaciones). El trabajo y el reposo eran valores que tradicionalmente iban ligados como una secuencia basada en el equilibrio y la periodicidad. Ya es sintomática *La planchadora* de Picasso: una figura demacrada, devastada, una mujer enferma. Esta figura es impensable unos años antes; incluso en los retratistas del creciente miserabilismo urbano del XIX, como Daumier, quedan vestigios de una suerte de fuerza campesina todavía intacta, algo que en la pintura de Picasso se ha desvanecido por completo. Los impresionistas pintaron también, aunque indirectamente, los espectros lanzados a la voracidad del productivismo. Pero se trataba siempre, y todavía, de figuras integradas en un paisaje en transformación, nunca de criaturas desencajadas y entregadas al abismo de una actividad cuyo sentido les era ya por completo ajeno.

El trabajo se podía expresar como contrapoder mientras la fuerza del hombre se presentaba todavía como una fuente de energía autónoma. *La fragua de Vulcano* de Goya, pero también las escenas campesinas de Millet, son elocuentes al respecto. Sin embargo, desde el momento en que la máquina se impone sobre esta fuerza y la somete o la tritura, lo único representable es ya el abandono o la máquina. El abandono es lo que vemos en la sutileza de los bañistas de Seurat, o en la devastación de la planchadora de Picasso. La máquina es lo que celebrará el futurismo, o lo que convertirá en motivo de ironía y escarnio el dadaísmo.

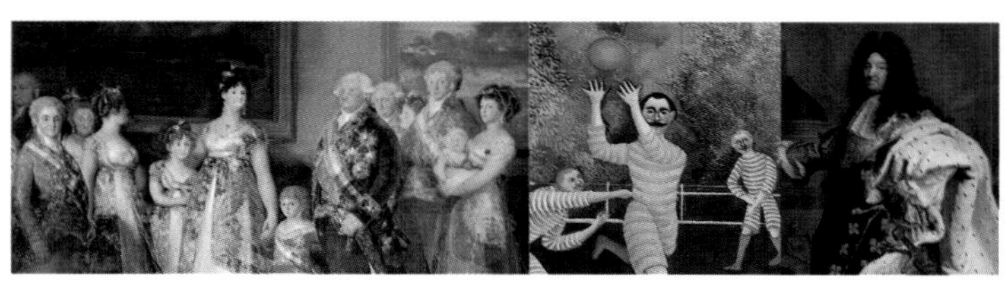

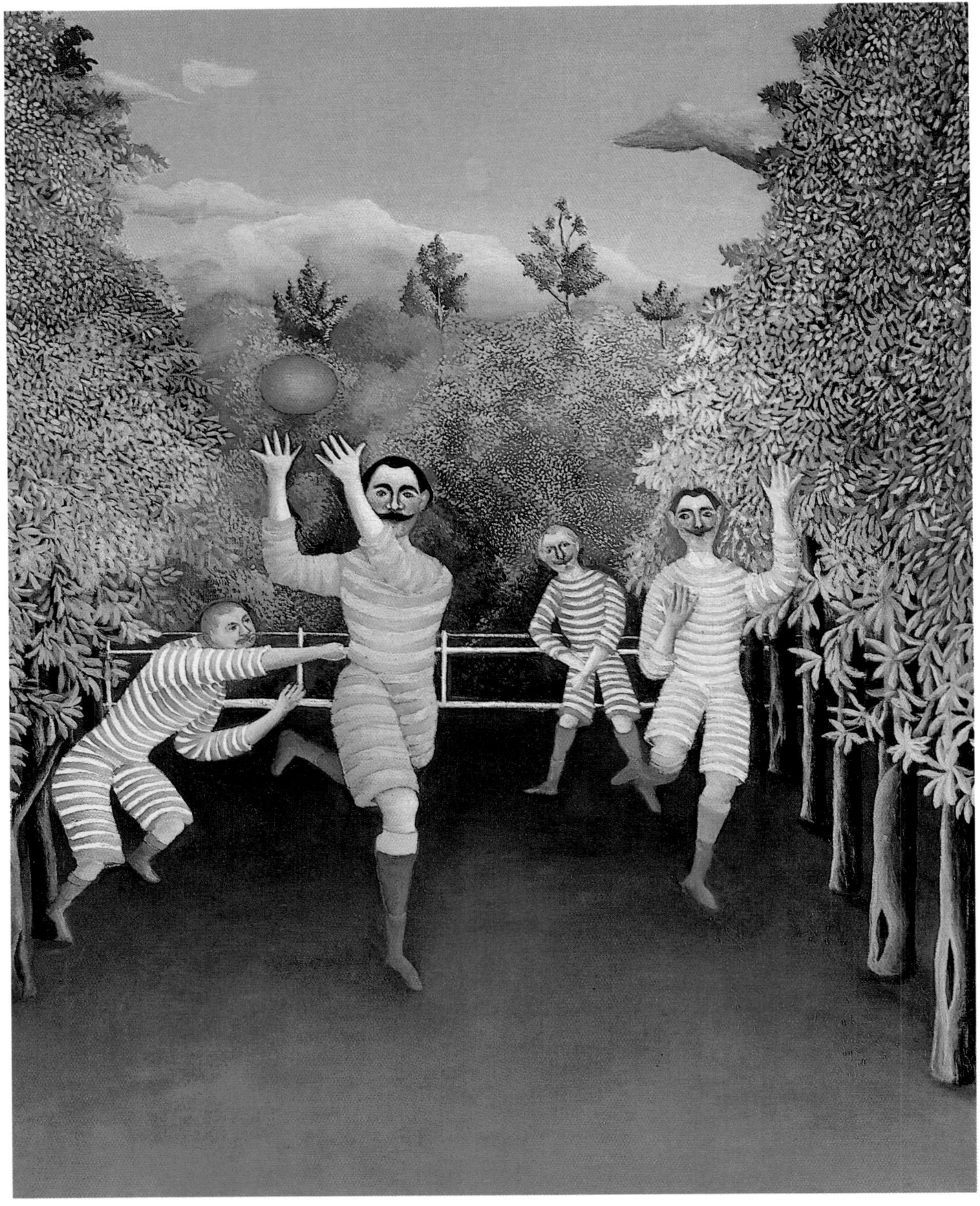

El trabajo y el ocio

"Para trabajar
hay que estar convencido de una cosa:
de que trabajar es menos aburrido
que divertirse."
CHARLES BAUDELAIRE

HENRI ROSSEAU "EL ADUANERO" *Jugadores de fútbol* 1,00 × 0,80 Museo Guggenheim

En *Los jugadores de fútbol* (1908) Rousseau intentó plasmar un grupo de atletas en movimiento, siendo éste un caso aislado, ya que, por lo general, sus composiciones eran estáticas. Los tres troncos, alineados simétricamente a lo largo del cuadro, delimitan el espacio, mientras que la división horizontal del lienzo da lugar a una sucesión de planos en perspectiva. Tal y como observó David Cotton Rich, las estilizadas poses de los futbolistas tienen un aire de ballet. Los jugadores, vestidos a rayas, aparecen agrupados de dos en dos y la rigidez de sus gestos se corresponde con los árboles del fondo. Rousseau detalló minuciosamente el follaje de los árboles y utilizó un colorido sorprendentemente tenue pero muy saturado para sus figuras. El artista acostumbraba pasear por el campo para realizar esbozos y apuntes, pero esta obra fue terminada en su estudio.

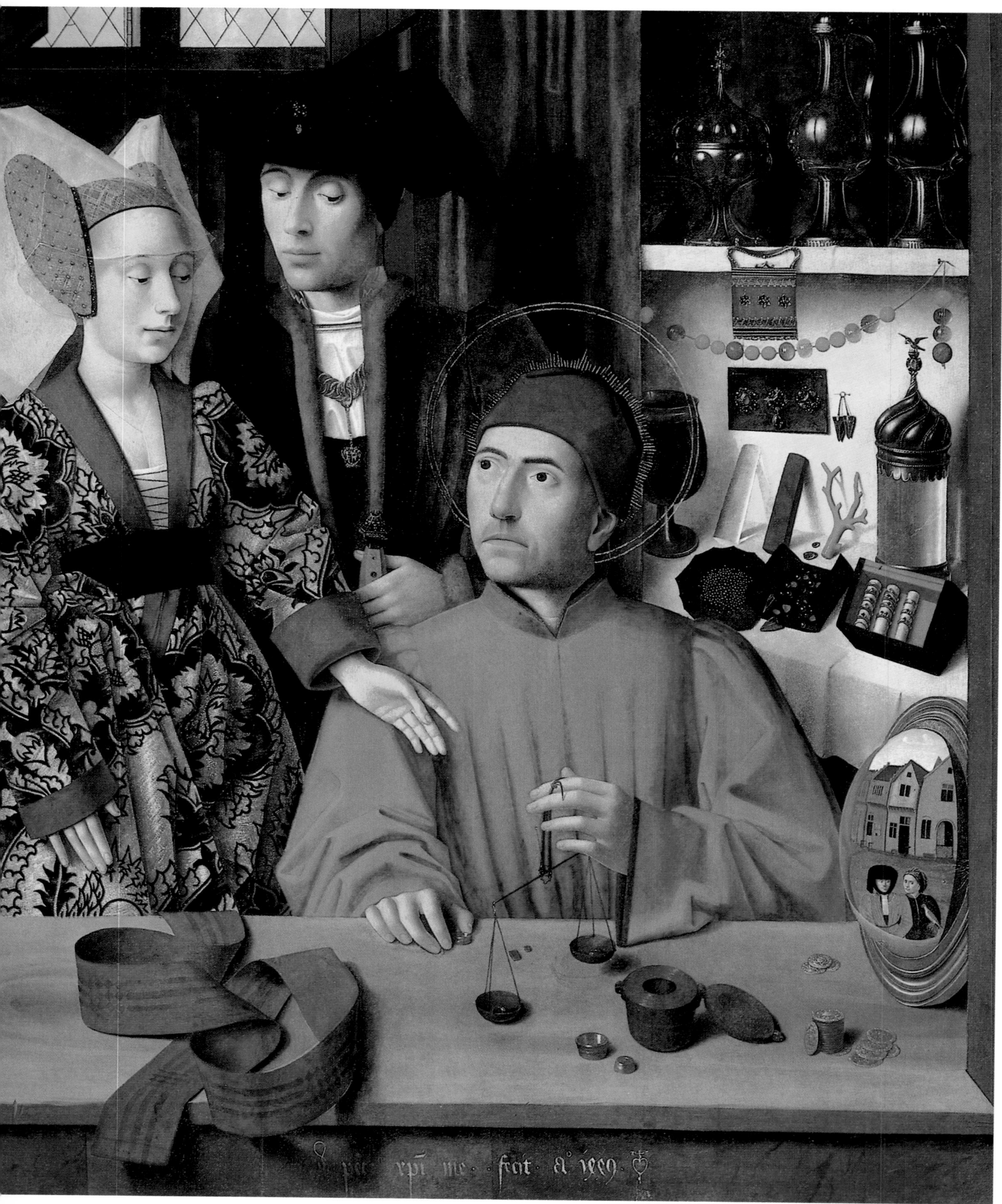

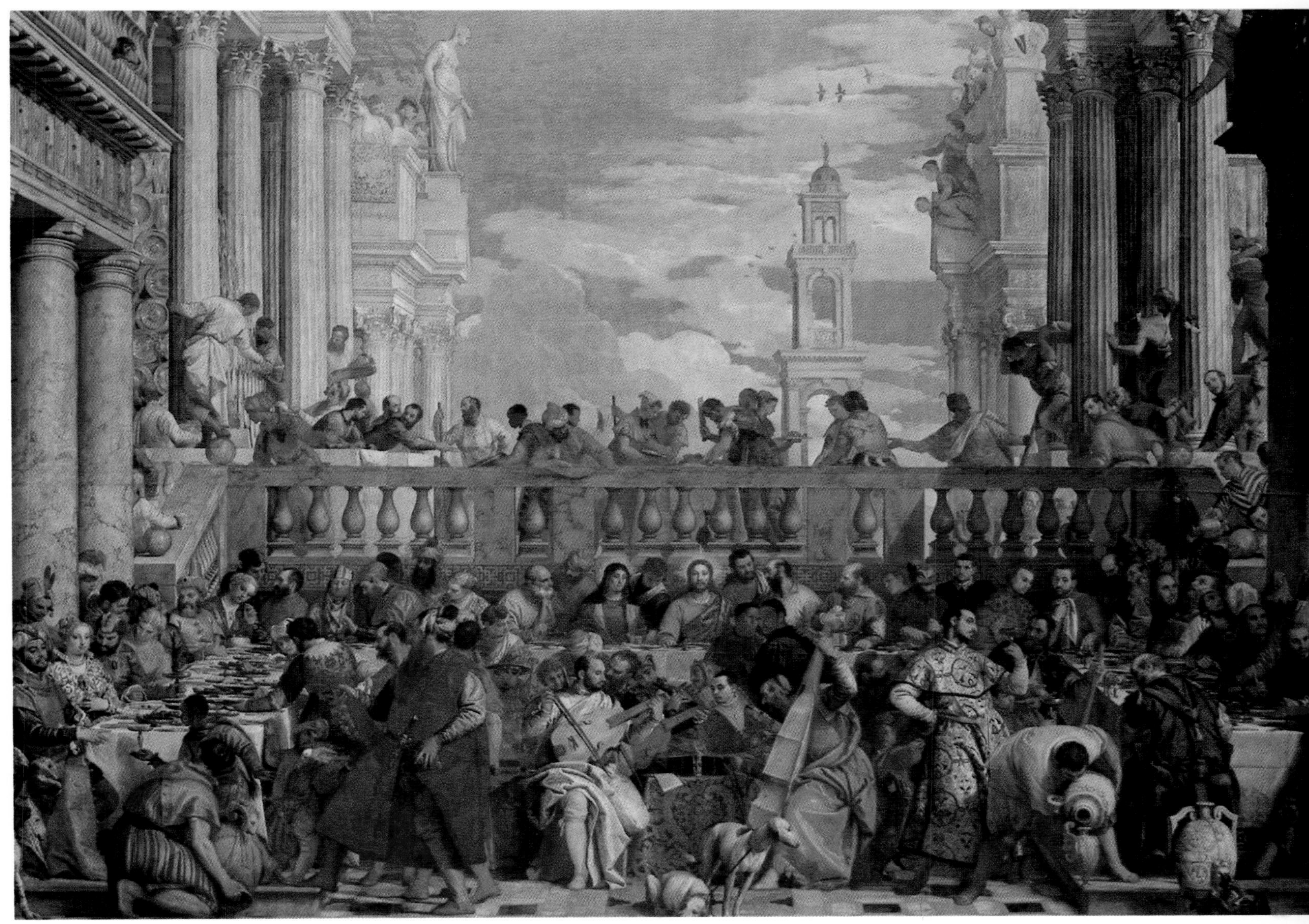

PETRUS CHRISTUS
San Eloy 0,99 × 0,85 Museo de Arte Metropolitano

◀

La tradición sostiene que esta obra, ejecutada en 1449, fue encargada por un orfebre para fomentar su oficio bajo la protección de san Eloy, patrón de su arte. Este cuadro, inusualmente grande en relación a la pintura flamenca de este período, está dominado por tres figuras casi de igual tamaño. San Eloy, metalista y obispo que murió en el año 660, está representado como orfebre.

Debido a la descripción de más de treinta joyas y otros objetos preciosos, esta pintura es una de las más importantes fuentes para el conocimiento de la orfebrería en el s. XV. La casi total ausencia de detalles característicos en la representación del santo patrón de los orfebres indica que el tema y la composición eran nuevos. Como representación de una escena cotidiana dentro de la pintura de género, podría ser una invención de Petrus Christus. En cualquier caso, es la primera de una larga serie de obras sobre orfebres y cambistas de moneda.

VERONÉS (PAOLO CALIARI)
Las bodas de Caná 6,66 × 9,90 Museo del Louvre

Esta gigantesca y suntuosa composición, con ciento treinta y dos figuras, se encargó en 1562 para el refectorio del convento de los benedictinos de San Gregorio el Mayor de Venecia, y se terminó en 1563. En realidad, el tema sirvió de pretexto para pintar un banquete fastuoso que agrupase a los príncipes del Renacimiento, y la mistificación del episodio sagrado, a pesar de la figura central de Cristo, levantó airadas protestas. En este luminoso cuadro, el Oriente, tan atractivo siempre para Venecia, no está ausente a pesar del marco arquitectónico clásico; el cuarteto de músicos atrae particularmente la atención; en él puede reconocerse, sin lugar a dudas, a los grandes pintores venecianos de la época: Tiziano toca el contrabajo, Veronés el violoncelo, Bassano la flauta, y Tintoretto la viola. A su alrededor aparecen Benedetto Veronés, Palladio, el poeta Aretino, Francisco I, Carlos V, el turco Solimán, Leonor de Austria, María de Inglaterra, etc.

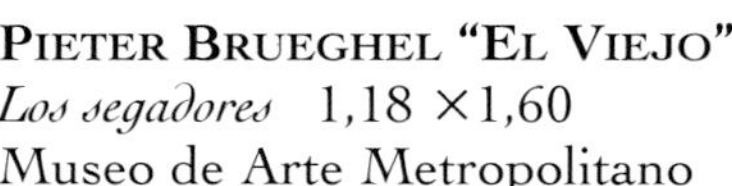

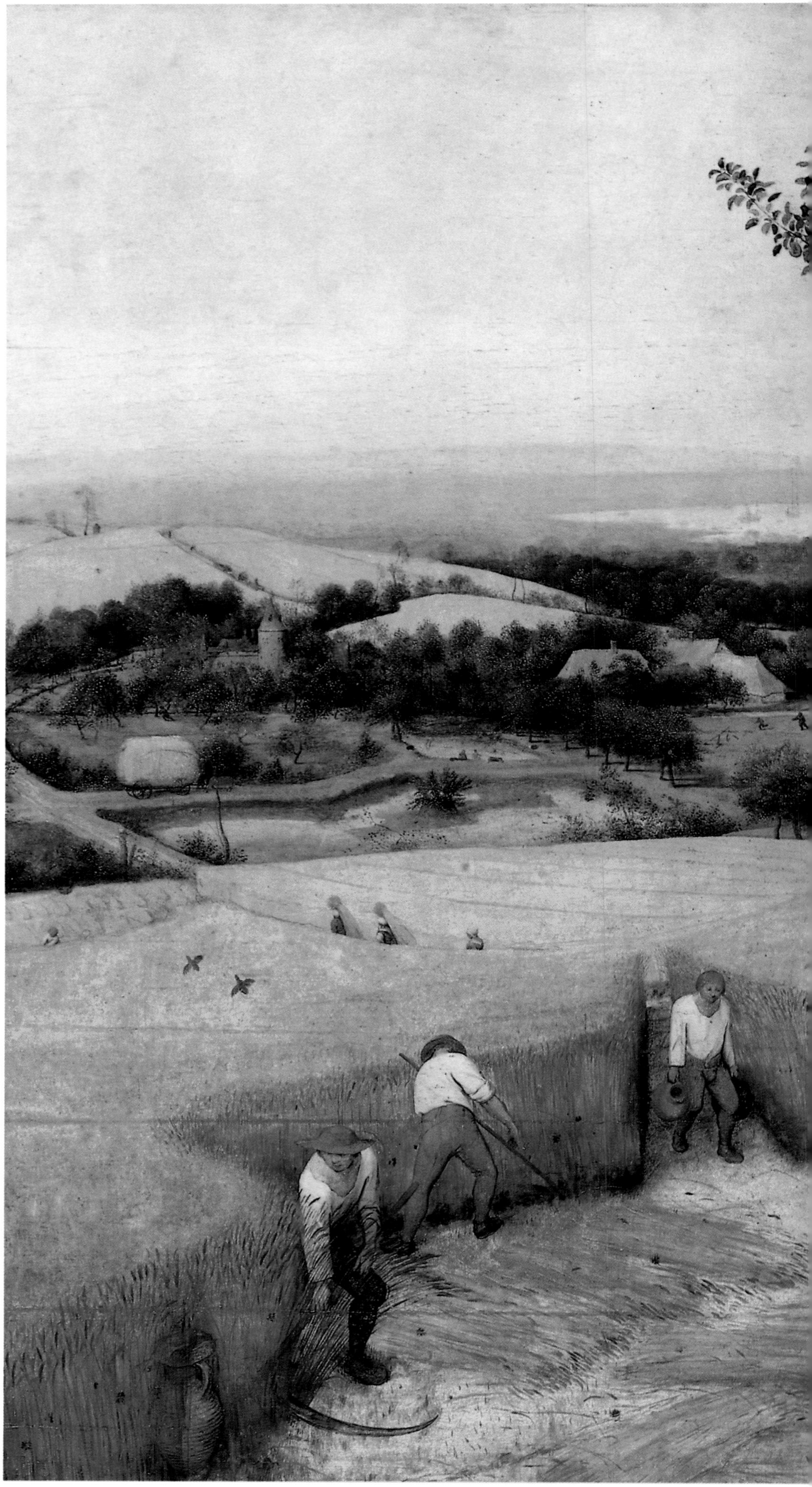

PIETER BRUEGHEL "EL VIEJO"
Los segadores 1,18 × 1,60
Museo de Arte Metropolitano

La veracidad con que los campesinos están pintados, la convincente descripción del calor del mediodía, de la luz brillante y del vasto panorama, son muestras de la sorprendente efectividad de la paleta de Brueghel. Éste es uno de los cinco paneles que quedan de un ciclo dedicado a los meses. El número total de pinturas de la serie fue, o bien seis, con dos meses representados en cada cuadro, o bien doce. *Los segadores,* que data de 1565, alude al mes de agosto o a los meses de julio y agosto. Los otros cuadros de este conjunto que se conservan son *El regreso de los cazadores por la nieve, La vuelta del rebaño* y *La tempestad* en el Kunsthistorisches Museum de Viena y *La siega del heno* en la Galería Nacional de Praga.

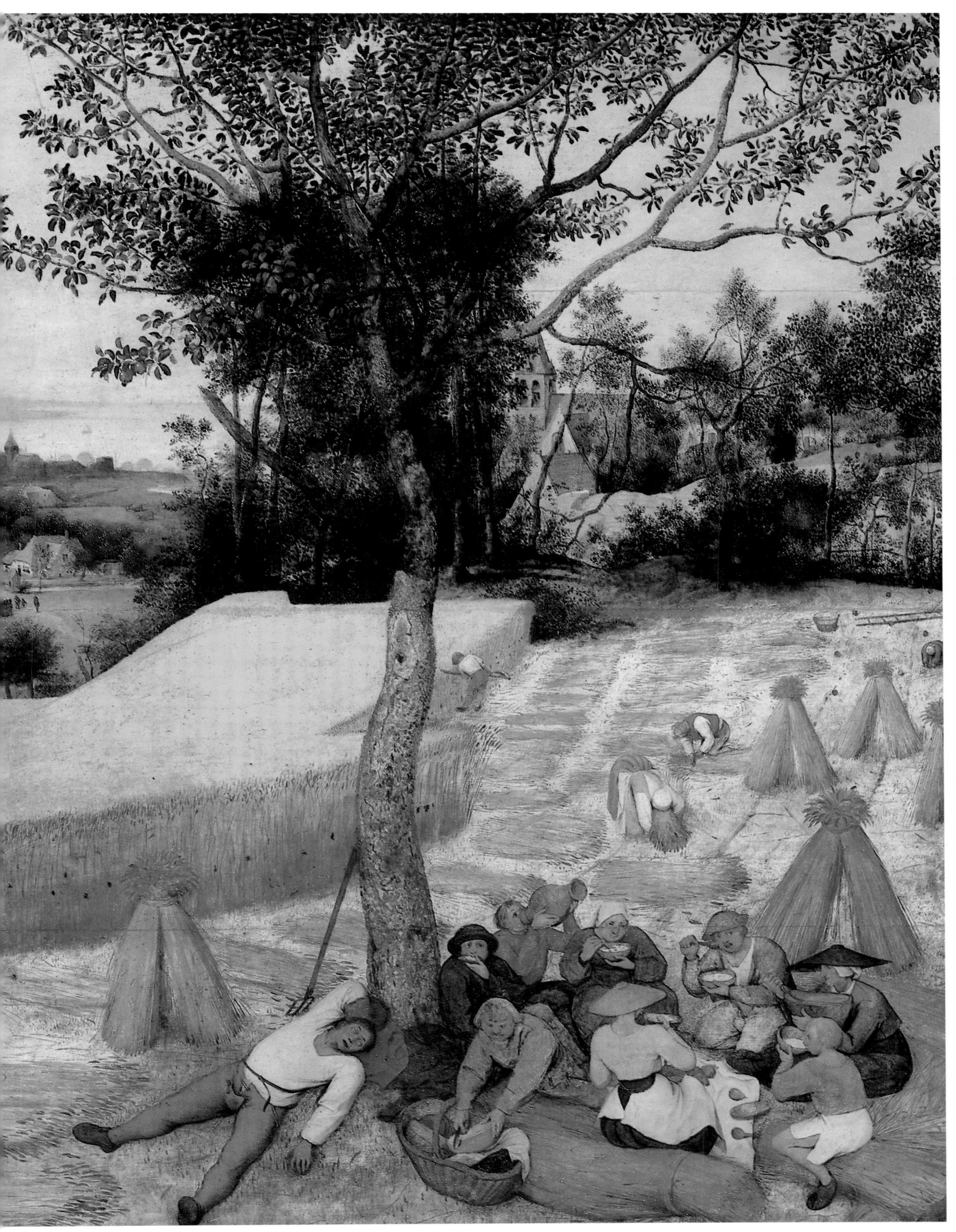

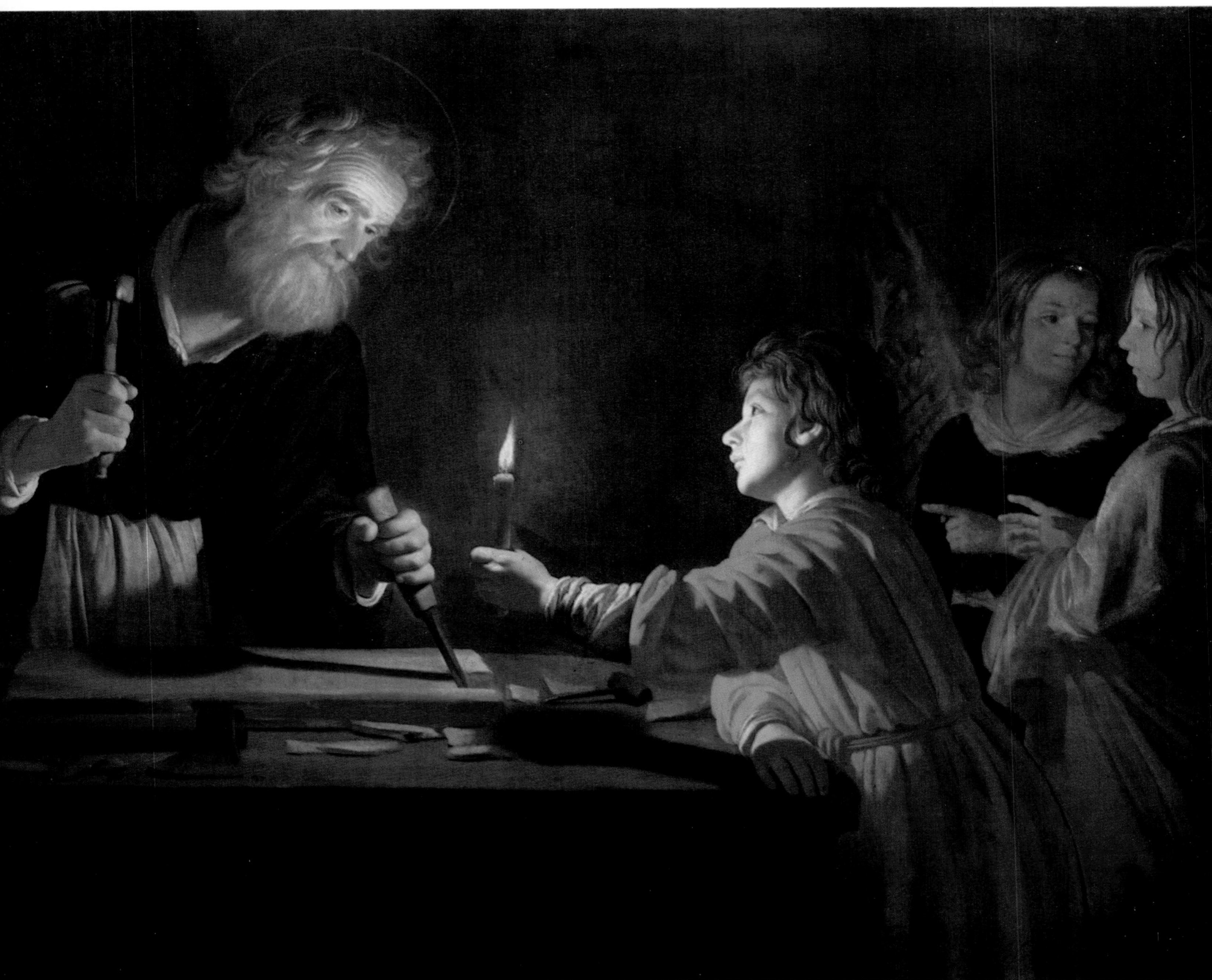

GERARD VAN HONTHORST *La infancia de Cristo* 1,37 × 1,85 Museo del Ermitage

A comienzos del s. XVII, la tendencia caravaggista se evidenció en la creación de un grupo de interesantísimos pintores. Uno de los más talentosos de entre ellos fue Gerrit Honthorst. Los principios de su arte eran aproximadamente los mismos que los de Caravaggio: tendencia a representar principalmente a la gente sencilla, naturalismo y especial afición por los efectos de la luz artificial de velas, antorchas o faroles.

La infancia de Cristo es una de sus mejores obras. El argumento está tomado de un evangelio apócrifo, en el cual se relata cómo José le enseña a Cristo el oficio de carpintero. A primera vista, ante nosotros se desarrolla una escena cotidiana: José, entrado en años, está efectuando un trabajo de carpintería y el pequeño Jesús, con una vela en la mano, observa con interés la tarea. La escena es de un profundo realismo, que ni siquiera la presencia de los ángeles rompe.

Observando con atención se puede, sin embargo, encontrar igualmente otro contenido en la obra, éste ya de carácter místico. Cristo, con la vela en la mano, es el portador de la luz, sin la cual el trabajo de José es imposible. El pintor procura transmitir la idea del trabajo espiritualizado, introduciendo en él los sentimientos más puros y elevados. La obra presenta, pues, simultáneamente contrapuestos y unidos los principios materiales y espirituales.

PETER PAUL RUBENS
La Kermesse 1,49 × 2,61
Museo del Louvre

La Kermesse es, en primer lugar, una de las más bellas pinturas de género del s. XVII flamenco. Esta composición, preparada minuciosamente con una serie de dibujos, pertenece al final de la carrera del pintor, entre 1635 y 1640. A la vez que sabe evocar, en retratos y en escenas mitológicas o bíblicas, la resplandeciente belleza de su joven esposa, el Rubens de esta última época despliega también su genio en los paisajes, las escenas de fiestas populares flamencas o las "conversaciones" ambientadas en parques. Propietario de un palacete en los alrededores de Amberes, da fiestas en él, pero igualmente observa la vida y las costumbres aldeanas y se identifica con la magia luminosa de la naturaleza. De todas estas cosas nos habla este cuadro, que está muy lejos de las grandes obras pomposas del pintor decorador. A pesar de todo, la expresión de la vida en *La Kermesse* sigue siendo barroca por su composición, que se desarrolla en volutas animadas y en torbellinos que corresponden al frenesí y al gusto por la existencia corporal y material. El ritmo vertiginoso que adquiere una composición tan estudiada, sorprendió a pintores como Watteau, Fragonard y Delacroix.

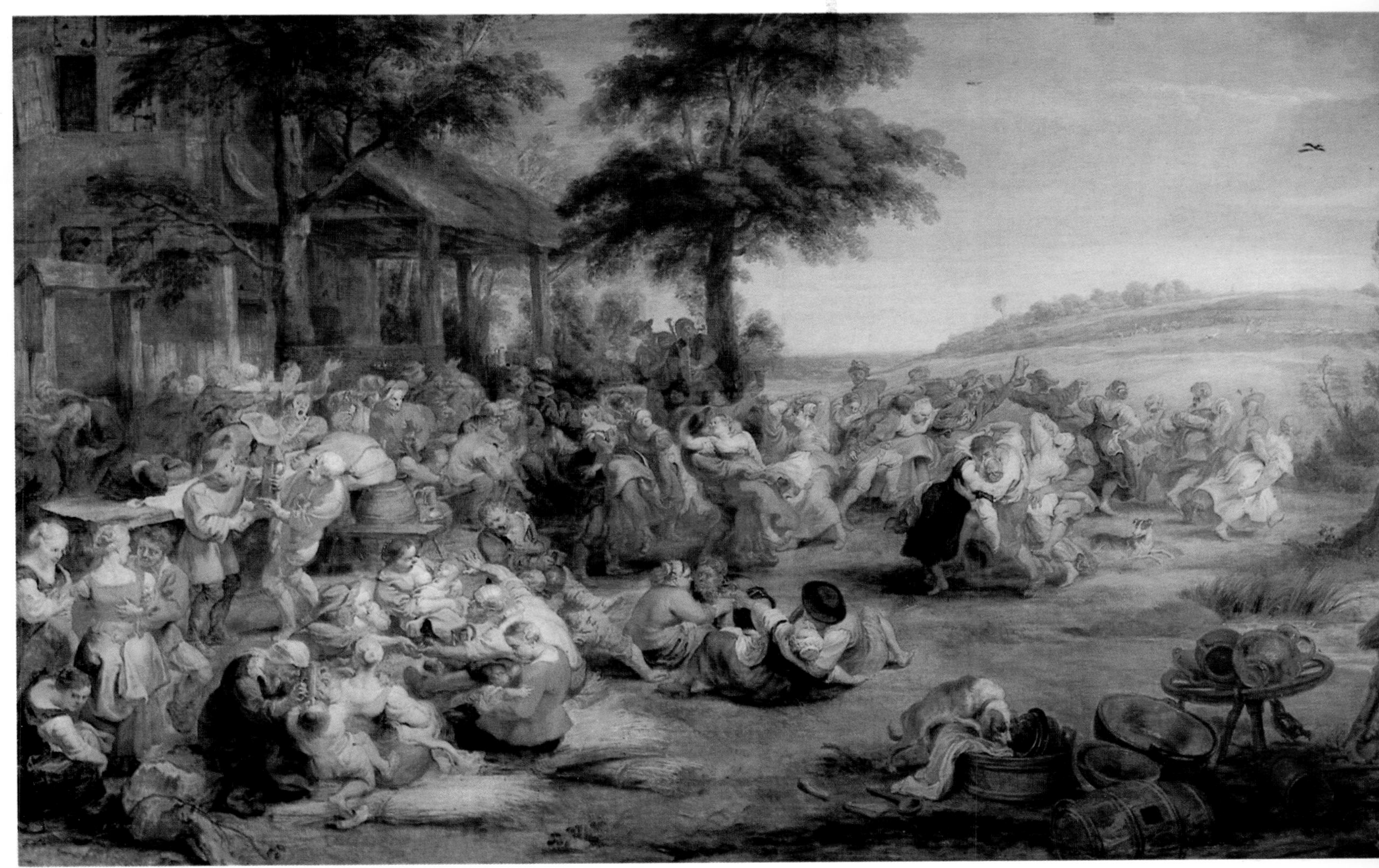

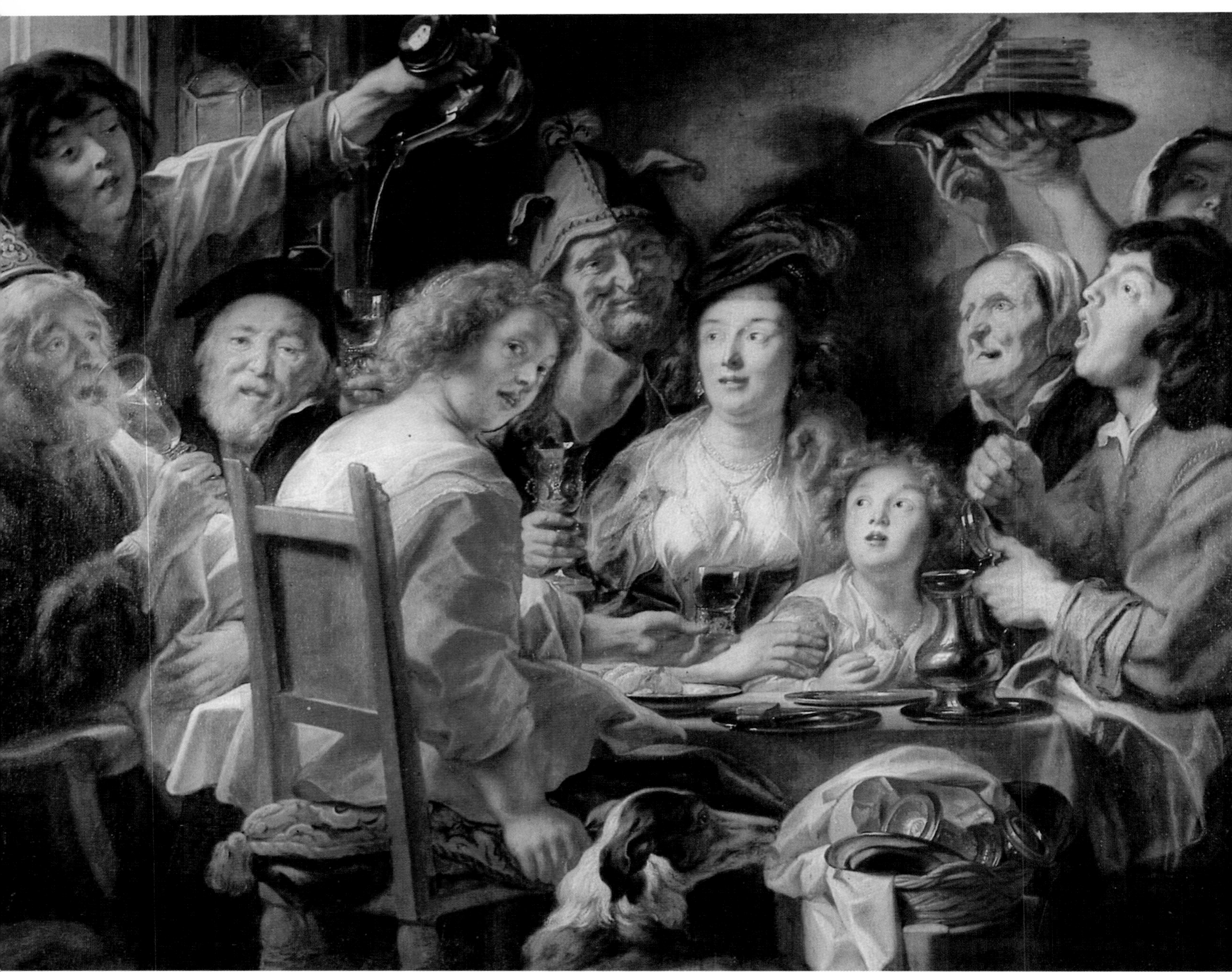

JACOB JORDAENS
El rey bebe 1,52 × 2,04 Museo del Louvre

Si comparamos la obra de Jordaens, otro alumno de Rubens, con la de Van Dyck, nos sentimos sumergidos nuevamente en un vigoroso naturalismo flamenco, acompañado a veces de una voluntaria vulgaridad y de un tono subido que roza lo grosero, como en las escenas de borrachera en familia de *El rey bebe*. Esta pintura, a la vez retrato colectivo y cuadro de costumbres, es, como las de Caravaggio, un modelo de iluminación contrastada, pero nada en ella está dirigido a obtener un efecto dramático.

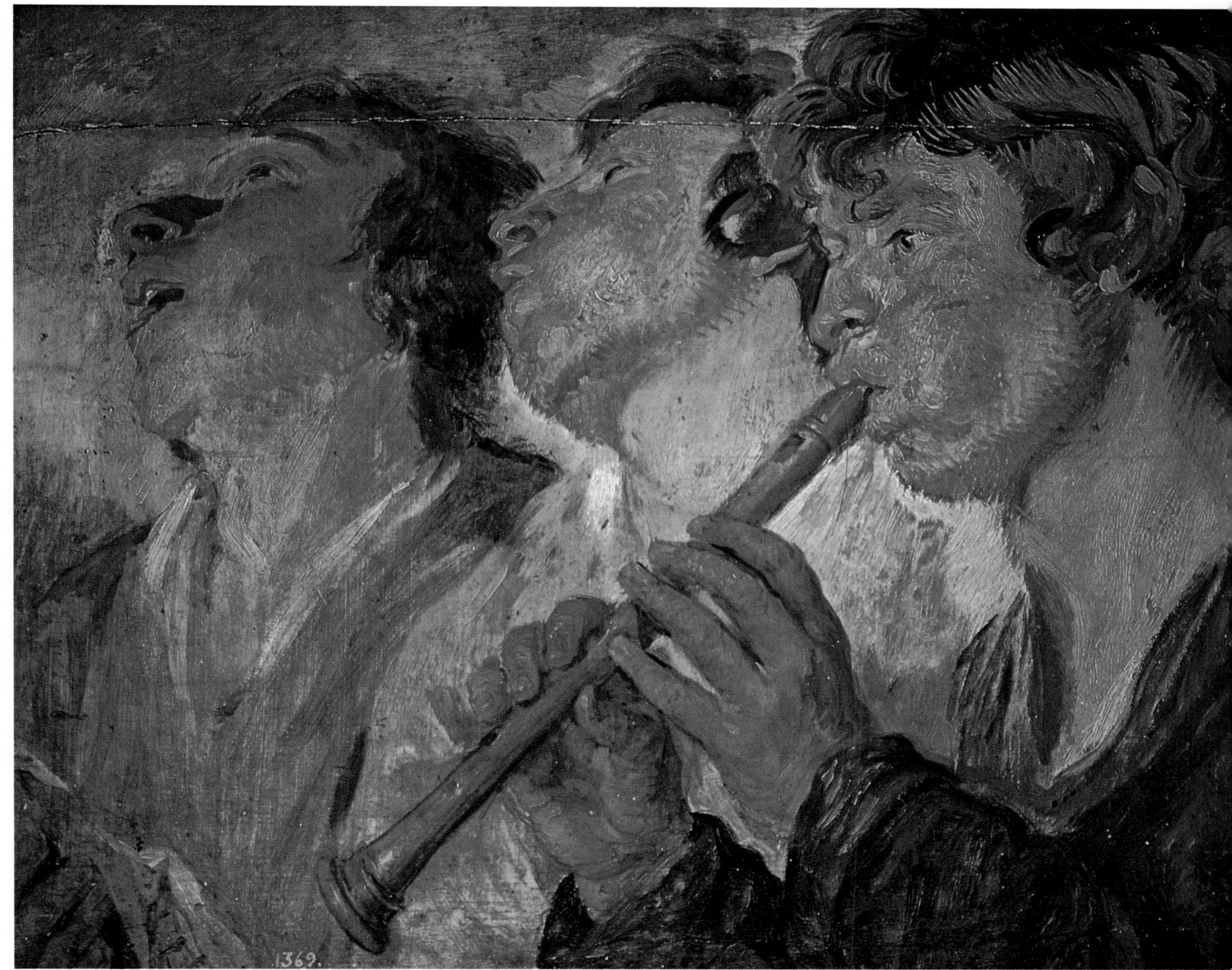

JACOB JORDAENS
Tres músicos ambulantes 0,49 × 0,64 Museo del Prado

Esta pequeña tabla con tres músicos ambulantes, pintados con libertad de pincel y energía expresiva totalmente modernas, es sin duda una de las pinturas más popularmente vivas del Museo del Prado. La pincelada, aislada y dividida en toques yuxtapuestos; los restregones ligeros que apenas ocultan la preparación de la madera, y los leves trazos con que se han esbozado las figuras, pertenecen, idealmente, al realismo impresionista de fines del s. XIX, más que al opulento naturalismo barroco. Su propia audacia y libertad, que ha sorprendido a los críticos y ha hecho vacilar la atribución, es seguramente un dato a favor de Jordaens, artista popular y en cierto modo inconformista con su ambiente.

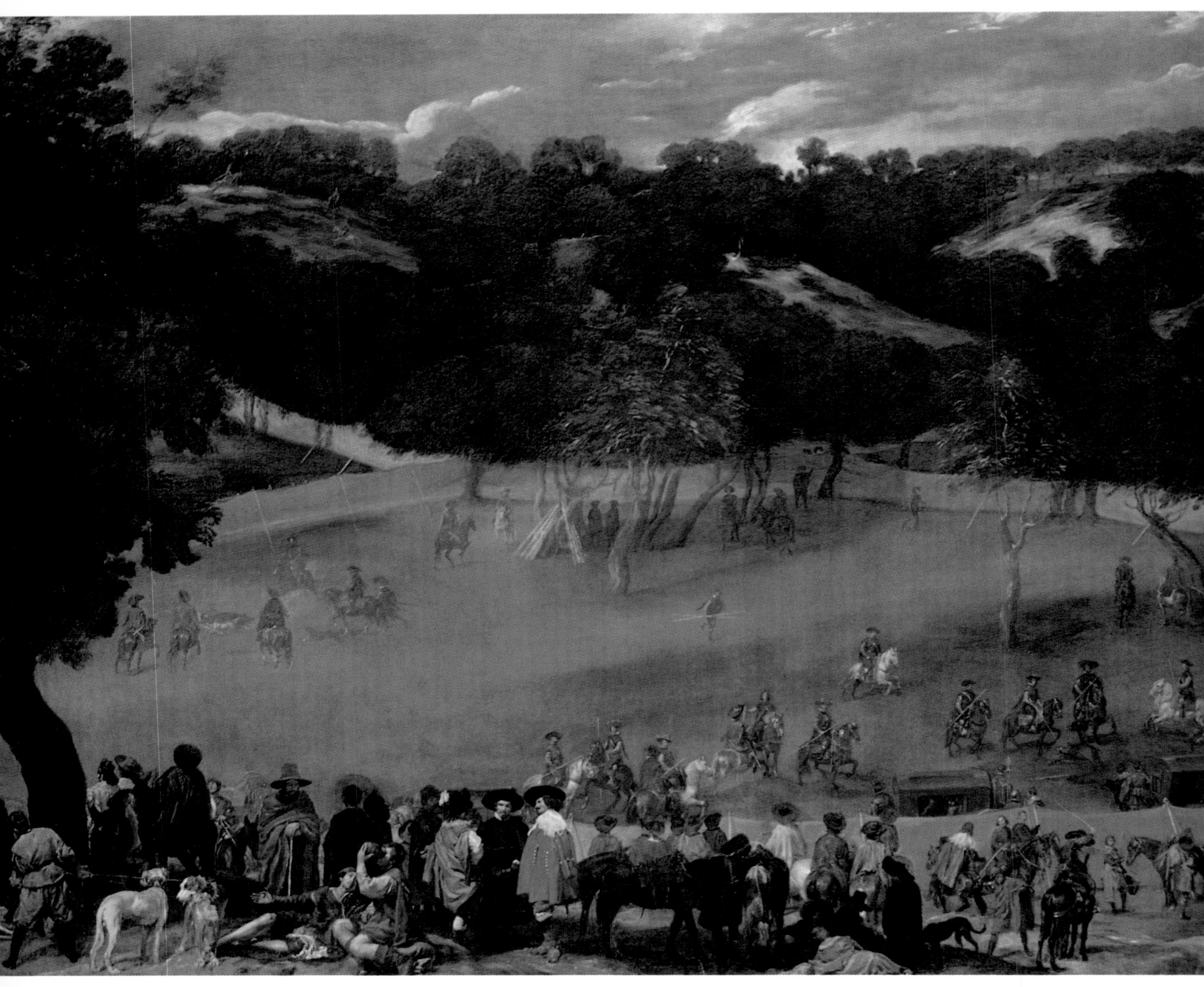

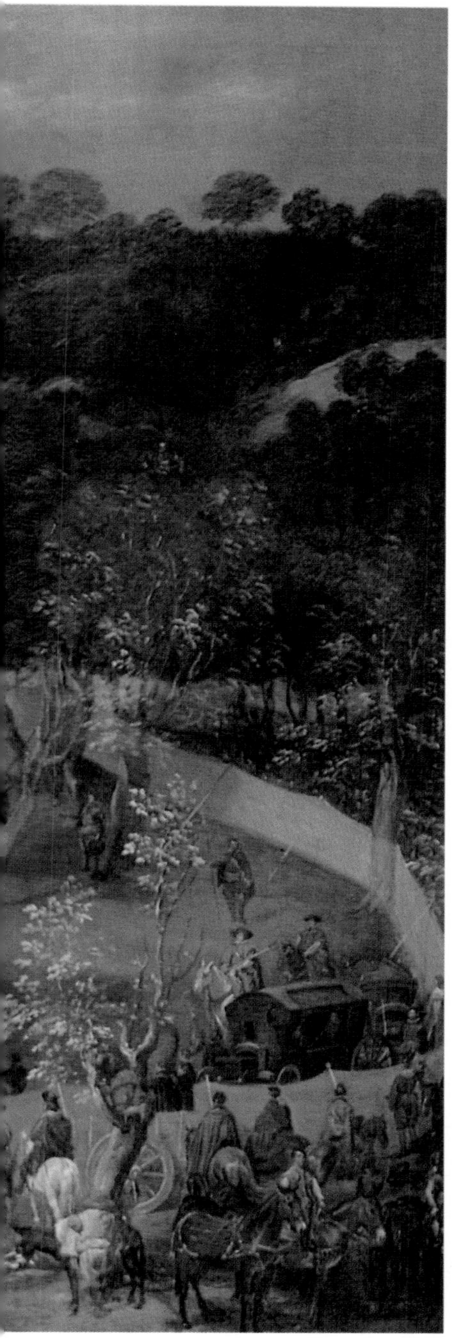

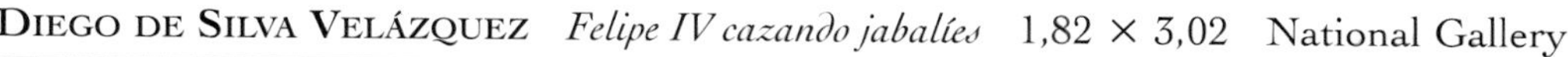

DIEGO DE SILVA VELÁZQUEZ *Felipe IV cazando jabalíes* 1,82 × 3,02 National Gallery

El cuadro representa una cacería, encargada a Velázquez para decorar la Torre de la Parada, para la cual también Rubens realizó algunos cuadros mitológicos. Determinadas figuras y el paisaje de fondo pueden no ser obra del mismo Velázquez y se piensa en el pincel de A. del Mazo. Esta forma de cazar jabalíes era costosa y complicada, pues se tenía que cerrar la zona donde se hallaban los animales salvajes con una cerca formada por telas o lienzos (contratela). El rey y sus acompañantes corrían tras los animales con horcas –algunas de reserva pueden verse apoyadas contra un árbol–, los sabuesos cansaban a los jabalíes y los cazadores disparaban sobre ellos, como puede verse a la izquierda. Junto al rey, situado a la derecha, en primer plano, está el conde-duque de Olivares, y los otros dos caballeros pueden ser los hermanos del rey, así como la dama sobre la carroza puede ser su primera esposa, Isabel, aunque es difícil su exacta identificación. Lo mismo ocurre con muchas de las figuras que están fuera del cercado, algunas de las cuales son claramente retratos.

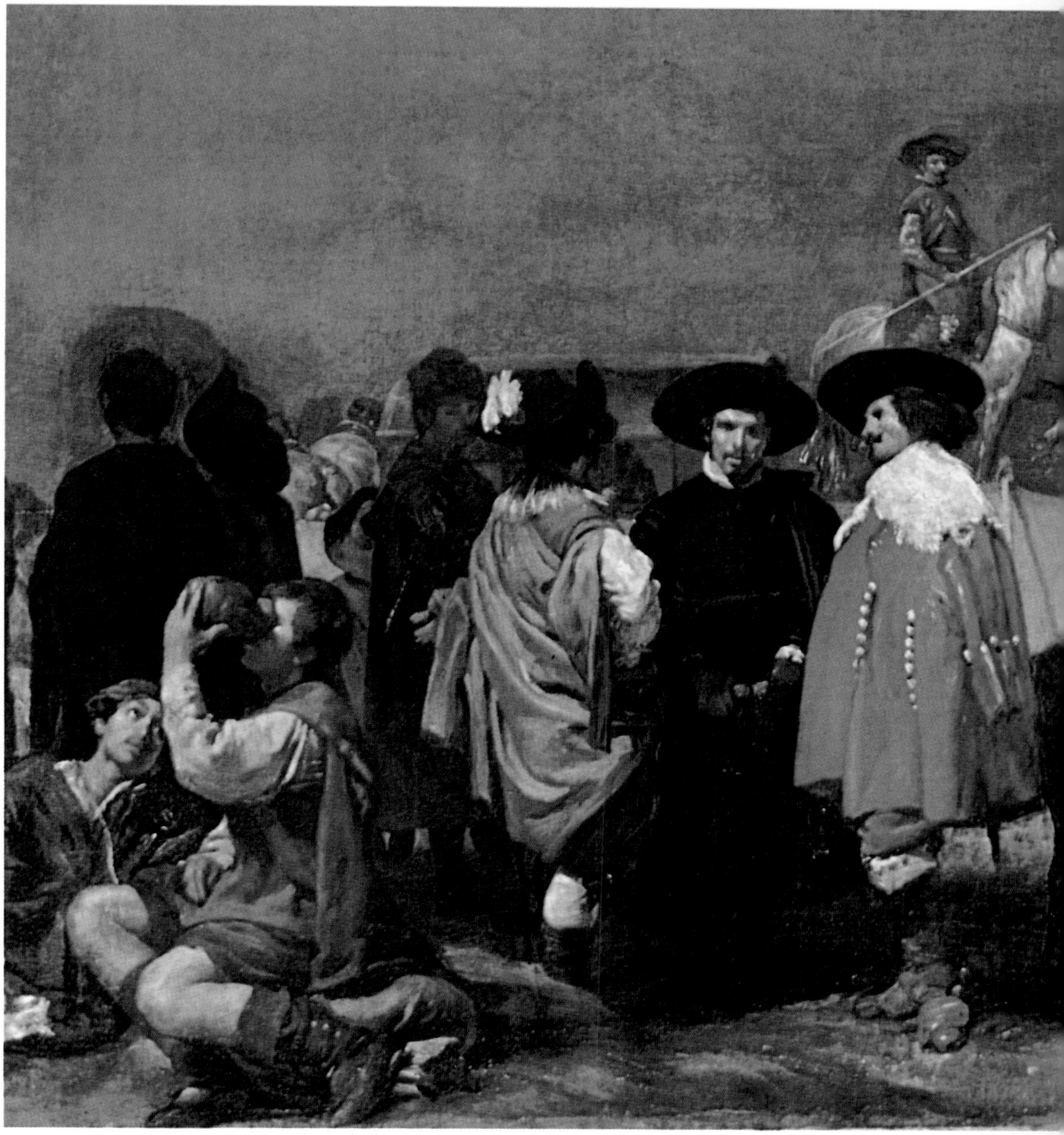

DIEGO DE SILVA VELÁZQUEZ *La fragua de Vulcano* 2,23 × 2,90 Museo del Prado

Durante su primer viaje a Italia en 1630 pintó Velázquez dos lienzos compañeros, que representan el punto más "académico" de su producción. Impresionó sin duda al artista la pintura del clasicismo boloñés, pues consta su paso por Cento, donde hubo de conocer al Guercino que se hallaba en la cumbre de su producción.

Uno de los lienzos citados es la *Túnica de José*, que guarda El Escorial; el otro, esta *Fragua de Vulcano*, noble friso de bellos cuerpos desnudos, en armonioso equilibrio de realidad vista y estudiada composición. El asunto mitológico un tanto escabroso (la revelación a Vulcano por Apolo del adulterio de su esposa Venus) está sugerido con una delicada contención que contrasta con la sensualidad pícara que en este y en otros episodios del mito ponían los pintores flamencos. La paleta se ha aclarado; ha desaparecido todo rastro de tenebrismo y el color se armoniza en una gama de grises y castaños de extraordinaria elegancia. que será ya típica en lo sucesivo.

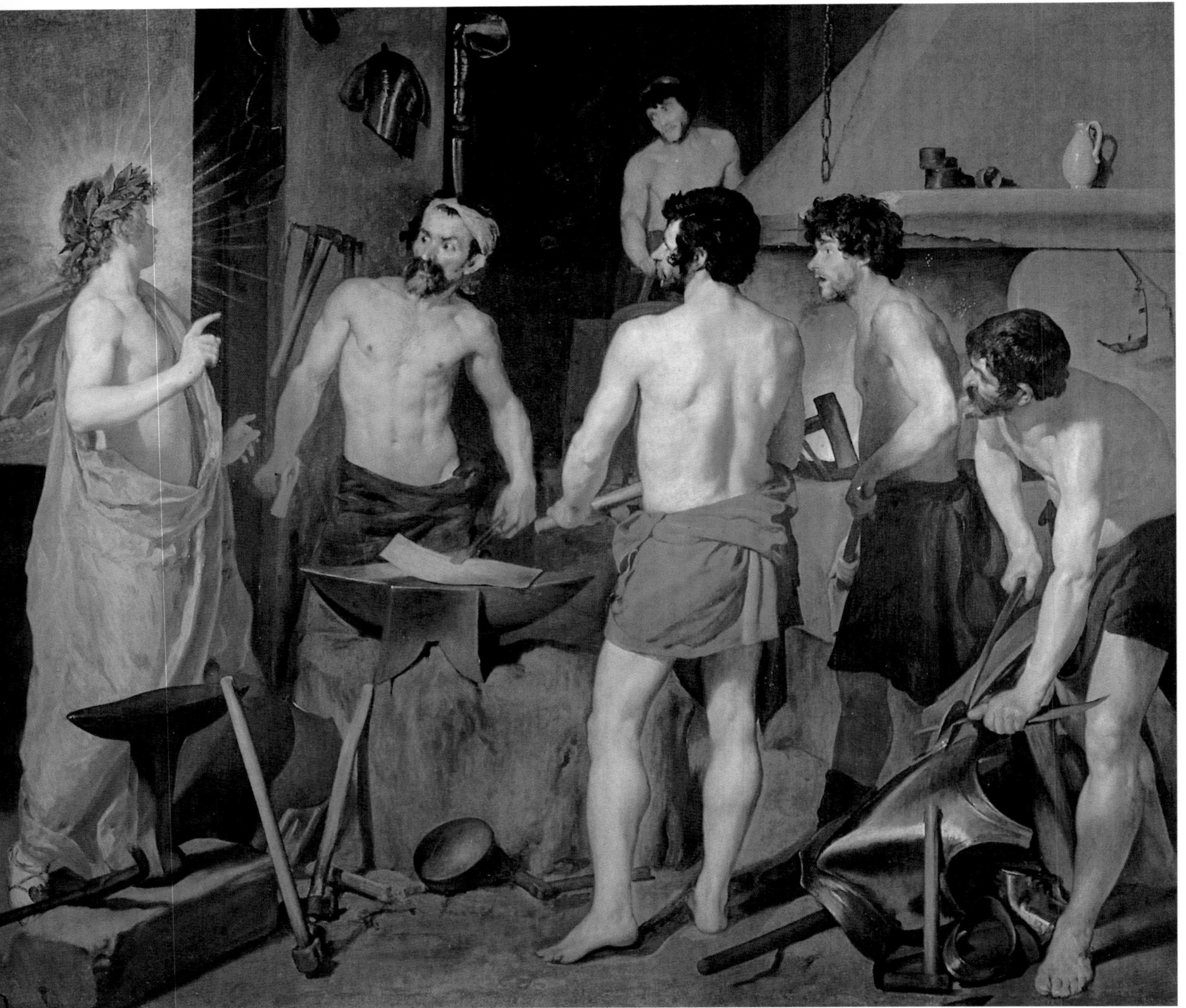

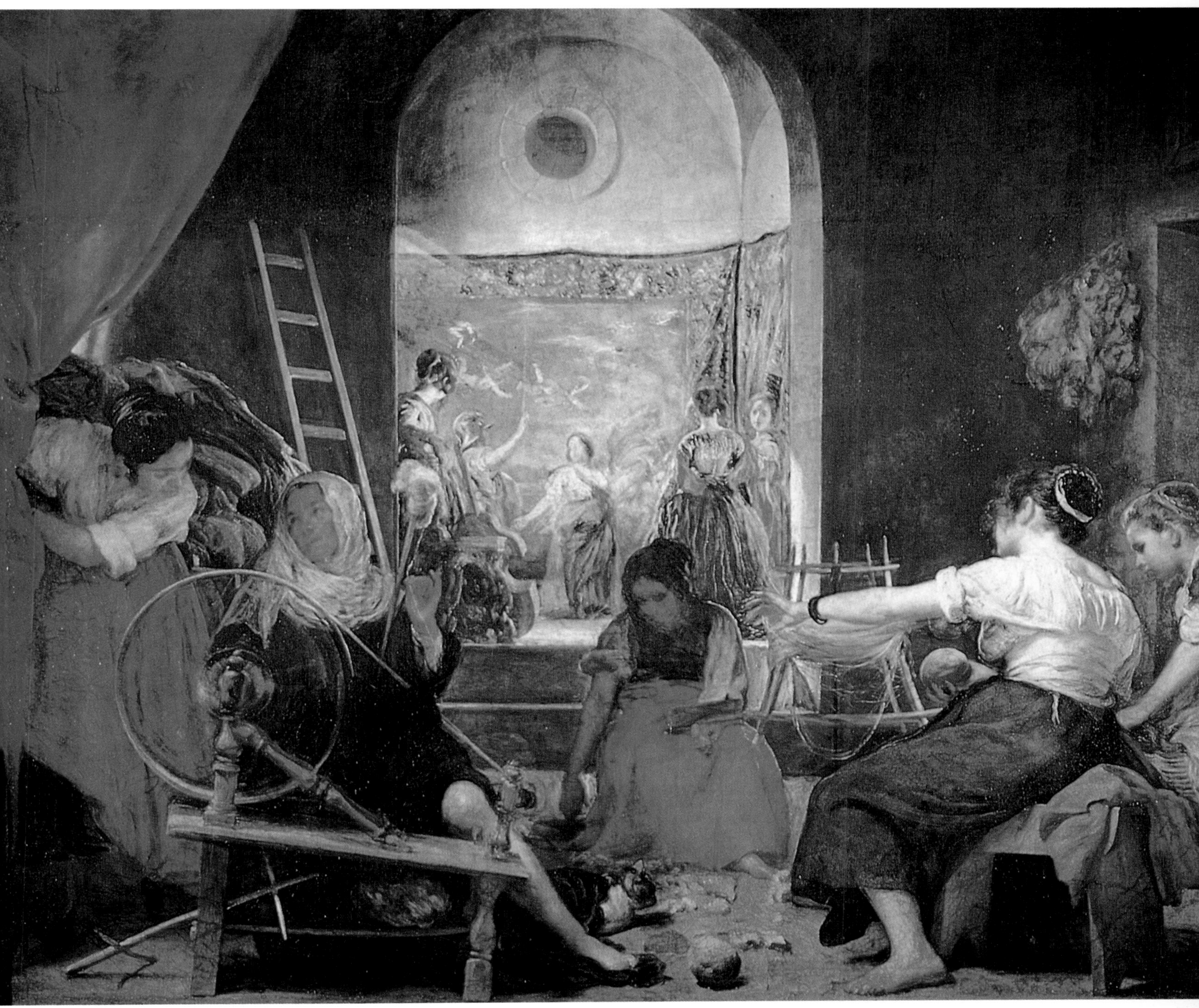

DIEGO DE SILVA VELÁZQUEZ *Las hilanderas* Museo del Prado

Obra de los últimos años del pintor, *Las hilanderas* ha sido interpretado durante mucho tiempo como cuadro de género, simple visión de un taller de trabajo en la fábrica real de tapicería; cosa inconcebible en la España de su tiempo para cuadro de tan grandes dimensiones. Hoy sabemos que en realidad el cuadro representa un pasaje mitológico: la contienda de Palas y Aracne sobre sus habilidades en el telar, que concluye con la maldición de Palas, el suicidio de Aracne y su transformación en araña. Como en sus restantes lienzos mitológicos, ha eludido Velázquez toda grandilocuencia y ha magnificado las alusiones a lo cotidiano contenidas en el mito, en este caso el ambiente cerrado y fabril del telar.

La técnica se ha hecho prodigiosamente suelta y el toque impresionista sugiere y cuaja la realidad en toda su viveza. La seguridad y la maestría de Velázquez para captar lo transitorio tienen aquí, quizá, su realización más perfecta. El aire circula y casi se escucha el zumbar de la rueca.

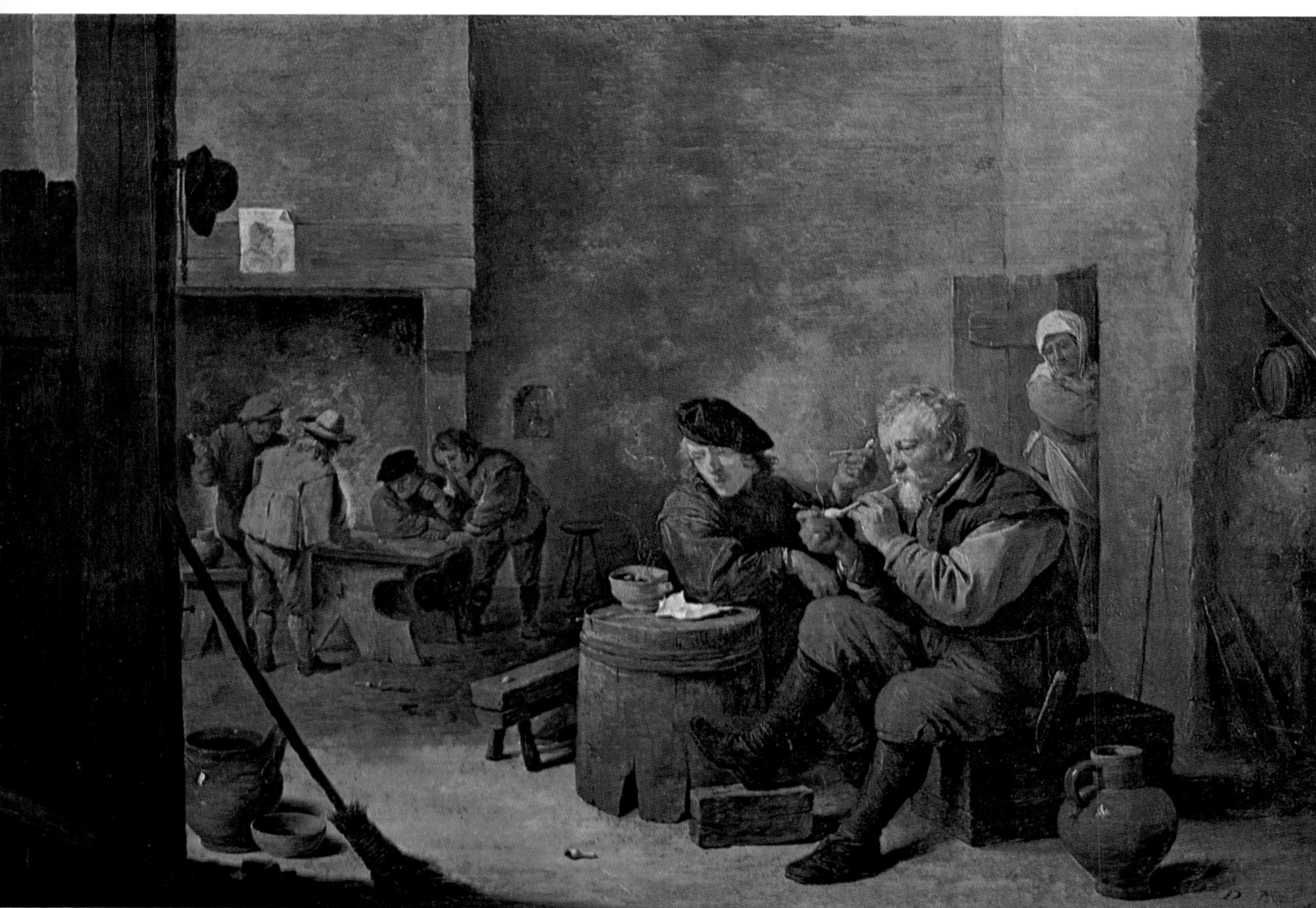

DAVID TENIERS
Fumadores 0,40 × 0,62
Museo del Prado

La familia Teniers, el padre David I y sus hijos David II y Abraham, encarnan, en la opulenta Flandes, monárquica y católica, un gusto casero, burgués y popular, semejante al de los maestros holandeses, pero sin su reposada serenidad ni su puritanismo calvinista. En los Teniers la vida bulliciosa, festiva, grosera a veces, se levanta casi como un grito desafiante frente a la ordenada etiqueta de los poderosos, y a la vez provoca en ellos una curiosidad: el interés divertido del que asiste a un espectáculo ajeno y pintoresco por su misma grosería y vitalidad. Así se explica el éxito de estos pintores de género, las tabernas míseras o los sórdidos cuerpos de guardia.

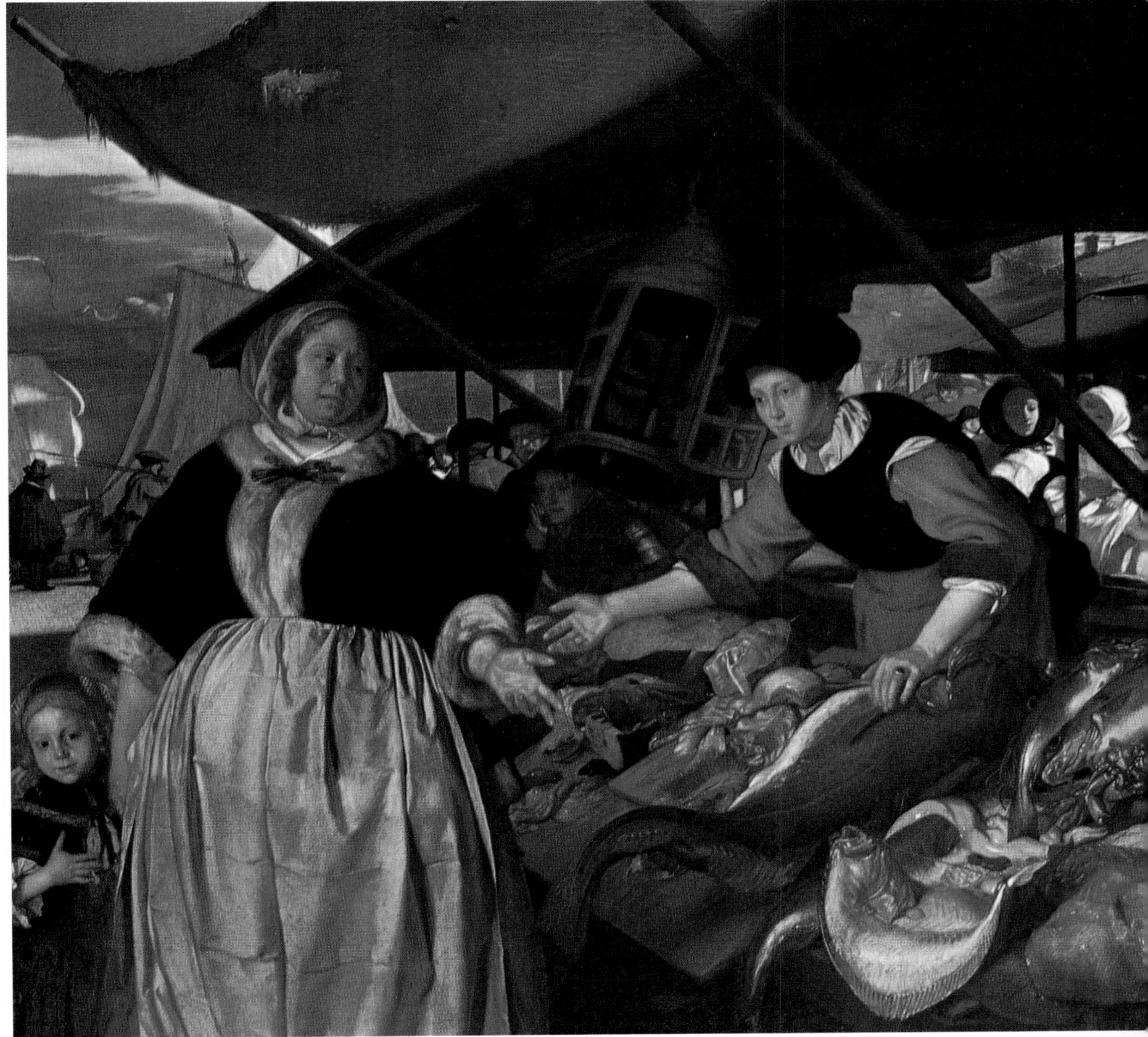

EMANUEL DE WITTE *Adriana van Heusden y su hija en el mercado de pescado de Amsterdam* 0,57 × 0,64 National Gallery

Esta pintura de una mujer que compra en un puesto del mercado de pescado de Amsterdam, mientras su hija, entre las faldas, mira tímidamente al espectador, tiene una curiosa historia. De Witte, el autor, tenía dificultades para vivir y canjeaba sus cuadros por alojamiento y manutención. En 1658 fue a parar a casa del notario Van Heusden, el marido de la mujer pintada en este cuadro, y cuando se cambió de domicilio, en 1663, el artista llevó esta obra junto a otras tres.

De Witte capta la incisiva luz matinal cayendo sobre el pescado y sobre ropajes de los personajes. La niña es encantadora, pero su madre no parece una mujer con la que se pueda discutir. El artista, más famoso por sus pinturas de interiores de iglesias, siguió acuciado por problemas económicos y terminó suicidándose. Su cuerpo fue hallado en un canal once semanas más tarde, al haberse helado el agua.

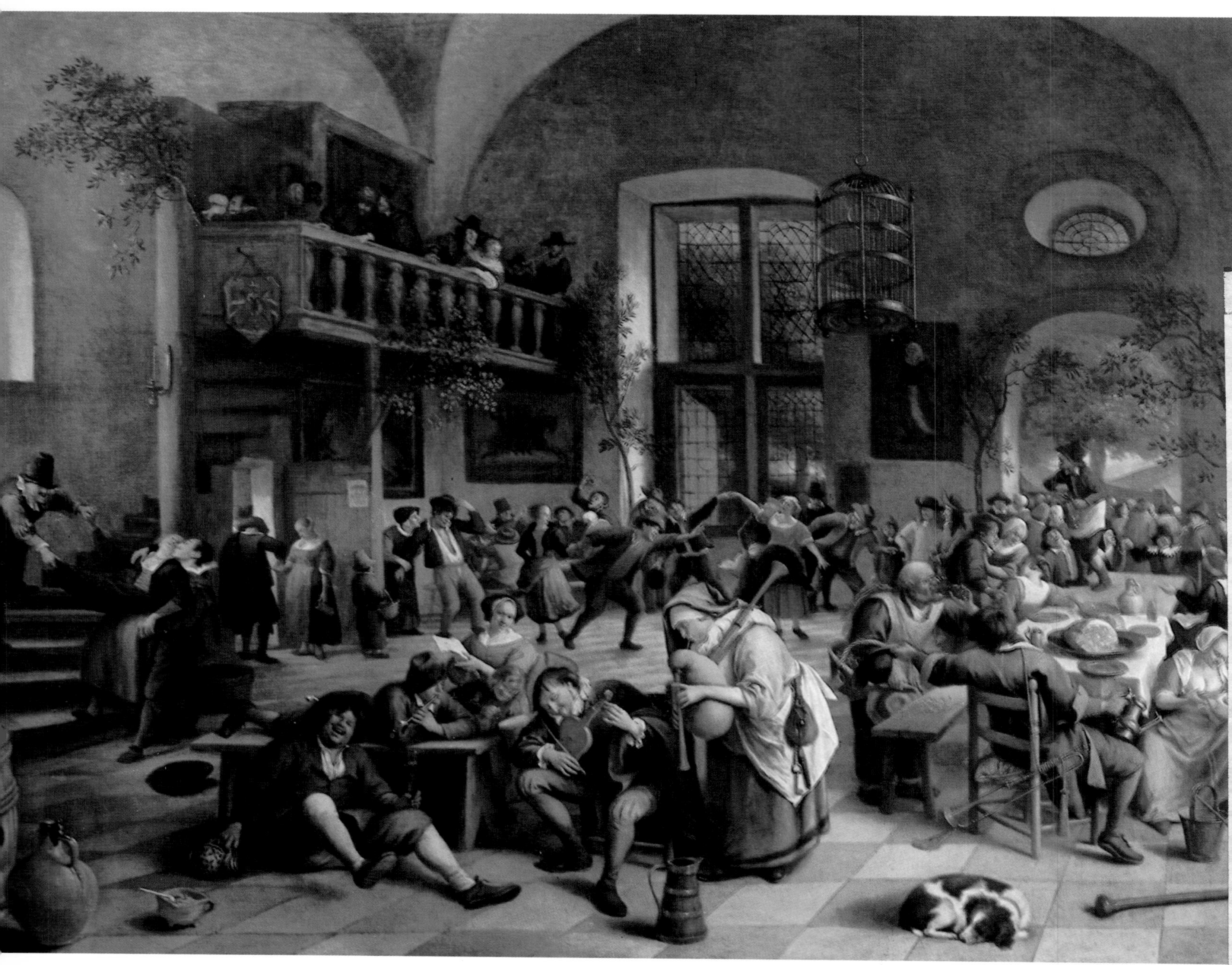

JAN STEEN
Fiesta en un albergue 1,18 × 1,61
Museo del Louvre

Entre los "pequeños maestros" como Dou, Metsu y otros, Jan Steen aporta a las escenas de género –escenas de taberna, por ejemplo– una atmósfera de realidad no exenta de fuerza plástica en la composición, por lo que supera el simple testimonio de un arte de sociedad.

JOHANNES VERMEER *La encajera* 0,24 × 0,21 Museo del Louvre

Vermeer supera la pintura de género, a pesar de que busca constantemente en ella sus motivos y sus temas. Este lienzo, pintado hacia 1665, al final de la carrera del pintor, fue adquirido en 1870 y constituye una de las obras maestras de un artista largo tiempo olvidado. La fuerza poética del cuadro es cada día más universalmente elogiada; concentra hasta la fascinación la realidad de una vida ordenada y tranquila, y eleva hasta la espiritualidad la sugestión de la atención y del silencio, no sin rendir tributo a la pintura de costumbres. De hecho, las cualidades pictóricas de la obra, la gama de color, a la vez fría y deslumbrante, donde dominan los azules y los amarillos, van más allá de la recreación de una atmósfera y hacen del espectáculo, hasta cierto punto, un pretexto para una pintura que calificaríamos gustosos de "pura", aun teniendo en cuenta que es irreprochablemente fiel a su época en el aspecto figurativo.

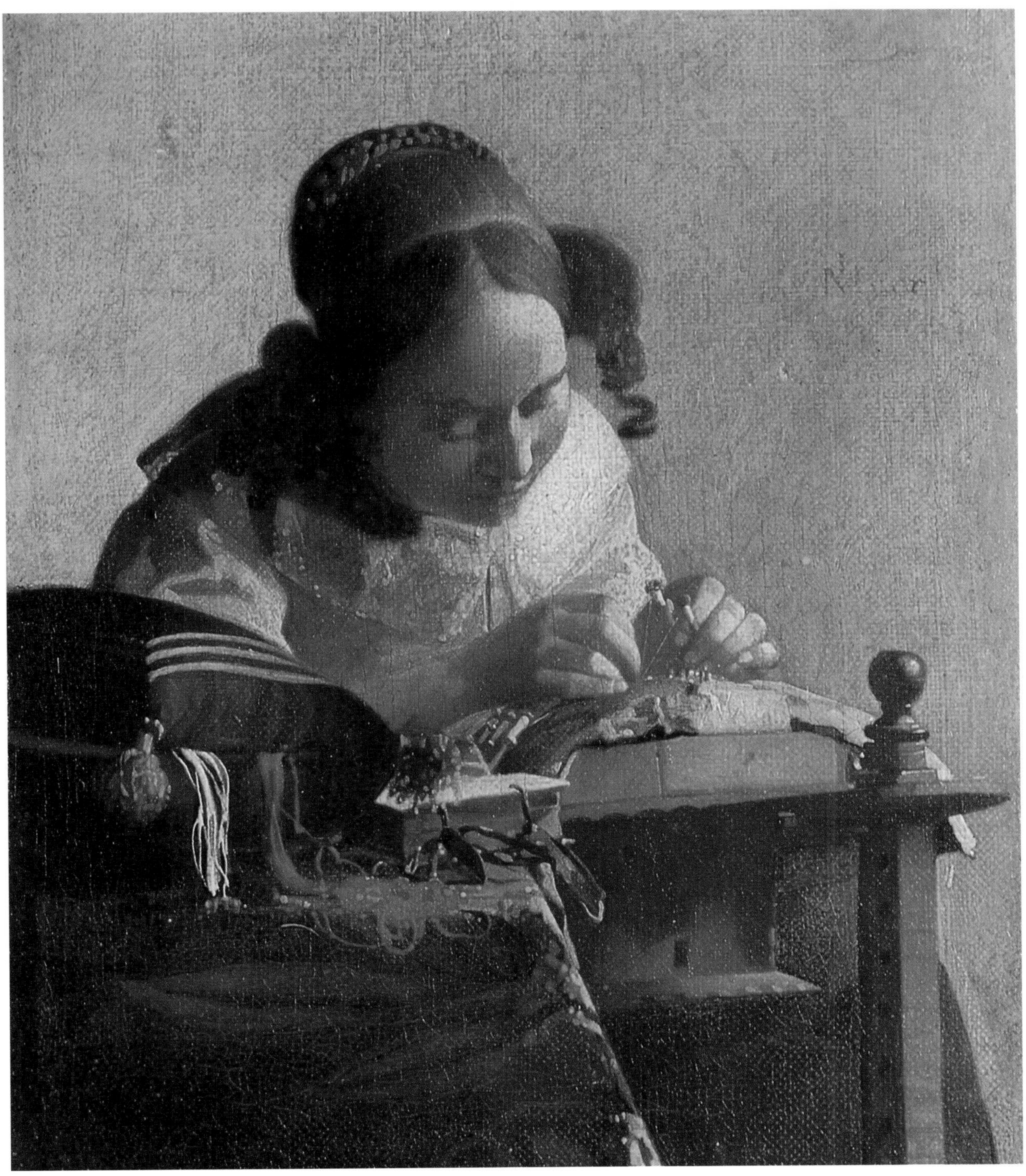

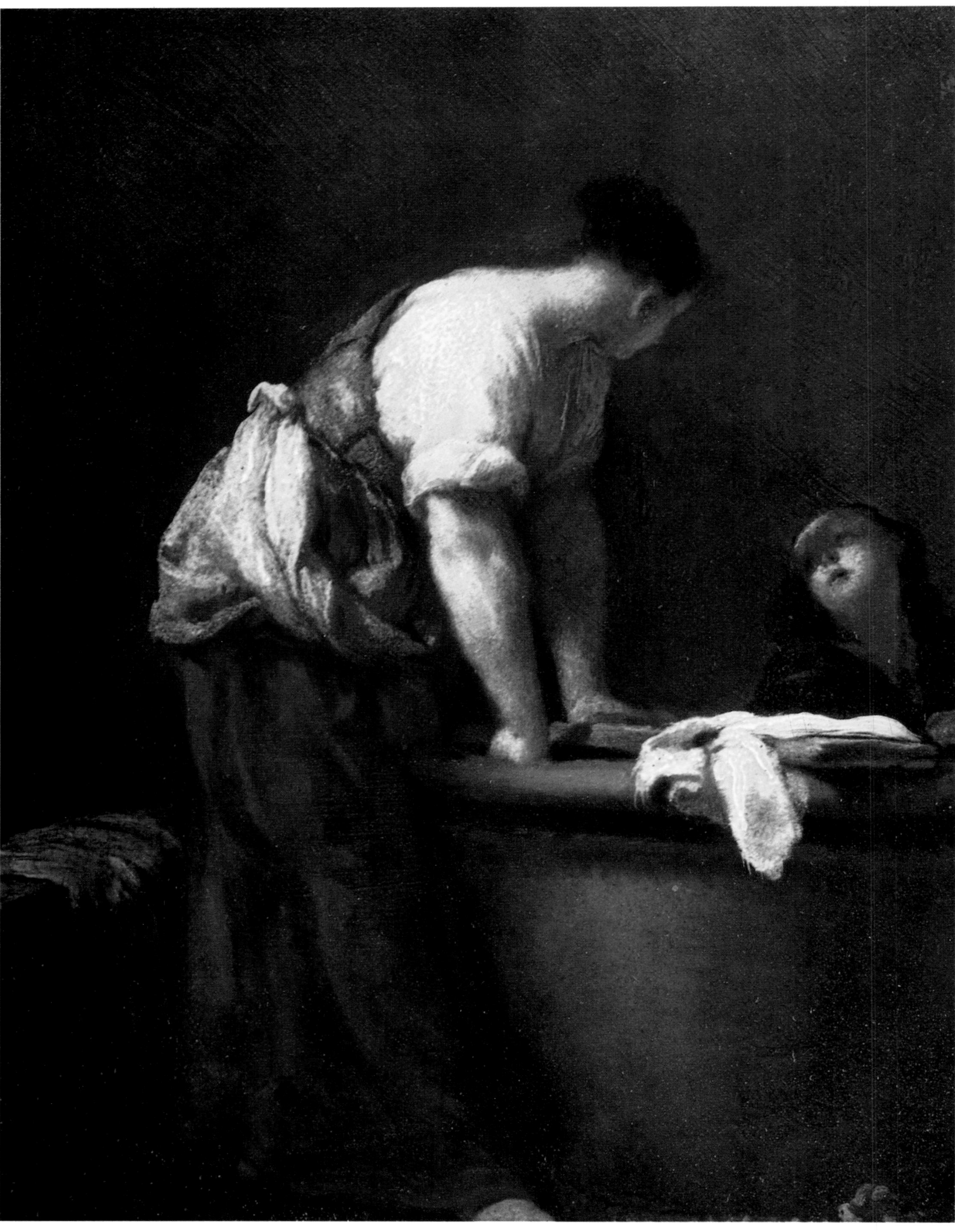

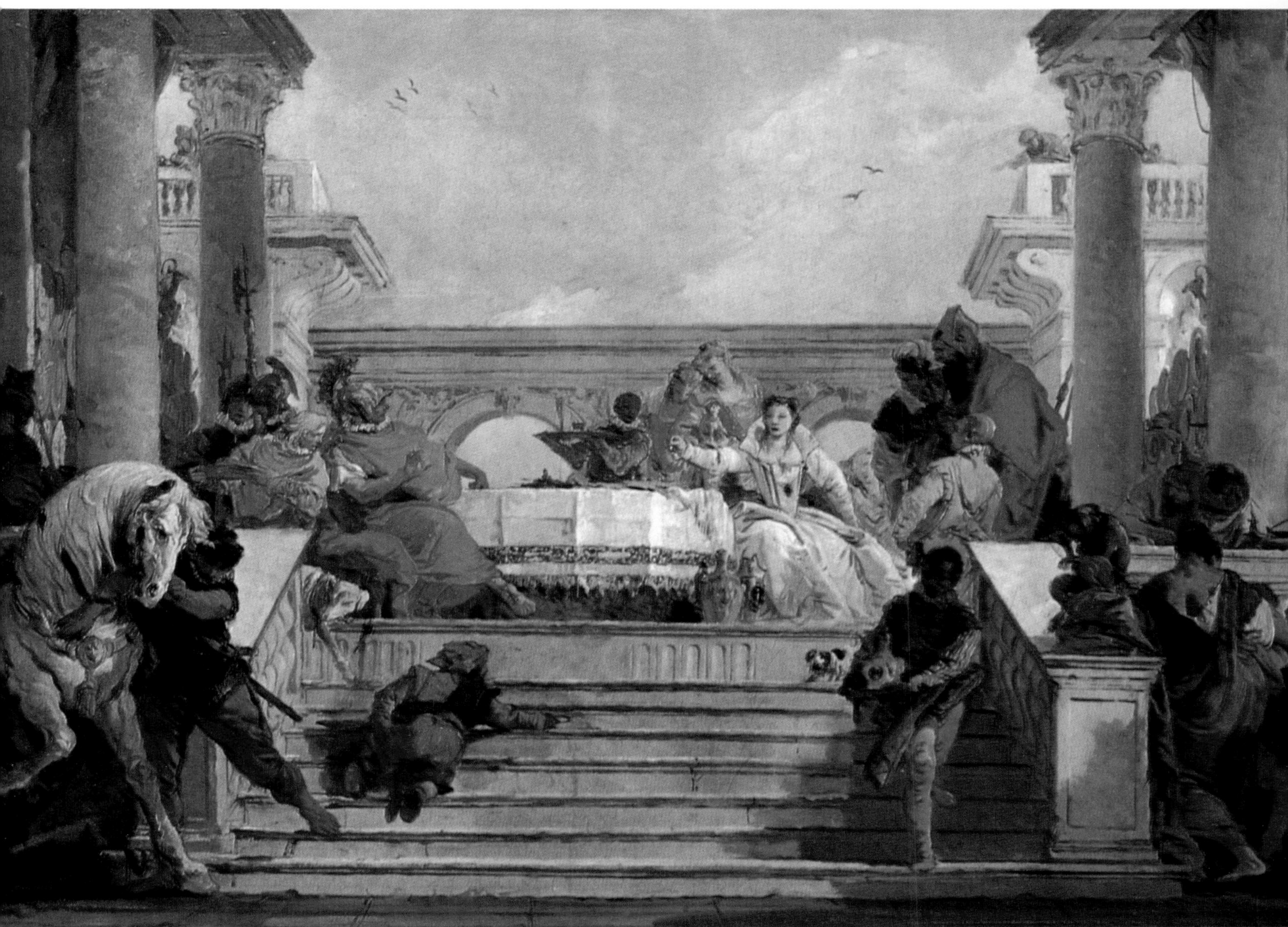

GIUSEPPE MARIA CRESPI "EL ESPAÑOL"
La lavandera 0,25 × 0,18 Museo del Ermitage

Crespi fue el más admirable maestro boloñés de finales del s. XVII y primera mitad del XVIII. Sus cuadros se distinguieron siempre por una elevada emotividad, naturalidad y expresividad. En su creación se percibe una gran independencia de los cánones establecidos.

La lavandera representa una pequeña escena cotidiana, pintada sobre tablillas de cobre. Impresiona por la monumentalidad de sus composiciones. Las pesadas proporciones de la joven mujer inclinada sobre la tina de ropa, la amplia generalización con la cual está transmitida su figura, el ángulo del cuerpo y el modelado de sus brazos desnudos y del cuello parecen pertenecer al personaje de un cuadro de mayores dimensiones o inclusive al de una pintura mural. Semejante enfoque, el de la monumentalidad hasta en las pequeñas formas, constituyó un rasgo característico del artista italiano.

GIOVANNI BATTISTA TIEPOLO
El banquete de Cleopatra 0,44 × 0,66 National Gallery

La historia del banquete que Cleopatra, reina de Egipto, dio a su amante Marco Antonio está relatada por Plinio en su *Historia Natural*. Cleopatra poseía las dos perlas más grandes y finas entonces conocidas, que lucía como pendientes. En el banquete, vanagloriándose de que le habían costado una fortuna, tomó una de las perlas y, tras disolverla en vinagre, se la bebió. Tiepolo pinta a Cleopatra en el momento de echar la perla dentro del vaso, mientras Marco Antonio se muestra sorprendido ante tal derroche ostentoso.

Tiepolo viste a sus personajes con vestiduras ampulosas, sin rigor histórico. El conjunto arquitectónico, de impronta veneciana, donde se desarrolla la escena, aparece grandioso, visto desde una perspectiva baja. La gama de tonos y la variedad de detalles hacen de este cuadro una deslumbrante exposición del virtuosismo del artista.

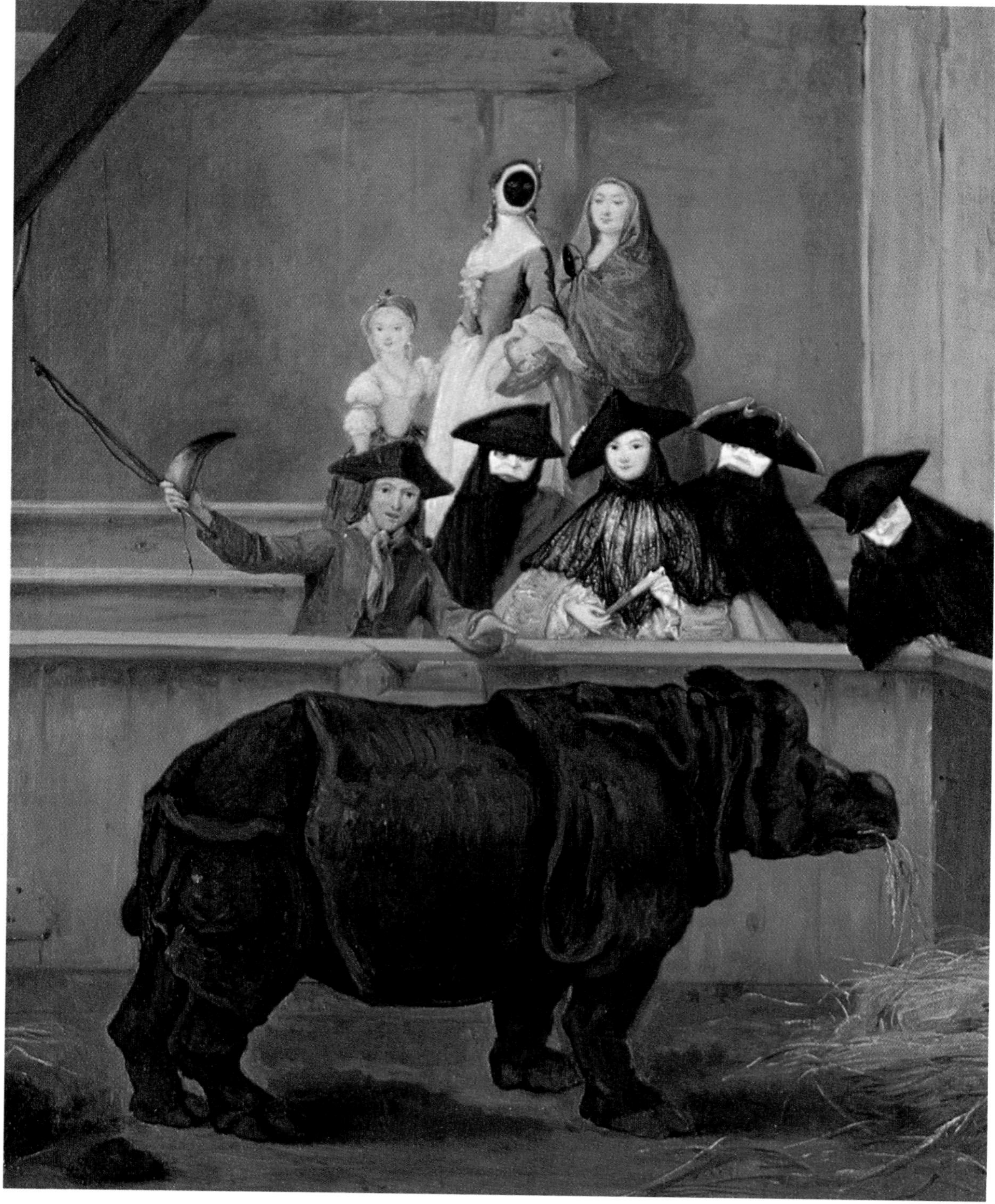

PIETRO LONGHI (PIETRO FALCA) *Exhibición del rinoceronte en Venecia* 1,15 × 0,93 National Gallery

Este rinoceronte fue, probablemente, uno de los primeros que se vieron en Europa. Por esto, no es sorprendente que muchas personas quisieran tener un recuerdo pictórico de esta extraña bestia. Lo trajo a Europa un capitán llamado David Montvandermeer, en 1741, y se le trasladó de ciudad en ciudad, donde se le pintó, se acuñó su efigie en medallas y se le estudió científicamente. Las personas de este cuadro llevan máscaras blancas y negras, propias del festival de Carnaval, días en que llegó este rinoceronte a Venecia, en 1751.

Longhi se dedicó a pintar cuadros de gabinete sobre la vida cotidiana. Plasmó con simplicidad candorosa la vida de los ricos y de los holgazanes, lo mismo que la vida ordinaria de las calles de Venecia. Observó la sociedad con humor e imparcialidad, de una manera muy semejante a la de su amigo, el dramaturgo Goldoni.

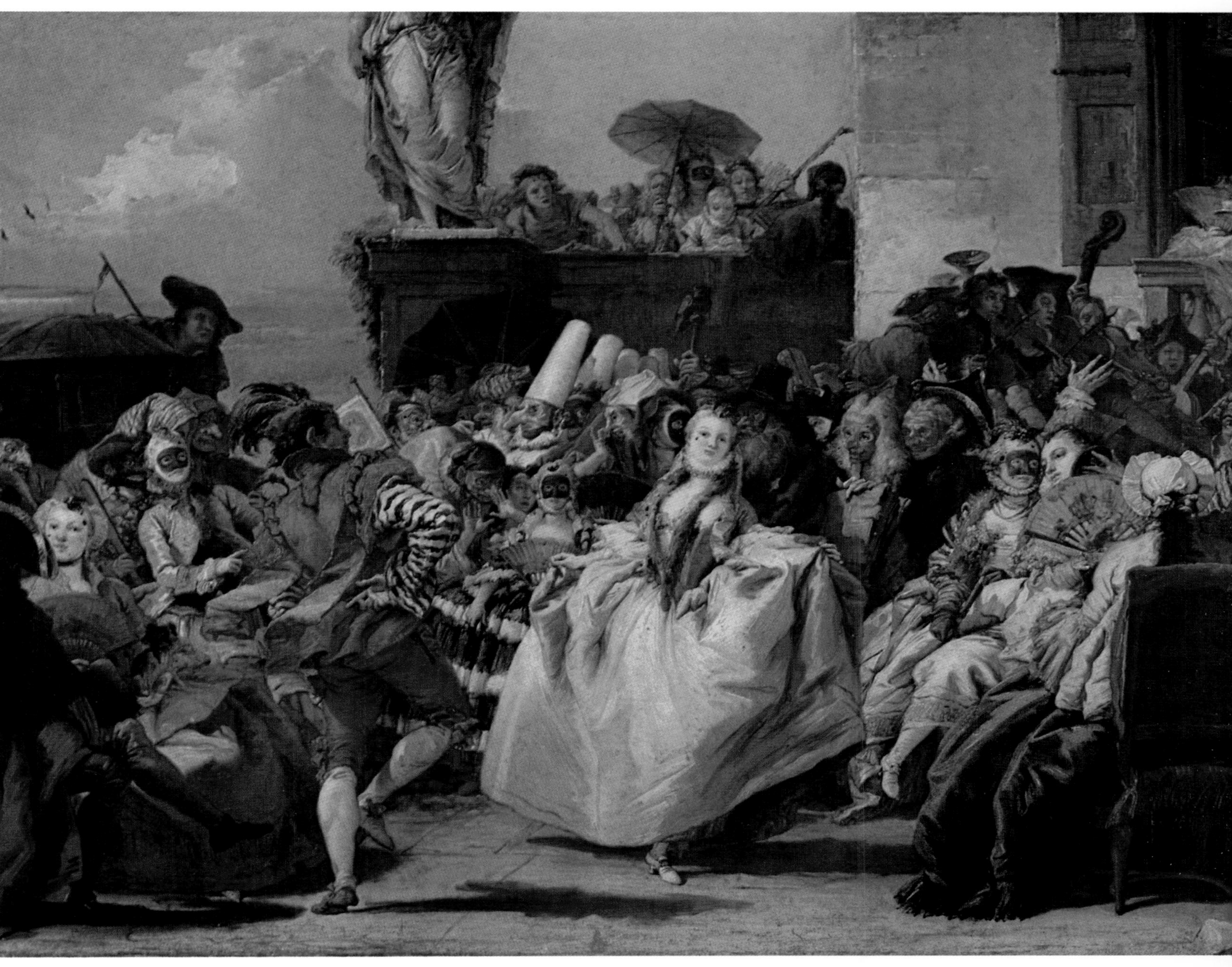

GIANDOMENICO TIEPOLO
El minué 0,79 × 1,10
Museo del Louvre

Como su padre Gianbattista, que fue además un gran decorador; como Pietro Longhi, Giandomenico Tiepolo se convirtió en el desenvuelto cronista de las fiestas y de los carnavales venecianos, con una animación colorista llena de alegría que trasciende las diversiones mundanas para recoger de forma realista los disfraces, los tipos, el frenesí pintoresco y burlesco de las calles. Encontramos disfraces de la comedia italiana y máscaras diversas, interesantes desde el punto de vista iconográfico; y en cualquier caso, una técnica de asombroso virtuosismo.

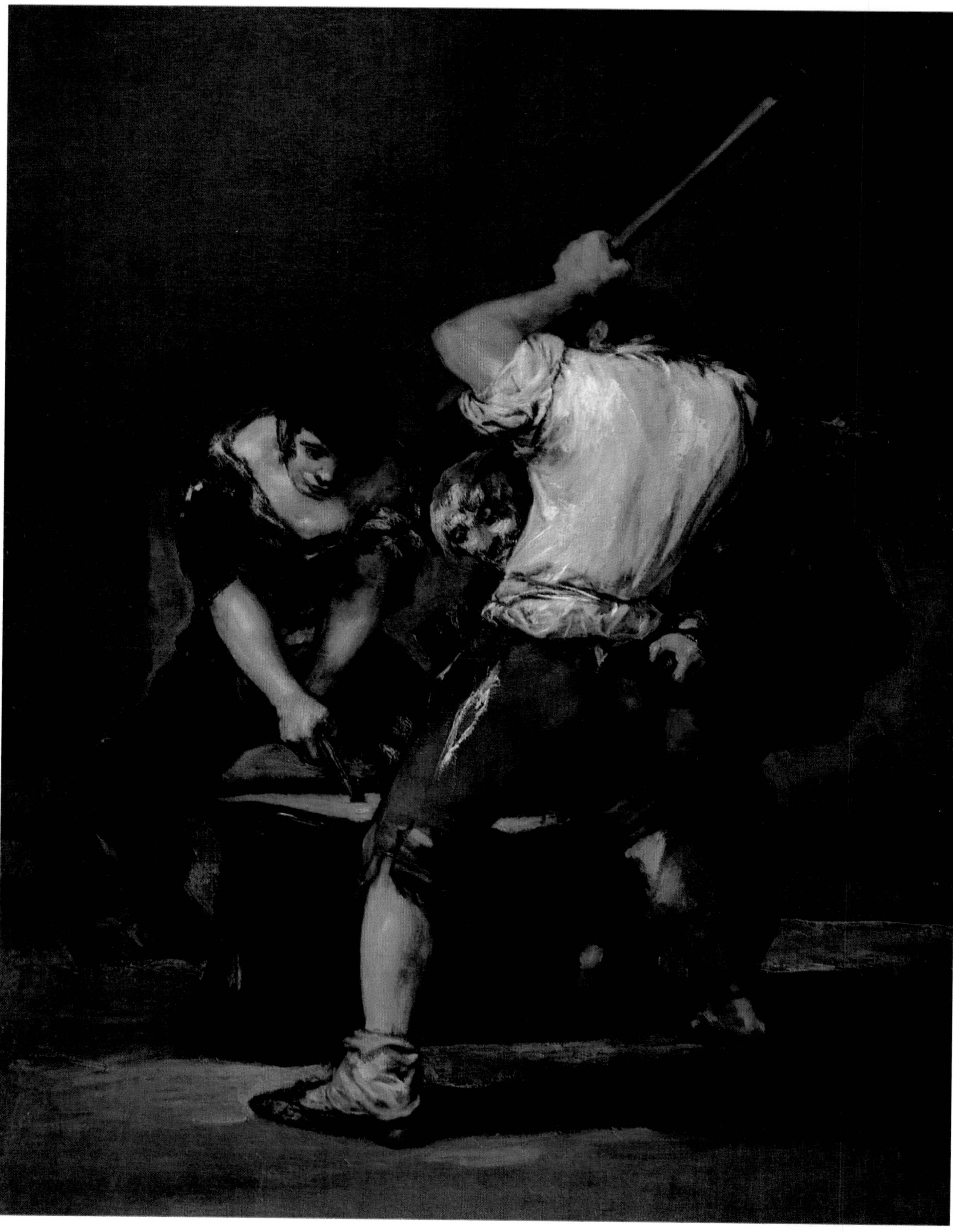

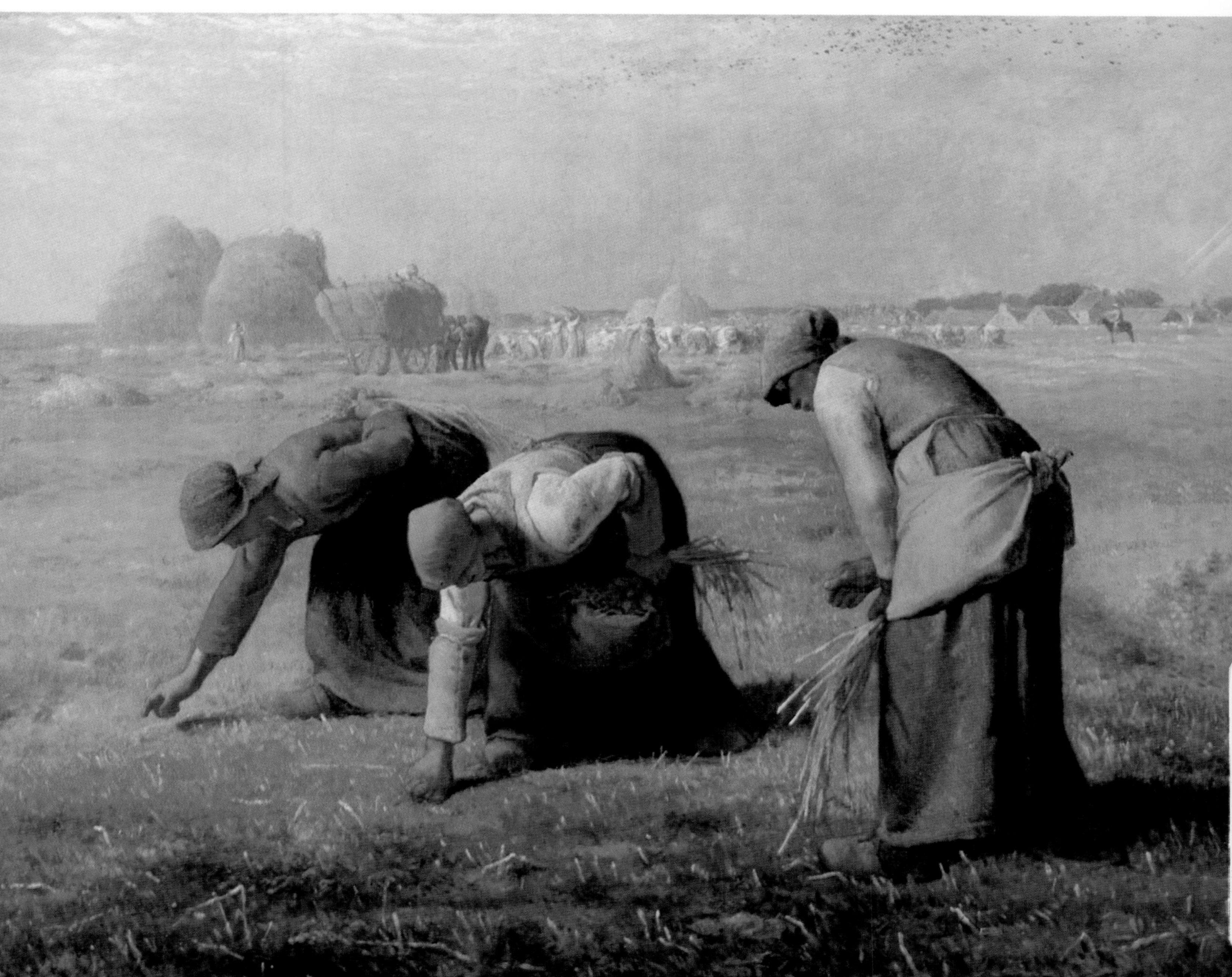

FRANCISCO DE GOYA Y LUCIENTES
La fragua 1,81 × 1,25 Colección Frick

Goya nació en Fuendetodos, cerca de Zaragoza. En esta ciudad realizó su aprendizaje, marchando luego a Madrid para estudiar con Francisco Bayeu. Estuvo en Italia en 1771, trabajó en Zaragoza al año siguiente y, en 1774, se convirtió en diseñador de la Real Fábrica de Tapices. En 1786 fue nombrado pintor de la corte de Carlos IIII. Además de retratos, Goya pintó temas históricos y religiosos, así como sátiras y fantasías demoníacas. En 1824, perdido el favor de la corte, el artista abandonó España estableciéndose en Burdeos, donde murió. La composición de este cuadro está directamente relacionada con las descripciones de la fragua de Vulcano, el herrero del Olimpo.

JEAN-FRANÇOIS MILLET
Las espigadoras 0,84 × 1,11 Museo de Orsay

Millet fue un republicano convencido; se sintió atraído por la naturaleza y los ambientes rurales, y plasmó en la figura del campesino su inclinación democrática. Sin embargo, su obra no es únicamente una ilustración de sus teorías políticas, y el origen campesino del propio artista y su sentido de la igualdad de los hombres ante la naturaleza trabajada por ellos, se apoyan mutuamente y desembocan en un arte sólido y en una técnica original, sobre todo en sus dibujos, muy sobrios. Destaca el refinamiento de este cuadro, que fue considerado como obra socialista y revolucionaria por ciertos críticos que creyeron ver en él un símbolo de la miseria reivindicativa o de un evangelio social.

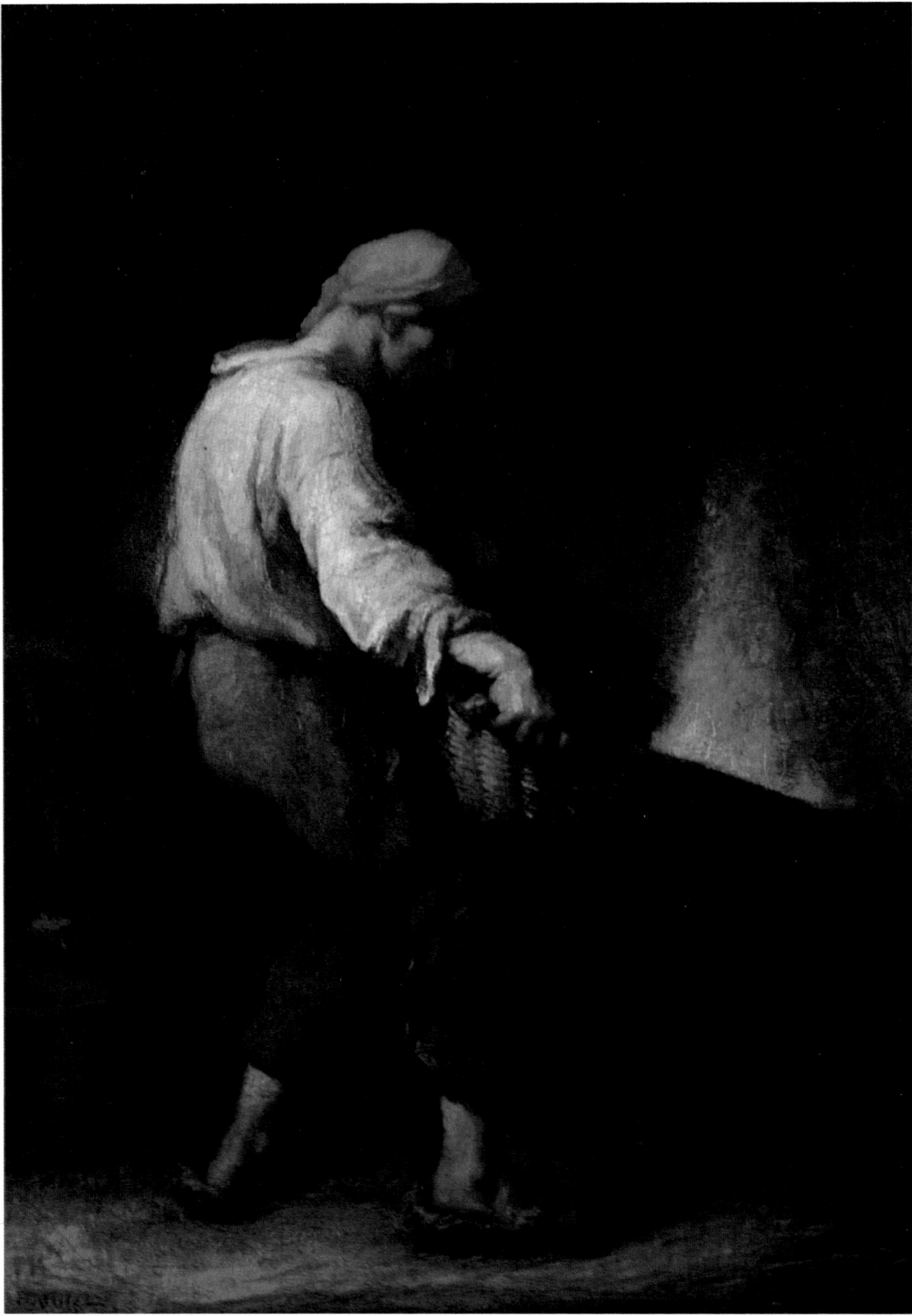

JEAN-FRANÇOIS MILLET
El aventador 1,00 × 0,71
National Gallery

La simple figura monumental de un campesino aventando el grano, en un lugar pobremente iluminado, queda elevada a una categoría heroica. La pintura densa de Millet y su gruesa pincelada se adaptan bien al tema y, cuando el cuadro se expuso en el Salón de París en 1848, recibió grandes elogios, pues respondía a los gustos republicanos del momento. El artista recibió por su venta una cantidad mayor de lo acostumbrado y, como expresión del éxito, el Gobierno le hizo un buen encargo. Esto le permitió establecerse en Barbizon, en las cercanías de París, donde trabajó durante el resto de su vida pintando cuadros sobre temas rurales.

Millet fue admirado por los pintores realistas contemporáneos y, más tarde, por Van Gogh, quien fue sensible a la simpatía y comprensión de Millet por las penalidades y noble vida de la gente del campo.

WINSLOW HOMER
En el banco de arena 0,39 × 0,72
Museo de Arte Metropolitano

En 1881 y 1882 Homer pasó varios meses en la aldea de pescadores de Cullercoats, en Inglaterra, reflexionando sobre los problemas de la acuarela. Siendo ya un líder del movimiento acuarelístico americano, volvió para sorprender a los neoyorquinos con una técnica y un contenido transformados por su aproximación a la acuarela inglesa moderna. Previamente había tratado temas americanos originales, con un estilo personal e impresionista, pero sus obras inglesas mostraban una noción más convencional de lo pintoresco, expresada con un deliberado estilo monumental. *En el banco de arena,* 1883, fue una de sus más vigorosas obras de Cullercoats, y en ella es evidente la madura complejidad de la nueva técnica de Homer y su heroico concepto de la lucha entre el hombre y su entorno.

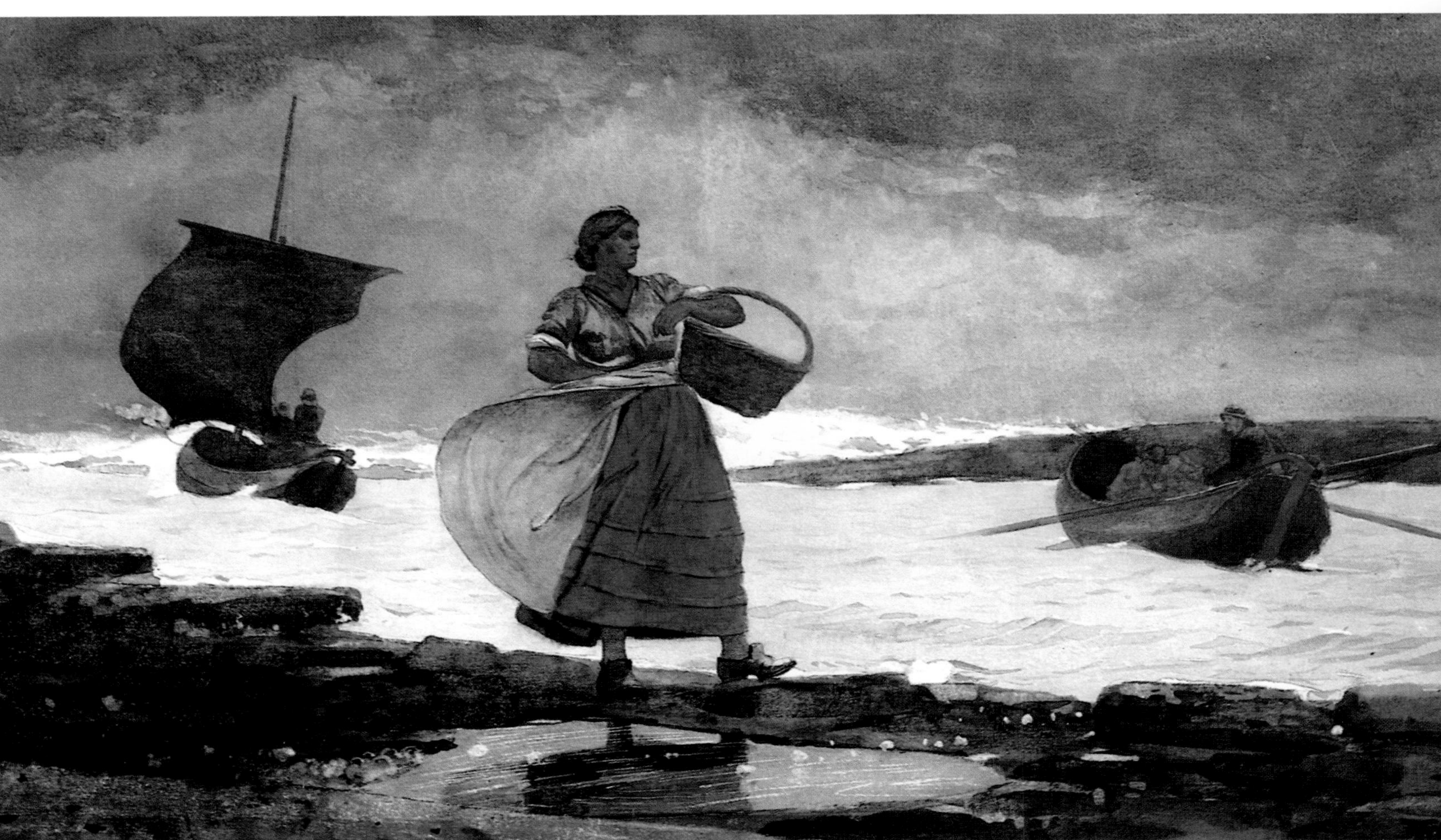

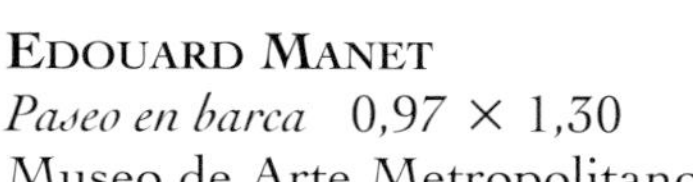

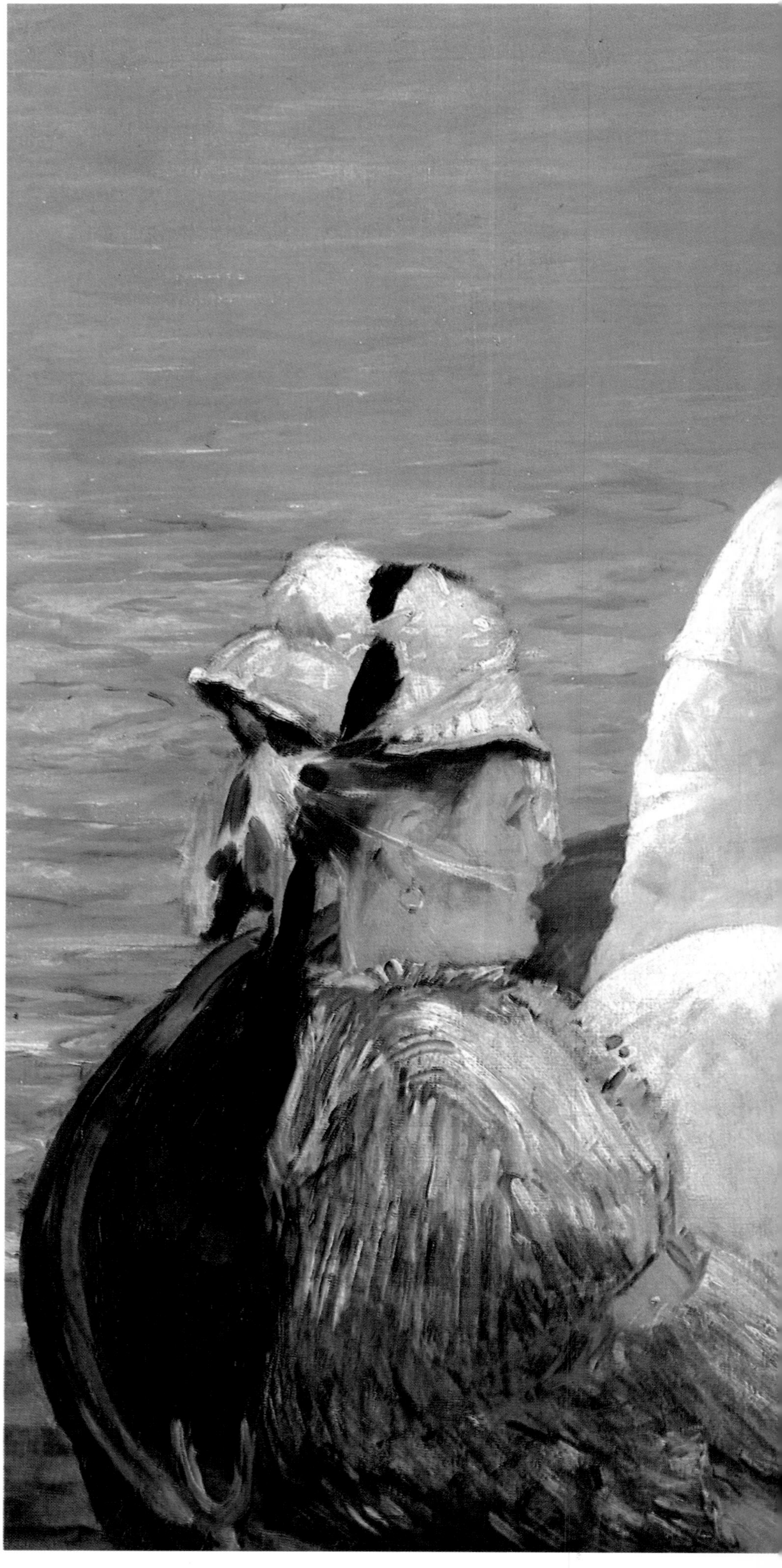

EDOUARD MANET
Paseo en barca 0,97 × 1,30
Museo de Arte Metropolitano

Paseo en barca fue pintado durante el verano de 1874, cuando Manet trabajaba con Renoir y Monet en Argenteuil, un pueblo a orillas del Sena, al noroeste de París. Los tonos intensos de la paleta, el punto de vista desde el cual el agua asciende como un telón de fondo y la decisión del artista de celebrar los placeres cotidianos de la clase media, están en armonía con las premisas del estilo impresionista, recientemente desarrollado por sus colegas más jóvenes. El recorte de las formas al borde del lienzo refleja el interés de Manet por las estampas japonesas.

Este gran pintor fue un adelantado de la modernidad, no sólo por su revolucionario tratamiento de la luz, sino por haber puesto al día y renovado las convenciones tradicionales en el modo de situar las figuras en el lienzo.

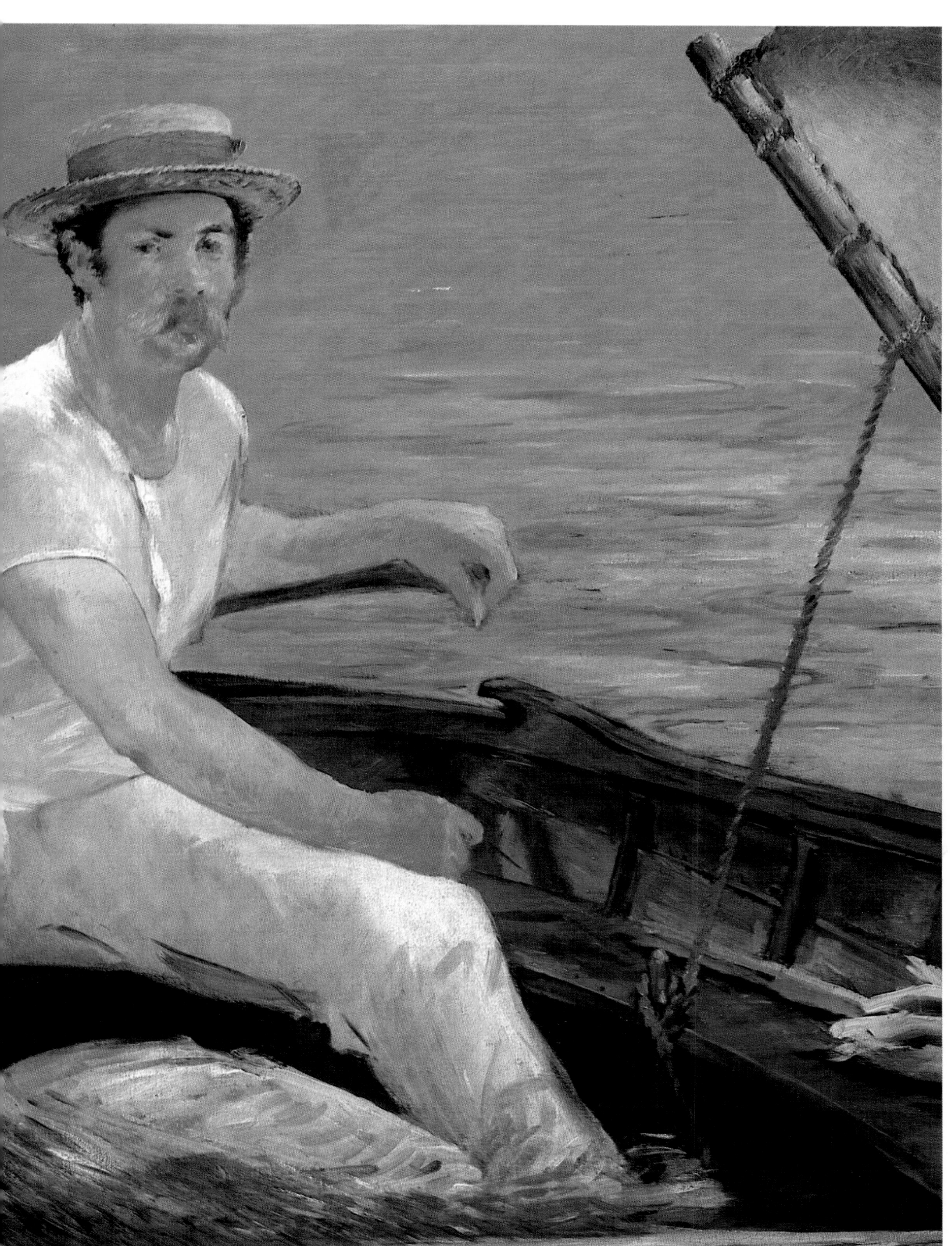

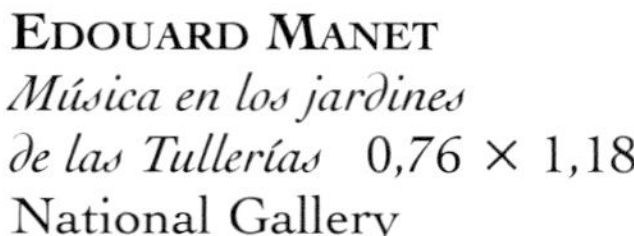

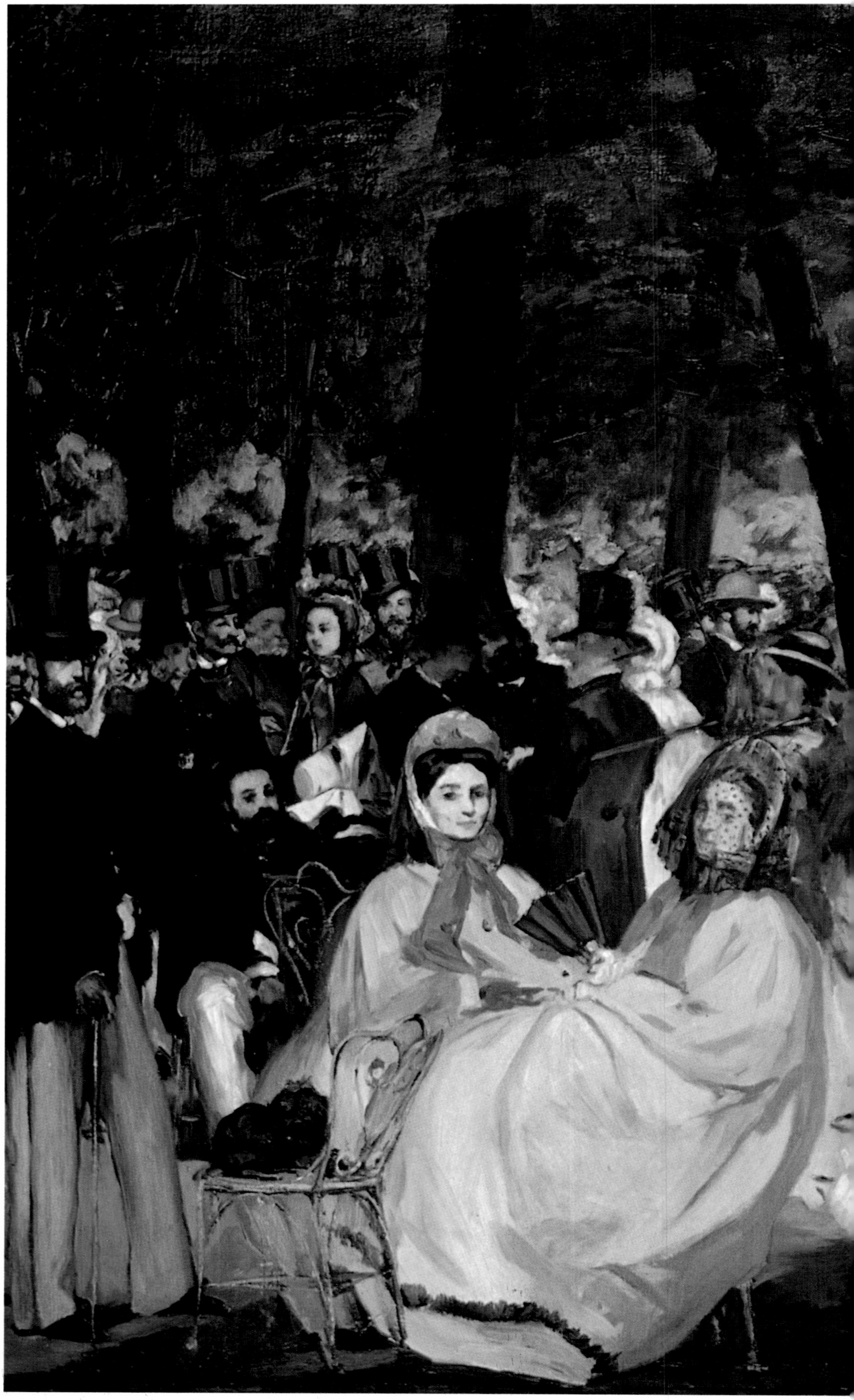

EDOUARD MANET
Música en los jardines de las Tullerías 0,76 × 1,18
National Gallery

Una narración contemporánea cuenta que Manet "iba cada día a las Tullerías, durante dos o cuatro horas, y hacía estudios al aire libre de niños jugando entre los árboles y grupos de institutrices apoltronadas en las sillas. Baudelaire era su constante compañero". El poeta Baudelaire fue amigo y defensor de Manet, que se vio rechazado del Salón de París en repetidas ocasiones. Manet le pintó en este cuadro apoyado en un árbol a la izquierda y también incluyó a varios personajes conocidos –artistas, músicos, escritores–, y a él mismo.

Esta escena de la vida cotidiana y social está elaborada en el estudio a base de los bocetos previos realizados en el lugar. La luz solar se filtra entre los árboles, iluminando las figuras, algunas bien detalladas y otras simplemente esbozadas. Manet utiliza la animación de la gente, que se reúne para escuchar música y charlar con los amigos, para ver y hacerse ver por parte de todos los que se congregaban allí.

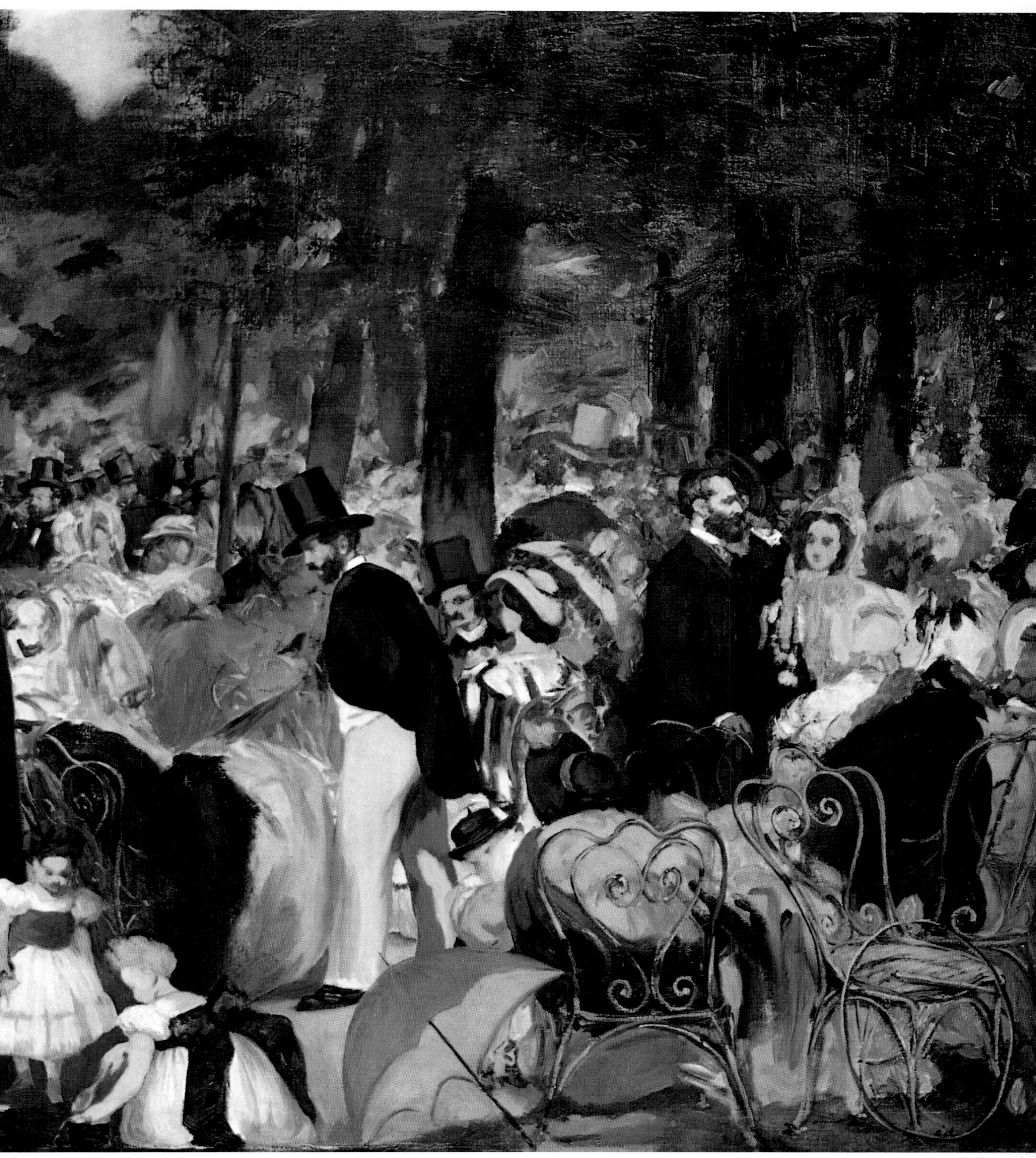

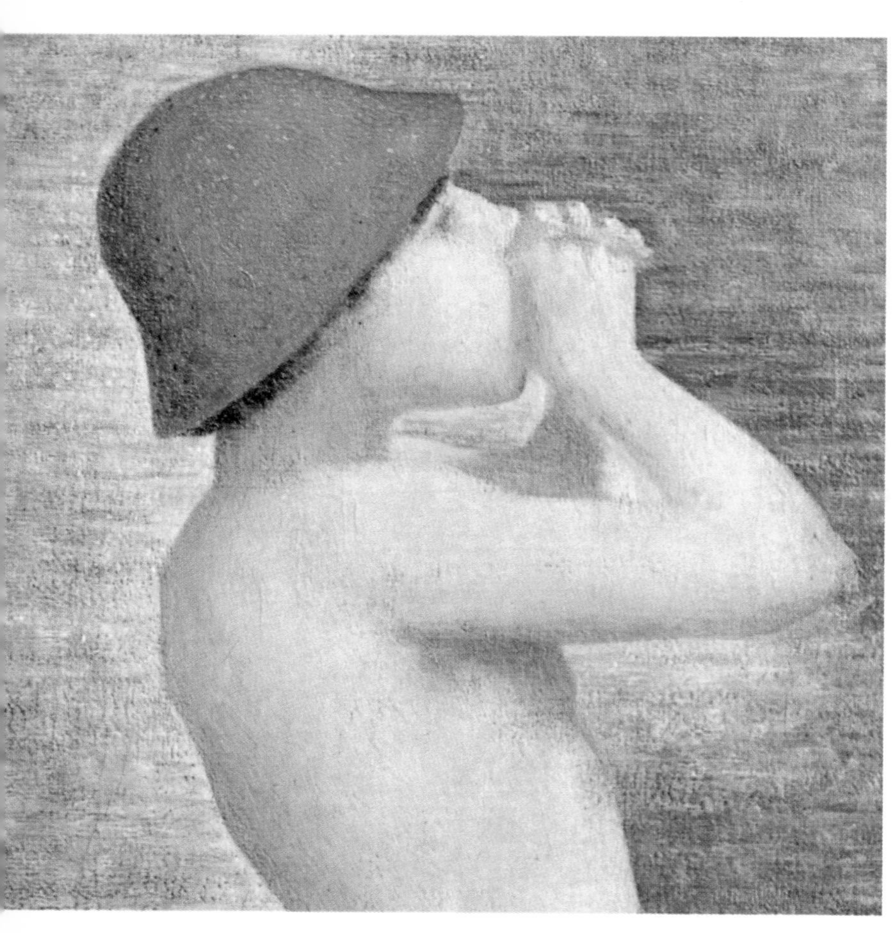

PABLO RUIZ PICASSO
La planchadora 1,16 × 0,73 Museo Guggenheim

Tras varias visitas anteriores, Picasso volvió a París en abril de 1904, donde permaneció hasta 1948.

Este cuadro angustioso y de grandes proporciones, procedente de la colección Thannhäuser, data de esta época (1904). Daumier y Degas ya habían tratado el mismo tema años antes, así como el propio Picasso en 1901. La expresiva actitud de esta frágil mujer, dejando caer su peso fatigosamente sobre la plancha, se inspira en el previo tratamiento del asunto por Degas.

GEORGES-PIERRE SEURAT
Bañistas en Asnières 2,01 × 3,00 National Gallery

Seurat aceptó las teorías del color y los efectos de la luz sobre los objetos, pero su manera de realizar una pintura fue totalmente diferente de la de los impresionistas. La gente, disfrutando del agua y del sol a las orillas del Sena, es un tema impresionista, pero Seurat trabajó la escena en su estudio durante un largo período de tiempo. Utilizó apuntes realizados en forma impresionista y también dibujos cuidados y casi académicos para cada detalle del cuadro, incluyendo las ropas de los bañistas dejadas en el suelo.

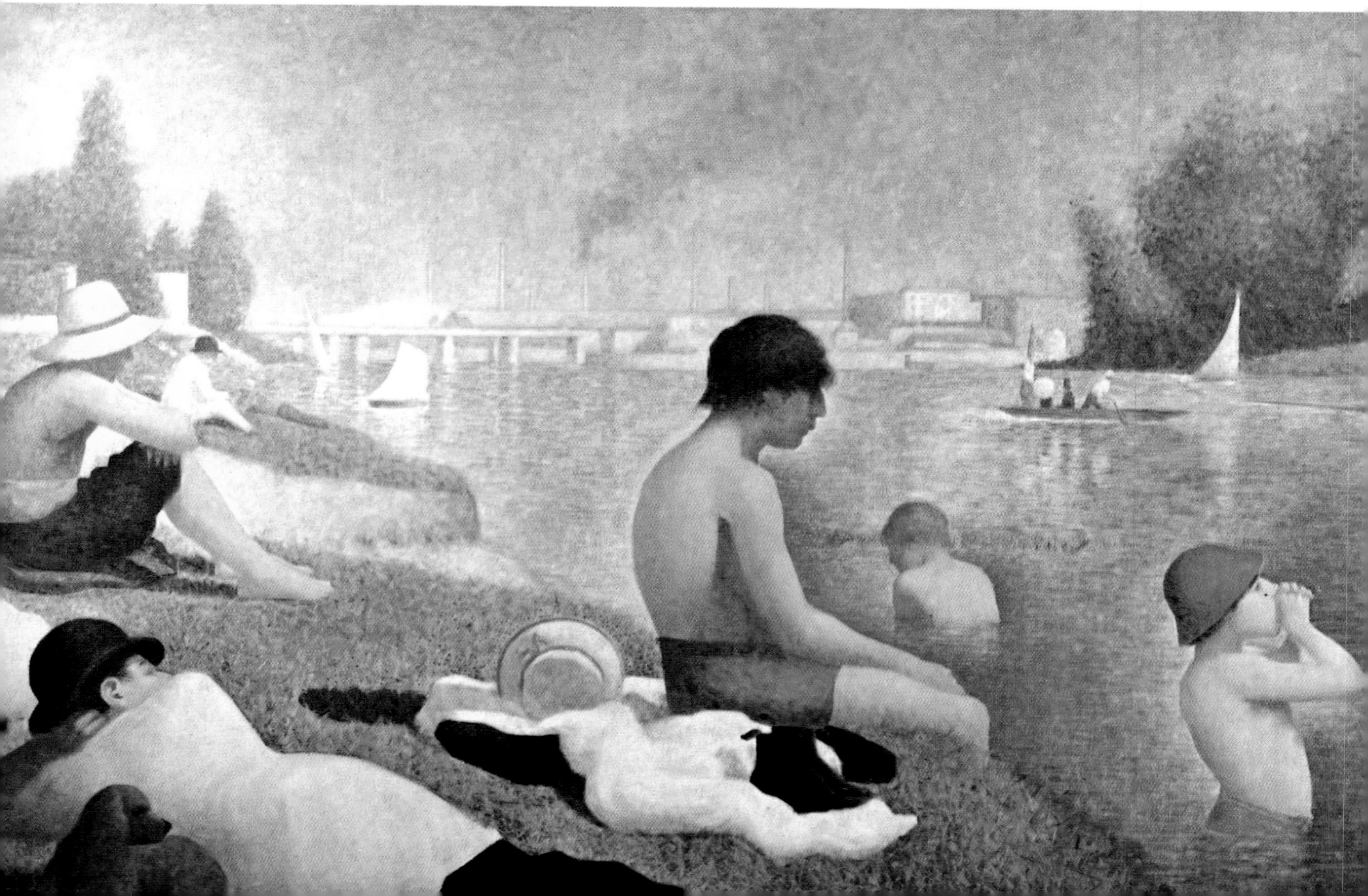

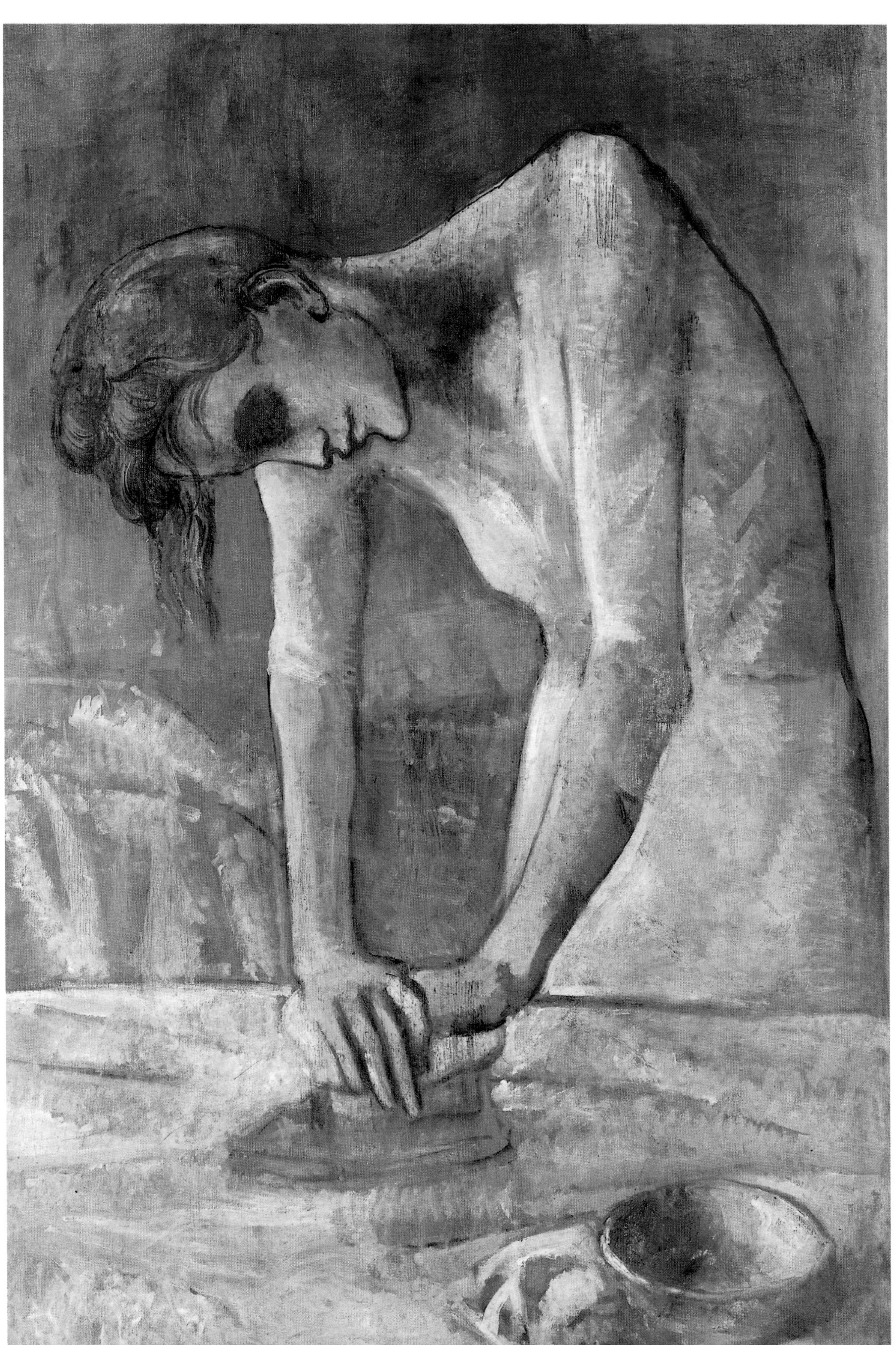

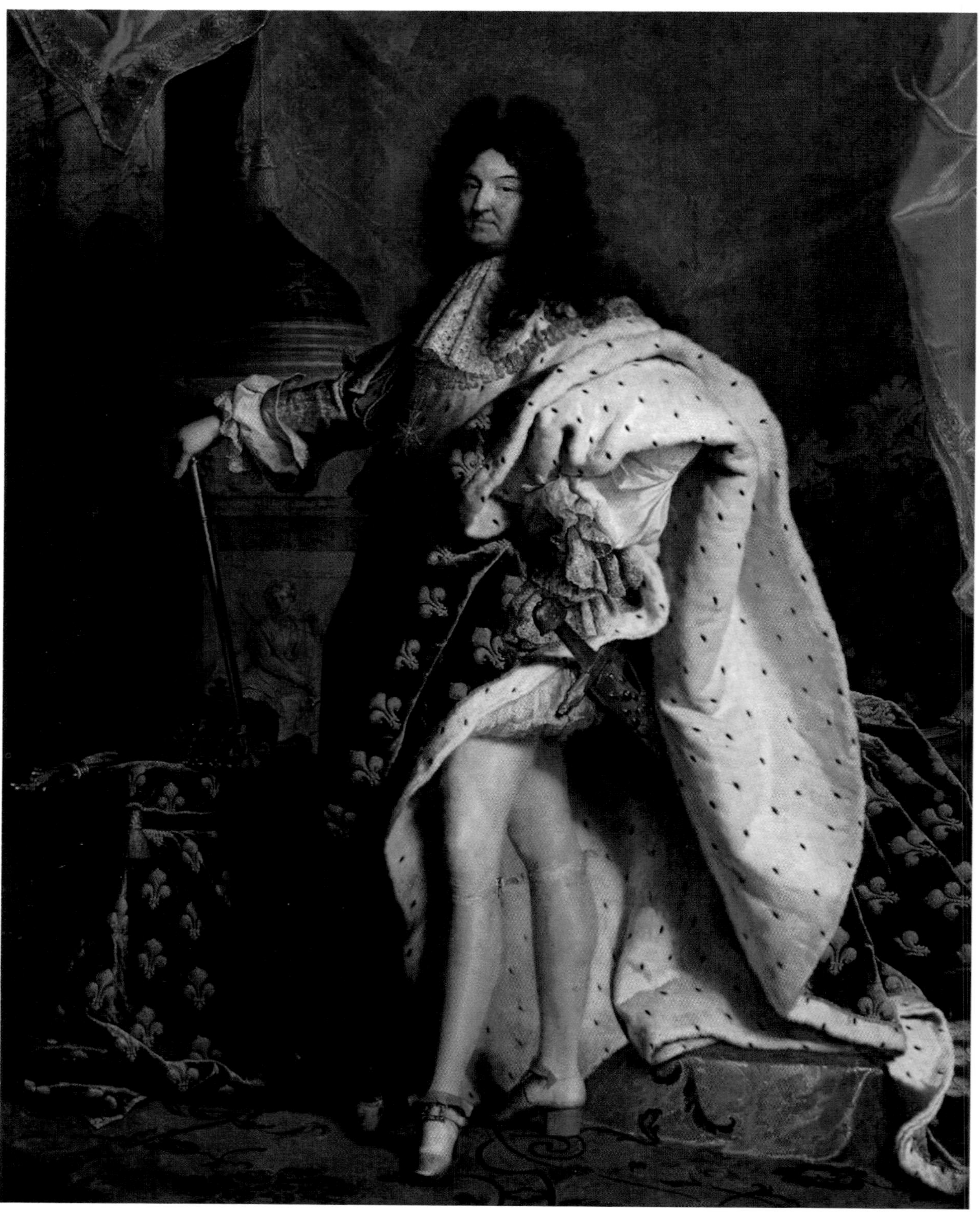

El poder y la gloria

"Los amos del pueblo serán siempre aquellos que puedan prometerle el paraíso."
RÉMY DE GOURMONT

HYACINTE RIGAUD *Retrato de Luis XIV* 2,79 × 1,90 Museo del Louvre

Rigaud, retratista oficial de finales del reinado de Luis XIV y más tarde de la Regencia y de la juventud de Luis XV, dirigió un taller dedicado a retratar al rey y a los grandes personajes de la corte. La adulación y la ceremonia tenían que desempeñar un papel más importante en este arte oficial, y efectivamente, el retrato aquí representado es un ilustre ejemplo. Sin embargo, el homenaje al monarca absoluto no carece de finura y agudeza psicológica. El rostro fue pintado aparte en un fragmento de lienzo que, fue insertado en el retrato de cuerpo entero, cuyo conjunto no ha de atribuirse forzosamente a la propia mano de Rigaud.

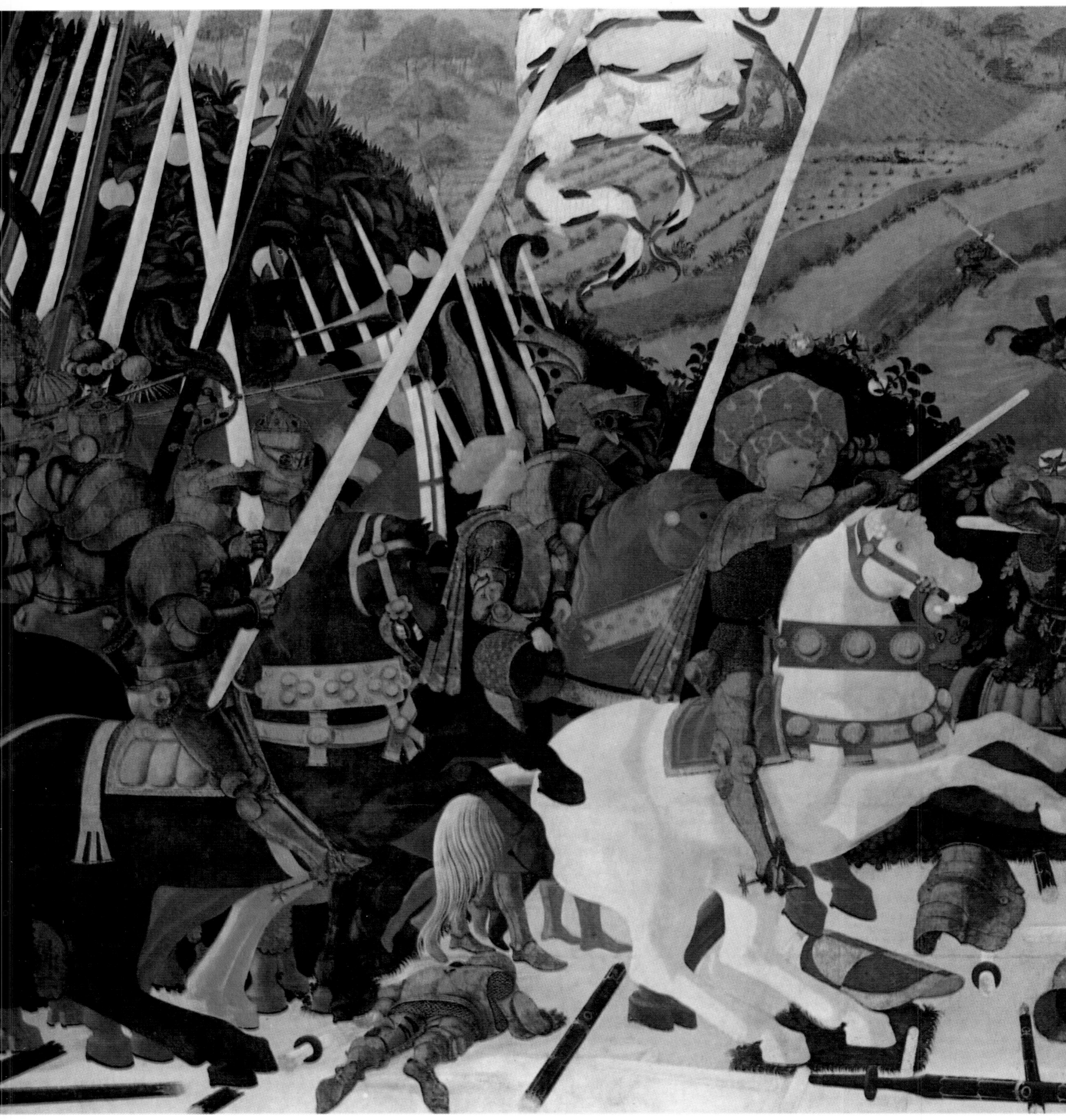

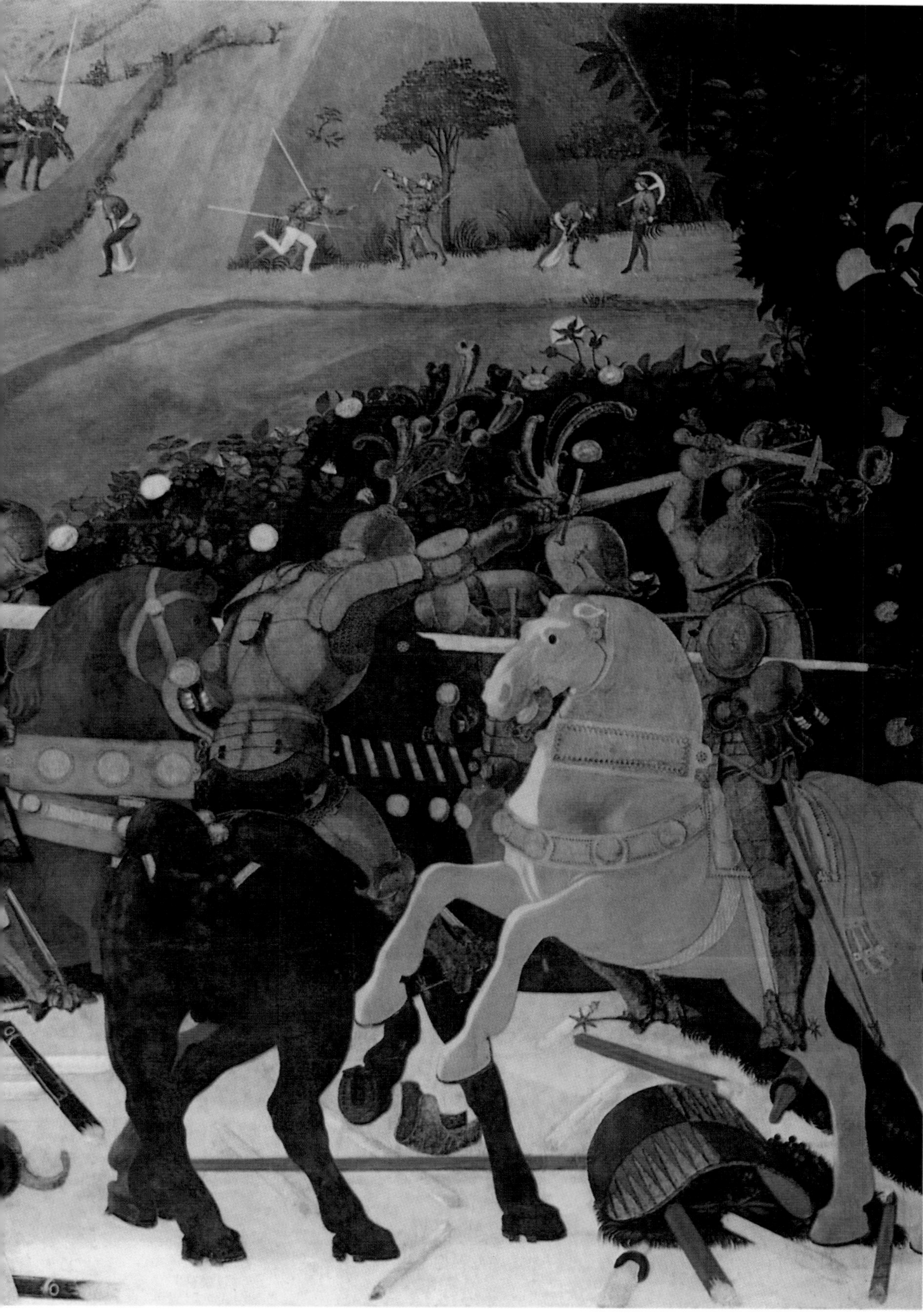

PAOLO UCELLO
La batalla de San Romano
1,81 × 3,20
National Gallery

La batalla de San Romano fue librada en junio de 1432 entre los florentinos y los sieneses. El comandante florentino Niccolò da Tolentino atacó inesperadamente al ejército sienés en San Romano, junto al río Arno. Niccolò resistió mientras llegaban refuerzos y ganó la batalla. Uccello pintó tres series de la misma gesta que formaban un friso en el palacio de los Médicis en Florencia. Las otras dos se conservan una en el Louvre y otra en la Galería de los Uffizi (Florencia).

En este cuadro, el artista no intenta mostrar una batalla en detalle, sino conmemorar la acción militar de Niccolò. Éste aparece erguido en el centro de la composición, sobre un caballo blanco, dirigiendo la batalla con su bastón de mando y no parece estar dispuesto a tomar parte directa en la lucha. El cuidado con que Uccello pinta los detalles de los ropajes, las armaduras, los arneses de los caballos y el seto que separa la batalla del paisaje de fondo, demuestra que estaba más interesado en pintar una imagen decorativa que en presentar una escena violenta.

El interés de Uccello en la perspectiva queda patente en los escorzos de los caballos, desde distintos puntos de vista, en la forma en que las lanzas han sido colocadas y en el rico espectáculo visual, irreal, pero encantador.

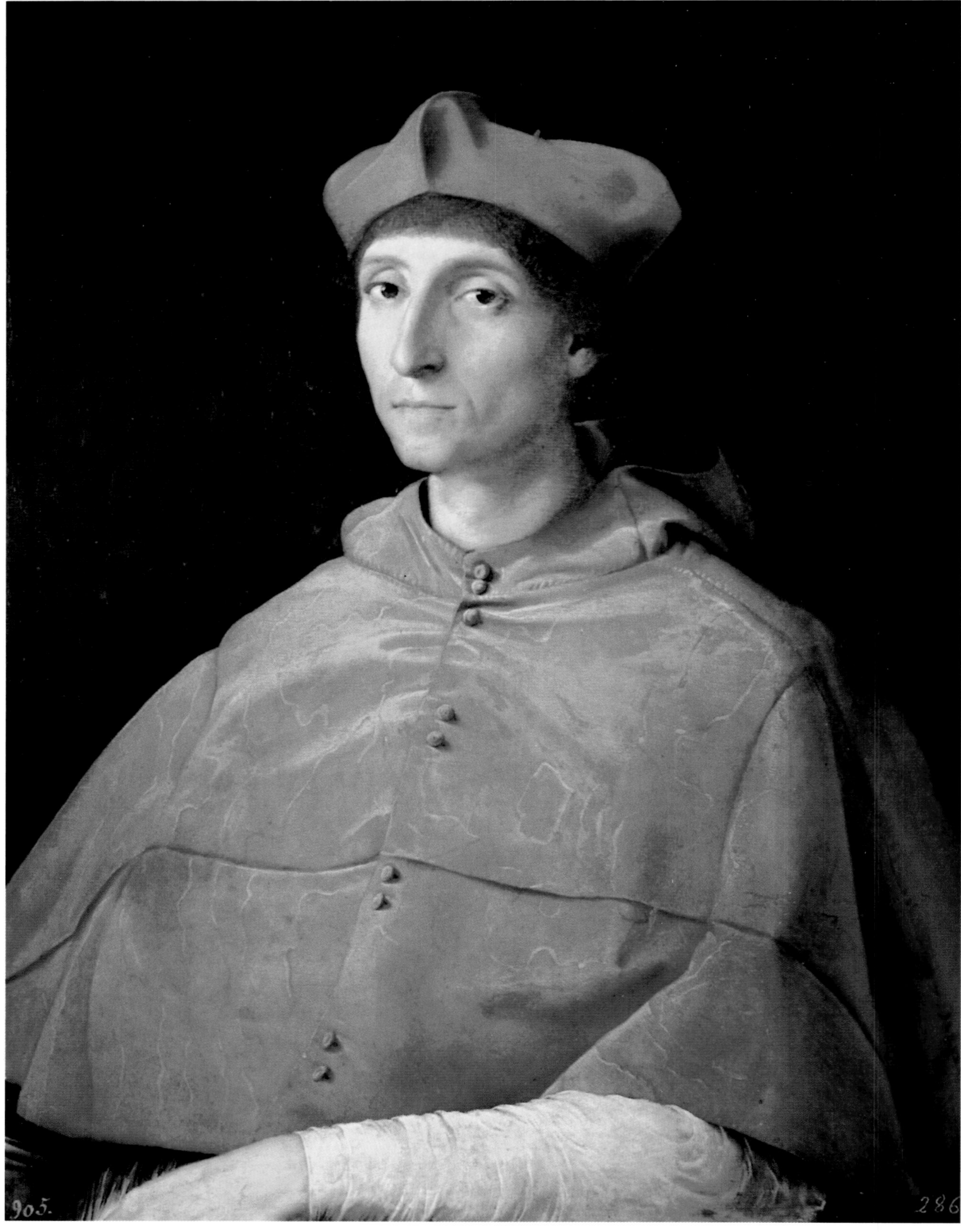
905.
286

RAFAEL SANZIO
El Cardenal 0,79 × 0,61
Museo del Prado

Este Cardenal, cuya identidad aún no ha podido fijarse con certeza, aunque se han propuesto infinidad de identificaciones nada convincentes, es sin duda una de las obras maestras de la retratística renacentista, y aun de toda la historia de la pintura. Su propia indeterminación personal le confiere, además, un cierto carácter representativo. Toda la inteligencia desdeñosa, la implacable frialdad y la refinada sensualidad que imaginamos en el tipo humano del Renacimiento, afloran en este retrato, sobrio y profundo, con intensidad alucinante. Obra también de plena madurez, pintado seguramente hacia 1517, es sin duda obra enteramente de mano de Rafael, con una técnica de segura perfección y una sobriedad de medios asombrosa.

TIZIANO VECELLIO
Felipe II 1,93 × 1,11
Museo del Prado

A Felipe II tuvo ocasión de retratarlo Tiziano en varias ocasiones, siempre en su juventud, antes de que se enclaustrase en los reinos de España. Este retrato "oficial", con armadura de parada y escenario cortesano, se pintó en Augsburgo en 1551 y sirvió –enviado a Londres– para que María Tudor conociese a su prometido antes de la boda. Quizás el príncipe Felipe no era grato entonces al pintor o quizás efectivamente se pintó muy deprisa, pero lo cierto es que no gustó al retratado. Quizá carece, desde luego, de la hondura y apostura de los retratos del Emperador, pero desde el punto de vista técnico ha de ser considerado, sin vacilación, como una obra maestra. La armadura, con sus brillos fríos, y el terciopelo del bufete, de tan rica calidad táctil, pueden ponerse entre lo mejor que Tiziano pintara nunca.

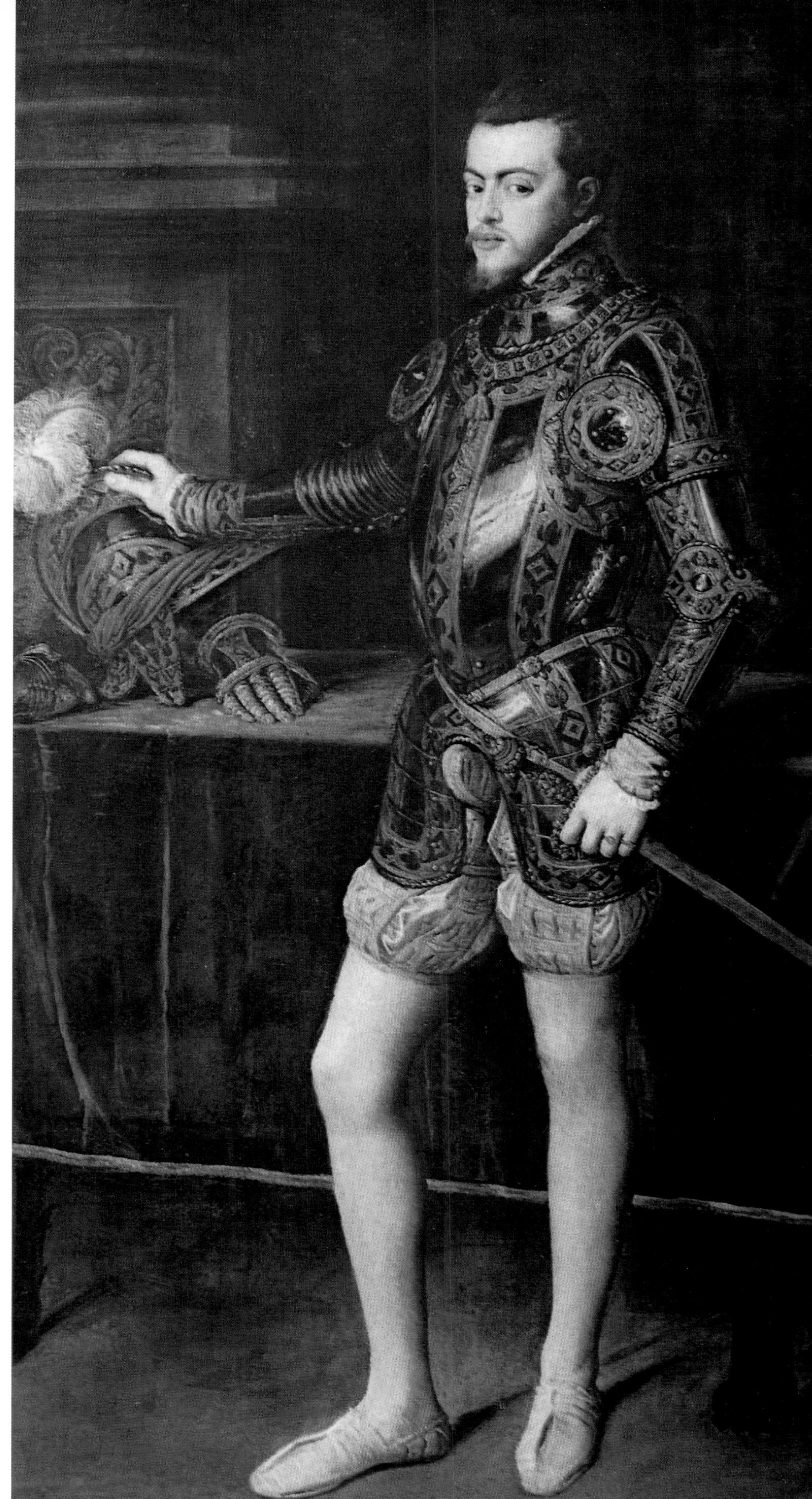

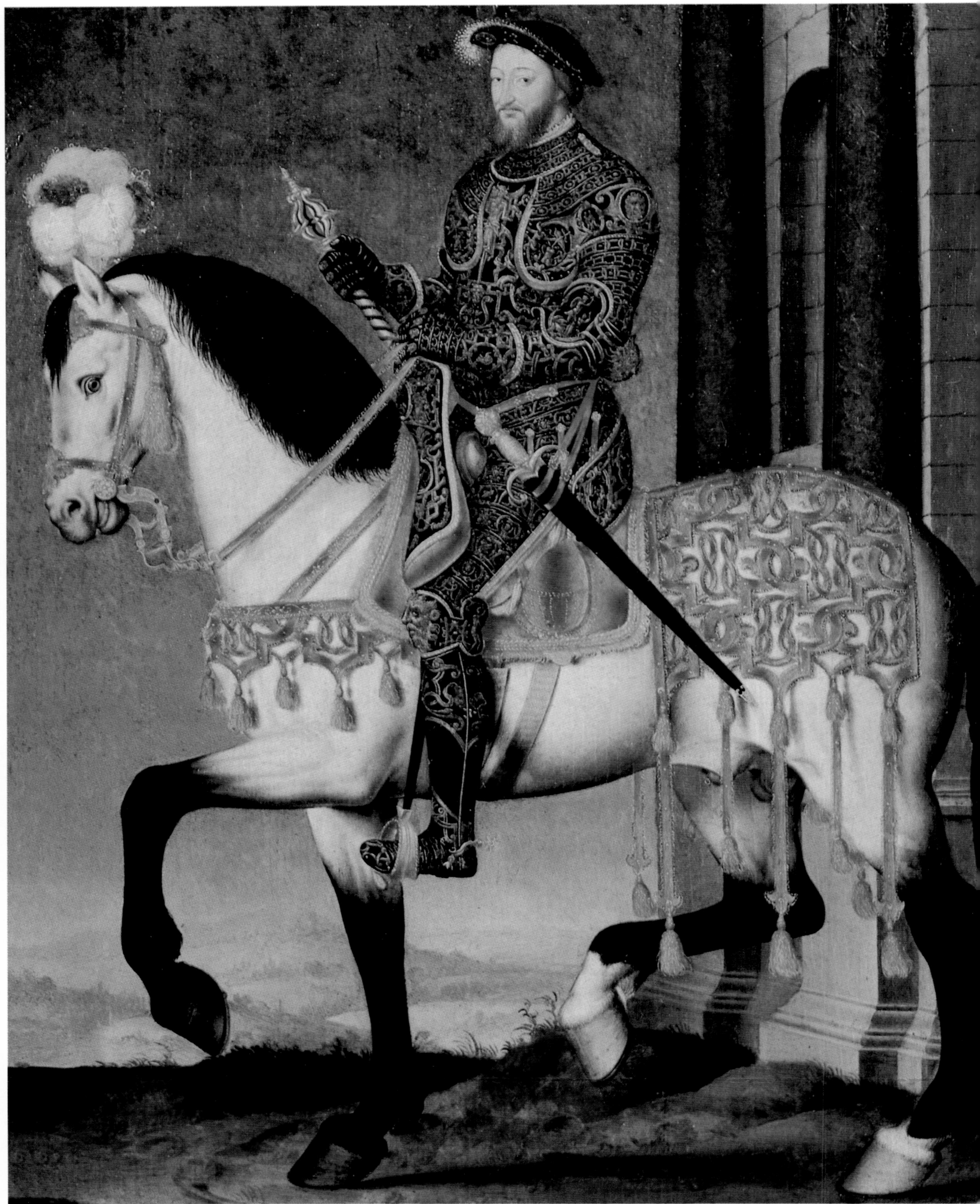

FRANÇOIS CLOUET
Retrato de Francisco I
0,27 × 0,22
Galería de los Uffizi

Clouet pertenece a una familia de pintores que fueron retratistas oficiales de la corte de los Valois. Su pintura posee la suavidad de un esmalte y la magnificencia de una miniatura. La figura de Francisco I, protegido por una coraza adornada de arabescos y piedras preciosas, aparece sobre el caballo enjaezado con bordados rojos. La atención que se dedica a los detalles no entra en conflicto con la definición de la figura regia, esbelta y de expresión amable.

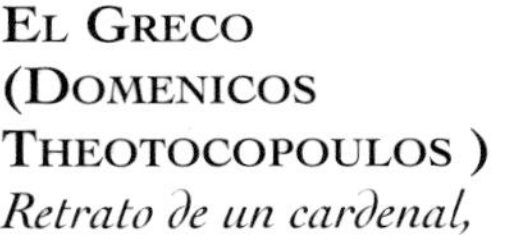

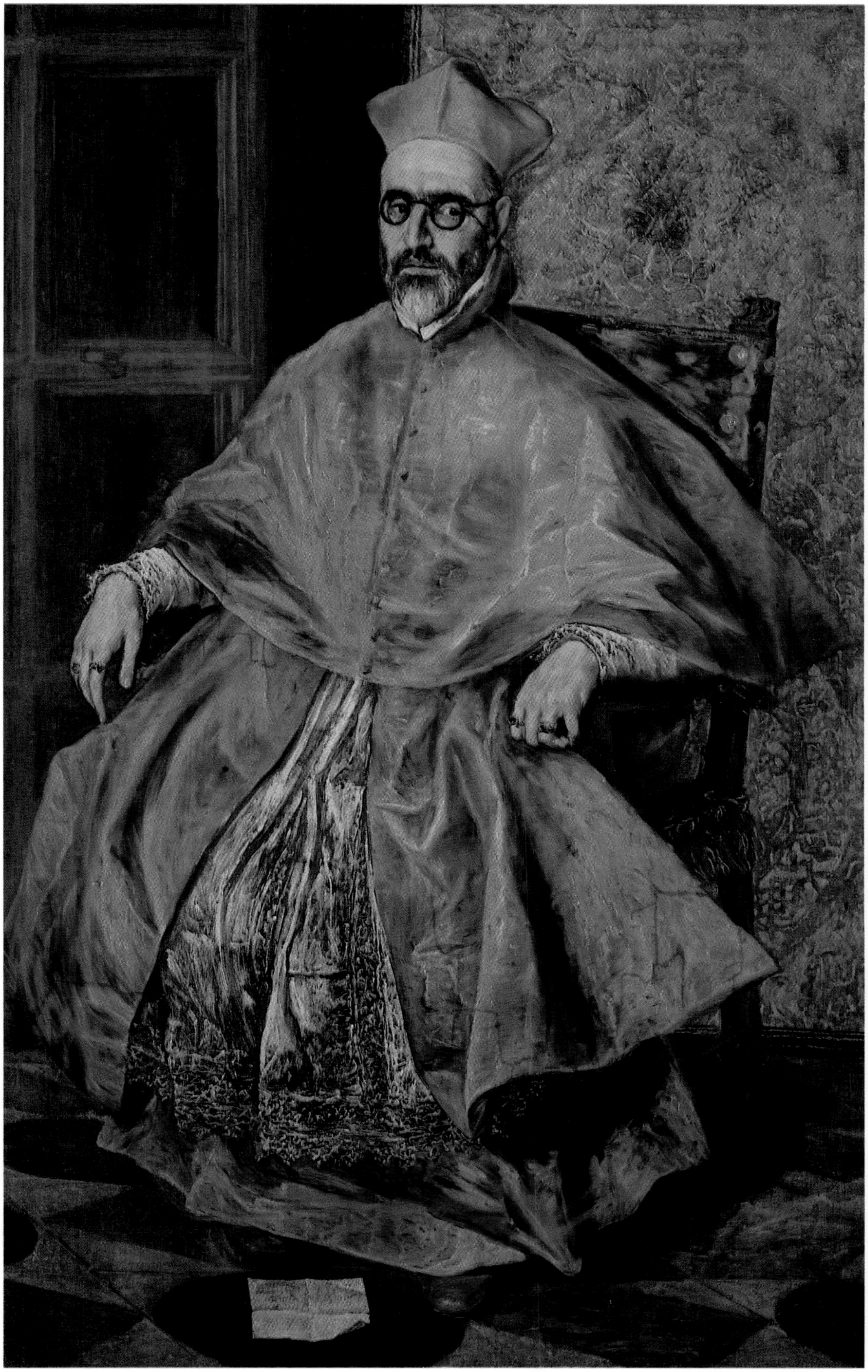

EL GRECO (DOMENICOS THEOTOCOPOULOS)
Retrato de un cardenal, probablemente don Fernando Niño de Guevara
0,70 × 1,08
Museo de Arte Metropolitano

Durante mucho tiempo se ha creído que este retrato representaba al cardenal don Fernando Niño de Guevara (1541-1609), el gran inquisidor, quien vivió en Toledo de 1599 a 1601, hasta que fue nombrado arzobispo de Sevilla. Más recientemente se ha identificado al retratado como don Gaspar de Quiroga, muerto en 1594, o don Bernardo de Sandoval y Rojas, muerto en 1618.

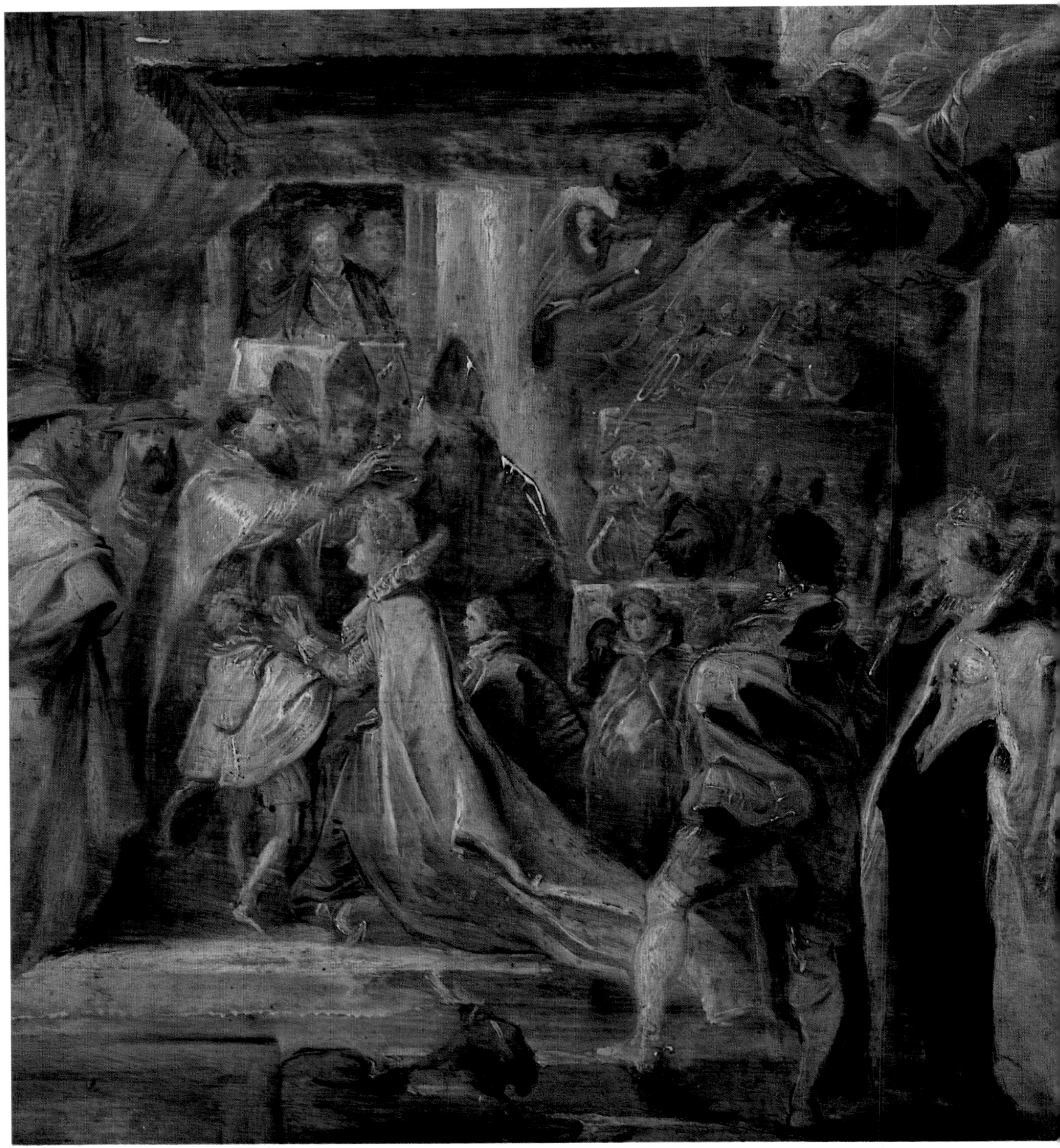

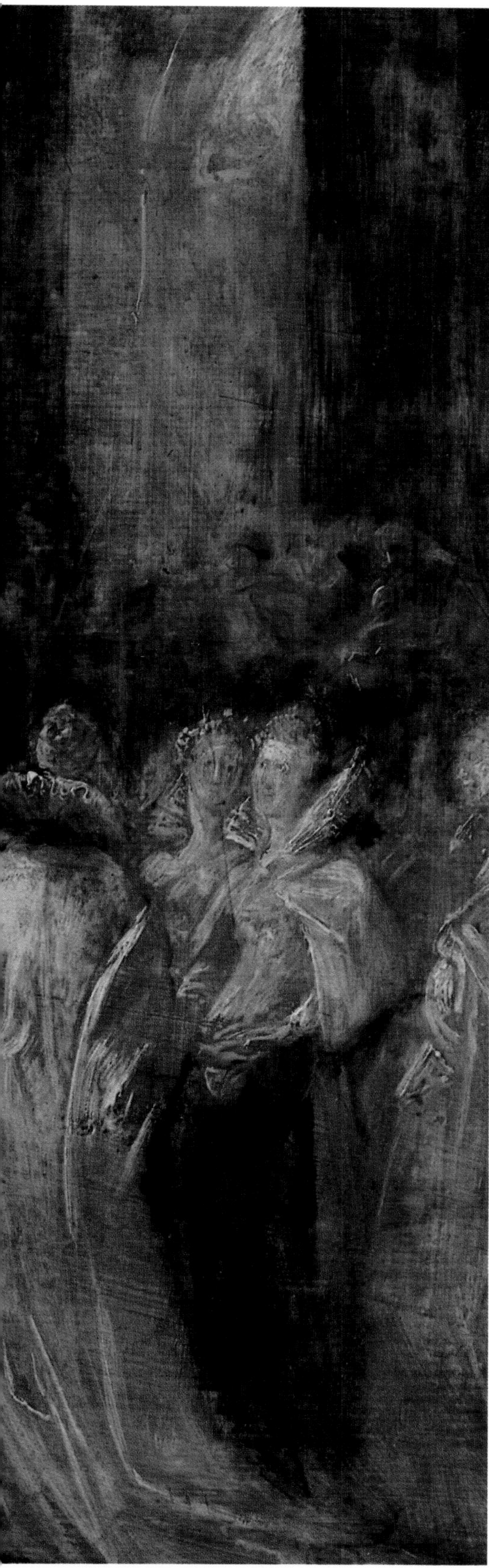

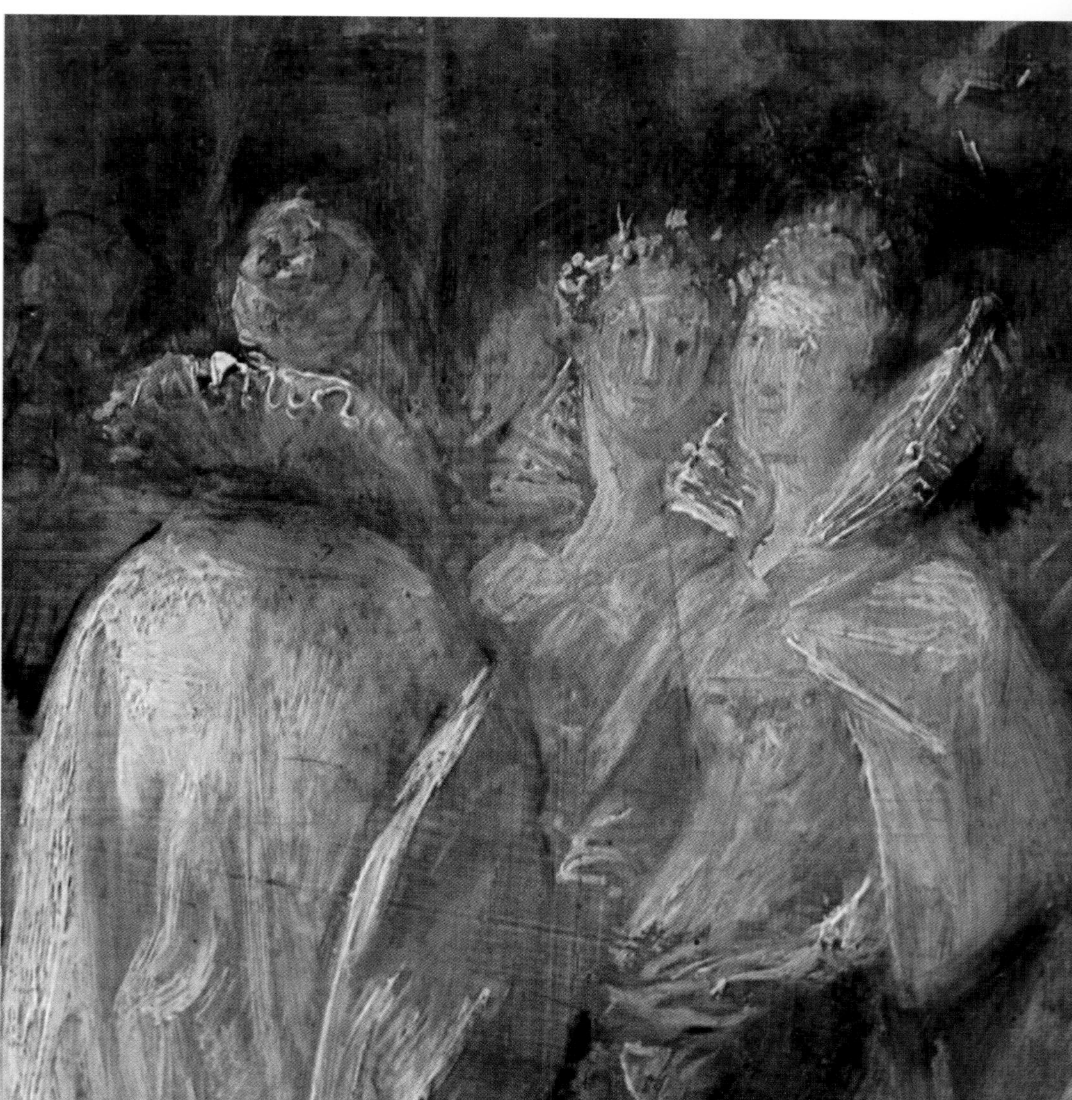

Peter Paul Rubens
La coronación de María de Médicis 0,49 × 0,63
Museo del Ermitage

En 1622 María de Médicis, reina de Francia, encargó a Rubens la ejecución de veintiún grandes paneles dedicados a su vida y reinado, con la finalidad de decorar el Palacio de Luxemburgo. En el Ermitage se conservan cinco bocetos de los cuadros de esta famosa serie que hoy se encuentran en el Museo del Louvre. *La coronación de María de Médicis* es el más admirable de estos bocetos. Rubens transmite con exactitud la atmósfera de la ceremonia. Cada figura representada tiene su individualidad.

Rubens debía solucionar el problema de la armonía entre la luz y los colores del cuadro, dificultad que resuelve genialmente, ya que la obra asombra, precisamente, por la belleza de su colorido y por su luminosidad. Ambas características lo aproximan más a un cuadro acabado que a un boceto.

Estamos ante una pintura genuinamente histórica. No sucede lo mismo con las otras de la serie, en donde el pintor identifica a la reina con todas las deidades del Olimpo.

En el detalle, tres de las damas presentes en la ceremonia.

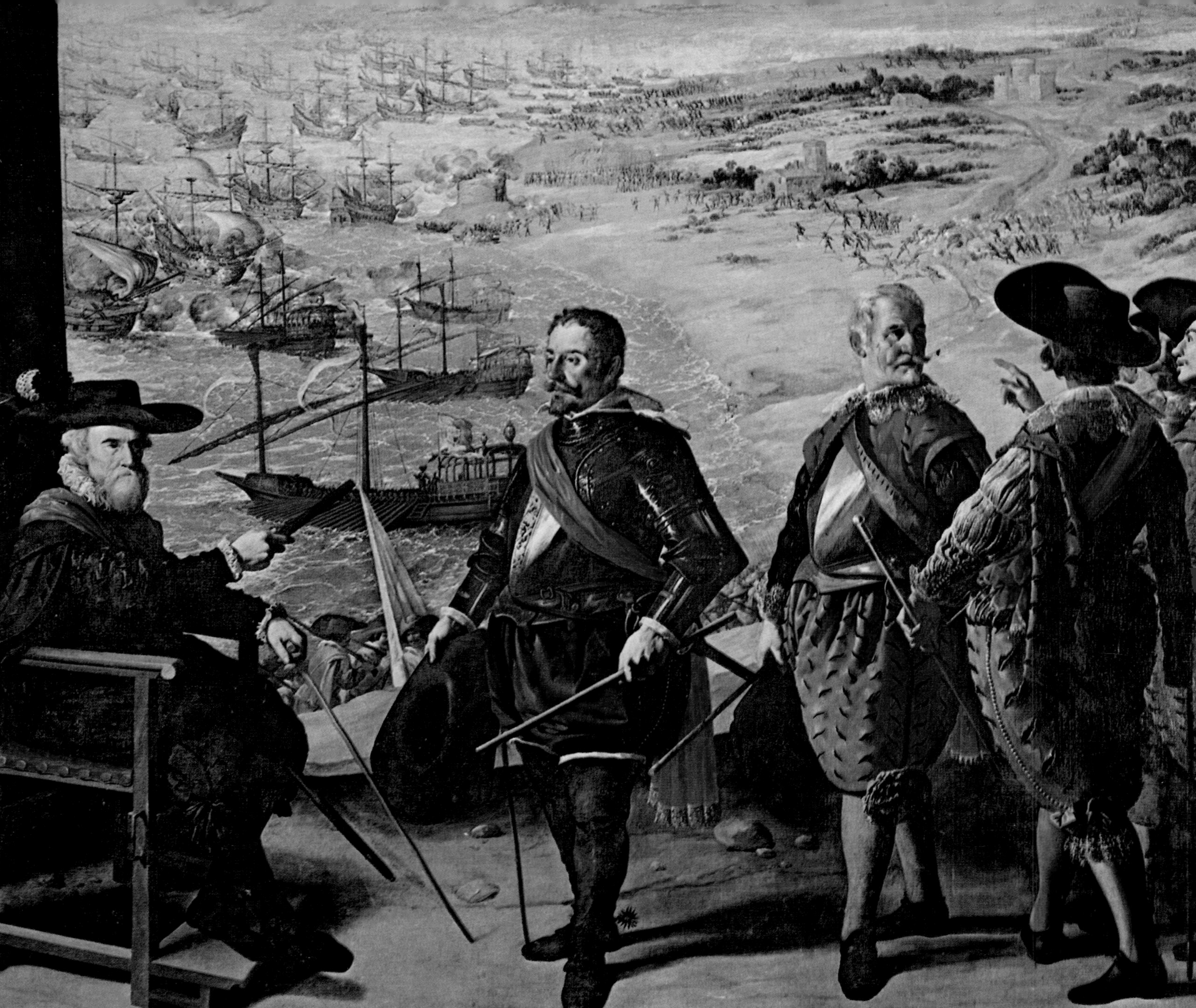

FRANCISCO ZURBARÁN
Defensa de Cádiz contra los ingleses 3,02 × 3,23
Museo del Prado

En 1634 Zurbarán fue llamado de Sevilla para que colaborase en la decoración del palacio del Buen Retiro. La desmaña en la composición y lo arcaico del paisaje, de bella tonalidad, pero de disposición seguramente tomada de algún grabado, apenas se compensan con la grave dignidad de los retratos, que ratifican una vez más su fidelidad al natural.

ANTON VAN DYCK
Retrato ecuestre de Carlos I 3,67 × 2,92
National Gallery

Carlos I fue rey de Inglaterra desde 1625 hasta que fue decapitado, en 1649. Su intento de someter al Parlamento y el propio convencimiento del origen divino de su autoridad real le condujeron a la guerra civil y a su caída. Por otra parte, fue uno de los grandes patrocinadores de las artes del s. XVII. Van Dyck desempeñó el cargo de pintor de la Corte de Carlos I, y sus retratos de la familia real constituyeron un ejemplo para los pintores ingleses de la centuria siguiente.

Éste es uno de los retratos ecuestres del rey. El caballo, de casta flamenca o española, ha sido objeto de muchas especulaciones. Juntos, caballo y jinete, forman un espectáculo majestuoso, sobre el rico paisaje inglés otoñal.

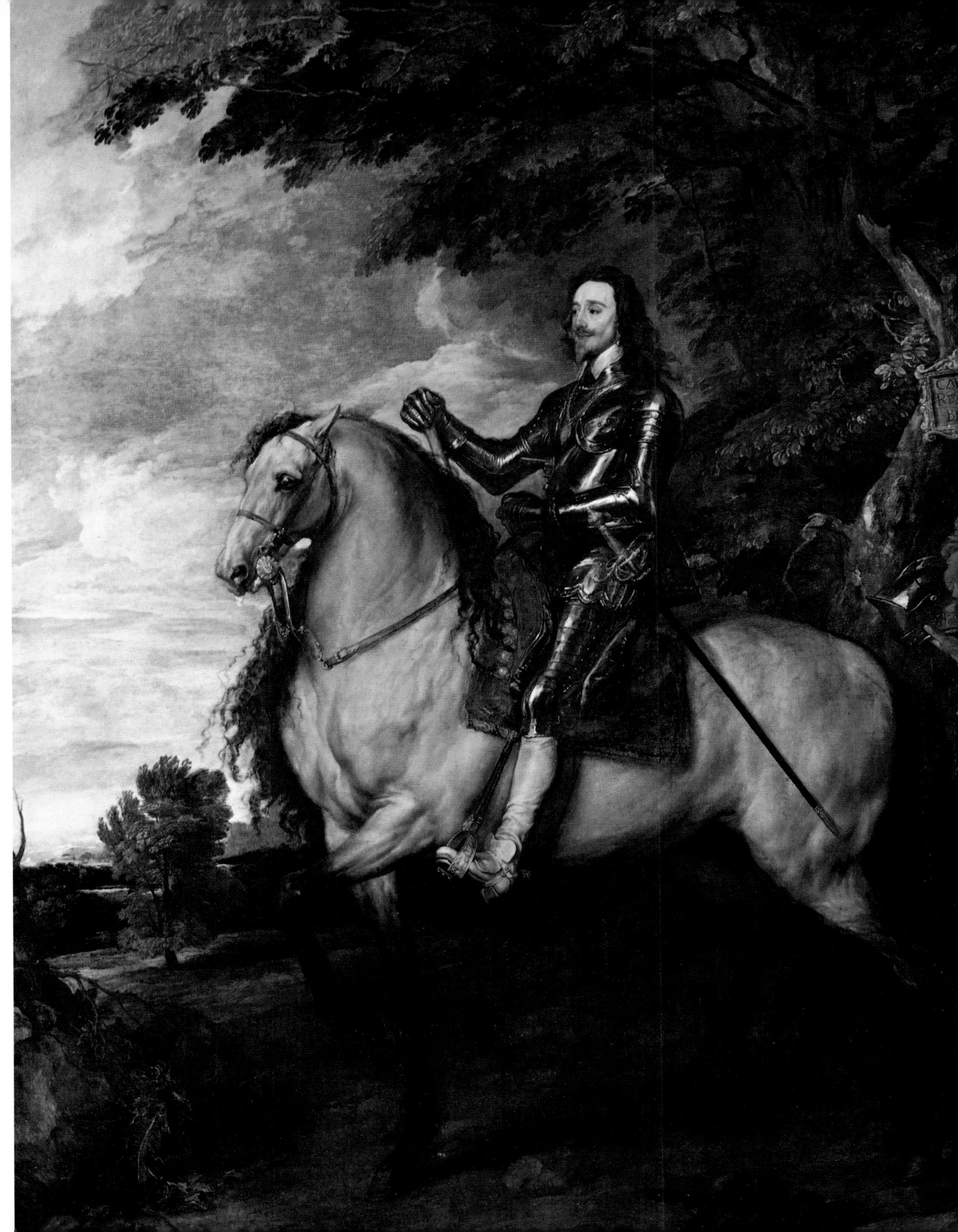

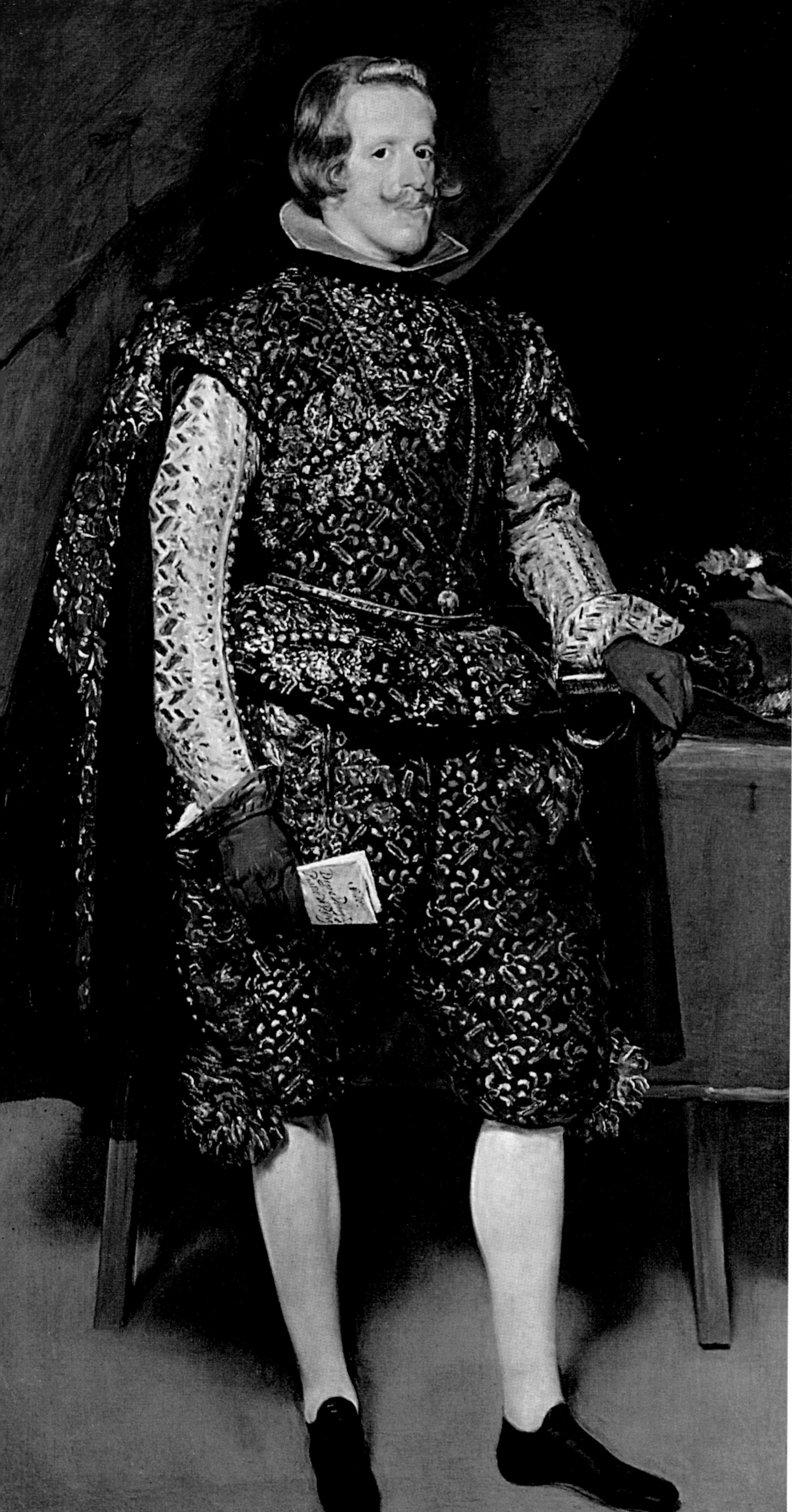

Diego de Silva Velázquez
Retrato de Felipe IV 1,82 × 3,02
National Gallery

Velázquez fue el único retratista del rey Felipe IV y cuando, en dos ocasiones, el artista se ausentó a Italia, nadie hizo retratos del monarca. Este retrato de tamaño natural muestra al rey con bigote, con ropajes de un esplendor no usual, porque habitualmente llevaba colores oscuros, y con el Toisón de Oro colgado de una cadena de oro. El cuadro fue pintado después del primer viaje de Velázquez a Italia (1629-1631). El artista pintaba directamente sobre el lienzo, por lo que en algunas de sus obras pueden notarse alteraciones. El traje bordado está realizado con pinceladas ligeras y gran sutileza de color. Velázquez consideró que este retrato era importante, por el modo en que firmó en el papel que el mismo rey lleva en la mano derecha.

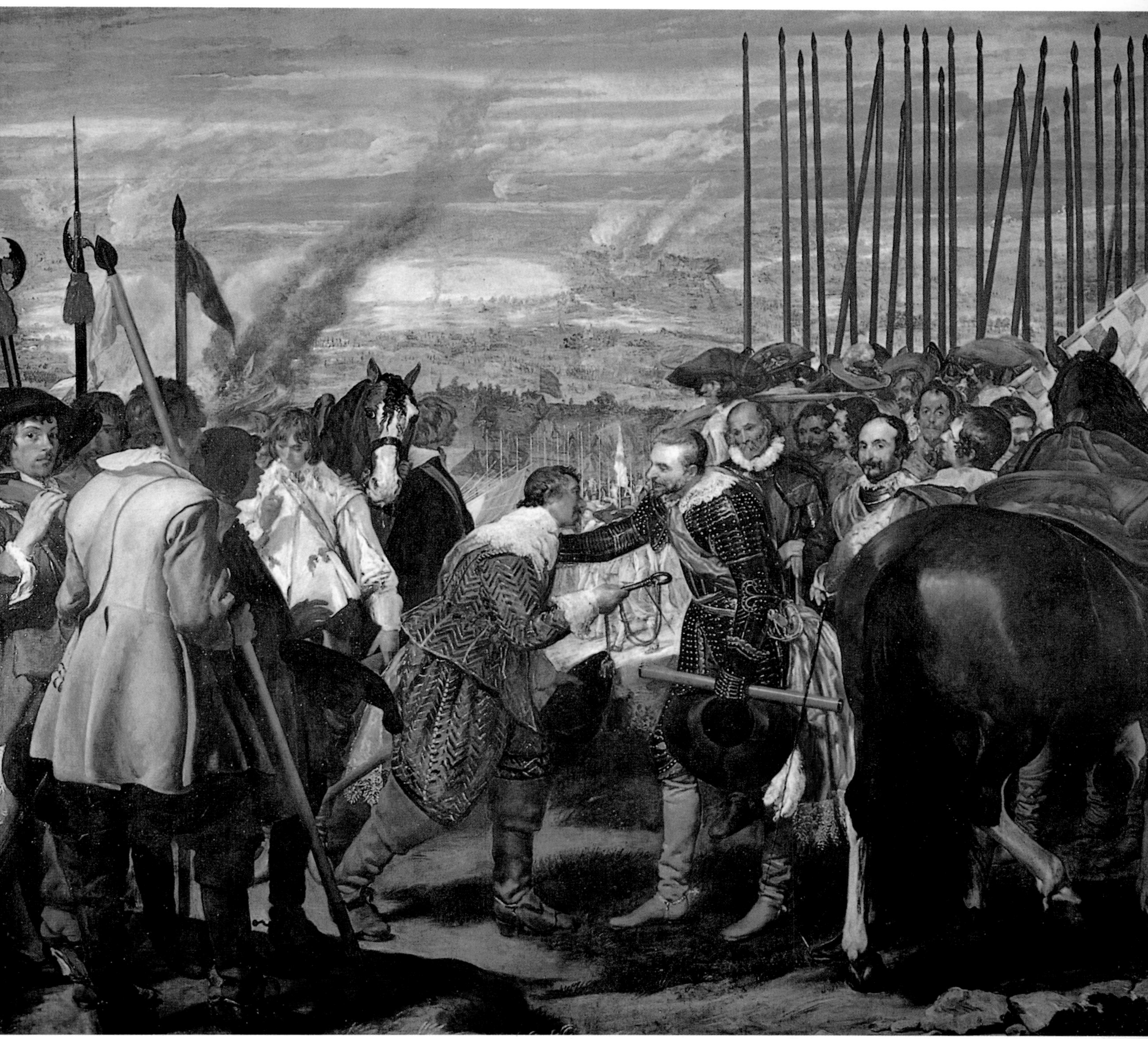

Diego de Silva Velázquez
La Rendición de Breda (*"Las Lanzas"*) 3,07 × 3,67
Museo del Prado

El lienzo es sin duda una de las piezas capitales de toda la pintura universal en que se haya pretendido expresar un hecho militar contemporáneo. La composición contrapone los gestos de los protagonistas, vencedor y vencido, en elegante armonía. El paisaje del fondo, de una luminosidad y transparencia inolvidables, nos da la vieja medida del Velázquez "pintor del aire"

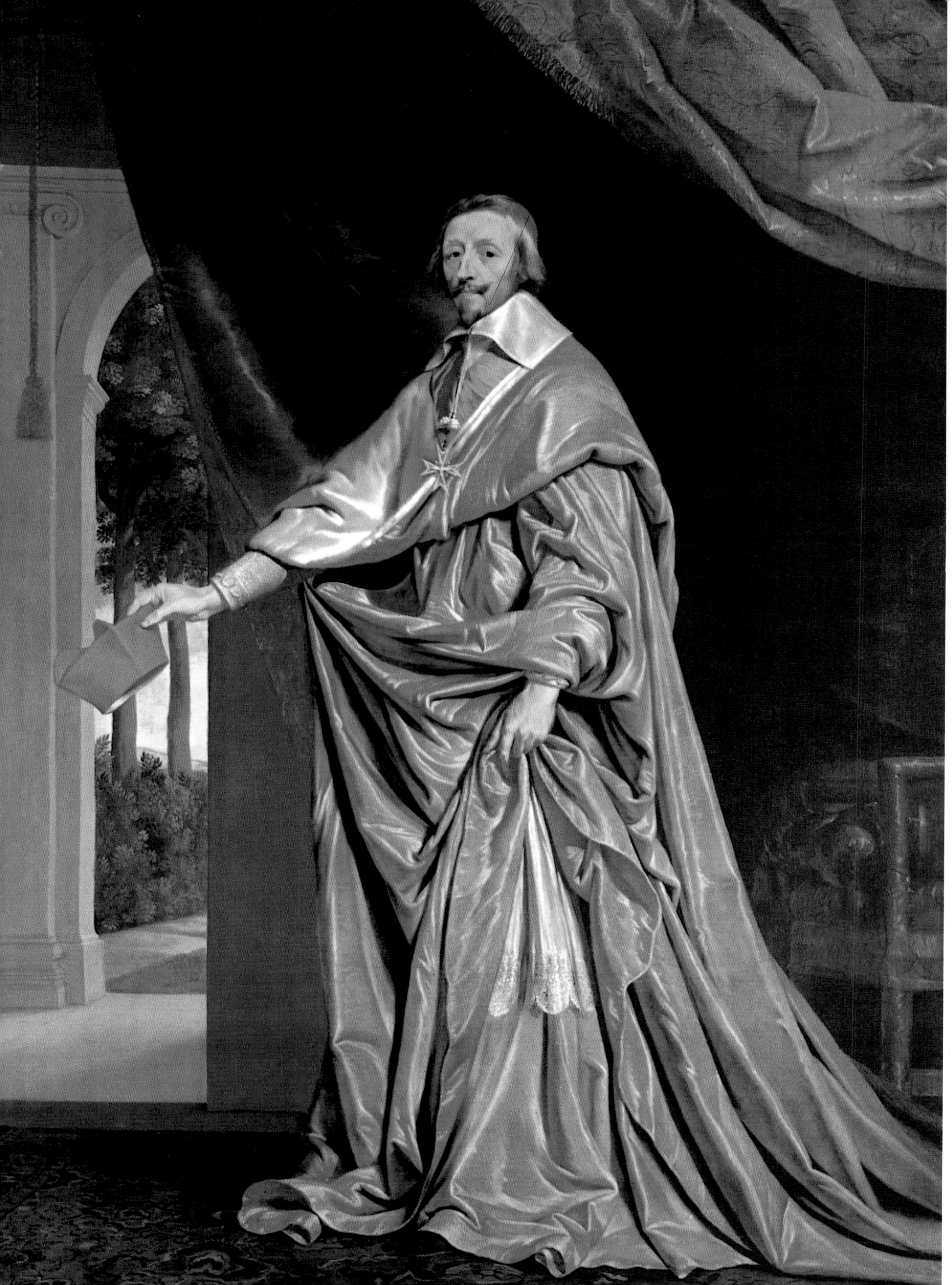

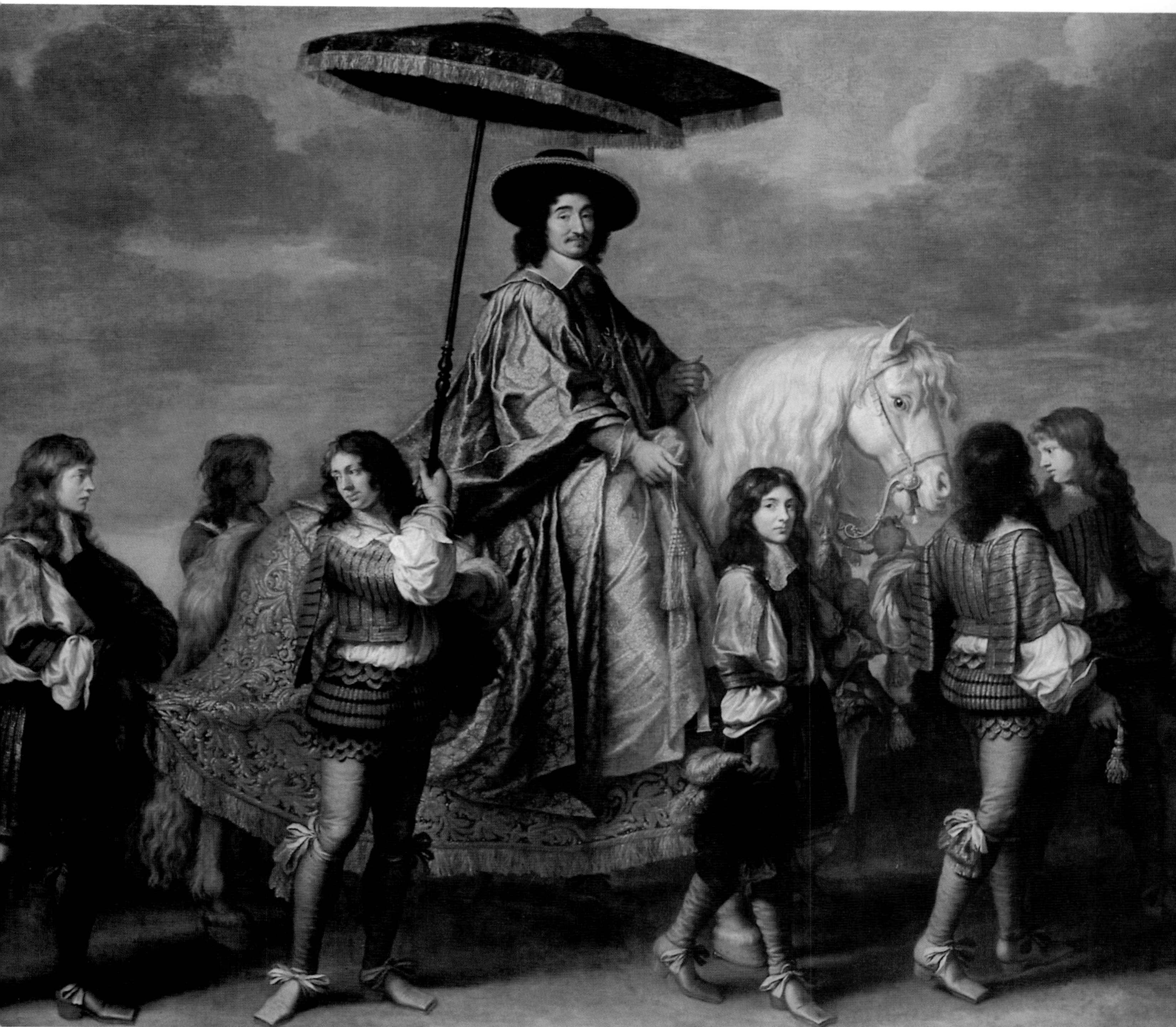

Philippe de Champaigne
El cardenal Richelieu 2,60 × 1,78 National Gallery

Philippe de Champaigne produjo un buen número de obras para el cardenal Richelieu, y este retrato se convirtió en la imagen estereotípica del hombre de Estado. Richelieu lleva los atuendos de cardenal y se observa una vista del jardín de su palacio, en el fondo. La posición y el tratamiento son formales, casi jerárquicos, y los pliegues del amplio manto están tratados de forma escultórica. El punto de mira es bajo, intensificando la dignidad del austero personaje.

Charles Le Brun
El canciller Séguier 2,95 × 3,50 Museo del Louvre

Charles Le Brun desempeñó como pintor del rey un papel oficial importante. Si cabe reprocharle su rígido academicismo, el retrato de ceremonia de Pierre Séguier, canciller de Francia, que había sido su protector, es una composición de equilibrio y riqueza excepcionales, que por una parte recuerda un bajorrelieve, utiliza además el carácter monumental de una decoración, y reposa, sin embargo, en un sutil estudio psicológico y una gran variedad cromática.

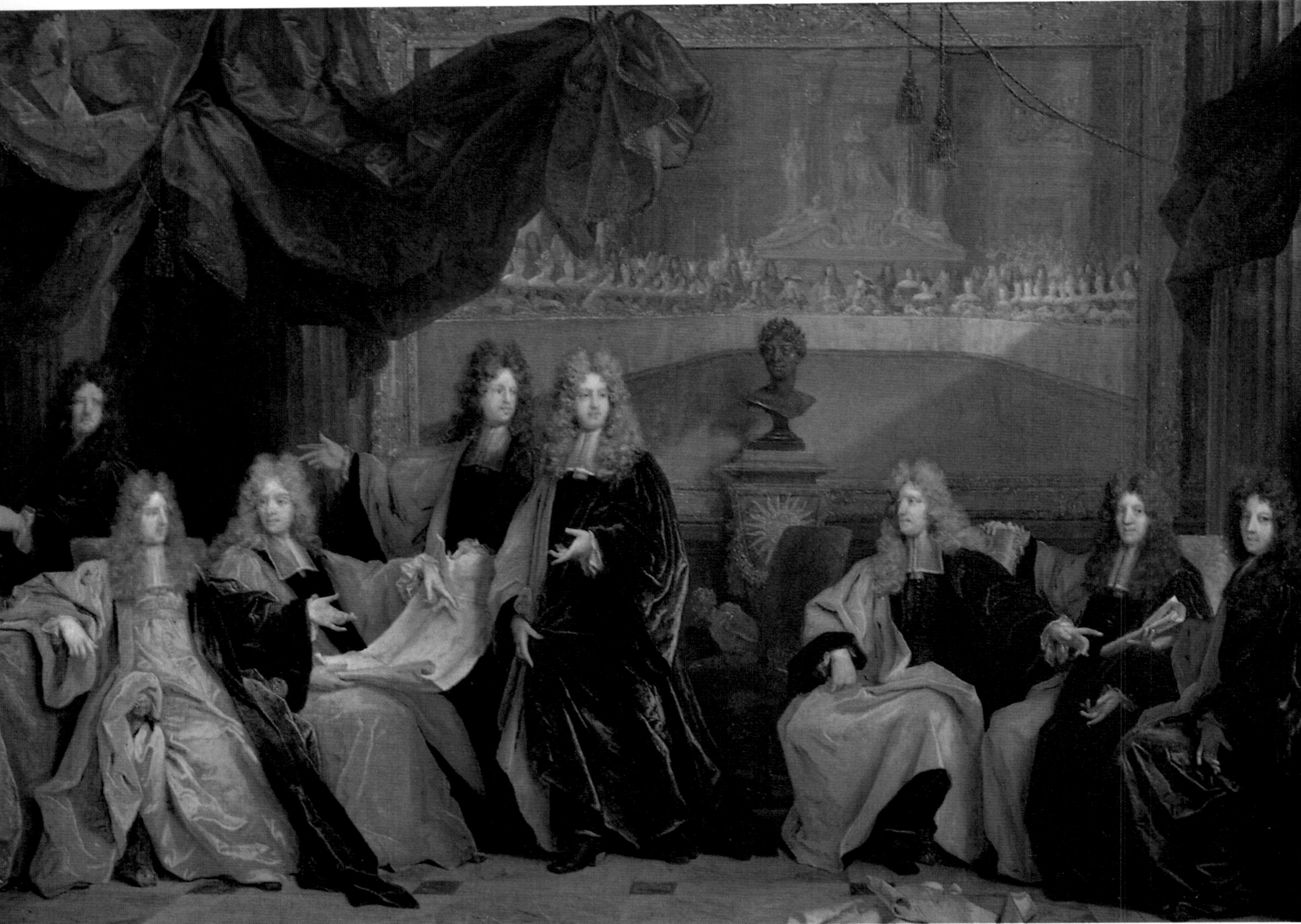

NICOLAS DE LARGILLIÈRE
Preparativos para el banquete de gala celebrado en el Ayuntamiento de París 0,68 × 1,01
Museo del Ermitage

El rey Luis XIV había visitado la alcaldía de París el 30 de enero de 1687. Para celebrar el acontecimiento una reunión de ediles estudiaba los posibles festejos. Y fue justamente esta asamblea la que Largillière inmortalizó.

En la imagen uno de los ediles enseña a sus colegas un esbozo de un futuro monumento al rey que se proyectaba erigir en la municipalidad. En el fondo se observa un cuadro que representa la comida ofrecida al monarca en la alcaldía. Es curioso constatar cómo Luis XIV, que no asiste al acontecimiento reflejado en el boceto, está representado más de una vez. En el centro se encuentra un busto suyo y a la izquierda el citado esbozo de su monumento. En el cuadro del fondo figura dos veces: sentado a la mesa y en un retrato de cuerpo entero. Era ésta la tendencia de la pintura histórica de la época del absolutismo.

GIOVANNI DOMENICO TIEPOLO
Matrimonio de Federico Barbarroja con Beatriz de Borgoña 0,72 × 0,52
National Gallery

Giovanni Battista Tiepolo se casó con la hermana de otro pintor veneciano, Francesco Guardi. Dos de sus hijos, de los cuales el más famoso es Giovanni Domenico, trabajaron como ayudantes en Wurzburgo decorando con frescos la residencia del Príncipe-Obispo.

Este cuadro está relacionado con uno de los frescos dibujados por su padre, en 1750, para la Kaisersaal, en la residencia de Wurzburgo. El matrimonio del emperador Federico I de Alemania con Beatriz, hija del conde de Borgoña, había tenido lugar en el mismo sitio en 1156. Era, pues, un tema apropiado para que en el s. XVIII el Príncipe-Obispo lo escogiera para decorar su palacio. El acontecimiento está pintado sin ninguna precisión histórica y, en este sentido, se halla más cerca del s. XVI veneciano, que del s. XII germánico. Puede destacarse la influencia del Veronés.

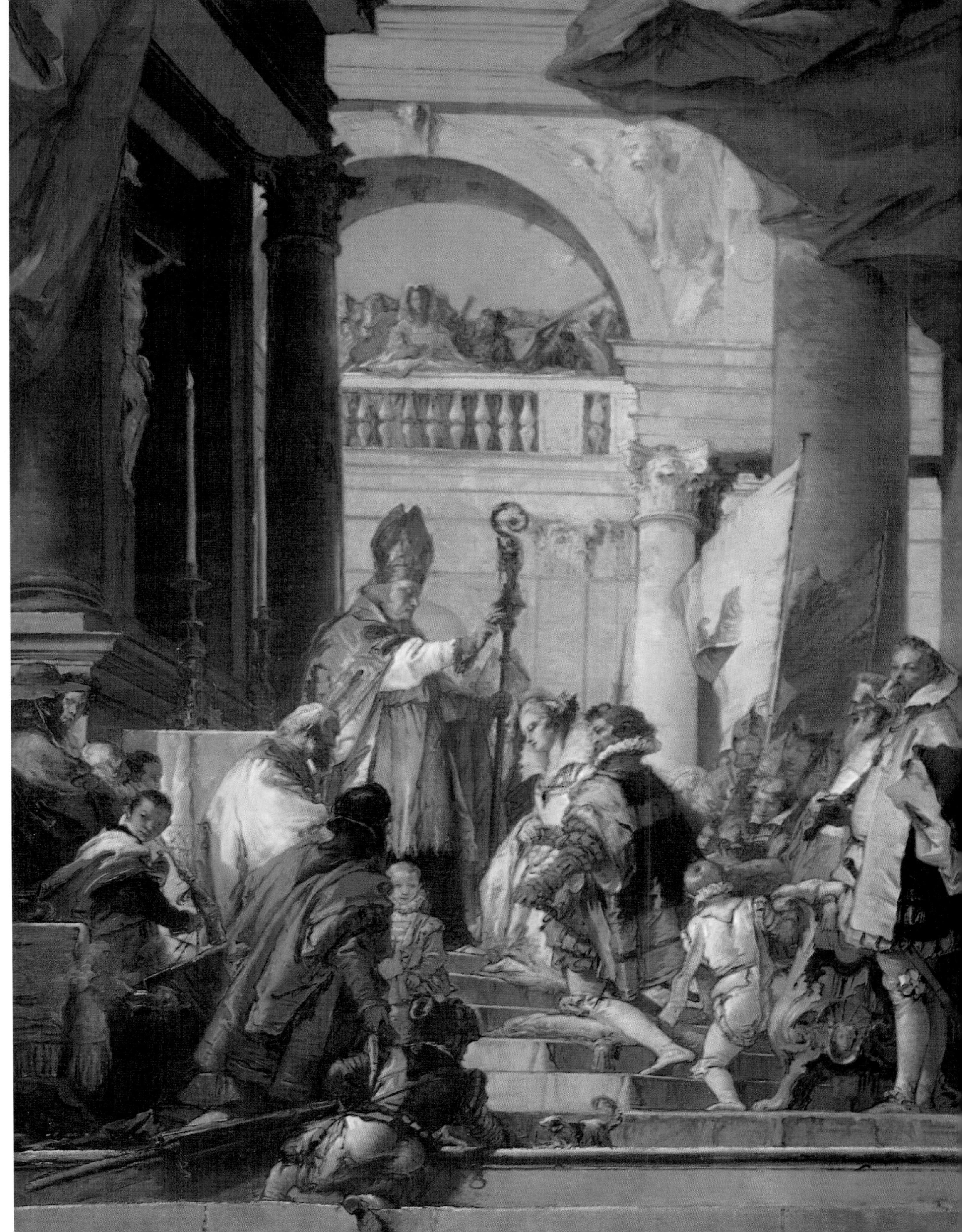

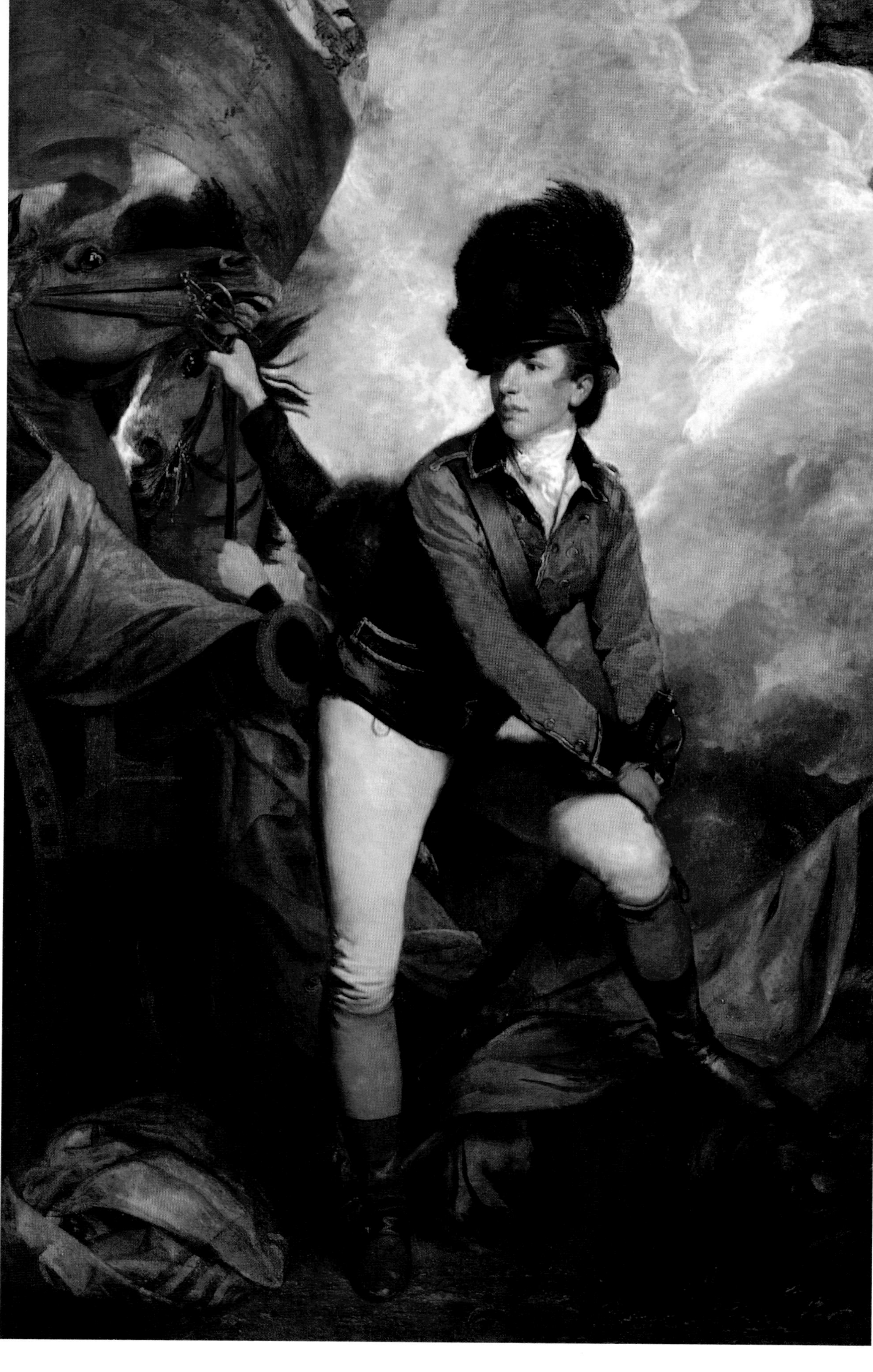

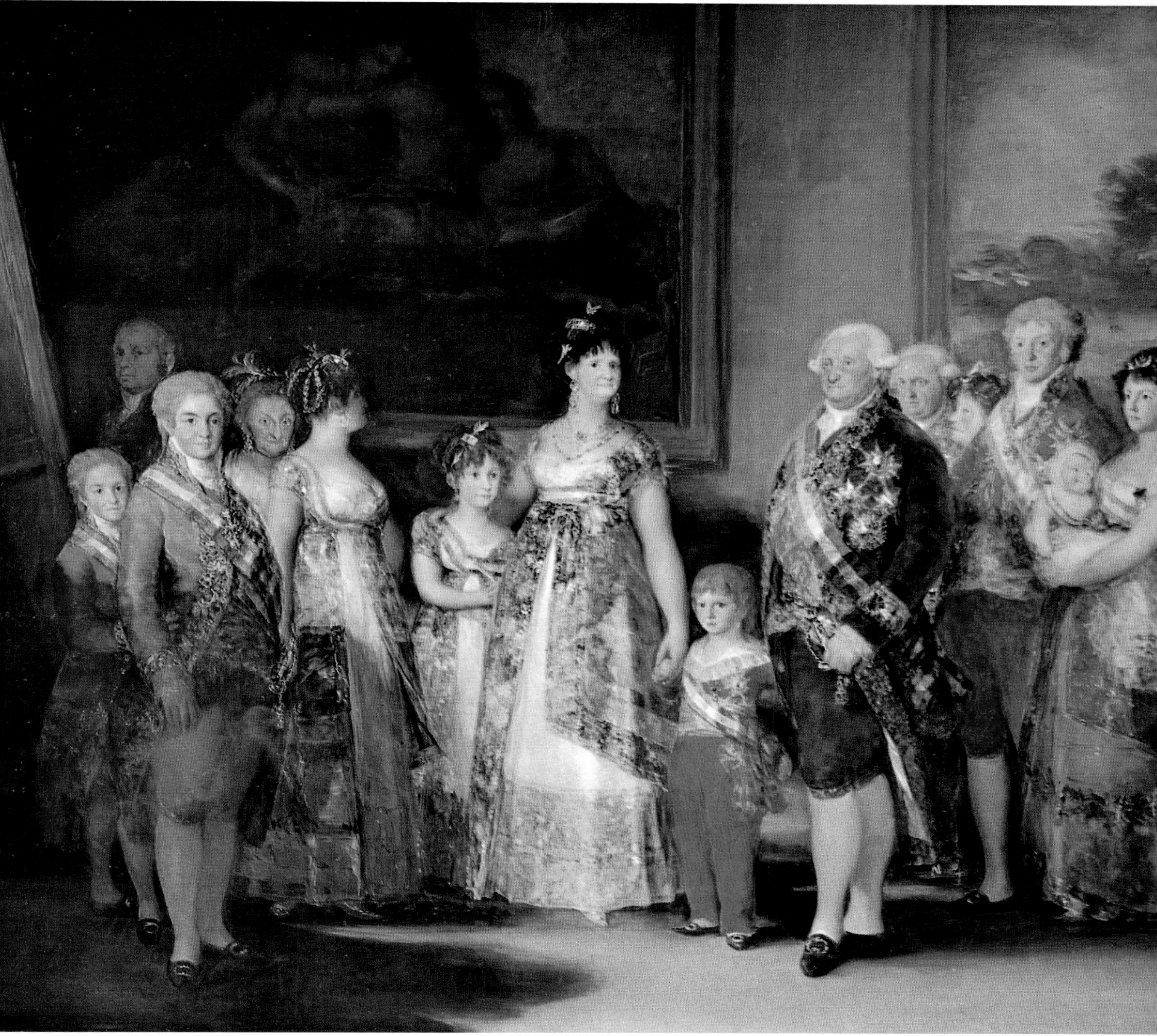

SIR JOSHUA REYNOLDS
El general sir Banastre Tarleton 2,36 × 1,45
National Gallery

Tarleton era un hombre vanidoso que se convirtió en amante de la señora Robinson, a su vez querida del Príncipe de Gales. Pero Reynolds le pinta como un valiente guerrero, posando en el campo de batalla, entre nubes de humo de los cañones. Su posición enérgica permite al pintor disimular que a Tarleton le faltaban dos dedos de su mano derecha

FRANCISCO DE GOYA Y LUCIENTES
La familia de Carlos IV 2,80 × 3,36
Museo del Prado

En este retrato de grupo, Goya extrema su juicio y nos deja para siempre la visión descarnada de la tosca bondad boba del rey, de la sensualidad vulgarísima de la reina o de la arrogancia achulada y paleta del futuro Fernando VII, rodeados de los rasgos anodinos y a veces desagradables de sus restantes parientes. La visión es cruel.

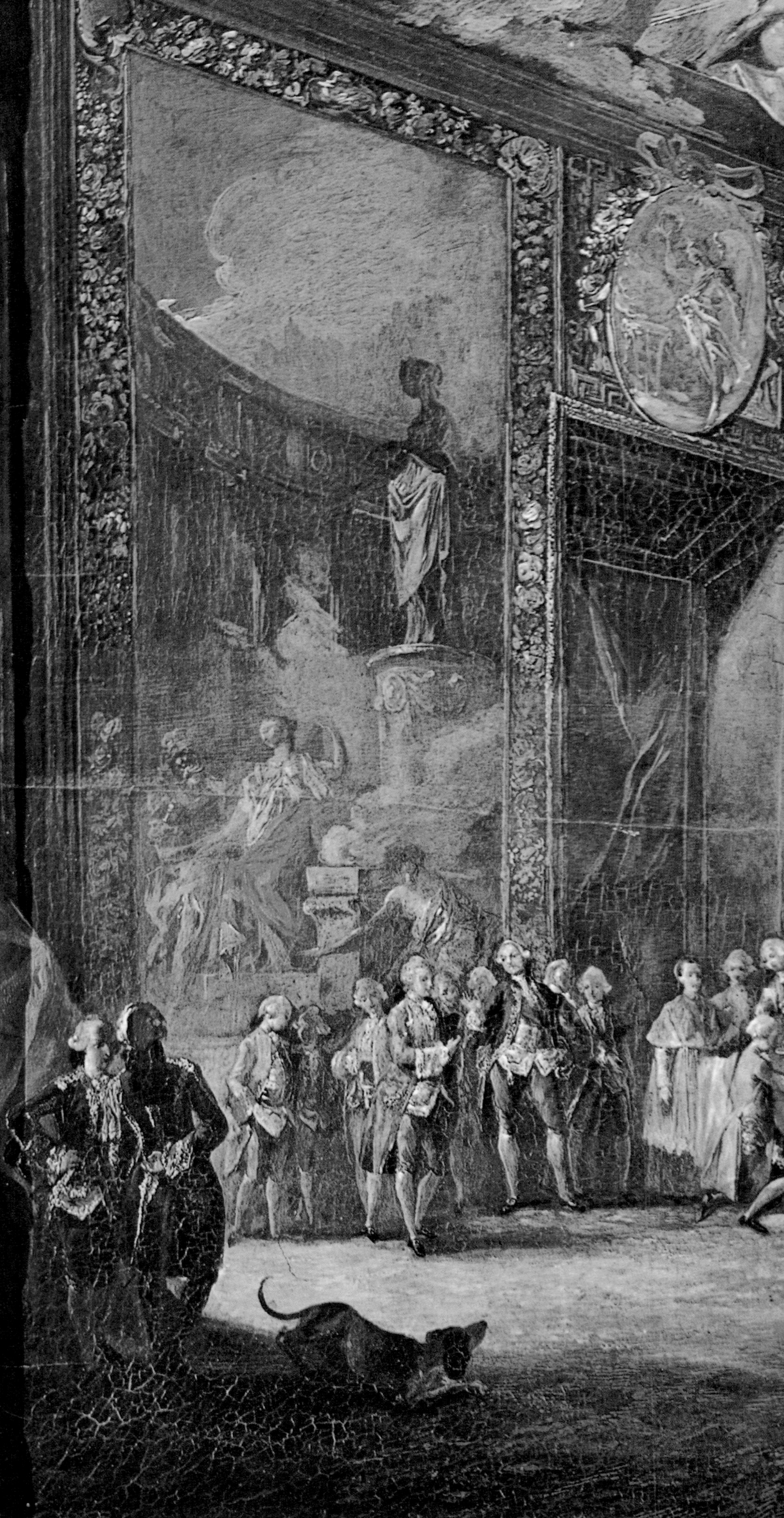

LUIS PARET Y ALCÁZAR
Carlos III comiendo ante su corte
0,50 × 0,64
Museo del Prado

Luis Paret, madrileño de origen francés, estrictamente contemporáneo de Goya, sin su fuerza creadora por supuesto, se mueve muy a gusto en el mundo delicado, frágil y aporcelanado del rococó, y cultiva un género de refinada elegancia, servido con una técnica menuda y centelleante y una paleta muy personal, de azules y verdes delicados, que da en España una nota galante y pintoresca equivalente, en ciertos aspectos, a la de Fragonard o Watteau en Francia. Su virtuosismo y su maestría, no exenta a veces de humor, para captar lo vivo y popular en cuadros casi siempre de reducidas dimensiones, encantan por su gracia vivaz, tanto cuando se enfrenta con figuras populares en paisajes (realizó por encargo real una serie de vistas de puertos del Cantábrico), como cuando traduce escenas cortesanas. En este lienzo de *Carlos III comiendo ante su corte,* es admirable la luminosidad del ambiente y la vibrante verdad de sus personajes.

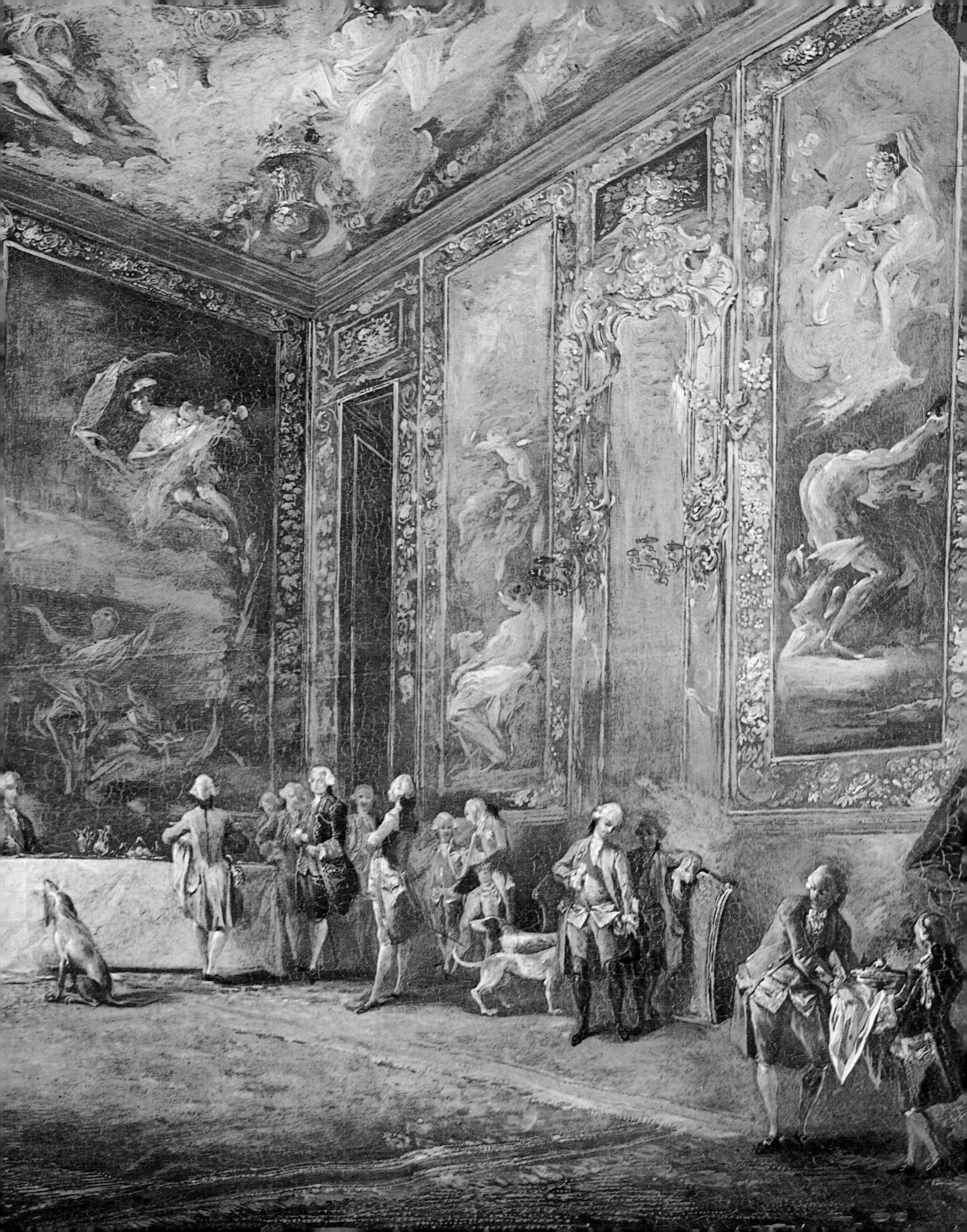

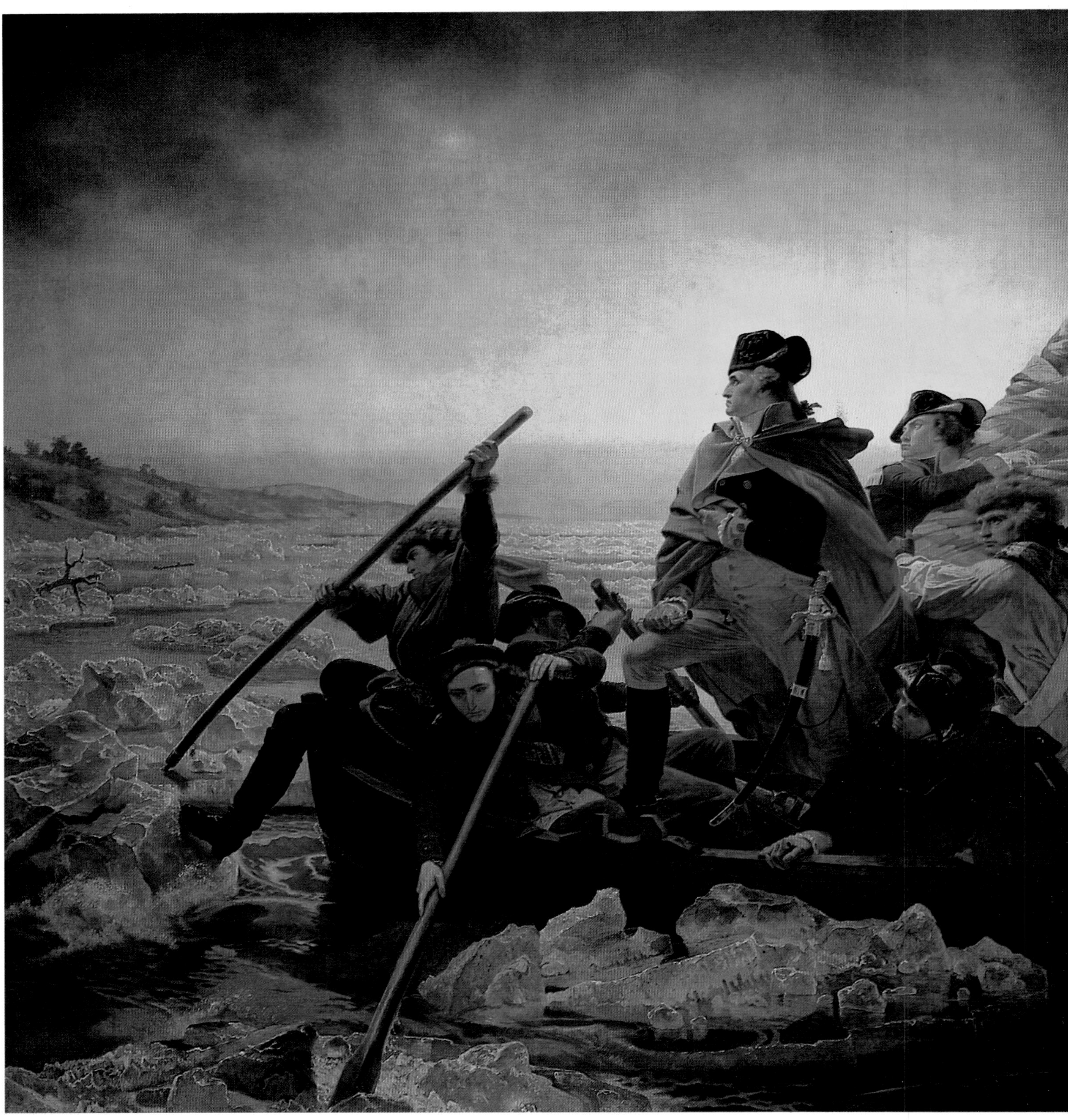

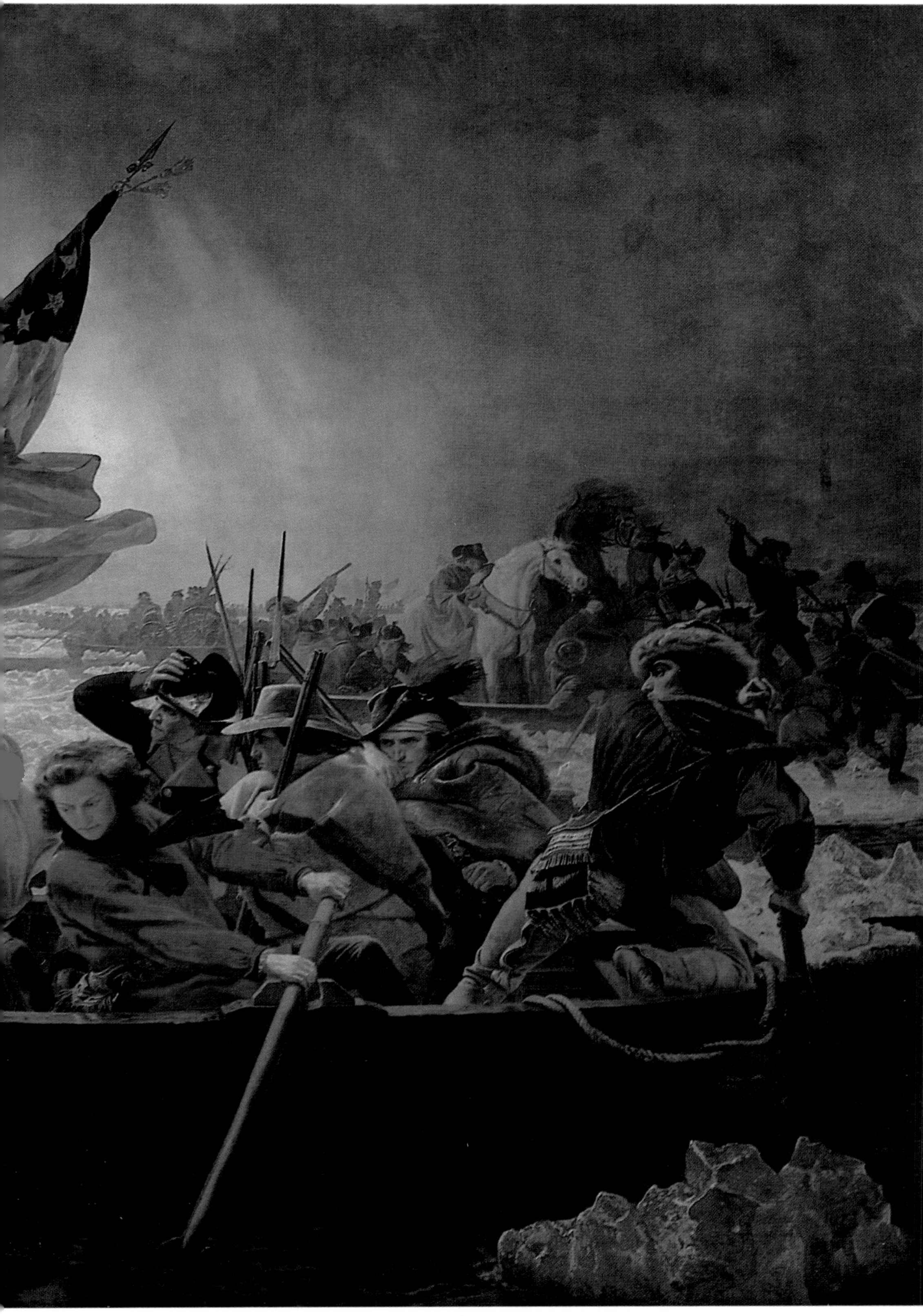

Emanuel Gottlieb Leutze
Washington cruzando el Delaware
3,78 × 6,46
Museo de Arte Metropolitano

Muchos pintores, escultores y novelistas del s. XIX hicieron reconstrucciones sentimentales de la historia de la América colonial. Poco fiel en cuanto a muchos detalles históricos, esta pintura es un ejemplo notable de dicha imaginación romántica. El estilo es altamente representativo de la escuela de pintura romántica que floreció en Düsseldorf, en donde Leutze vivía cuando pintó el cuadro en 1851. Worthington Whittredge, uno de los artistas americanos presentes mientras Leutze trabajaba en él, posó para las figuras de Washington y el timonel. Ampuloso y monumental, el tema se prestaba demasiado a la grandilocuencia como para que el pintor eludiera estas tentaciones, pero se mostró particularmente acertado en la invención del estremecedor paisaje.

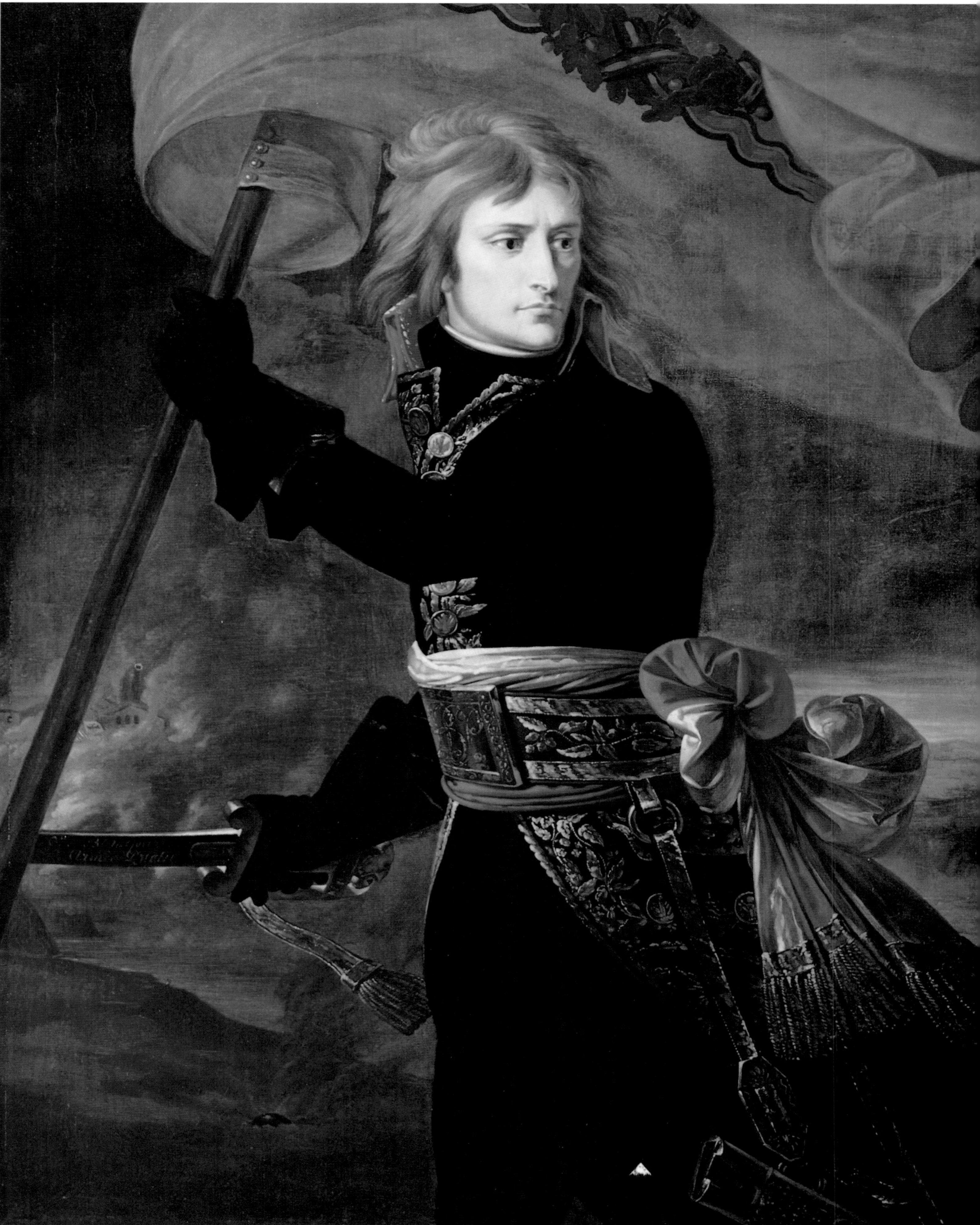

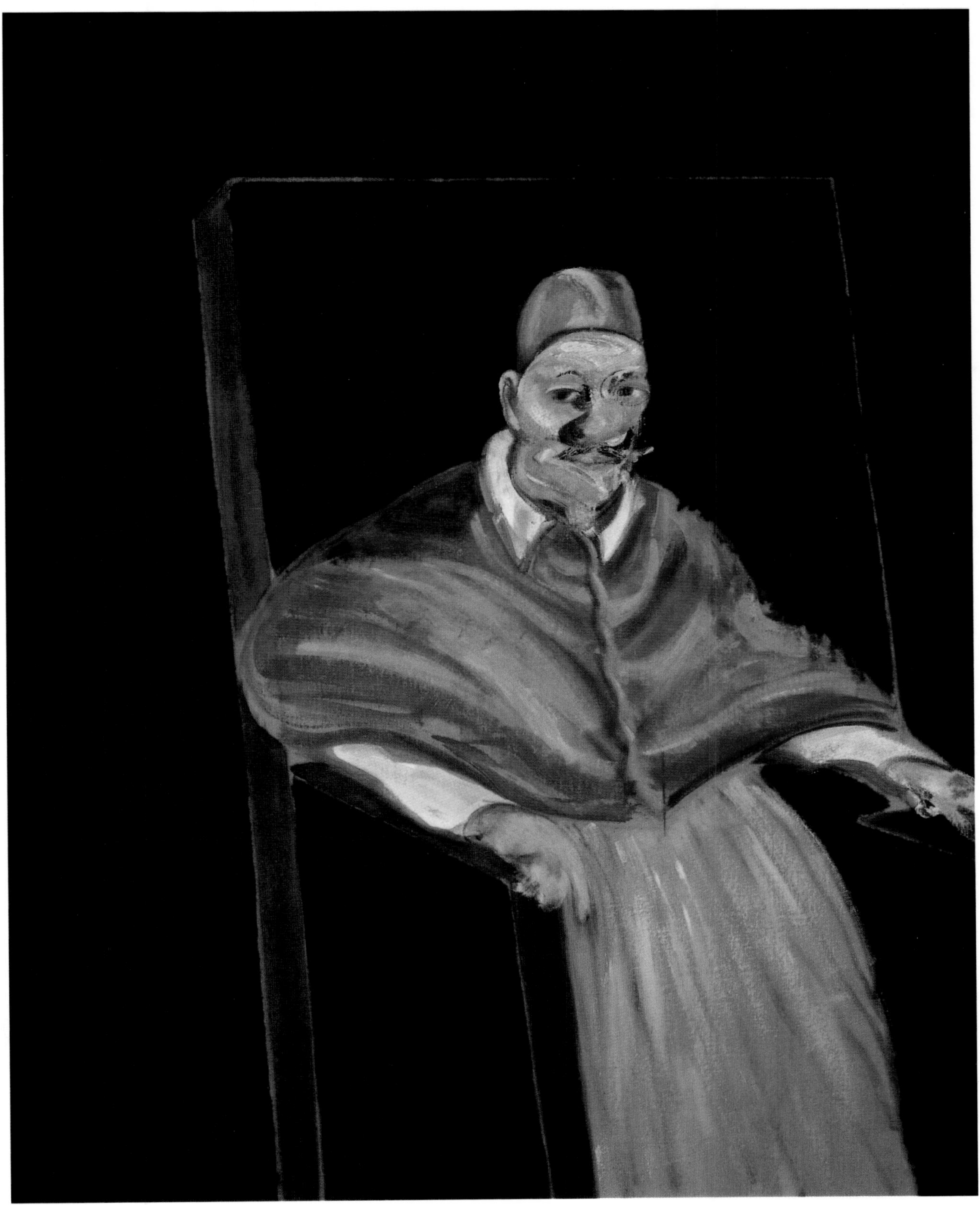

Jean-Antoine Gros
Napoleón sobre el puente de Arcole 1,34 × 1,04
Museo del Ermitage

La presente obra está a medio camino entre un cuadro histórico y un retrato. La imagen del joven y heroico jefe militar es muy convincente: toma impulso hacia adelante y simultáneamente se da vuelta y alienta a las tropas.

Francis Bacon
Estudio de Inocencio X según Velázquez
Colección de Arte Moderno Religioso

Esta obra reinterpreta el retrato de Inocencio X que pintara Velázquez en 1650, durante su segundo viaje a Roma. Si en ese cuadro podían presumirse rasgos de crueldad en el pontífice, Bacon los potencia hasta extremos brutales.

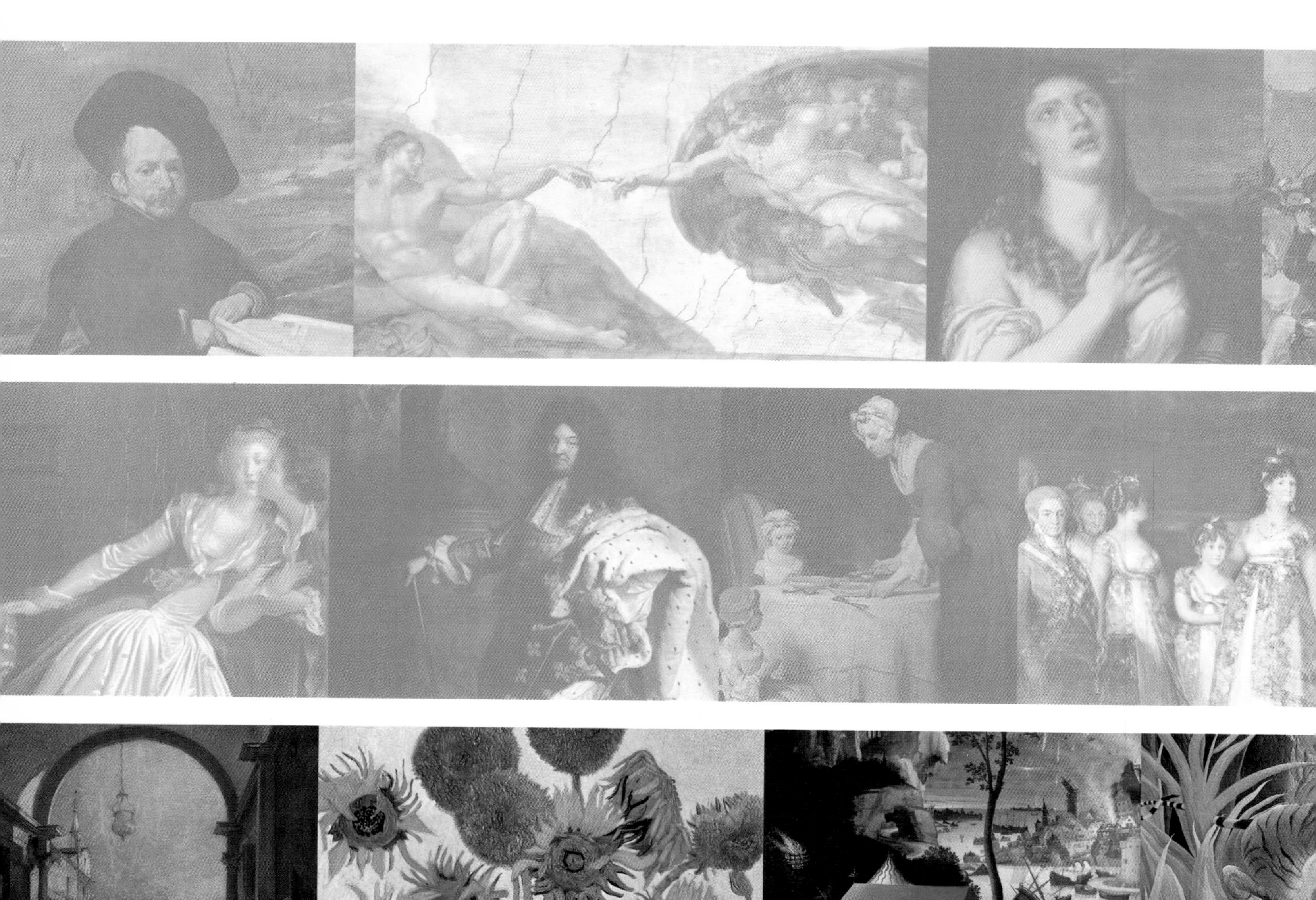
Henri Rousseau

UNA VENTANA AL MUNDO

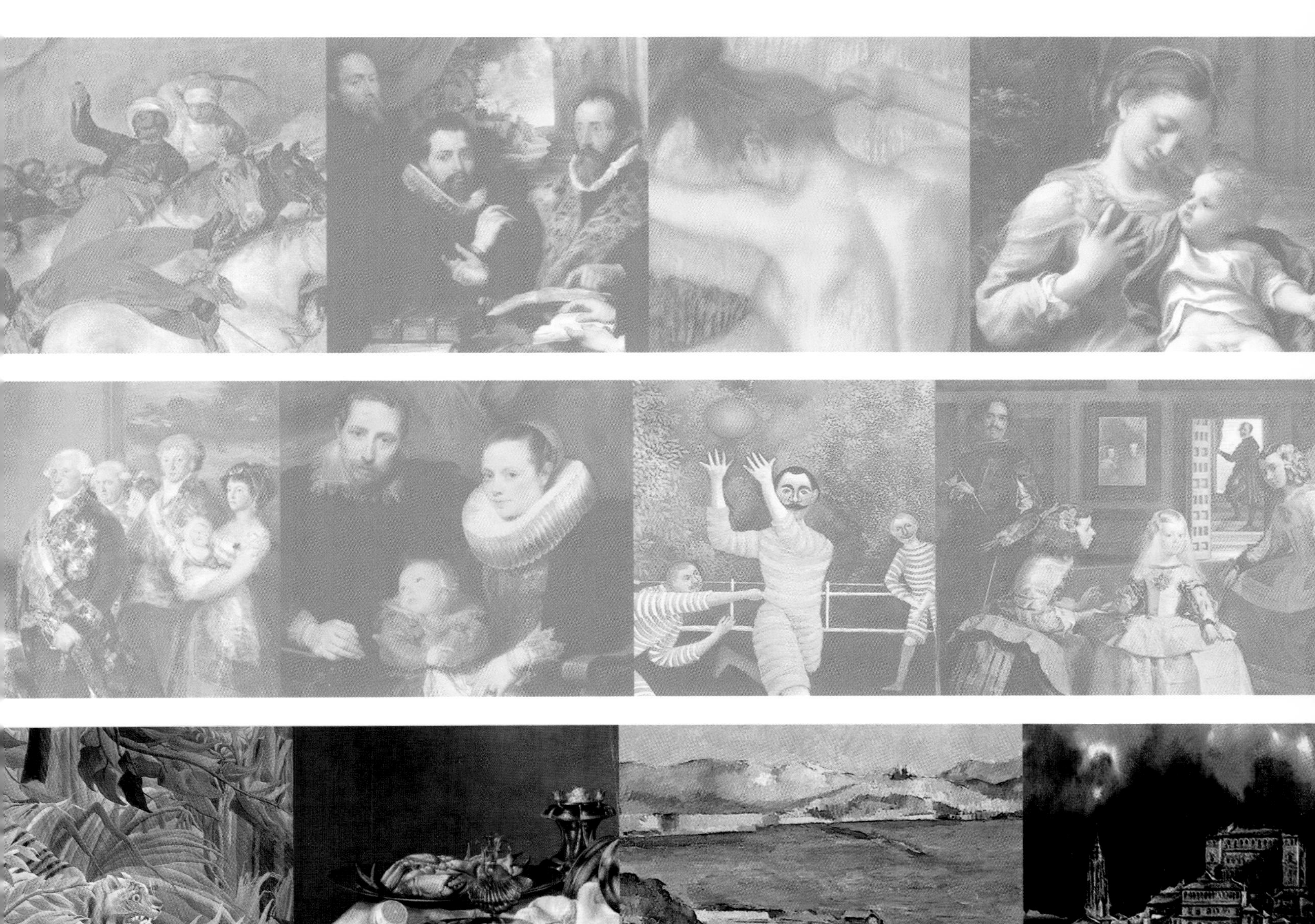

Transformaciones

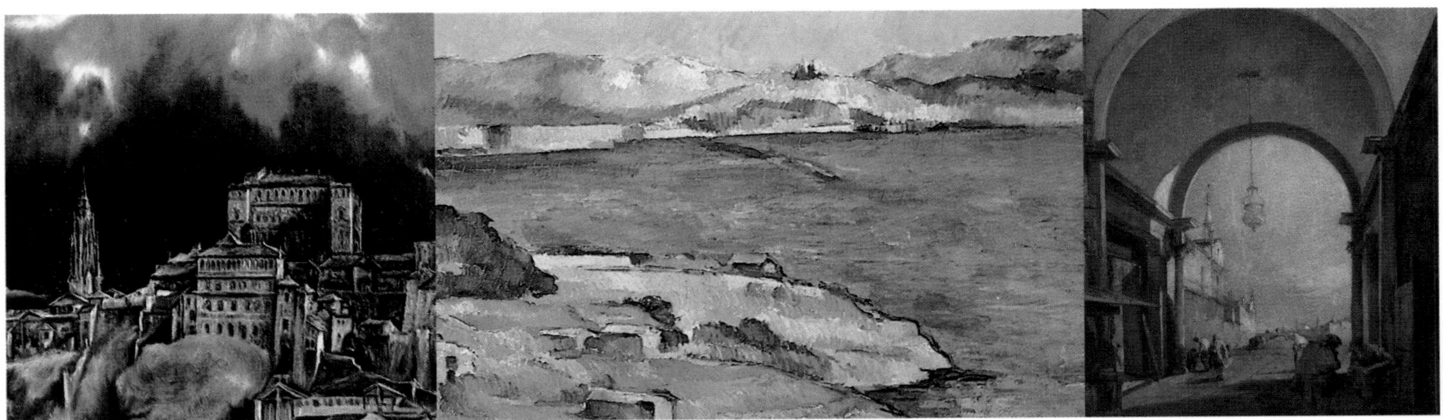

Tanto la pintura de paisajes como la de espacios urbanos suponen una auténtica revolución en el arte de la pintura, y no sólo como tema: el fondo se emancipa de las figuras a las que servía para el encuadre del espacio y los efectos de la profundidad en perspectiva, y se convierte en un asunto con entidad propia. Es como si el ser humano se retirara de la Creación para poder contemplarla mejor. Pero está claro que también se retira de sus propias creaciones: en los paisajes urbanos las figuras humanas a lo sumo sirven como pretextos ambientales. Los que tienen la palabra son los volúmenes arquitectónicos, la luz y los espacios.

Esta retirada se convierte en clamorosa si comparamos la *Vista de Venecia* de Francesco Guardi con *San Agustín en la celda* de Botticelli, al que ya nos hemos referido en el capítulo dedicado a *El espíritu*. La misma estructura, el mismo arco de cañón, pero la arquitectura saturada en la pintura de Botticelli por el gigantismo del santo aparece aquí abierta al aire y la claridad. Se ha producido una suerte de desmaterialización que no debemos confundir con la "deshumanización" de que hablaba el filósofo Ortega y Gasset, y cuyo significado es otro completamente distinto. Para Ortega, se trataba de promulgar la retirada de lo humano para que aflorasen las formas puras de una racionalidad capaz de dar sentido a unas élites, a un concepto más elevado de la vida, del orden y del poder. Hacia 1920 decir esto no era demasiado original. Muchos de los movimientos de la vanguardia artística apostaban por esta reinvención de la vida desde el arte. ¡Hay que cambiar la vida! Ese era el grito de guerra de los surrealistas.

Sin embargo, dicha desmaterialización deja precisamente paso a lo humano en su más sensata y moderada expresión. Ortega, junto con los que como él abogaban por un proceso de deshumanización en el arte moderno, no se inclinaba, como es natural, por un concepto *inhumano* del arte o de la cultura. La deshumanización propuesta debe entenderse como una reacción ante los efluvios sentimentales del romanticismo tardío, y de ciertos aspectos del simbolismo y del expresionismo. Cuando aquí hablamos de desmaterialización nos estamos refiriendo a un proceso histórico mucho más general y constante dentro de la tradición misma de la pintura en Occidente. Este proceso sigue pautas culturales, sin duda, pero son mucho más antiguas y de mucho más calado que las necesidades que cada generación pueda tener de reinventarse lo humano. La desmaterialización se nos aparece entonces como la consecuencia y la plasmación, en el campo de la mirada y del arte de la pintura, del progreso tecnológico. Este progreso es lento, aunque imparable, desde finales del siglo XVI, desde Copérnico, Galileo o Newton. Y sufre una aceleración creciente y vertiginosa a partir de la Revolución Industrial. La misma pintura parece –y decimos "parece" con todas las escépticas cautelas de este mundo– haber sido casi borrada del horizonte visual en el mundo de la digitalización, la virtualidad, la hipersimultaneidad y la proliferación de imágenes en soporte volátil: del mundo contemporáneo, en definitiva. Pero lo cierto es que la pintura nos seguirá hablando desde la historia no únicamente de eso que hemos sido, sino también de eso que somos.

El paisaje se emancipa de las figuras, y por lo tanto de los relatos y las historias vinculados a esas figuras. El paisaje representa el momento en que la naturaleza tiene una historia propia que contar, casi siempre una historia de reconciliación, aunque también puede serlo de un enigma: un enigma que nos desafía bajo la forma de un cielo tempestuoso o de un mar embravecido. El mismo elemento de esfuerzo implícito en estas figuras desafiantes no hace más que reforzar el valor de la reconciliación puesta en juego. Pero, ¿cómo entender esta figura de la reconciliación? Y, por ende, ¿cómo entender esta emancipación del fondo, la aparición del paisaje como género pictórico? El paisaje sube a la superficie como la tabla salvadora de un naufragio.

Aunque conocemos frescos de Pompeya que representan idílicos paisajes con temas pastoriles, lo cierto es que el paisaje como objeto de representación no subordinado a una función de acompañamiento aparece por vez primera a principios del siglo XVI, y de hecho no se convierte en un género consolidado hasta mediados del XVII. Significativamente, son artistas alemanes –Durero, Altdorfer– los primeros que se aventuran con "estudios" de la naturaleza desligados de toda pretensión argumental. El paisaje surge anticipando una espiritualidad nueva, vinculada a la Reforma luterana y caracterizada por un incremento de los valores subjetivos en el modo de experimentar y practicar la fe. El paisaje va ocupando el primer término de la representación a medida que esta espiritualidad despliega una sensibilidad panteísta, esto es, la idea de que la naturaleza se nos ofrece como el espejo más inmediato de su Creador. Más aún: la idea de que Creador y Creación son lo mismo, aunque visto desde dos perspectivas distintas. También a esta sensibilidad van ligadas unas formas de vida cada vez más urbanas y un modo de producción cada vez más abstracto –el comercio, la industrialización de las manufacturas, el incipiente capitalismo–, y que conlleva un alejamiento de la naturaleza.

Esta naturaleza que deja de estar "a mano" pasa a convertirse en imagen. Y la imagen comienza a valer mucho más que la inmediatez prosaica de lo que representa. Los hombres y las mujeres del siglo XVII descubren la naturaleza a medida que asumen modos de vida alejados de ella. Pero también la descubren a medida que esta imagen les habla al anhelo de reconciliación que estos mismos modos "modernos" de vida despiertan. Para entenderlo rápidamente: el campesino cuenta con el buen funcionamiento de los ciclos naturales, y por lo tanto con la naturaleza, como gran mecanismo en el que él mismo vive inmerso. El burgués –el habitante de las ciudades dedicado a tareas propias de la vida urbana– necesita en cambio relacionarse con la naturaleza tomada como un todo, como un referente arcádico, original, como la huella todavía visible de una Creación y de un orden superior, al que sus propias actividades aspiran imitar y, en cierto modo, retornar.

La reconciliación con la naturaleza en el orden moral será uno de los grandes sueños constantes en el siglo XVIII. Constituye una fina lección de historia el hecho de que el siglo XIX abandone este sueño, y que en el arte y la cultura perviva bajo la forma, a veces demasiado literal y demasiado brusca, del primitivismo.

La imagen independizada de la naturaleza como "paisaje" aparece pues como el sello que marca la retirada hacia las ciudades de las clases dirigentes y de los modos de producción dominantes. Este sello lleva inscrito el anhelo de la reconciliación con esta naturaleza de la que se procede y a la que en cierto modo se da la espalda. El paisajismo se introduce como género en las casas burguesas representando una ventana abierta al origen de la vida, al Paraíso. No es extraño que este Paraíso se utilice como espejo de una espiritualidad renovada. En la Europa protestante, este anhelo se articulará con la nueva doctrina religiosa oficial. En la Europa de la Contrarreforma, el paisaje se gestionará como el espacio del idilio, como el lugar de un placer de vivir legítimo y, en cierto modo, "honesto".

Es correcto hacer extensivos estos argumentos a la pintura impresionista y a su modo de plasmar los paisajes. El tópico según el cual los impresionistas pintan la alegría de vivir de las clases urbanas emergentes encuentra en estas vistas de una naturaleza apenas habitada una objeción a tener en cuenta. De hecho, el paisajismo de artistas como Monet, Sisley o Bonnard se orienta más hacia lo que está en trance de desaparecer que hacia la celebración resplandeciente y luminosa de lo que es. Los impresionistas sabían que pintaban un mundo en su declive. Su pasión por pintar el aire nos hace pensar en la conciencia que tenían del carácter evanescente de todo lo que es. Ante esta empatía por lo fugaz, la honestidad de la que hablábamos adquirirá ribetes de reivindicación social. Es el caso de Pissarro: la soledad de los árboles, su invernal despojamiento, funcionan como correlatos de la miseria de los hombres y su desamparo.

¿Y qué decir entonces de las estampas urbanas, como *La plaza del Théâtre Français* del mismo Camille Pissarro? También Monet y Renoir pintaron importantes paisajes urbanos. Curiosamente, es común a todos ellos una perspectiva elevada, de modo que los ciudadanos aparecen reducidos a pequeñas manchas vistas desde lejos y desde muy arriba. La individualidad sumergida en la mancha de la gran multitud queda así disuelta en una suerte de nuevo orden natural. Los hombres y las mujeres son la hojarasca de la gran ciudad. ¿Extraña entonces que el arte de la pintura se volcara a la abstracción a partir del postimpresionismo y del cubismo? Por lo menos, al hacer desaparecer la figura humana en la pintura abstracta se reconoce abiertamente el triunfo de aquella deshumanización por la que abogaba el filósofo Ortega y Gasset. La ciudad ofrece las líneas rectas de esa desaparición, lo que conduce al arte de Piet Mondrian. En cambio, la naturaleza ofrece las volutas de esa misma difuminación. Y ahí está el arte de Kandinsky.

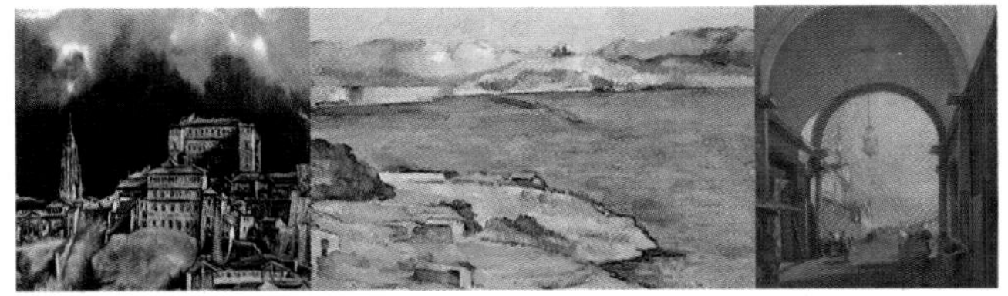

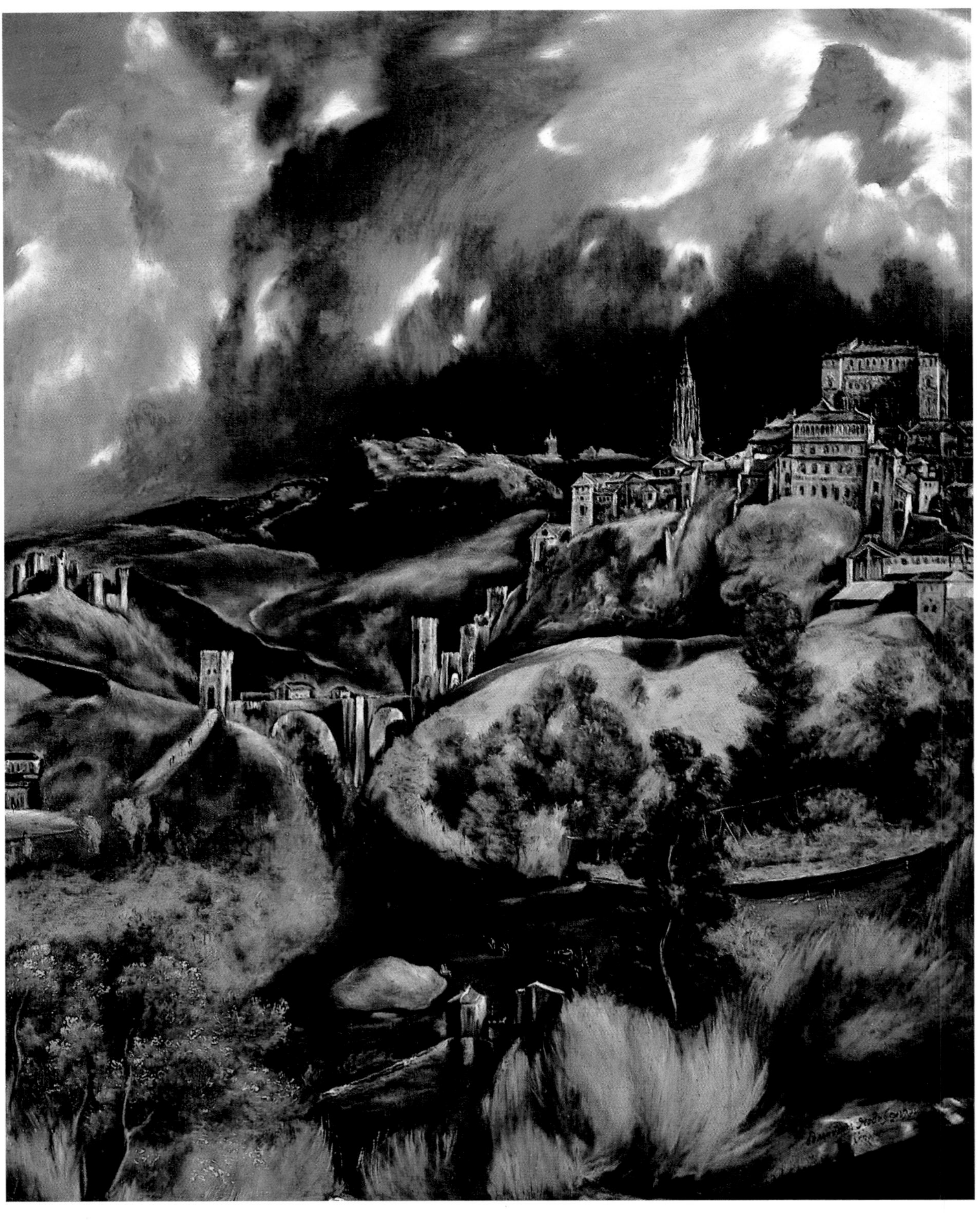

La naturaleza

"La Naturaleza y el Arte parecen rehuirse,
pero se encuentran antes de lo que se cree."
JOHANN WOLFGANG VON GOETHE

EL GRECO (DOMENICOS THEOTOCOPOULOS) *Vista de Toledo* 1,21 × 1,08 Museo de Arte Metropolitano

Esta vista de Toledo, pintada hacia 1597, es el único paisaje de El Greco. Toledo, ciudad conocida por su antigüedad, es la sede del arzobispo primado de España y hasta 1561 fue la capital del imperio español. Las edificaciones son reconocibles, particularmente el puente sobre el río. El valle en primer plano, irrigado por el Tajo, que fluye bajo el puente de Alcántara, es fértil y verde; el paisaje distante es árido y amenazador. La luz dura y blanca evoca tanto la misteriosa belleza del lugar como el peligro latente en la naturaleza. Por la rareza del tema, ésta es una de las obras más preciadas de los admiradores del pintor español, que fue durante mucho tiempo infravalorado, pero a quien supieron rehabilitar artistas como Santiago Rusiñol o críticos como Eugeni d'Ors.

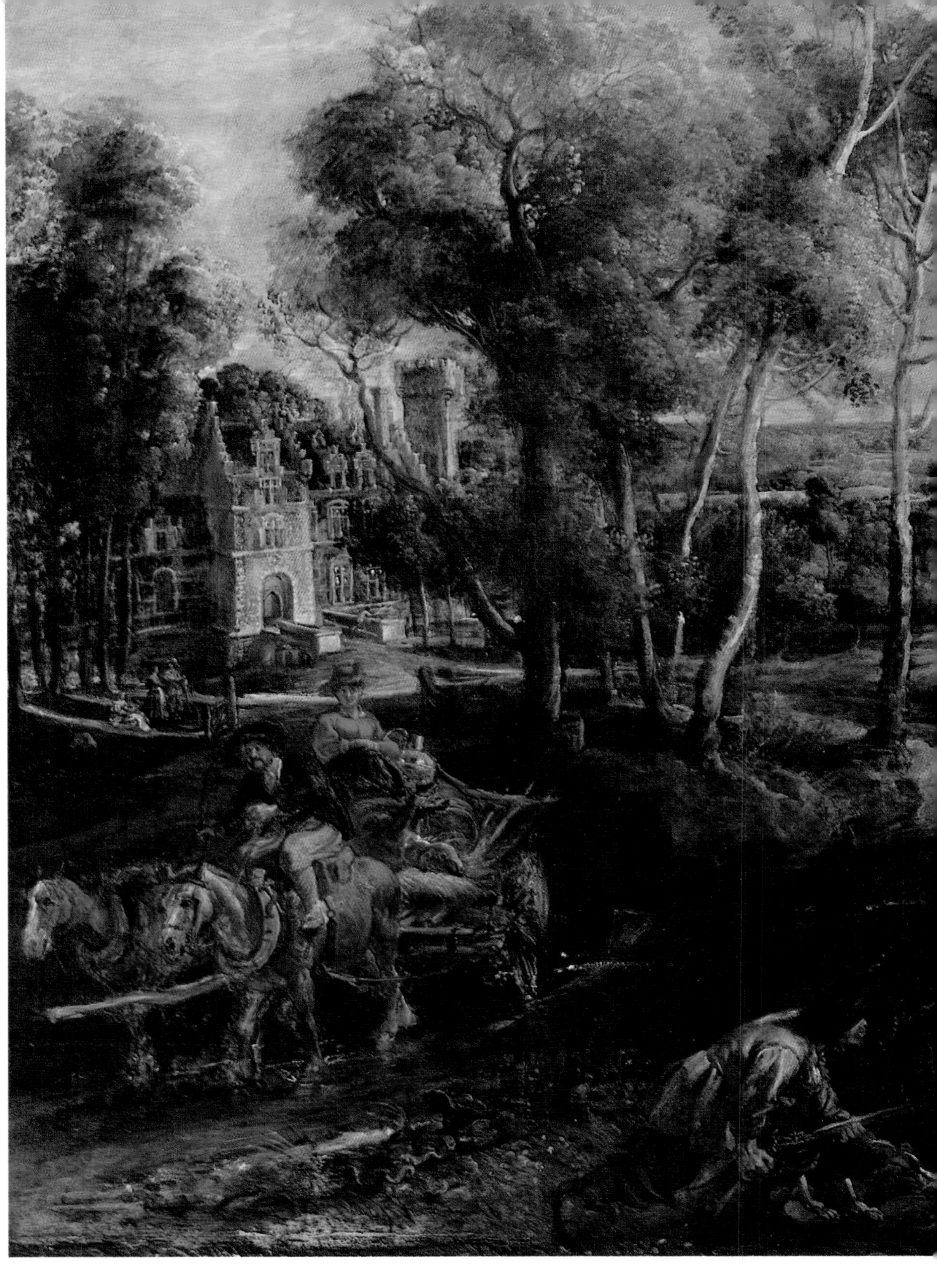

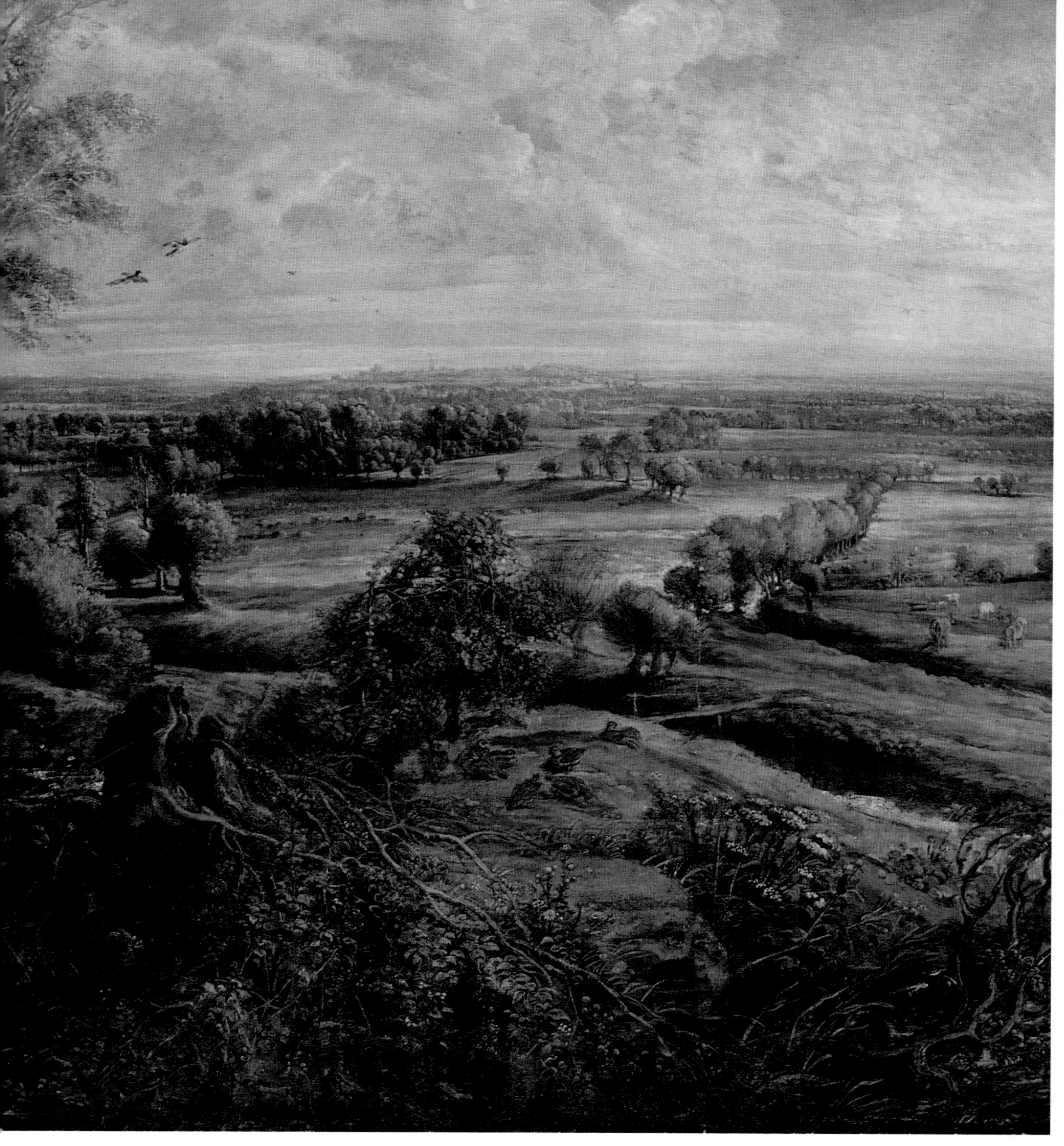

PETER PAUL RUBENS *El castillo de Steen* Tabla. 1,31 × 2,29 National Gallery

En 1635, Rubens, a la edad de 58 años, pudo finalmente retirarse de la vida pública. Compró el castillo de Steen y se fue a vivir en él con su segunda esposa, Helena Fourment, y sus hijos, pudiendo por fin pintar en paz y estudiar los paisajes.

El castillo aún existe, más grande que cuando Rubens vivía en él. La vista está tomada desde el lado este, de forma que el paisaje se muestra bajo las primeras luces del sol de una mañana otoñal. La pintura es un conjunto de detalles dentro de la panorámica: pájaros que vuelan en segundo término, un rebaño de vacas en el prado y granjas y pueblos en la lejanía.

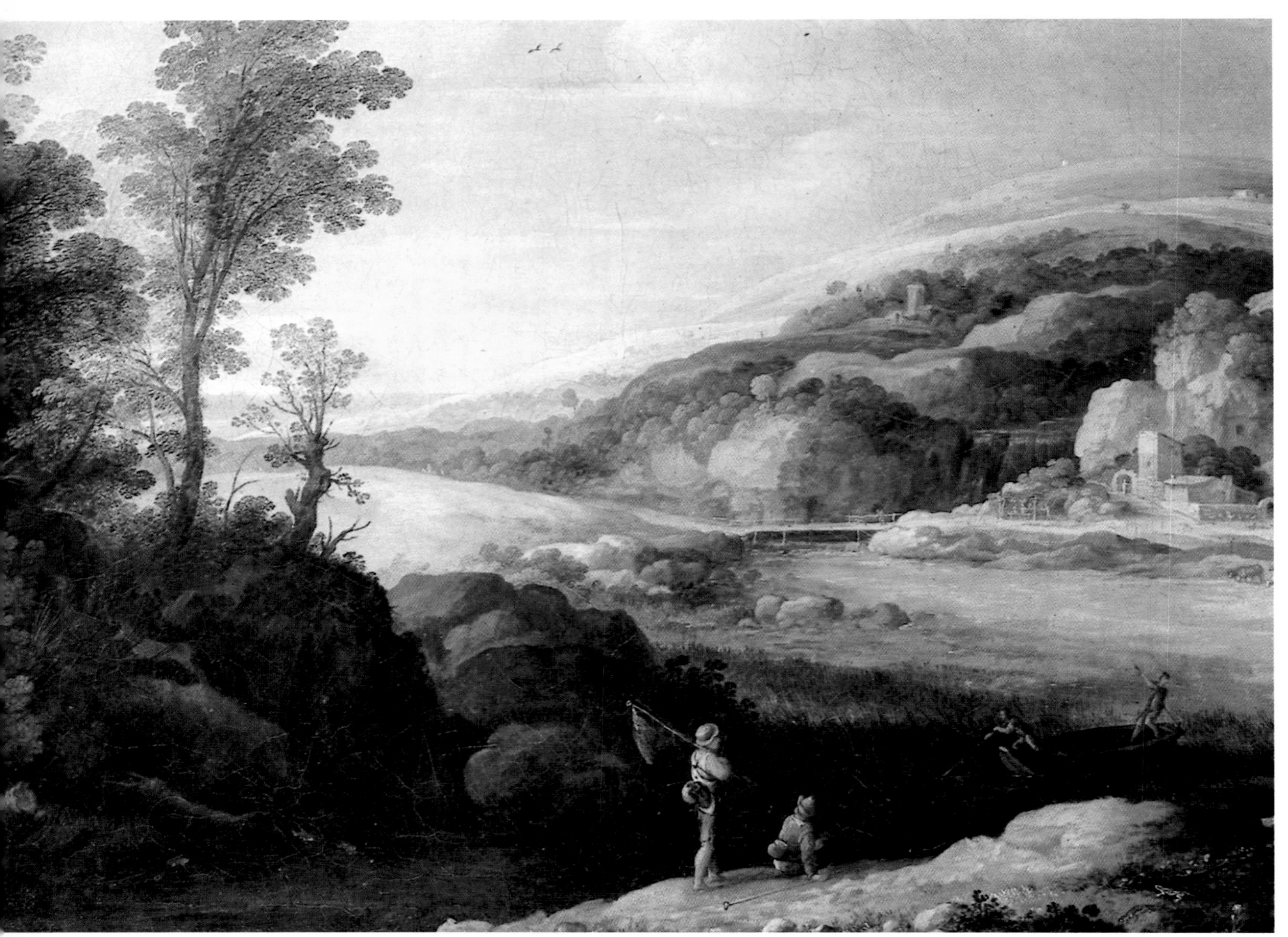

PAUL BRILL *Paisaje con pescadores* Lienzo 0,46 × 0,71 Museo del Louvre

Paul Brill anuncia el desarrollo del paisaje clásico en el s. XVII. Sus composiciones reestructuran en un nuevo equilibrio los antecedentes flamencos tradicionales de los tapices "de verduras", añadiendo a veces al marco vegetal un motivo mitológico, pero sobre todo integrando el detalle realista y minucioso en la bella armonía luminosa, a menudo contrastada, del conjunto. Éste proporciona, por su construcción y la economía de elementos, la posibilidad de un tratamiento amplio y moderno de los distintos planos, que plasme la sugestión de un vasto espacio o el encanto de la campiña romana.

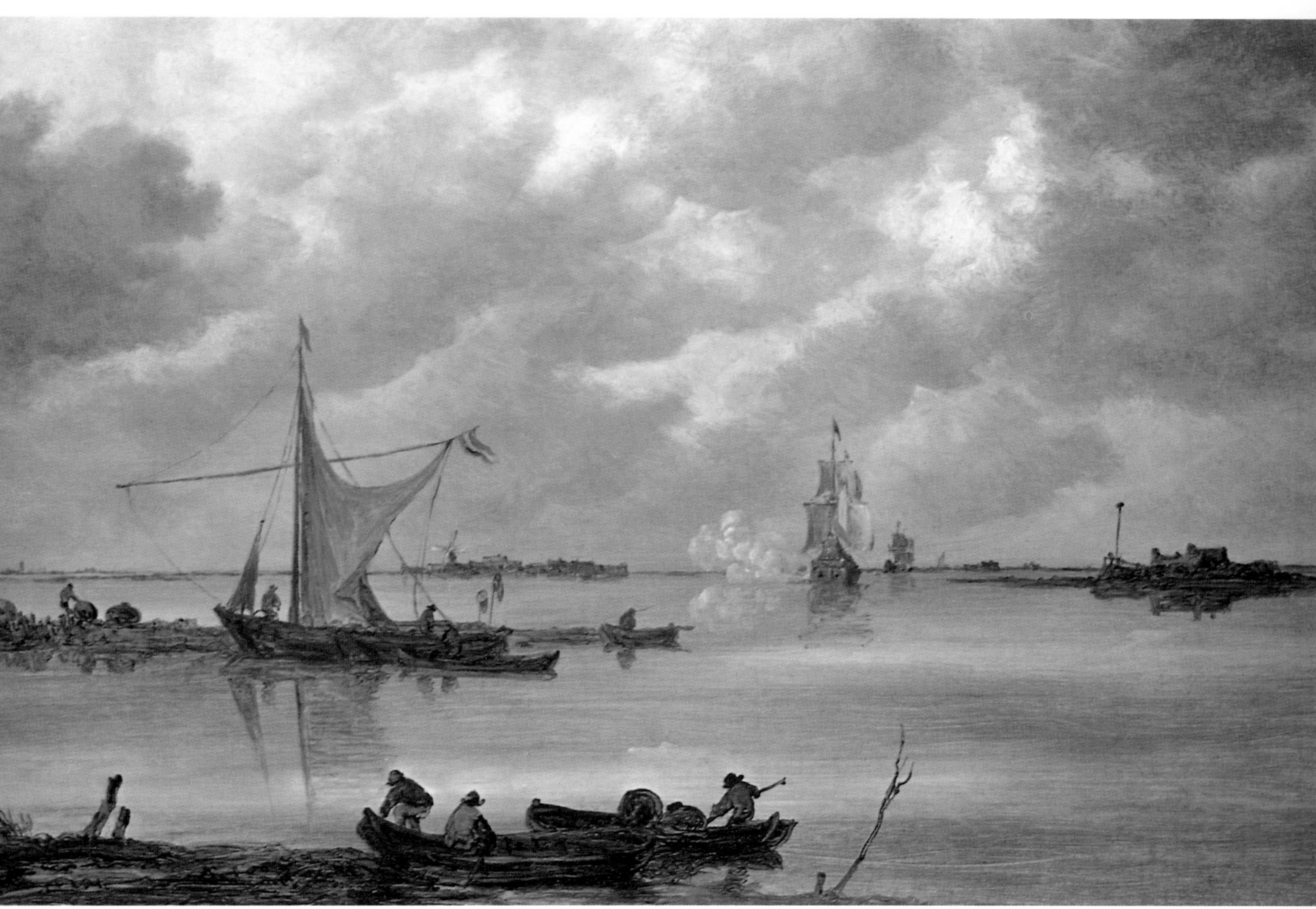

Jan van Goyen *Escena en el río con barcos* Tabla 0,49 × 0,69 National Gallery

Jan van Goyen, el paisajista neerlandés más importante de la primera mitad del s. XVII, mostró grandes dotes artísticas al satisfacer las demandas sobre la temática marina. En este paisaje aparecen unos pequeños barcos de pesca, junto a márgenes fangosas y pequeñas islas. Al fondo, en aguas profundas, dos fragatas entran por la boca del río, procedentes del mar, y la mayor de ellas anuncia su llegada con un cañonazo. El bajo horizonte hace que las dos terceras partes del cuadro estén formadas por el cielo, con formaciones nubosas. Con las horizontales y verticales contrastadas en intensidades decrecientes, la mirada se desliza, suave y lentamente, hacia el horizonte que se funde con el cielo en la lejanía.

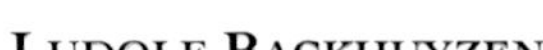

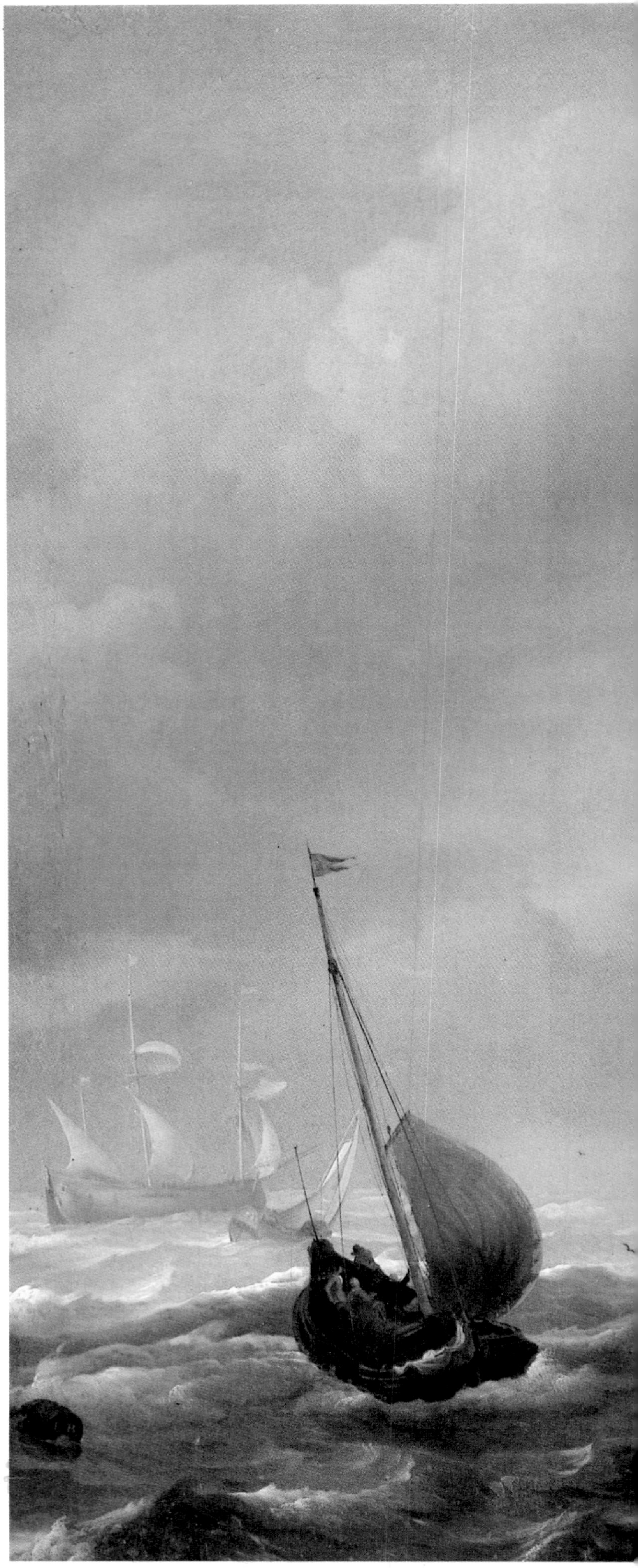

LUDOLF BACKHUYZEN
Marina con barcos Lienzo 0,65 × 0,79 Palacio Pitti

El artista pertenece al grupo de los paisajistas holandeses que convierten el paisaje en auténtico protagonista de sus obras. Atentos a los mínimos detalles, están abiertos, al mismo tiempo, a los más amplios cielos, al campo y al mar extenso. Backuysen parece especializarse en las vastas marinas agitadas, llenas de cielo y mar, como ésta en la que los barcos son presa de los elementos. Una vez más, el paisaje se transforma en verdadero tema del cuadro con esos colores grisáceos de las nubes y las tonalidades verdes y azules del mar en tempestad. Los barcos son verdaderos juguetes de los elementos desatados por la tormenta.

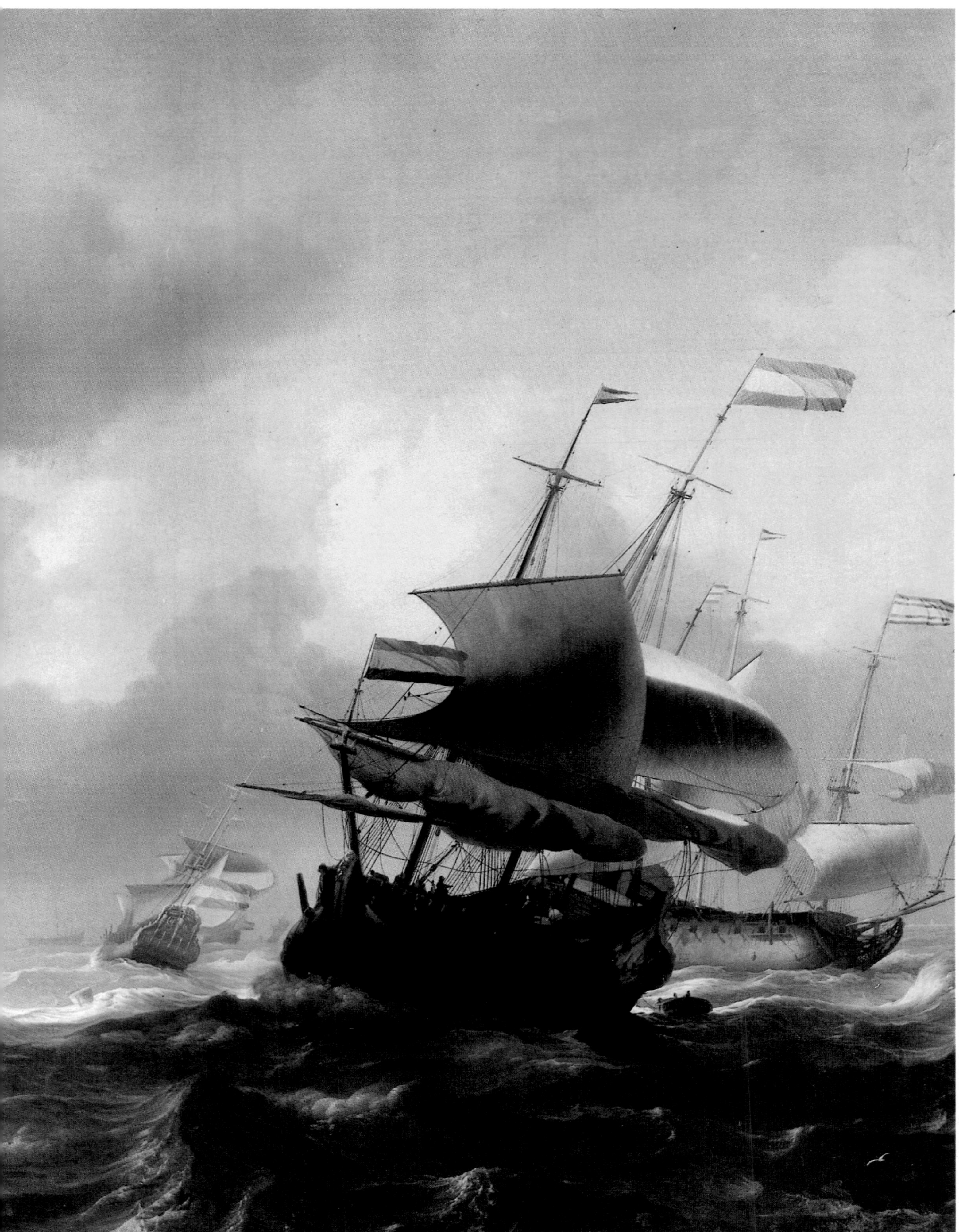

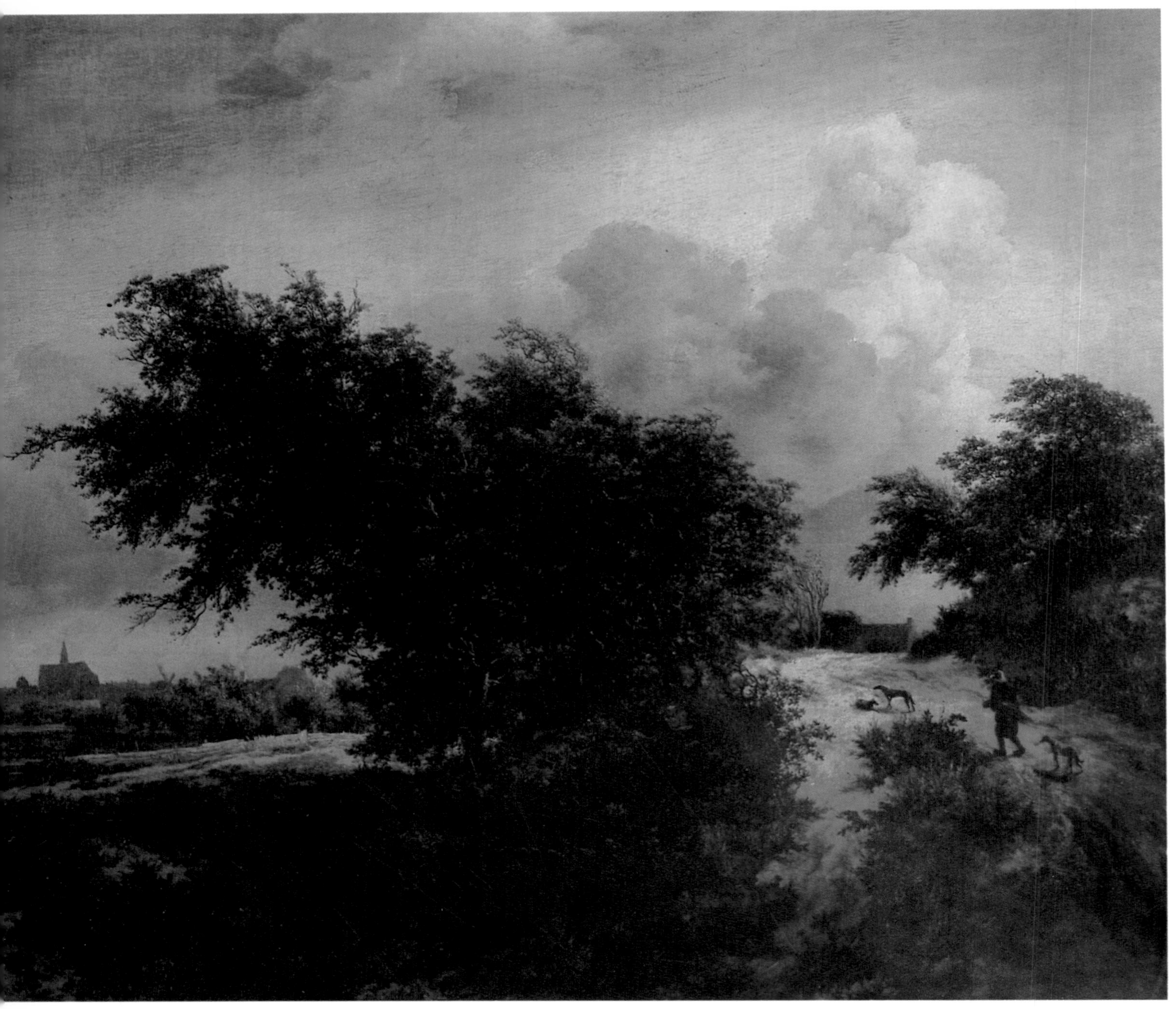

JAKOB VAN RUISDAEL
El matorral Lienzo 0,66 × 0,80 Museo del Louvre

Muy sensible a la atmósfera luminosa, a los horizontes abiertos y a los cielos nublados, el pintor sabe analizar los efectos de luz y la estructura de las formas naturales, y hace que se interpenetren en el lienzo lo que es reflejo y lo que es materia mineral o vegetal. En *El matorral* se plasma todo el aspecto fugitivo y dinámico del vendaval, y la movilidad de las formas y de las luces sobre un horizonte inmóvil, aspecto en el que la obra revela una aguda atención de observador y, también, una "participación" por parte del artista, hasta el punto que se habla a veces del paisaje "estado de ánimo".

MEINDERT HOBBEMA
El molino de agua 0,80 × 0,65 Museo del Louvre

Meindert Hobbema trató varias veces este tema. El presente lienzo de 1692, adquirido por el Louvre en 1861, muestra a un paisajista más preocupado que Ruysdael por la precisión del detalle, y sin duda menos comprometido con su obra. Es interesante comparar esta obra con El matorral, para apreciar cómo los dos pintores se relacionan con la naturaleza: apasionadamente Ruysdael, con un espíritu más analítico y sereno Hobbema. De todos modos Hobbema fue, como Ruysdael, un modelo para los pintores de la escuela de Barbizon.

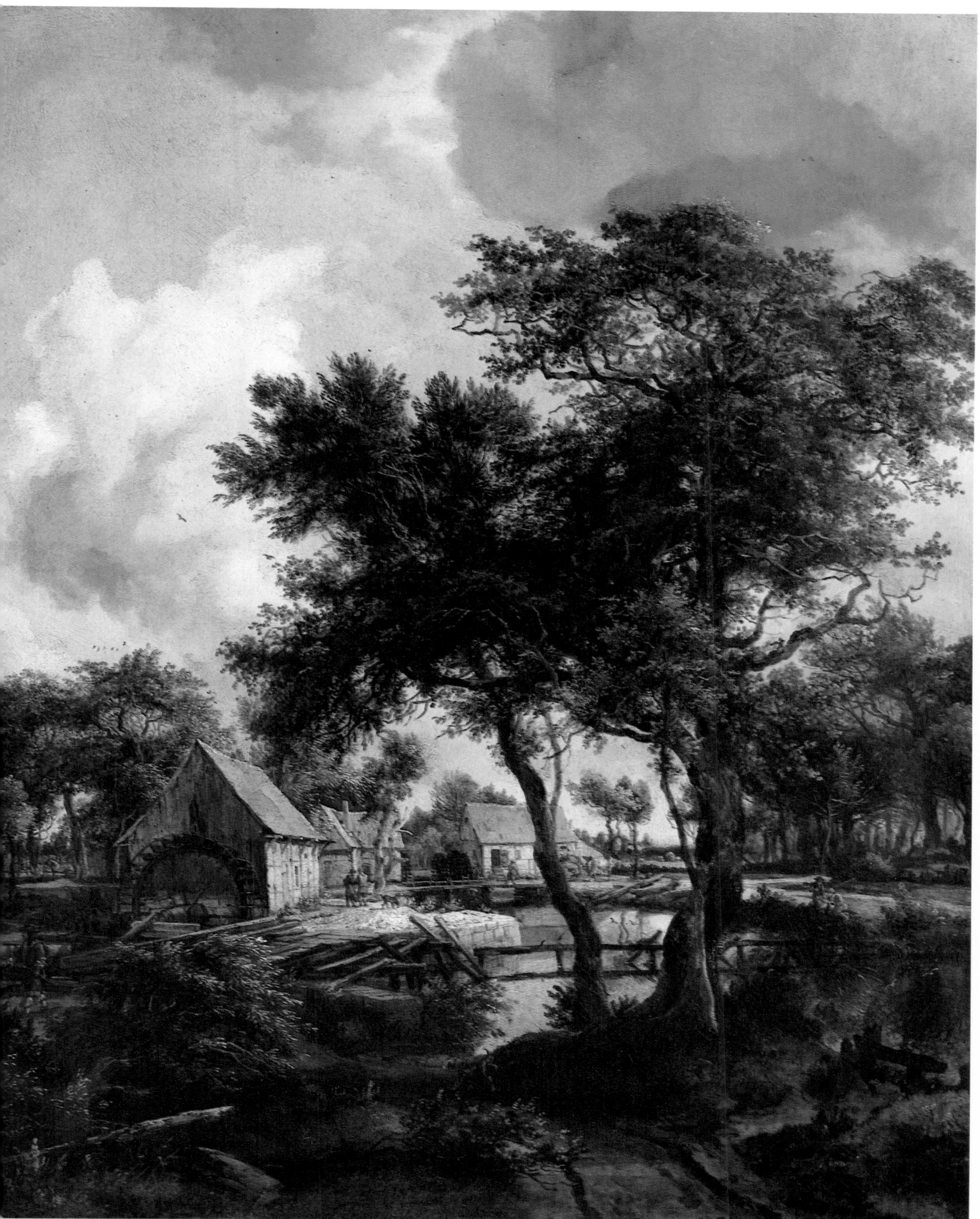

Joseph Mallord William Turner
Amberes: Van Goyen avista algo 0,91 × 1,22
Colección Frick

Turner, hijo de un barbero londinense, estudió en la Royal Academy, a la que accedió como miembro de pleno derecho a la edad de 27 años. Después de trabajar con acuarelas, Turner expuso sus primeros óleos entre 1790 y 1800. Viajó por toda Gran Bretaña y también al Continente, realizando numerosos dibujos, muchos de los cuales utilizó como base de sus futuros grabados y pinturas. El título del cuadro y la inscripción que se aprecia en la popa del primer barco identifican al personaje del turbante. Se trata del paisajista holandés Jan van Goyen, quien, al igual que Turner, visitaba Amberes y también realizaba pinturas en base a los apuntes tomados allí.

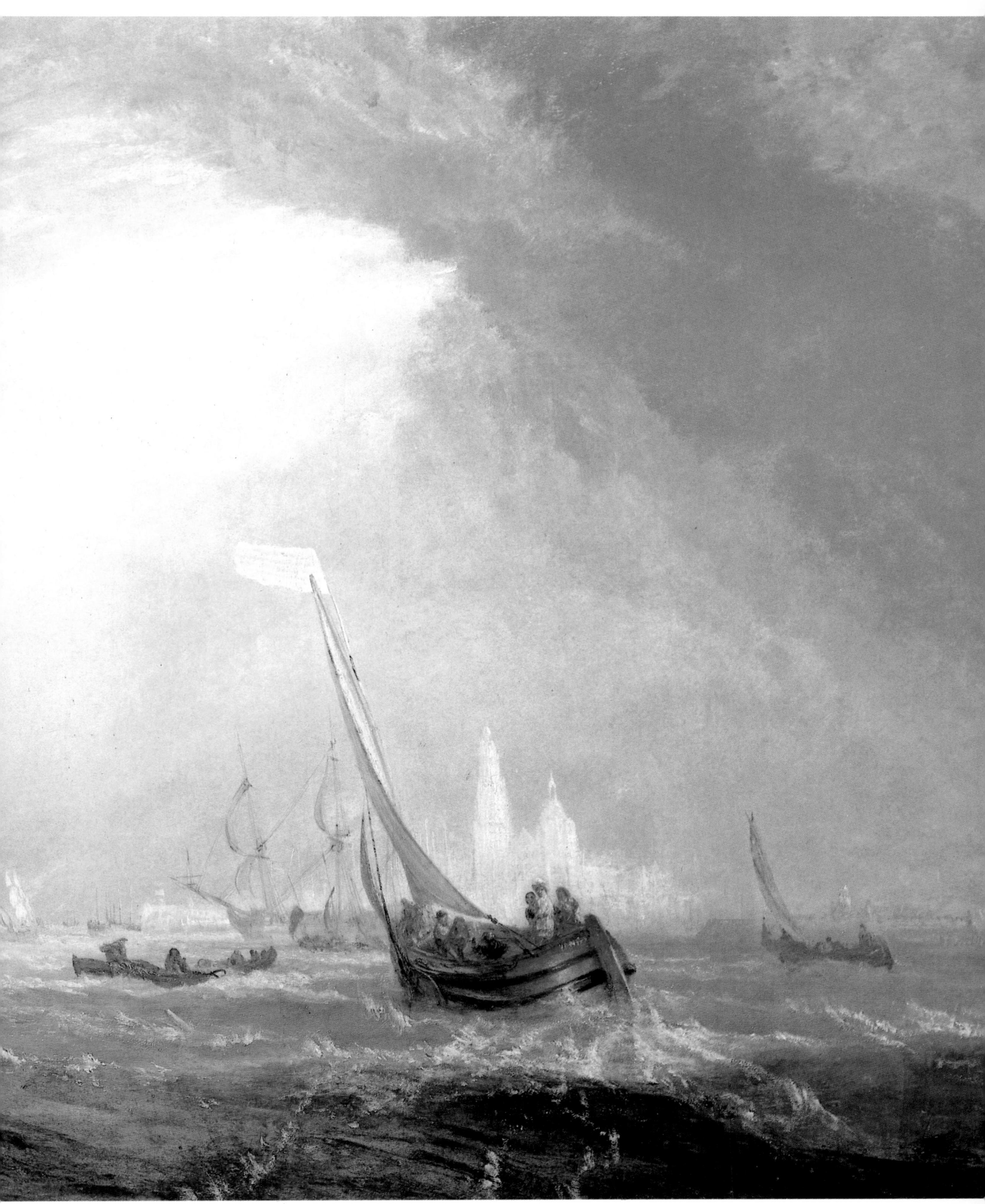

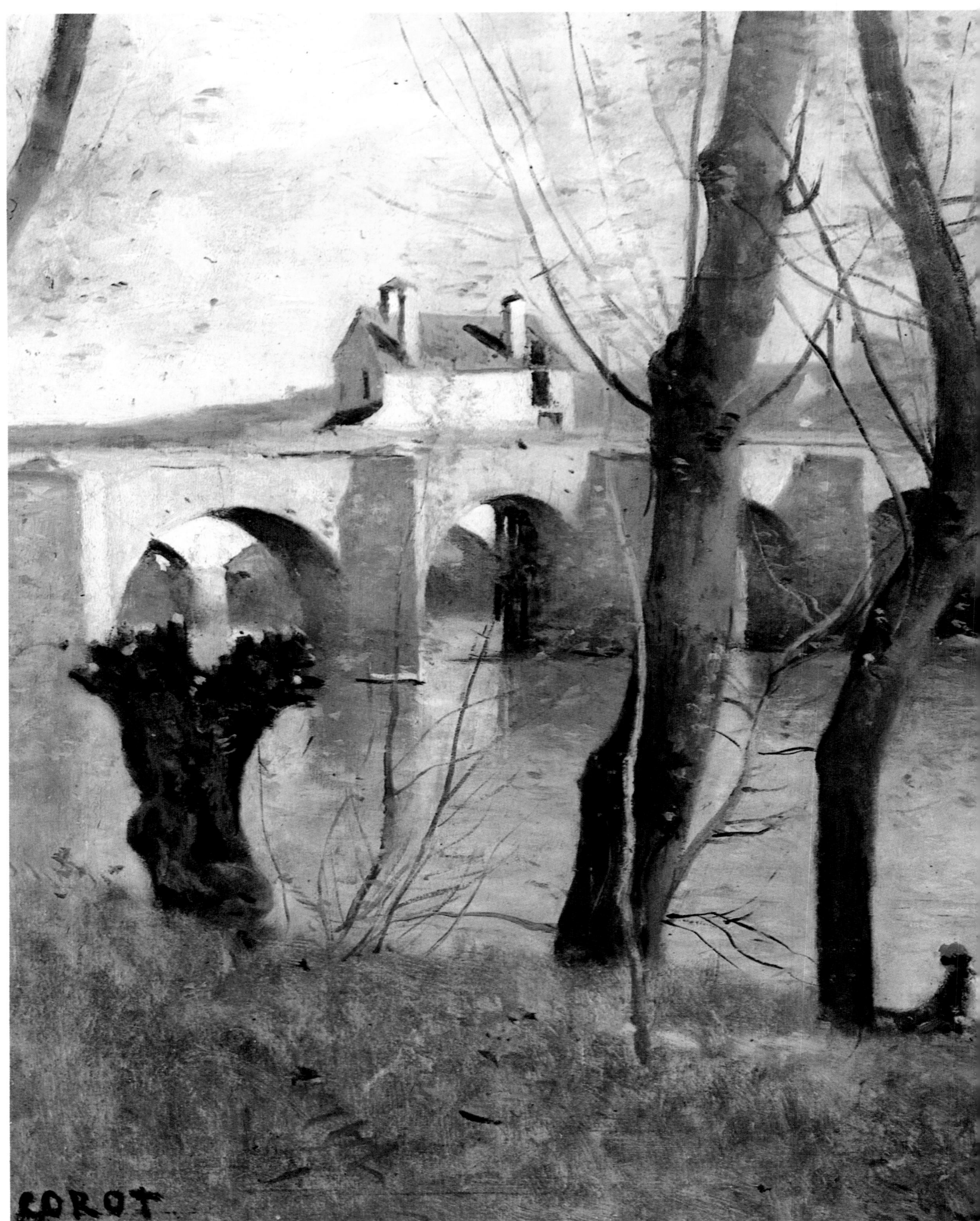
COROT

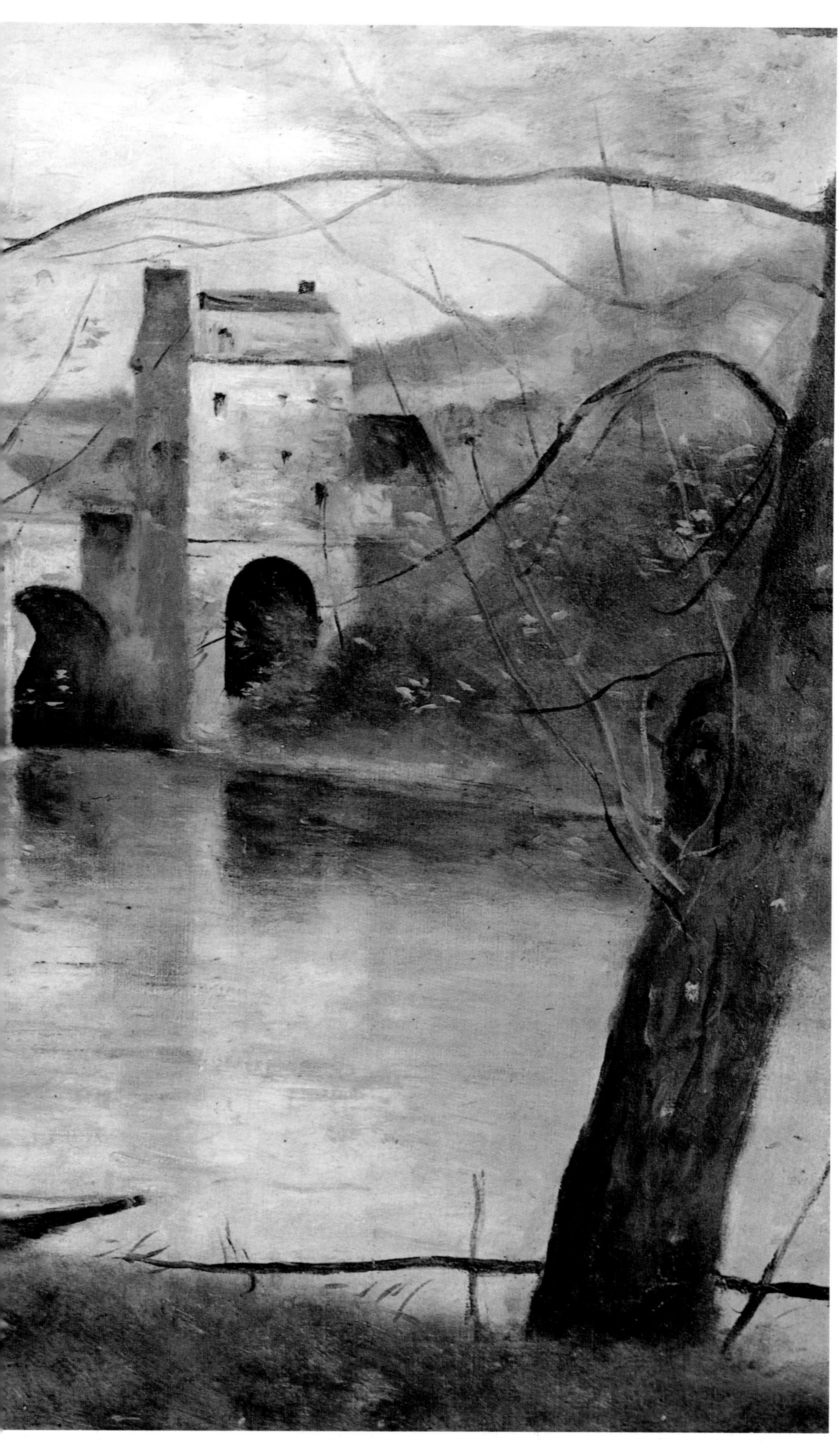

JEAN-BAPTISTE-CAMILLE COROT
El puente de Narni
Lienzo. 0,36 × 0,47
Museo del Louvre

Este cuadro es únicamente un boceto que el artista realizó a raíz de su primer viaje a Italia, entre 1825 y 1828, es decir, en una época del siglo todavía muy temprana. A pesar de su tratamiento con amplias pinceladas, esta obrita consigue abarcar un paisaje inmenso, gracias al juego de valores cromáticos, y nos hace sentir la vibración del aire, aun conservando una construcción formal sólida y equilibrada de la composición. La observación de la naturaleza, la búsqueda de la forma y la relación de las tonalidades de color se someten, según el mismo Corot, al estado de ánimo experimentado por el artista.

CHARLES-FRANÇOIS DAUBIGNY
Orillas del Oise 0,25 × 0,41
Museo del Ermitage

La creación de los pintores de Barbizon tuvo una amplia resonancia. Muchos maestros sin pertenecer directamente al grupo recibían su influjo. Charles-François Daubigny fue uno de ellos. Su tema preferido era el típico paisaje francés, suave y amable: pequeños bosquecillos, sus límites, las bajas orillas de algún río, pantanos semicubiertos por la vegetación. *Orillas del Oise* es una de las obras más claras, alegres y poéticas del pintor. Todo el paisaje está impregnado por la brillante y suave luz de un día de verano. La sombra de las vaporosas nubes blancas se desliza por las verdes praderas y por las tranquilas aguas del río.

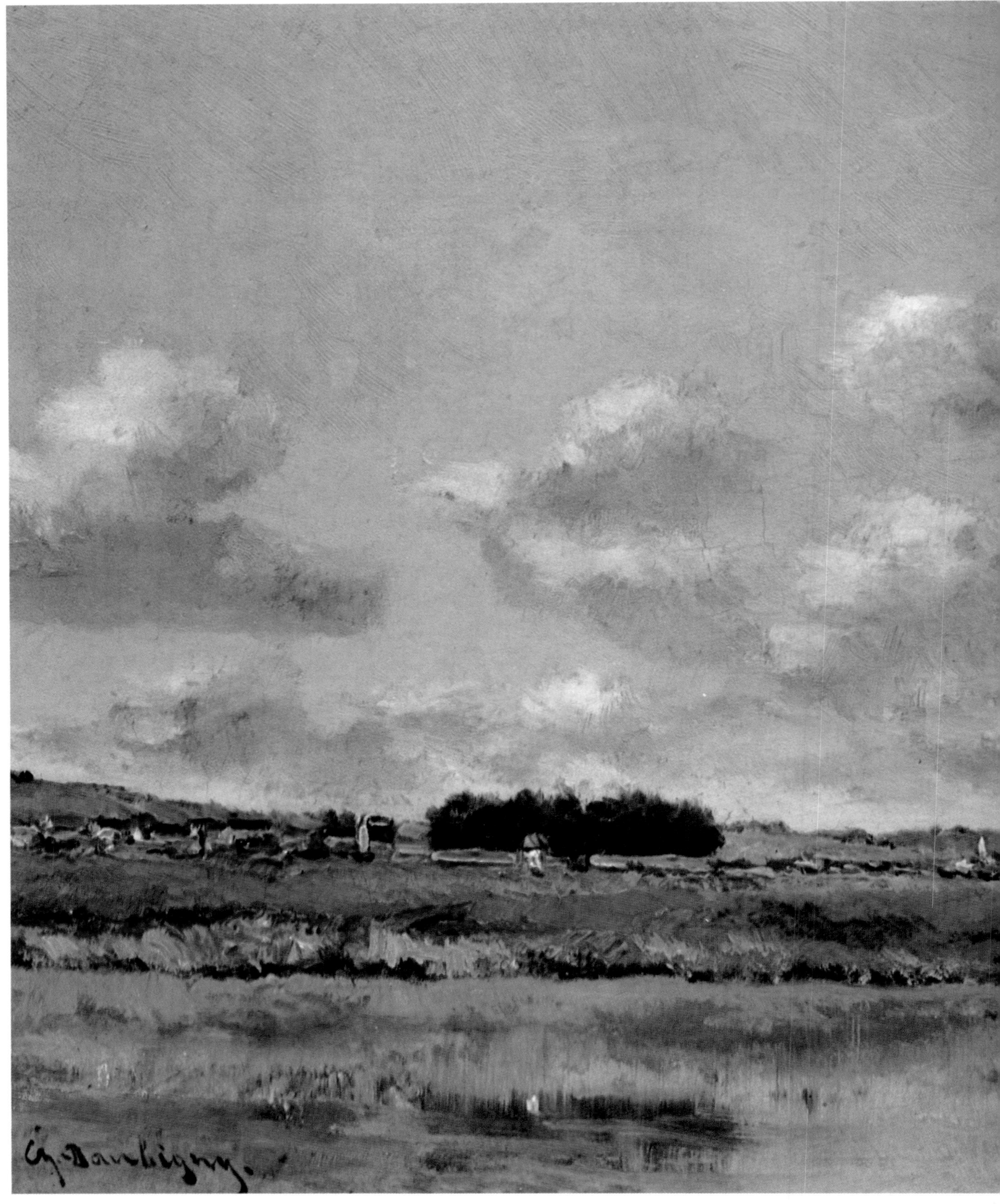
Ch. Daubigny.

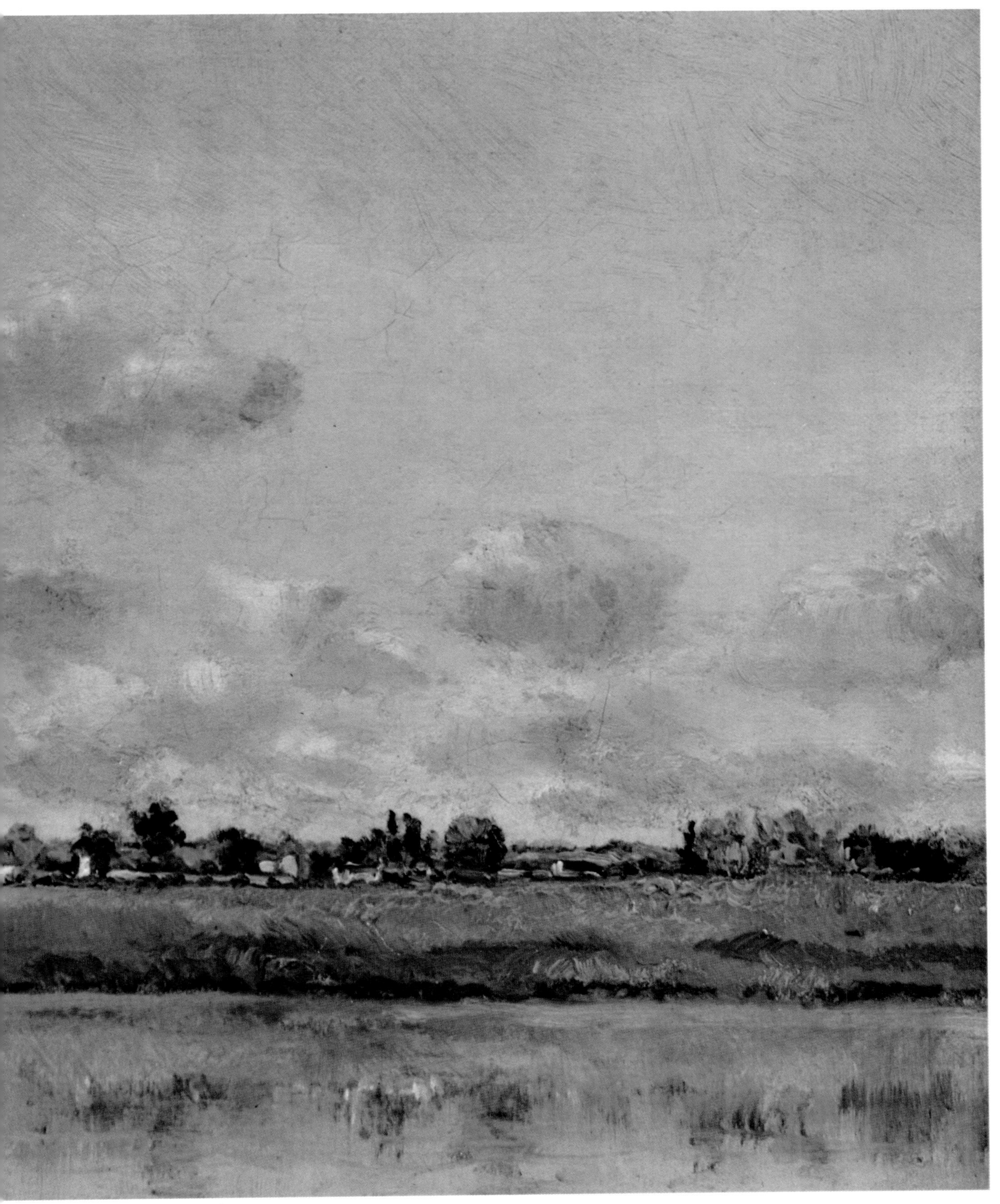

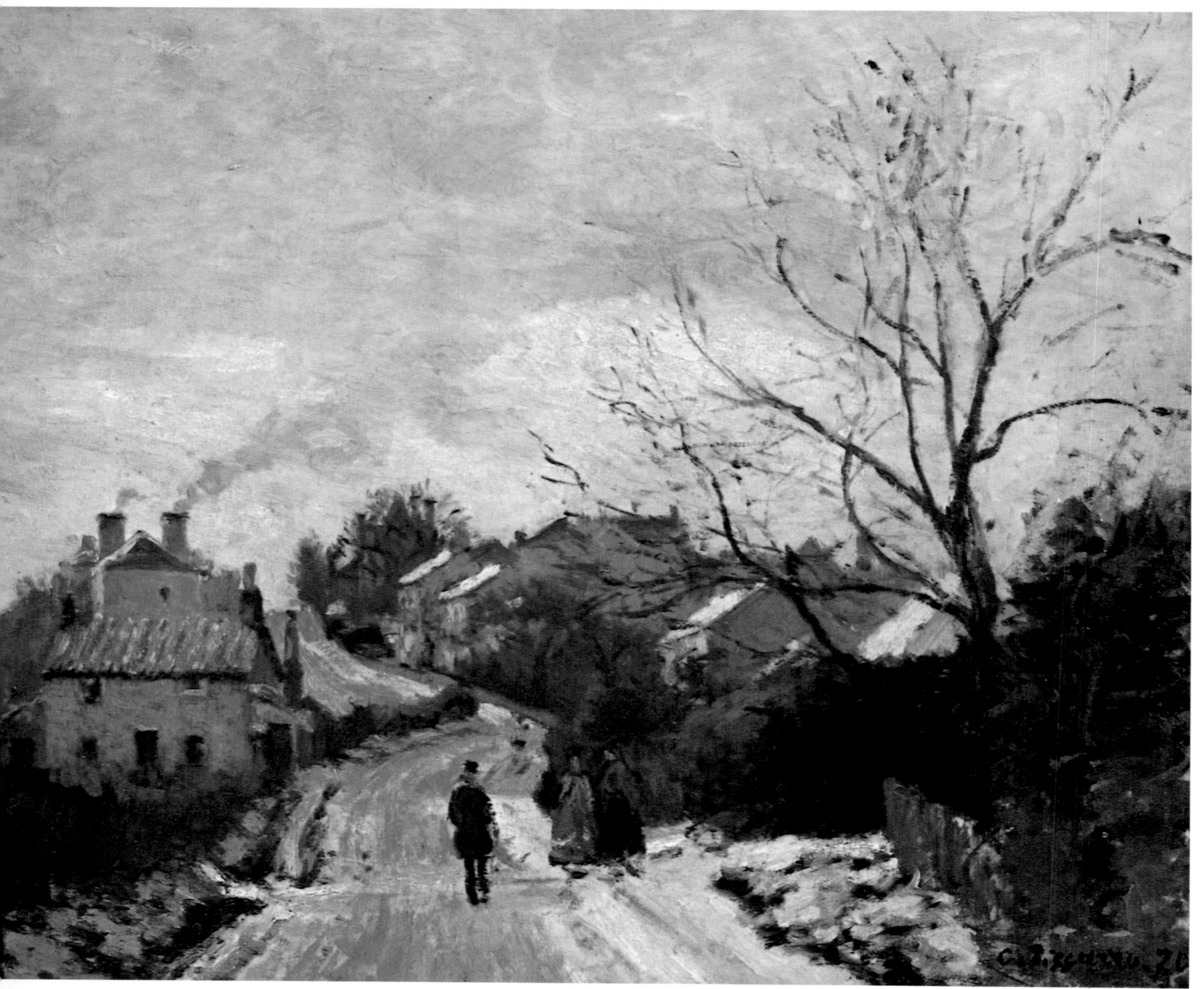

CAMILLE PISSARRO *El Bajo Norwood con nieve* 0,35 × 0,46 National Gallery

Cuando los alemanes ocuparon su ciudad de Louveciennes, Pissarro, como Monet, se refugió en Londres, donde ya vivía su madre. Pintó en los tranquilos alrededores de la ciudad, ahora edificados y ruidosos. Él mismo escribió más tarde: "Monet y yo estábamos entusiasmados con el paisaje de Londres. Monet pintaba en los parques, mientras que yo, viviendo en el Bajo Norwood, en aquellas épocas un barrio encantador, estudié los efectos de la niebla, la nieve y el tiempo primaveral. Trabajamos sobre la naturaleza( )... también visitamos museos". En los museos, Pissarro y Monet admiraron a los paisajistas ingleses del s. XVIII, pero más especialmente los artistas que mostraron interés por pintar al aire libre. Del mismo modo, Pissarro captó el frío y el brillo de un soleado día invernal, cuando se derrite la nieve de los tejados. La Academia Real rehusó los trabajos de Monet y de Pissarro y éste, amargamente, dijo de Londres: "...no hay arte, aquí todo es cuestión de negocios...".

PAUL CÉZANNE *El golfo de Marsella visto desde L'Estaque* 0,73 × 1,00 Museo de Arte Metropolitano

En la década de 1880 Cézanne ejecutó más de una docena de cuadros, estrechamente relacionados, de escenas panorámicas vistas desde la ciudad provenzal de L'Estaque, cerca de una cadena baja de montañas, al otro lado del golfo de Marsella. Pisarro y Monet adoptaron, por separado, métodos similares de trabajo. El propósito principal de este último, sin embargo, era captar los efectos transitorios de la luz, mientras que Cézanne estaba interesado en las variaciones de la composición cuando se modifica el punto de vista o se produce un ligero desplazamiento del ángulo de visión. Aquí Cézanne contrastó las formas geométricas, cuadradas y compactas, de los edificios del primer plano con las dispersas e irregulares de las montañas. La composición es curiosa porque, desde una posición elevada se distorsiona la escala y los edificios del primer plano son comparables en tamaño a las montañas.

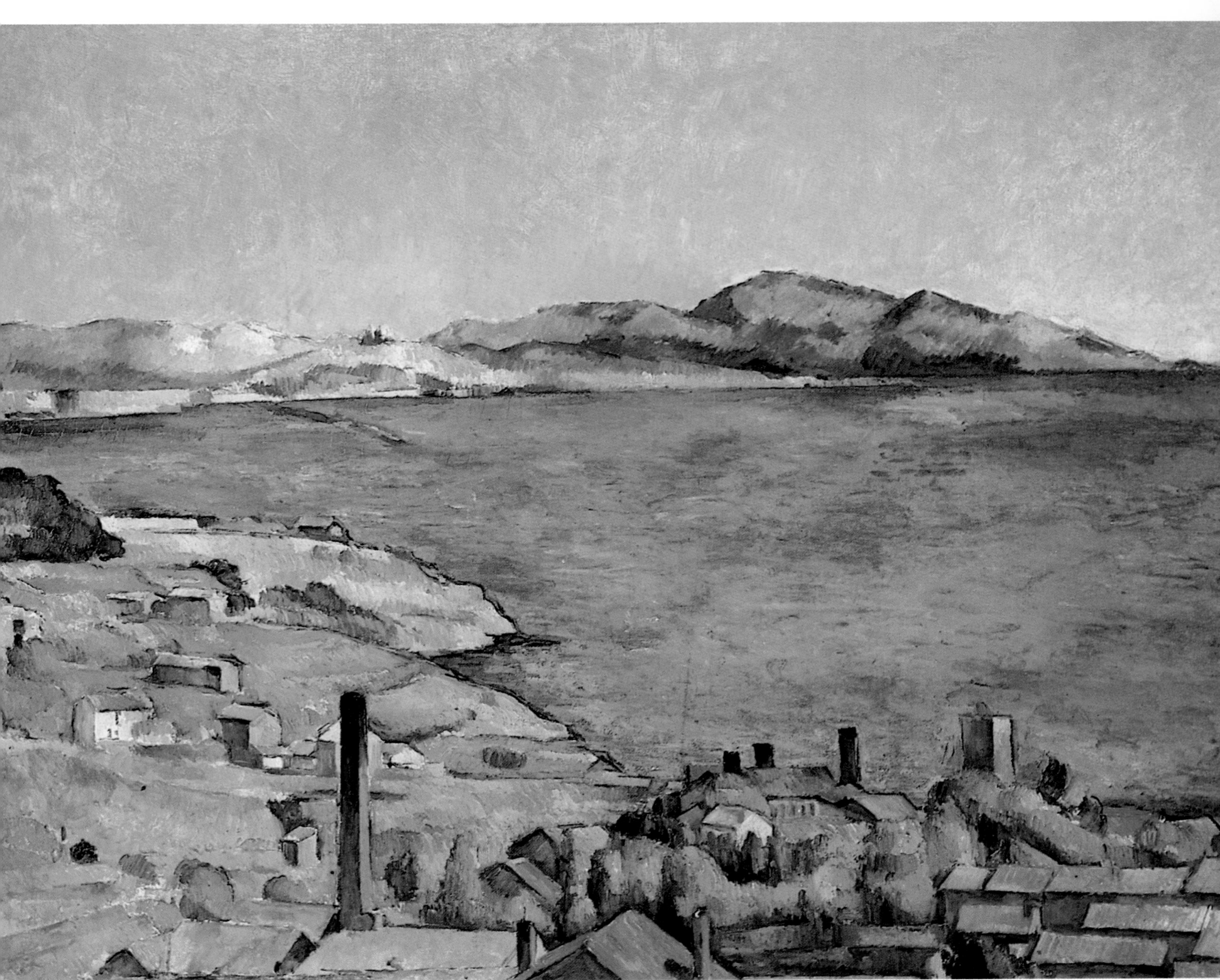

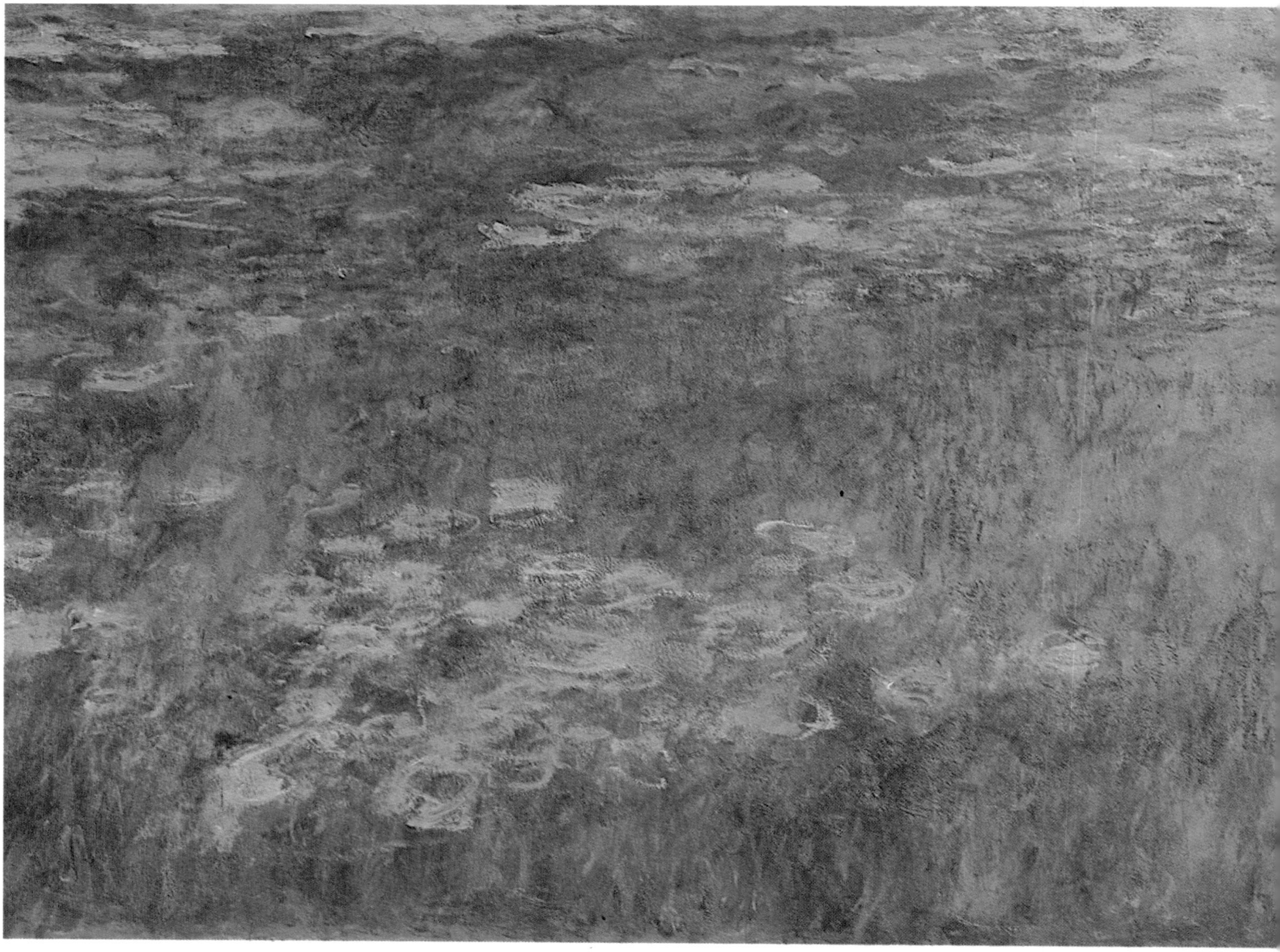

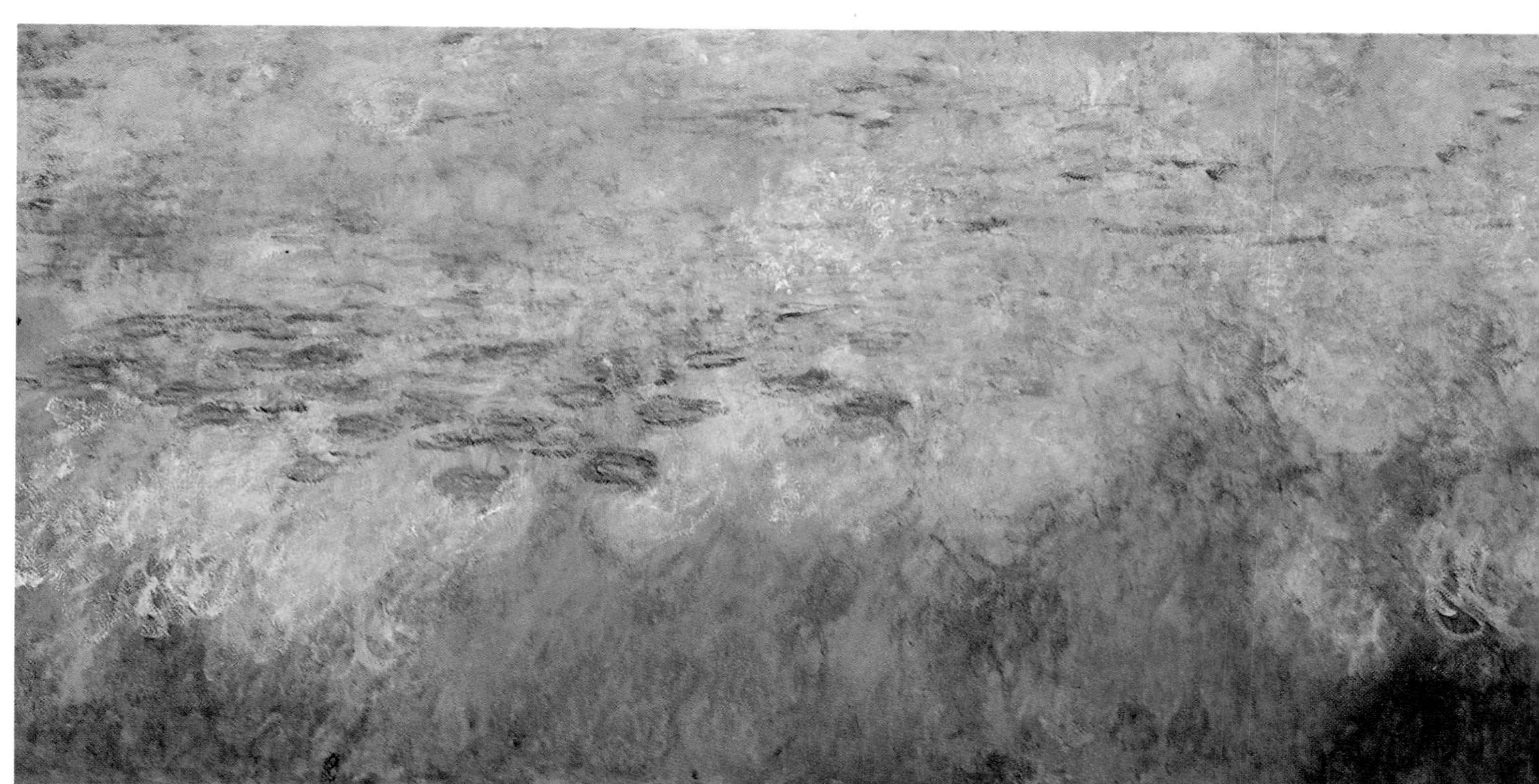

Claude Monet
Nenúfares
Tríptico compuesto por tres secciones de 2,00 × 4,25
MoMA

Tanto en este tríptico (1920) como en los demás paisajes con nenúfares pintados en Giverny desde los primeros años de la década de 1890 hasta su muerte acaecida en 1926, Monet intentó crear la "ilusión" de un espacio acuático ilimitado, desprovisto de horizonte o de orillas. Propuso un nuevo tipo de icono simbolista, destinado a ensanchar los límites de la percepción mediante un simbolismo inverso de las intensidades acuáticas y el brillo lumínico de sus reflejos, en donde la sensación de permanente cambio visual fuera asimilada, filosóficamente, como un desafío a las ideas corrientes sugeridas por la inamovible realidad material.

Monet fue, entre sus compañeros del impresionismo, el que con mayor fidelidad se atuvo al principio de pintar al aire libre para obtener una completa verosimilitud de la realidad descrita por sus pinceles. Cézanne dijo sobre el autor que dio nombre al impresionismo con su obra *Impresión, amanecer*, expuesta en 1874, que poseía "...un solo ojo, pero ¡Dios mío, qué ojo!".

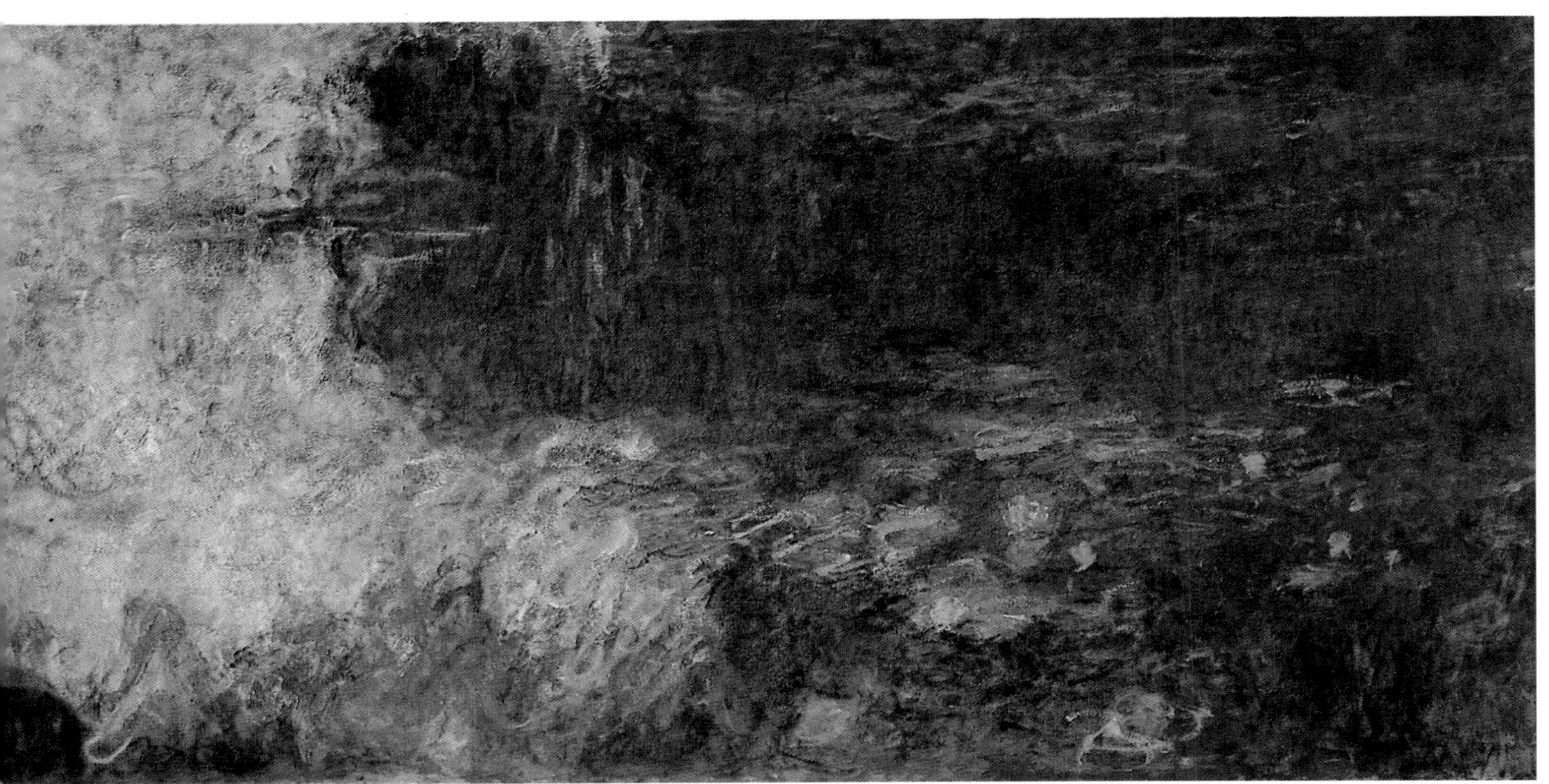

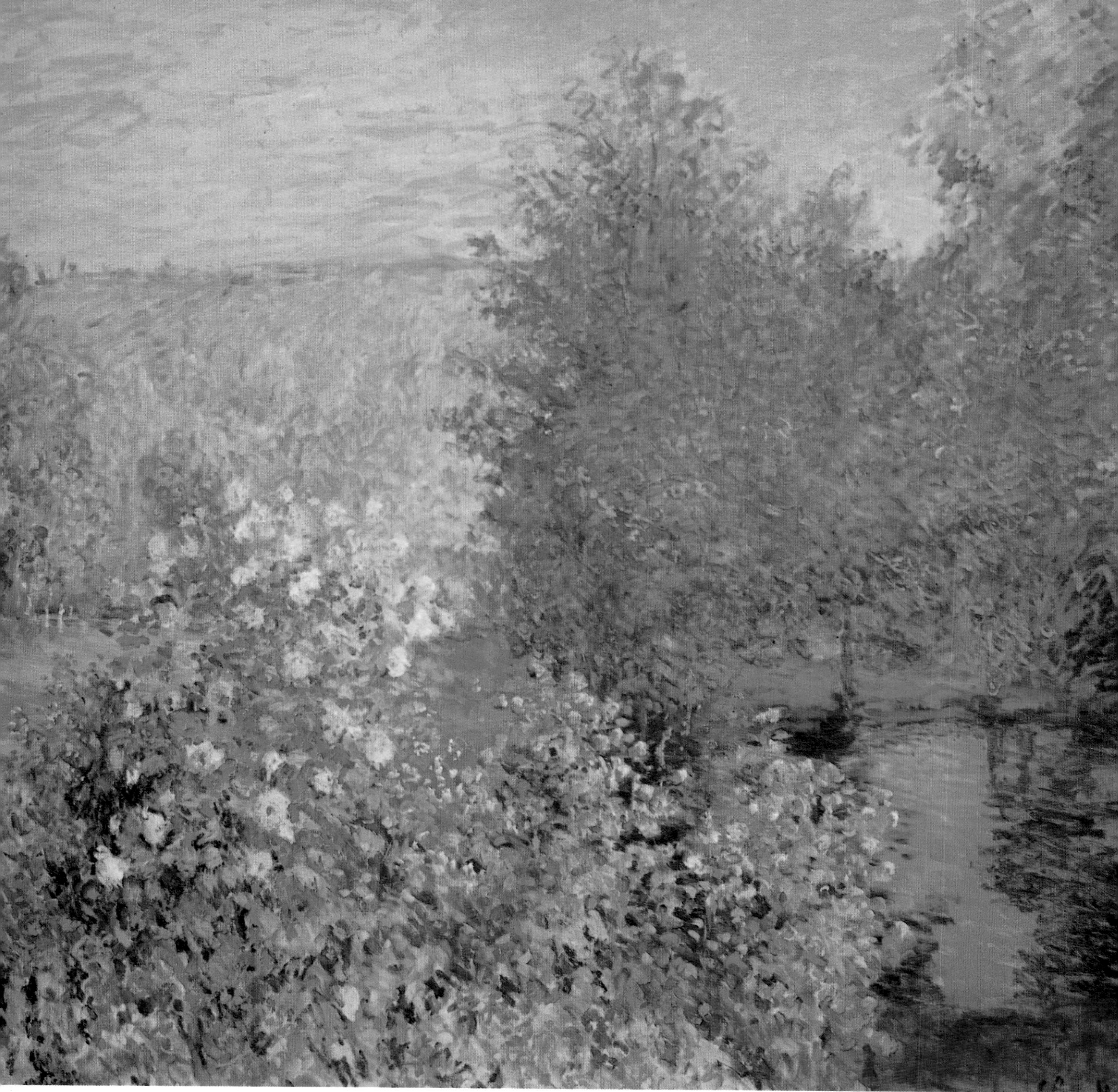

CLAUDE MONET *Un rincón de jardín en Montgeron* 1,73 × 1,93 Museo del Ermitage

Un rincón de jardín en Montgeron es una de las obras características de Claude Monet y de todo el movimiento impresionista en su conjunto. Realizada según los nuevos principios, presenta una composición totalmente libre, aunque está organizada de tal forma que encarna la representación de la naturaleza propia del artista. Monet acepta el mundo en constante movimiento y cambio. En primer plano coloca un matorral exuberantemente florido, agitado por una suave brisa. La continuación de este movimiento puede observarse en la superficie del estanque cubierta de cabrillas. En la orilla contraria, las hojas de un joven árbol también se agitan, pero su vaivén ya no es tan intenso. Y en el segundo plano la vegetación está quieta. La solución de colores de este bellísimo cuadro está también subordinada a las ideas de movimiento y cambio. Cada flor presenta visos de claroscuros que determinan su forma y movimiento. Ningún color es estático.

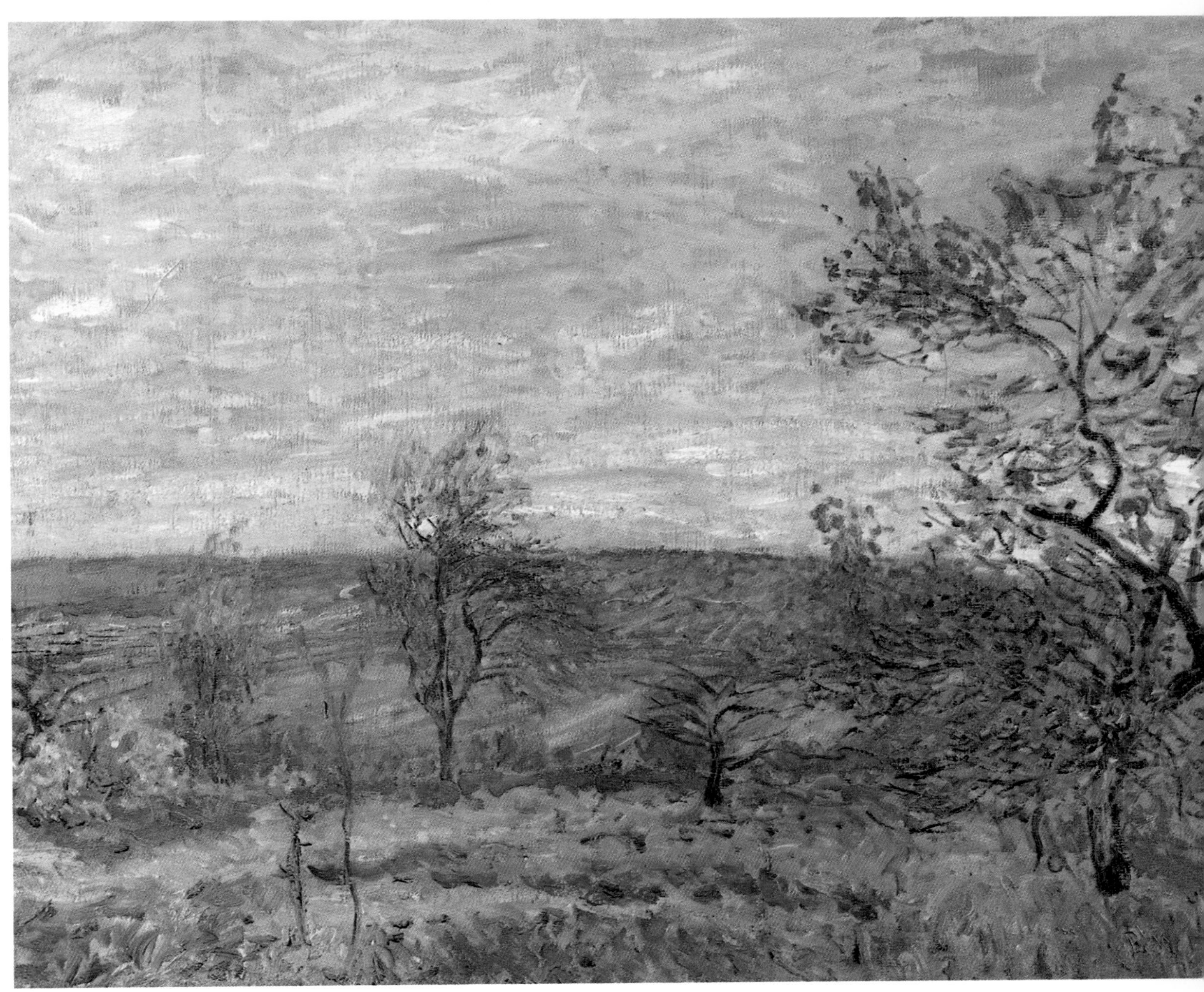

ALFRED SYSLEY *Día ventoso en Veneux* 0,60 × 0,81 Museo del Ermitage

El paisaje de *Día ventoso en Veneux*, en contraposición con los temas soleados típicamente impresionistas, es sombrío y otoñal. La naturaleza en esta obra está en completo movimiento. Un viento fuerte en un lugar campestre, arranca despiadadamente las ramas deshojadas de los árboles. Se siente la resistencia de los troncos mutilados por las rachas de la tempestad. El cielo también está bajo el poder del fuerte soplo. Sisley nos lo muestra encapotado y lleno de nubes que se mueven velozmente. Éstas han sido pintadas con un estilo próximo al puntillismo, pero con grandes pinceladas, en donde alternan colores blancos, grises y azules. La forma de tratar los árboles y el cielo descubre el tema fundamental del trabajo: el viento. El resto es sólo acompañamiento. La solución al problema de luz y color da una mayor expresividad y dinamismo al paisaje. La fuerza del colorido de los objetos reflejados parece depender totalmente de la oscilación constante de la luz.

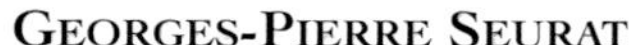

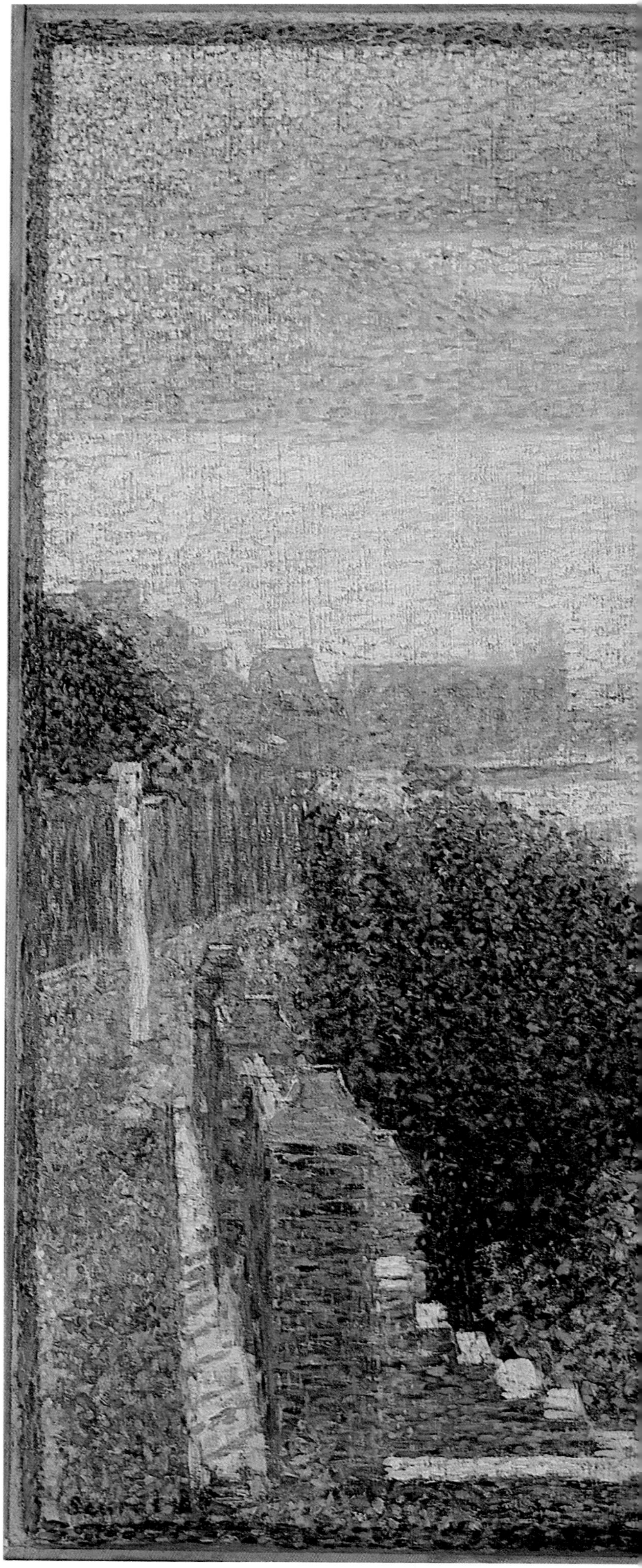

GEORGES-PIERRE SEURAT
El Canal de la Mancha en Grandcamp 0,66 × 0,82 MoMA

Esta obra de 1885 se inscribe dentro de una peculiar sistematización de las teorías impresionistas que llevaron a Seurat al estilo llamado "puntillismo". La evolución de este artista arranca de una provechosa lectura de las teorías del color de Chevreul (hechas públicas en 1839) y de las propias investigaciones con las "mezclas ópticas", que consisten en obtener colores secundarios brillantes (por ejemplo, el verde) por medio de dos colores primarios (azul y amarillo) que no están realmente mezclados sino próximos, de modo que es el ojo humano el que, a cierta distancia, percibe el color buscado. Signac, en su libro *De Delacroix al neoimpresionismo,* reveló los secretos de esta técnica, que parte del principio de que el color negro no existe en la naturaleza y, por lo tanto, consigue los tonos grises sin recurrir al mismo.

El "puntillismo", designación que no era del agrado de sus creadores, toma el nombre de los puntos y rayas cortas yuxtapuestas que componen la trama de esta pintura.

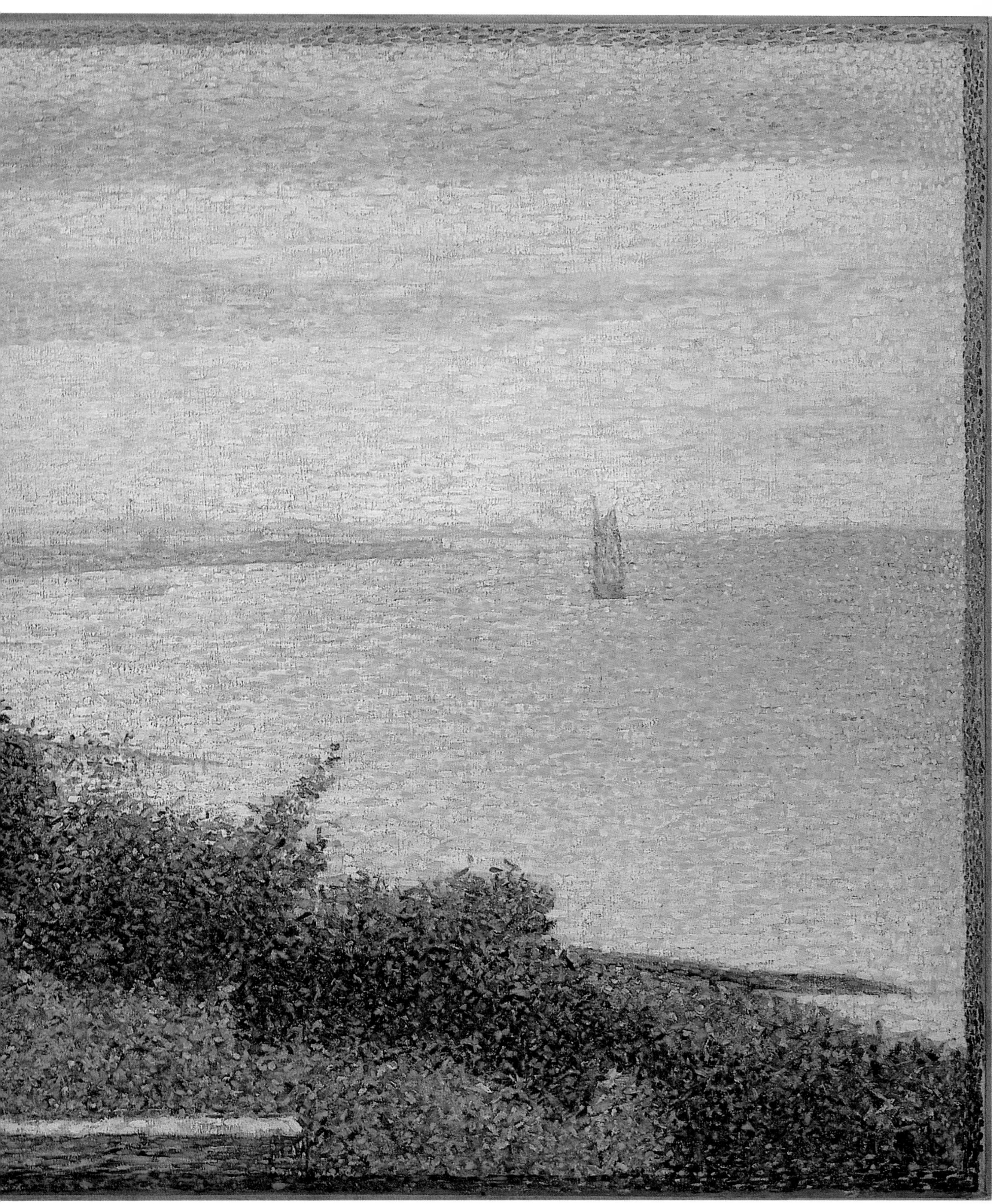

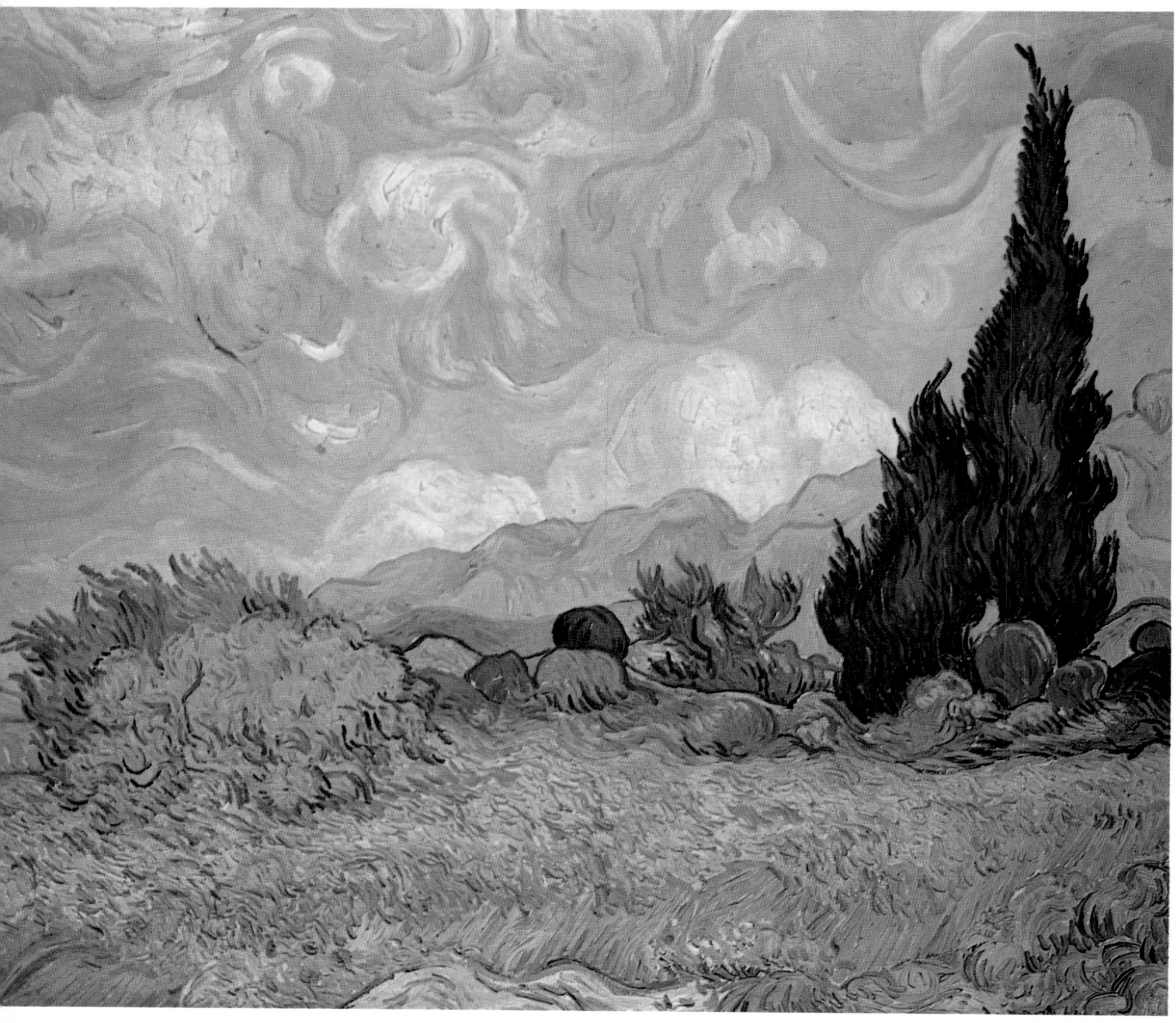

VINCENT VAN GOGH *Sembrado con cipreses* 0,72 × 0,91 National Gallery

Van Gogh no tomó la pintura en serio hasta que tuvo 26 años de edad y la mayor parte de sus cuadros los pintó en los últimos años de su vida, antes de suicidarse en 1890. A causa de los ataques de locura que padecía, vivió en el asilo de Saint-Rémy desde 1889 y el presente cuadro procede de aquella época.

Él mismo escribió: "Los cipreses siempre están ocupando mis pensamientos. Me gustaría hacer con ellos algo semejante a mis lienzos con girasoles, porque me sorprende que no los hayan pintado como los veo. Son tan hermosos en líneas y proporciones como los obeliscos egipcios. El color verde resalta. Queda como una mancha oscura en un paisaje soleado, pero es una de las notas oscuras más interesantes y más difíciles de representar que uno se pueda imaginar". El cuadro muestra el espíritu inquieto de un hombre al borde de la locura, pero también expresa la admiración del artista por la belleza y el poder de la naturaleza, como se manifiesta en los cipreses flameantes y en las espigas dobladas por el viento.

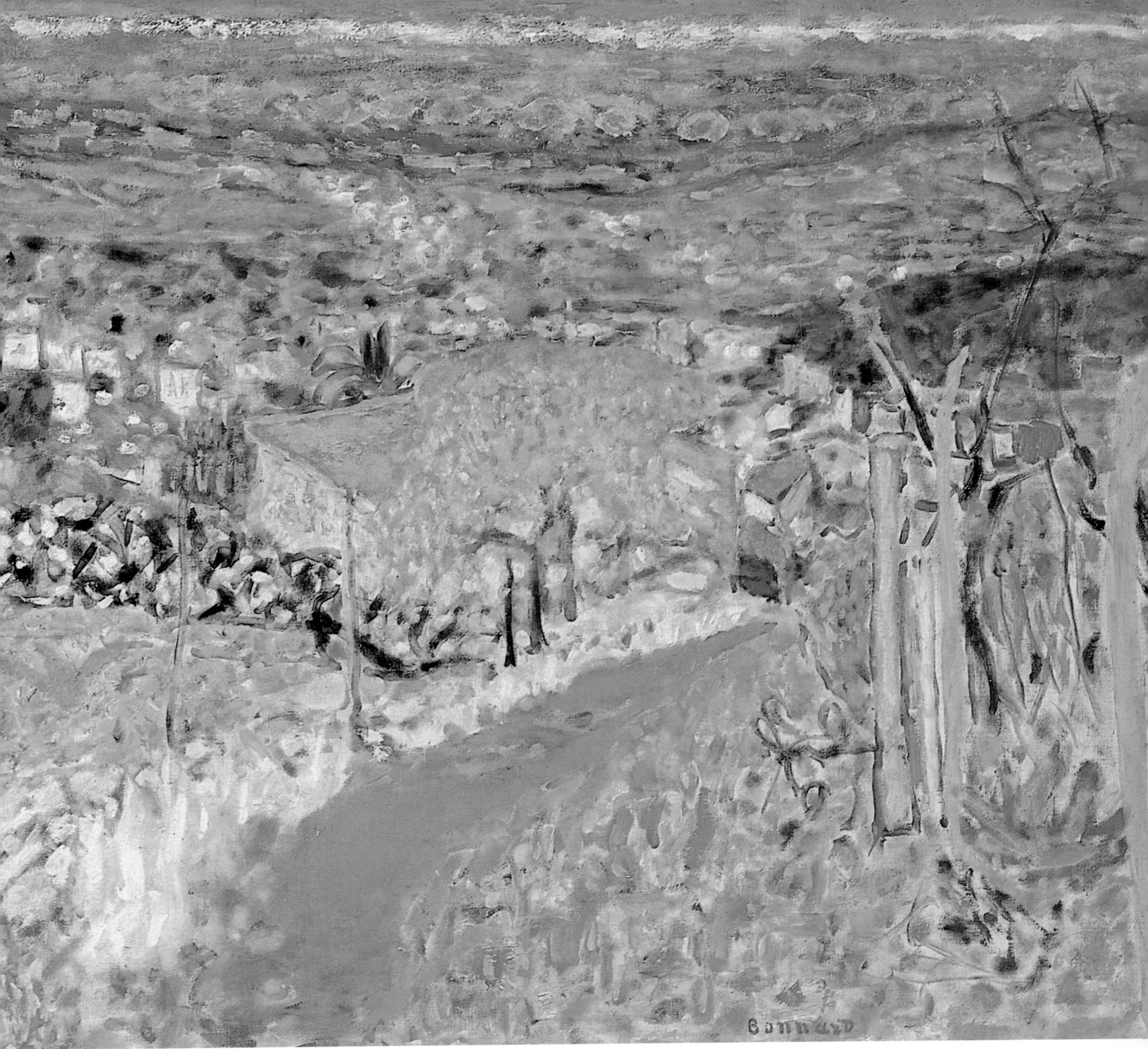

PIERRE BONNARD *Inicios de primavera* 1,02 × 1,25 Museo del Ermitage

Este cuadro reproduce un rincón campesino en los primeros días de la primavera, donde el despertar de la naturaleza predispone a una armonía lírica. Como si quisiera subrayar este aspecto, el pintor introduce en su composición la imagen de dos pequeños faunos, orgánicamente incluidos en un motivo totalmente real. Pierre Bonnard en el curso de su larga obra recibió muchas influencias. Conoció a Cézanne y se maravilló ante el arte japonés. En los años noventa participó en la creación del grupo nabi (profeta en árabe). Maurice Denis, pintor nabí, definía así las posiciones teóricas del grupo: "Toda la pintura se mantiene en dos tipos de deformaciones; una deformación objetiva, que se basa en la concepción puramente estética y decorativa, en los principios técnicos de las leyes del colorido y de la composición, y otra, que es una deformación subjetiva, la cual solamente expresa las sensaciones individuales de los pintores". "La deformación de lo objetivo" se observa en los cuadros de Bonnard, en la complejidad de la composición, en el carácter excepcional del dibujo, similar al enfoque de los pintores japoneses.

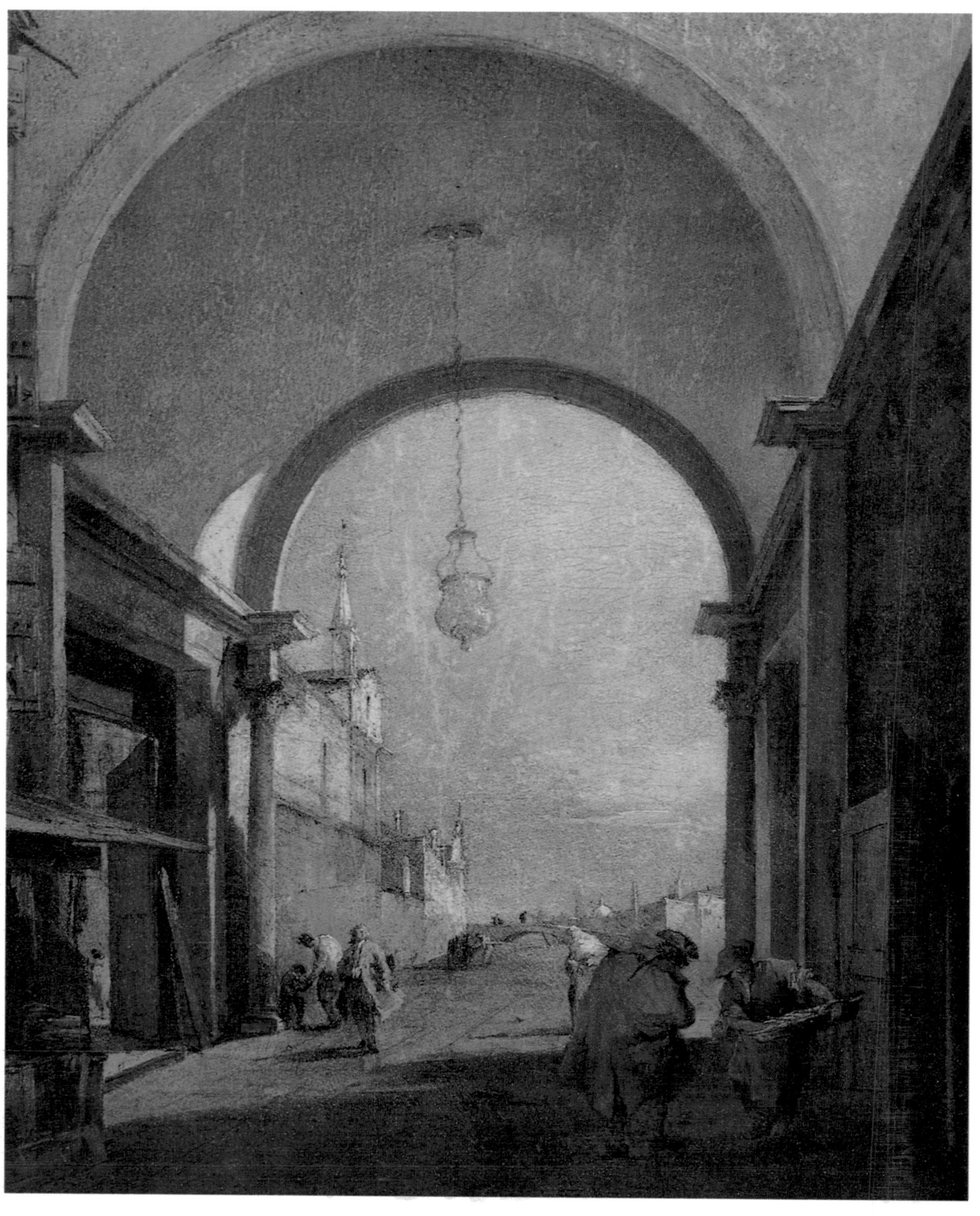

La ciudad

"Dios nos dio los campos,
y el arte del hombre edificó las ciudades."
Marco Terencio Varron

Francesco Guardi *Vista de Venecia* 0,27 × 0,23 Museo del Ermitage

Entre los paisajistas venecianos del s. XVIII, Francesco Guardi es el pintor que mejor captó el carácter de los diferentes rincones y suburbios de Venecia. Lo que más atrae de su obra son los cuadros dibujados audaz y vivamente, con particular ternura y amor, poblados de gente. Los personajes no son solamente un complemento del paisaje, sino que a cada uno de ellos se le dedica mucha atención, transmitiendo el artista sus modales y caracteres. *Vista de Venecia* es uno de sus mejores cuadros intimistas de tamaño pequeño. A Guardi siempre le interesó el problema de la iluminación y aquí logra una brillante solución. Desde el viejo edificio en penumbra se abre la visión de un ancho patio inundado de sol y de la fachada del palacio llena de luz. El contraste sombra-luz resulta particularmente atractivo.

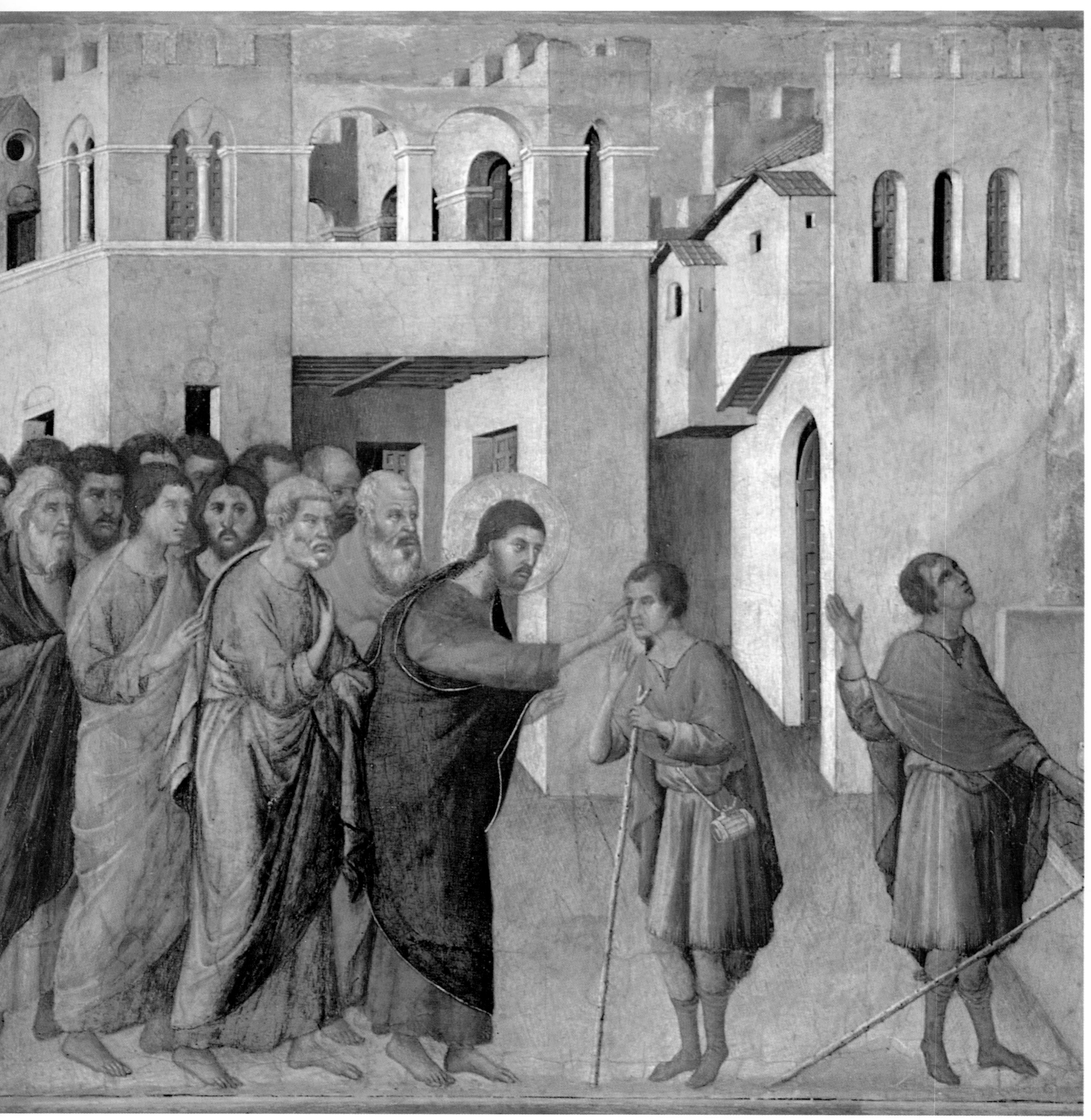

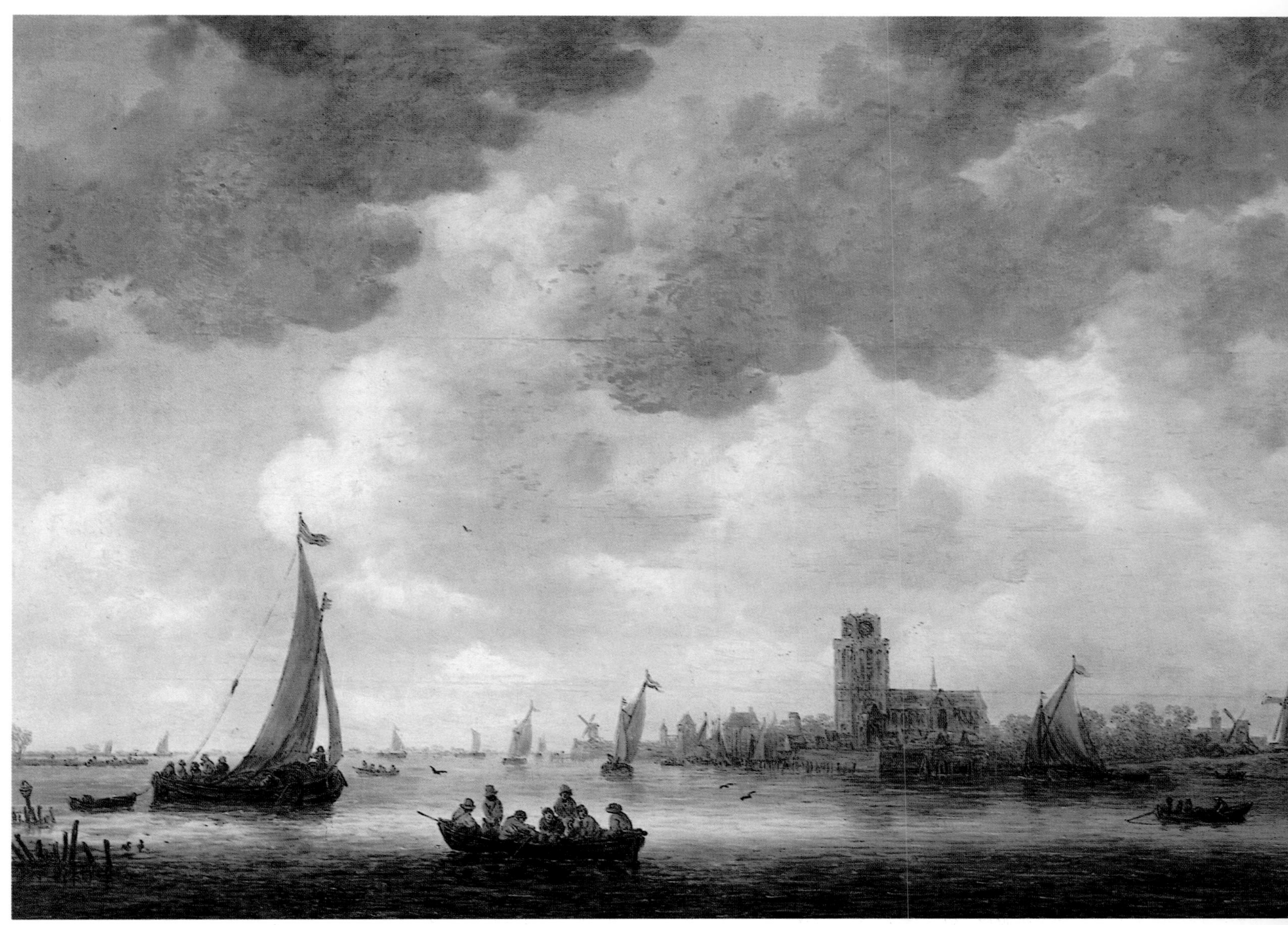

Duccio di Buoninsegna
Jesús devuelve la vista a un ciego 0,43 × 0,45 National Gallery

Esta tabla formaba parte del retablo de la *Maestà*, ejecutada por Duccio para el altar mayor de la catedral de Siena.

El retablo fue pintado por las dos caras: en la frontal, la Virgen y el Niño entronizados y rodeados de ángeles; en el reverso y predela, escenas sobre la vida y pasión de Cristo, entre las que se hallaba ésta. El pintor nos muestra la escena simple y llanamente: el ciego curado por la mano de Cristo y el mismo ciego con los brazos abiertos al ver por primera vez la ciudad. En todos los recuadros Cristo aparece con las mismas vestiduras y los Apóstoles con los mismos distintivos. La representación del espacio es vacilante, conservando la fuerte tradición bizantina, pero los personajes adquieren una nueva vida ante la representación en miniatura de Siena.

Jan van Goyen
Vista de Dordrecht 0,74 × 1,08 Museo del Louvre

Más viejo que Ruysdael, Hobbema o el minucioso Van der Heyden, Jan van Goyen es quizás el más sensible de los paisajistas del s. XVII, y supo plasmar la poesía de las armonías grises y nacaradas de una Holanda donde el agua, el cielo y la luz tienen un papel esencial. La inmensidad de los cielos, la movilidad de las nubes, los juegos de reflejos, constituyen un mundo de luminosidad algo difusa que traducirá más tarde, antes que los impresionistas, de los cuales es un precursor inmediato, otro holandés de origen, Jongkind, en acuarelas vibrantes de reflejos a pesar de la sobriedad de los colores, y a menudo también inspiradas en el agua del mar, de los ríos o de los canales, tanto de Holanda como de Francia.

Gerrit Berckheyde *La plaza del mercado y la Grote Kerk en Haarlem* 0,52 × 0,67 National Gallery

Gerrit Berckheyde nació en Haarlem, donde vivió toda su vida con su hermano Job, aunque ambos también trabajaron en Amsterdam y La Haya. La plaza del mercado de Haarlem fue un tema pictórico frecuente, en su calidad, todavía vigente, de centro de la vida de esta ciudad neerlandesa. La iglesia de San Bavón se mantiene casi igual, los edificios del mercado de pescado han desaparecido, la casa enladrillada con su frontis escalonado todavía subsiste y permanece asimismo la casa consistorial, pero no el pórtico, que se añadió en el s. XVII.

El cuadro es mucho más que un simple y cuidado recuerdo de los edificios de Haarlem; el artista crea una animada escena, en la que intervienen los vecinos, bajo el sol brillante del invierno que da lugar a marcadas sombras sobre el suelo adoquinado. La gente pasea y charla, tal vez ofreciendo o cambiando mercancías. El espectador experimenta la sensación de estar en medio de la plaza. La figura principal camina hacia fuera centrando la composición y la escena produce la sensación de que se trata de un lugar de paz, en donde no falta nada. Éste es el efecto que producía a los hombres de negocios de la ciudad.

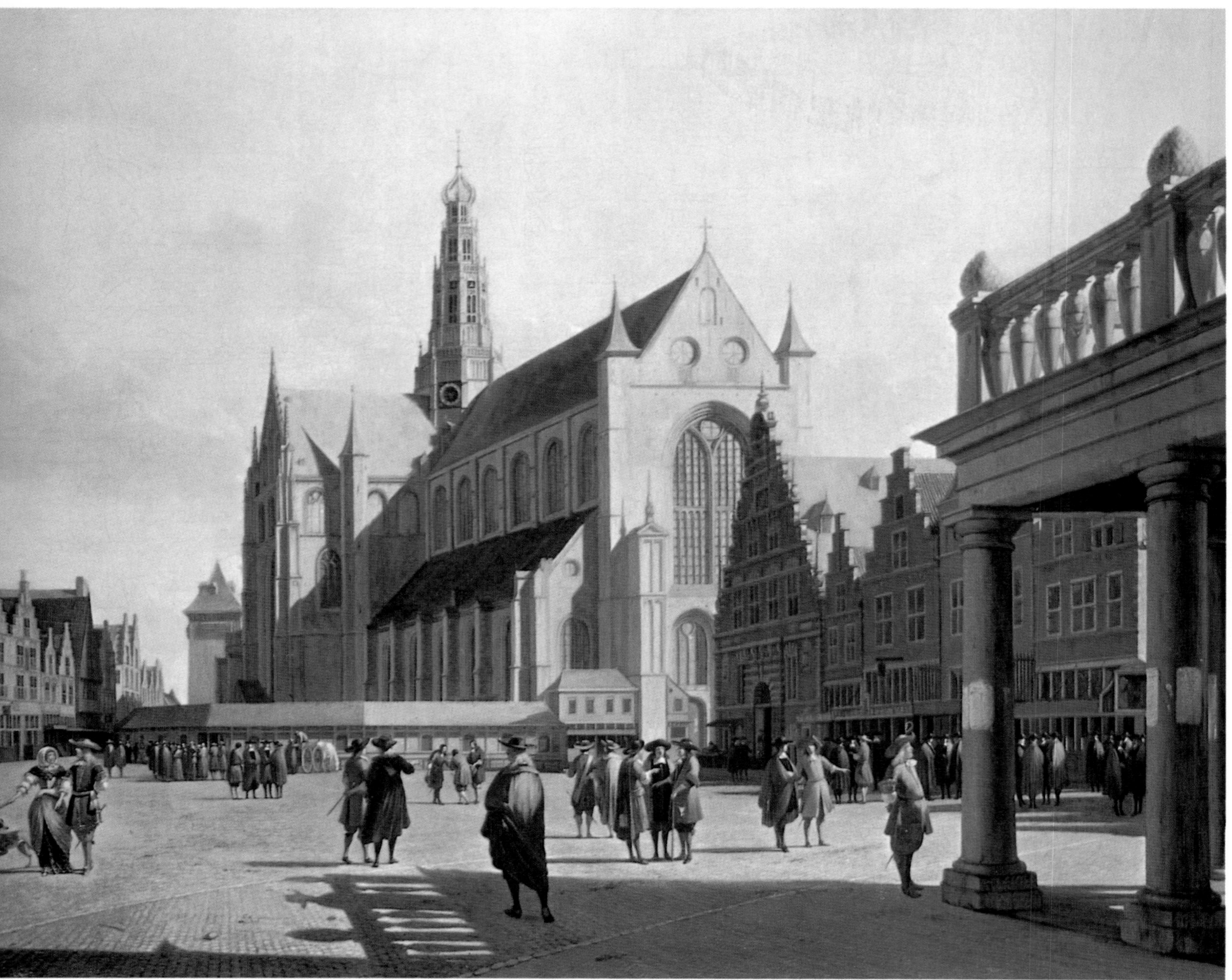

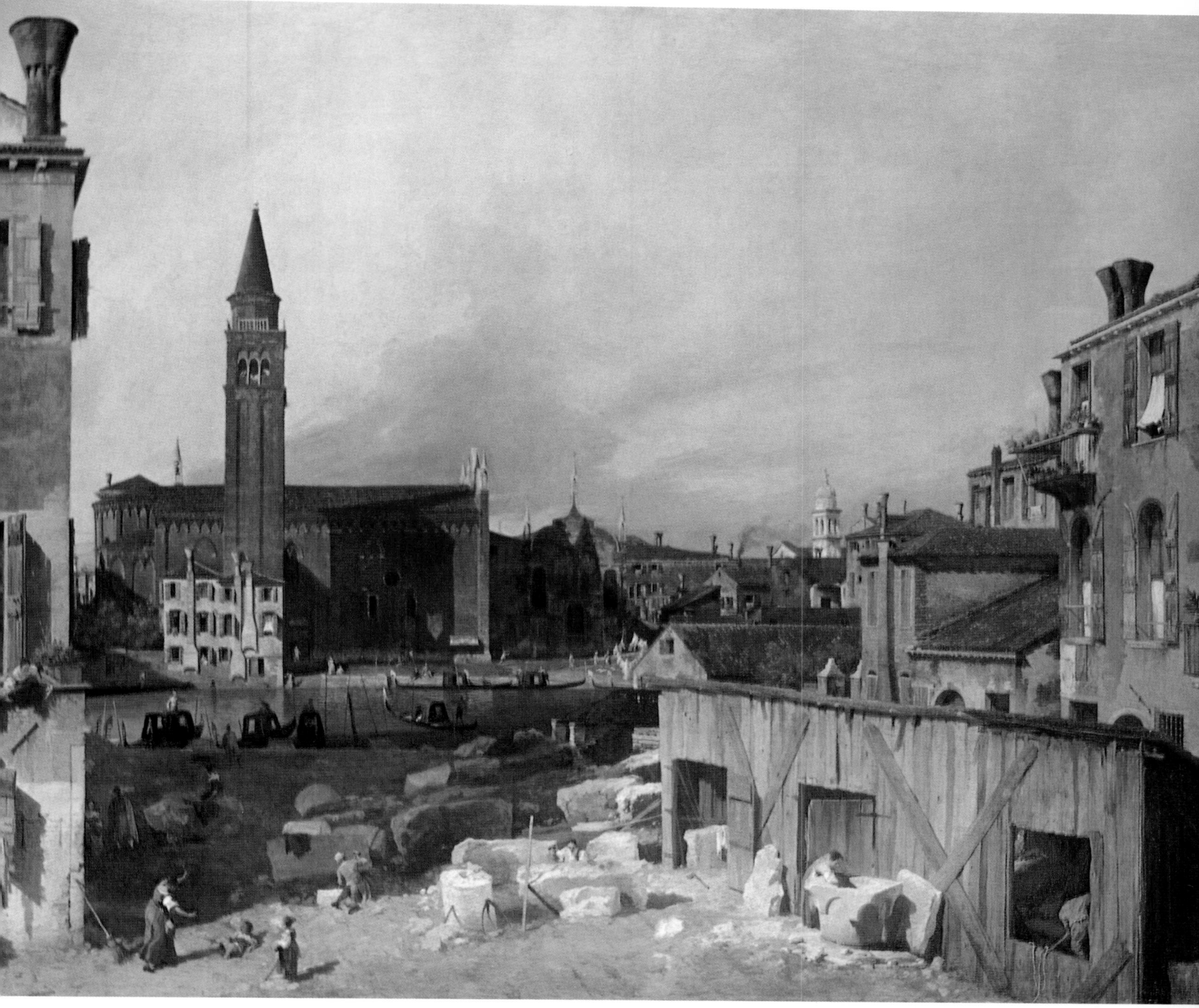

CANALETTO (ANTONIO CANAL) *Venecia: la iglesia de la Caridad de San Vital* 1,23 × 1,63 National Gallery

La iglesia que se levanta al otro lado del canal es Santa María de la Caridad, del s. XII. El campanil se cayó en 1744, pero, aparte de esto, poco ha cambiado en este rincón de la "ciudad eterna". El cuadro ha sido conocido durante mucho tiempo como *El Patio del picapedrero*, pero no hay ninguna prueba de que el mismo hubiera existido. Los canteros encargados de la construcción de la iglesia de San Vital sólo trabajaron en este escenario temporalmente y la obra estaba terminada antes de que Canaletto pintara el cuadro, en 1730.

Una mujer se dedica a la ropa, otra saca agua de un pozo y una tercera atiende a un niño que llora. Estas escenas son raras en Canaletto, que sentía afición por la Venecia festiva, la de carnavales y regatas, de más éxito entre los aristocráticos visitantes para los que trabajaba el artista.

CANALETTO (ANTONIO CANAL)
El Gran Canal 0,46 × 0,74 Galería de los Uffizi

Antonio Canal, llamado Canaletto, participa de la corriente paisajística veneciana del s. XVIII. Sus temas preferidos son la laguna y, en ocasiones, paisajes fantásticos que describe con gusto exacto y gran realismo. La minuciosidad con que nos transmite los objetos, los edificios, los barcos, con verismo casi fotográfico, queda compensada, como en esta vista del Gran Canal, por la atención a la luz. Ésta envuelve en sutilísimas vibraciones el agua, el cielo y cada una de las múltiples figuras que llenan sus paisajes. Todo está aparentemente en movimiento, pero la quietud y la calma que expresan las aguas del Gran Canal convierten la estampa en un sedante momento congelado en el tiempo.

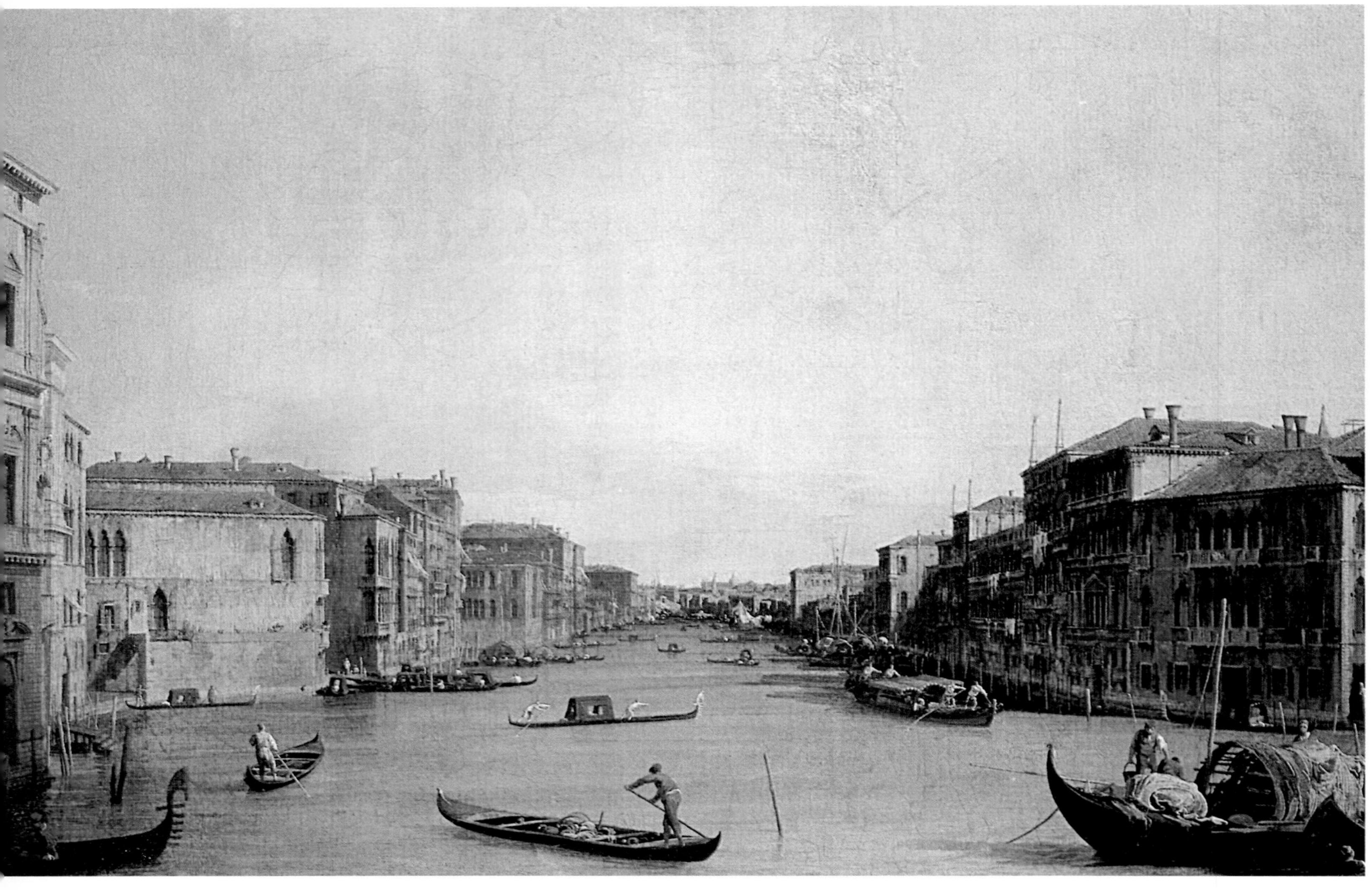

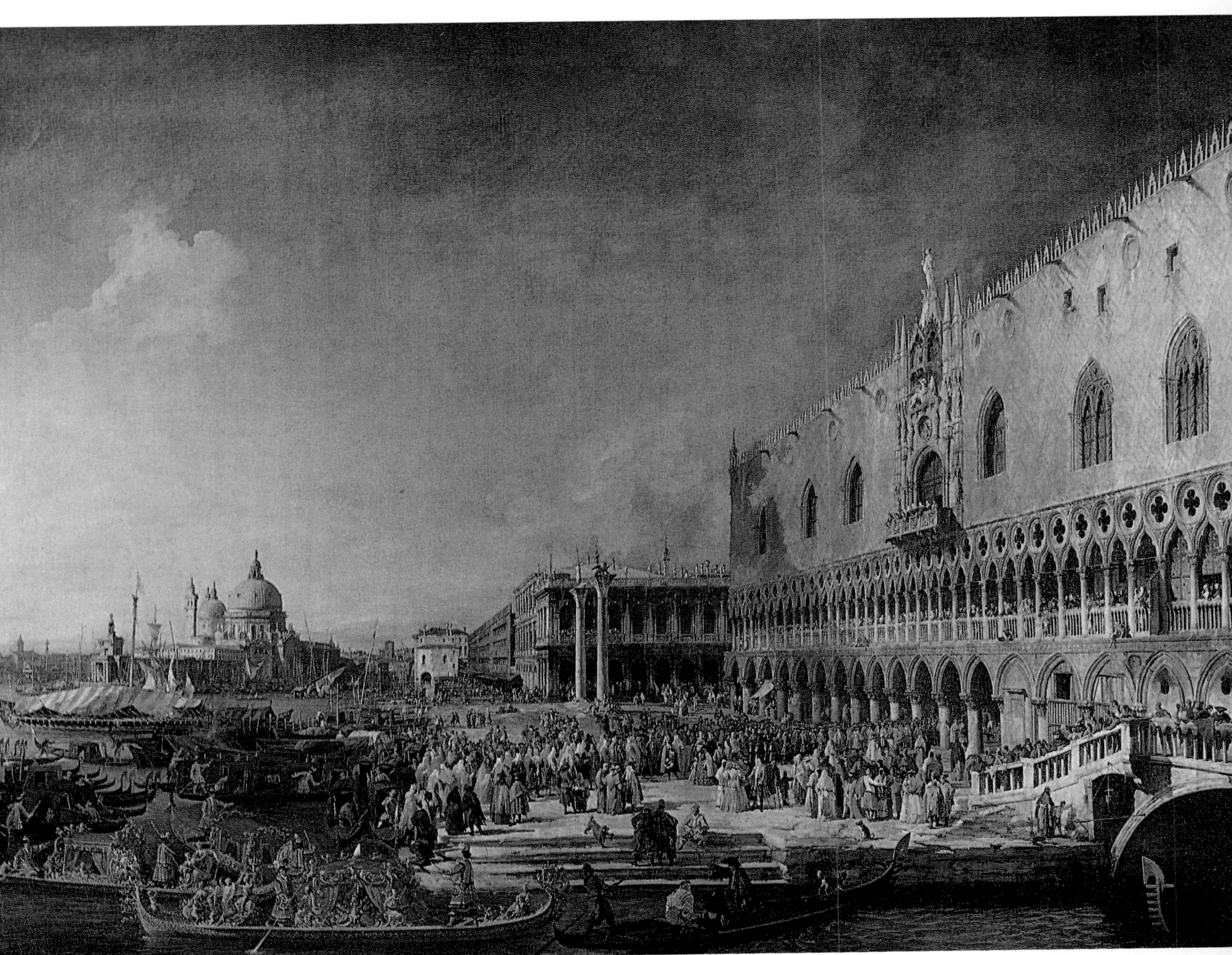

CANALETTO (ANTONIO CANAL)
La recepción del embajador francés en Venecia 1,81 × 2,59 Museo del Ermitage

El género de los paisajes urbanos adquirió en Venecia un mayor significado que en el resto de los países. La ciudad misma, llamada por su belleza incomparable "la perla del Adriático", parecía que se había hecho para los pintores con sus innumerables canales, fantásticos palacios, iglesias suntuosas y rincones pictóricos, con su atmósfera húmeda y vibrante y una vida pintoresca y singular, que transcurre fundamentalmente en las plazas de la ciudad. Hubo en Venecia muchos pintores, maestros del paisaje urbano. Uno de los más famosos fue Canaletto, sutil observador y brillante colorista. Encontró muchos temas para reflejar su querida ciudad. Con igual maestría pintó los famosos complejos arquitectónicos y los pequeños rincones de la vida cotidiana y festiva de la ciudad. Entre sus últimas obras se encuentra el famoso cuadro *La recepción del embajador francés en Venecia*. Esta creación, fastuosa y bella, se desarrolla en la plaza junto al Palacio Ducal, en el fondo de uno de los más bellos paisajes de Venecia. En la plaza, ante el Palacio, atracan las *barki* engalanadas, adornadas con tallados dorados y cortinas de seda. Les acompaña un grupo de clásicas góndolas negras puestas en líneas. Toda la plaza está llena de gente. Entre ella se ve al fastuoso embajador francés y su corte que se dirige hacia el Palacio y una abigarrada masa de curiosos que se apiña alrededor de ellos. En la muchedumbre están representadas todas las clases, todos los estamentos.

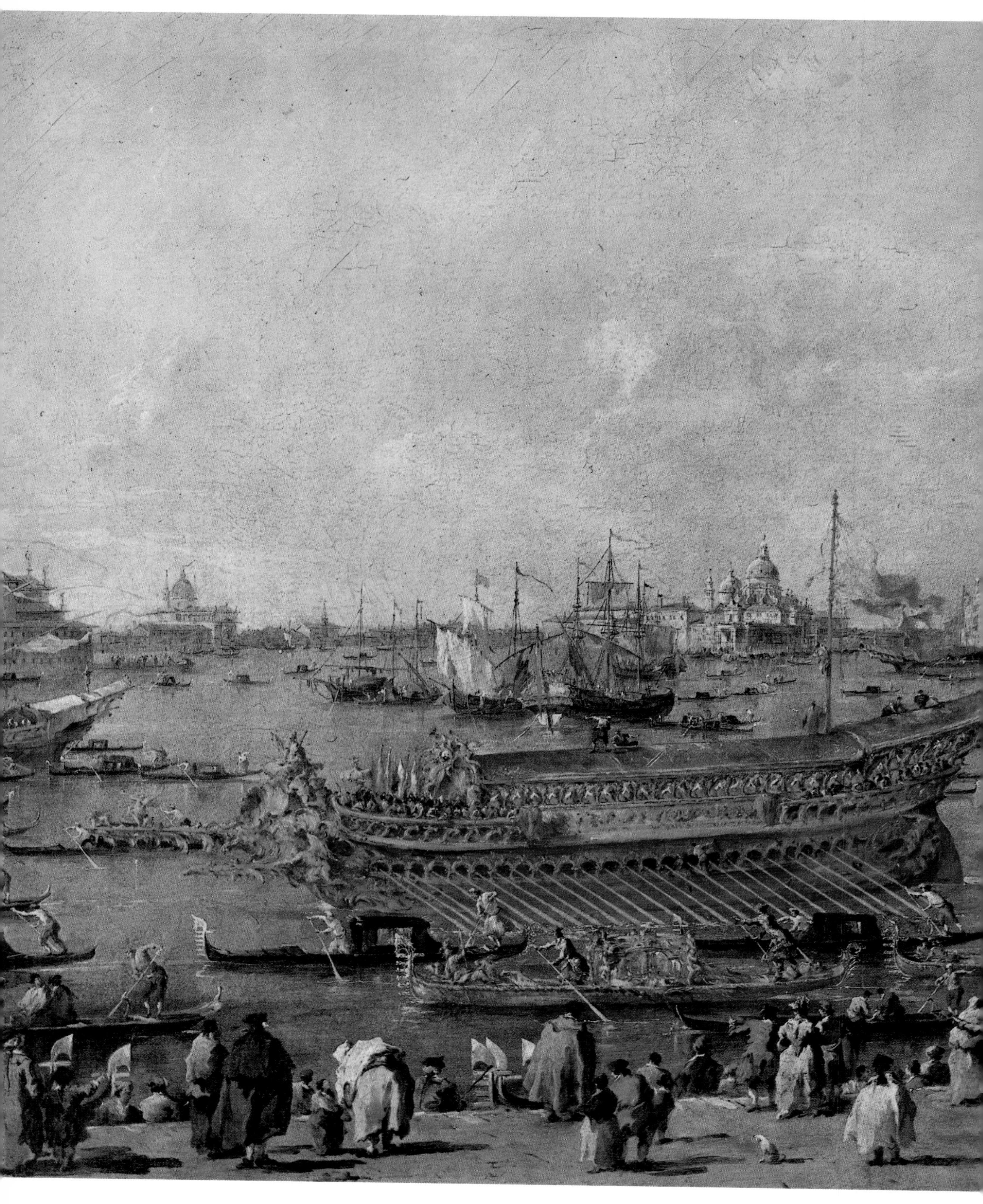

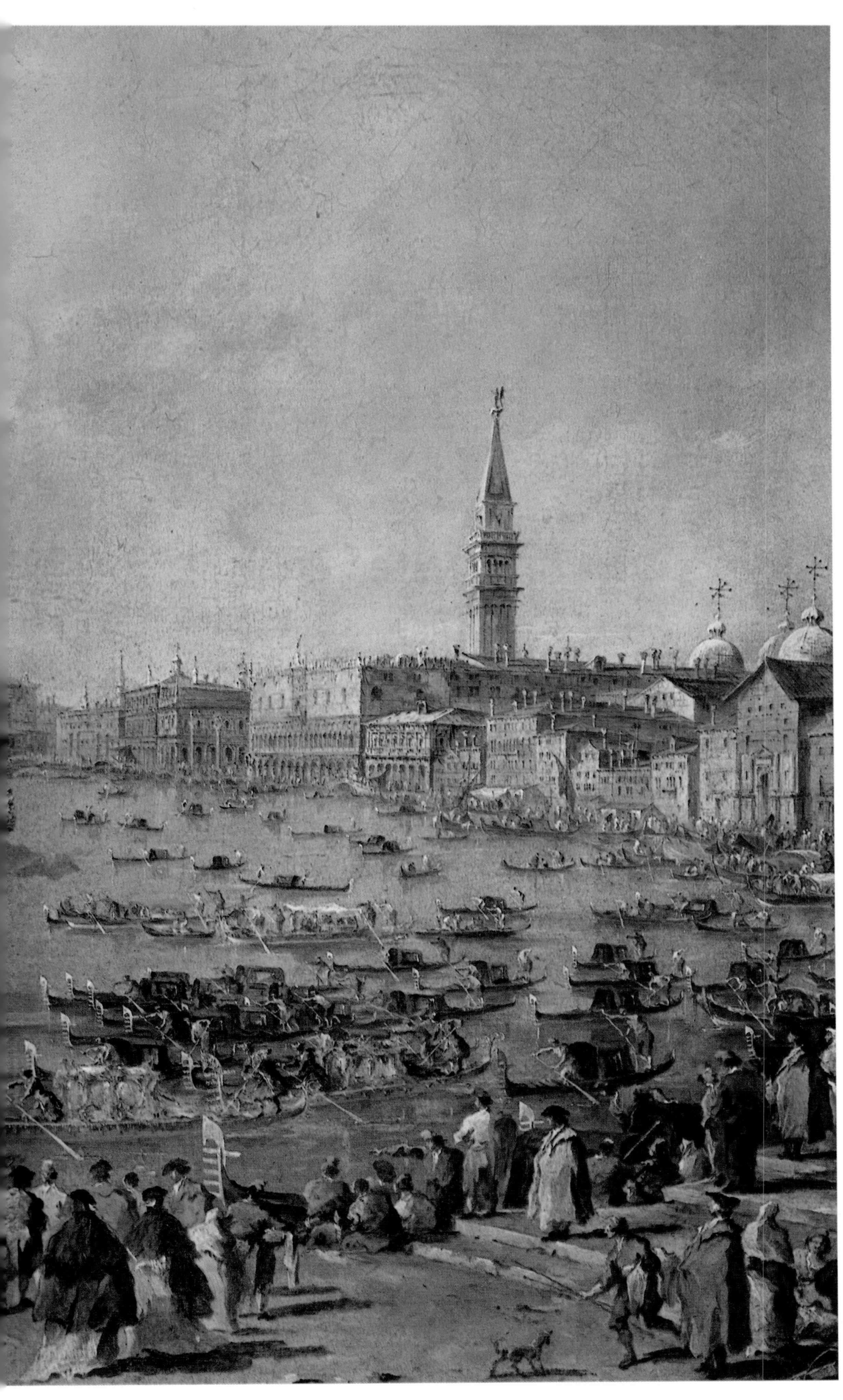

FRANCESCO GUARDI
Vista de Venecia el día de la festividad de la Ascensión
0,67 × 1,00
Museo del Louvre

En la fascinante Venecia del s. XVIII, Guardi pinta sus personajes, como Magnasco y Canaletto, pero bajo una luz más vaporosa, en un decorado típico en el que el ambiente festivo desempeña un papel esencial. La movilidad de la iluminación de los canales y del cielo, que ocupa un espacio importante, origina una pintura de matices irisados incluso en la representación de los monumentos. Y así, los reflejos coloreados de la luz mágica de Guardi alimentan también esta evocación del Dux abandonando en el *Bucentauro* el puerto del Lido.

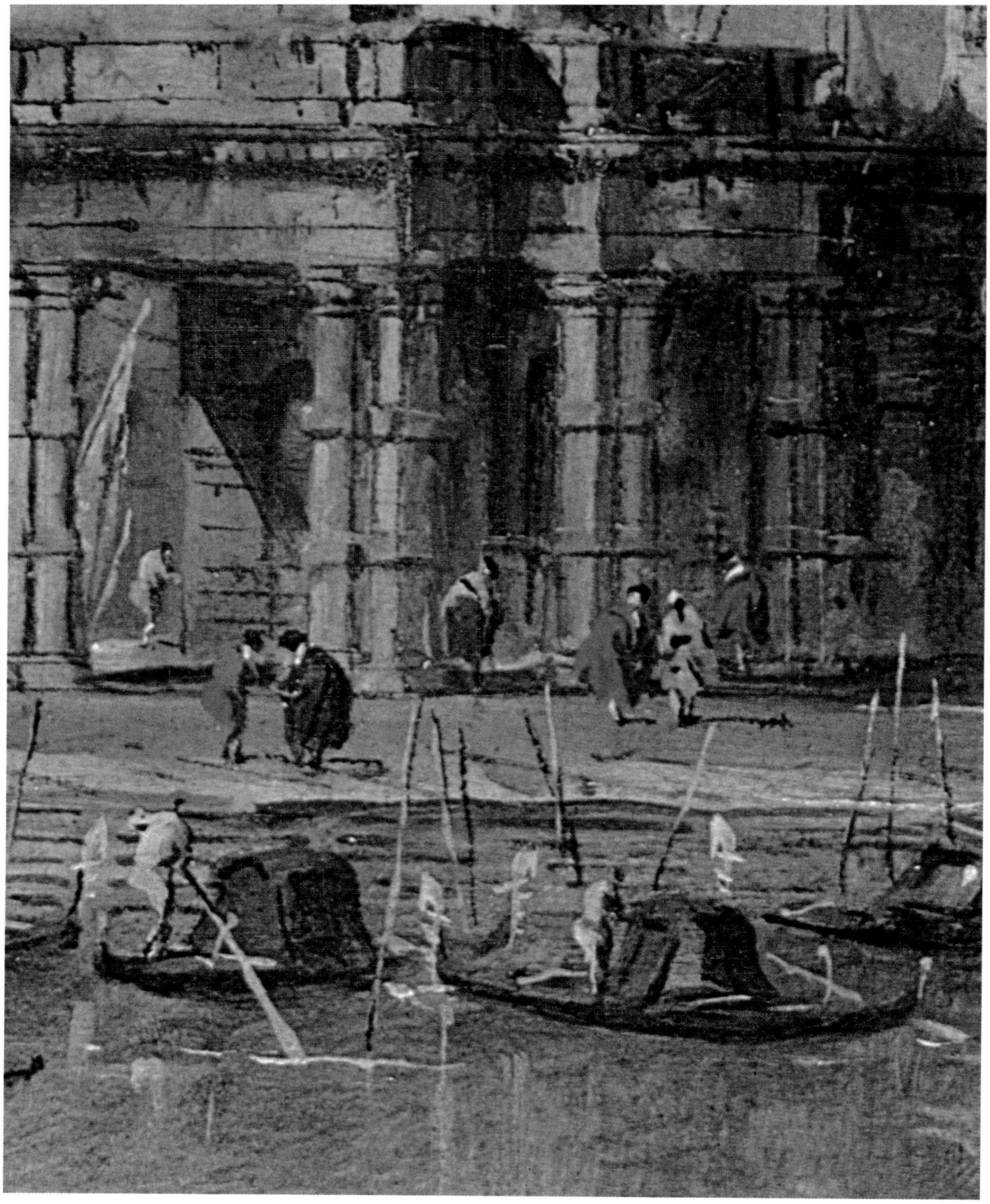

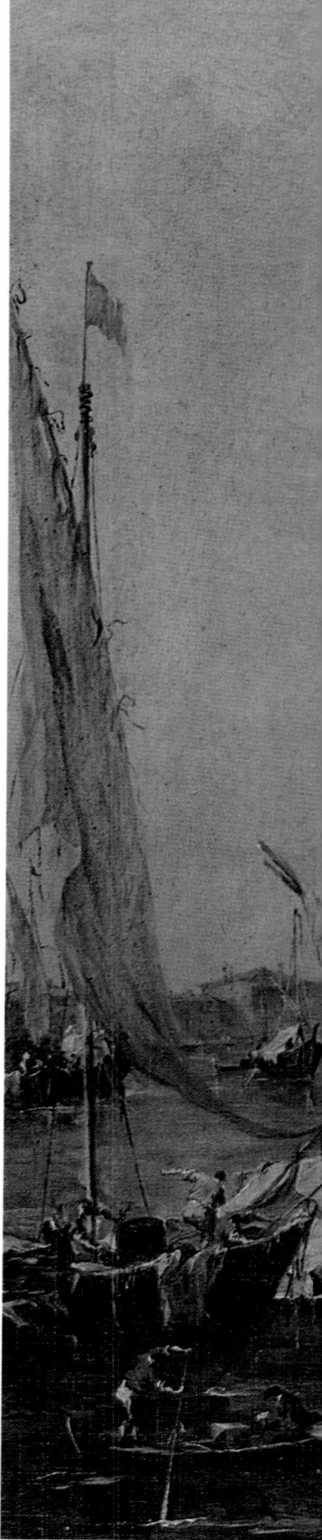

FRANCESCO GUARDI
Venecia: La punta de la Dogana y Santa María de la Salud 0,56 × 0,76 National Gallery

Esta vista de Venecia está dominada por la magnífica iglesia de Santa María de la Salud, del s. XVII. A la izquierda, se halla el seminario contiguo a la iglesia y, al borde del promontorio, la Casa de la Aduana, con una torre coronada por la estatua de la Fama. Otros edificios en la lejanía, como el campanil y la torre, son conocidos por antiguos grabados de la ciudad.

Guardi nació en Venecia, al igual que Canaletto, pero nunca alcanzó su éxito. De su trabajo, y con respecto a Canaletto, se desprenden mayor interés y capacidad para transmitir la atmósfera de Venecia. Su pintura es casi impresionista, las figuras están sugeridas por unas pocas y rápidas pinceladas, pero llenas de carácter y vitalidad, lo que puede apreciarse perfectamente en el detalle de la entrada de la Casa de la Aduana.

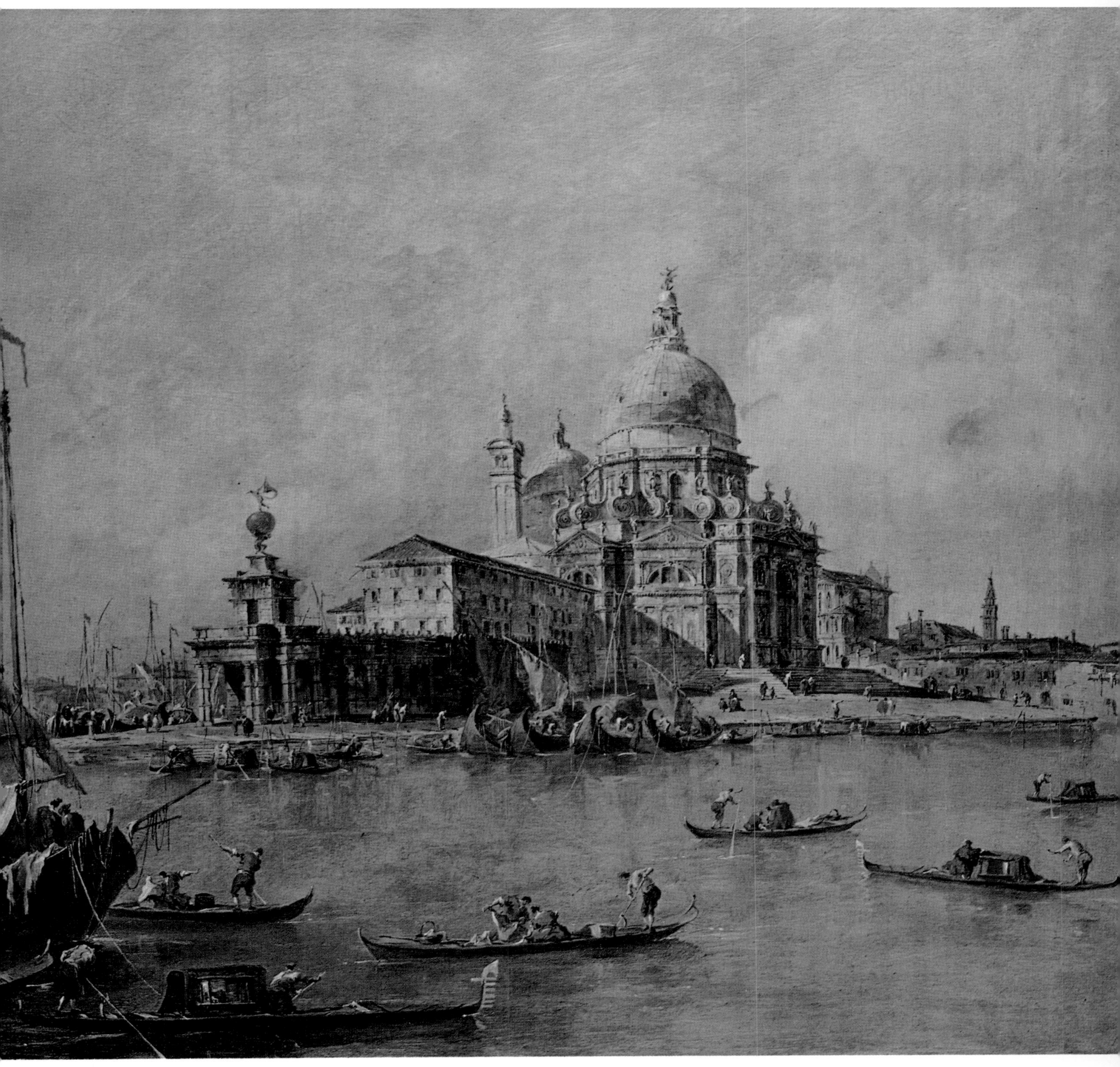

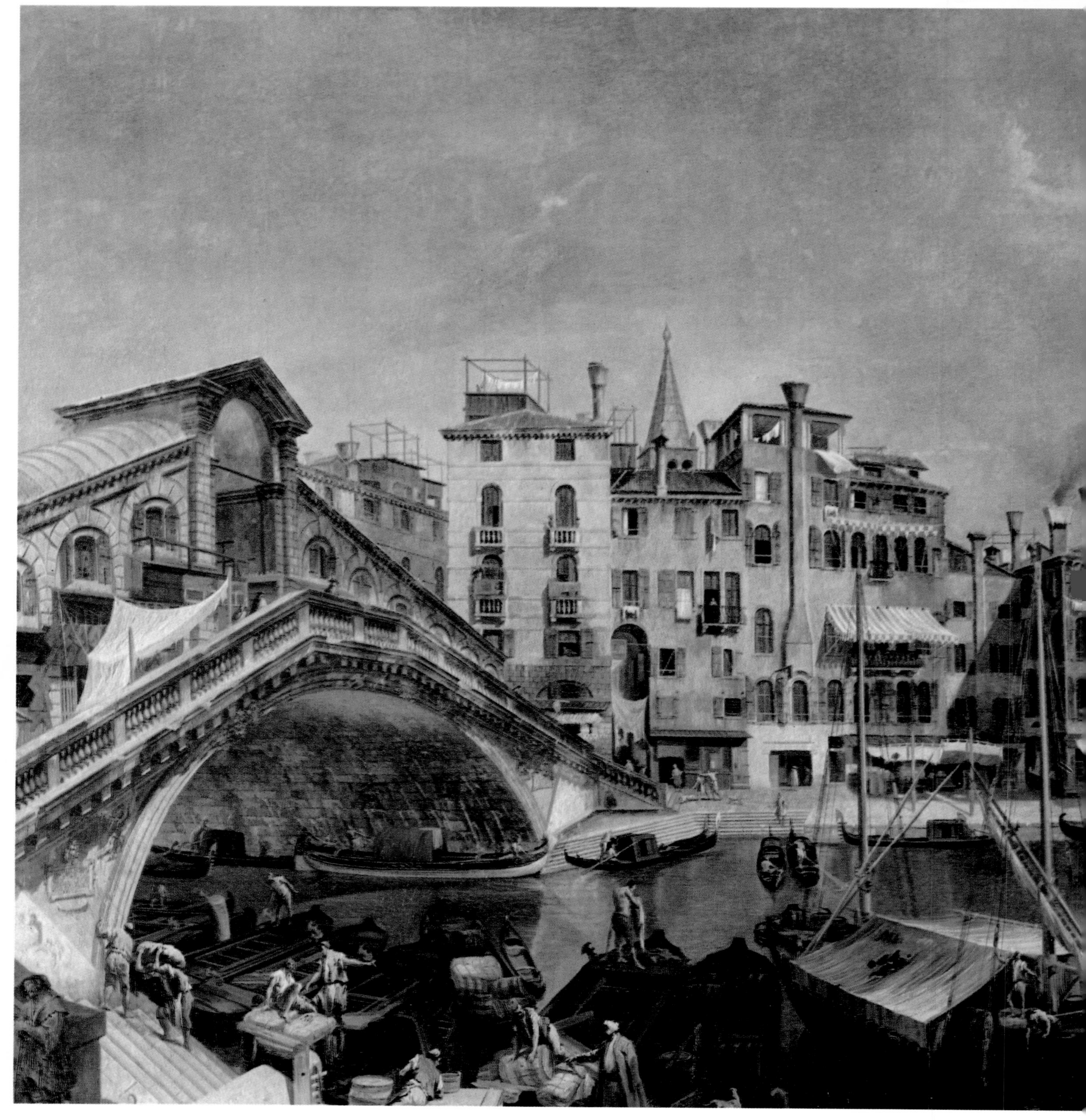

Michele Marieschi *El puente Rialto en Venecia* 1,30 × 1,95 Museo del Ermitage

Este amplio cuadro de Michele Marieschi pertenece a las obras que glorifican a Venecia. Paisajista muy fino y observador, Marieschi crea una hermosa imagen de Venecia. El método creativo del pintor es extremadamente simple: fidelidad y poesía. El objetivo de Marieschi no consiste exclusivamente en transmitir la arquitectura, los trajes y las góndolas, sino en reflejar también la atmósfera de la vida de la ciudad, el carácter de sus habitantes y la suave humedad del clima veneciano. En el canal bulle la vida: se desplazan distintas barcas, pasan las góndolas festivamente adornadas, se realiza la descarga de las barcazas.

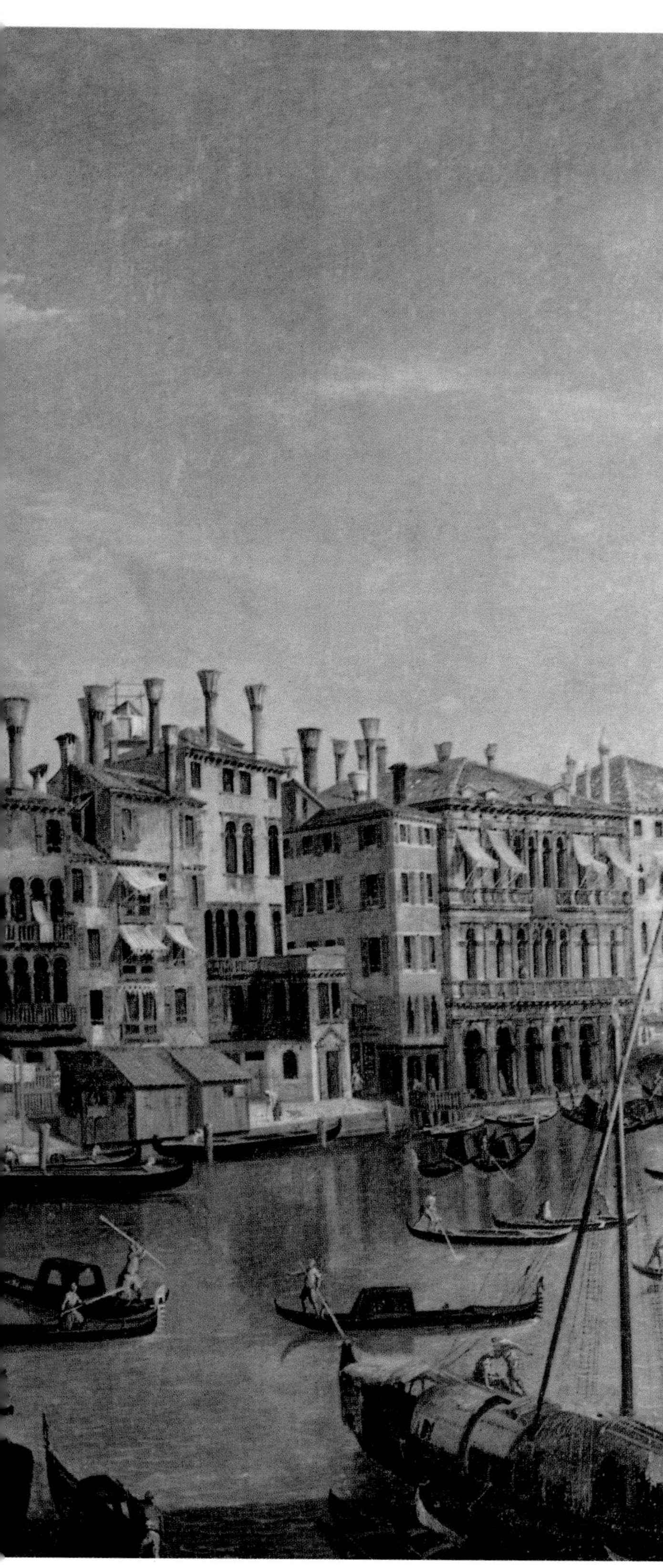

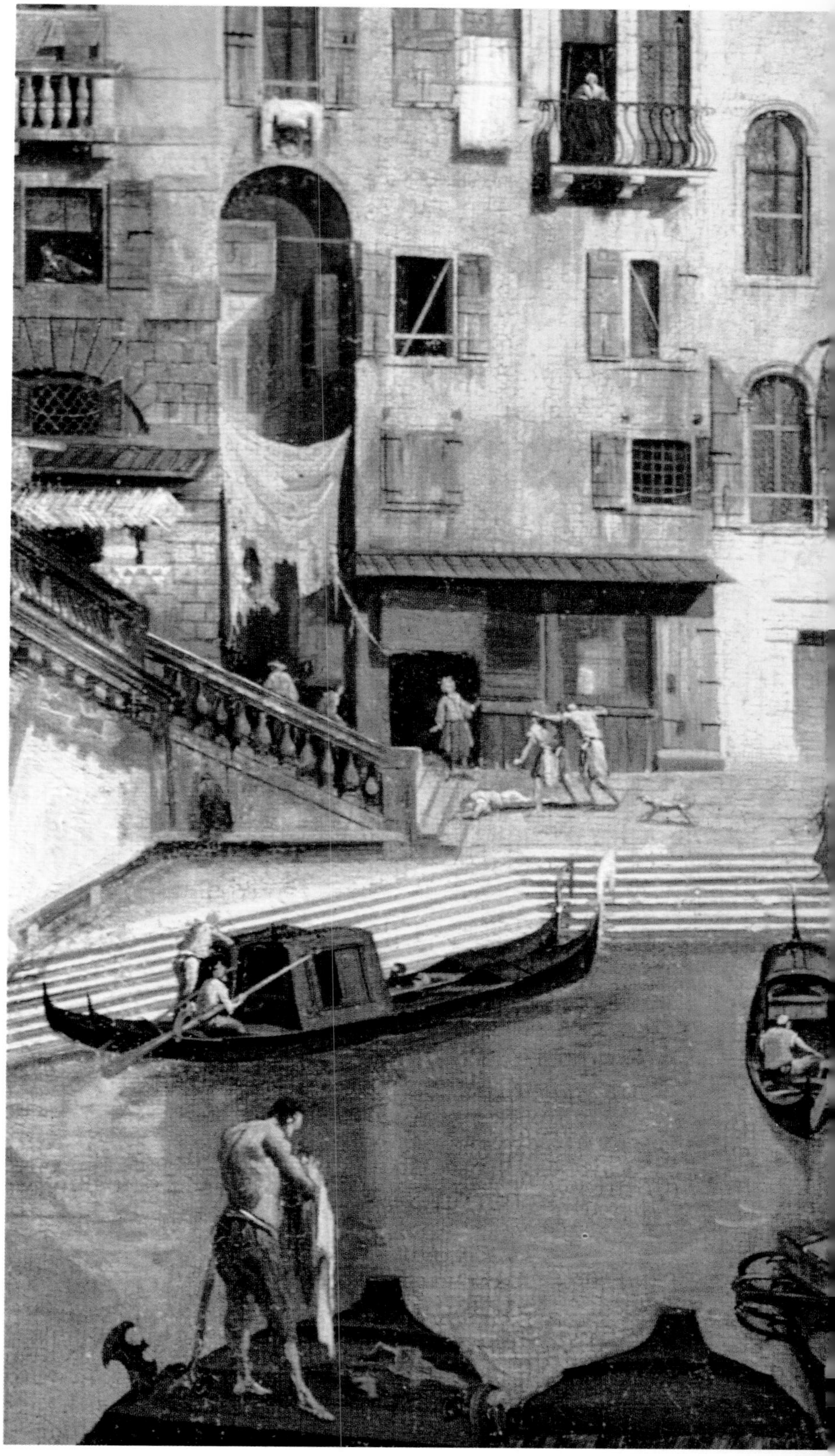

Richard Parkes Bonington
El "Colleoni" de Venecia
0,23 × 0,175
Museo del Louvre

El pretexto, más que el tema propiamente dicho, de esta obra efectuada sin duda en 1827, después del regreso de Italia del artista, es la célebre estatua veneciana de Verrocchio. Utilizando la técnica fluida de la acuarela, Bonington realza en ella las cualidades generales que indicábamos ya al tratar del *Parterre d'eau*, y muestra la evidente libertad de visión y de tratamiento que es el sello original de todo su arte.

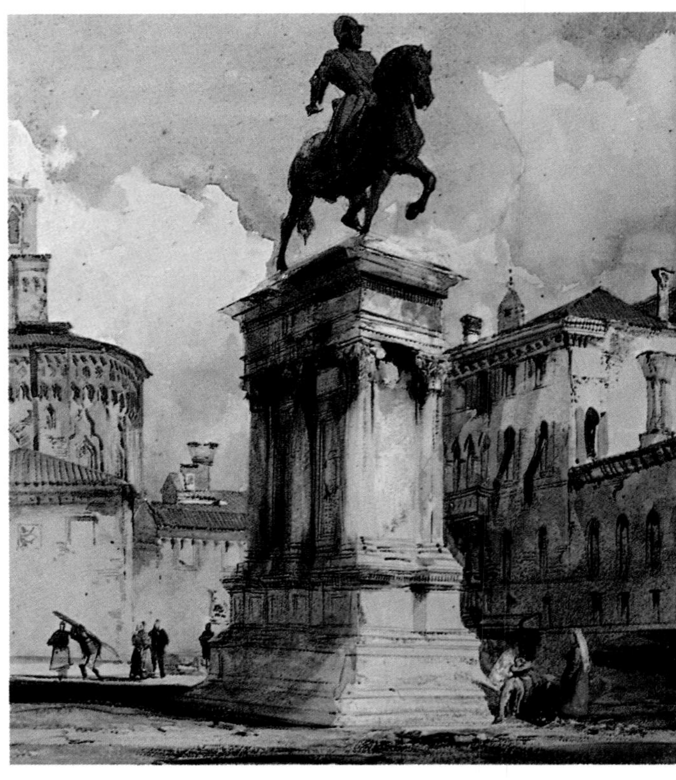

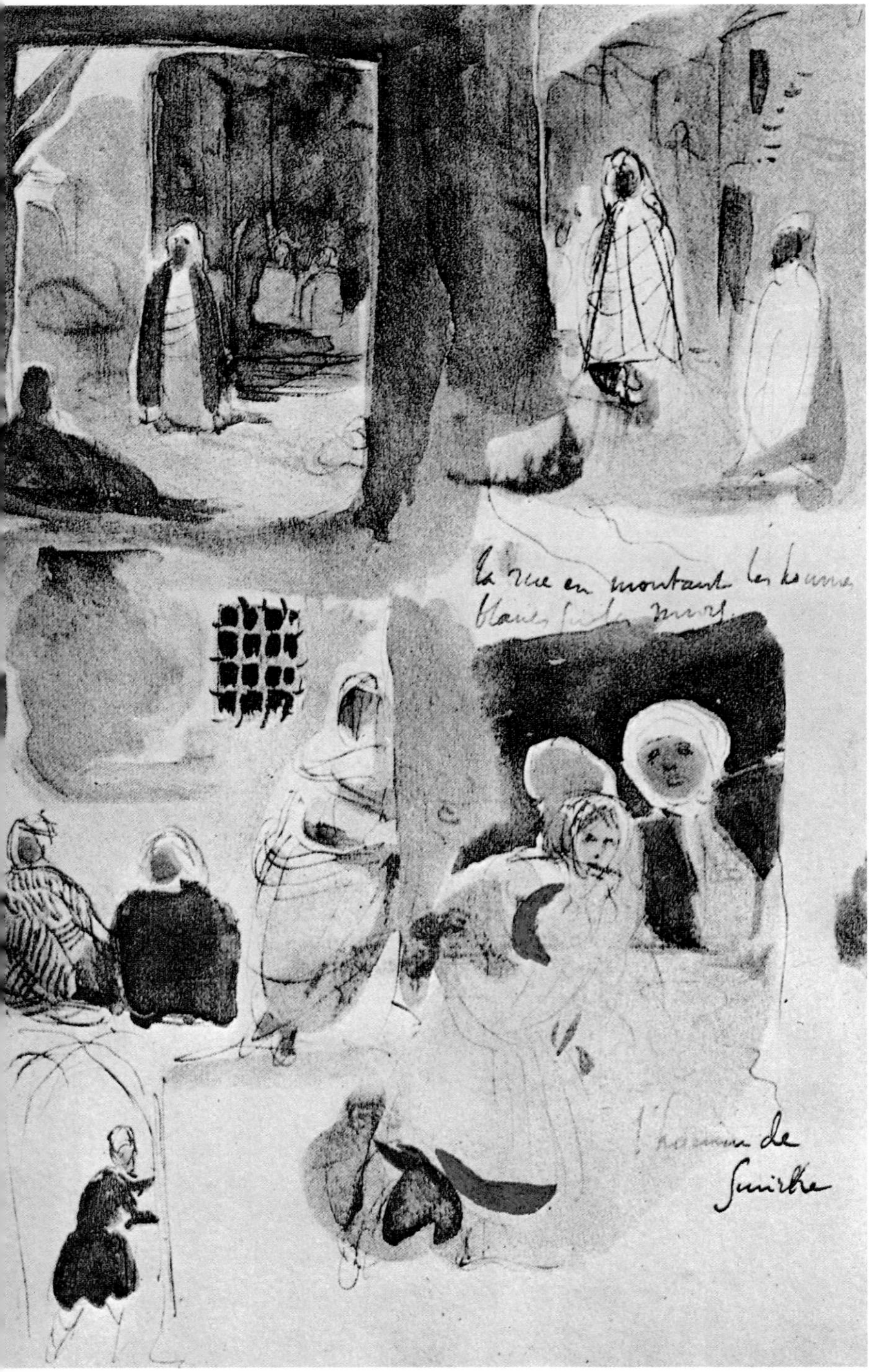

Eugène Delacroix
Estudio del álbum de croquis de Marruecos
0,193 × 0,127
Museo del Louvre

Del viaje que hizo en 1832 por España, Marruecos y Argelia, acompañando al conde de Mornay, embajador de Luis-Felipe, el artista volvió con una serie de cuadernos que son un conjunto precioso de croquis del natural y de estudios gráficos, a veces muy elaborados, sobre los personajes, tipos, paisajes y escenas de costumbres más característicos de una civilización en la que Delacroix descubrió una Antigüedad rediviva y llena de color. Este "diario de viaje" será decisivo en la obra subsiguiente del pintor, que acudirá a él en busca de detalles documentales y de sugestiones estéticas. Su importancia para nosotros se acrece, porque superan ya la moda romántica y exótica; incluso las breves frases anotadas en ellos vibran de una sensibilidad renovada por la luz mediterránea, y testimonian una atención hacia las actitudes humanas y la naturaleza, que desemboca en una economía plástica muy moderna. La curiosidad y la rapidez del observador favorecen también la investigación sobre el grafismo y sobre el color, y su conjunción más inmediata y más vigorosa en el total de la composición.

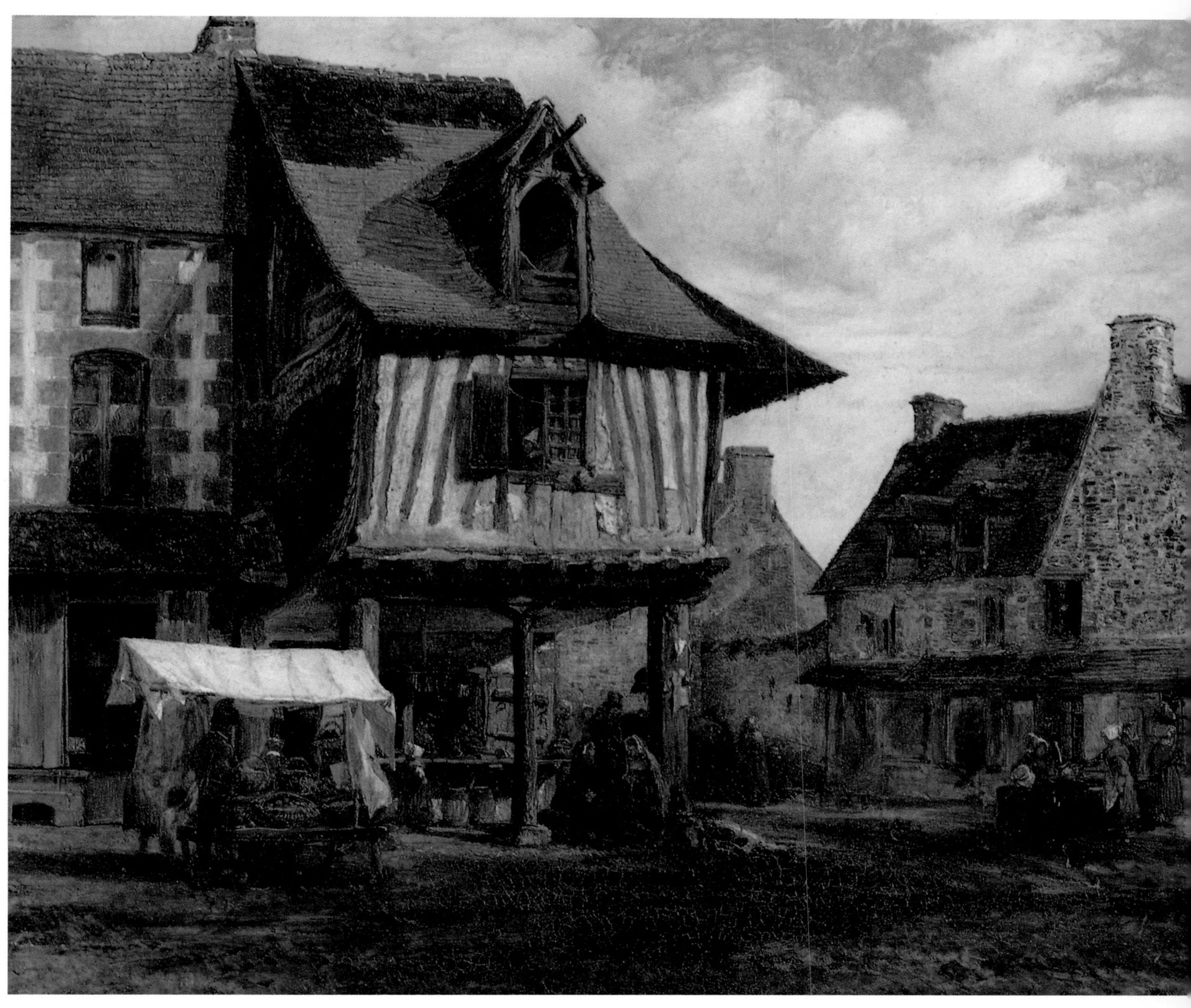

THÉODORE ROUSSEAU
Un mercado en Normandía 0,29 × 0,38 Museo del Ermitage

Théodore Rousseau, jefe reconocido de la escuela de Barbizon, era el integrante del grupo que más se inclinaba por la representación de pequeñas ciudades provincianas.

Un mercado en Normandía es una de sus obras más atractivas. Es acogedora la pequeña plaza en la que, bajo un toldo improvisado, se encuentra el mercado, y resultan singularmente atrayentes las viejas pero aún sólidas casas. El sol ilumina suavemente las fachadas. El silencio que invade el lugar es conmovedor. La cálida gama colorística que el pintor utiliza otorga a la obra un especial encanto.

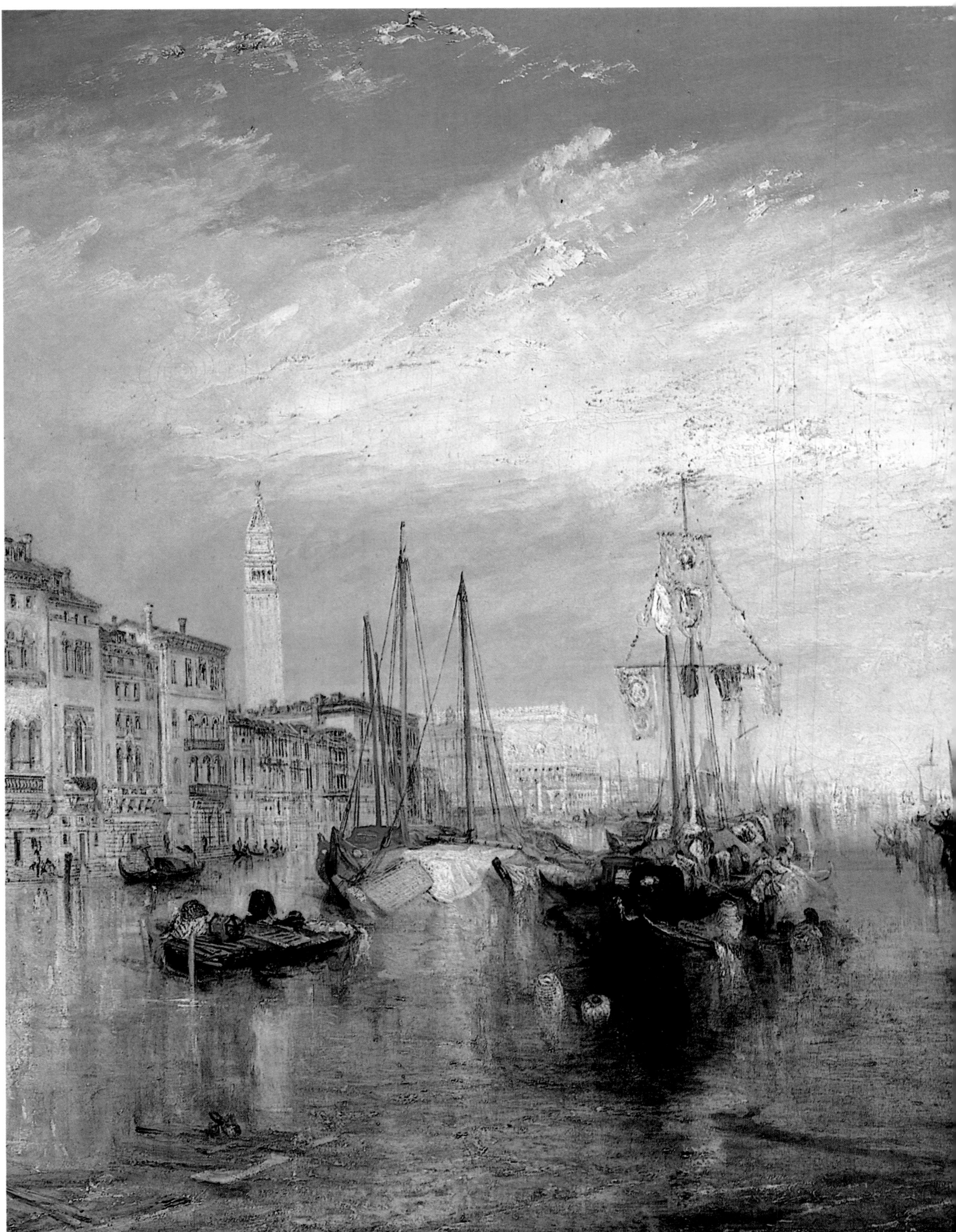

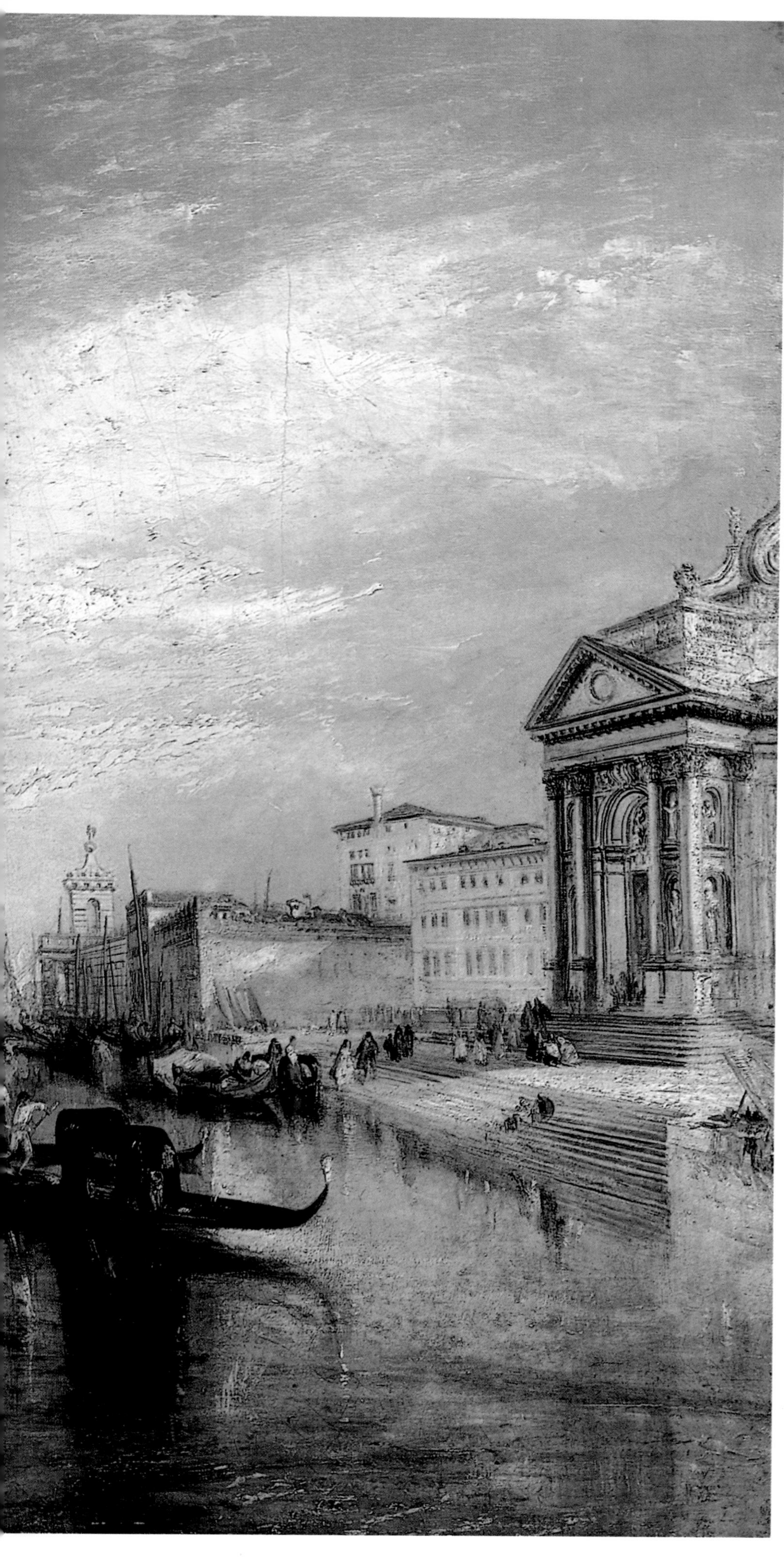

JOSEPH MALLORD WILLIAM TURNER
El Gran Canal de Venecia 0,91 × 1,22
Museo de Arte Metropolitano

Venecia, más que cualquier otra ciudad de las que visitó en sus constantes viajes, proveyó a Turner con un tema al que era profundamente afín. Esta pintura es una vista del Gran Canal, en un punto cercano a la iglesia de Santa María della Salute –que puede verse a la derecha–, al Palacio Ducal y a la salida al mar. Data de 1835, cuando Turner estaba en plena madurez, y es una expresión espléndida de su habilidad para mostrar las sólidas formas arquitectónicas bañadas en una luz trémula y un nacarado brillo atmosférico. Cuando fue expuesta en la Real Academia en 1835, fue recibida como uno de "sus trabajos más agradables", aunque un crítico advirtió a Turner que "cuando se quiere ser poético es necesario ser casi incomprensible".

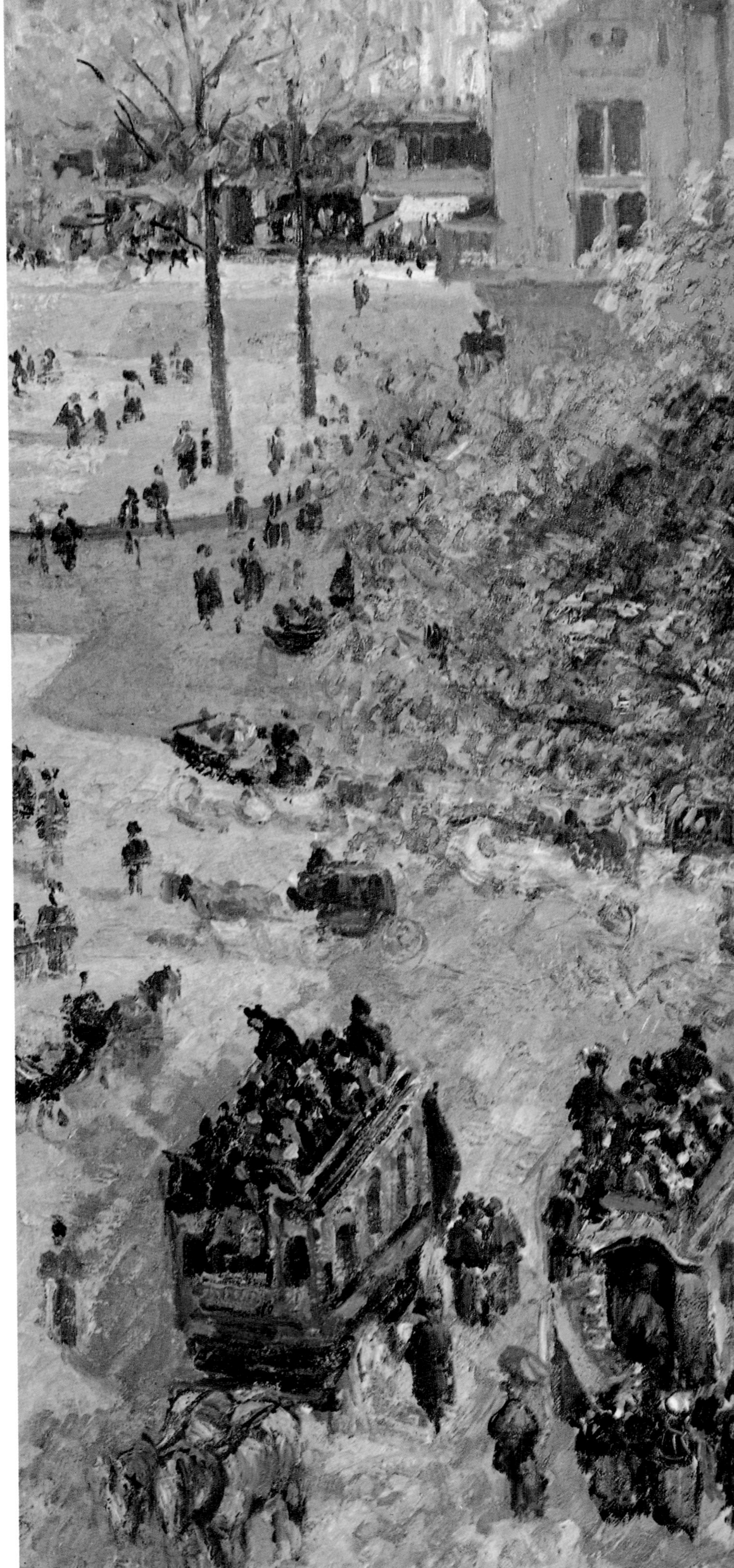

CAMILLE PISSARRO
La plaza del Théâtre Français 0,65 × 0,81
Museo del Ermitage

Al pincel de Camille Pissarro pertenece toda una serie de vistas de París. El maestro no tenía un interés especial por las peculiaridades arquitectónicas de la ciudad ni tampoco por los rincones más pintorescos. Lo que le interesaba reflejar era la vida, el movimiento y los factores que determinan la impresión sobre la imagen real y contemporánea de la urbe.

Pissarro, uno de los pintores impresionistas más valiosos, dibujaba generalmente lo que veía desde las ventanas de su taller, que cambiaba con periodicidad en busca de nuevas perspectivas de la ciudad.

Sus paisajes componen series muy características. La primera está dedicada a la avenida Montmartre. Con asombrosa maestría transmite el pulso de una gran arteria de la enorme capital. Más tarde se apasionará por otras calles y plazas de París, menos animadas.

En el presente cuadro el artista encierra la composición con un edificio grande y concentra su atención directamente en lo que está ocurriendo bajo sus ventanas. Describe los espesos castaños que crecen en la plaza, cuyo follaje es un magnífico punto para transmitir el juego de la luz del sol. Los reflejos de los rayos solares y las manchas de las sombras, forman una abigarrada alfombra en donde el juego de luz y penumbra está lleno de un vivo movimiento. Los tranvías tirados por caballos están repletos y muchas personas tendrán que esperar la llegada de otros.

La obra sólo representa un pequeño rincón de París, pero de una forma tan dinámica y natural que permite sentir el latido del corazón de una ciudad grande y populosa.

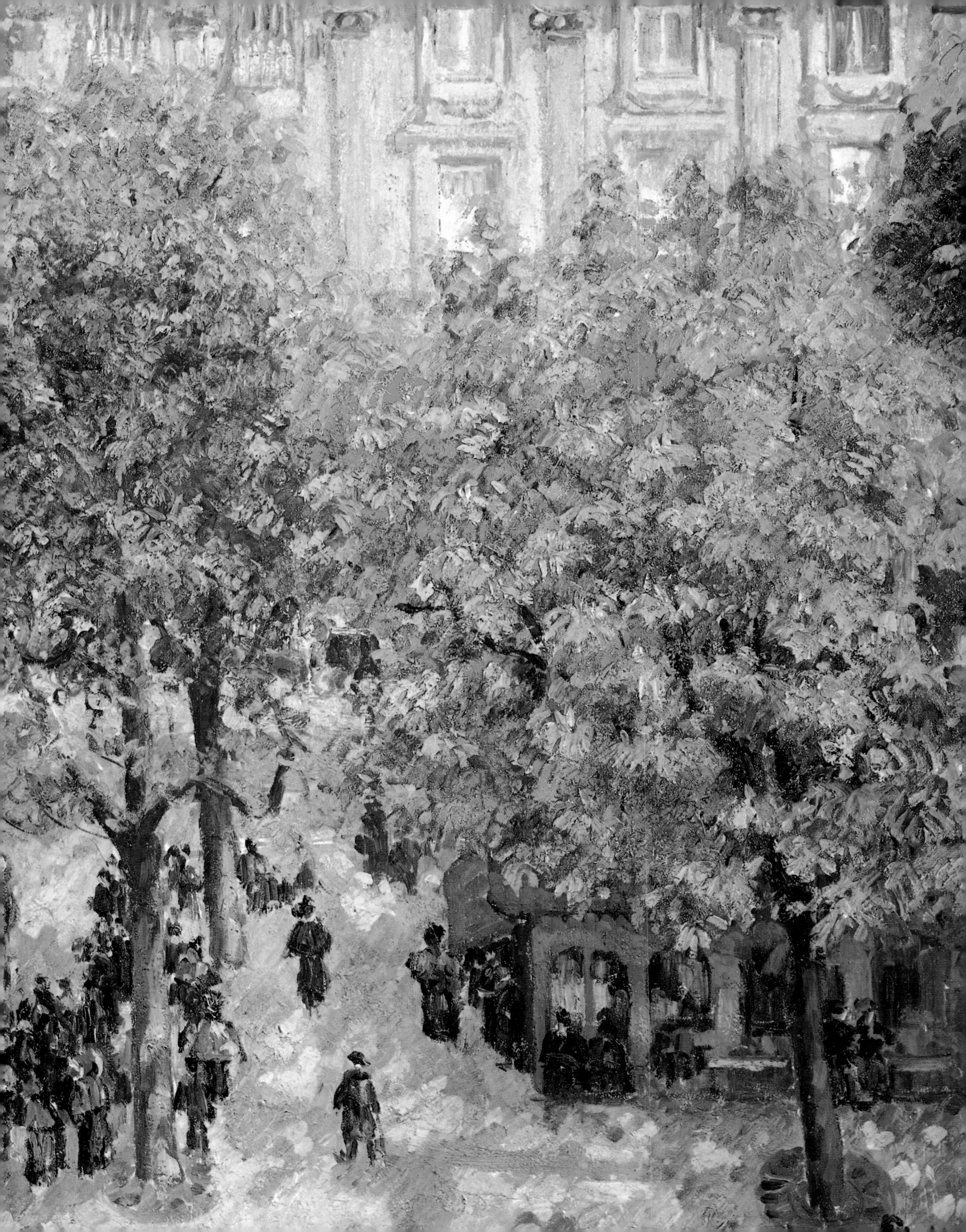

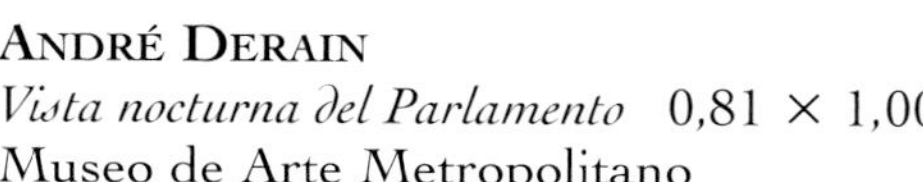

ANDRÉ DERAIN
Vista nocturna del Parlamento 0,81 × 1,00
Museo de Arte Metropolitano

Derain pintó este intenso cuadro fauvista durante su primera visita a Londres en 1905. Es soberbio por su composición, su técnica y, sobre todo, por el color. El espacio pictórico está dividido en dos secciones iguales por la diagonal de la línea de la orilla. La mitad superior está dividida, a su vez, por el uso de diferentes colores; los trazos azules horizontales y verticales caracterizan al edificio; las pinceladas más amplias, el movimiento del cielo.

Derain repitió este esquema con el agua del Támesis: la sección superior, cerrada por la línea de la orilla, está hecha a base de pinceladas paralelas, mientras que el ancho espacio acuático, con las barcas, está traducido mediante pinceladas más libres. Esta yuxtaposición de ritmos y colores imprime a la obra un extraordinario sentido del movimiento.

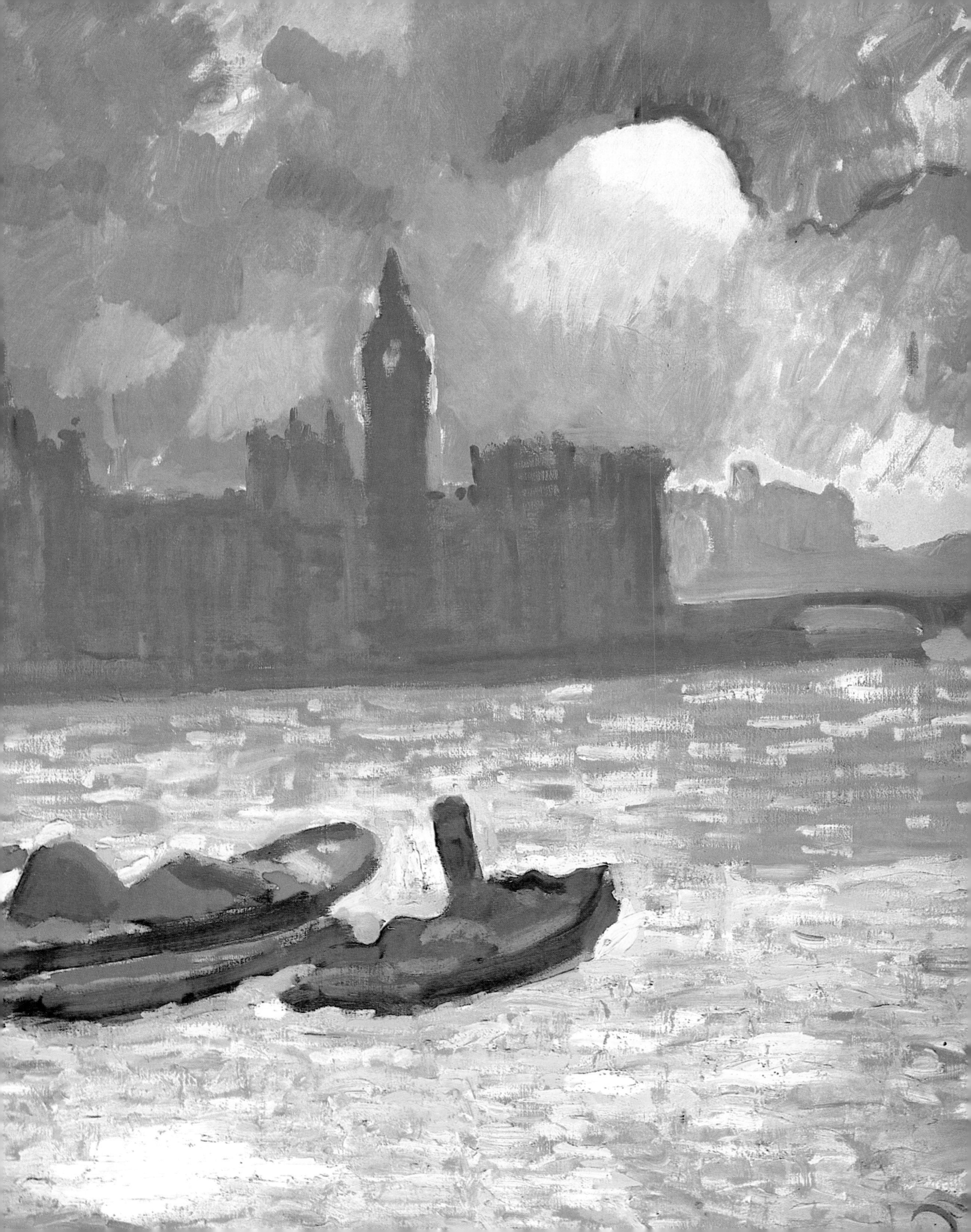

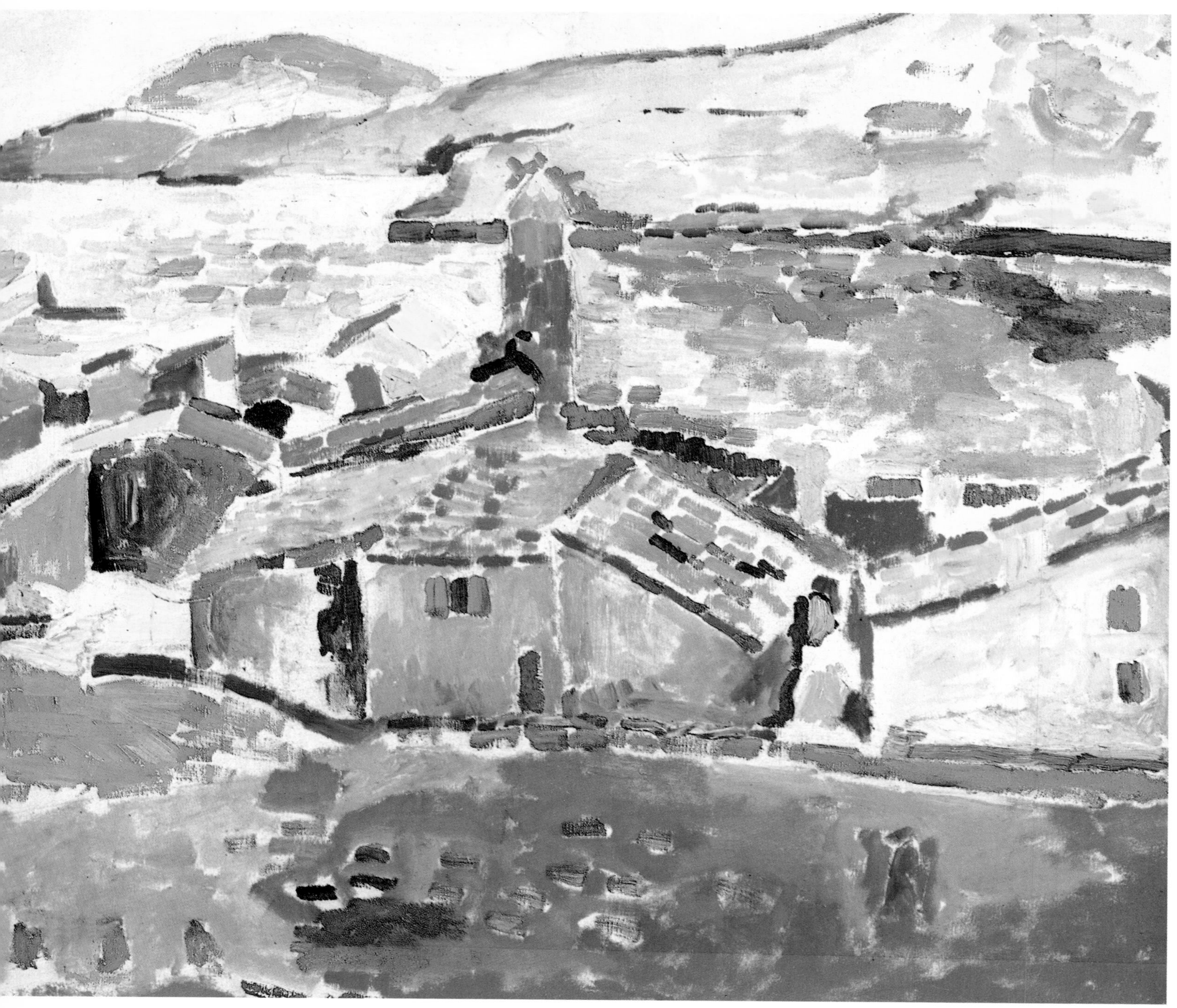

HENRI MATISSE *Vista de Collioure* 0,59 × 0,73 Museo del Ermitage

La presente obra, pintada por Matisse en 1905 o 1906, es un bello ejemplo de su período fauvista. El artista abandona aquí tanto la mezcla de colores como los contrastes de luz y sombra. Predominan netamente las tonalidades claras y puras, anaranjado-rojizas. No existe ningún intento por parte del pintor de reproducir los verdaderos colores del paisaje tal cual los observó, sino que por el contrario expresó libremente su idea de un mundo ardoroso bajo un sol deslumbrante.

Es precisamente en esta época cuando Matisse proyecta un nuevo método para tratar la luz. El recurso del contraste de luz y sombra de los viejos maestros o el de pintar las sombras con tonos complementarios, utilizado por los impresionistas, son dejados de lado por el artista. Matisse hace del color el equivalente de la luz.

En *Vista de Collioure* se plasma con precisión una original técnica pictórica en donde algunas pinceladas se tocan y entre otras quedan partes del lienzo sin pintar. Esto contribuye a darle mayor fuerza a los colores utilizados.

ALBERT MARQUET *Día lluvioso en París* 0,81 × 0,65 Museo del Ermitage

Albert Marquet empezó sus actividades artísticas casi simultáneamente con Matisse. Ambos integraron el grupo fauvista creado por el segundo. Sin embargo Marquet no fue nunca totalmente fauvista porque no consideró en ningún momento al color como único objetivo de la pintura. Después de la disolución del grupo se entregó casi por completo a los paisajes. El tema que más veces reprodujo fue París.

Desde las ventanas de su taller pintó en 1910 *Día lluvioso en París*. El día lluvioso le atrajo por su color plateado con extraordinaria riqueza de tonalidades. La masa de piedras de la catedral de Notre-Dame, está realizada en una densa pintura gris, que armoniza con las tonalidades utilizadas para las barcazas, para las aguas no transparentes del Sena y para el cielo encapotado. La superficie dorada del malecón, mojada por la lluvia y en la que se reflejan los únicos y débiles rayos de sol que atraviesan las nubes, completa perfectamente la bonita gama de tonalidades de este paisaje.

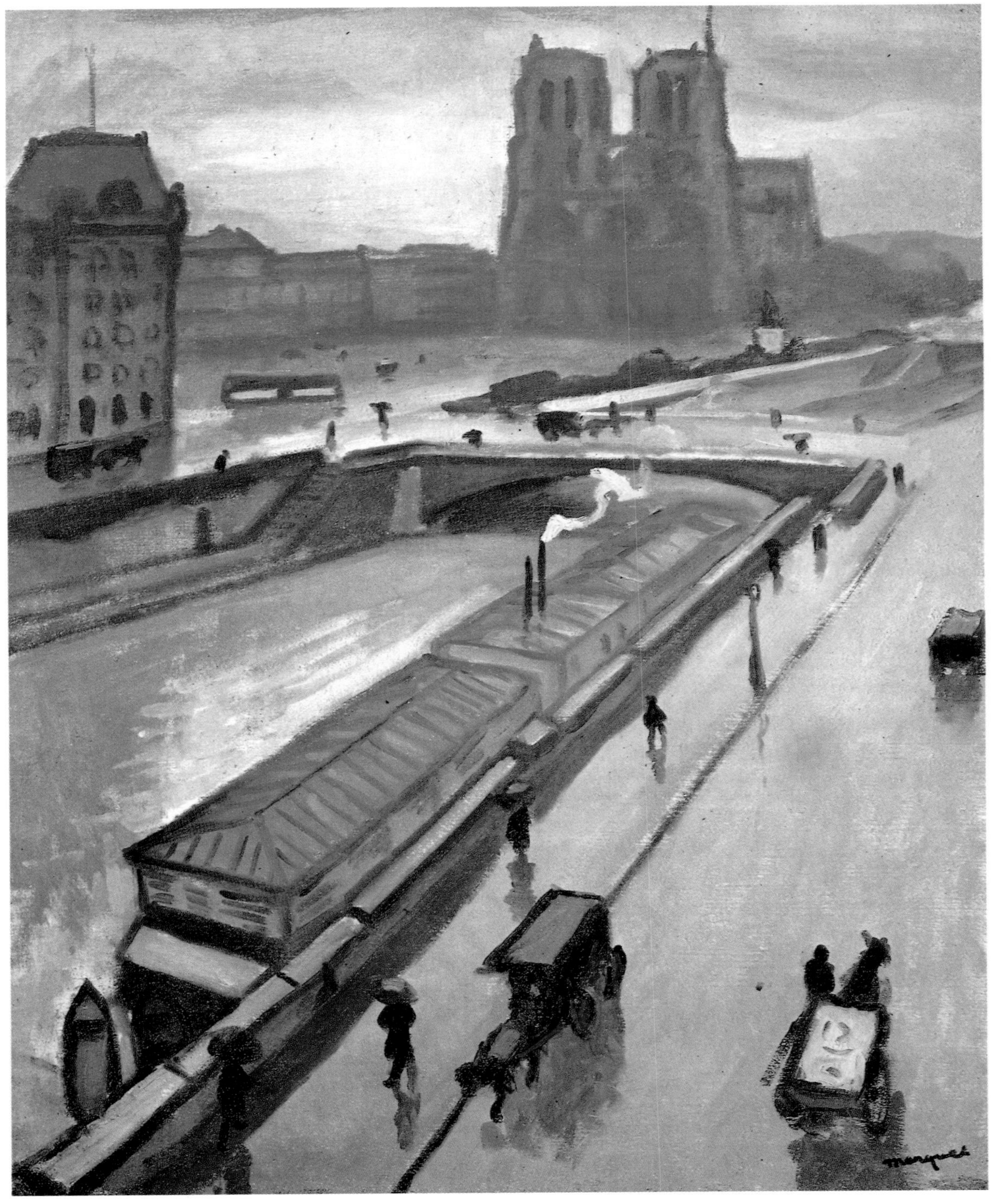

Visiones

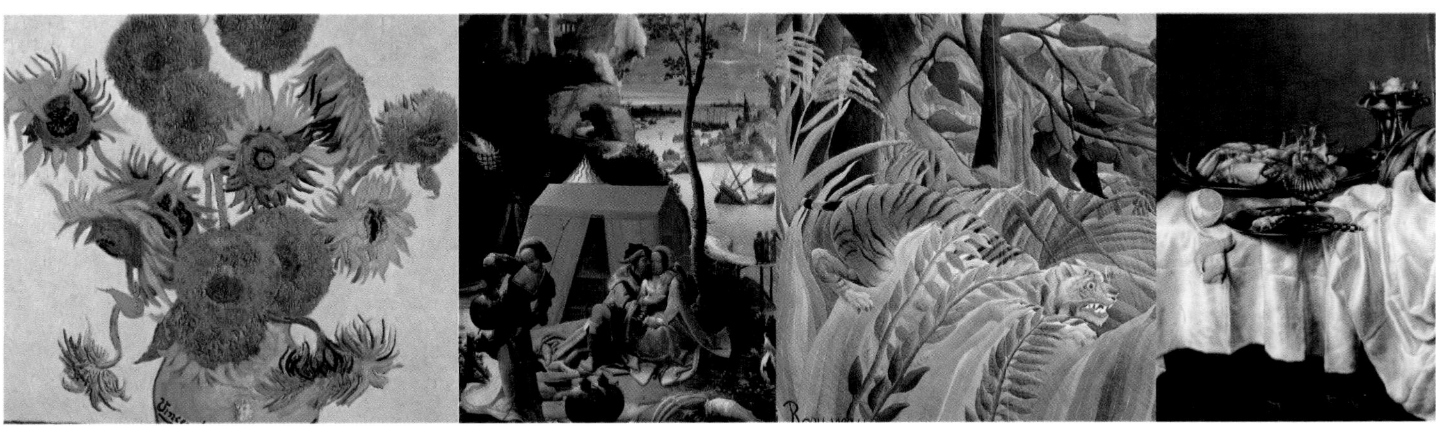

El arte de la pintura consiste en la plasmación de una visibilidad. Lo visible y lo plástico se confunden sin que podamos anticipar dónde acaba lo uno y dónde empieza lo otro. Lo que a veces entendemos por reproducción fiel de un objeto real es algo que no existe. Es algo impensable, porque no existe una producción de imágenes que no se pueda y deba concebir como una operación del pensar, como el resultado de una estrategia intelectual. La filosofía en Occidente ya hace tiempo que tiene asumido que la imagen de la naturaleza es el resultado de una proyección en un espejo deforme: la mente humana. Pero incluso hablar aquí de "deformidad" es completamente inapropiado, puesto que implica la referencia a una forma correcta. No hay formas correctas e incorrectas. Hay formas sin más. A lo sumo, se puede hablar de una "rentabilidad" de las formas con respecto a un fin determinado: la fe religiosa, una teoría científica, la producción de tecnología, una estructura social.

Sin embargo, las formas son siempre humanas. Cuando hablamos de "formas" naturales, estamos hablando de eso que nosotros los humanos reconocemos y usamos en la naturaleza como formas y figuras de nuestro pensamiento, de nuestras proyecciones intelectuales. Los animales, en cambio, cuando perciben "formas", de hecho están percibiendo señales que activan en ellos, de un modo instintivo y por lo tanto automático, reacciones orientadas en su práctica totalidad a actividades necesarias para su supervivencia como individuos y como género, esto es, la alimentación y la reproducción. Es evidente que los humanos no responden con esta mecánica inmediatez al estímulo de las formas naturales. Existe un elemento de distancia y mediación que es decisivo. Y ello es así en gran medida porque las formas que nos rodean, incluso las del mundo natural, han sido producidas o son reconocidas por nosotros en el marco general de una teoría de los valores. Sin ella, sea cuál sea su orientación, toda vida humana recaería en una suerte de preexistencia anterior incluso a las formas de organización social que podemos considerar como más primitivas.

Las formas son la esperanza de lo humano. La pintura –y el arte en general– se nos aparece entonces como el momento culminante en esta productividad de formas. Cuando los habitantes de las cavernas de Altamira (en Cantabria, España) pintaban en los muros de sus oscuros habitáculos bisontes y otros animales, no pintaban lo que esos animales son; pintaban el deseo de cazar y de ejercer un poder sobre estos animales; pintaban por lo tanto un emblema que reunía la necesidad –el alimento– con la libertad –ir de caza y apoderarse de la fuerza y la energía de esas criaturas completamente diferentes y tan poderosas.

La pintura pinta deseos, temores, sueños, anhelos. La belleza, cuando todavía hablamos de belleza, es la forma de un deseo, de un sueño que se quiere. La fealdad en cambio es la forma de un temor, de un sueño que asusta o se aborrece. Pero también hay deseos que se temen, y también hay horrores que, incluso con dolor, se desean. Por ello, a las nociones de belleza y fealdad les añadimos conceptos cruzados como el de lo siniestro, o el de lo sublime. Las imágenes de la pintura son complejas: no responden a una unívoca direccionalidad del deseo o del temor y están culturalmente determinadas. La visión es siempre significativa; no ver nada supone no comprender, y la comprensión está ligada al conocimiento de un contexto.

Naturalmente, muchas manifestaciones de la imaginería procedente de pueblos africanos, oceánicos y de la América precolombina nos emocionan y nos interesan gracias a la fusión o absorción que el arte occidental –a partir de Picasso, por ejemplo– ha llevado a cabo de estos modelos "primitivos". Pero en la medida en que seguimos viendo estas imágenes como potenciales "picassos", o como modelos tal como podrían haber aparecido en un libro de estampas hallado en el taller de cualquier pintor neoyorquino de los años cuarenta o cincuenta, las estamos mirando sin verlas como lo que son. También ellas pasan a integrar ese acervo de formas apropiadas y reinterpretadas que nos rodea y nutre nuestros ojos con visiones que reflejan eso que ya sabemos, aunque no lo pensemos, y nunca eso que no sabemos en absoluto, por mucho que simulemos pensarlo. Y aunque no podemos preguntarnos qué es la rosa realmente –la rosa en sí, como dirían los filósofos–, sí podemos preguntarnos lo que son esas imágenes "primitivas" para los pueblos que las han creado. Y con esa pregunta no se trataría de alcanzar una verdad simplemente curiosa; se trataría de abrirnos a esa otro remoto y desconocido para descubrir en nosotros mismos nuevas posibilidades de ser, nuevas estrategias de producción de saber.

La pintura, incluso cuando no ha ido a inspirarse a miles y miles de kilómetros, siempre ha estado en esta franja abierta a la producción de formas nuevas, y por lo tanto a la canalización de deseos y temores nuevos. Hacer visible lo fantástico respondía de este modo al descubrimiento de lo extraño interior, de los fantasmas más propios.

El bodegón como género pictórico surge también, al igual que el paisaje, de una emancipación de lo fragmentario. Tal emancipación no es imaginable sin una retirada o un desplazamiento de la figura humana. La *Alegoría de las bellas artes* de Chardin presenta la figura del dios Mercurio como un sucedáneo o como una petrificación de la figura humana y, al mismo tiempo nos hacía percibir el bodegón como un espacio habitado. ¿No pueden verse *El buey desollado* de Rembrandt o *La raya* de Chardin como otra representación de esta ausencia, esta vez desde el énfasis puesto en lo corpóreo?

Las manzanas que Cézanne pintaba una y otra vez eran el gesto de una amistad infinita y sin destinatario concreto. Los bodegones cubistas de Braque o Picasso son el esfuerzo límite por ver a través del objeto el deseo de orden del alma humana. En el bodegón los mayores deseos y temores se desplazan a los objetos. Zurbarán en eso fue el maestro insuperable: el bodegón es donde mejor logra representar la transparencia del alma noble y buena, ya que cada objeto significa una virtud, un valor. Y todos los bodegones de la escuela flamenca y holandesa son alegorías que deben ser traducidas: sobre el paso del tiempo, sobre la fugacidad de los placeres, sobre la fatuidad de las riquezas.

¿Qué decir entonces de los paisajes fantásticos? También en ellos se proyectan como una visión tangible los mayores deseos y los mayores temores, también en ellos la alegoría se vuelve extraordinariamente productiva. El mundo se realiza a partir de lo que no existe más que en la imaginación. Pero desde el momento en que se fija en la materialidad de una imagen pictórica, el fantasma del deseo se convierte en la puerta de una esperanza, en el espacio de una comprensión nueva de las cosas.

Ésta es la potencia del arte: la transfiguración de lo humano en visibilidad. *El campo labrado* de Miró no debe verse como un desvío con respecto a la plausibilidad realista de un campo de labranza, sino como la plasmación de un deseo por entender y fijar los modos de esta comprensión. Estas visiones son las huellas que el ojo humano deja en forma de belleza, de aventura abierta para que otros ojos se adentren en el espacio infinitamente generoso que conocemos por pintura. Basta querer ver, querer abrir los ojos a lo que ella ofrece.

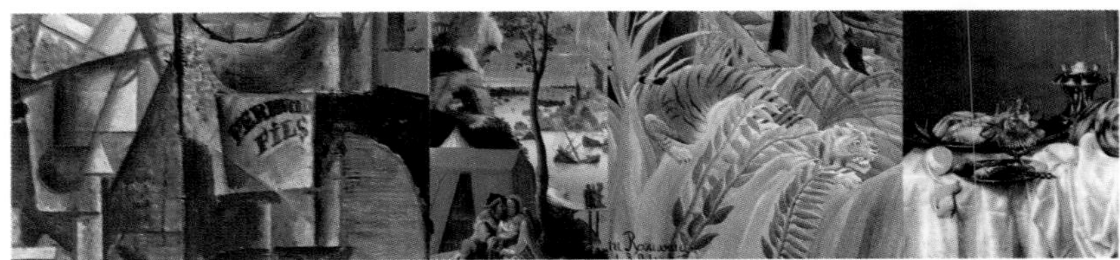

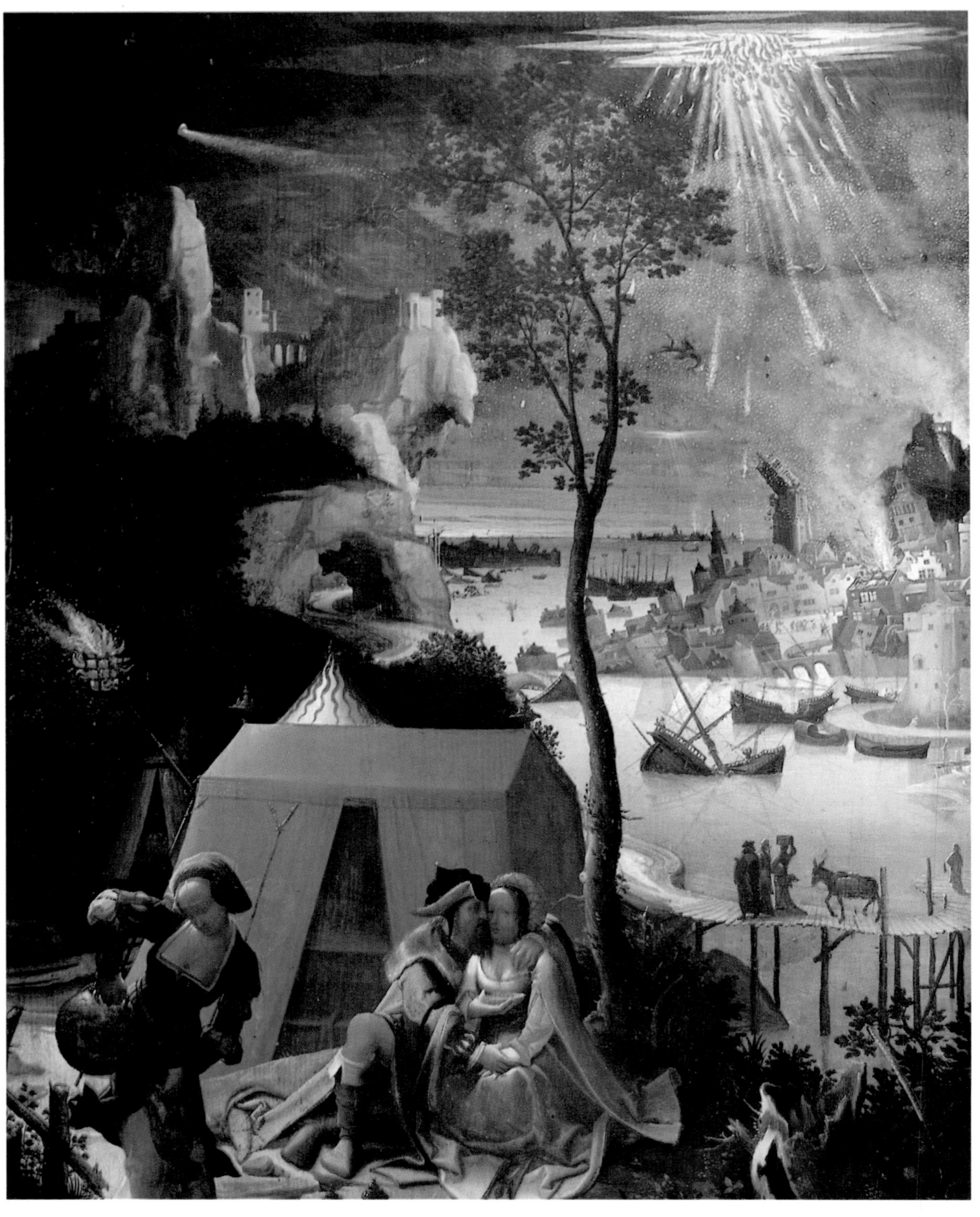

Mundos soñados

"El arte tiene sus límites,
pero la fantasía no tiene ninguno."
FREDERIC REYNOLDS

LUCAS DE LEIDEN *Lot y sus hijas* 0,58 × 0,34 Museo de Louvre

En el camino del paisaje fantástico, esta pintura, atribuida a Lucas de Leyde y que data de los años 1510-1520, rebasa el tema bíblico gracias a su carácter poético visionario, y también a sus cualidades plásticas. El primero ha determinado un interés particular de los surrealistas por esta obra, adquirida en 1900, y por sus símbolos, y las segundas se manifiestan en el sentido de la observación de la realidad, la belleza de los colores y la maestría de la composición, con un tipo de luminismo que anuncia a los pintores holandeses posteriores.

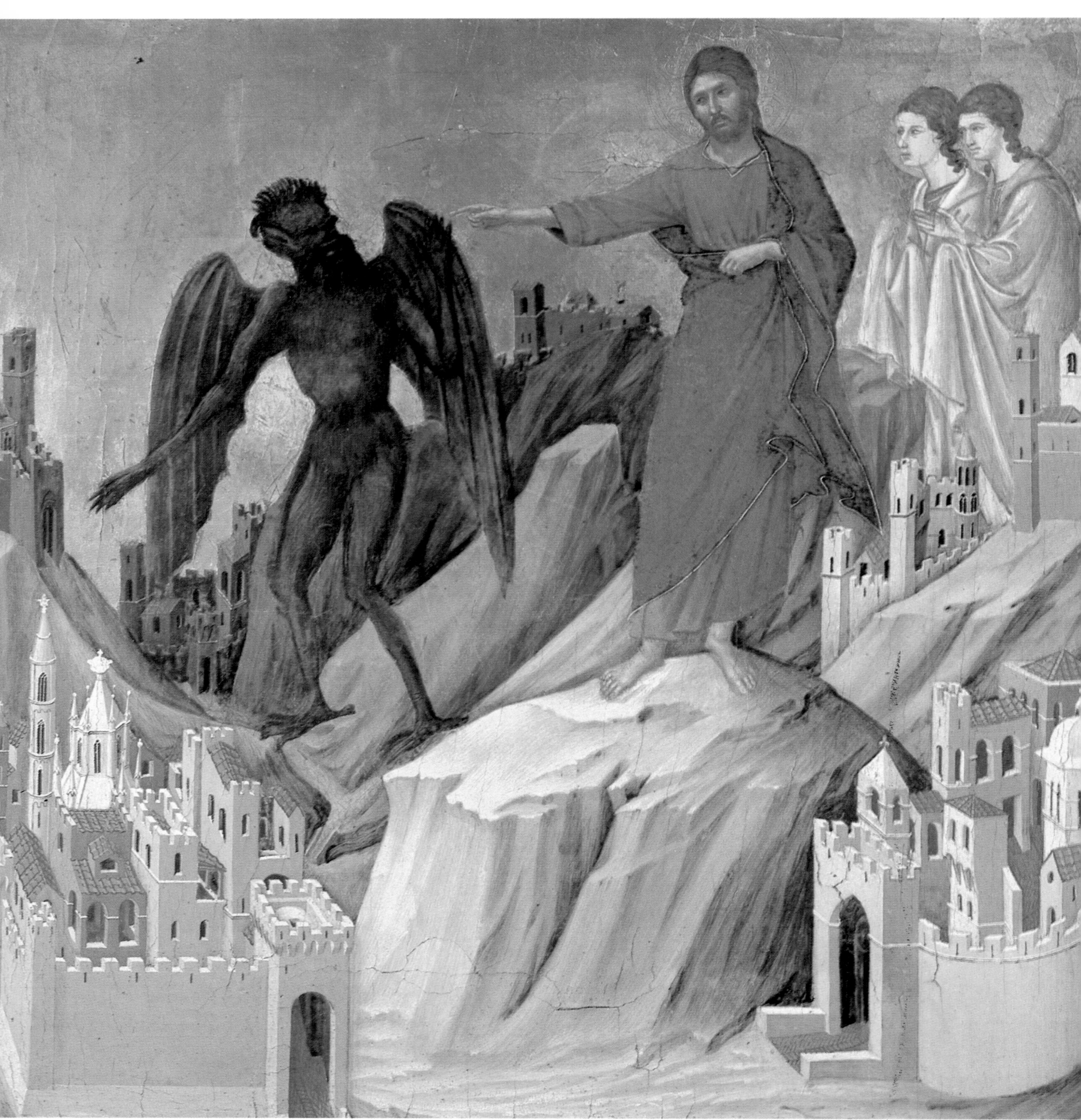

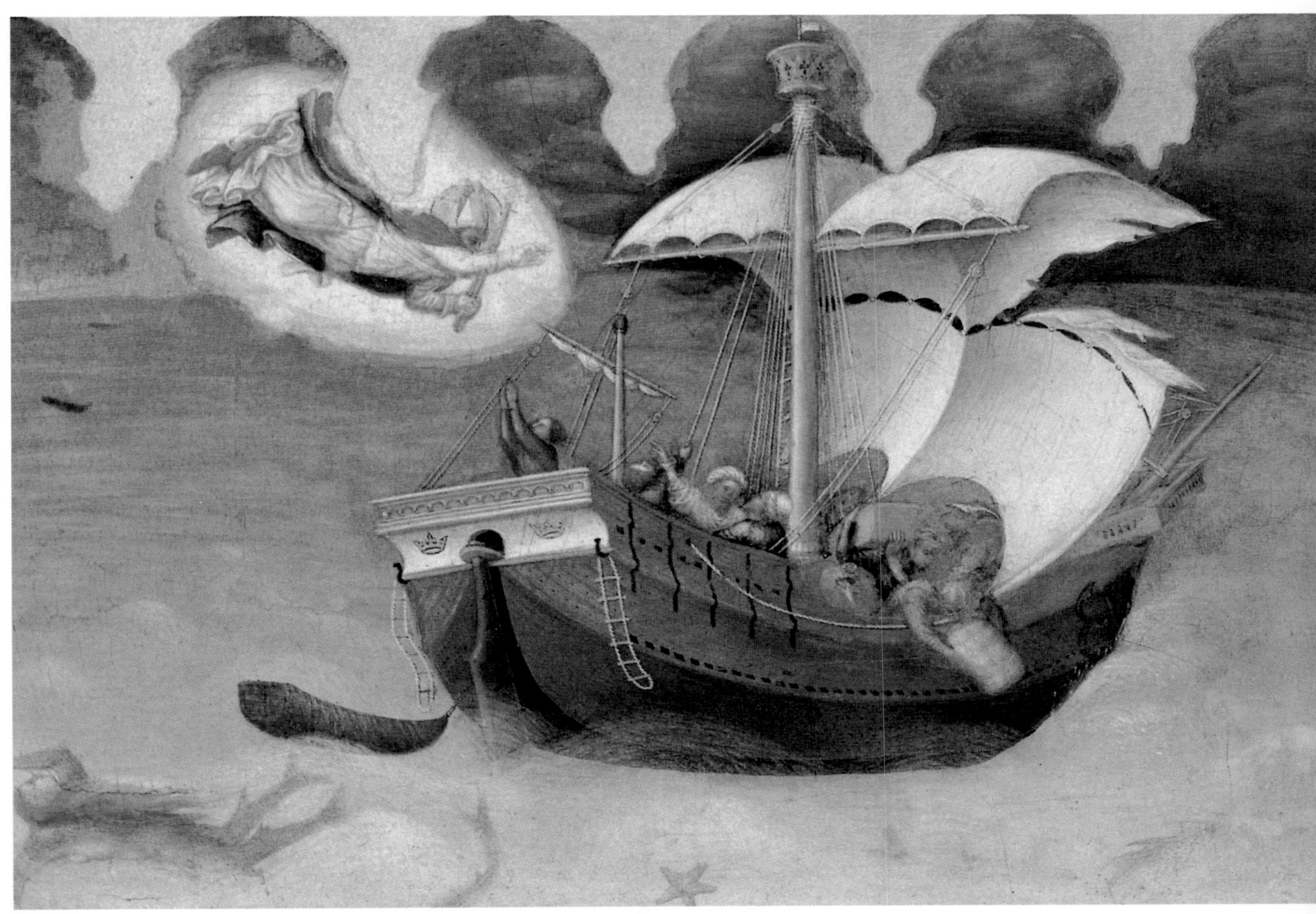

Duccio de Buoninsegna
La tentación de Cristo en la montaña 0,43 × 0,46
Colección Frick

A pesar de que, entre los maestros de su tiempo, Duccio de Buonisegna fue el más importante, sabemos poco de su vida. Se le menciona por primera vez en un documento de 1278. En 1285 recibe el encargo de realizar una pintura, probablemente la *Virgen Rucellai,* cuadro que en la actualidad se encuentra en la galería de los Uffizi. Su mayor obra fue la *Maestà,* un gran retablo cuyo encargo recibió en 1308 y que tres años más tarde, el 9 de junio de 1311, fue llevado en solemne procesión hasta la catedral de Siena. En esta pintura, una de las escenas de la vida de Cristo que se encuentran al dorso de la *Maestà,* Cristo rechaza al demonio que le había ofrecido "todos los reinos del mundo".

Aumentando el tamaño de las figuras respecto al de los castillos, el pintor mantiene convenciones medievales que sacrifican las proporciones naturalistas y sugieren una escala de valores relativos. El episodio sagrado se desenvuelve, según esto, en un plano superior y distinto al terrenal.

Gentile da Fabriano
San Nicolás salvando una nave del naufragio 0,30 × 0,62
Pinacoteca Vaticana

En 1408, Gentile da Fabriano estaba en Venecia y al año siguiente en el Palacio Ducal, pero entre 1422 y 1425 se le encuentra en Florencia, donde trabaja en la asombrosa tabla *La Adoración de los Magos* que se guarda en los Uffizi, obra cumbre del estilo conocido como Gótico Internacional. En mayo de 1425, el artista concluyó el retablo que la familia Quaratesi le encargó para la iglesia de San Nicolás, donde permaneció hasta el s. XIX. Actualmente la Pinacoteca Vaticana posee cuatro de los cinco paneles de la predela del retablo, los Uffizi alberga los dos laterales y el central se encuentra en Hampton Court (Inglaterra). Los otros tres que forman conjunto con éste narran asimismo escenas de la vida del Santo. Gentile da Fabriano demuestra grandes facultades para expresar el drama de los navegantes hacinados en el bajel que descubren alborozados al providencial obispo. En el mar verdoso imagino una peculiar fauna e inopinadamente una vaga sirena.

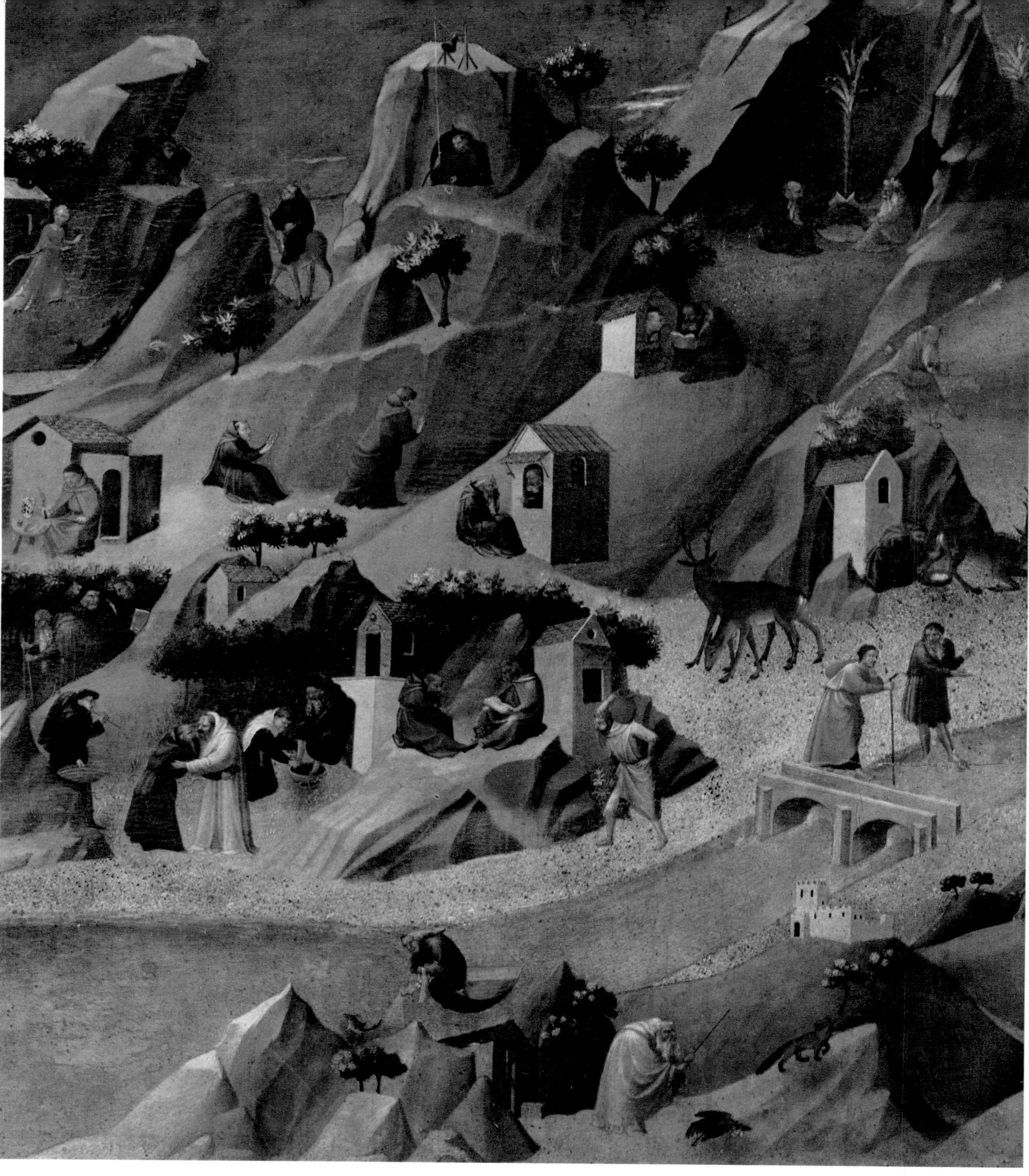

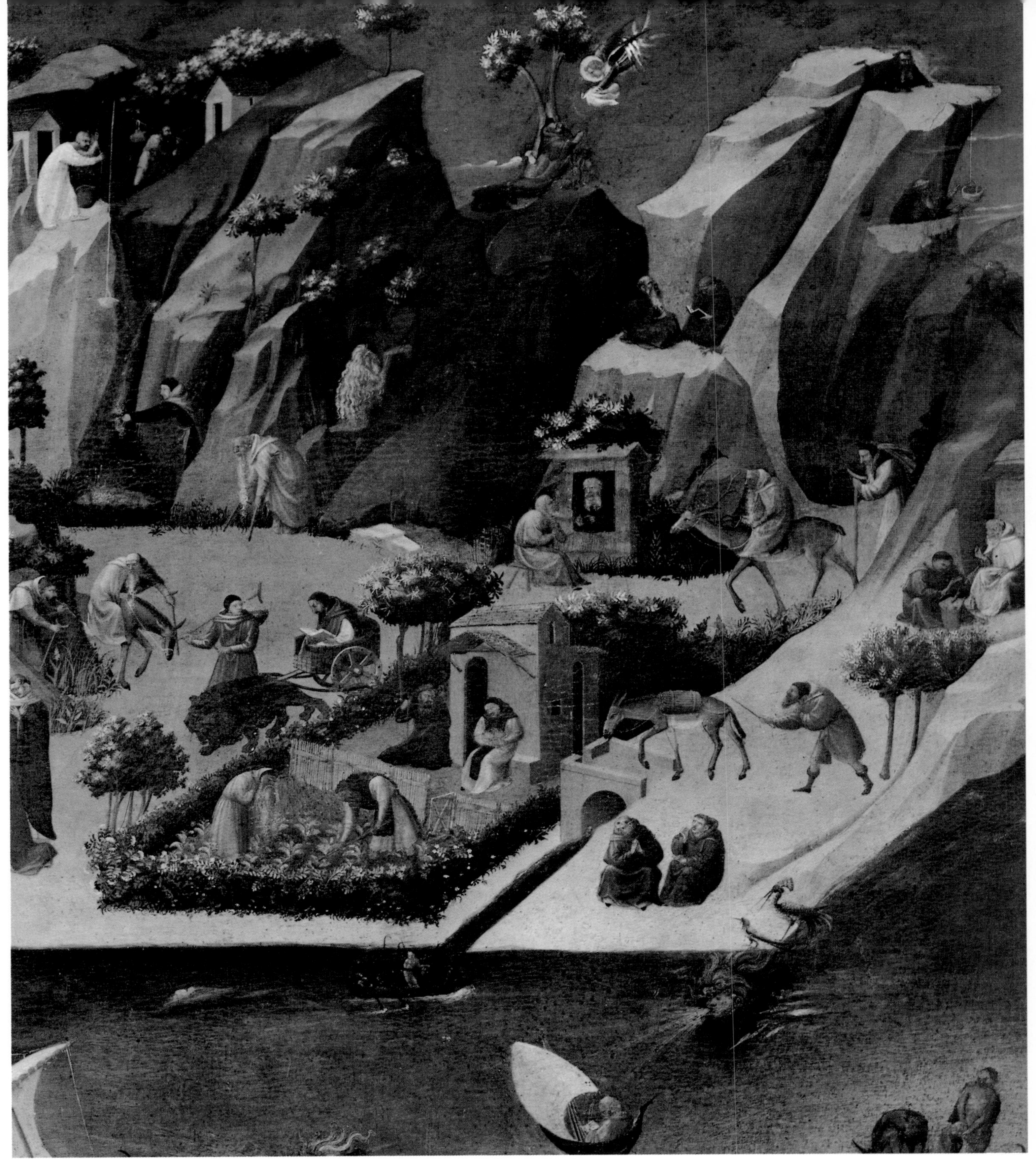

GERARDO STARNINA *La Tebaida* (detalles) 0,75 × 2,08 Galería de los Uffizi

La Tebaida representa la vida de los anacoretas como si se tratara de leyendas. Las escenas se refieren a los momentos de oración, trabajo y diversas ocupaciones, sin faltar los momentos en que los monjes luchan contra las tentaciones representadas por animales y personajes varios. Todo se desarrolla en un paisaje minucioso, casi irreal, bañado por una luz crepuscular.

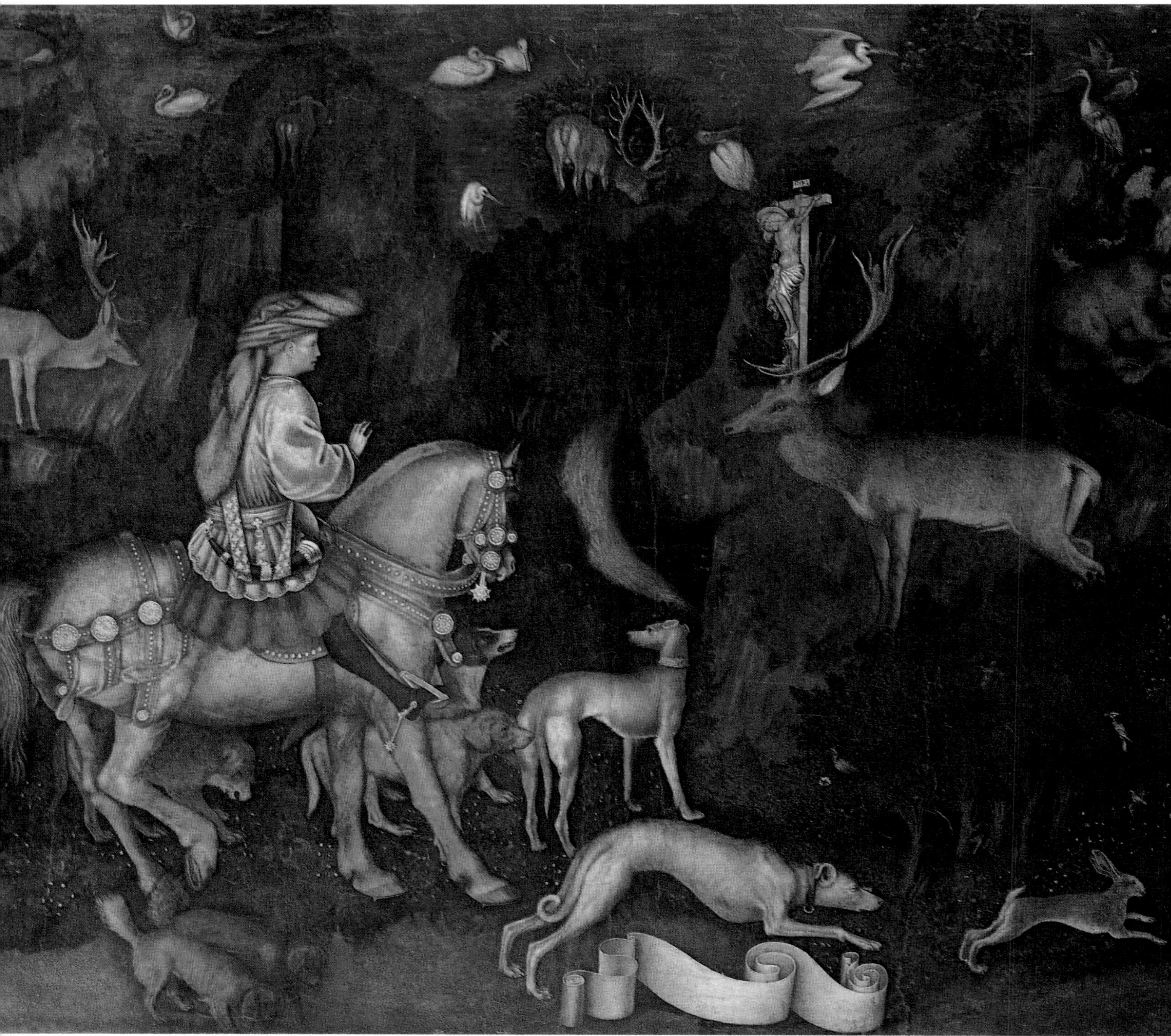

PISANELLO (ANTONIO PISANO) *La visión de san Eustaquio* 0,54 × 0,65 Museo del Louvre

El cuadro narra la historia de un cazador, el soldado romano Eustaquio, que se convirtió al cristianismo cuando contempló una visión en la que un crucifijo sobresale entre los cuernos de un ciervo. Aunque hay leyendas que refieren la misma historia a otro santo, como a san Humberto, muy popular en los países del norte de Europa.

El arte de Pisanello deriva del gótico internacional, basado en el arte de los iluminadores de miniaturas. El artista muestra poca preocupación por la descripción del espacio o las proporciones reales, pero sí un gran conocimiento de la vida de los animales y las plantas. No se manifiesta en la composición el efecto dramático que la inesperada visión debiera causar en el santo, pero, en cambio, la pintura recompensa por el estudio detallado de las criaturas que pinta. Pisanello fue un importante dibujante del primer Renacimiento y se conservan de él un buen número de dibujos.

ANTONIO POLLAIUOLO
Hércules y la hidra 0,18 × 0,12
Galería de los Uffizi

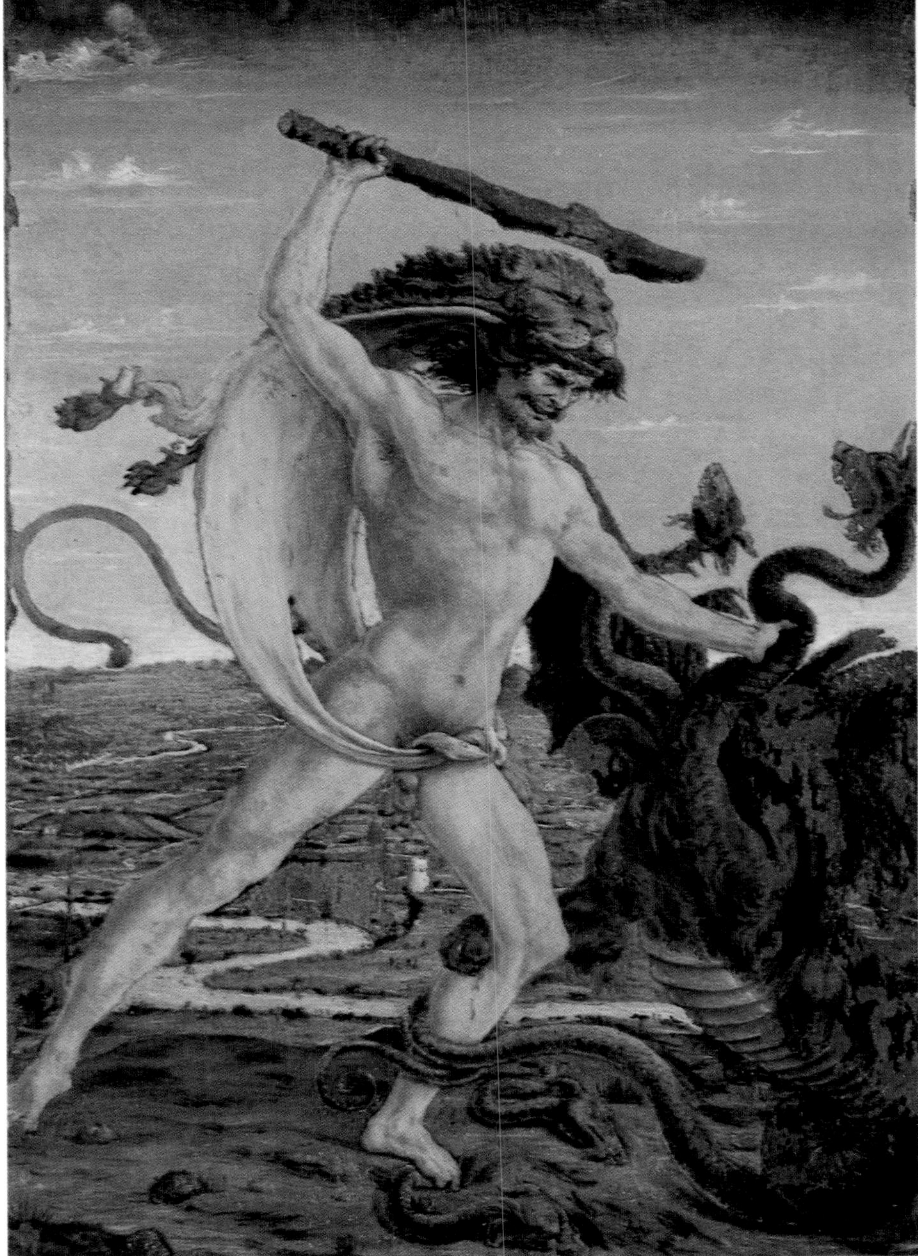

Con Antonio Pollaiuolo y con el Verrocchio se inicia la segunda generación del renacimiento florentino, que ya ha asimilado y resuelto los problemas de la perspectiva, la luz, la realidad y el valor del hombre como motor del universo. Pero plantea y soluciona otros nuevos: la introspección del alma, la expresión de los sentimientos y el movimiento. Este último se convierte en el centro de toda expresión, de la línea y de los volúmenes. Por ello aparece en la pintura y en la escultura.

Antonio Pollaiuolo se inicia en el arte como orfebre y no expresa en sus obras la visión estática de Domenico Veneziano o la monumental de Piero della Francesca, sino la exaltación de la línea que refuerza el movimiento.

En esta pequeñas tabla se pone de manifiesto la tensión del artista por expresar el esfuerzo del héroe en lucha contra el monstruo. La línea articula y organiza las formas con gran dramatismo. El paisaje, visto en lejanía, aparece amplio y abierto para no quitar importancia a la dramática escena del primer plano.

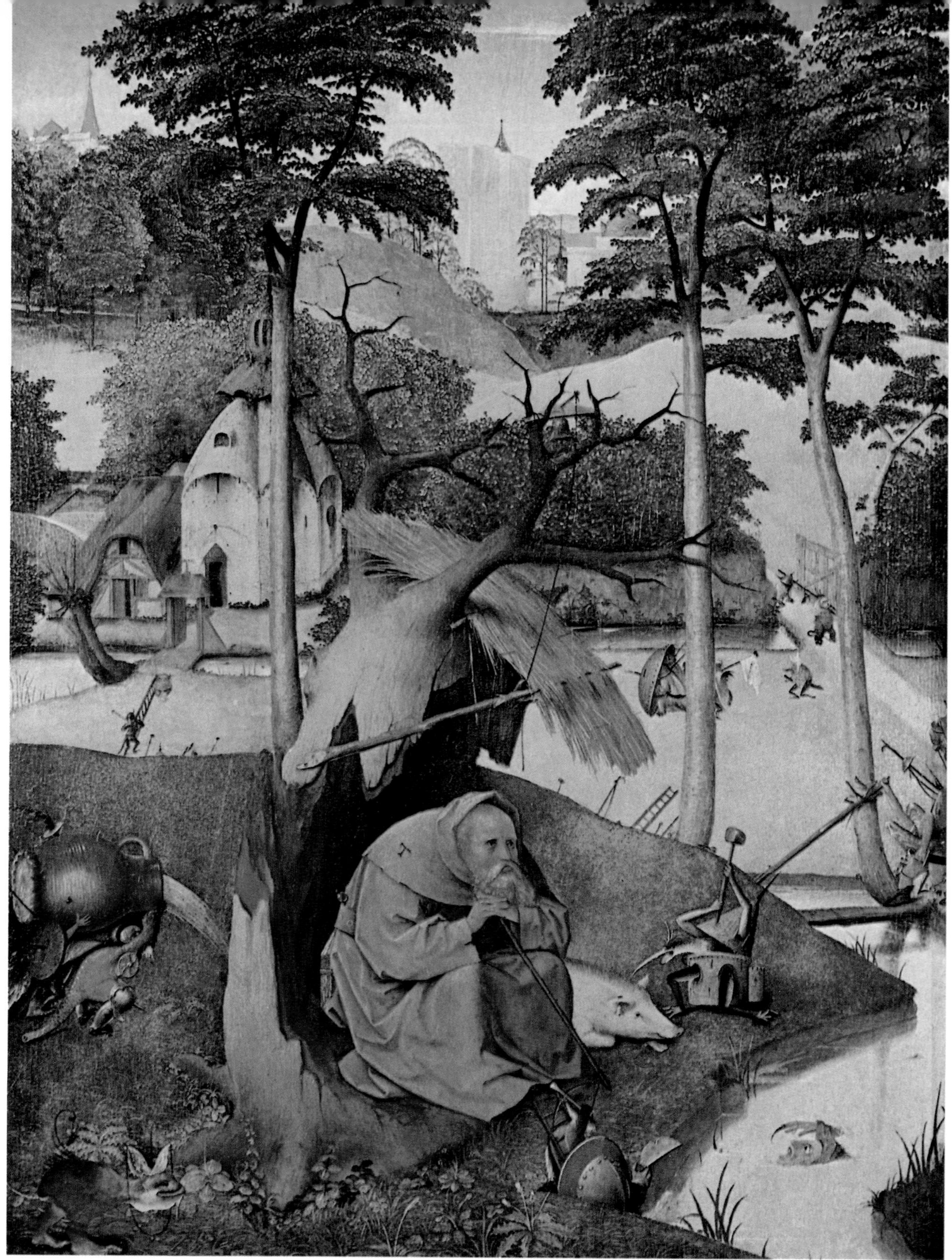

El Bosco (Hyeronimus van Aeken Bosch)
Las tentaciones de san Antonio Abad 0,70 × 0,51 Museo del Prado

Tema muy repetido en la obra del Bosco, *Las tentaciones de san Antonio Abad* son una buena ocasión para desatar su imaginación en fantasías caprichosas. Aquí, sin embargo, se ha expresado con notable sobriedad monumental, reduciendo las fantasías, que no obstante hormiguean en felices ocurrencias, como el diablo que se dispone a golpear al cerdo, el animal atributo del santo. Para algunos intérpretes del pensamiento del Bosco, lo que se pinta en esta obra es, más que las tentaciones mismas, la paz de la superación.

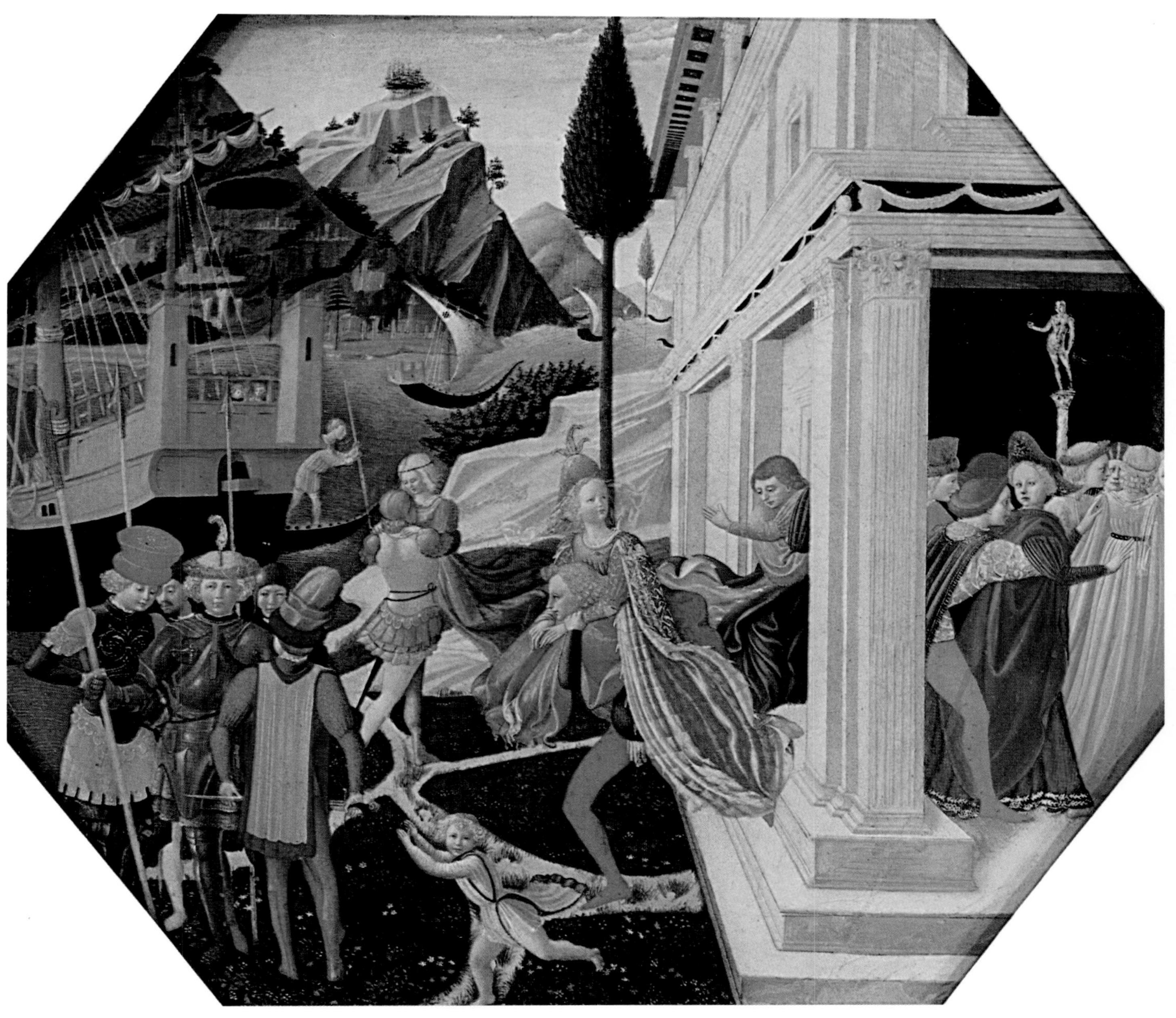

SEGUIDOR DE FRA ANGELICO *El rapto de Helena por Paris* 0,51 × 0,61 National Gallery

El argumento del cuadro se centra en la historia de Helena, cuya belleza cautivó al príncipe troyano Paris, quien la raptó. En el relato del cuadro son raptadas cuatro mujeres en el templo de Apolo y Diana ante la mirada de un niño pequeño. A la izquierda, un grupo de hombres jóvenes, presumiblemente troyanos, rodean a Paris, cubierto con armadura. Todo el cuadro respira una fuerte atmósfera de cuento de hadas, con montañas mágicas, gráciles barcos y personas con fantásticas vestiduras, cuyos pies parecen flotar en el aire. El resultado es una encantadora pintura, cuyo efecto se acentúa por la utilización de los colores pastel.

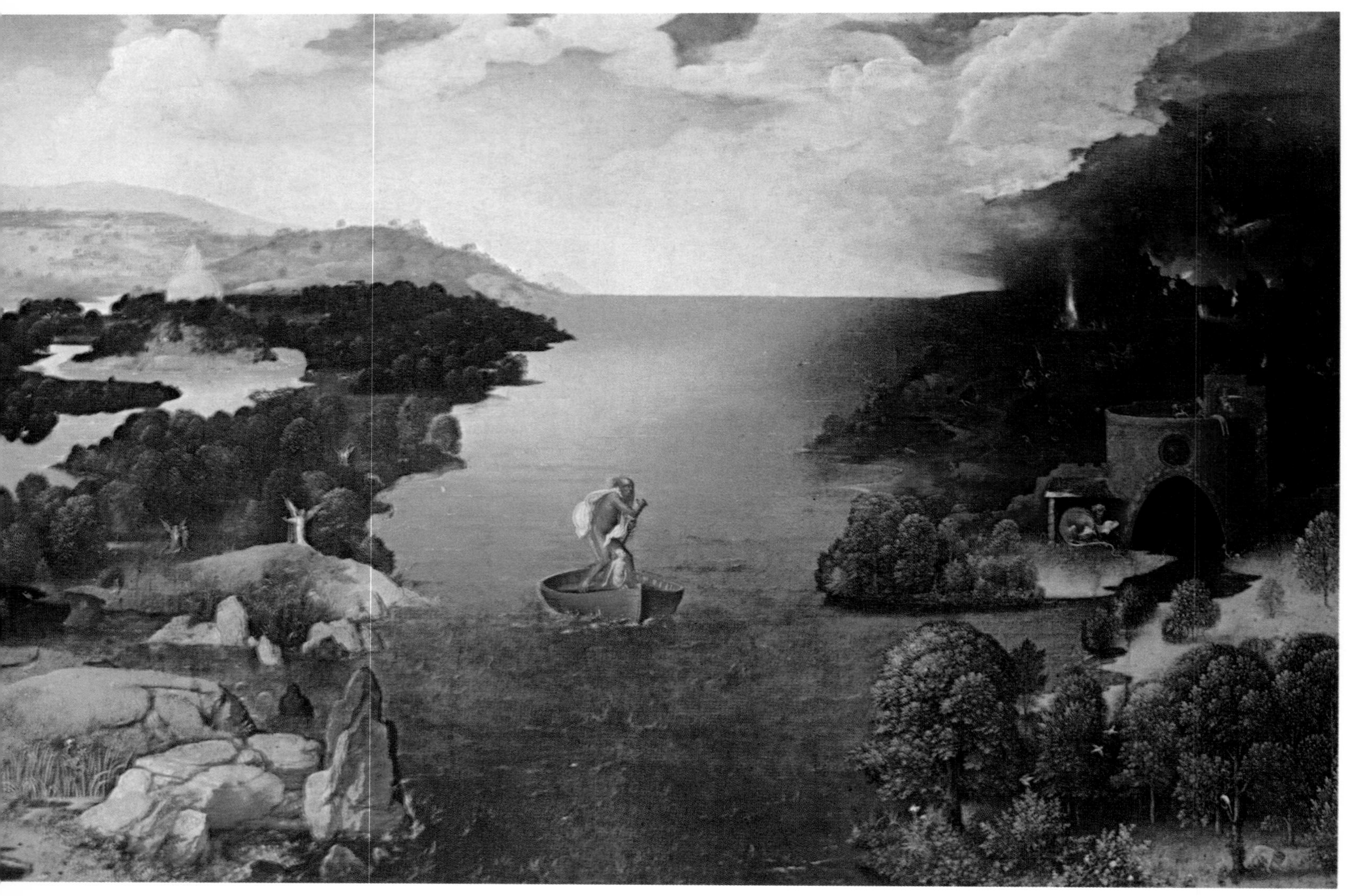

Joachim Patinir *El paso de la laguna Estigia* Tabla 0,64 × 1,03

Se señala siempre a Patinir como el fundador del paisaje nórdico, y ciertamente nadie antes de él había concedido tantísima amplitud e importancia a lo que hasta el momento había sido un simple fondo o escenario para escenas religiosas. Patinir se desentiende del asunto, que por supuesto aún sigue existiendo en sus tablas; lo limita a unos diminutos personajes a veces casi perdidos en la superficie pintada, y con frecuencia lo confía a la mano de un ayudante o colaborador. Él se entrega por completo a su visión de la naturaleza, de una amplitud y grandeza que hoy nos encanta y asombra y en la que añade, a veces, elementos de imaginación o de capricho que le aproximan a su contemporáneo el Bosco. El horizonte, muy alto siempre, favorece la visión panorámica, en la que se complace en multiplicar los accidentes y detalles, dominado todo por la tonalidad inconfundible de sus verdes y de sus azules, de delicadeza y misterio incomparables.

Aquí, el tema nos habla además del humanismo que se ha infiltrado en la devoción de los Países Bajos, y sin querer hemos de recordar la cultura clásica de un Erasmo para justificar el tema mitológico de Caronte y el cancerbero, coexistiendo con los ángeles que pueblan el paraíso o con la visión cristiana de los fuegos del infierno. La profundidad luminosa de la laguna y el contraste entre las fantásticas arquitecturas de cristal del Paraíso y las sombrías luces del Averno, hacen de esta obra maestra una de las más subyugantes de su autor.

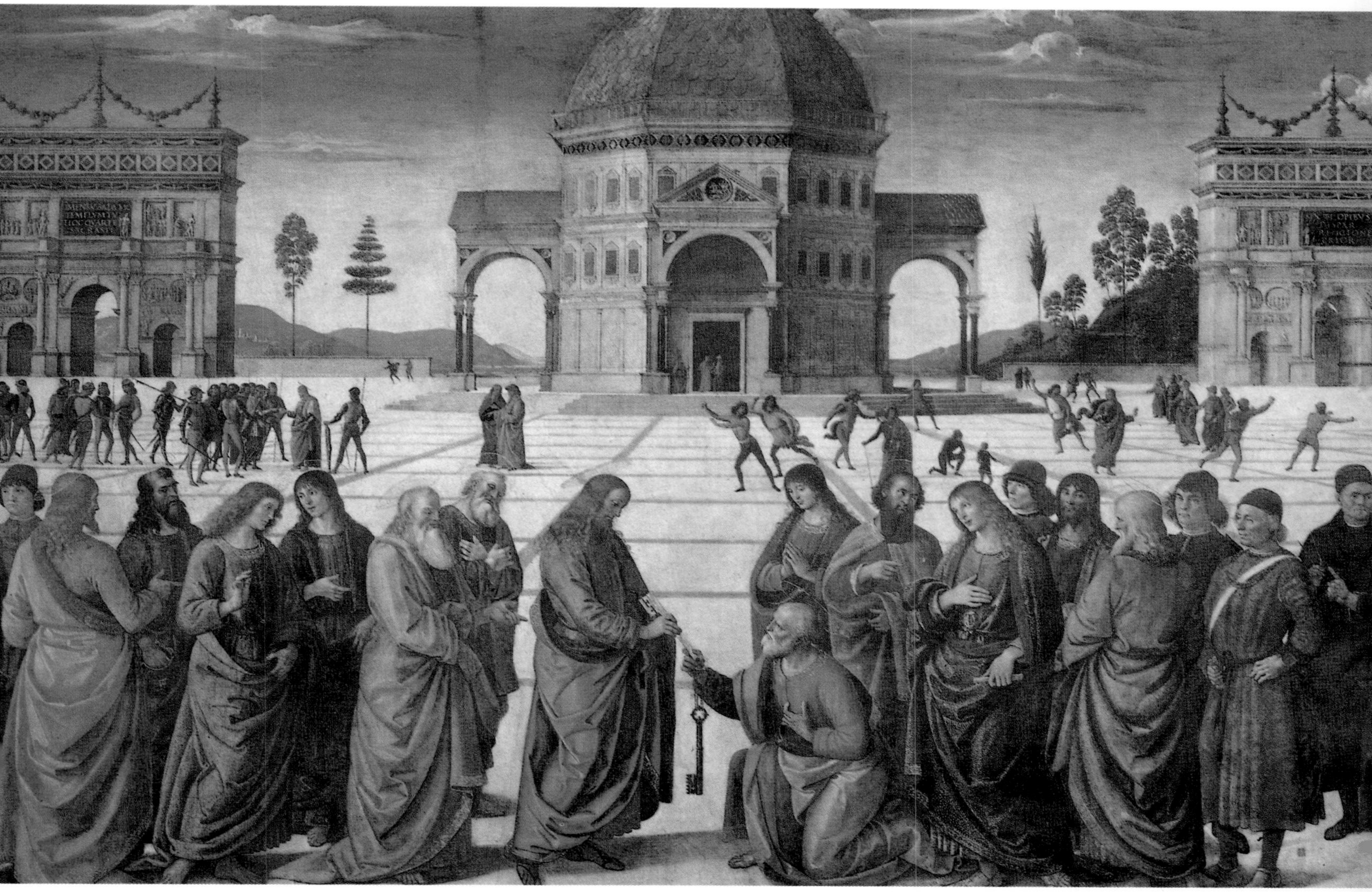

Perugino (Pietro Vannucci) *La entrega de las llaves* Capilla Sixtina

Heredero del arte luminoso de Piero della Francesca, discípulo entre 1470 y 1472 en el taller florentino de Verrocchio, ciudadano de honor de Perugia en 1485 y maestro de Rafael, Pietro Vannucci, conocido como Perugino, fue llamado por Sixto IV en 1481 para decorar, con un ciclo de *La Historia de Cristo y Moisés*, la capilla que tomó el nombre del papa. Sin que se hayan establecido con exactitud sus responsabilidades y autoridad, puede decirse que asumió la dirección del eximio grupo de pintores de finales del *quattrocento* que dejaron aquí sus obras maestras. Ghirlandaio, Botticelli, Rosselli, Pinturicchio, Piero di Cosimo y Bartolomeo de la Gatta entre los más conocidos.

En *La entrega de las llaves*, Perugino creó un espacio de excepcional claridad donde las rígidas leyes de la perspectiva, uno de los más importantes descubrimientos del Renacimiento, aparecen explícitas en el enlosado del pavimento. En un primer plano se encuentran dos grupos simétricamente dispuestos detrás de Cristo y de san Pedro, el cual recibe el simbólico atributo del doble poder de la Iglesia (terrenal y espiritual). En las escenas del fondo se narra el intento de lapidación de Cristo –análogo asunto que la *Lapidación de Moisés* de Botticelli– y a ello se hace referencia en la inscripción sobre el fresco: *"Conturbatio Jesu Christi Legislatoris"*. El edificio octogonal del centro representa el Templo de Salomón y a ambos lados aparecen dos rrcos de triunfo inspirados en el de Constantino.

VITTORE CARPACCIO
La predicación de san Esteban 1,52 × 1,95 Museo del Louvre

Este cuadro formaba parte de un conjunto hoy disperso, consagrado a la historia de san Esteban. El veneciano Carpaccio hace gala en él de un ágil estilo narrativo y una gran riqueza de colorido, en una evocación suntuosa, pintoresca y materialista en cierto sentido. La escena se desarrolla en Jerusalén, y el complicado decorado, fantástico tanto en lo que respecta a los ropajes como a la arquitectura, nos recuerda la importancia que Oriente tenía para una Venecia lo suficientemente interesada por Constantinopla y por la corte de Mehmet II como para que esta ciudad proporcionara los elementos de una representación pintoresca de Jerusalén.

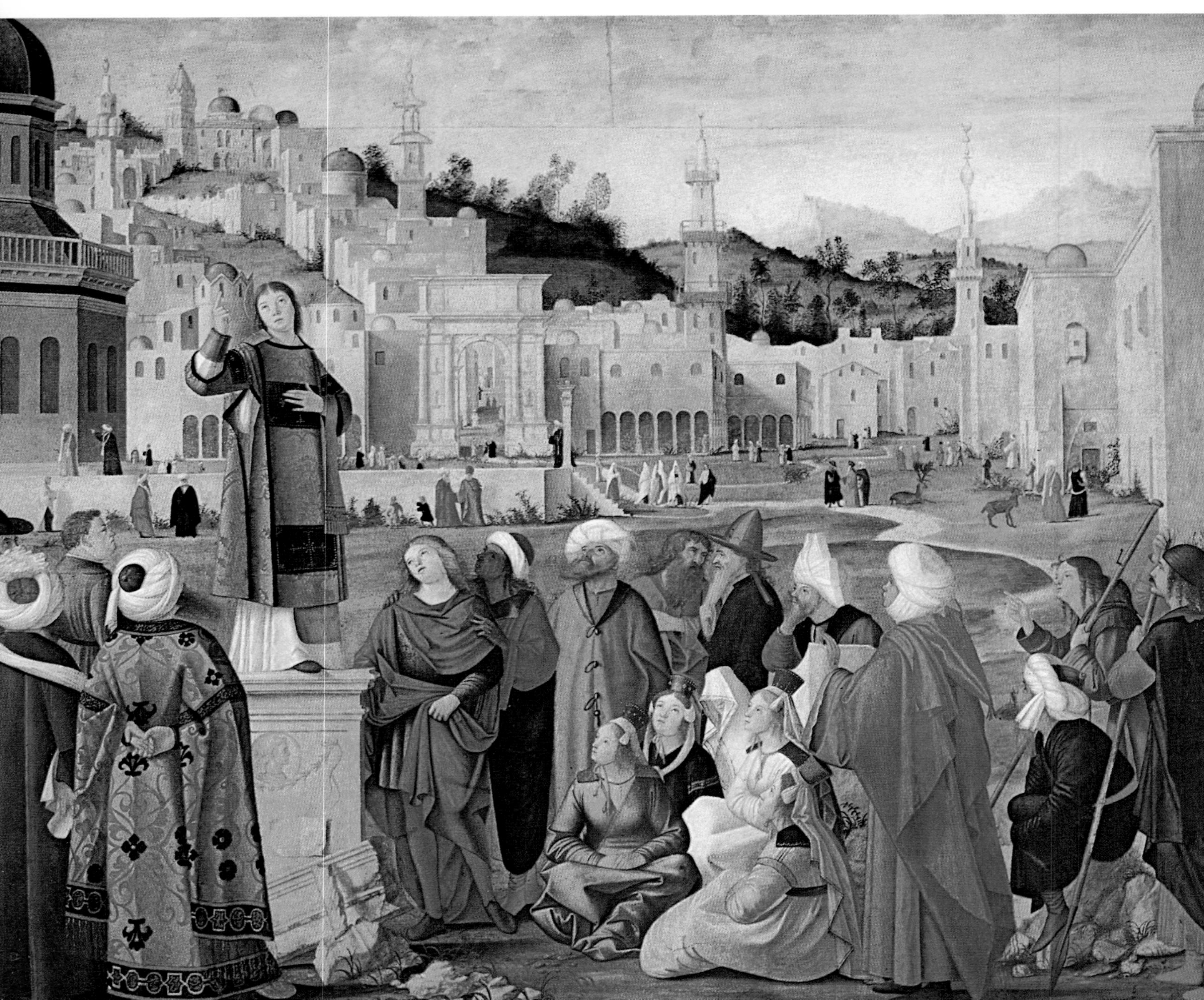

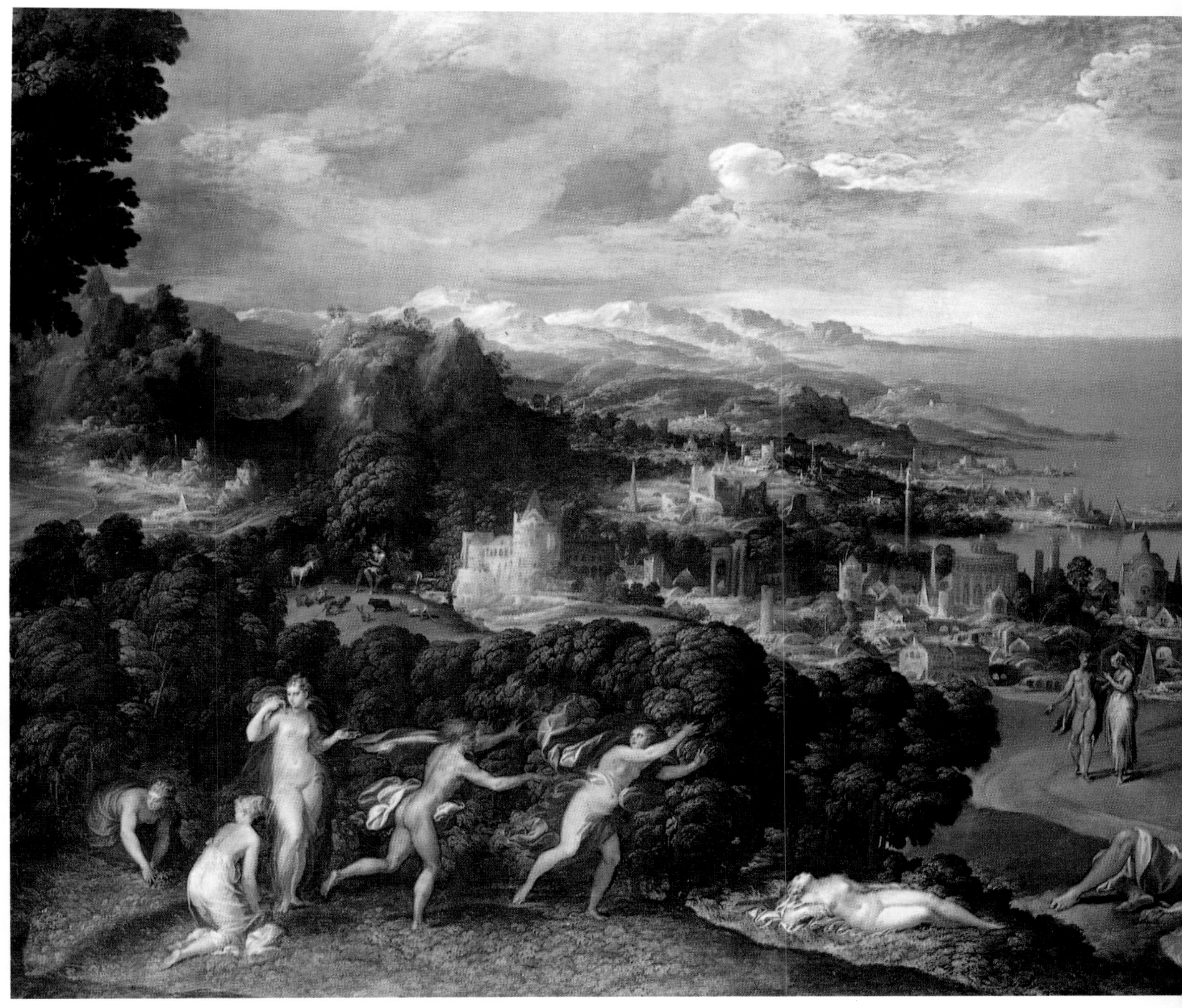

NICCOLÒ DELL'ABBATE (atribuido) *La historia de Aristeo* 1,89 × 2,36 National Gallery

El autor de esta obra fue, probablemente, Niccolò dell'Abbate, que nació en Módena y trabajó en Bolonia, pero al que se asocia con preferencia al arte francés. En 1552 se trasladó a Francia, para trabajar en la corte de Francisco I.

La fantasía envuelve el vasto paisaje del cuadro, a través de bosques, campos, mar y montañas. Los edificios de las ciudades y los puertos contienen fabulosos palacios, templos, torres, campanarios, sólo existentes en la imaginación, y las pequeñas figuras humanas, como si fueran de porcelana, sólo parecen existir en sueños.

Las historia de Virgilio sobre Aristeo recoge las míticas figuras de Orfeo y su esposa Eurídice. Ésta muere al pisar una serpiente, huyendo de los requerimientos amorosos de Aristeo, representados ambos en el centro de la composición. Cerca, las ninfas recogen flores, sin percatarse de la muerte de Eurídice. Más alejado, Orfeo, al que rodean los animales atraídos por el tañido de su lira, tampoco puede evitar la tragedia. A un lado, se ve de nuevo a Aristeo, consultando a su madre Cirene la causa de la muerte de sus abejas. Cirene le envía a Proteo, divinidad marina representada en el ángulo inferior, quien le explica que se trata de un castigo por la muerte de Eurídice.

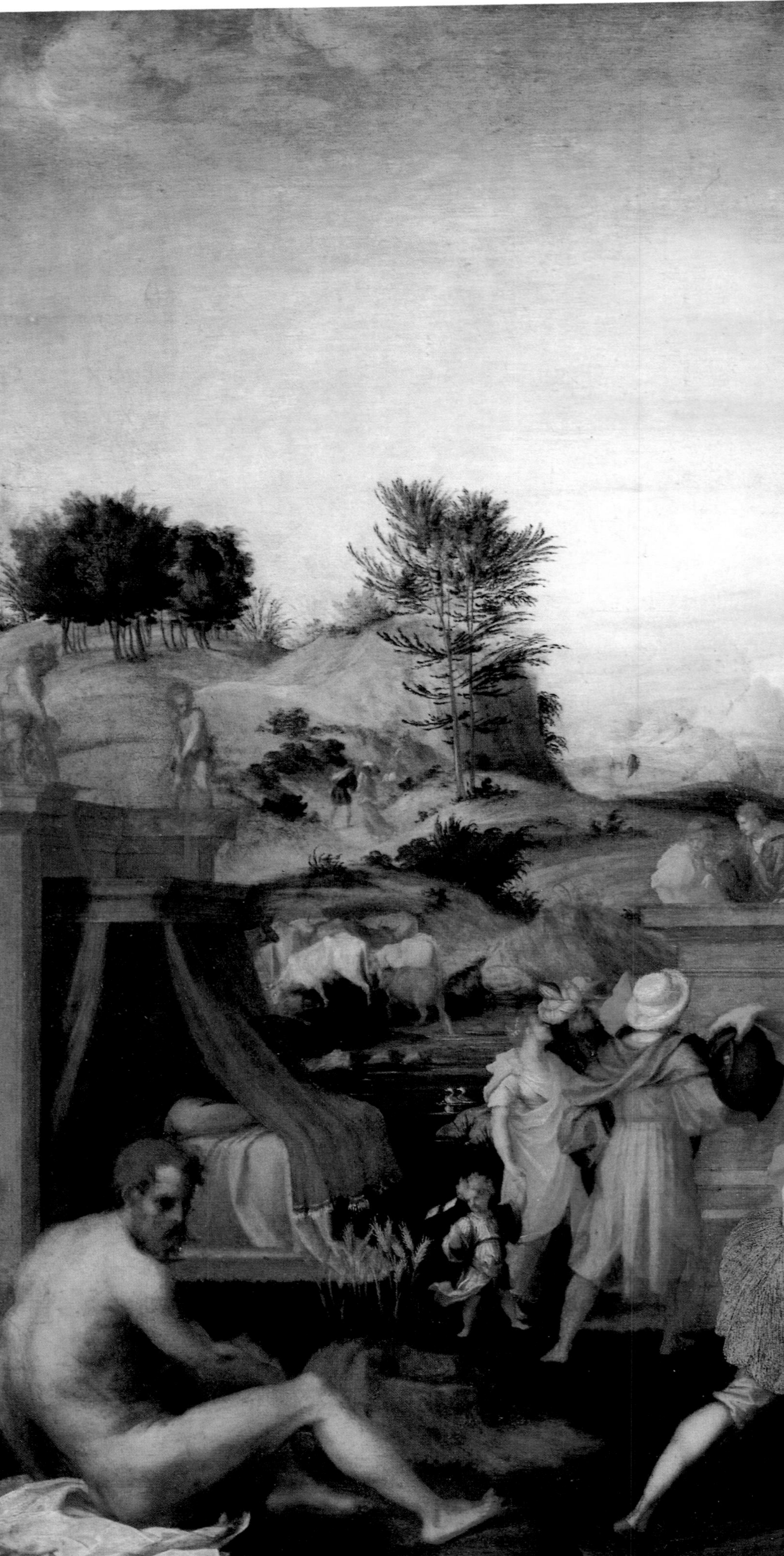

ANDREA DEL SARTO
Historias de José
0,35 × 1,98
Palacio Pitti

Esta pintura fue realizada para la cámara nupcial de Pier Francesco Borgherini, donde permaneció hasta 1584, cuando Francisco I de Médicis la adquirió para sus colecciones. En la decoración del mismo aposento intervinieron Francesco Granacci y Pontormo.

Las *Historias de José* y sus hermanos las narra Andrea del Sarto con criterio de continuidad en los hechos y con afortunada observación del paisaje y del ambiente. En esta tabla pueden verse de izquierda a derecha: el sueño del faraón, José encarcelado y José interpretando el sueño al faraón, quien, en el centro, le recompensa con un collar de oro. Aparecen aquí planteados y resueltos problemas de color vivo, en ocasiones un tanto disgregado, así como de luz. El movimiento queda reflejado en el agrupamiento y separación de figuras y masas, pintadas con detalles precisos como el perro blanco situado junto al joven de espaldas, próximo a la escalera inundada de luz. Algunas fantasías y tonalidades hacen pensar en los pintores venecianos, mientras que las arquitecturas dibujadas con vigorosa perspectiva florentina son como una concesión a la libertad que confiere al conjunto sabor de fábula.

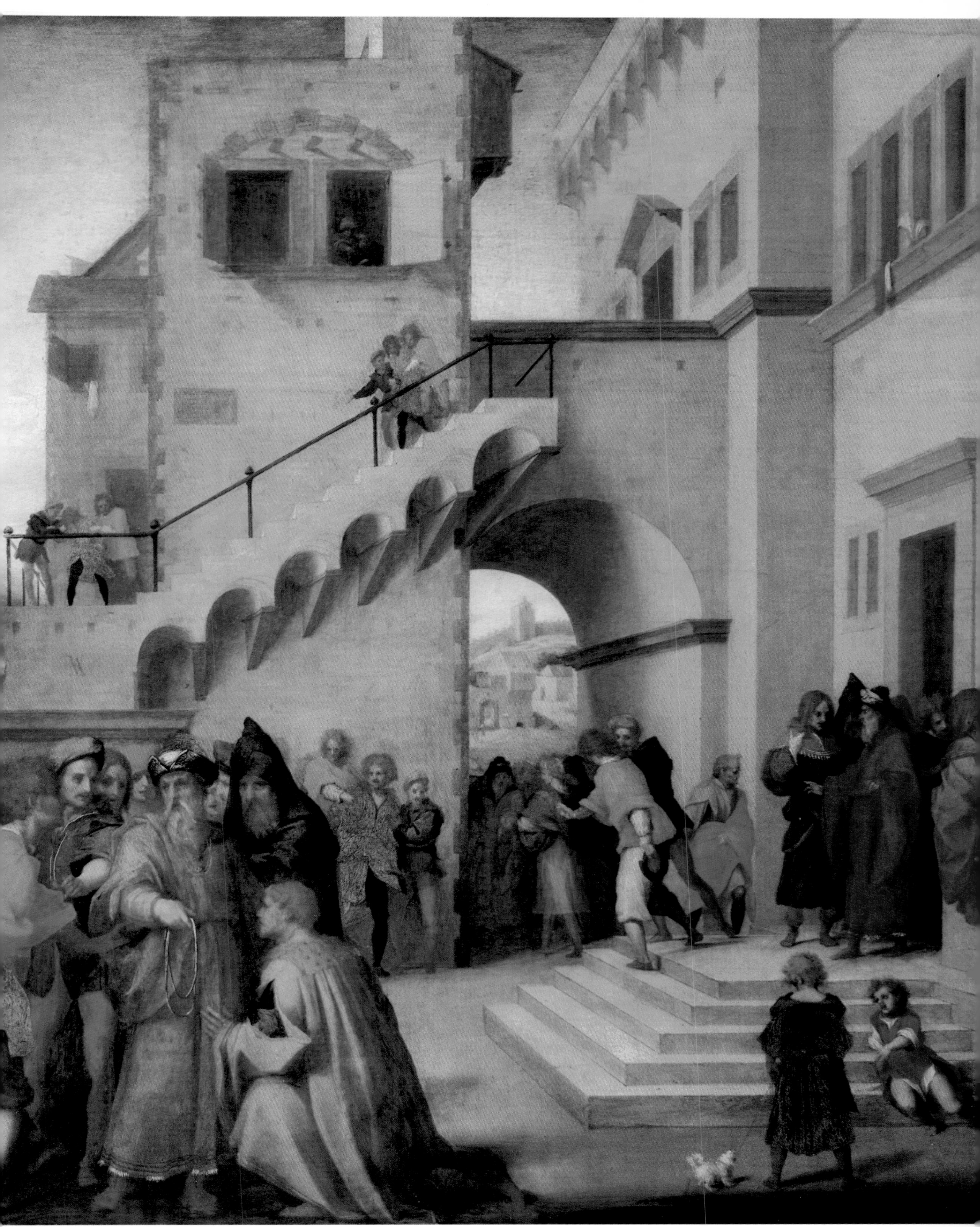

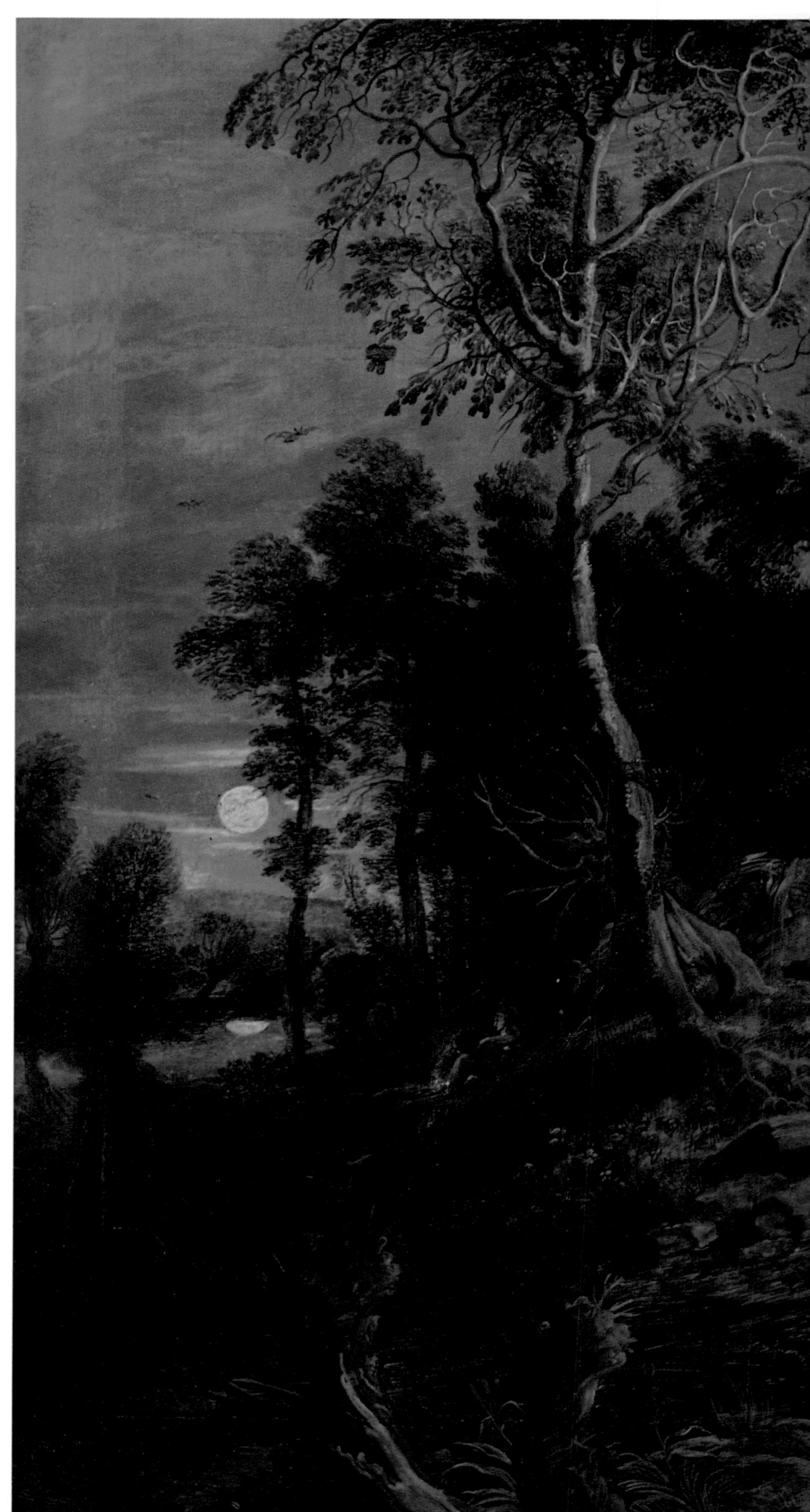

PETER PAUL RUBENS
Paisaje con carreteros transportando piedras
0,87 × 1,29
Museo del Ermitage

Rubens, por su polifacetismo, puede compararse únicamente con los titanes del Renacimiento. Era un pintor genial y culto que poseía un indudable don literario y era un brillante diplomático. No existían en sus obras barreras temáticas: pintaba retratos, cuadros históricos, mitológicos y religiosos, distintas alegorías, etc. En muchos de sus trabajos se manifiesta como un profundo filósofo.

Paisaje con carreteros transportando piedras es una de las obras más notables del artista. En ella se evidencia el profundo amor hacia la naturaleza, la tendencia filosófica y la maestría pictórica inigualable. La parte central de la composición la ocupa un abrupto macizo rocoso, cubierto por una intransitable espesura de árboles. Es como si el macizo personificara las ciegas, pero poderosas fuerzas que se cruzan en la vida del hombre. Tratando de superar la zona rocosa, avanza el carro cargado de piedras. El camino es difícil y los carreteros ponen todo su empeño para que el carro no vuelque. Esta escena representa la lucha del hombre con la naturaleza. El paisaje suscita un cierto asombro, pues el lado derecho está inundado de sol y en él reina el día, mientras que en el lado izquierdo la luna alumbra, y se refleja en las tranquilas aguas del río. Se podría suponer que con tal contraste el pintor quiso decir que tanto el trabajo humano, que nunca cesa, como todas las preocupaciones en él puestas, son eternos.

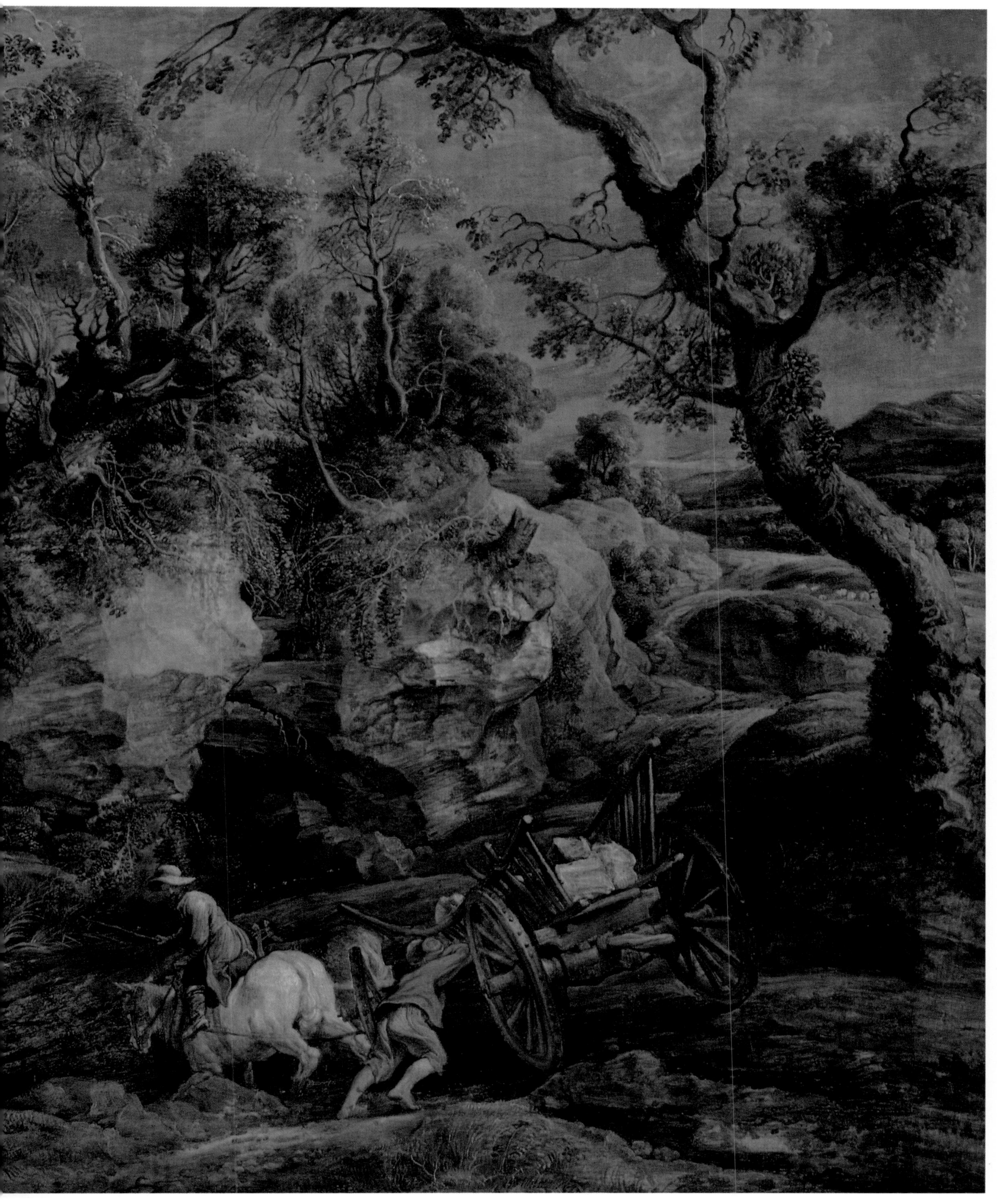

NICOLAS POUSSIN

Polifemo en un paisaje 1,50 × 1,98 Museo del Ermitage

En el s. XVII los pintores franceses prácticamente no representaban paisajes reales. Se imponía el paisaje clásico, muy enmarcado dentro de una serie de esquemas bastante rígidos, lo que otorgaba a las obras caracteres fríos y convencionales. Los cuadros de Nicolás Poussin, aunque responden a la severidad clasicista, difieren, sin embargo, drásticamente de los trabajos de otros pintores por su contenido profundamente filosófico.

En *Polifemo en un paisaje,* cuadro inspirado en *Las Metamorfosis* de Ovidio, se desarrolla la idea de la grandeza y el poder de la naturaleza y sus vínculos con el hombre. En el centro de la composición se sitúa Polifemo. Sentado sobre una alta montaña expresa todo su amor a la ninfa Galatea interpretando suaves melodías con la flauta. Es tan grande la fuerza de sus sentimientos que se ha convertido, él que era un terrible monstruo, en un tierno enamorado. Paisaje, ninfas, sátiros e inclusive simples mortales como el labrador que detiene su trabajo, se unen extasiados ante la melancolía que transmite el protagonista.

Abajo, en el detalle, tres ninfas sometidas a la magia de la música.

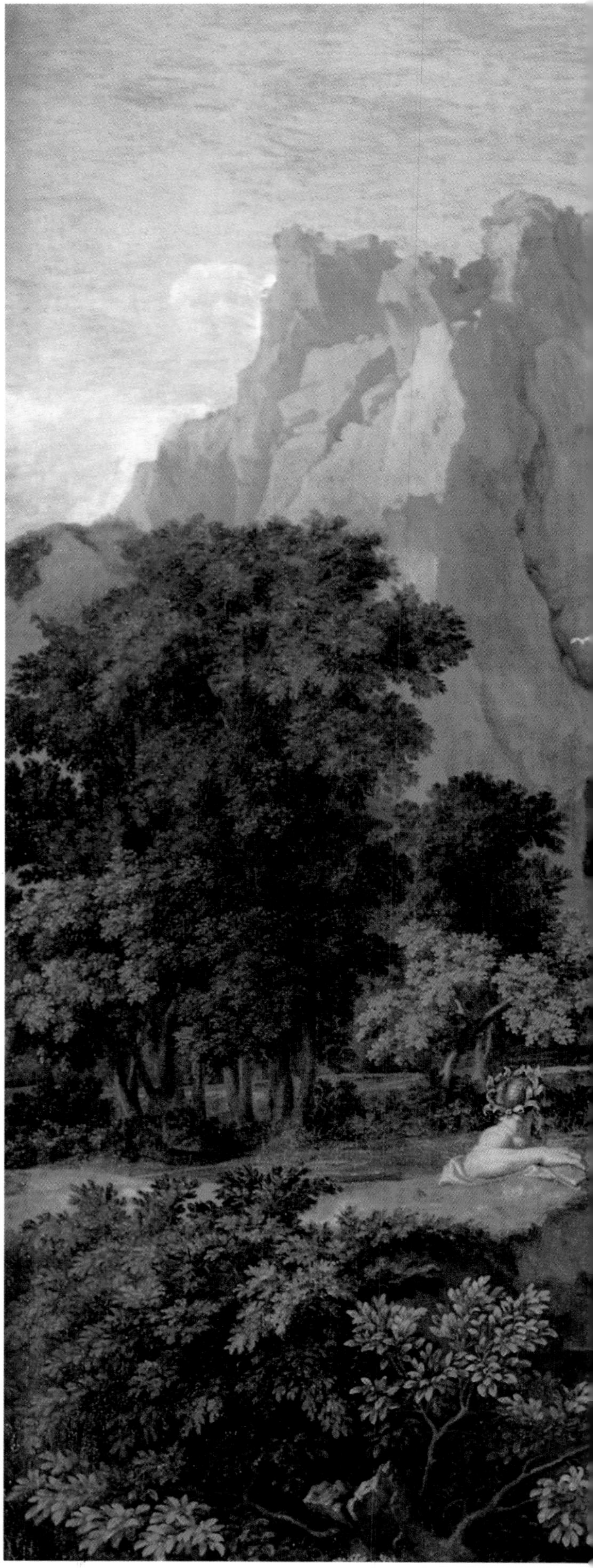

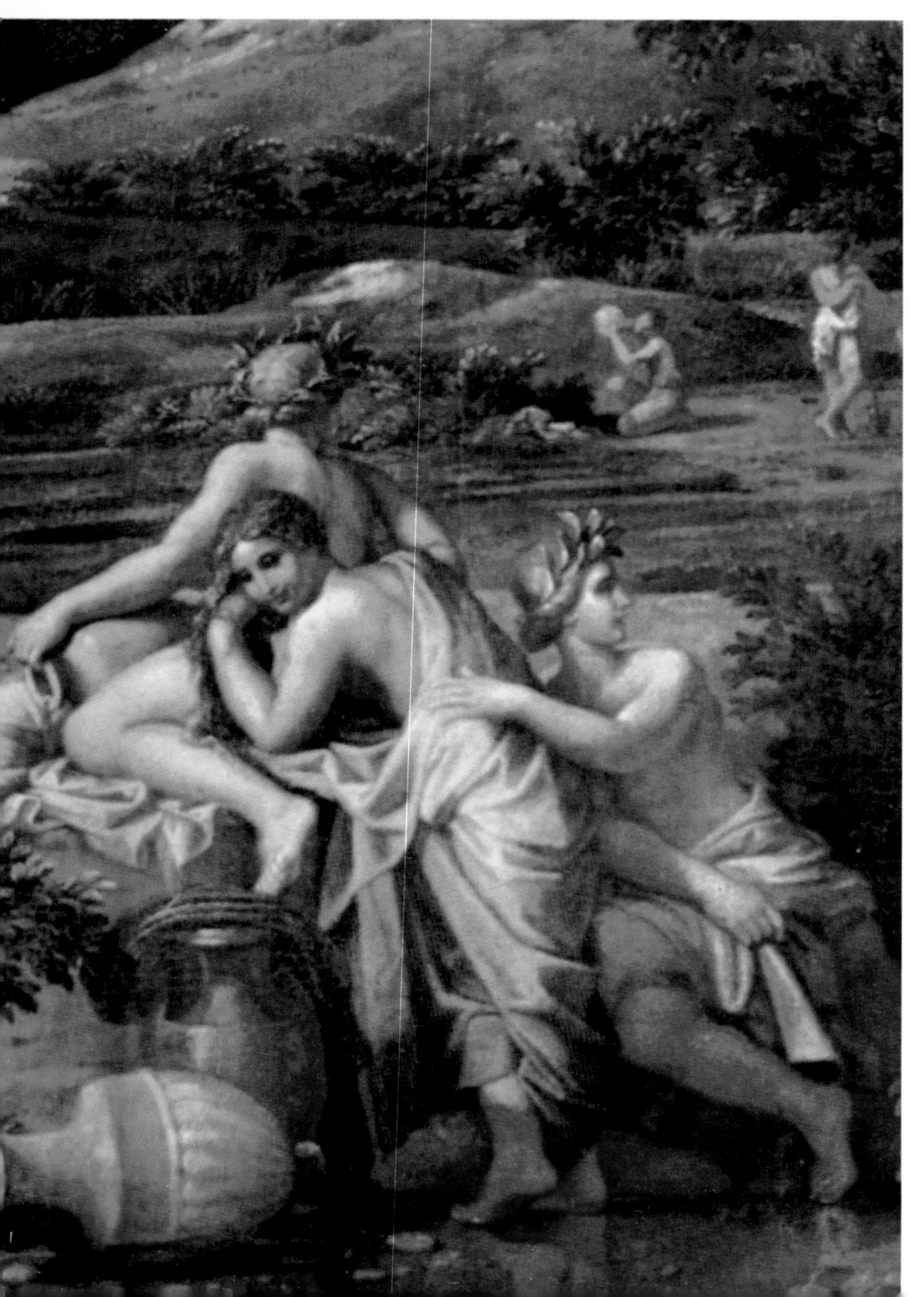

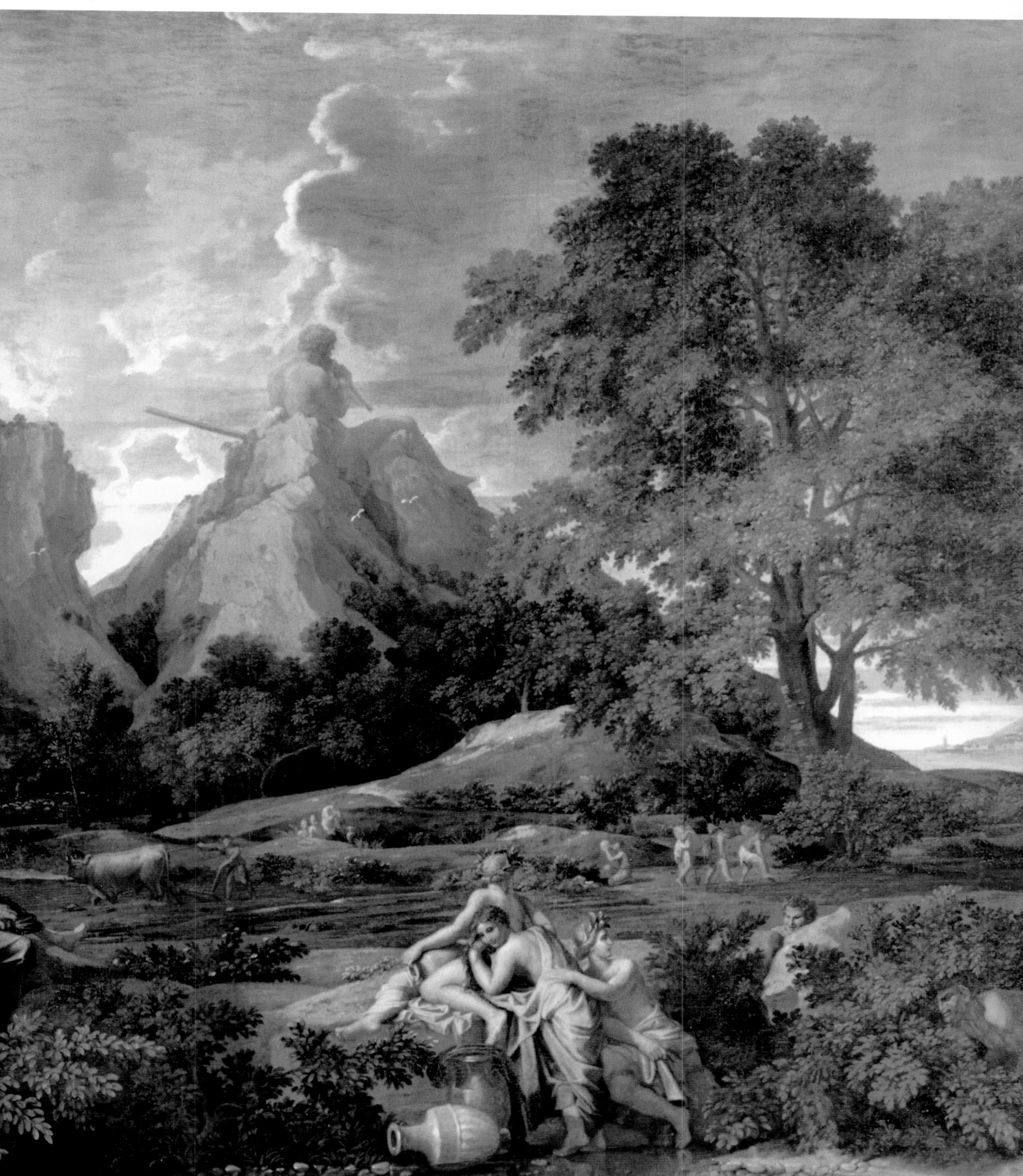

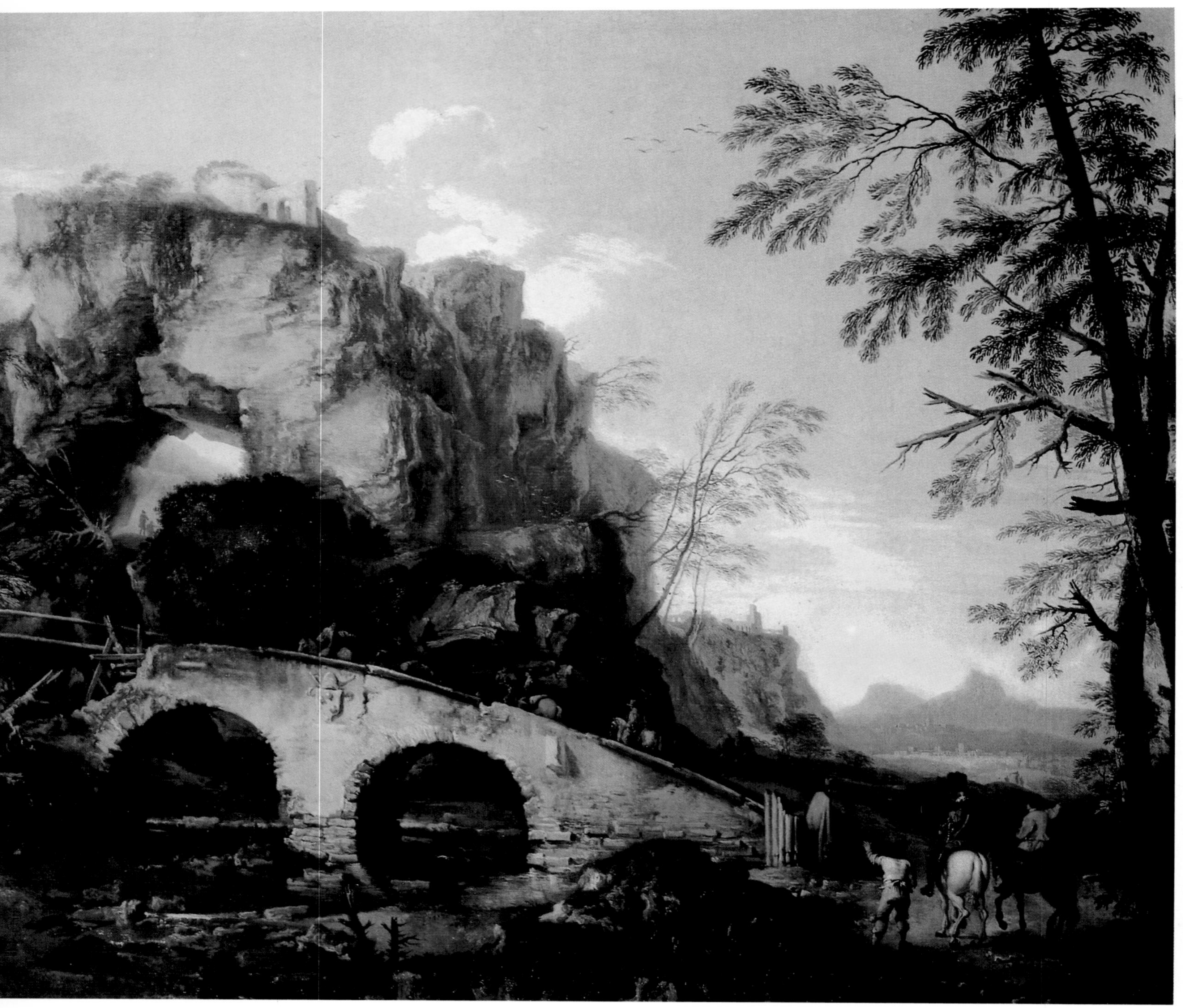

SALVATORE ROSA
El puente roto 1,06 × 1,27 Palacio Pitti

En esta obra, al igual que en otros paisajes, Salvatore Rosa parece rebelarse contra la pomposa fastuosidad de la pintura del s. XVII. Se expresa con una viva adhesión a lo verdadero, aunque dejando libertad a la fantasía, que se manifiesta en los colores cálidos, dorados y vibrantes y en la gran composición de rocas perforadas, colinas con restos de ruinas y la grandiosidad de los árboles con ramas cortadas bruscamente. Los colores se aplican mediante pinceladas veloces, que parecen imprimir movimiento a los cielos colmados de nubes. Las personas ocupan un segundo lugar ante la gran potencia de los elementos de la naturaleza. La ruina del puente roto queda plasmada con gran realismo.

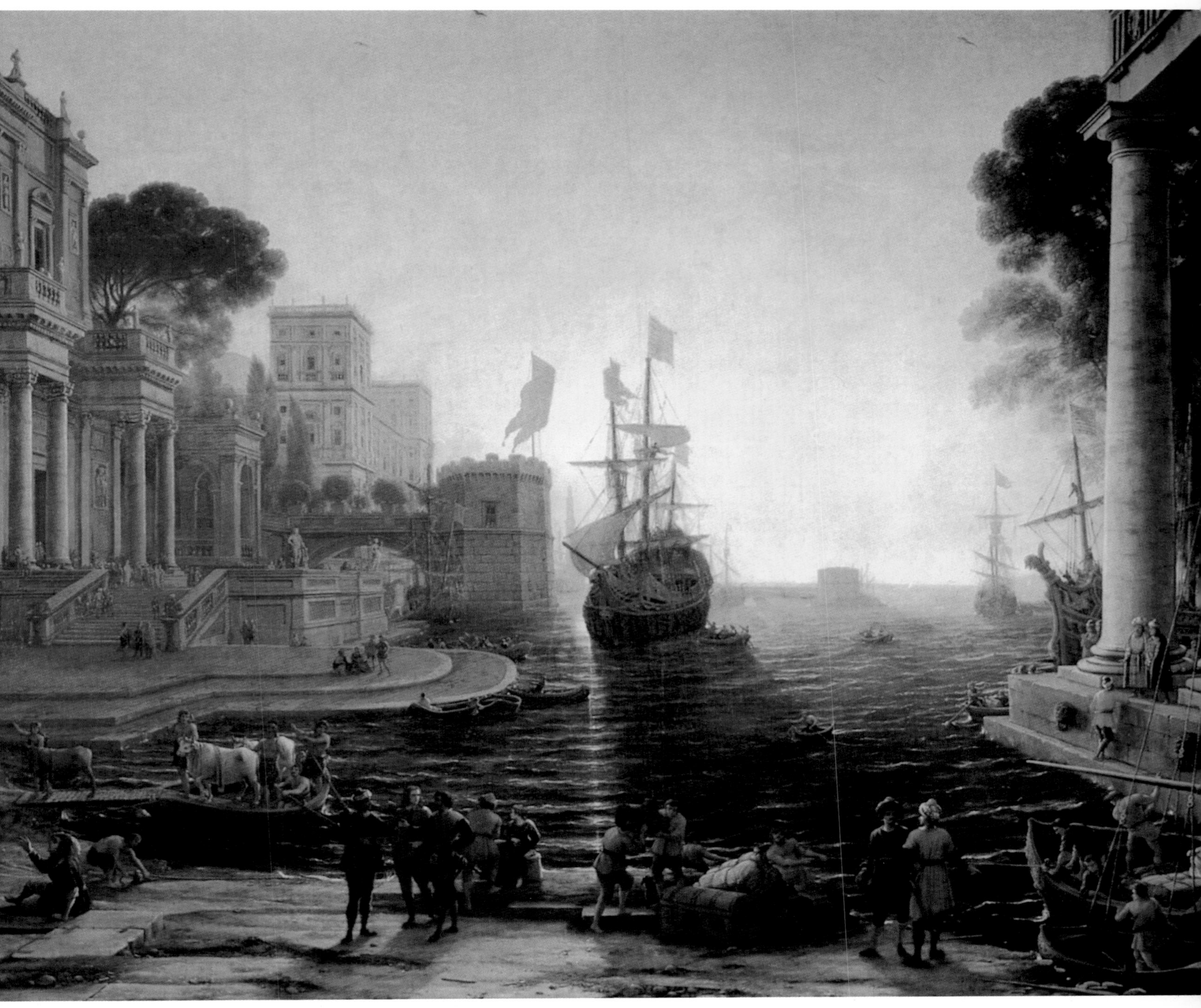

Claudio de Lorena (Claude Gellée)
Ulises devuelve a Criseida a su padre 1,19 × 1,50 Museo del Louvre

Como Poussin, el lorenés Claude Gellée desarrolló la mayor parte de su carrera en Italia, y murió en Roma. Gran dibujante del natural, estudia con la pluma y la aguada los medios para evocar el espacio y los reflejos mediante contrastes luminosos, y esta preocupación vuelve a encontrarse en su pintura. Sus cuadros, si bien se inspiran en composiciones de paisajes o de arquitecturas en cuyo ritmo se inscriben personajes de temas clásicos, expresan los variados juegos de la luz y el pintor es, en ese sentido, uno de los primeros en determinar un paisaje en función de la intensidad de la iluminación y de los matices de la atmósfera, anunciando así la representación impresionista de una realidad luminosa constantemente efímera.

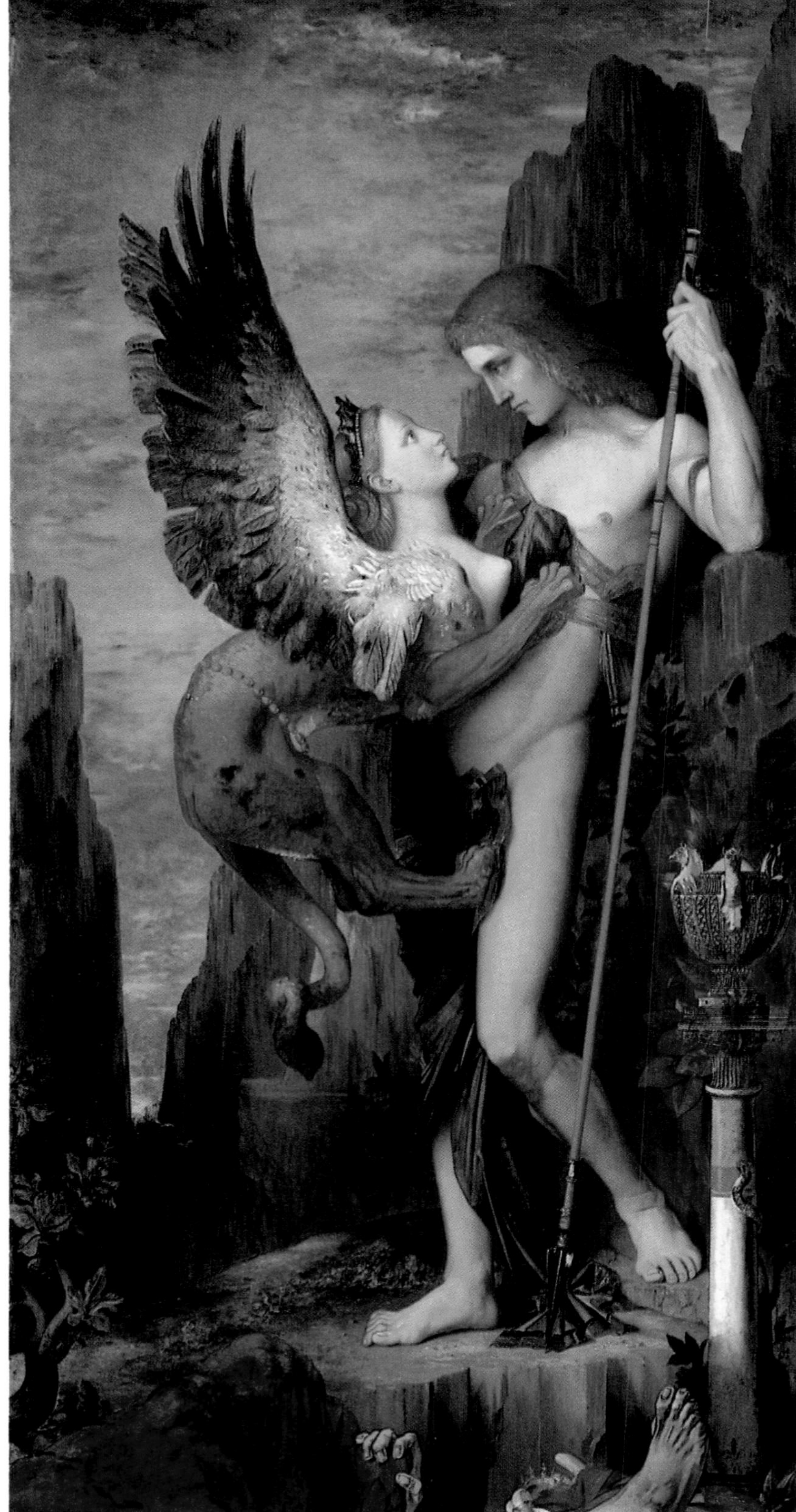

GUSTAVE MOREAU
Edipo y la Esfinge 2,06 × 1,04
Museo de Arte Metropolitano

La interpretación que Moreau hizo del mito griego de *Edipo y la Esfinge* se inspira en la obra de Ingres del mismo nombre, que data de 1808. Ambos pintores escogieron el momento en que Edipo se enfrenta con el monstruo en un paso rocoso de las afueras de Tebas. A diferencia de sus otras víctimas, Edipo pudo resolver el enigma y así pudo salvarse a sí mismo y a los tebanos. Esta pintura tuvo un gran éxito en el Salón de 1864; ganó una medalla y confirmó la reputación de Moreau. Los críticos ofrecieron múltiples interpretaciones del tema: se pensó que Edipo simbolizaba al hombre contemporáneo.

HENRI ROUSSEAU "EL ADUANERO"
Tigre en un bosque tropical bajo una tormenta 1,29 × 1,62 National Gallery

Henri Rousseau (llamado *Le Douanier* –El Aduanero– porque trabajaba en un control de peaje, en las afueras de París) fue autodidacto muy admirado por los pintores vanguardistas de principios de siglo. En 1908 se le ofreció en París una cena de homenaje, en el estudio de Picasso, pero sus cuadros no fueron apreciados hasta más tarde. Ofrece un estilo primitivo con temas imaginativos que contrastaban con las escenas de la vida normal que pintaban los impresionistas y que ya gozaban de un amplio favor del público.

El cuadro que nos ocupa fue el primero de los muchos que el artista dedicó al tema de la jungla. La pintura está llena de colorido, con el follaje, la lluvia cayendo con fuerza y el tigre agazapado. El dibujo aparece infantil, un tanto *naïf*, pero de gran impacto, lo que ha hecho que se convierta en un cuadro muy admirado entre los pertenecientes a la National Gallery.

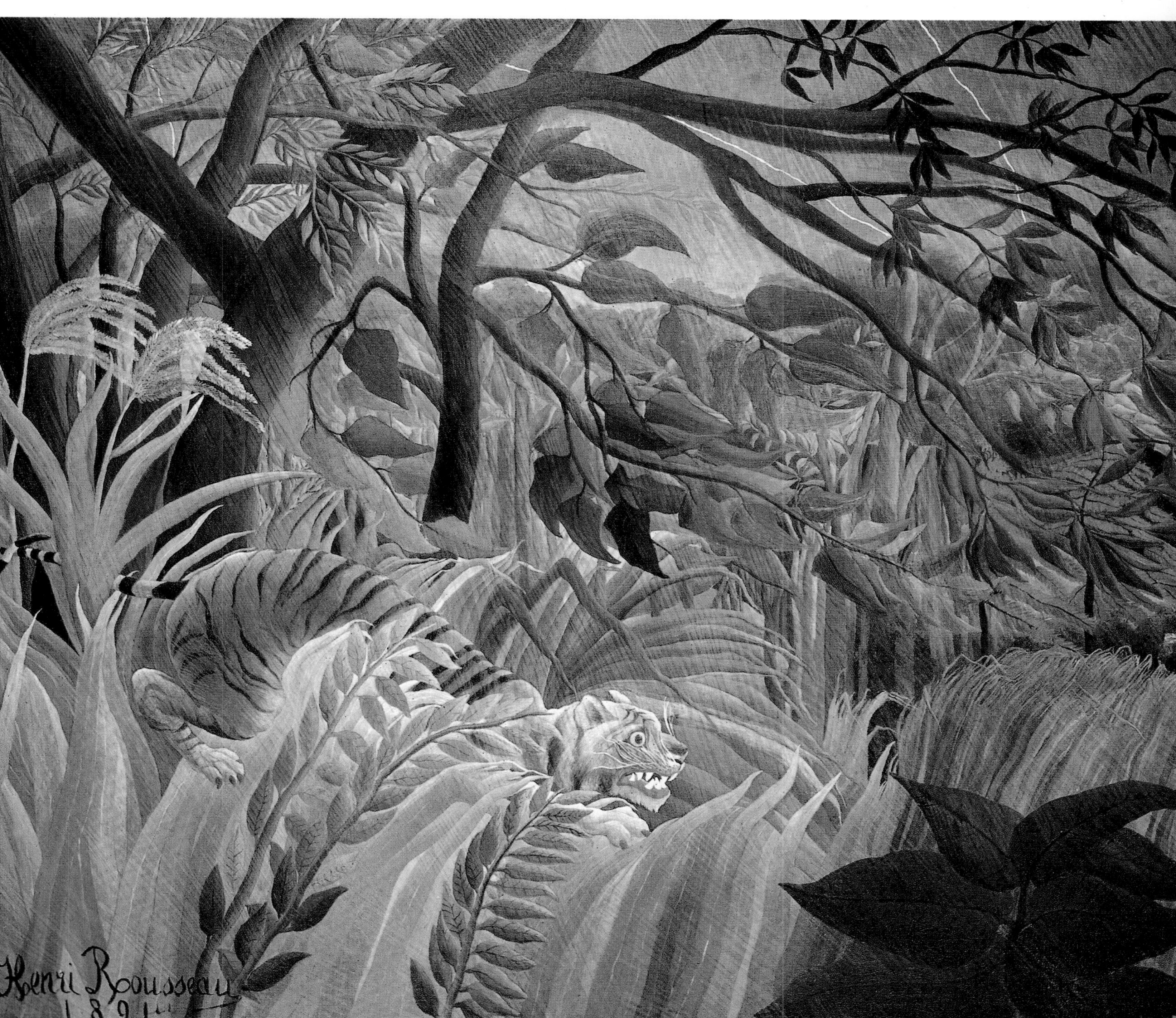

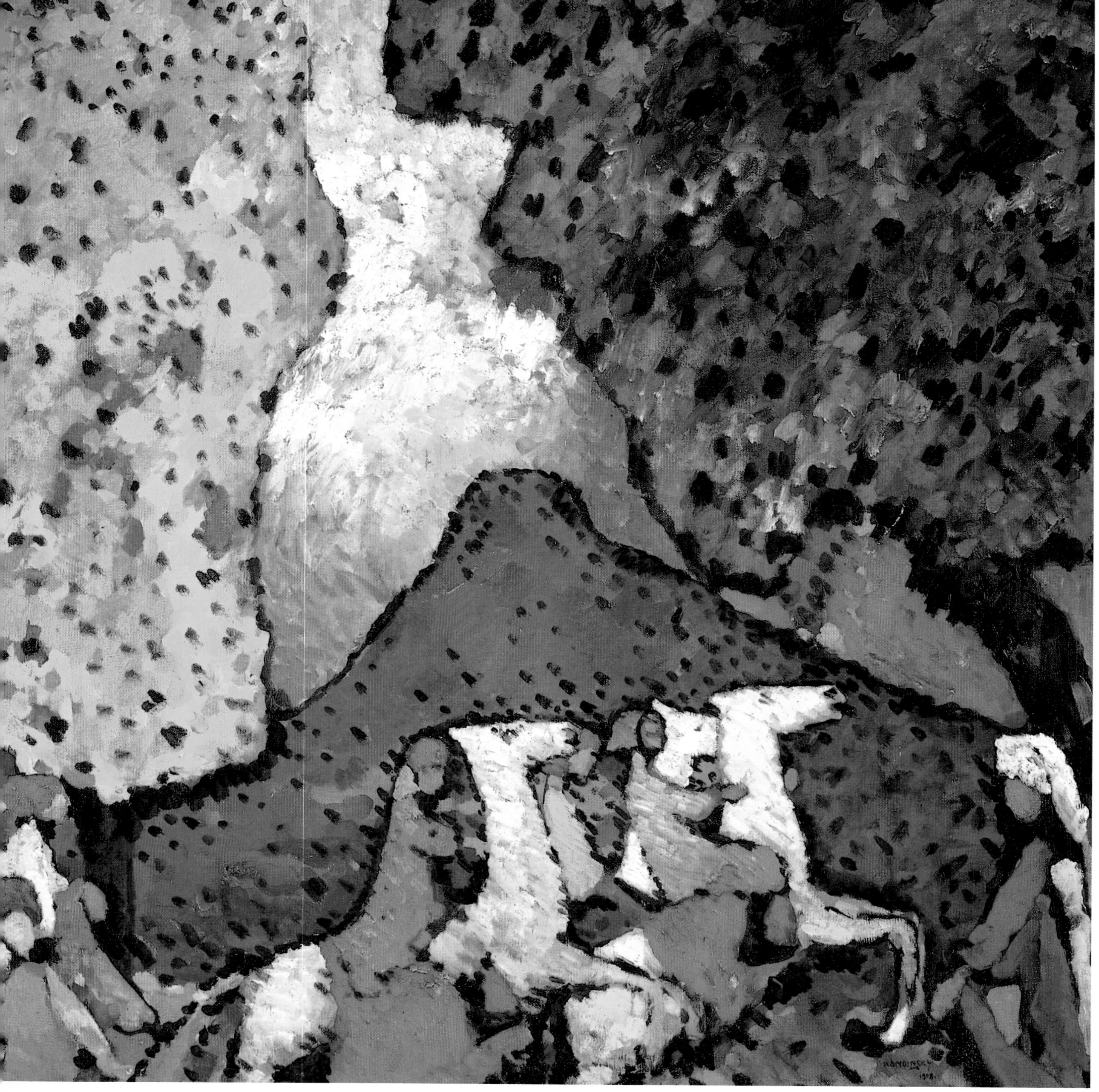

Wassily Kandinsky
La montaña azul 1,06 × 0,96 Museo Guggenheim

La montaña azul data de un período de transición en la carrera de Kandinsky, en el que la figuración va perdiendo fuerza en aras de lo abstracto. Mediante superficies planas, azules, rojas y amarillas, el autor enfatiza la verticalidad ascendente de esta composición, que desarrolla el tema de un caballo y su jinete, recurrente en su obra.

Marc Chagall
La aldea y yo 1,92 × 1,51 MoMA

El "soñador" de esta pintura es una improbable, aunque atractiva, vaca. La composición inestable incluye figuras y edificios cabeza abajo, provocando con ello una sensación de rareza. Estas formas ingenuas y encantadoras tienen parentesco igualmente con los mundos oníricos explorados años después por los surrealistas.

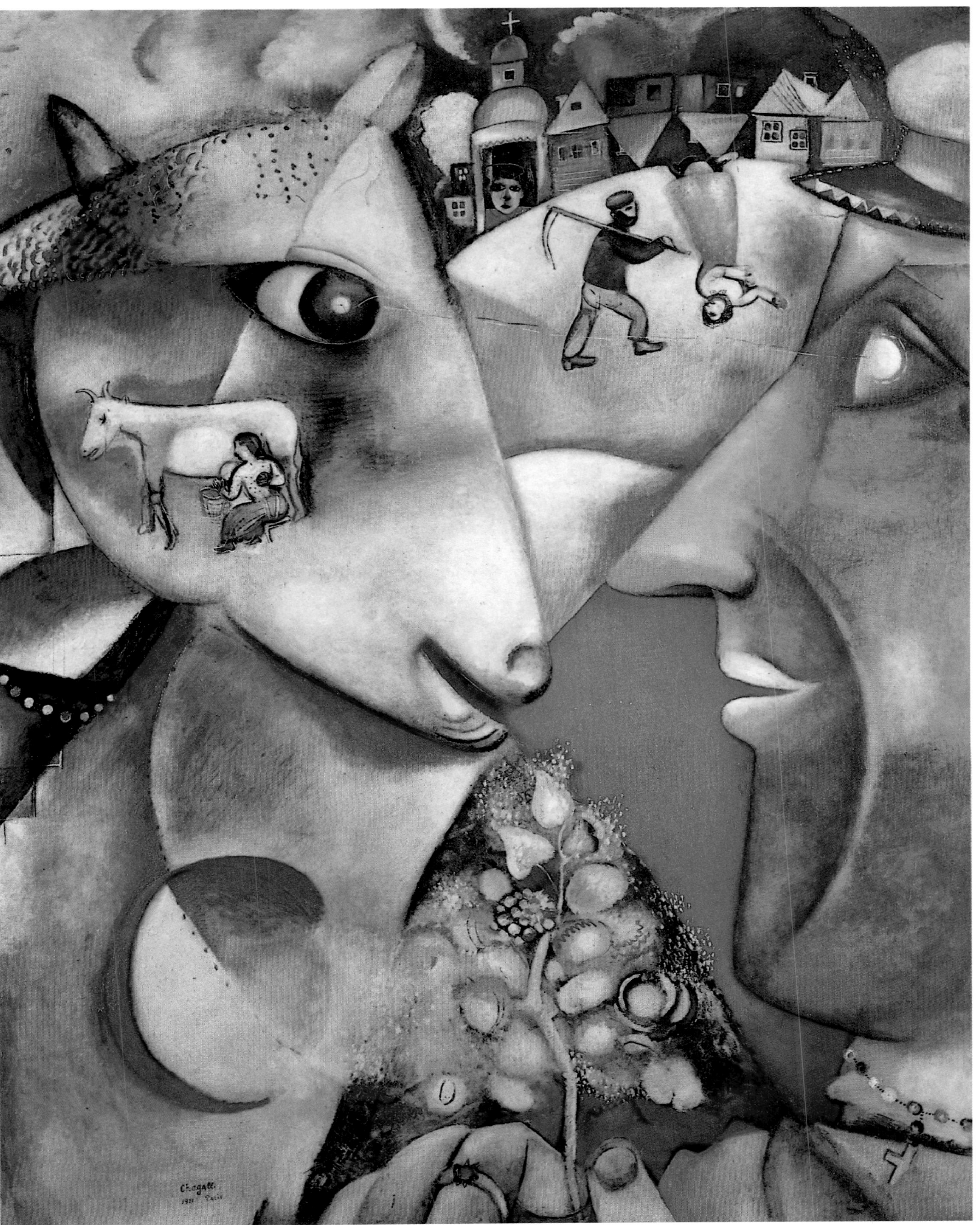

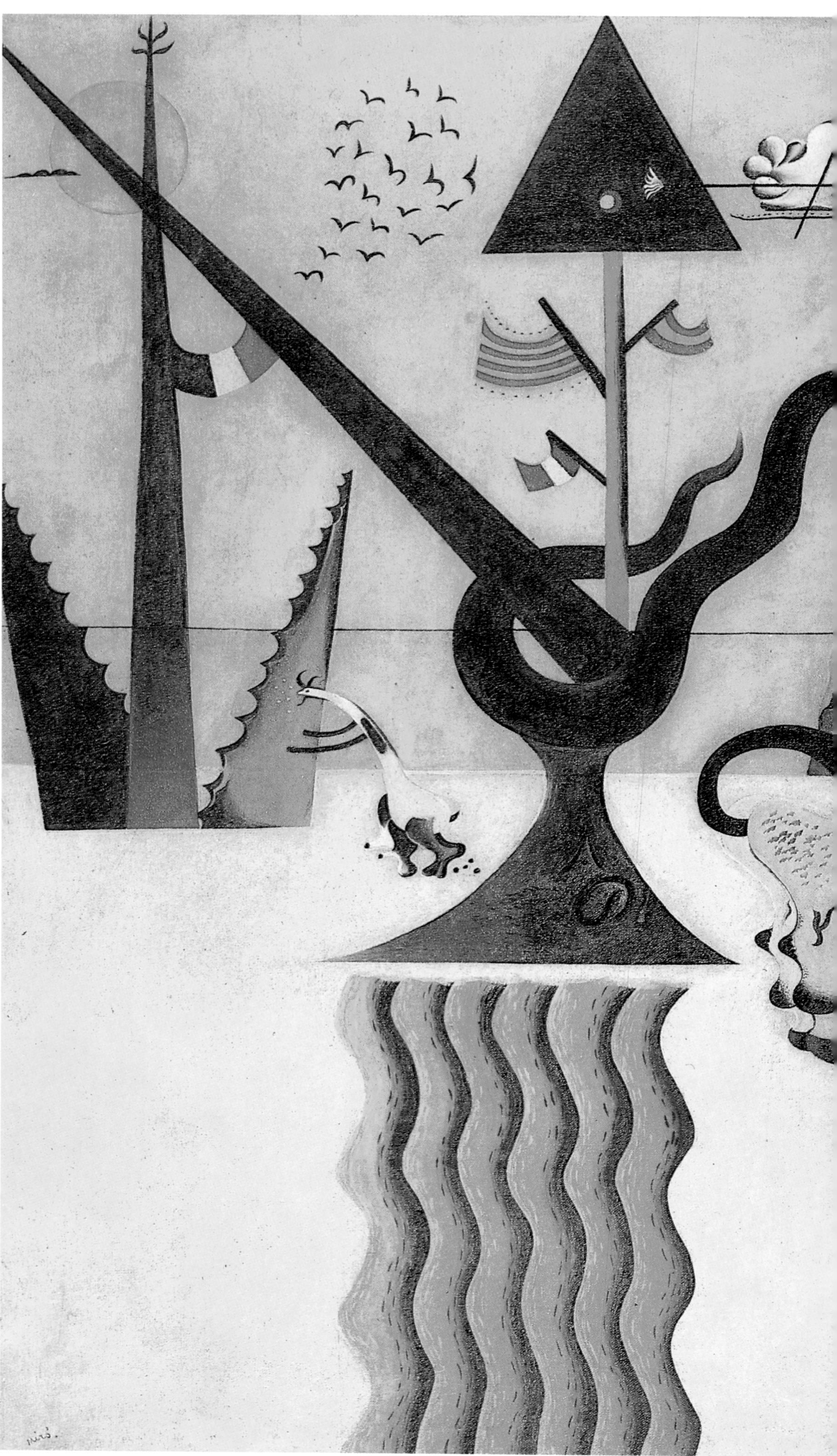

JOAN MIRÓ
El campo labrado
0,66 × 0,92
Museo Guggenheim

En *El campo labrado* (1923-24) aflora por primera vez el estilo maduro de Joan Miró. El tratamiento del espacio en un solo plano, la división estructural en tres áreas horizontales y la riqueza de las imágenes denotan ya una evolución significativa en su estilo con respecto a *Prades* (1917), tambien en la colección Guggenheim, o a *La granja* (1921-1922), de la colección de la Señora Hemingway. El tema de los campos labrados se mantiene a lo largo de toda la obra de Miró, pero aquí el procedimiento es imaginario: una visión del mundo sobrenatural, un reino de sueños y fantasía. Aparecen en él formas vivas como una oreja y un ojo, también un periódico plegado y una lagartija con gorro bermejo, una estilizada chumbera a la izquierda y un pino cuyos frutos son ojos a la derecha, todos ellos elementos de su personal universo surrealista.

La poética de Miró bebía tanto en las fuentes del arte medieval catalán como en la lección contemporánea de los seguidores de André Breton.

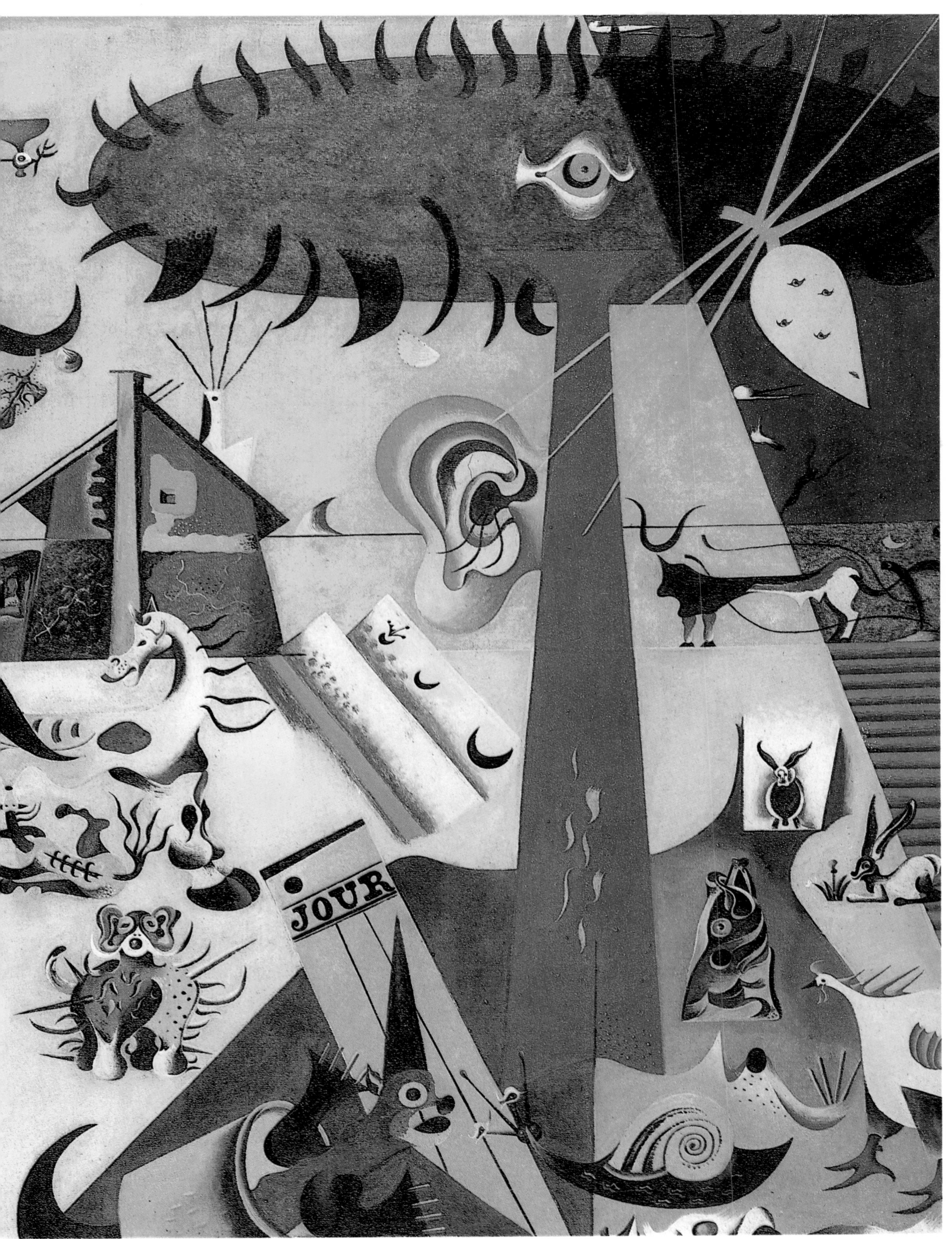
JOUR

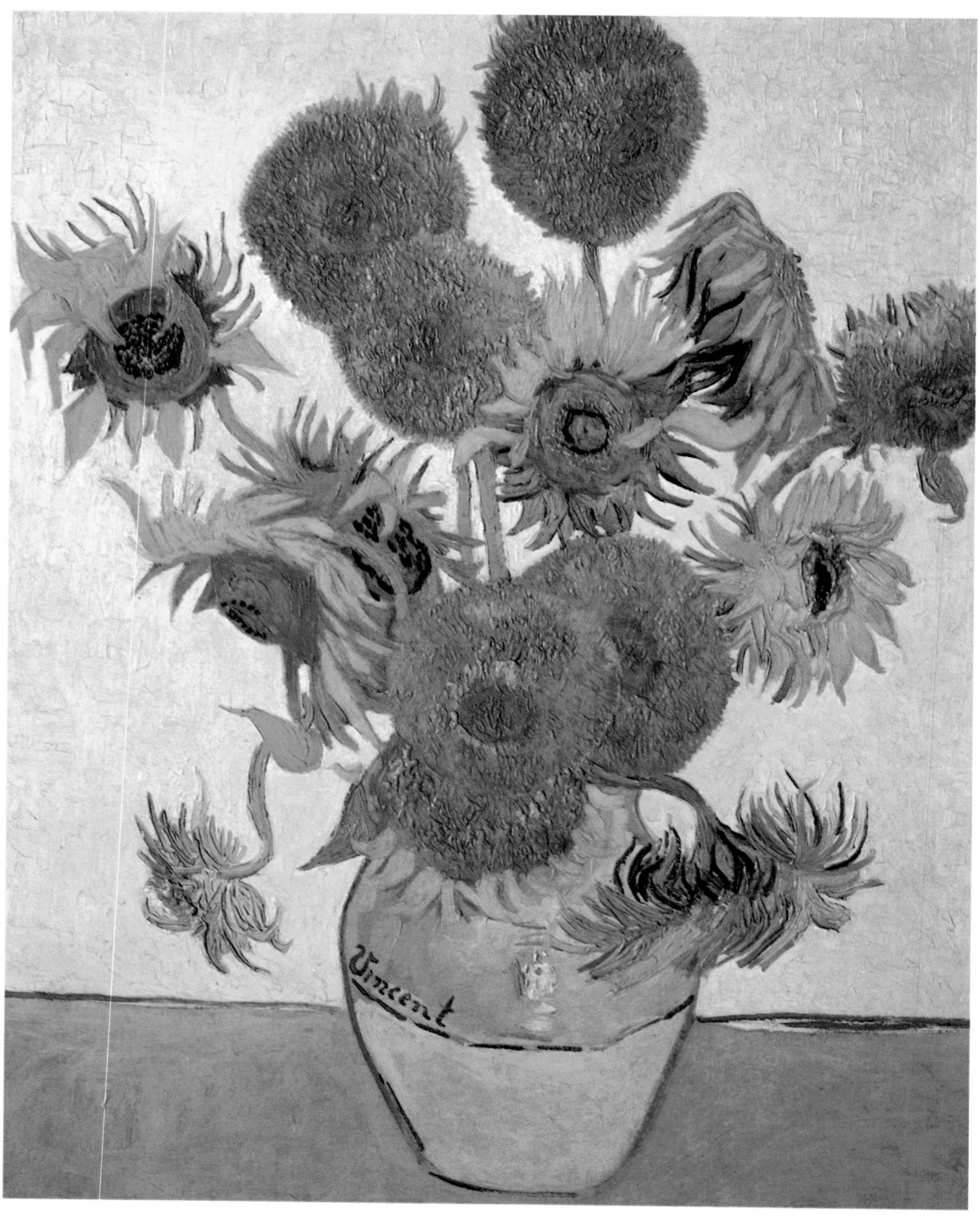
Vincent

La naturaleza muerta

"Las cosas bellas son perecederas,
y los bellos tiempos son efímeros."
JAIME BALMES

VINCENT VAN GOGH *Girasoles* 0,92 × 0,73 National Gallery

Éste es uno de los cuadros con girasoles que Van Gogh pintó cuando vivía en Arlés. Su amigo Gauguin estuvo viviendo con él en esa localidad de la Provenza, y Van Gogh proyectó la serie de girasoles para decorar el estudio donde trabajaban juntos. Las relaciones de los dos artistas no terminaron felizmente. Ambos eran de fuerte temperamento y chocaron sobre diferentes conceptos de la pintura. Van Gogh, que comenzaba a sufrir ataques de locura, después de una discusión agria con Gauguin se cortó parte de una oreja y Gauguin volvió a París. En algunos de los lienzos, las flores están colocadas sobre un fondo azul, pero en éste todo está pintado en distintas gamas de amarillo, color que simbolizaba la luz del sol y la felicidad.

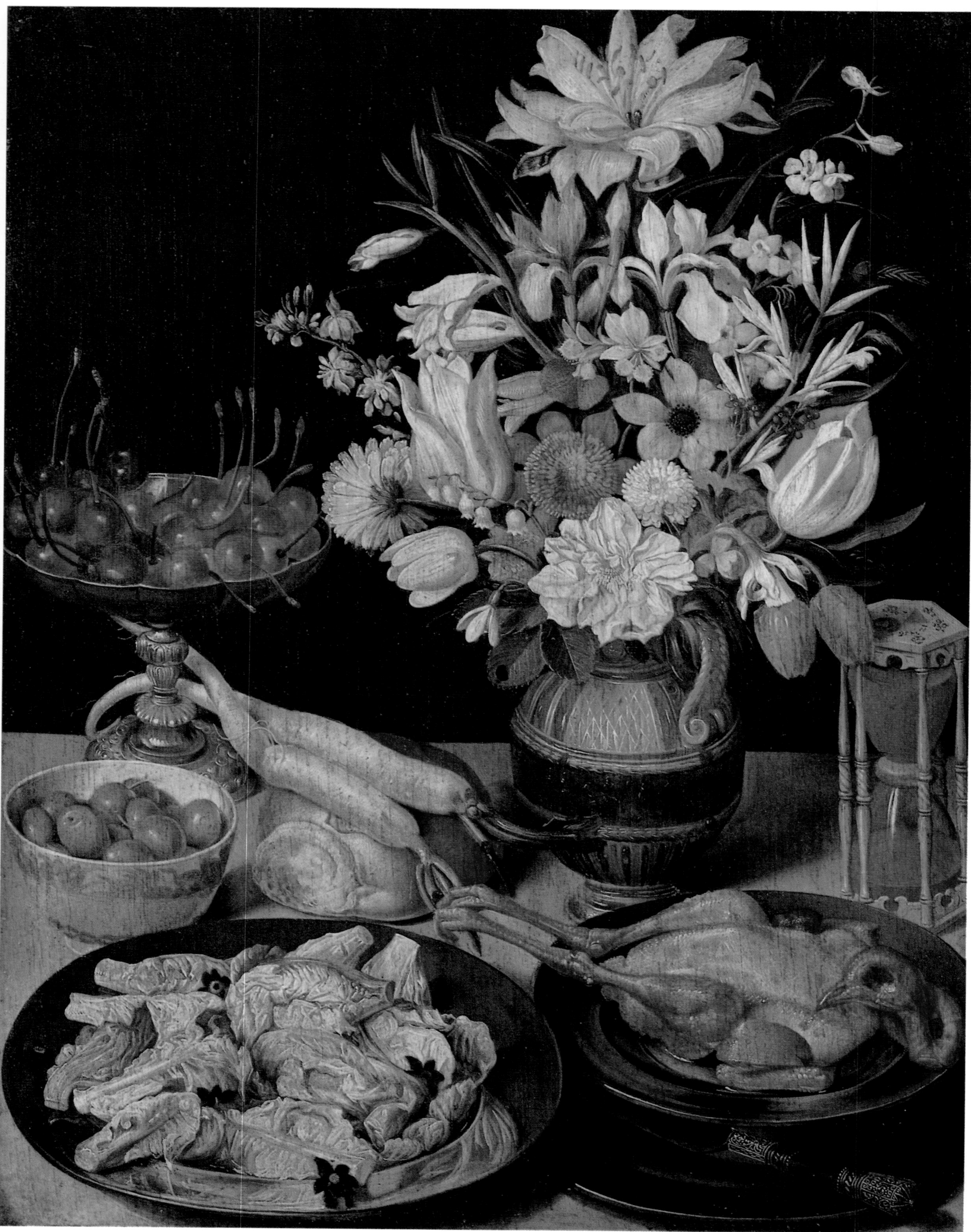

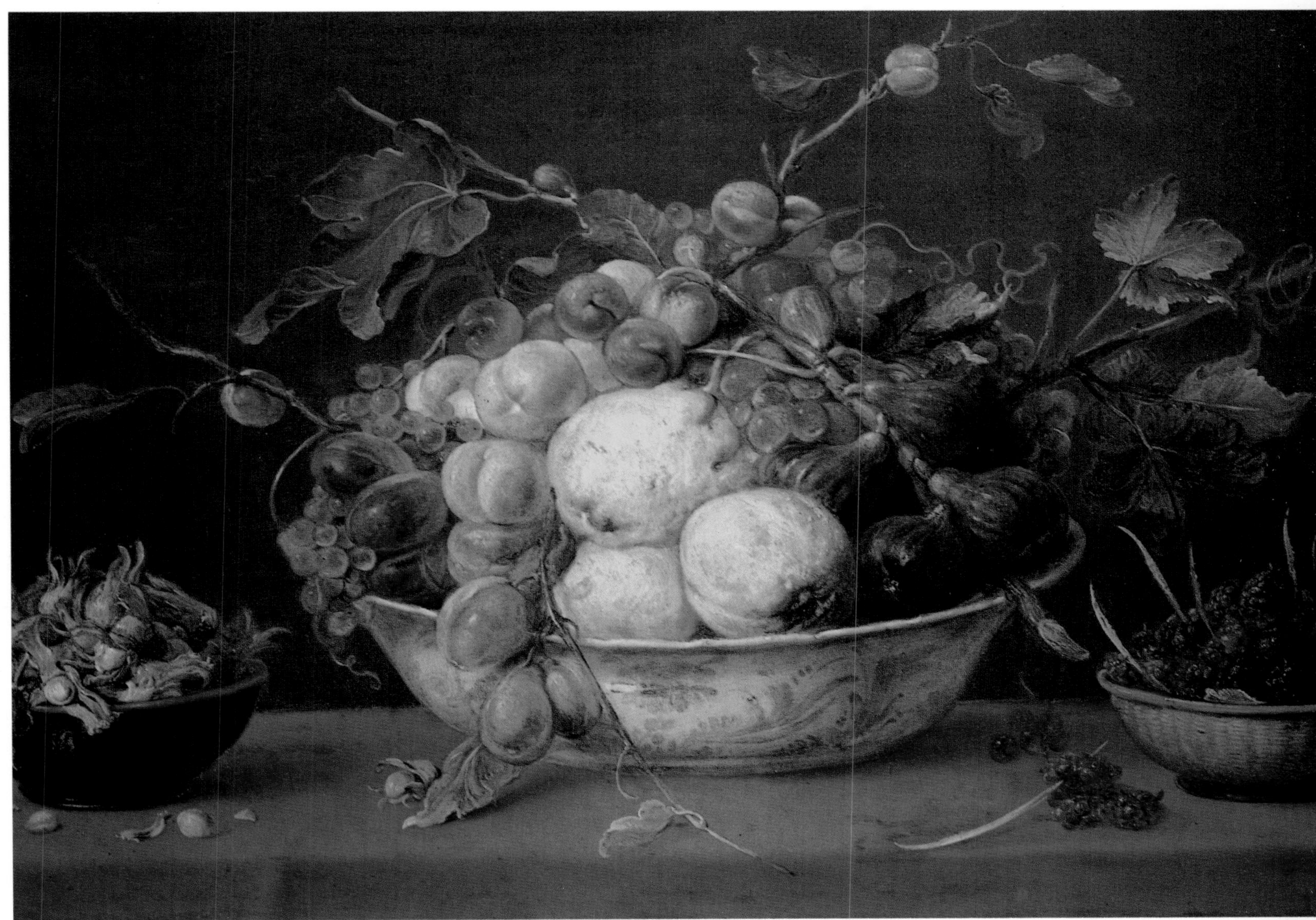

GEORG FLEGEL
Naturaleza muerta con flores y comida 0,52 × 0,41
Museo del Ermitage

Georg Flegel fue uno de los primeros maestros alemanes de naturalezas muertas. Se caracteriza por el fiel verismo de las imágenes y por introducir frecuentemente en sus obras algún elemento con contenido filosófico. En el presente cuadro, todo está destinado a despertar los sentidos del espectador, a excepción del reloj de arena. Por un lado el pollo bien dorado, la apetitosa guarnición y los entremeses. Por otro, las guindas bien maduras constituyen la tonalidad más fuerte del cuadro. El ramo de flores no perturba la unidad colorística.

El sabor, la vista, el olfato y el tacto encuentran aquí un motivo de regocijo. Pero el reloj de arena recuerda que las alegrías de la vida no son eternas.

FRANS SNYDERS
Naturaleza muerta con mantel rojo 0,59 × 0,90
Museo del Ermitage

Este cuadro, donde están representadas varias frutas, nos permite establecer una idea del estilo de Snyders.

Sobre un fondo liso, encima de una mesa cubierta por un mantel rojo, se ven frutas. La composición del cuadro es simétrica. En el centro hay un gran frutero o, mejor dicho, una escudilla llena de los más distintos frutos. En un primer plano se observa un membrillo cuya aspereza parece perceptible; hay también ciruelas, grandes higos y uvas que parecen reventar de tan maduras.

El centro de la naturaleza muerta está saturado de los coloresde los frutos frescos, reflejados con maestría por el pintor, que era un sutil colorista.

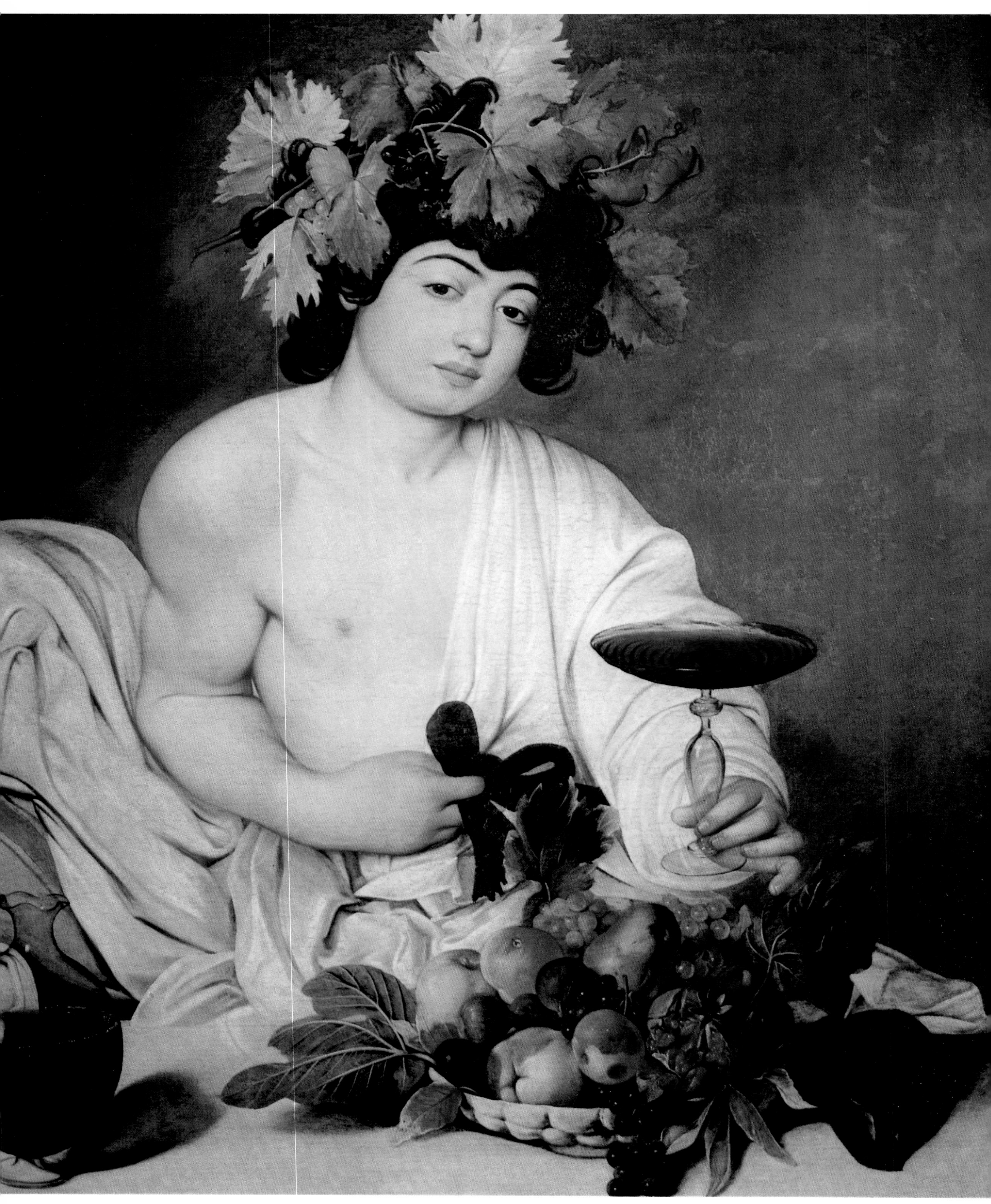

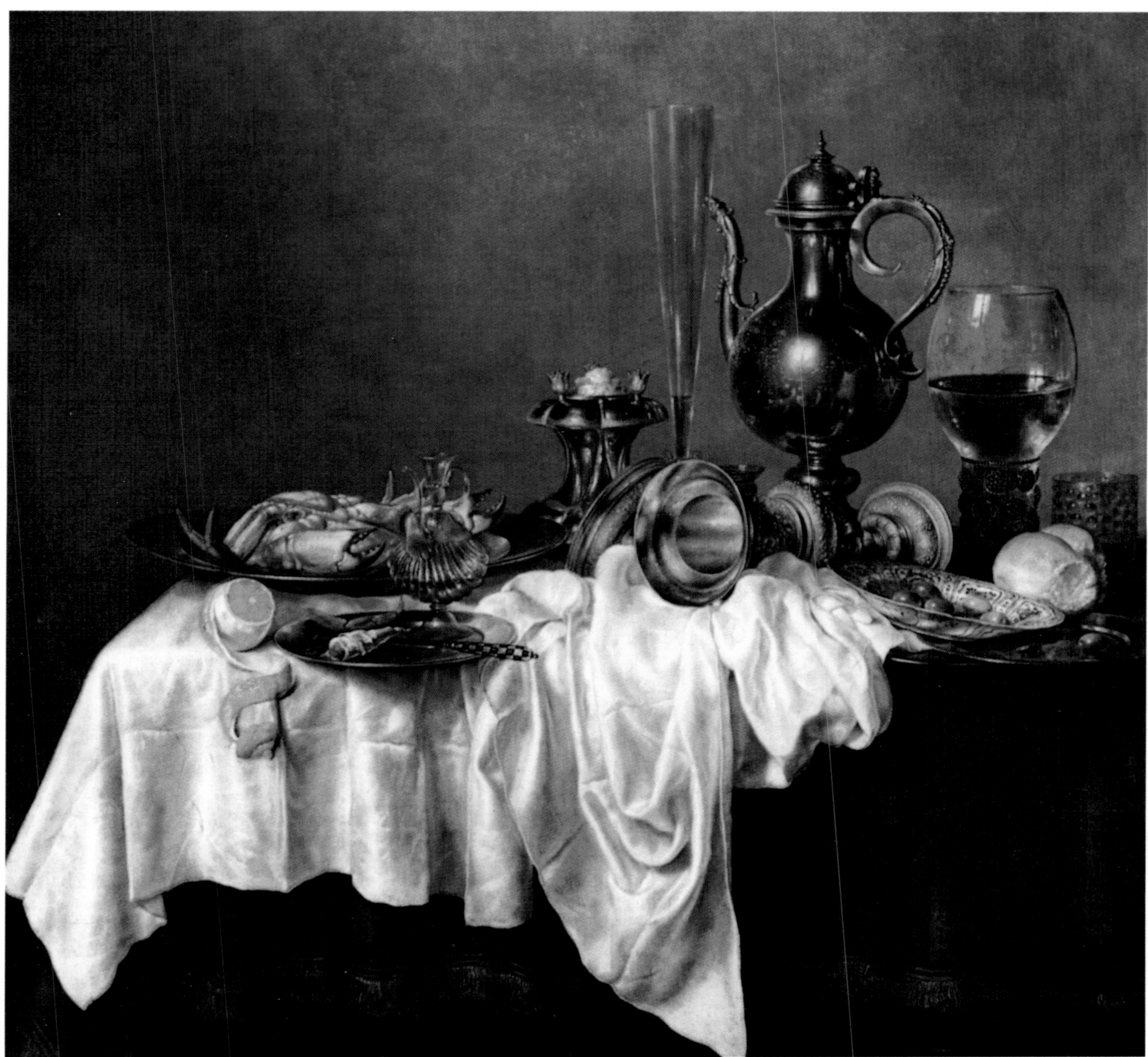

CARAVAGGIO (MICHELANGELO MERISI)
Baco 0,98 × 0,85 Galería de los Uffizi

Este *Baco* puede fecharse hacia 1589 y es una de las primeras obras de Caravaggio, pintor que tomó su nombre de su lugar de nacimiento. No se preocupa, ni aquí ni en otras pinturas, de dar un aspecto decoroso a sus personajes, sean mitológicos o sacros, sino de expresar sencillez.

Baco es aquí un muchacho romano que, durante una vendimia festiva, se ha divertido ciñéndose sus rizados cabellos con pámpanos y uvas. Pero la luz se extiende sobre el blanco luminoso de la sábana, sobre las carnes un poco blandas, hace brillar el vino del ánfora y la copa, confiriendo realidad visual a las frutas del primer plano. La luz construye las formas, evidencia los objetos y vivifica los colores, consiguiendo una lírica transformación humana e inmediata.

WILLEM CLAESZ HEDA
El desayuno 1,18 × 1,18 Museo del Ermitage

La naturaleza muerta ocupa un importante lugar en la pintura holandesa del siglo XVII, y los artistas reiteran con frecuencia el de los "desayunos". *El desayuno* de Heda llama la atención por las amplias dimensiones, que no solían prodigarse mucho en este tipo de obras. La monumentalidad de la composición se une a la belleza de las relaciones espaciales y a la sorprendente riqueza de los detalles.

Diversos recipientes de metal y cristal y utensilios para comer son reflejados a través de colores tenues. El mismo marisco, pintado frecuentemente en rojo intenso por otros artistas, está deliberadamente representado mostrando la parte inferior, de tal forma que su color más suave armonice con la totalidad del cuadro.

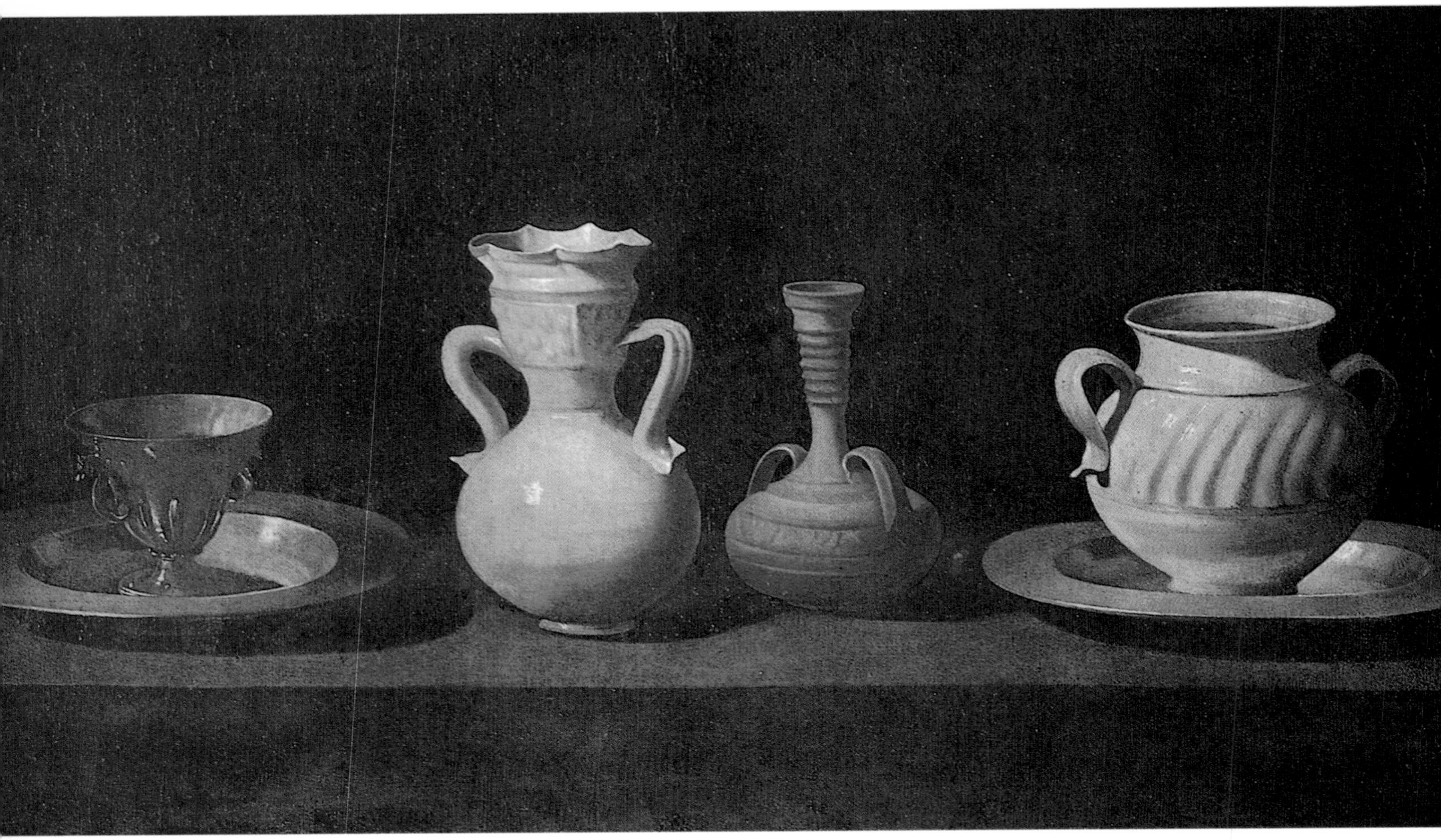

Francisco Zurbarán
Bodegón 0,46 × 0,84 Museo del Prado

El interés de Zurbarán por las cosas concretas, por los objetos de cada día representados en su más inmediata realidad material, tantas veces disperso en los accesorios humildes de sus cuadros mayores, se magnifica y sublima en sus lienzos de *Bodegón*. En éste, de los más simples y severos, los cacharros, ordenados simplicísimamente sobre la tabla, parecen sugerir, por su misterio y su casi mágica evidencia, la ordenación litúrgica de una mesa de altar, con una emoción trascendida que nos entra en los terrenos de la ascética y trae a la memoria el "Dios entre los pucheros" de santa Teresa de Jesús. El cuadro fue donado al Prado por don Francisco Cambó en 1940.

Rembrandt Harmenszonn van Rijn
El buey desollado 0,94 × 0,67 Museo del Louvre

Este cuadro de 1655 vuelve sobre un tema frecuente en la pintura holandesa y flamenca: el del matadero de reses. Su riqueza de colorido y de matices lo coloca en un plano superior al del simple cuadro de observación o al de la naturaleza muerta; la libertad de su ejecución y su vigor hacen de él un modelo de investigación pictórica.

Independientemente de la profundidad temática que pueda encontrarse en un asunto tratado en una época en la que el pintor pasaba por grandes dificultades en sus relaciones sociales, nos encontramos ante una de las más extraordinarias pinturas del siglo XVII.

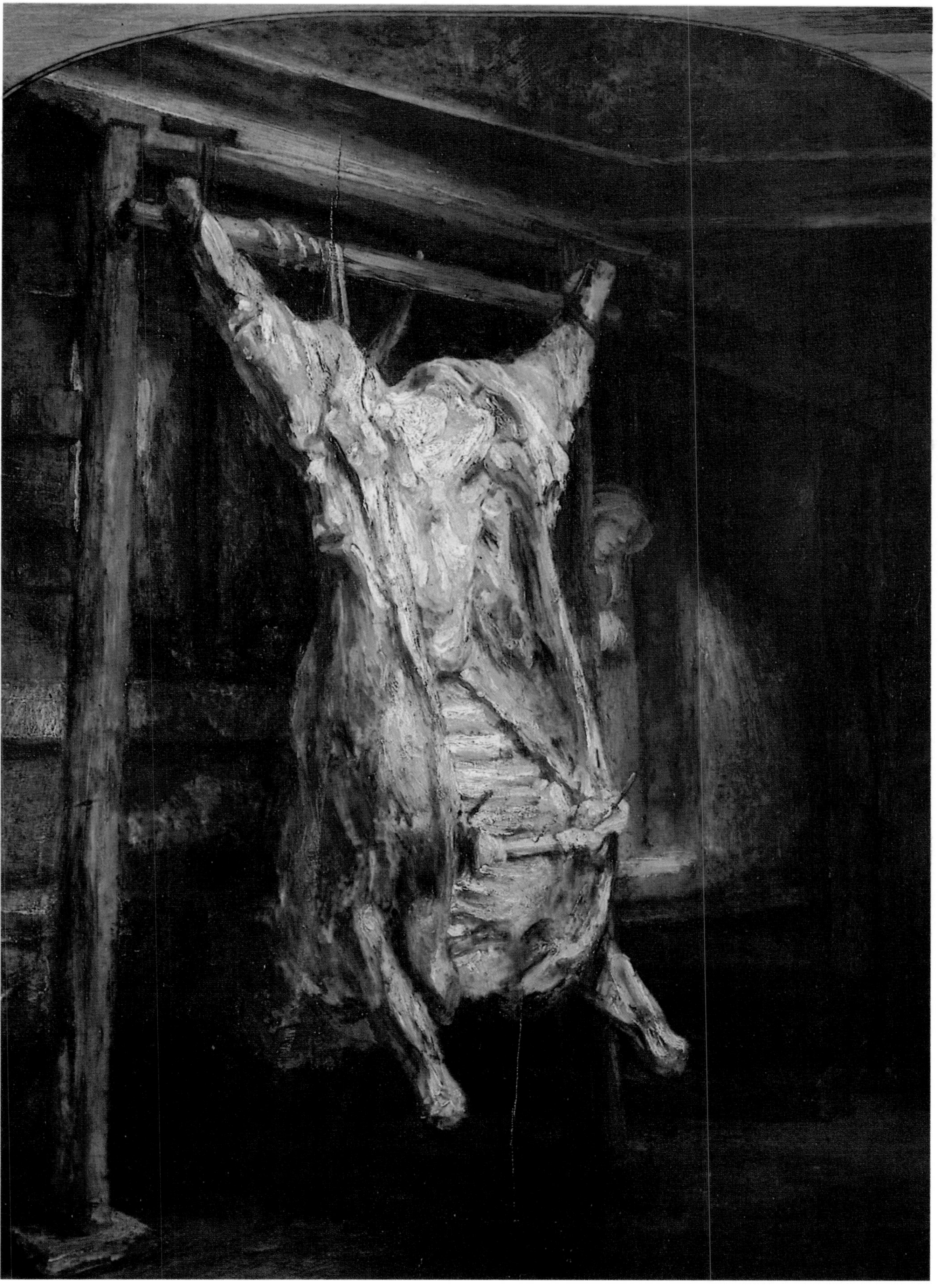

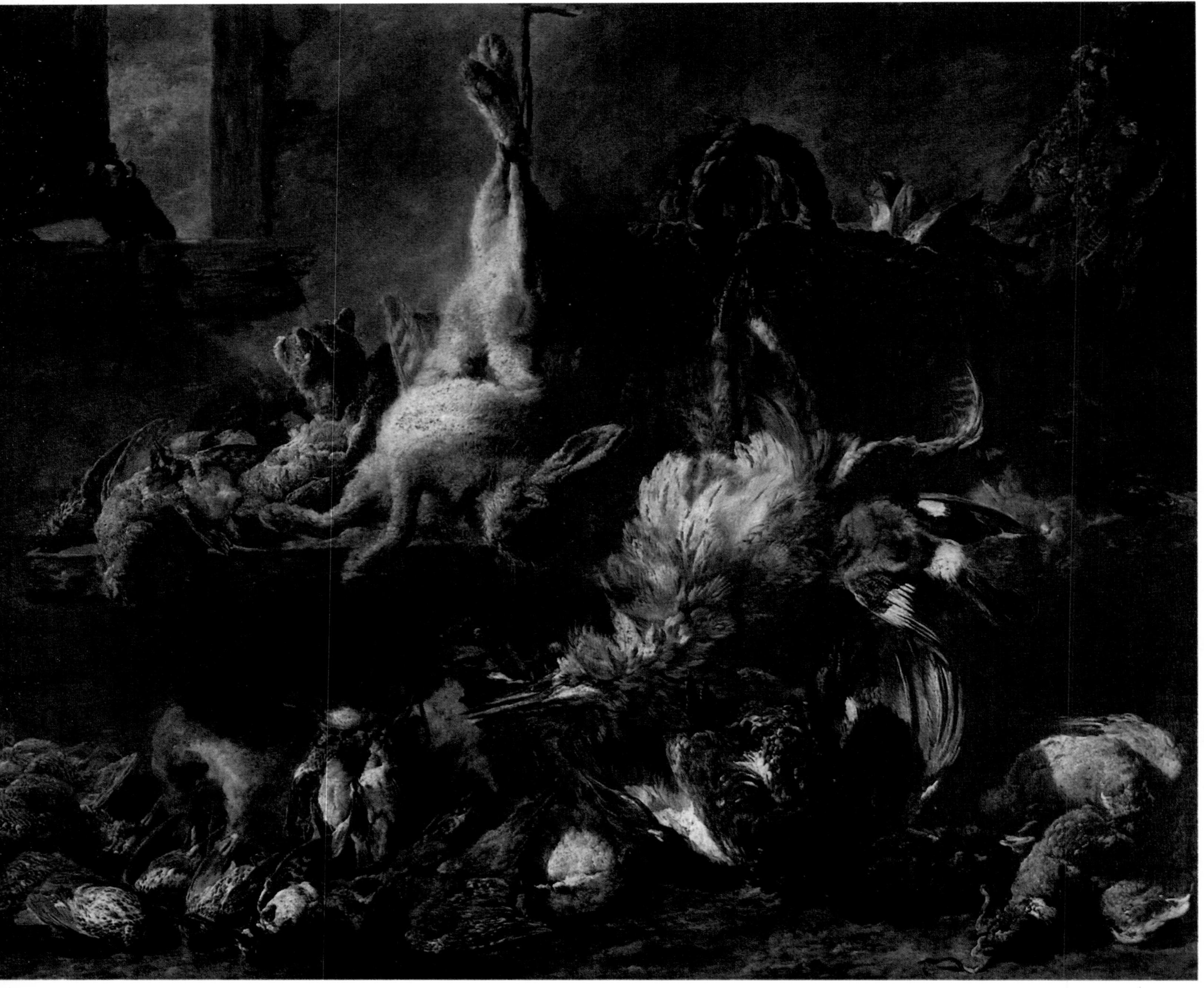

Jan Fyt
Naturaleza muerta: caza y avíos de caza 0,93 × 1,23 Museo del Louvre

En los flamencos y holandeses, la representación de objetos puede llegar a alcanzar una especie de vida de las cosas mismas, o por el contrario, ser un repertorio de objetos inmóviles que rodean la vida humana. La pintura de objetos puede formar parte de cualquier composición, pero vale la pena señalar el éxito que conoció el género de la naturaleza muerta.

En Holanda, desde Metsu hasta De Heem y Heda, esta temática evoluciona hacia la presentación de objetos y de viandas muy diversos, que a veces aparecen en composiciones sobrecargadas, y en otras, por el contrario, buscan una sobria armonía de matices, presentando sólo algunos objetos discretos. El pintor animalista flamenco Jan Fyt, cuando se dedica a la naturaleza muerta, conserva una vívida vibración que recuerda a Rubens.

Juan de Arellano
Florero Museo del Prado

Junto a los artistas que cultivaron la pintura religiosa, único género mayor que la clientela de monasterios e iglesias condicionaba, hubo también algunos dedicados a géneros tenidos por menores, para una clientela de nobles y de burgueses adinerados, los pocos que la economía española permitía. Pintores de bodegón y de flores consiguieron en ocasiones un alto nivel de calidad, equivalente al de los modelos flamencos o italianos que se propusieron imitar.

Quizás el mejor entre estos artistas menores sea Juan de Arellano, autor de deliciosos floreros y canastillos de elegante composición y técnica refinadísima en los pormenores, evocando a veces los opulentos ramilletes del italiano Mario Nuzzi, y otras, en la amorosa minucia de cada flor, insecto o animalillo representando, los primores del flamenco Jan Brueghel de Velours.

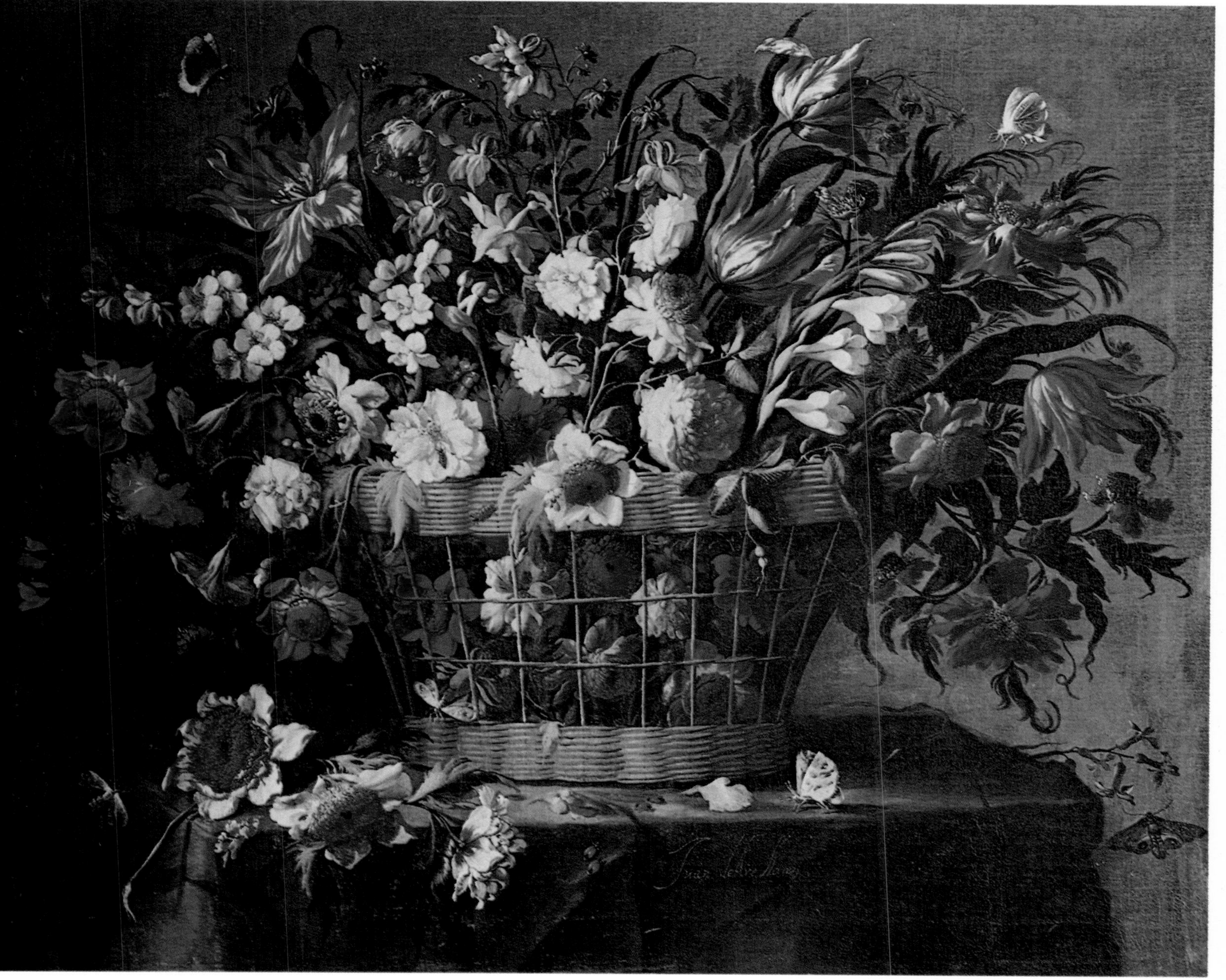

Willem Kalf

Bodegón con cuerno para beber, langosta y copas 0,86 × 1,02 National Gallery

Willem Kalf fue uno de los mejores pintores de bodegones de los Países Bajos durante el s. XVII. Nació en Rotterdam, pero se estableció en Amsterdam, especializándose en composiciones lujosas y abigarradas, muy buscadas y apreciadas por los marchantes de la ciudad.

Goethe escribió que "en los bodegones de Kalf se puede ver cómo el sentido artístico es superior al natural y cómo este espíritu puede comunicarse a los objetos cuando se miran con ojos creativos. No hay ninguna duda, o al menos no la hay para mí, de que si tuviera que elegir entre la vajilla de oro y el cuadro, escogería el cuadro". Este cuadro ilustra bien el punto de vista de Goethe. Cada objeto está pintado con sentido de lo real, y ordenado asimétricamente hasta culminar en el cuerno para beber, que domina la mesa. El agrupamiento no es natural y el foco de luz que ilumina los objetos contrasta con el fondo. Crece la sensación de realismo por la alfombra y las pieles de limón que caen hacia el espectador.

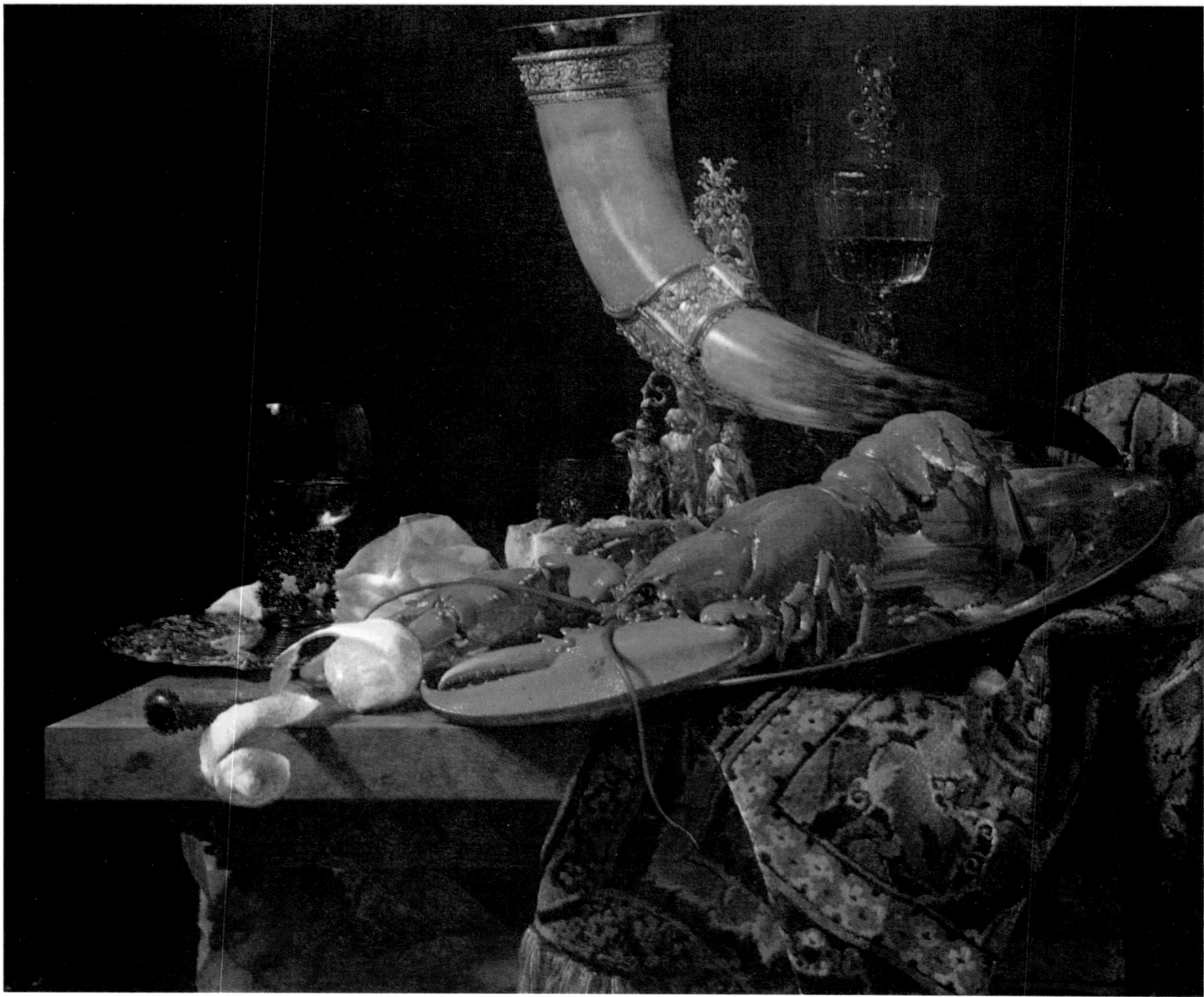

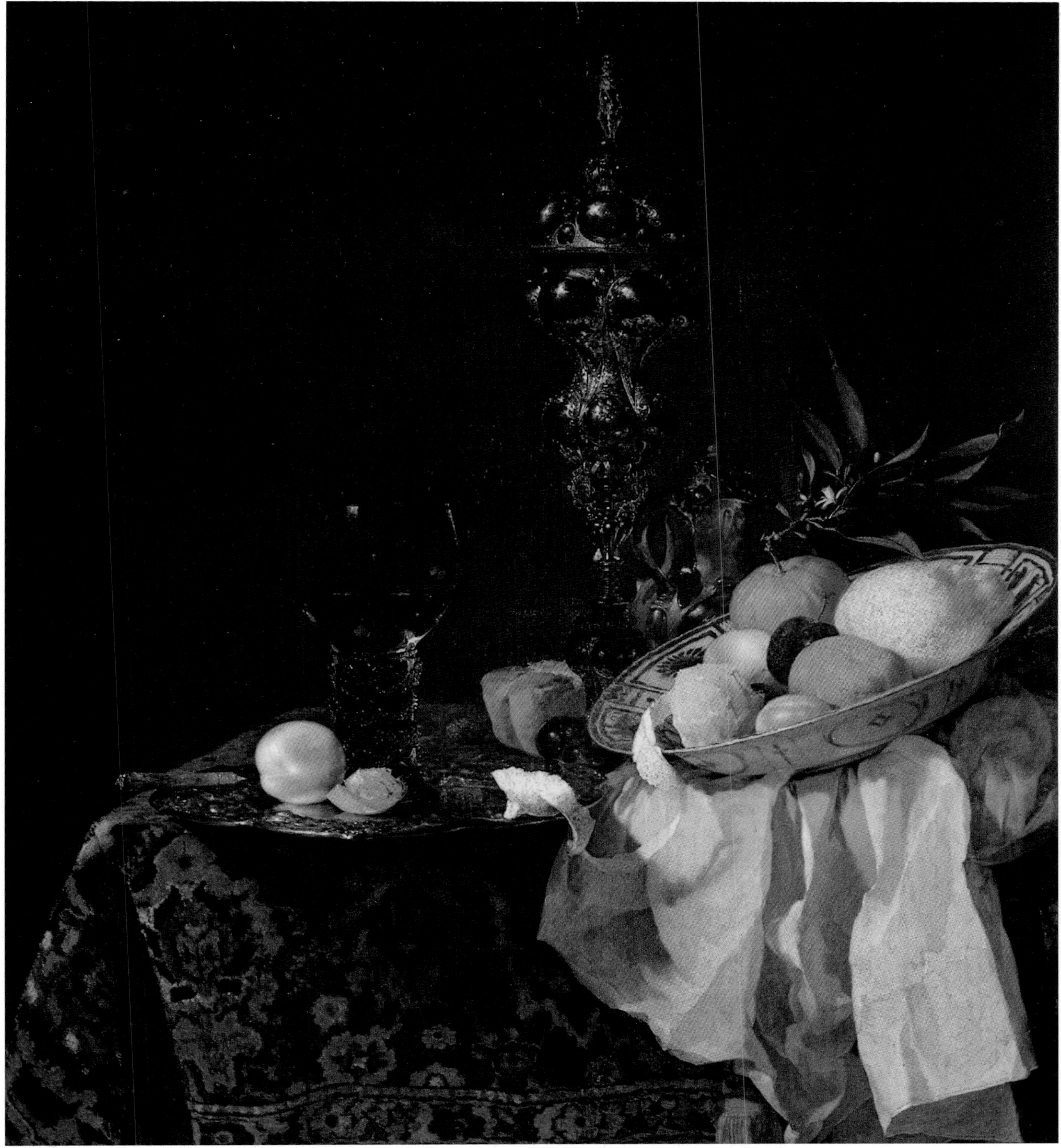

WILLEM KALF
Naturaleza muerta 1,05 × 0,87 Museo del Ermitage

Éste es un magnífico ejemplo del género, rico, lujoso y multicolor de las naturalezas muertas de Amsterdam. Su composición es bastante tradicional: encima de la mesa reposan una fuente de plata, dos copas, una pequeña jarra y un plato de loza con fruta. Un especial cariño se observa en la representación de la fruta que está en el plato. Cada pieza significa para el pintor una oportunidad de desarrollar una complicada tarea artística. La belleza de los objetos dibujados es realmente singular. El tapiz oriental que cubre la mesa está lleno de preciosos ornamentos de tonos oscuros. La alta copa con una figurita en la tapa, es una maravilla de maestría artífice, y la copa sobre la fuente de plata asombra por la habilidad que Kalf demuestra para transmitir la finura del cristal y los vivos reflejos de su superficie.

Luis Eugenio Menéndez
Bodegón 0,42 × 0,62 Museo del Prado

En el campo, aún mal conocido y falto de estudios monográficos y de conjunto, de la pintura española del s. XVIII, que, sin alcanzar el nivel medio del siglo anterior, dista sin embargo mucho de ser la tierra estéril que a veces se ha dicho, destaca por sus excepcionales calidades técnicas el pintor, de origen napolitano aunque de familia española, Luis Eugenio Menéndez. Aunque consta que Menéndez cultivó todos los géneros y se conserva de su mano algún retrato de considerable calidad, fue esta especialización en el género de naturaleza muerta lo que ha determinado su prestigio actual. Su habilidad, casi preciosista, en traducir las calidades de las cosas inanimadas, su elegancia y sobriedad en la composición, le hacen el heredero ideal de toda la tradición del bodegón seiscentista español y napolitano, enlazando con la tradición de Sánchez Cotán o Zurbarán y aproximándose a ciertos sectores del gusto contemporáneo que busca en el objeto cotidiano, visto en su más minuciosa realidad, un estímulo, casi mágico, al sueño.

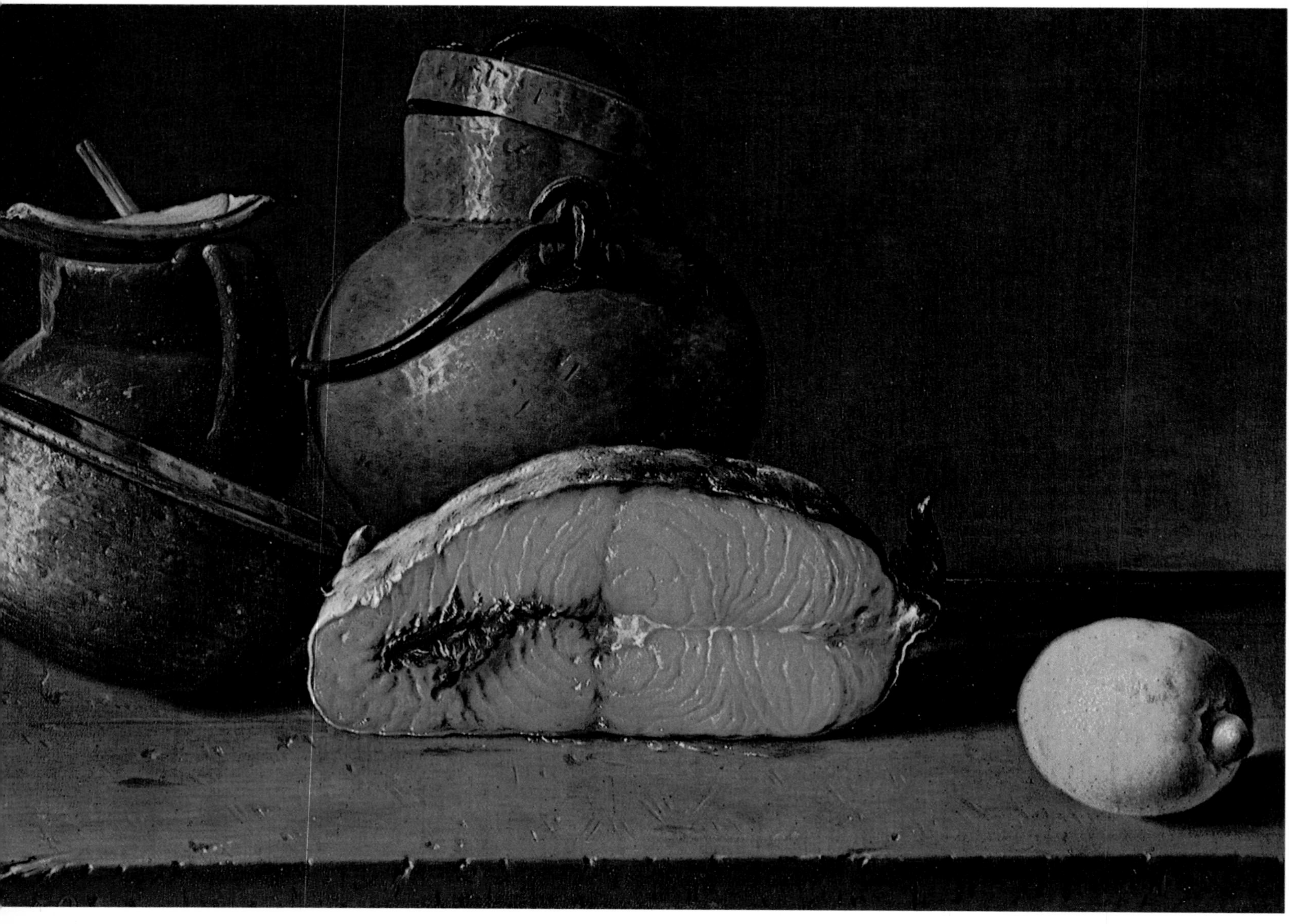

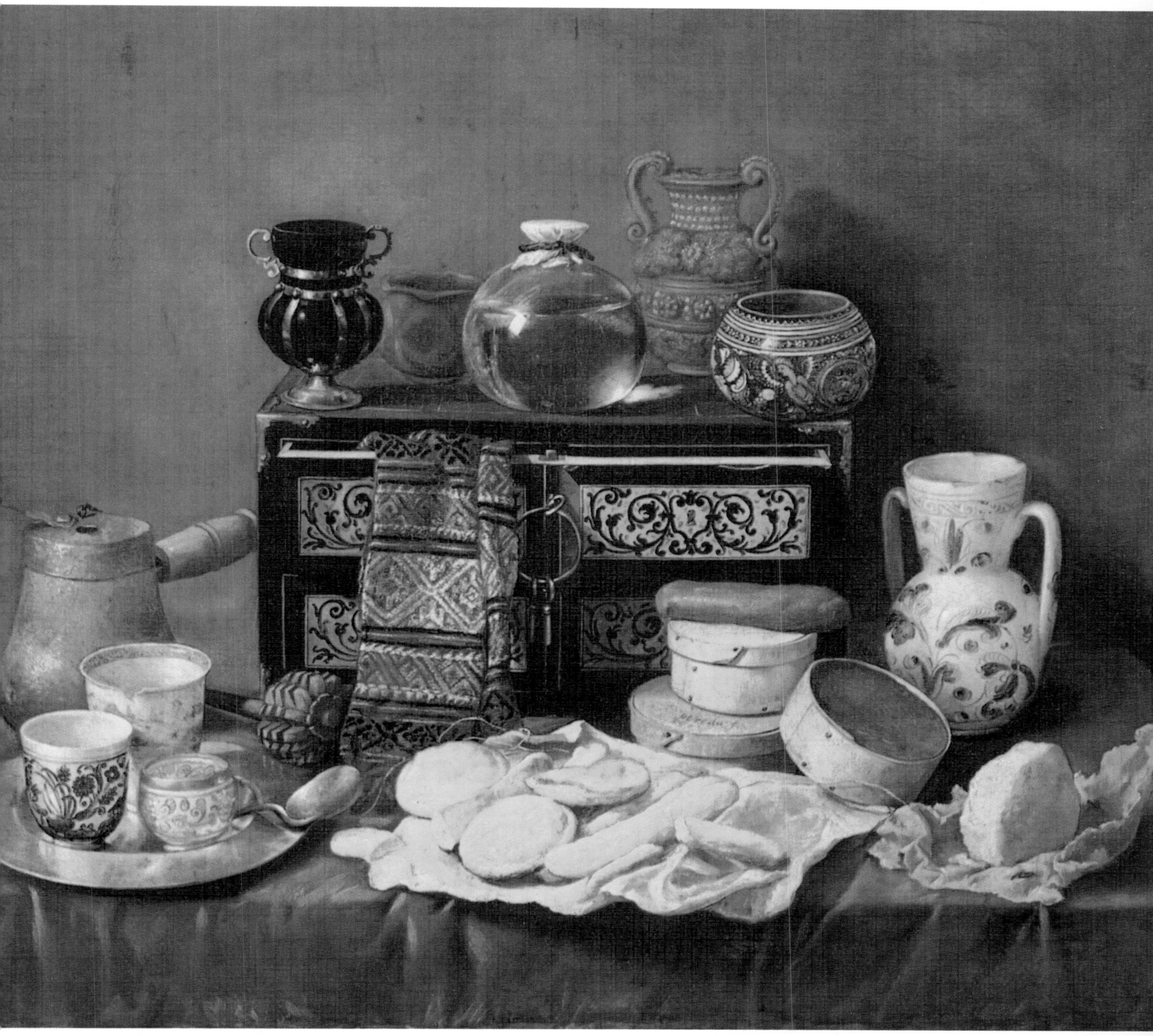

Antonio de Pereda y Salgado *Naturaleza muerta* 0,80 × 0,94 Museo del Ermitage

Antonio de Pereda recibió el influjo de Velázquez y fue admirador de los maestros holandeses y flamencos, quienes probablemente le transmitieron la afición por las naturalezas muertas. Resulta muy característica la premeditada distribución de los objetos en este cuadro. Aquí no hay lugar para una aparente casualidad como en la mayoría de las naturalezas muertas flamencas. El lugar central del cuadro está ocupado por un cofrecito de madera de ébano con un dibujo ornamental de hueso blanco. Alrededor y encima de él se observan diversos objetos de cerámica. Una panzuda botella de vidrio, que contiene un líquido transparente, constituye un elemento curioso aunque muy utilizado en la época por diversos maestros. El trozo de queso de cabra y los bizcochos y pasteles están ubicados con cuidado sobre un papel.

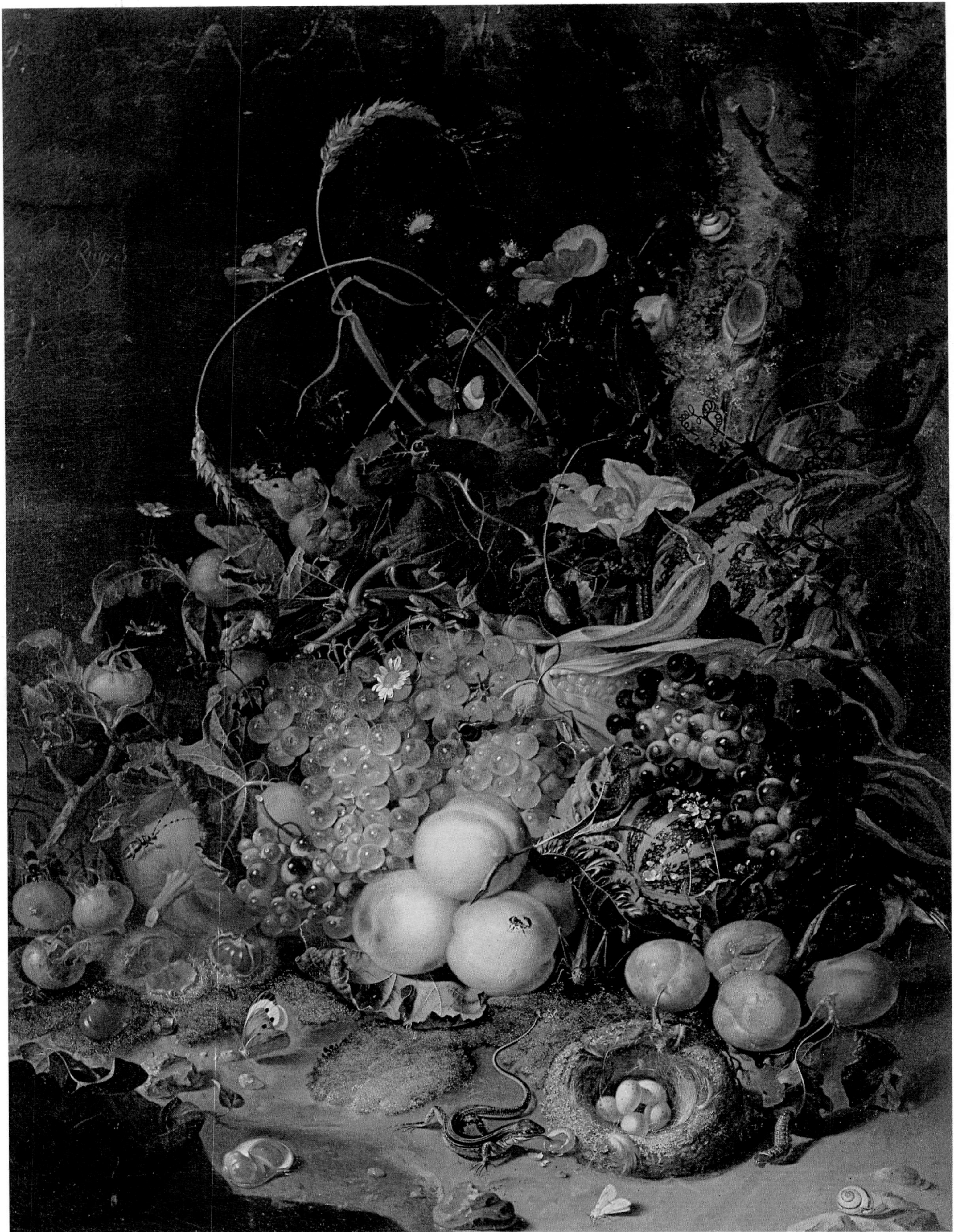

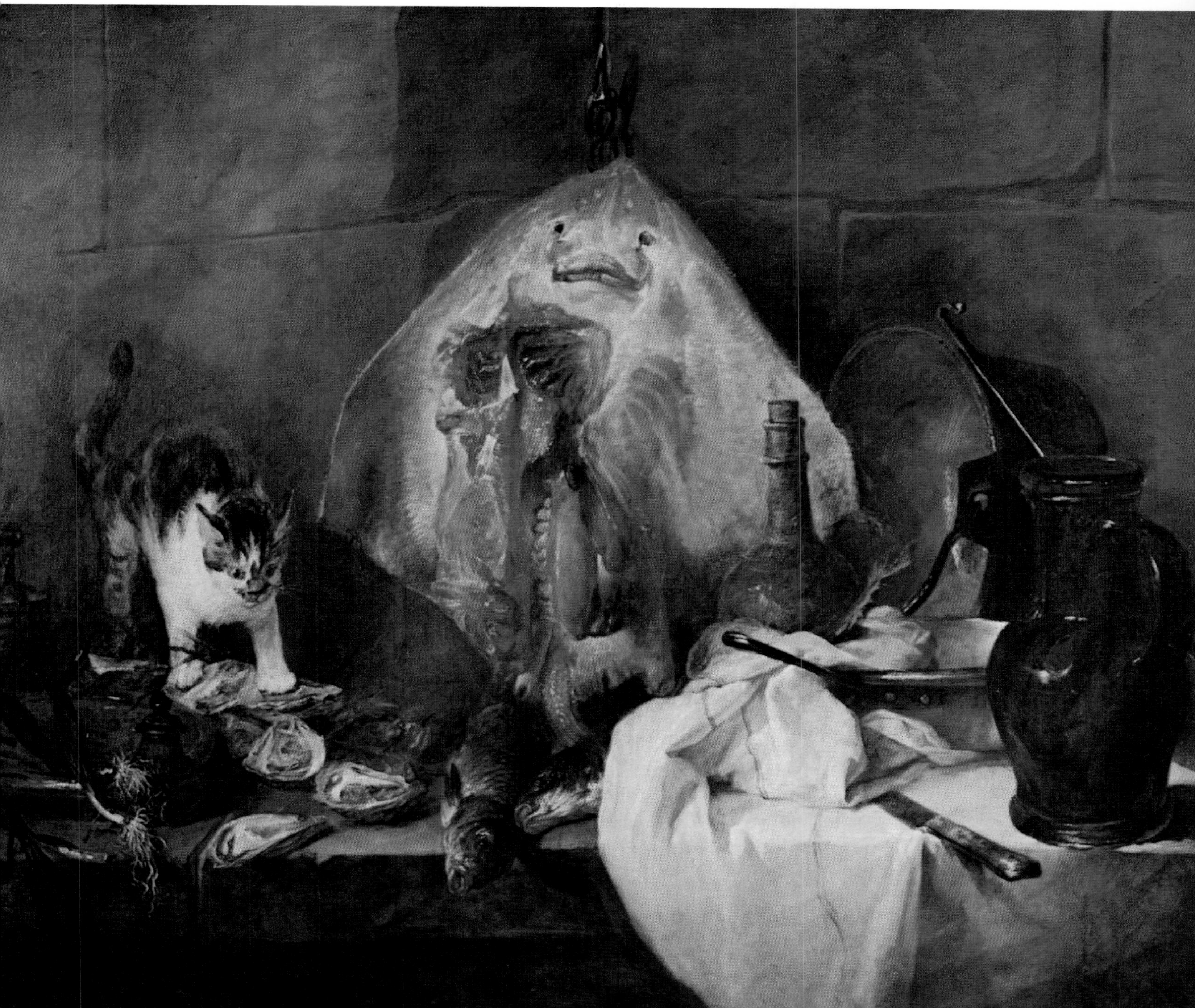

RACHEL RUYSCH
Flores, frutas e insectos 0,89 × 0,69 Palacio Pitti

Rachel Ruysch, discípula de Van der Aelst, dirige su atención, como otros muchos pintores holandeses, a la naturaleza en sus aspectos menores, describiendo minuciosamente flores, frutos e insectos con una limpidez de luces perfecta y con una no menos perfecta definición de formas. En esta obra, adquirida en 1825 por el gran duque Fernando III de Lorena, la atención vívida y precisa de la pintora se detiene en todas las partes: en las flores, en la suave fruta, en los nidos donde brillan los huevos, en las mariposas, en las veloces lagartijas, en las larvas y en las abejas. En la imprevista iluminación de cada objeto, todo se mueve y palpita con paciente objetividad y minuciosidad.

JEAN-BAPTISTE-SIMÉON CHARDIN
La raya 1,14 × 1,46 Museo del Louvre

Las naturalezas muertas más bellas de Chardin son admirables muestras del arte de la pintura; en ellas, la armonía de la composición se adapta a los matices de color obtenidos muchas veces por una yuxtaposición de pinceladas, técnica que más tarde utilizarán los impresionistas y Cézanne. Esta fusión óptica de distintas tonalidades, la utilización de la luz y de los contrastes, y el vigor de los empastes, anticipan muchos rasgos de la pintura posterior. Al observar *La raya,* encontramos además una inspiración flamenca que recuerda, por ejemplo, a Jan Fyt, y también un tono poético fundamentado en la realidad y la vida de los objetos, en su materialidad y su esencia.

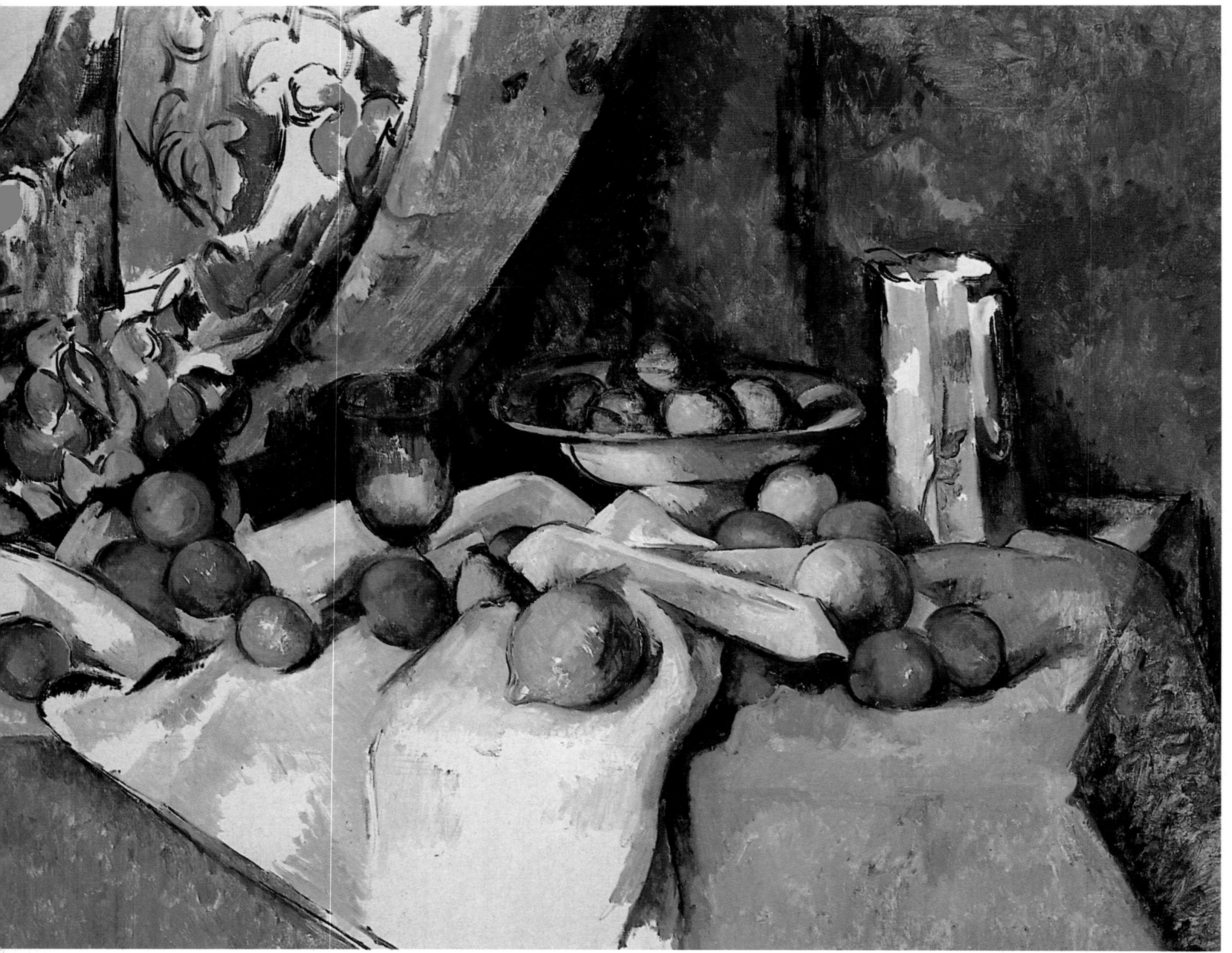

PAUL CÉZANNE
Naturaleza muerta con manzanas 0,68 × 0,92 Nueva York

Si los antiguos maestros ordenaban a menudo la estructura de sus naturalezas muertas mediante sencillos esquemas geométricos, Cézanne aceptó como punto de partida el concepto de dispersión introducido por los impresionistas. Sin embargo, un elaboradísimo y complicado tejido de afinidades formales confería solidez a sus composiciones.

Pese a las apariencias, ésta no se trata de una obra inacabada. Antes bien, formula una nueva y rompedora definición de lo acabado que influirá en todo el arte posterior: la obra está terminada no cuando las formas que recrea se ajustan a la realidad externa, sino cuando la composición pictórica ha agotado todos los niveles de significación que el artista estima posibles.

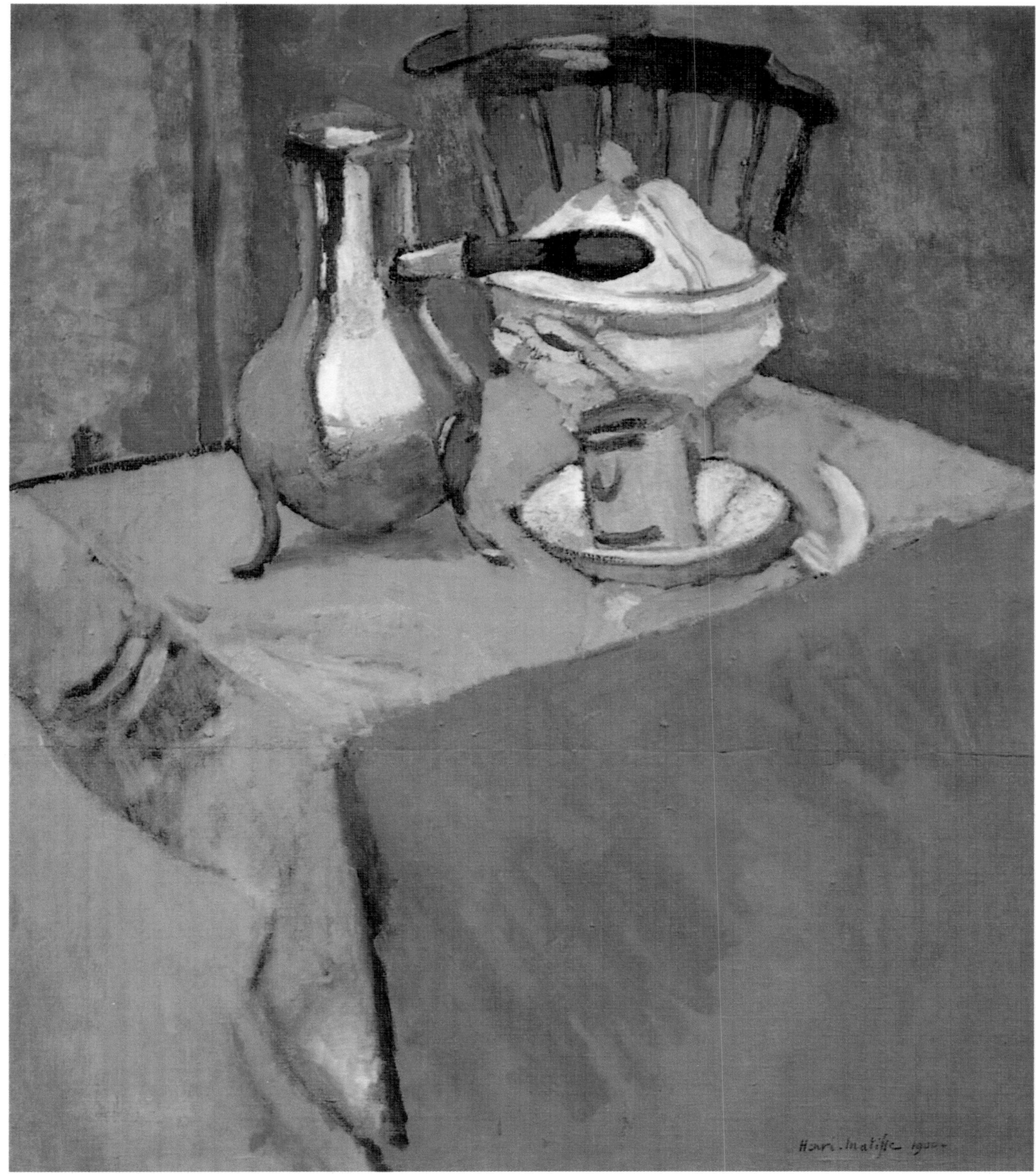

Henri Matisse *Platos sobre la mesa* 0,97 × 0,82 Museo del Ermitage

Henri Matisse describió los distintos objetos que se pueden observar sobre la mesa según los principios de Cézanne y les confirió una calidad gráfica y plástica muy especial. Sin embargo, la paleta del autor difiere de la de Cézanne, el cual se basaba en una auténtica representación de la impresión óptica. Matisse, por el contrario, intensificaba deliberadamente los tonos.

Un ejemplo de ello son los reflejos de colores, sobre la blanca superficie de la sopera, los cuales adquieren tal intensidad que casi parecen decoraciones propias del objeto. Esta actitud ante los colores puros, que comienzan a perder su identidad con las tonalidades naturales, puede ya ser considerada como *prefauvista.*

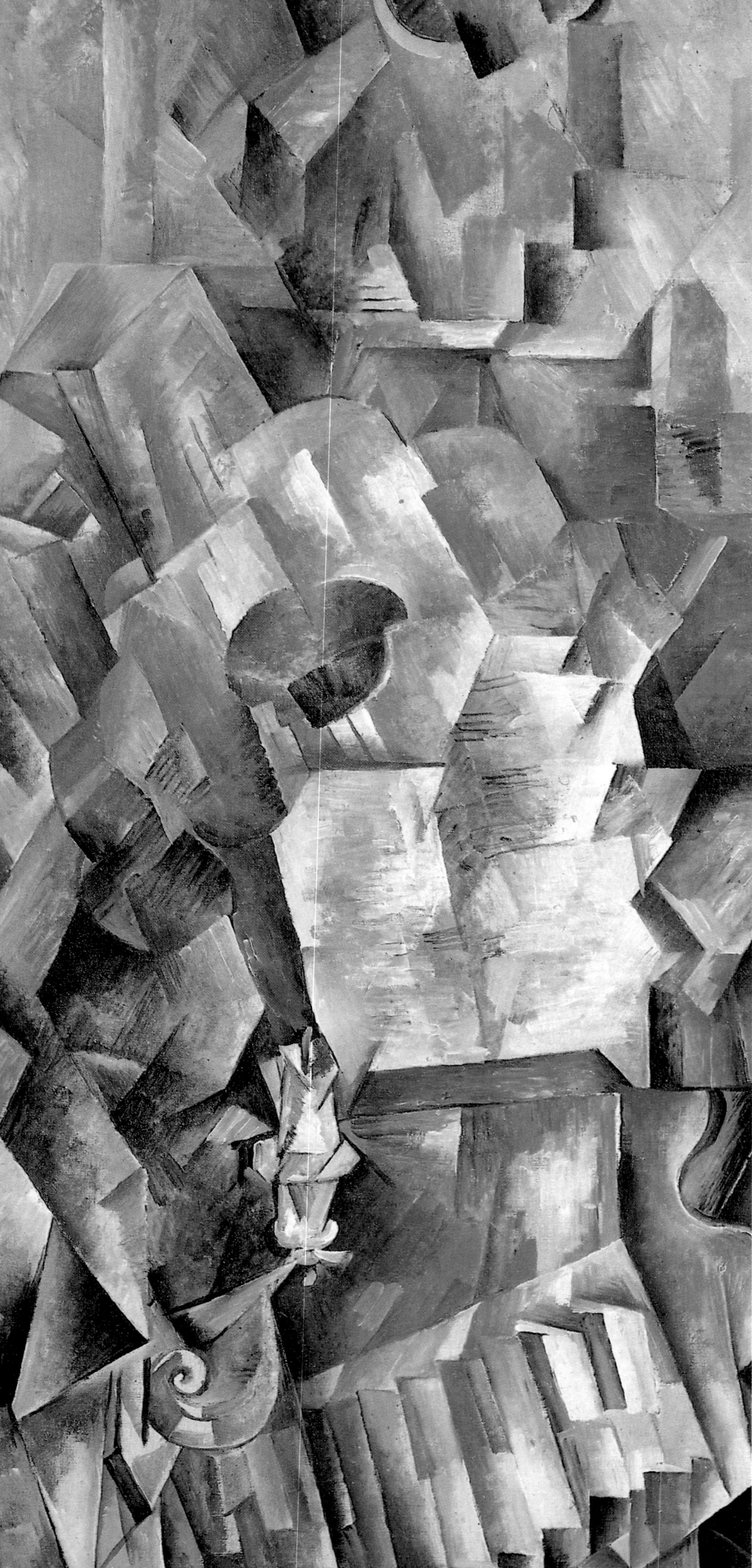

GEORGES BRAQUE
Piano y mandolina
0,91 × 0,42
Museo Guggenheim

Este cuadro, realizado durante el invierno de 1909-1910, es un clásico ejemplo de la fase temprana del cubismo. Los objetos son fácilmente identificables en el lienzo a pesar de que sus contornos han sido fragmentados. Braque afirmaba que esta fragmentación le permitía "conjuntar espacio y movimiento". Aseguraba así mismo que se decidió a pintar instrumentos musicales no sólo porque estaba rodeado de ellos en su estudio sino porque su trabajo tendía "a la obtención de un espacio táctil, y los instrumentos tienen la ventaja de ser animados por el propio tacto". Este bodegón ocupa un espacio angosto y en él predominan los colores neutros, verdes y marrones. Manipulando la pintura con la espátula, Braque y Picasso propusieron una nueva concepción espacial que se basaba en la desintegración de los objetos en superficies facetadas y en otros recursos formales del cubismo analítico.

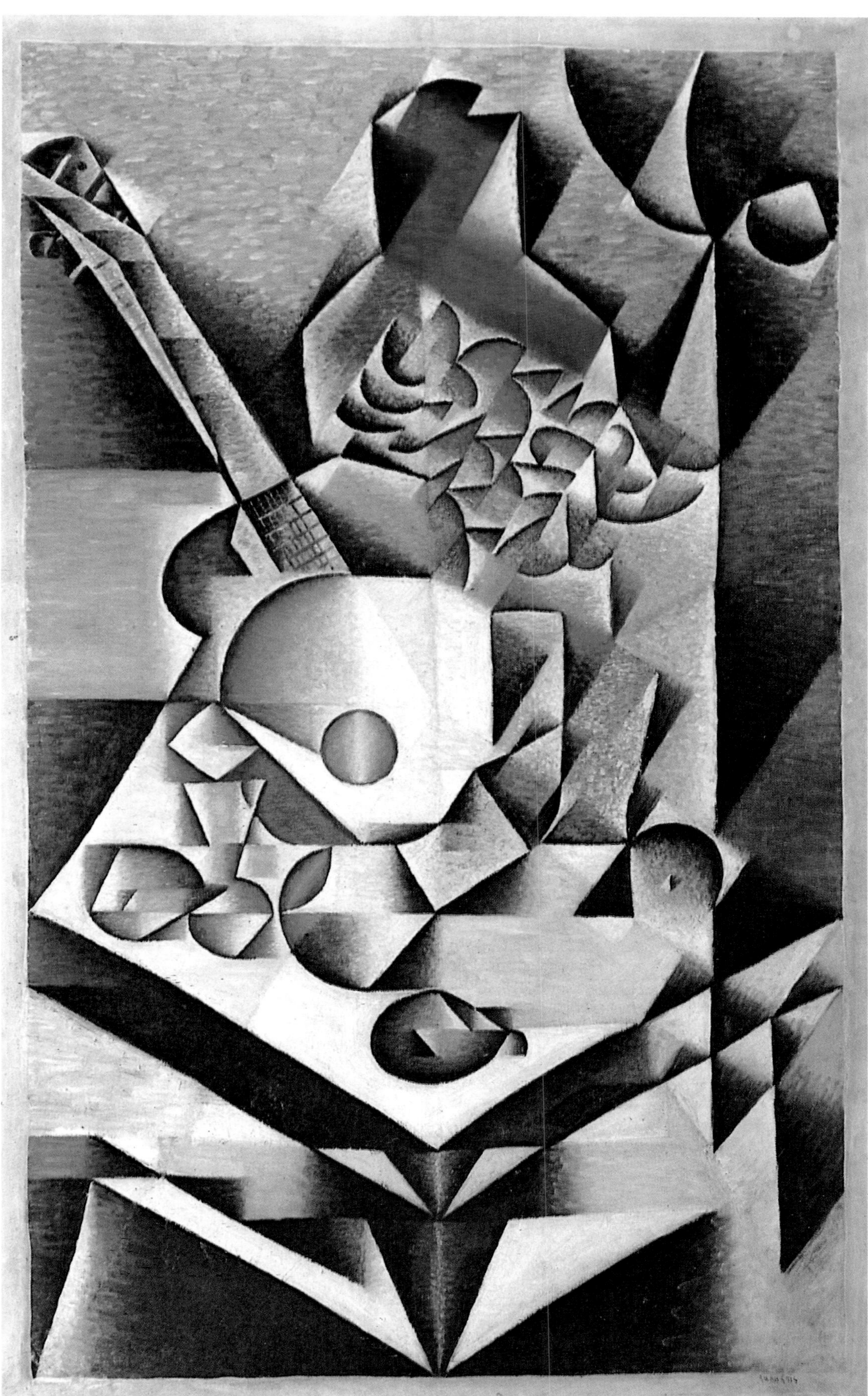

Juan Gris
Guitarra y flores.
1,12 × 0,70
MoMA

Juan Gris se trasladó a París en 1906, donde estuvo un tiempo residiendo con Picasso en el "Bateau Lavoim". La influencia de su compatriota es ostensible en un primer momento, aunque evolucionó mucho más brillantemente que otros miméticos seguidores del pionero del cubismo. La imagen está descompuesta en planos múltiples, según la preceptiva de este estilo, aunque la distribución del color es más llamativa que en la obra contemporánea de Picasso. El cuadro *Guitarra y flores* fue pintado en 1912, poco antes de que Juan Gris empezara a utilizar la técnica del *collage*.

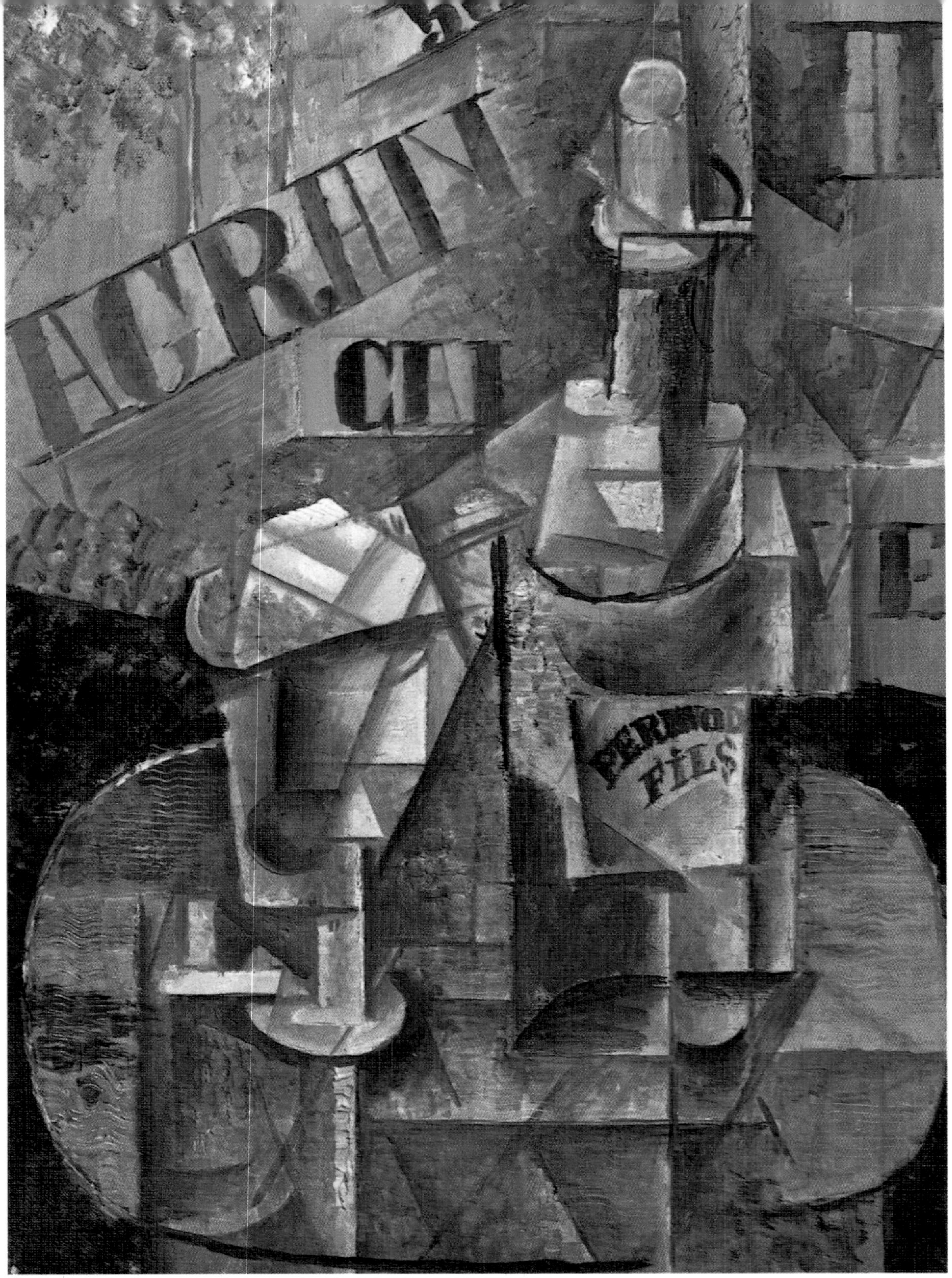

PABLO RUIZ PICASSO *Botella de Pernod* 0,45 × 0,32 Museo del Ermitage

Junto a Georges Braque, Picasso elaboró, entre 1910 y 1912, un sistema denominado cubismo analítico. *Botella de Pernod* es un ejemplo de las preocupaciones de aquel entonces. El sistema se caracteriza por la multiplicación de ángulos y el abandono de la construcción realista del espacio, como puede observarse en esta obra. La botella y el vaso han sido divididos en numerosas y pequeñas superficies que dan lugar a un complejo juego de luz y de sombra. El aspecto original de los objetos queda prácticamente oculto. Sin embargo, en este cuadro de 1912, Picasso ya introdujo la imitación cuidadosa y realista de algunos elementos, en un intento de abandonar la ininteligibilidad de su obra.

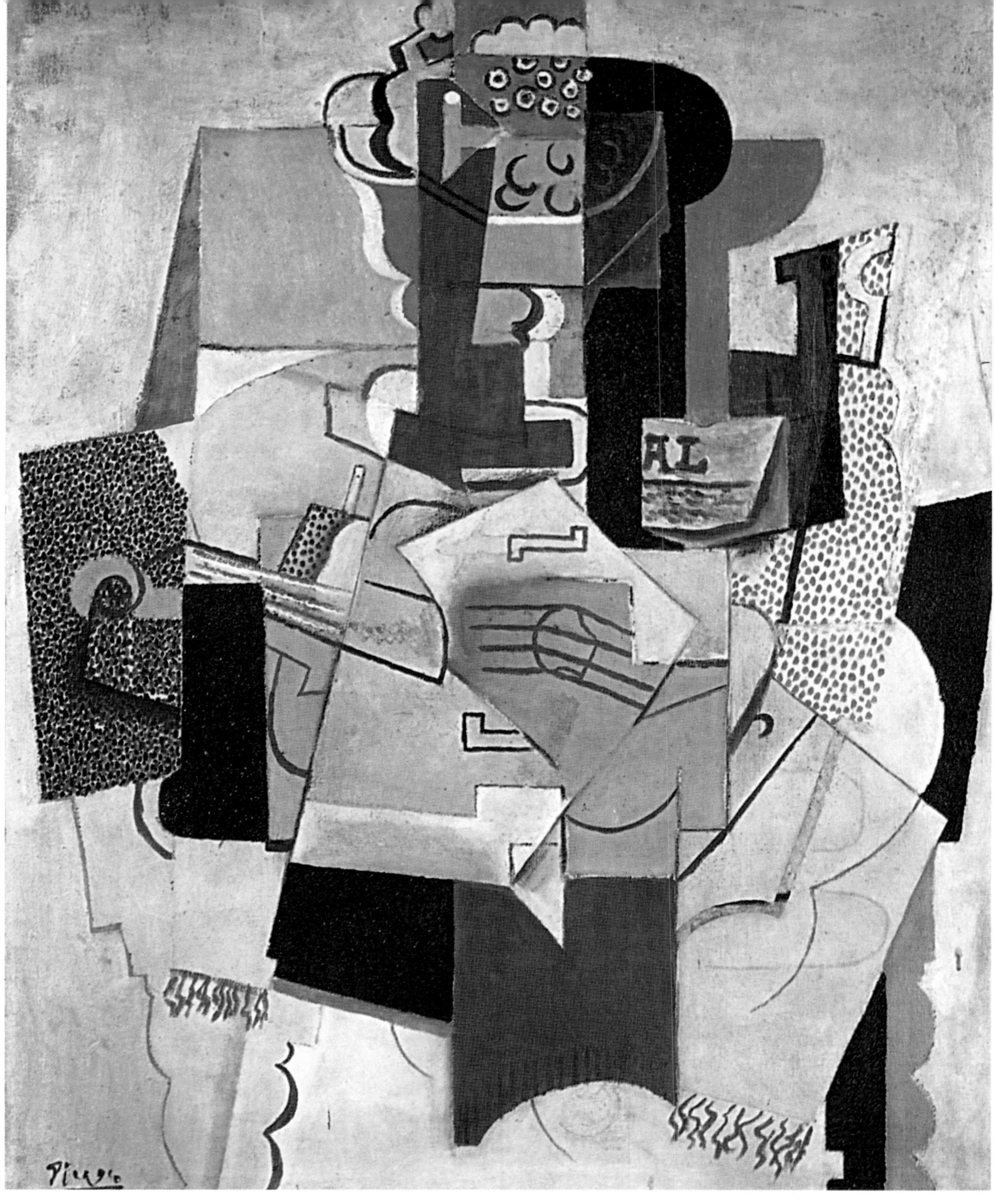

PABLO RUIZ PICASSO *Frutero, botella y guitarra* 0,92 × 0,73 National Gallery

Durante los primeros años de este siglo, Picasso y Braque abrieron un nuevo camino para describir la realidad. Así, mientras se mantenían referencias sobre la forma, la textura y las relaciones entre los objetos, se eliminaba la imitación de los mismos objetos, tal como venía sucediendo desde el Renacimiento. En este cuadro, pintado en París en 1914, Picasso elaboró una composición de formas entrelazadas procedentes de un frutero, una guitarra, un periódico y una botella situados en forma de bodegón, sobre una mesa. El espectador debe buscar la pista que relaciona las formas contrastadas, los colores y las texturas. Tanto Picasso como Braque crearon imágenes con objetos reales que sólo existen en la imaginación, sin referencias a la experiencia visual, y abrieron el camino hacia el arte abstracto.

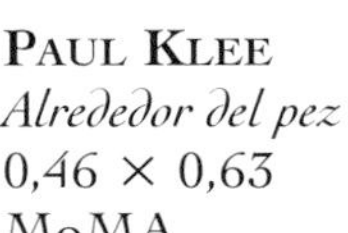

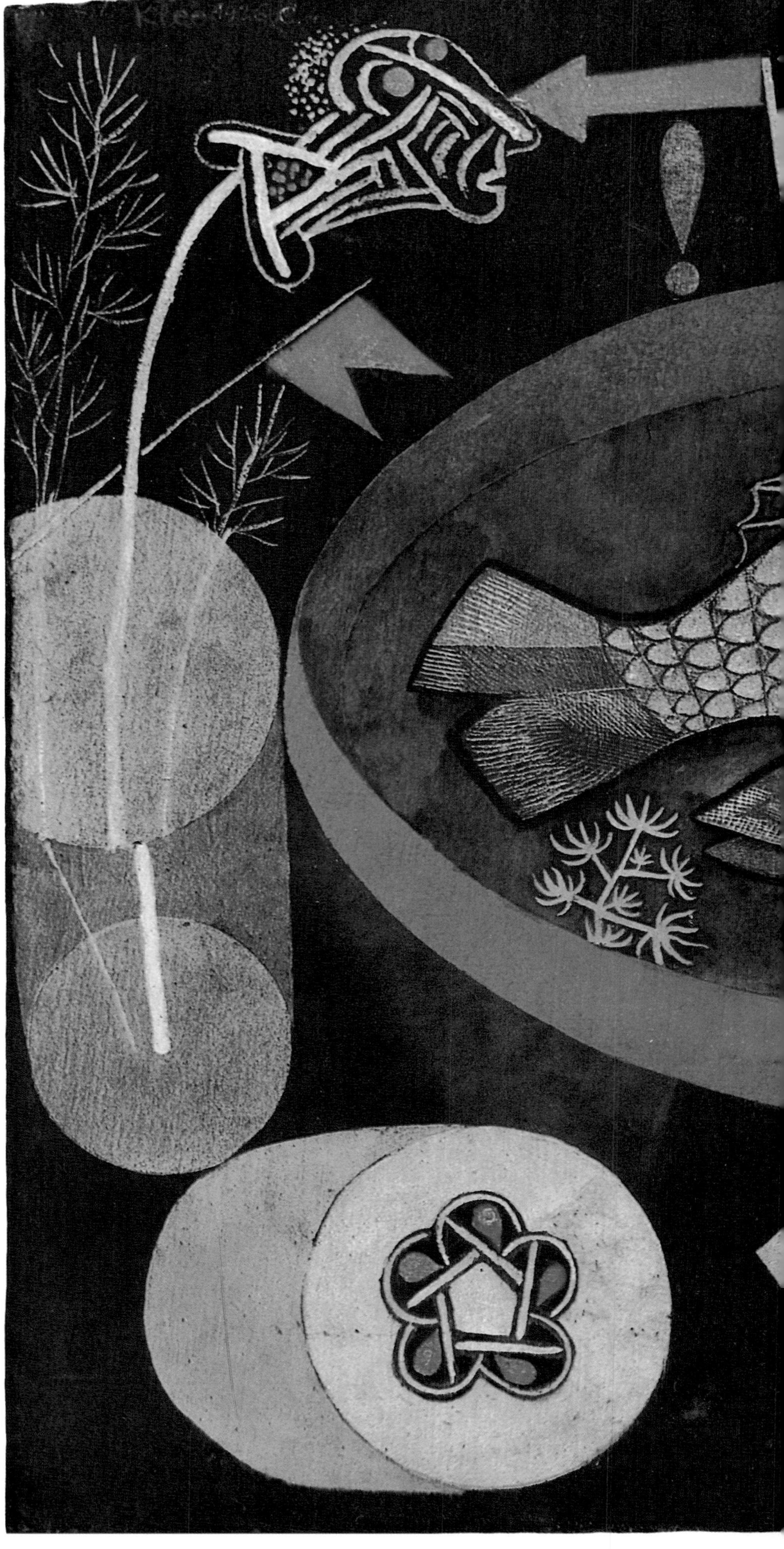

PAUL KLEE
Alrededor del pez
0,46 × 0,63
MoMA

Alrededor del pez (1926) es un brillante ejemplo característico de la habilidad de Klee para expresar, con un sistema de signos privados y ocultos, vastos significados. El pez posee una antigua cualidad alusiva y se hace eco del símbolo de la divinidad propio del cristianismo primitivo; las puntas de flecha pueden representar el conocimiento humano. Otros símbolos sugieren la naturaleza, el sol y la luna en una especie de historia esquemática de la evolución humana, comenzando por la zoología y terminando en la religión.

El pintor suizo fue uno de los más apasionados profesores de la *Bauhaus*, gran escuela alemana de diseño moderno que revolucionó conceptual y formalmente la imagen de los objetos cotidianos en el s. XX, pero su racionalismo no le impidió aventurarse por los vagos territorios de la poesía. Los nazis confiscaron más de cien de sus obras bajo la acusación de ser "arte degenerado".

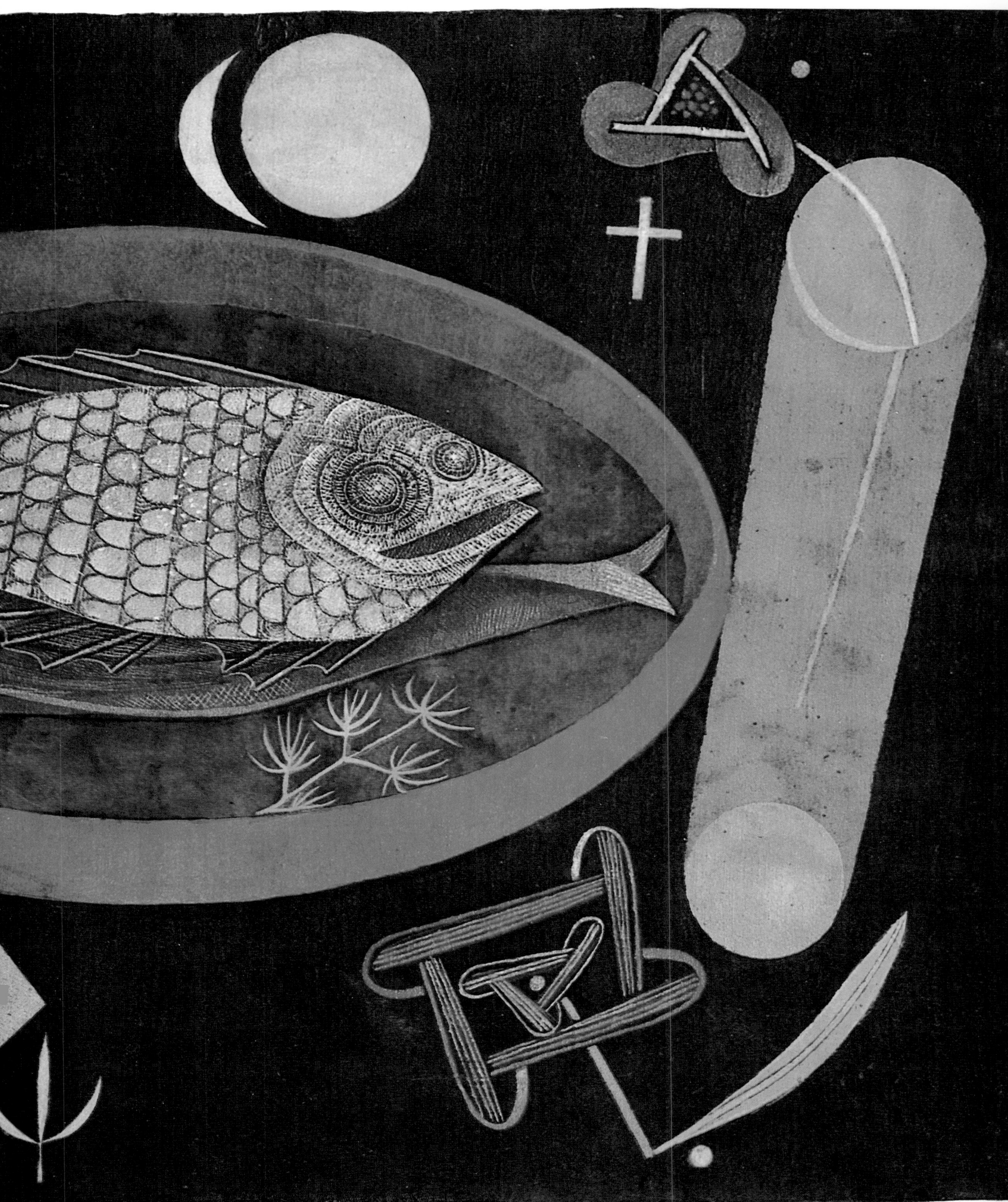

ÍNDICES

Las obras

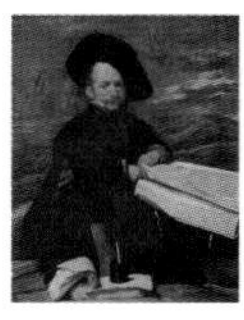

EL CONOCIMIENTO

LOS SENTIMIENTOS

LA FAMILIA

LA INTIMIDAD

EL TRABAJO Y EL OCIO

El PODER Y LA GLORIA

LA NATURALEZA

LA CIUDAD

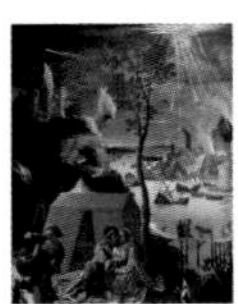

MUNDOS SOÑADOS

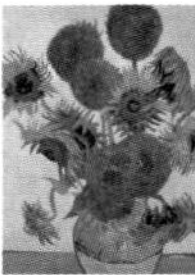

LA NATURALEZA MUERTA

Los pintores

Procedencia de las ilustraciones

Archivo Océano.